50
1

HISTOIRE DE LA MILICE FRANÇOISE,

Et des changemens qui s'y sont faits depuis l'établissement de la Monarchie dans les Gaules jusqu'à la fin du Regne de LOUIS LE GRAND.

Par le R. P. DANIEL, *de la Compagnie de* JESUS, *Auteur de* L'HISTOIRE DE FRANCE. *il écrivoit en 1721. voyez p. 276*

TOME II.

A PARIS,
Chez JEAN-BAPTISTE COIGNARD, Imprimeur ordinaire du Roy, ruë saint Jacques, à la Bible d'or.

M. DCC. XXI.

AVEC APPROBATION ET PRIVILEGE DE SA MAJESTE'.

TABLE
DES LIVRES ET DES CHAPITRES DU SECOND VOLUME.

LIVRE IX.

CHAPITRE I. De la dignité de Maréchal de France, Page 3
La Charge de Maréchal de France devint une Charge Militaire avant que celle de Connétable le fût, 3. 6
Survivance de la Dignité de Maréchal de France donnée à un enfant, 6
La Charge de Maréchal de France n'étoit pas à vie, 7
Difficulté sur cet article touchant le Maréchal d'Annebaut sous François I, 9
Départemens des Maréchaux de France pour maintenir l'ordre dans la Gendarmerie, 11
La Dignité de Maréchal, Charge de la Couronne, 12
Honneurs Militaires des Maréchaux de France, 14
Fait remarquable sur l'article du tambour à l'égard du Maréchal de la Force, 15
Le feu Maréchal d'Estrées est le premier qui soit parvenu au Bâton par le service de la mer, 16
Serment des Maréchaux de France, 18
CHAP. II. Du titre de Lieutenant General, 19
Quelque titre qu'ait celuy qui commande une armée, il n'est que le Lieutenant General du Roy, 20
Comment ce titre convient à nos Lieutenans Generaux des armées d'aujourd'huy, difference de leurs Patentes d'avec celles des Lieutenans Generaux d'autrefois, 21
Cette Charge est fort moderne, 22
Titre particulier de leurs Patentes, 22
Multiplication des Lieutenans Generaux, 24

TABLE DES LIVRES

Leur rang reglé entre eux par l'ancienneté dans la Charge, 25
Chap. III. *Du titre de Maréchal de Camp,* 27
Jusqu'au tems de Henry IV, il n'y avoit proprement qu'un Maréchal de Camp dans une armée, 28
Multiplication des Maréchaux de Camp, 31
Avant l'institution des Lieutenans Generaux, le Maréchal de Camp étoit le premier Officier de l'armée sous le General, 31
De la Charge de Maréchal General des Camps & armées, 32
Il n'y a jamais eu que trois Maréchaux Generaux des Camps & armées, 32
Prérogatives du Maréchal de Camp General des Camps & armées, 33
Chap. IV. *Du titre & de la Charge de Brigadier d'armée,* 39
Brigadiers d'armée en titre d'Office instituez par Louis XIV, 42
Chap. V. *Du titre de Mestre de Camp,* 45
Le titre de Mestre de Camp n'a pas eu en tout tems la même signification, 46
Autrefois c'étoit le titre de celuy qui étoit à la tête d'un Regiment d'Infanterie, & depuis de celuy qui étoit à la tête d'un Regiment de Cavalerie, 48
Chap. VI. *Du titre de Colonel & de Lieutenant Colonel,* 51
Les Commandans des Regimens d'Infanterie n'ont ce titre de Colonel que depuis l'an 1661, 52
Lieutenant Colonel, Charge ordinairement exercée par des personnes de merite, 54
Prérogatives des Lieutenans Colonels, 54
Chap. VII. *Du titre de Capitaine.* Ce titre trés-honorable depuis Louis XII jusques à Henry IV. On le mettoit devant le surnom de ceux qui le portoient, 56. On disoit le Capitaine tel...., 56
Cet usage a changé vers le tems de Henry IV, 57
Il y a dans les troupes des Capitaines d'une infinité d'especes, 59
Chap. VIII. *Du Lieutenant & du Sous-Lieutenant,* 60
Sous Charles IX, il se fit une reforme generale de tous les Lieutenans, 60
Sous-Lieutenant, Titre trés-peu ancien dans les armées, 60
On les casse pour la plûpart à la paix, 61
On en rétablit plus de neuf cents en 1687, 61
Chap. IX. *Du Cornette, de l'Enseigne, & du Guidon,* 62
Corps où il y a des Cornettes, 62

ET DES CHAPITRES.

Place du Cornette dans un combat,	63
Le Cornette doit défendre son drapeau jusqu'à la mort,	64
Enseigne, nom autrefois commun à la Cavalerie & à l'Infanterie,	64
Corps où il y a des Enseignes,	65
Enseigne ne doit jamais abandonner son Drapeau,	65
Le Guidon propre de la Gendarmerie,	66
CHAP. X. Des Maréchaux des Logis & des autres Subalternes, soit de Cavalerie, soit d'Infanterie,	67
Maréchaux des Logis fort anciens dans les troupes de France,	67
Fonctions des Maréchaux des Logis,	68
Sergens, titre fort ancien dans les troupes,	69
Fonctions des Sergens,	70
Caporal, ses fonctions,	70
Anspessade, origine de ce nom,	71
Beaucoup plus considerable autrefois qu'il ne l'est aujourd'huy,	71
Brigadiers d'une Compagnie de Cavalerie, leurs fonctions,	72
Du Maréchal de bataille & de plusieurs autres Officiers considerables,	73
Maréchal de bataille, ses fonctions,	73
Ce titre mis en usage sous Loüis XIII,	73
Il y en avoit plusieurs dans une même armée,	73
Il n'y en a plus,	73
Sergent de bataille, fonctions du Sergent de bataille,	75
Cette Charge étoit au-dessus du Mestre de Camp, mais inferieure à celle de Maréchal de bataille,	75
Il n'y en a plus,	77
Le Commissaire General des armées,	77
Cette Charge fut supprimée, parce qu'elle donnoit trop d'autorité,	78
Major General de l'armée, titre qui n'est pas plus ancien que le Regne de Loüis XIV,	78
Ses fonctions sont infinies,	79
Major General de l'Infanterie sous François I,	80
Major de Brigade, ses fonctions,	81
Major d'un Regiment,	81
Major de la Gendarmerie,	81
Major avant l'institution des Regimens,	81
Maréchal General des Logis de l'armée, ses fonctions,	82

ã iij

TABLE DES LIVRES

Vaguemestre, ses fonctions,	83
Aydes de Camp, leurs fonctions,	85
Des Inspecteurs & des Directeurs Generaux, leurs fonctions,	85
Des Ingenieurs, 89. *Ils étoient autrefois du corps de l'Artillerie. Ils font aujourd'huy un Corps à part,*	90

CHAP. XII. *Des troupes qui ont composé en divers tems la garde de nos Rois,* . . . 92
Garde des Rois de la premiere Race, . . . 92
Les Sergens d'Armes sous Philippe-Auguste. Monument de l'Eglise de sainte Catherine, . . . 93
Autre garde sous le Regne de Charles VI, . . . 96
Garde des Ecuyers du Corps, sous le même Roy, . . . 97
Garde Flamande de Louis XII, . . . 98

CHAP. XIV. *Histoire des deux Compagnies des cent Gentils-hommes ordinaires de la maison du Roy, appellez les Gentils-hommes du Bec de Corbin,* . . . 98
Cette Garde étoit appellée **la grande Garde du Corps.** 99
Institution de la premiere Compagnie par Louis XI, & de la seconde par Charles VIII, . . . 100
Changemens arrivez dans ces deux Compagnies, . . . 101
Ce corps étoit pendant long-tems trés-illustre, . . . 101
On les appelloit les Gentils-hommes au vingt écus, . . . 103
Leurs prérogatives, & leur service, . . . 104
La Charge de Capitaine des cent Gentils-hommes préferée à celle de Capitaine des Gardes, . . . 107
Ces deux Compagnies supprimées par Louis XIII, & rétablies par Louis XIV, . . . 107
Liste des Capitaines de ces deux Compagnies, . . . 108
La seconde Compagnie supprimée en 1688, . . . 111

LIVRE X.

De la Maison Militaire du Roy Louis le Grand. Cavalerie.

Magnificence de la Maison du Roy, . . . 112
Elle ne fit un corps séparé dans les armées que sous Louis le Grand, . . . 113

ET DES CHAPITRES. vij

Les Gendarmes, les Chevaux-Legers, &c. combattoient encore en
   1667, à la tête des Brigades de la Cavalerie Legere,   114.
Ce qu'on entend aujourd'huy par la Maison militaire du Roy.
Chap. I. *Des quatre Compagnies des Gardes du Corps,*   116
Institution de la premiere Compagnie qui est l'Ecossoise, par Char-
   les VII,   117.
Institution de la seconde Compagnie, dite la premiere Compagnie
   Françoise, & de la troisième par Louis XI,   122
Institution de la quatrième Compagnie par François I,
Rang que les Compagnies des Gardes du Corps tiennent avec les
   autres troupes de la Maison du Roy & entre elles,   126
Changemens qui se sont faits dans la Compagnie Ecossoise,   127
Du premier Homme d'armes,   128
La Compagnie Ecossoise n'est plus Ecossoise que de nom,   129
Negociations pour la faire rétablir sur l'ancien pied,   129
Changemens communs aux quatre Compagnies,   135
Cadets dans les Gardes du Corps,   137
Venalité des places de Gardes abolies,   138
Creation du Major & des Aydes-Majors,   142
Des noms d'Archer de la Garde, d'Archer du Corps, de Gardes du
   Corps,   145
De l'armure des Gardes du Corps, de leur bandouliere, de leurs
   étendarts,   147
De la discipline militaire des Gardes du Corps,   152
Service des Officiers des Gardes du Roy,   161
Service du Major & des Aydes Majors des Gardes du Corps,   171
Des privileges & des prérogatives des Compagnies des Gardes du
   Corps,   174
   Des Grenadiers à cheval,   180
Chap. II. *Histoire de la Compagnie des Gendarmes de la Garde,* 181
Le Roy en est le Capitaine,   182
Du titre de Capitaine-Lieutenant,   183
Cette Compagnie créée par Henry IV comme Compagnie d'ordon-
   nance du Dauphin,   184
Créée par Louis XIII en qualité de Gendarmes de la Garde, 187
M. de Souvré premier Capitaine-Lieutenant de cette Garde, 189
Rang de la Compagnie des Gendarmes dans la Maison du Roy, 189
La Compagnie des Gendarmes eut d'abord la préseance. Change-

TABLE DES LIVRES

ment à cet égard, 190
Autres changemens arrivez dans cette Compagnie, 191
Venalité des Places de Gendarmes abolie par Loüis XIV, 192
Privileges de cette Compagnie, 193
Liste des Capitaines-Lieutenans de cette Compagnie, 194

CHAP. III. *Histoire de la Compagnie des Chevaux-Legers de la Garde du Roy*, 196
Cette Compagnie instituée par Henry IV, 196
Le Roy en est le Capitaine, 196
Composée d'abord de Capitaines appointez & de Gentils-hommes, 198
Elle a rang aprés la Compagnie des Gendarmes de la Garde, 199
Prérogatives des Chevaux-Legers de la Garde, 199. 204
Changemens arrivez dans la Compagnie depuis son institution, 200
Le Commandant des Mousquetaires prenoit autrefois l'Ordre du Capitaine-Lieutenant des Chevaux-Legers de la Garde, 201
Liste des Capitaines-Lieutenans des Chevaux-Legers de la Garde, 210

CHAP. IV. *Histoire des deux Compagnies des Mousquetaires de la Garde du Roy*, 211
Le Roy en est le Capitaine, 212
Service des Mousquetaires, 212
Epoque de l'institution de la premiere Compagnie, 215
Le Roy Louis XIII se fait le Capitaine de cette Compagnie, 216
Elle fut cassée en 1646, 217
Rétablie en 1657, 217
Epoque de l'institution de la seconde Compagnie, 218
Louis XIV se fait Capitaine de cette Compagnie, 219
Changemens arrivez dans les deux Compagnies, 219
Des armes, des drapeaux, & des Mousquetaires, 221
Habit d'ordonnance des Mousquetaires, 222
Liste des Capitaines & des Capitaines-Lieutenans des deux Compagnies, 225

CHAP. V. *Histoire de la Gendarmerie*, 226
Comparaison de notre ancienne Gendarmerie avec celle de notre tems, 226
Etat de la Gendarmerie tel qu'il étoit en 1715, 231

Quelque

Quoique ce soit un corps separé de la Cavalerie Legere, elle a quelque rapport au Colonel General, 232
Service de la Gendarmerie avec la Maison du Roy, 233
Service de la Gendarmerie avec la Cavalerie Legere, 233
Rang des Compagnies des Gendarmeries entr'elles, 233
Les quatre premieres ont le Roy pour Capitaine, 234
Leurs differentes manieres d'escadronner en divers tems, 235
Leur nombre augmenté, 235
Institution de la Compagnie Ecossoise, 237
Les Gendarmes Ecossois furent d'abord une Garde du Roy, 237
Cette Compagnie en quelques occasions a la préseance avant celle des Mousquetaires, 238
Les Fils des Rois d'Ecosse en ont été les Capitaines, 239
Diverses remarques Historiques sur cet article, 239
Liste des Commandans de la Compagnie des Gendarmes Ecossois, 245
Faux préjugé que cette Charge fut attachée au second Fils du Roy d'Ecosse, 247
Institution des Gendarmes Anglois, 247
Liste des Capitaines-Lieutenans des Gendarmes Anglois, 248
Liste des Capitaines-Lieutenans des Gendarmes Bourguignons, 248
Liste des Capitaines-Lieutenans des Gendarmes de Flandre, 249
Listes des Capitaines-Lieutenans des autres Compagnies des Gendarmes & des Chevaux-Legers de la Gendarmerie, 249
Création d'un Etat Major pour la Gendarmerie, 255
Liste des Majors de la Gendarmerie, 257
Etendarts des Compagnies de Gendarmerie, 258

CHAP. VI. *Histoire du Regiment des Gardes Françoises, état de ce Regiment en 1715,* 260
Institution du Regiment des Gardes Françoises, 260
Differend entre le Mestre de Camp de ce Regiment & le Colonel General de l'Infanterie, 261
Ce Regiment cassé par Charles IX, 263
Rétabli par Henry III, 263
Henry IV ôte au Colonel General la nomination du Mestre de Camp, 264
Liste des Mestres de Camp du Regiment des Gardes, 265

TABLE DES LIVRES

Le Maréchal de Grammont premier Colonel du Regiment des Gardes Françoises après la suppression de la Charge de Colonel General, 266
Liste des Colonels du Regiment des Gardes, 268
Liste des Lieutenans-Colonels du Regiment des Gardes, 271
Liste des Majors du Regiment, 271
Des autres Officiers du Regiment, 273
Capitaines aux Gardes sont sur le pied de Colonels, autres prérogatives des Capitaines aux Gardes, 273
Prérogatives du Regiment des Gardes Françoises, 279
Liste des Capitaines du Regiment des Gardes Françoise tuez dans le service, 284

Chap. VII. *Histoire des troupes Suisses qui servent dans les armées de France,* 287
La premiere connoissance entre les deux nations se fit l'épée à la main, 287
Premier traité des Suisses avec la France suivi de plusieurs autres, 287
La France brouillée avec les Suisses sous Loüis XII, 289
Reconciliée sous François I, 290
Epoque de l'Institution de la Charge de Colonel General des Suisses en titre d'Office, 290
Liste des Colonels Generaux des Suisses, 303
Prérogatives des Colonels Generaux des Suisses, 303
De la Compagnie des cent Suisses de la Garde, 307
Cette Compagnie est une Garde Militaire, 308
Epoque de son institution, 308
Fonctions & prérogatives du Capitaine, 310
Liste des Capitaines des cent Suisses, 311
Des autres Officiers de la Compagnie des cent Suisses, 313
Regiment des Gardes Suisses, époque de son institution, 315
Institution du Lieutenant Colonel en titre d'Office, 316
Liste des Colonels du Regiment des Gardes Suisses, 317
Des autres troupes Suisses qui servent en France, deux especes de troupes Suisses au service de France, 317
Plusieurs choses particulieres aux troupes Suisses, 318
Officiers pour exercer la justice dans ces troupes, 322
Conseil de Guerre, 322

ET DES CHAPITRES. xj

Occasions où les Suisses se sont principalement signalez, 324
CHAP. VIII. *Du Regiment des Gardes Ecossoises, quand institué,* 327
Quand il fut cassé, 328

LIVRE XI.

Histoire de l'institution des Regimens François d'Infanterie.

Legions instituées par Henry II, 331
Premier état de ces Legions, des changemens qui s'y firent & de leur durée, 336
Comment elles se levoient, 336
Le Colonel y avoit deux Compagnies Colonelles, 339
Liste des Colonels des Legions, 343
L'institution des Legions doit être regardée comme l'institution des Regimens mêmes, 345
Sçavoir si les quatre vieux Corps tirent leur origine des Legions de Picardie & de Champagne, &c. 351
De l'origine des quatre premiers vieux Corps de l'Infanterie, 355
Des Compagnies Colonelles, 365
Du rang des quatre vieux Corps entre eux, & de leurs differens sur ce sujet, 367
Liste des Mestres de Camp & des Colonels du Regiment de Picardie, 374
Liste des Mestres de Camp & des Colonels du Regiment de Champagne, 375
Liste des Mestres de Camp & des Colonels du Regiment de Navarre, 377
Liste des Mestres de Camp & des Colonels du Regiment de Piemont, 380
Le Regiment de Piemont appellé Bandes noires. Origine de ce nom, 383
Du Regiment de Normandie, époque de sa création, 384
Liste des Mestres de Camp & des Colonels de ce Regiment, 387
Du Regiment de la Marine, époque de sa création, 388
Liste des Mestres de Camp & des Colonels du Regiment de la Marine, 389
Des Regimens appellez petits Vieux, quand ce nom leur a été

ẽ ij

TABLE DES LIVRES

donné, 391
Leurs Prérogatives, 392
Leur création, leurs Meſtres de Camp & leurs Colonels, 392, *& ſuivantes.*
Hiſtoire du Regiment du Roy, 397
Il prend rang aprés les petits Vieux, 402
Non ſujet aux Inſpecteurs, 402
Liſte des Colonels de ce Regiment, 403
Methode qu'on ſe propoſe d'obſerver en traitant des autres Regimens, 403
Ordonnance du Roy portant Reglement general pour le rang des Regimens d'Infanterie, en 1670, 404
Liſte des Regimens d'Infanterie qui étoient ſur pied ſur la fin du dernier Regne, ſuivant le controlle de 1714, 406
Meſtres de Camp & Colonels de divers Regimens d'Infanterie, morts au ſervice ou parvenus à la dignité de Maréchal de France, 411 *& ſuivantes.*
Hiſtoire particuliere du Regiment du Maine, 414
Des Regimens de Milice, 430
De l'inſtitution des Compagnies de jeunes Gentilshommes ou Cadets en diverſes places frontieres, 431
Des Grenadiers, 434

LIVRE XII.

Hiſtoire de la Cavalerie Legere, de l'Arriere ban, des Dragons, des Huſſarts.

LA *Cavalerie Legere ne faiſoit point autrefois un corps dans les Armées*, 437
L'Hiſtoire de la Cavalerie Legere doit commencer à Loüis XII, 438.
En quel ſens Brantome a dit que la Cavalerie Albanoiſe fut le modele ſur lequel fut reglée notre Cavalerie Legere, 440
Henry II a proprement donné la forme à la Cavalerie Legere, 441
La Cavalerie Legere fut d'abord en Compagnies, & puis en Regimens, on donna aux Commandans des Regimens, le titre de Meſtre de Camp, 443

ET DES CHAPITRES.

Du Colonel General de la Cavalerie Legere. Son autorité & ses Prérogatives, 445
Cette Charge tantôt unique, tantôt partagée, 448
Colonel General de la Cavalerie Allemande, 448
Restrictions mises par Loüis XIV à la Charge de Colonel de la Cavalerie Legere Françoise, 450
Reglemens pour les Dragons par rapport à la Cavalerie, 541. 453
Liste des Colonels Generaux de la Cavalerie Legere, 453
De la Charge de Mestre de Camp General de la Cavalerie, 457
Liste des Mestres de Camp Generaux de la Cavalerie, 457
De la Charge de Commissaire General de la Cavalerie, 459
Liste des Commissaires Generaux de la Cavalerie, 461
De la Charge de Lieutenant Colonel General de la Cavalerie, 461
Liste des Lieutenans Colonels de la Cavalerie, 463
De la Charge de Maréchal General des Logis de la Cavalerie, 464
Liste des Maréchaux Generaux de la Cavalerie, 464
Des Regimens de Cavalerie, 465
Regimens Royaux, liste de ces Regimens, 466
Regiment Colonel General, 467
Ses Prérogatives, 468
Liste des Mestres de Camp tuez au service ou parvenus à la dignité de Maréchal de France, 469, & suivantes.
Histoire du Regiment Royal des Carabiniers, 479
Liste des Mestres de Camp du Regiment Royal des Carabiniers, 488
Du Ban & Arriere-ban, diverses significations de ces termes, 489
Differences de l'Arriere-ban d'autrefois & de l'Arriere-ban des derniers tems, 491
L'Arriere-ban a servi à pied une fois sous François I, & une fois sous Loüis XIII, 492
Capitaine General de l'Arriere-ban, Charge du tems de Charles VII, depuis supprimée, & puis rétablie, 493, & enfin entierement abolie, 494
Autres Officiers de l'Arriere-ban, 494
Décadence de l'Arriere-ban, 494; raisons de cette décadence, 495
Histoire des Dragons, faux préjugé sur les Dragons du Maréchal de la Ferté que l'on croit faussement avoir été les premiers Dragons dans les troupes de France, 496
Le Maréchal de Brissac Auteur de cette Milice durant les guer-

res de Piemont, 498
Le Duc d'Albe en leva sur l'exemple des François, 498
Il y en avoit sous Henry IV, 499
Supprimez après le siege de la Rochelle, 500
Rétablis par le Cardinal de Richelieu en grand nombre, 500
Dragons de la Ferté, 503
Regimens de Dragons du Roy, 503
La Charge de Colonel General des Dragons créée en faveur de M. le Duc de Lausun, 504
Augmentation de cette Milice, 504
Liste des Colonels Generaux des Dragons, 505
Liste des Mestres de Camp Generaux des Dragons, 506
Liste des Colonels ou Mestres de Camp des Dragons tuez au service ou parvenus à la dignité de Maréchal de France, 507
Des autres Officiers des Dragons, 511
Service des Dragons, 512
Liste des Regimens de Dragons qui étoient sur pied à la fin du dernier Regne, suivant le controlle de 1714, 514
Des Hussarts 115; leur commencement dans les armées de France, 516; il y avoit eu de la Cavalerie Hongroise en France dés le tems de Loüis XIII, 517
Armes des Hussarts, leur maniere de combattre, 518; leurs trompettes, leurs étendarts, leur discipline, 519

LIVRE XIII.

De l'Artillerie & de quelques autres matieres qui concernent la Milice Françoise.

IL n'est permis à aucuns particuliers d'avoir du canon dans leurs Châteaux, 522
Deux exemples de concession des Rois à Henry Vicomte de Turenne, par Henry IV, & au Maréchal de Villars, par Loüis le Grand, 522
De la Charge de Grand-Maître de l'Artillerie, la Charge de Grand-Maître des Arbalêtriers semblable en beaucoup de choses à celle-cy, 523

ET DES CHAPITRES. xv

Autorité & Prérogatives du Grand-Maître d'Artillerie, 526
Cette Charge érigée en Office de la Couronne, 527
De la Charge de Lieutenant General de l'Artillerie, & des autres Officiers qui y ont des fonctions Militaires, 528
Du Regiment Royal d'Artillerie, 532
Les Suisses eurent d'abord la garde de l'Artillerie dans nos armées, & ensuite les Lansquenets, 532
Rendue aux Suisses, 533
Création du Regiment des Fusiliers pour l'Artillerie, 533
Le Regiment nommé depuis Regiment Royal d'Artillerie, 535
Etat present du Regiment Royal d'Artillerie en 1721, 535
Liste des Lieutenans Colonels du Regiment Royal d'Artillerie, & des Majors de chaque Bataillon, 540
Du Regiment Royal des Bombardiers attaché pareillement au corps de l'Artillerie, origine de ce Regiment, 541
Liste des Lieutenans Colonels de ce Regiment, 542
Le Regiment incorporé dans le Regiment Royal d'Artillerie, 542
De la Compagnie franche des Canonniers des côtes de l'Ocean, 543
Des Compagnies de Mineurs, 543
Les Compagnies aussi-bien que la Compagnie franche des Canonniers ont été incorporées dans le Regiment Royal d'Artillerie, 544
De la police de l'Artillerie, 544
Ecoles d'Artillerie, 545
Liste des Maîtres & des Grands-Maîtres de l'Artillerie, 547
Des recompenses & des châtimens militaires, 554, *& suivantes.*
De l'Ordre Militaire de Saint Loüis, 559
Liste des Grands-Croix, & Commandeurs de la premiere promotion, 563
De l'établissement des Invalides, 564
Projet de Philippe-Auguste d'une maison de soldats invalides, 565
Executé avec magnificence par Loüis le Grand, 565. 567
Etat Major dans l'Hôtel, 568
Discipline observée dans l'Hôtel, 568
Exercices militaires, 573
Il n'y a rien dans cet Hôtel qui sente la crasse des Hôpitaux, 574
Châtimens militaires, 575
Severité des Romains, 575
Exemples de châtimens tirez de notre ancienne Histoire, 577

TABLE DES LIVRES

Lapidation en usage parmi les François, aussi-bien que parmi les Romains, 577
Châtiment en usage sous les derniers Regnes, 581
Ceremonies de la dégradation d'un soldat, 585
Certains corps où l'on ne punit jamais de peines infamantes sans casser en même-tems le coupable, 586
Châtiment appellé le morion, 588
Du changement des armes dans l'Infanterie, sous le Regne de Loüis le Grand, 589
Abolition des piques pour y substituer la bayonnette au bout du fusil, 590
Cette idée de la bayonnette au bout du fusil perfectionnée, 593
Fusils substituez aux mousquets, 593
Comparaison de l'Art Militaire d'autrefois, & de l'ancienne Milice, avec l'Art Militaire, & la Milice de notre tems, 594
Arrangement des batailles chez les Grecs, Phalange des Grecs, 597
Arrangement des armées Romaines, 599
Les Grecs & les Romains ont la gloire de l'invention de l'Art Militaire, 600
Les soldats Romains devoient être meilleurs que les nôtres, & pourquoy, 601
Nos avantages sur les Romains, 602
Regle pour bien juger de la discipline des Romains comparée avec la nôtre, 603
Comparaison des armes offensives d'autrefois avec les nôtres, 605
Comparaison des fleches & de la fronde avec les fusils, 606
Question si cent frondeurs en rase campagne pourroient tenir contre cent fusiliers, 606
Réponse à la question, 608
Comparaison du javelot avec le pistolet, 609
Diverses autres questions proposées, 619

LIVRE

LIVRE XIV.

Histoire de la Milice Françoise sur la mer.

CHAP. I. *De la Marine sous la premiere & la seconde Race*, 618
Précautions de Charlemagne pour la conservation des côtes de la mer de son Empire, & le nombre prodigieux de ses vaisseaux, 620
Projet de ce Prince de joindre l'Ocean avec la mer Noire, entrepris & abandonné, 621

CHAP. II. *de la Marine sous la troisième Race, pourquoy nos Rois depuis Hugues Capet, jusqu'à Philippe-Auguste n'avoient point de flotte sur la mer*, 612
Philippe-Auguste restaurateur de la Marine en France. Ce qui l'obligea à se rendre puissant sur la mer, 614
Son coup d'essay ne fut pas heureux, 624
Ses Successeurs y furent plus ou moins puissans, 625, & *suivantes*.
François I obligé de se rendre puissant sur cet élement, 629
La Marine de France aneantie durant les guerres civiles de Religion, 630
Henry IV sans nulle force sur la mer, 631

CHAP. III. *Des diverses espèces de Vaisseaux dont on s'est servi dans les armées navales*, 632
Les Galées, 633
Le nom de Galées, quand changé en celuy de Galeres, 634
Les Galions, 634
Les Galeasses, 635
Les Balingers, les Barges, 635
Les Galées ou Galeres étoient proprement les Navires de guerre, 636
Les Carraques, les Ramberges, 636
Vaisseaux fameux dans nos Histoires, la Charente & la Cordeliere sous Louis XII, le Carracon de François I, 637
Le Carracon de Henry VIII Roy d'Angleterre, 638
Vaisseaux Huissiers pour le transport des chevaux, 639

CHAP. IV. *De la maniere dont se formoient les Flottes autrefois*, 641

Tome II. i

TABLE DES LIVRES

Les vaisseaux de guerre n'étoient que des vaisseaux de Marchands ou de quelques particuliers que l'on armoit en guerre, 643

On avoit recours en France aux Genois, aux Espagnols, & aux autres Etrangers pour acheter ou louer des vaisseaux, 645

Henri VIII Roy d'Angleterre en usoit de même, 646

Elisabeth Reine d'Angleterre se tira de cette dépendance, 646

François I commença à avoir une Flotte reglée, 646

Jacques Cœur homme fameux du tems de Charles VIII par son merite & par le nombre des vaisseaux qui luy appartenoient, 647

CHAP. IV. *De la maniere de combattre sur la mer sous la troisième Race,* 648

Vaisseaux armez du Rostrum *ou vaisseaux à bec, ce que c'étoit que ce* Rostrum, 649

Châteaux de bois élevez sur le vaisseau, 649

Vaisseaux crenelez, 650

Vaisseaux paveschez, 651

Relation de la bataille navale devant l'Ecluse en Flandre l'an 1340 652

Reflexions sur cette bataille, 655

Relation d'une autre bataille de l'an 1545 sous François premier, 658

Reflexions sur cette bataille, 666

Quand a commencé l'usage des sabords, 667

CHAP. V. *Du rétablissement de la Marine en France sous le Regne de Loüis XIII,* 668

Mesures prises par Louis XIII pour le rétablissement de la Marine 667

Vaisseau la Couronne, 678

Décadence de la Marine sous la minorité de Loüis XIV, 679

CHAP. VI. *Du rétablissement de la Marine sous le Regne de Loüis le Grand, à quoi étoit reduit le nombre des vaisseaux & l'Artillerie de la Marine avant ce rétablissement,* 679

Progrés de la Marine, 680

Succés de ce rétablissement, 683

CHAP. VII. *De la dignité d'Amiral de France & des autres Charges de la Marine,* 690

La dignité d'Amiral ne fut pas toûjours aussi considerable qu'elle est aujourd'huy, 691

ET DES CHAPITRES.

Prérogatives de l'Amiral, 693
Liste des Amiraux de France, 697
Liste des Grands-Maîtres, Chefs & Sur-Intendants Generaux de la Navigation & commerce de France, 700
Liste des derniers Amiraux, 701
Des Vice-Amiraux, 701
Liste des Vice-Amiraux, 702
Du Lieutenant General dans les armées navales, 703
Du Chef d'Escadre, 705
Du Capitaine de Vaisseau, 706
Du Major & des Ayde-Majors, 708
Du Lieutenant & de l'Enseigne de vaisseau, 709
Reglement pour le rang des Officiers des armées de terre & des Officiers des armées de mer, lorsqu'ils se rencontrent ensemble pour le service, 710
† CHAP. VIII. Des troupes de la Marine, 712
† Gardes-Marines, 713
CHAP. IX. De la Police sur les vaisseaux, du Conseil de guerre, de la garde sur les vaisseaux, 715
CHAP. X. Des differentes especes de vaisseaux dont on se sert dans la guerre de mer, 719
De l'Artillerie de la Marine, 721
CHAP. XI. Des saluts, des signaux & des pavillons, reglement de Loüis le Grand sur cet article, 725
Usages des signaux, 731
Reglement pour les pavillons, 733
CHAP. XII. Des arrangemens des armées navales dans une bataille, dans les marches, &c. 734
Arrangement de deux armées sur deux lignes au plus prés du vent, 735
Arrangement dans la marche, 738
Arrangement dans une retraite, 738
Arrangement dans une poursuite, 739
Place du Capitaine & des autres Officiers & des soldats durant le combat, &c. 741
Usage des brulots, recompense des Capitaines de brulots, obligations des Capitaines de brulots, 743
Maniere d'aborder & de se défendre de l'abordage, 743

Des descentes, 743
Chap. XIII. De la Marine des galeres, des Officiers des galeres, 746
Le Lieutenant General doublé, 747
Décadence de la Marine des galeres fut encore plus grande que celle des vaisseaux ; 747
De la Charge de General des galeres, 748
Reglement par rapport aux Vaisseaux & aux galeres en cas de jonction, 748
Liste des Generaux des galeres, 749
De la forme des galeres, &c. 752
Invention du double Timon par M. le Bailli de la Pailleterie, lettre de M. le Maréchal de Vauban sur ce sujet, 754
Galeres sensiles & grosses galeres, 758
La Reale, l'Etendart Real, gardes de l'Etendart Real, 758
La Patrone, 759
Il n'y a point en France de galere Capitane, 759
Compagnies de soldats des galeres, galeres d'exercice, précautions pour la conservation des chiourmes, 760
Artillerie d'une galere, 761
Il est surprenant de voir ce que contient une galere dans un si petit espace, 761
Coupe d'une galere, 762
Utilité des galeres, 762
De la maniere dont les galeres combattent, 762
Place du Capitaine, du Lieutenant, &c. dans un combat, 763
Difference des combats de vaisseaux du hautbord & de galeres, 764
Comment on place les galeres dans un combat quand elles sont jointes à une armée de vaisseaux, 765
Combat d'un vaisseau commandé par M. de Relingue contre trente-cinq galeres Espagnoles, 766
M. le Bailli de la Pailleterie avec six galeres enleve un vaisseau de guerre, à la vûë d'une armée navale de Hollande, relation de ce combat, 766
Autre entreprise du même Commandant sur une autre Escadre Hollandoise, 770

HISTOIRE

HISTOIRE DE LA MILICE FRANÇOISE.

****

LIVRE NEUVIÉME.

DE LA MILICE FRANÇOISE DE NOTRE TEMS.

E second Volume de la Milice Françoise aura, ce me semble, dequoi satisfaire la curiosité des Lecteurs par plusieurs choses importantes qu'il contient, sur lesquelles en consultant des personnes de la Cour, & quelques Officiers d'Armée, j'ai connu par experience que peu de gens sont bien instruits en ce qui regarde l'historique des Matieres que je prétens y traiter.

L'époque de l'inftitution des Régimens d'Infanterie, celle des Régimens de Cavalerie, le tems où la Milice des Dragons a été introduite dans nos Troupes, l'inftitution de quelques Charges confidérables dans les Armées, fur tout celles de la Maifon Militaire du Roi, & plufieurs autres chofes dont le détail & l'éclairciffement doit faire quelque plaifir, en feront le principal objet.

On peut divifer les Troupes qui compofent aujourd'hui nos Armées en cinq efpeces, fans y comprendre ce qui regarde l'Artillerie dont je traiterai à part. Ces cinq efpeces font la Gendarmerie, la Cavalerie-Legere, les Dragons, les Huffars & l'Infanterie. Je comprens fous la Gendarmerie non feulement le Corps qui porte fpecialement ce nom, mais encore tous les Corps de Cavalerie de la Maifon Militaire du Roi, aufquels le titre de Gendarmerie a été auffi attribué par ordonnance.

Avant que d'entrer dans les Hiftoires particulieres de chacune de ces diverfes efpeces de Troupes, je ferai celle de toutes les Charges Militaires qui y donnent aujourd'hui du commandement, en commençant par les plus relevées, & en defcendant jufqu'aux moins confidérables. Je remonterai jufqu'à leur origine. Je tâcherai d'en donner les notions les plus debrouillées qu'il me fera poffible, d'en démêler les fonctions & les Prérogatives, d'ôter l'équivoque des noms que l'on donnoit autrefois à de certaines Charges, & qu'on a depuis donnez à d'autres qui font fort différentes : ce qui confond fouvent les idées de ceux qui lifent nos Hiftoriens des Siécles paffez, & les font tomber dans des méprifes. On voit bien que l'Hiftoire de ces Charges Militaires fait une des principales parties de la matiere que je traite. La Dignité de Maréchal de France eft la plus illuftre des Charges qui fubfiftent encore dans les Troupes. C'eft par elle que je vais commencer.

CHAPITRE PREMIER.

De la Dignité de Maréchal de France.

JE ne m'étendrai point ici sur les qualitez d'un Général d'Armée, d'un Lieutenant Général, d'un Maréchal de Camp, &c. comme l'ont fait la plûpart de ceux qui ont traité de l'Art Militaire. Cela ne regarde point mon sujet, & il ne m'appartient nullement de moraliser sur les devoirs des personnes de cet état & de ce rang. Je me renferme toujours en traitant des matieres dans le caractere d'Historien qui rapporte historiquement les divers usages, & qui tâche de les éclaircir quand il est à propos de le faire.

Entre diverses Etymologies que l'on apporte du nom de Maréchal, la plus naturelle est celle qui le fait venir de deux mots Germaniques *March* ou *Marach* qui signifie un cheval, & *Scalch* *a* qui signifie Maître ou qui a autorité. C'est-à-dire que l'Office du Maréchal étoit autrefois une Intendance sur les chevaux du Prince aussi-bien que celui de Connétable ; mais subordonné & inférieur à celui ci. *Etymologie du mot de Maréchal.*

Ce mot se trouve dans la Loi Salique. *b* Il se trouve aussi dans l'ancienne Loi des Allemans, comme une Charge qui regardoit l'Ecurie.

Il me paroît par l'Histoire, quoique plusieurs pensent autrement, que la Dignité de Maréchal devint une Dignité Militaire avant que celle de Connétable le fût. C'est du tems de Philippe Auguste que l'on voit pour la premiere fois sous la troisiéme Race de nos Rois le commandement joint à cette Dignité dans les Armées.

Selon l'Histoire il y avoit un Maréchal nommé Alberic Clement dans l'Armée que Philippe Auguste conduisit au delà

---

a Beatus Rhenanus Libro secundo Rerum Germanicarum.
b Si Marescallus qui super duodecim caballos est, occiditur, undecim solidis componatur. *Lex Aleman. tit.* 79. §. 4.

A ij

de la Mer pour le secours de la Terre-sainte ; il est dit que ce Maréchal fut tué au Siége d'Acre : mais je doute fort qu'il fût Maréchal de France, & qu'il exerçât dans l'Armée les fonctions attachées depuis à cette Dignité. Premierement parce qu'il n'est point marqué dans l'Histoire qu'il eût le commandement de l'Armée sous le Roi. Secondement, parce que l'Histoire de Philippe Auguste ne l'appelle point Maréchal de France, mais seulement Maréchal du Roi de France, *Marescallus Regis Franciæ.* Or nos Rois avoient des Maréchaux, c'est-à-dire des Officiers avec Intendance sur leurs Ecuries sous le Connêtable, avant que la Dignité de Maréchal & de Connêtable devinssent Militaires ; & ces Maréchaux aussi bien que les Connêtables suivoient d'ordinaire les Rois à l'Armée comme les autres Officiers de leur Maison. Enfin, comme je l'ai remarqué en traitant de la Charge de Grand Sénéchal de France, c'étoit Thibaut Comte de Blois qui au Siége d'Acre où il mourut aussi-bien qu'Alberic Clement, commandoit l'Armée sous Philippe Auguste, & à ce sujet Rigord Historiographe de ce Prince, l'appelle le Chef de cette Armée, *Principem Militiæ.* Ce n'étoit donc pas Alberic Clement qui la commandoit en qualité de Maréchal de France, & l'on ne voit pas même qu'il la commandât sous le Comte de Blois.

Rigord pag. 191.
Alberic Clement n'étoit point Maréchal de France ni Commandant des Armées.

Le premier donc que je trouve dans l'Histoire avec quelque marque de commandement, est Henri Clement frere de cet Alberic. Premierement parce que l'Historien que je viens de citer, lui donne la qualité de Maréchal de France. *Ægrotavit Henricus Marescallus Franciæ.* Secondement parce que Guillaume le Breton dit qu'il étoit à la tête de l'avant-garde dans la conquête que Philippe Auguste fit de l'Anjou & du Poitou.

Rigord pag. 216.

Henricus verò modicus vir corpore, magnus
Viribus, armatâ nulli virtute secundus,
Cujus erat primum gestare in prælia pilum
Quippe Marescalli claro fulgebat honore.

Guillel. Brit. p. 325.
Henri Clement premier Maréchal de France avec Commandement dans les Armées.

Cela montre que le Maréchal avoit dès lors en cette qualité un grand rang dans l'Armée. On voit d'ailleurs clairement par la suite de cette Campagne que ce Maréchal commandoit l'Armée : & il est dit expressément par le même Auteur trente pages après, qu'il avoit ce commandement sous Louis fils du Roi qui en étoit le Généralissime, & qu'il l'avoit par sa Dignité de Maréchal.

Jure Marescalli cunctis prælatus agebat. Page 355.

Le Pere Anselme au sujet de ce Maréchal avance un fait faux qui n'a pas été corrigé dans la nouvelle Edition faite par Monsieur Dufourni & qui prouveroit même contre son intention, que les Maréchaux de France ne commandoient pas alors dans les Armées. Il dit que ce Maréchal étoit à la Bataille de Bouvines. Or dans cette Bataille c'étoit le Chevalier Guarin nommé à l'Evêché de Senlis, qui commandoit l'Armée sous Philippe Auguste. Ce fut lui qui non seulement la mit en Bataille, mais encore qui faisoit marcher les Troupes pour la charge, ainsi que l'écrivent les deux Historiens de ce Prince que je viens de citer. Desorte que le Maréchal Henri Clement n'auroit pas eu alors le commandement général ; & effectivement il n'est fait nulle mention de lui dans cette Bataille.

Méprise dans l'Histoire des Grands Officiers de la Couronne.

Mais la fausseté du fait avancé se prouve par Rigord qui marque expressément que ce Maréchal n'étoit point à la Bataille, & qu'un Courier *a* lui étant venu apprendre la nouvelle de la Victoire que le Roi avoit remportée lorsque ce Seigneur étoit malade à l'extrêmité, il lui donna pour sa peine son cheval de Bataille, n'ayant plus rien autre chose à lui donner, parce qu'il avoit déja disposé de tous ses biens en faveur des Pauvres.

Quoiqu'il en soit, on ne peut douter que ce ne fut sous ce Regne que le Maréchal de France commença d'avoir le commandement dans les Armées, quand il y étoit. Ce qui paroît clairement prouvé par les Vers de Guillaume le Breton que je viens de citer. Or le Maréchal Henri Clement commandoit

---

a Paucis ante obitum suum diebus habuit Nuntium qui ei Regis Victoriam nuntiavit, cui ipse præ gaudio equum suum quo in Bellis utebatur, dedit, cum non haberet quid ei aliud daret, omni facultate suâ ab ipso tanquam de morte certo in usus Pauperum distributâ.

l'Armée & étoit à la tête de l'avant-garde dans la conquête de l'Anjou dès l'année 1204, & le Connêtable Mathieu de Montmorenci II du nom, qui le premier de tous les Connêtables commanda les Armées par commission, la Dignité de Sénéchal étant vacante, ne fut Connêtable qu'en 1218. D'où il s'enfuit, quoiqu'en dise l'Auteur de l'Histoire des Grands Officiers de la Couronne, que ce que j'ai dit est vrai, sçavoir que la Charge de Maréchal commença à devenir un Office Militaire avant que celle de Connêtable le fût.

Charge de Maréchal devenüe Militaire avant celle de Connêtable.

Deux choses me paroissent remarquables au sujet de ces anciens Maréchaux de France. C'est premierement que les quatre premiers furent tous de la même Famille : sçavoir Alberic Clement, s'il est vrai que ce Seigneur ait eu cette qualité de Maréchal de France, & non pas simplement celle de Maréchal du Roi ; Henri son frere, Jean fils de Henri, & Henri Clement II du nom.

Les premiers Maréchaux de France étoient tous de la même Famille.

L'autre chose est que Henri Clement I du nom étant mort, & n'ayant laissé qu'un fils en bas âge, Philippe Auguste donna au fils la Dignité de Maréchal de France, & en fit faire les fonctions par commission à Gautier de Nemours. L'Historien cependant remarque expressément que cette Dignité n'étoit pas héréditaire : *& hoc totum fuit de benignitate Regis, qui hæreditaria successio in talibus Officiis locum non habet.* Mais il y a encore une troisiéme observation à faire à cet égard au sujet de ce Jean Clement, sçavoir que quand il fut en âge d'exercer la Charge de Maréchal, il donna un écrit *a* au Roi Louis VIII, par lequel il déclaroit que ni lui *b* ni ses héritiers ne reclameroient point la Charge de Maréchal, comme prétendant qu'elle fût héréditaire dans leur Maison ; & cela se fit sans douté parce qu'on apprehenda que lui étant le second ou le troisiéme Maréchal de France de suite dans sa Famille, & l'ayant été lui-même en bas âge, ses heritiers ne regardassent cette Charge comme un heritage, ainsi qu'il étoit arrivé aux Comtes d'Anjou à l'égard de la Dignité de Grand Sénéchal de France.

Survivance de la Charge de Maréchal de France donnée à un enfant.

Rigord pag. 216.

Précaution de Louis VIII pour que cette Charge ne devint point héréditaire.

---

a Cet Acte est rapporté dans la nouvelle Histoire des Grands Officiers de la Couronne t. 1. p. 491.
b Nec ego nec hæredes mei reclamabimus Marescalliam jure hæreditario tenendam & habendam : in cujus rei testimonium præsentes litteras, &c.

DE LA MILICE FRANÇOISE. Liv. IX.

Bien loin que la Dignité de Maréchal fût héréditaire, il paroît par plufieurs endroits de nos Hiftoires qu'autrefois elle n'étoit pas à vie, & que dès là que celui qui en avoit été honoré, recevoit un autre emploi incompatible avec les fonctions de Maréchal de France, il ceffoit de l'être. C'eft ce que j'ai remarqué dans l'Hiftoire du Regne de Philippe de Valois au fujet du Seigneur de Moreul Maréchal de France que ce Prince choifit pour être Gouverneur de fon fils Jean qui fut fon Succeffeur fur le Thrône.

La Dignité de Maréchal de France ne fut pas toûjours à vie.

Ce Seigneur repréfenta au Roi que le choix qu'il faifoit de fa perfonne pour le mettre auprès du jeune Prince, lui faifoit honneur; mais que ne pouvant recevoir cet emploi fans quitter la Dignité de Maréchal de France, cela feroit tort à fa réputation, parce qu'on croiroit qu'elle lui avoit été ôtée pour ne l'avoir pas affez dignement remplie; & voici ce qui lui fut écrit par le Roi là-deffus.

» De par le Roi. Sire de Moreul vous fçavez comment nous
» vous deymes l'autre jour que nous vous aviens ordené pour
» eftre avecques Jean noftre fils & à fon frain : * & vrayment
» *nous ne vous oftons de l'Office de Marefchal* pour nul mal qui
» foit en vous, ne pour nul défaut qui par vous ait efté en vo-
» ftre Office : més nous vous amons miex près de Jean noftre
» fils que nous ne ferions nul autre. Si voulons que vous vous
» ordenés tantoft pour y venir, & pour y eftre dorez-en avant
» continuellement : car il eft temps que ceux qui font orde-
» nez pour y eftre y foient; & fi eft miex voftre honneur de
» le faire maintenant, qu'il ne feroit quand nous ferons plus
» avant en la Guerre. Et pour ce que vous nous priaftes, quand
» nous vous en parlafmes que nous y voufiffions garder voftre
» honneur, vrayment fi vous y penfez bien, vous trouverez que
» nous vous faifons trop plus grant honneur de vous y mettre,
» que nous ne ferions *de vous leffier Marefchal* : mefmement con-
» fideré que nous voulons que vous foyés tous li premiers &
» li principaux de fon frain, car il n'eft oncques Marefchal
» de France qui n'en laiffaft volontiers l'Office pour eftre li
» premiers au frain de l'aifné fils du Roi. Si nous femble que
» voftre honneur y eft non pas gardé feulement, més accruës
» & quand au proufit il nous femble que il y eft plus grant

* *Extrait d'un Titre de la Chambre des Comptes de Paris.*

* *C'eft-à-dire en qualité de Gouverneur.*

Appointe-mens des Maréchaux de France en ces tems-là.

« qu'il ne feroit à eftre Marefchal : car pour plufieurs frau-
» des qui fe faifoient pour caufe des Droits des Marefchaux,
» nous avons ordené que dorez-en avant nul Marefchal ne pren-
» droit nul droit, mais feront tournez à noftre proufit tous
» les droits qu'ils foloient prendre, & ils auront cinq cens li-
» vres tournois chacun d'eux par an pour toutes chofes; & fi
» ne les auront fors feulement durant les Guerres, & nous vou-
» lons que vous ayez pour eftre avec noftre fils cinq cens livres
» chacun an, lefquelles nous vous donnons à voftre vie,
» fi nous y femble le proufit plus grant que en l'Office de Ma-
» refchal : pourquoy vous n'en devez eftre en nulle mélancolie,
» mais en devez eftre tout liés, * & pour honneur & pour
» proufit. Donné à Becoifel le cinquiefme jour de Juillet.

* Latus, rejoui.

Ce fut vers l'an 1320 fort vrai-femblablement, le Prince Jean ayant alors douze ans, que le Roi lui donna un Gouverneur. Le Seigneur de Moreul fut rétabli dans fa Charge de Maréchal après avoir élevé le Prince; & on le trouve avec cette qualité l'an 1346 dans un compte * de Barthelemi de Drach. Il y eut dans cet intervalle plufieurs autres Maréchaux de France, fçavoir Jean de Beaumont, Jean des Barres, Mathieu de Trie, Robert Bertrand, Charles de Montmorenci & Robert de Vaurin Seigneur de S. Venant.

* Cité par le Pere Anfelme dans fon Hiftoire des Maréchaux.

On voit par cet Acte non feulement qu'un Maréchal de France pouvoit ceffer de l'être fans même avoir commis le crime de félonie qui lui auroit fait perdre tous fes titres; mais encore que Philippe de Valois retrancha aux Maréchaux certains droits ou profits qu'ils prétendoient.

Charles VII en fupprima plufieurs femblables dont jouiffoient les Connêtables, lorfqu'il inftitua les Compagnies d'Ordonnance, ainfi que je l'ai remarqué en parlant de la Dignité de Connêtable.

Voici encore deux autres preuves que la Dignité de Maréchal de France n'étoit pas à vie autrefois. Arnoul d'Andrehem Maréchal de France quitta fous Charles V la Charge de Maréchal, pour avoir celle de Porte-Oriflamme. Pierre de Rochefort Écuyer fut retenu Maréchal de France au lieu de Meffire Jean fire de Rieux & de Rochefort, qui à fa fupplication & requête a été déchargé dudit Office par Lettres du Roi données

données à Paris le 12 Août 1417. * On trouvera encore dans le Recueil des Rois de France de du Tillet quelques autres exemples de Maréchaux de France dépofez ou déchargez, ainfi qu'il parle, c'eſt-à-dire, qui perdoient le rang & le titre de Maréchal de France, après avoir été revêtus de cette Dignité.

L'ufage contraire n'étoit pas encore entièrement établi même fous le Regne de François I, puifque le Maréchal d'Annebaut ayant été fait Amiral de France, fut fur le point de quitter la Dignité de Maréchal : c'eſt ce que nous apprenons des Mémoires de Brantôme. Il dit que quand le Maréchal d'Annebaut fut fait Amiral, le Roi ne voulut point *qu'il quittât l'état de Maréchal, d'autant que l'Amiral ne tient point rang aux Armées de terre comme les Maréchaux, & le Roi vouloit fe fervir de lui en Terre plus qu'en Mer.* Il eſt donc vrai que les Maréchaux perdoient leur rang & *leur état*, c'eſt-à-dire leur titre & le revenu qui y étoit attaché, quand ils étoient occupez à des fonctions incompatibles avec l'Office de Maréchal qui étoit de commander dans les Armées. Dans l'Eloge du Maréchal de Montejan.

La raifon étoit que ces grandes Charges étoient autrefois cenfées incompatibles en France, & qu'on y regardoit comme un abus qu'un homme poffedât une Charge dont il ne pouvoit remplir les fonctions. Outre que cette incompatibilité donnoit moyen au Prince de recompenfer un plus grand nombre de fes Sujets. C'eſt pourquoi fous le Regne de Henri III dans les Etats de Blois où l'on prétendoit faire la réforme de l'Etat, il fe fit quelques Statuts fur cette matiere. « Et afin, dit ce Prin-
» ce, que nous ayons moyen de recompenfer notre Noblef-
» fe..... nous déclarons que nous n'entendons qu'aucun par
» ci-après puiffe être pourvû de deux Etats, Charges & Offices
» mêmement des Etats de Grand-Maître, Maréchal ou Ami-
» ral de France, Grand Chambellan, Grand-Maître de l'Ar-
» tillerie, Général des Galeres, Grand Ecuyer, Colonel des
» gens de pied, Gouverneur de Province, lefquelles nous dé-
» clarons incompatibles, & ne pouvoir à l'avenir être tenuës con-
» jointement par une même perfonne, quelque difpenfe qui en
» puiffe être obtenuë devant. Art. 267.

* Extraits des Mémoriaux & Regiſtres de la Chambre des Comptes de Paris par le fieur Godefroy Annot. fur le Regne de Charles VI. p. 795.

Art. 268.

» Pareillement ne pourront les Colonels ou Maîtres de Camp
» de gens de pied, Général ou Capitaines des Galeres, avoir
» Compagnie de Gendarmes. « Mais tout cela nonobstant ces Statuts, ne fut guéres mieux observé depuis, qu'il l'avoit été auparavant.

Le nombre des Maréchaux de France a fort varié.

D'abord il n'y eut qu'un Maréchal de France, quand le commandement dans les Armées fut attaché à cette Dignité, comme on l'a vû, par ce que j'ai dit au sujet des premiers Maréchaux sous le Regne de Philippe Auguste : mais sous celui de Saint Louis on en vit deux : car quand ce Prince alla à son Expédition d'Afrique l'an 1270, il avoit dans son Armée avec cette qualité Raoul de Sores Seigneur d'Estrées, & Lancelot de Saint Maard. Il paroît qu'il y en eut toujours deux depuis ce tems-là ; dès que l'un mouroit ou étoit *déchargé* soit par démission volontaire, soit autrement, le Roi en nommoit aussitôt un autre, comme il est souvent marqué dans nos Histoires. On en voit davantage sous Charles VII : mais c'est que Henri Roi d'Angleterre qui se disoit Roi de France, en faisoit de son côté, & Charles VII du sien.

* Voyez Godefroi dans ses Notes sur le Livre de le Feron où il rapporte les Provisions de Gaspard de Coligny, & la confirmation de sa Charge de Maréchal après la mort du Maréchal Trivulce.

François I * en ajouta un troisiéme. Sur quoi il faut observer qu'on pourroit dire que ce Prince fit un quatriéme Maréchal qui fut Gaspard de Coligni pere du fameux Amiral du même nom. Mais ce Prince déclare dans les Provisions de ce Seigneur, qu'il ne le fait Maréchal que par avance pour les raisons qu'il apporte, & pour occuper la place d'un des trois Maréchaux *vivans* qui mourra le premier. En effet dès que le Maréchal Jean-Jacques Trivulce fut mort, Gaspard de Coligni reçut une nouvelle confirmation de son Etat de Maréchal, prit la place Trivulce ; & le Roi n'augmenta point le nombre de trois.

Henri II en mit un quatriéme.

François II en créa un cinquiéme par extraordinaire. Ce fut François de Montmorenci fils du Connétable. On fit ce passedroit en sa faveur pour le dédommager de la Charge de Grand-Maître, dont il avoit la survivance, & qui fut donnée au Duc de Guise. Charles IX en ajouta deux nouveaux ; & Henri III deux autres à son retour de Pologne.

Il fut ordonné aux Etats de Blois sous le Regne de Henri

DE LA MILICE FRANÇOISE. Liv. IX.

II ; que le nombre des Maréchaux seroit fixé à quatre : mais Henri IV fut contraint de se dispenser de cette loi, partie pour recompenser les services de quelques Grands Seigneurs, partie parce qu'il avoit besoin d'eux, partie pour s'accommoder avec les Chefs des Ligueurs : & ce fut par cette dernière raison qu'il confirma dans cette Dignité Messieurs de la Chastre & de Bois-Dauphin faits Maréchaux de France du tems de la Ligue par le Duc de Mayenne : ce qui vérifia la prédiction de Monsieur de Chanvalon qui dit à ce Duc après qu'il eût fait ces Maréchaux, que c'étoit des Bâtards qui seroient un jour légitimés par le Roi aux dépens du parti de la Ligue. Le nombre des Maréchaux a été depuis fort multiplié sous le Regne de Louis XIII, & encore plus sous le Regne de Louis le Grand, & il y en avoit jusqu'à seize l'an 1651, & jusqu'à vingt après la promotion de 1703.

Art. 270.

Il paroît par une Ordonnance de Henri II de l'an 1547, qu'autrefois les Maréchaux de France avoient leurs Départemens pour maintenir l'ordre dans la Gendarmerie & dans les autres Troupes. Ce Prince rétablit ces Départemens par son Ordonnance, entre les trois Maréchaux de France qui étoient alors, sçavoir le Prince de Melphe, Monsieur de la Marck Seigneur de Sedan & Monsieur de S. André.

Etat de la France de l'an 1651.

Départemens des Maréchaux de France pour maintenir l'ordre dans la Gendarmerie.

Le Prince de Melphe eut pour son Département le Dauphiné, la Bresse, la Savoie, le Piémont & autres Villes conquises au-delà des Monts. Monsieur de la Marck eut la Bourgogne, la Champagne, la Brie & autres Pays enclavés. Le Maréchal de S. André eût le Lionnois, le Forés, le Beaujolois, Dombes, la Haute & Basse Marche, Combrailles, Haute & Basse Auvergne, le Bourbonnois, le Berri, le Bailliage de Saint Pierre-le-Moustier.

Ils devoient visiter ces Pays ou les faire visiter, s'ils étoient empêchés d'ailleurs, faire les montres générales de la Gendarmerie, entendre les plaintes des personnes lesées par les Troupes, &c. Il est même marqué dans leur Serment * qu'ils feront ces sortes de Visites.

* *Voyez le Serment ci-dessous.*

Henri II fait entendre que cet usage avoit été négligé sous le Regne de son Prédécesseur, & il le rétablit par son Ordonnance. Cela faisoit que les Maréchaux même en tems de paix avoient toujours quelque fonction de leur Charge, au lieu que quand il n'y a point de Guerre, ils n'ont point souvent d'autre occupation que de faire leur Cour.

Histoire des Grands Officiers de la Couronne page 490.

La Dignité de Maréchal de France est du nombre de celles qu'on appelle Charges de la Couronne ; & il y a déja fort long-tems qu'elle est de ce nombre : c'est ce que nous apprend l'Histoire des Grands Officiers de la Couronne qui cite un Acte sur ce sujet du tems du Roi Jean où il est dit : *En l'Arrest du Duc d'Orleans du 25 de Janvier 1361 est narré que les Offices de Maréchaux de France appartiennent à la Couronne, & l'exercice ausdits Maréchaux qui en font au Roi foy & hommage.* Il me paroît que cet hommage aussi-bien que celui qui se faisoit pour quelques autres Charges, ne consistoit que dans la cérémonie de l'investiture & dans le serment de fidelité que ces Officiers prêtoient entre les mains du Souverain.

Dignité de Maréchal de France, Charge de la Couronne.

Les Maréchaux ont un Tribunal où ils jugent des querelles sur le point d'honneur, & de diverses autres choses qui ont rapport à la Guerre & à la Noblesse. Ils ont des Subdeleguez & Lieutenans dans les Provinces pour en connoître en premiere instance avec leur Jurisdiction au Palais à Paris sous le titre de Connêtablie & Maréchaussée de France, où des Officiers exercent la Justice en leur nom. Quoiqu'il n'y ait plus de Connêtable, leurs Sentences sont toujours ainsi intitulées : *Les Connêtable & Maréchaux de France. A tous ceux qui ces presentes Lettres verront, Salut* : parce que le plus ancien Maréchal de France réprésente le Connêtable.

Ils ont une Jurisdiction.

Au Tableau de la Connêtablie on donne aux Maréchaux de France le titre de Monseigneur-Messire.

Les Subdeleguez ou Lieutenans des Maréchaux de France étoient autrefois des Gentilshommes de marque : c'étoient des Commissions qui sont maintenant des Charges.

L'origine de ce Tribunal de la Connêtablie me paroît aussi ancienne que les Prérogatives & les attributions du Connêtable : car selon d'anciens Monumens que j'ai citez ailleurs, les Sergens d'Armes qui furent instituez par Philippe Auguste, avoient un privilege, qui étoit de n'être jugez que par le Roi & par le Connêtable. Il falloit donc que le Connêtable eût un Tribunal. De plus les gens de son Hôtel ne pouvoient être jugez par d'autres *fors il*, c'est-à-dire que par lui *& les Maiſtres de ſon Hoſtel*. Or *ces Maiſtres* étoient des Juges.

Les Maréchaux de France avoient autrefois certains droits pecuniaires, ainſi qu'il eſt énoncé dans la Lettre du Roi Philippe de Valois au Maréchal de Moreul que j'ai tranſcrite. Ce Prince, comme il le dit lui-même dans cette Lettre, les leur retrancha à cauſe des fraudes qui s'y commettoient : il ne marque point quels étoient ces droits : c'étoit apparemment ſur la ſolde des Soldats & quelque choſe de ſemblable à ceux que prenoit le Connêtable, deſquels j'ai parlé en traitant de cette Dignité ; ou bien ils étoient ſur les denrées qui ſe diſtribuoient dans le Camp. Ces droits preſentement appartiennent au Grand Prevôt de l'Armée. Le Roi Charles V leur avoit déja retranché les droits qu'ils prenoient ſur la ſolde des Soldats, comme on le voit par les Proviſions qu'il donna au Maréchal de Blainville en 1368 rapportées dans l'Hiſtoire des Grands Officiers de la Couronne.

T. 1. pag. 540.

Tout le revenu de leur Charge, comme l'a dit ci-deſſus Philippe de Valois n'étoit que de cinq cens livres ; encore n'en jouiſſoient-ils que durant qu'ils en faiſoient actuellement les fonctions. Quand ils partoient pour quelque Expédition le Roi leur donnoit un Cheval de ſon Ecurie : c'eſt ce qui paroît dans une ancienne montre de Gendarmerie, que j'ai trouvée parmi divers papiers de la Chambre des Comptes de Paris, qui étoient entre les mains de feu Monſieur du Fourni Auditeur des Comptes.

Leurs anciens appointemens.

Ils avoient un cheval de l'Ecurie du Roi quand ils alloient commander.

„ Ci enſuivent les noms des Gendarmes de la retenuë de Ro-
„ bert Bertran ſire de Briquebec Maréchal de France, faite au
„ voyage de Flandre où il fut envoyé de par le Roy Monſei-
„ gneur aux gages dudit Seigneur & ſous le Gouvernement de
„ Monſieur le Comte d'Eu Connêtable de France, en l'aide &
„ confort du Comte de Flandre ſus aucunes déſobéiſſances &
„ rébellions que les gens de la Ville de Gand li faiſoient, à quoi
„ il appella & requit l'aide du Roi après Noel l'an 1337 avec la
„ venuë & montre deſdits Gendarmes, bailliées & rendues adonc-
„ ques des ſuſdits Jehan.... Thréſorier de la Guerre pour le
„ tems, pour faire ſur ce le compte des gages dudit voyage par
„ ledit Maréchal & la garde de toute ſa dite retenuë.

„ Premierement ledit Maréchal Banneret monté ſur ſon Che-

» val gris liart *de la livrée du Roy* : (ce qui marque qu'il étoit
» de l'Ecurie du Roi.).

» Item un autre Cheval *sien propre* pour son corps tout liart
» prix de 300 livres tournois , &c. « Ce *sien propre* montre encore que l'autre lui avoit été fourni par le Roi. C'étoit des distinctions dont on se faisoit alors grand honneur.

J'ai déja remarqué en parlant du Connêtable qu'il avoit un pareil privilege exprimé en ces termes : » Et se on amene plusieurs » Chevaux pour faits d'Armes de la journée, quand le Roi a » pris lequel il veut , le Connêtable prend le second après : « apparemment le Maréchal prenoit le troisiéme.

Appointemens d'aujourd'hui.

Ces usages ont changé : les appointemens des Maréchaux sont devenus beaucoup plus considerables ; ils sont maintenant de douze mille livres , même en tems de paix. Je trouve dans un Etat de la France de 1598 , qu'ils avoient ces gages dès le tems de Henri IV. Et quand ils commandent l'Armée ils ont encore des appointemens beaucoup plus forts. Ils sont de huit mille livres par mois de quarante cinq jours. On leur entretient un Sécretaire , un Aumônier , un Chirurgien , un Capitaine des Gardes , & leurs Gardes , &c.

Il me paroît hors de doute que les Maréchaux de France ont eu de tout tems des droits honorifiques , & que les gens de Guerre leur ont toujours rendus de certains honneurs , sur tout dans les Armées & dans les Places de Guerre, & principalement quand ils commandoient : mais le cérémonial n'a jamais été exactement reglé en cette matiere jusqu'au Regne de Louis le Grand. Il y a plusieurs Ordonnances de ce Prince sur ce sujet dont voici quelques extraits.

Ordonnance du 12 Mai 1696.

Lorsqu'un Maréchal de France passe devant un Corps de Garde, quand même il n'auroit pas de Lettre de service , l'Officier fait mettre les Soldats sous les Armes , & le Tambour bat aux Champs.

Honneurs qu'on rend aux Maréchaux de France.

Les Maréchaux de France en quelques Villes qu'ils se trouvent , quand même ils n'y seroient point pour le service , auront toujours une Garde de cinquante hommes , compris deux Sergens & un Tambour commandés par un Capitaine , un Lieutenant , un Soûs-Lieutenant ou Enseigne avec Drapeau.

On observe de mettre les Gardes des Maréchaux de France

& des Princes devant leur logis, avant qu'ils arrivent, au lieu qu'on ne met celles des autres Officiers Généraux qu'après qu'ils sont arrivez.

Les Gardes des Maréchaux de France & des Généraux se tirent des plus anciens Régimens de la Garnison : mais les Princes du Sang & Légitimez de France, les ont avant eux ; c'est-à-dire qu'on tire les Gardes de ces Princes des plus anciens Régimens avant que de former celles des Maréchaux de France. *Ibid.*

Quand les Maréchaux de France à l'Armée vont chez les Princes du Sang ou chez les Officiers Généraux, la Garde prend les Armes & les Tambours battent aux champs, à la reserve de celle qui est tirée des Régimens des Gardes Françoises & Suisses qui ne prennent les Armes que pour celui qu'elles gardent. *Ibid.*

Dans un Camp les Gardes de la tête du Camp prennent les Armes pour les Maréchaux de France, & les Tambours battent aux Champs. *Ibid.*

Lorsqu'ils entrent dans une Ville, on fait border les rues d'une double haye d'Infanterie depuis la Porte par où ils entrent jusqu'à celle de leur logis. Les Troupes présentent les Armes, les Officiers saluent, & les Tambours battent aux Champs.

Avant les Ordonnances du Roi la cérémonie de battre aux Champs n'a pas toujours été un droit incontestable pour les Maréchaux de France. Voici sur cela un fait assez remarquable que j'ai trouvé dans les Mémoires de Puiségur. *Page 142.*

» Sous le Regne de Louis XIII en 1633, après la prise de
» Nanci, dit le sieur de Puiségur, le Roi envoya Monsieur le Ma-
» réchal de la Force assiéger Epinal ; & comme il sortoit de son
» logis, étant à la tête de ma Compagnie qui étoit de garde, il
» me dit : Monsieur de Puiségur, certes il me semble que vous
» devriez bien battre aux Champs quand je sors, puisque nous
» sommes hors du Royaume : car pour dans le Royaume, je sçai
» bien que cela n'est dû qu'au Roi : je lui dis, Monsieur j'en par-
» lerai à Monsieur de la Iliere qui commande le Régiment & à
» Monsieur Lambert ; surquoi les Capitaines s'assemblerent, &
» m'envoyerent à Nanci trouver le Roi à qui je dis la préten-
» tion de Monsieur le Maréchal de la Force ; il me dit d'abord
» que cela ne lui étoit point dû, & qu'il ne le vouloit pas : je
» lui dis, Sire ; il dit qu'il sçait bien que cela ne lui est point dû

Fait remarquable pour la maniere de battre le tambour pour un Maréchal de France.

» en France, mais que hors du Royaume il lui est dû : que
» quand même l'Armée de Henri IV alla dans le Pays de Ju-
» liers, aussi-tôt qu'elle fut hors de France, elle battit aux
» Champs devant Monsieur le Maréchal de la Chastre qui la
» commandoit. Lorsque le Roi eût entendu cela, il me dit :
» s'il vous le commande encore une fois, faites-le : mais sou-
» venez-vous de ne le faire jamais dans le Royaume, car ce-
» la n'appartient qu'à moi. «

Il est hors de doute que la chose fut executée comme le Maréchal le souhaitoit, & que la réponse du Roi passa pour un Reglement : car le même Monsieur de Puisegur parlant de la revüe de l'Armée qui se fit en 1649 au Camp de Casteau-Cambresis en presence du Cardinal Mazarin, dit que ce Cardinal sortant de son logis, le Tambour battit pour lui : *à cause*, dit-il, *qu'il étoit hors de France*. Au reste les Ordonnances de Louis le Grand ne me paroissent point faire cette distinction des Armées hors de France & des Armées étant sur les terres de France.

Quand un Maréchal de France entre dans une Ville de Guerre, on le saluë de plusieurs volées de Canon, quand même il ne commanderoit pas dans la Province.

Le Roi en 1705 usa d'une tres-grande distinction envers tous les Maréchaux de France qui vivoient alors, il les fit tous Chevaliers de ses Ordres, & leur donna le Cordon bleu ; il n'y eut que le Maréchal de Catinat qui n'accepta pas cet honneur par une modestie singuliere, laquelle avec tant d'autres qualitez qu'il avoit pour la Guerre & pour le Cabinet, fit toujours une partie de son caractere.

Sur l'endroit que j'ai cité de Brantôme au sujet de l'Amiral d'Annebaut, on peut encore remarquer que ce n'étoit pas la mode de son tems, de parvenir au Bâton de Maréchal de France par le service de la Mer : mais sous le Regne de Louis le Grand où ce service est devenu beaucoup plus considerable, on a ouvert ce nouveau chemin pour parvenir à cette haute Dignité : nous en avons des exemples dans les Maréchaux de Tourville, de Chasteau-Renaud, & dans les deux derniers Maréchaux du nom & de la Maison d'Estrées. Jean d'Estrées pere du Maréchal d'aujourd'hui, est le premier qui fraya cette route : il est vrai qu'il s'étoit déja distingué dans les Trou-

Le feu Maréchal d'Estrées est le premier qui soit parvenu au Bâton de Maréchal par le service de la Mer.

DE LA MILICE FRANÇOISE. *Liv. IX.* 17

pes de Terre à pouvoir parvenir à ce terme en suivant les voyes ordinaires. Il le representa même au Roi, quand on lui offrit de commander sur la Mer ; & ce Prince lui répondit que ce Commandement ne lui seroit d'aucun préjudice à cet égard. C'est un nouveau relief pour ce Seigneur d'avoir le premier introduit la dignité de Maréchal de France dans la Marine ; & c'est une remarque importante que je ne devois pas omettre dans une Histoire de la Milice Françoise.

Sous les regnes précédens, & même encore pendant long tems sous le regne de Louis le Grand, quand deux Maréchaux de France étoient dans une armée, ils rouloient ensemble pour le Commandement, excepté que le plus ancien avoit le premier jour de Commandement. Le Maréchal de Chastillon dans une Lettre au Cardinal de Richelieu dit qu'il croyoit qu'en qualité de plus ancien, il auroit aussi droit de commander un jour de Bataille, quoique ce ne fût pas son jour ; que cependant il ne s'en étoit pas prévalu à la Bataille d'Avein où il laissa prendre la droite au Maréchal de Brezé son Cadet. Mais il y a plusieurs années que c'est le plus ancien qui commande toujours en Chef. Nous n'avons vû qu'un exemple contraire depuis longtems ; ce fut à la Bataille de Malplaquet où les Ennemis acheterent le sterile honneur de demeurer maîtres du Champ de Bataille par le plus horrible carnage qui fut fait de leurs Troupes. Cet exemple fut celui de M. le Maréchal de Boufflers. Il étoit l'ancien de M. le Maréchal de Villars, & voulut bien à cette journée commander sous lui. Il en fut bien recompensé par l'honneur qu'il eut d'avoir conservé l'avantage du Combat à son Aîle droite, même après la blessure du Maréchal de Villars, & encore plus par la belle & glorieuse retraite qu'il fit en bon ordre à la vûë des Ennemis qui n'oserent jamais le poursuivre. Ces deux Seigneurs en cette rencontre signalerent chacun leur zele pour leur Roi & pour la Patrie, l'un au dépens de son sang & l'autre par sa grandeur d'ame qui le fit passer pardessus un point d'honneur qu'il méprisa pour le bien de l'Etat.

Mémoire pour l'Histoire du Cardinal de Richelieu. T. 1. P. 497.

Les Maréchaux portent pour marques de leur dignité deux Bâtons d'Azur semés de Fleurs de Lys d'or passés en Sautoir derriere l'Ecu de leurs Armes. Du tems de l'Historien du Haillan, c'est-à-dire du tems de Henri III. *les Maréchaux coûtumié-*

Marques de la dignité des Maréchaux derriere leur Ecu d'Armes. Fol. 29 50

Tome II. C

rement mettoient au côté de leurs Armoiries une Hache d'armes, comme le Connétable une Epée nuë. Un Auteur qui a écrit sur les Armoiries dit que « sur quelques anciens Tombeaux & sur la » porte de quelques Châteaux on voit les Armes de divers » Maréchaux de France, *cotoyées de Haches d'Armes*. On voit par-là que les Bâtons ajoûtés en Sautoir par les Maréchaux & les deux Epées mises par le Connétable à leurs Armoiries ne sont pas fort anciens. Je crois même que ces Symboles ne furent pas d'abord en usage dans leurs Armoiries, & que ce sont des ornemens postiches ajoûtés par les Hérauts d'Armes selon l'idée de ceux qui se mêloient de l'Art Héraldique, & qu'ils firent ces additions avec d'autant plus de raison que l'Epée à l'égard des Connétables & le Bâton à l'égard des Maréchaux étoient les instrumens par lesquels ils recevoient l'Investiture de leurs Charges, comme autrefois les Evêques recevoient l'Investiture de leurs Fiefs de la main du Souverain par la Crosse & par l'Anneau. J'ai lû quelque part que Vulson de la Colombiere étoit l'Auteur de plusieurs de ces Ornemens.

Ce qui me persuade de la nouveauté de ces Symboles, c'est que parmi divers Papiers de la Chambre des Comptes de Paris, j'en ai vû où étoient les Sceaux du Connétable de Clisson & du Maréchal de Gié, où ni l'Epée, ni la Hache d'Armes, ni les Bâtons ne sont point.

Voici le serment que les Maréchaux de France font entre les mains du Roi quand ils sont revêtus de cette dignité.

» Vous jurés à Dieu votre Créateur sur la Foi & Loi que
» tenez de lui, & sur votre honneur que bien & loyalement vous
» servirez le Roi ci présent en l'Office de *Maréchal* de France
» duquel ledit Seigneur vous a aujourd'hui pourvû, envers
» tous & contre tous qui pourront vivre & mourir sans person-
» ne quelconque en excepter, & sans aussi avoir aucune intelli-
» gence ni particularité avec quelque personne que ce soit au
» préjudice de lui & de son Royaume, & que si vous entendés
» chose qui lui soit préjudiciable, vous le lui réverelés; que
» vous ferés vivre en bon ordre, justice & police les Gens de
» Guerre tant de ses Ordonnances qu'autres qui sont & pour-
» ront être ci après à sa solde & service, que vous les gar-

vo. de l'état des affaires de France.

Varennes, dans son Roi d'Armes. P. 604.

Cette coutume n'est pas ancienne.

Serment des Maréchaux de France.

» derés de fouler le Peuple & Sujets dudit Seigneur, & leur
» ferés entiérement garder & obferver les Ordonnances faites
» fur lefdits Gens de Guerre. Que des Delinquans vous ferés
» faire la punition, juftice & correction telle qu'elle puiffe être
» exemple à tous autres. Que vous pourvoyerés ou ferés pour-
» voir & donner ordre à la forme de vivre des Gens de Guer-
» re. Que vous irez & vous tranfporterez par toutes les Pro-
» vinces de ce Royaume; pour voir comme iceux Gens de
» Guerre vivront, & garderez & défendrez de tout votre pou-
» voir qu'il ne foit fait aucune oppreffion ni molefte au Peu-
» ple. Et jurez au demeurant que de votre part vous garderez
» & entretiendrez lefdites Ordonnances en tout ce qui vous fe-
» ra poffible. Et ferez & accomplirez entiérement tout ce qu'il
» vous fera ordonné felon icelles, & de faire en tout & partout
» ce qui concerne ledit Office de Maréchal de France, tout ce
» qu'un bon & notable Perfonnage qui eft pourvû comme vous
» en état préfentement, doit & eft tenu de faire en tout & par-
» tout ce qui concerne ledit état. En figne de ce & pour mieux
» executer ce que deffus, ledit Seigneur Roi vous fait mettre
» en la main le Bâton de *Maréchal*, ainfi qu'il a accoûtumé
» faire à vos Prédeceffeurs.

CHAPITRE II.

Du Titre de Lieutenant Général.

LE terme de Lieutenant eft par lui-même relatif à une Puiffance fuperieure, c'eft-à dire à la perfonne dont celui qui porte ce Titre, tient la place pour le Gouvernement, pour le Commandement, ou pour quelque autre fonction que ce foit.

Le Titre de Lieutenant Général eft donné à des Officiers de Juftice; on le donne aux Gouverneurs de Province dans l'étenduë de leur Gouvernement; on le donne même en divers endroits à ceux qui commandent dans une Province, ou dans de certains diftricts fous les ordres du Gouverneur. Il y a eu

Titre de Lieutenant Général donné à divers Emplois.

quelquefois des Lieutenans Généraux du Royaume. Enfin on le donne depuis plusieurs années à des Officiers de Guerre qui ont le Commandement immediat sous celui qui commande l'Armée en chef. C'est de ces derniers dont je vais traiter ici.

Ceux qui commandent les Armées quelques titres qu'ils ayent ne sont en effet que Lieutenans Généraux.

Mais il faut encore observer que celui à qui l'on donne aujourd'hui le nom de Général d'Armée n'est lui-même, à parler proprement & exactement que Lieutenant Général en tant qu'il represente la Personne du Prince à la tête des Armées ; & pendant un très-long tems il n'avoit en effet que ce Titre de Lieutenant Général.

Ce Titre pris en ce sens étoit en usage sous le Régne de Charles VII. Le fameux Jean Comte de Dunois le prenoit dans les Actes publics parmi ses qualitez. *Jean Bâtard d'Orleans Comte de Dunois, Chambellan de France & Lieutenant Général du Roi, Chef des Arriere-Bans de France.* C'est ainsi qu'il se qualifie dans un Acte de l'an 1450 que j'ai cité en parlant de la Charge de Porte-Oriflamme ; & on lui donne plusieurs fois ce Titre dans les Histoires du Regne de Charles VII.

Hist. chron. du Roi Charles VII. P. 379.

Il est aussi donné dans les Histoires du même Regne au Comte de Clermont fils du Duc de Bourbon, & au Comte de Vendôme Cousin du Comte de Clermont. On le voit souvent dans les Histoires des Regnes suivans: & dans tous ces endroits il signifie celui qui commandoit en Chef un Corps d'Armée, par la raison qu'en cette qualité il tenoit la place du Roi; qui est le Commandant né de toutes ses armées ; & c'est par une espece d'abus & d'abbreviation dans le discours que le Chef d'une Armée a été depuis appellé Général, au lieu de Lieutenant Général.

Cela est si vrai que dans les Patentes que le Roi donne à un Général d'Armée pour le Commandement, il ne l'y qualifie que de son Lieutenant Général.

C'est ainsi par exemple qu'il s'exprime dans celles qu'il donna à M. le Vicomte de Turenne, lorsqu'il lui confia le Commandement de l'Armée d'Allemagne après la mort du Maréchal de Guébriant qui mourut de la blessure reçûë au Siége de Rotuëil : » Louis par la grace de Dieu Roi de France & de » Navarre : A tous ceux, &c. Après la perte sensible que » nous avons faite de notre très-cher & bien amé Cousin le

DE LA MILICE FRANÇOISE. *Liv. IX.*

» Comte de Guébriant Maréchal de France *notre Lieutenant*
» *Général* en notre Armée d'Allemagne. . . . . Nous avons
» eſtimé ne pouvoir faire un plus digne choix que de notre
» très cher & bien amé Couſin le Vicomte de Turenne Maré-
» chal de France. . . . . Sçavoir faiſons que pour ces cauſes &
» autres conſiderations à ce nous mouvans . . . Nous avons
» notredit Couſin le Maréchal de Turenne fait, conſtitué &
» établi, faiſons, conſtituons & établiſſons par ces Preſentes
» ſignées de Notre main, *notre Lieutenant Général* repreſen-
» tant Notre Perſonne en notredite Armée d'Allemagne, &c.

Encore du tems de Henri IV. dit le Maréchal de Biron pre- | Maximes de
mier du nom, on appelloit ſimplement du nom de Lieutenant | guerre fol. 26
du Roi celui qui commandoit l'Armée. | vo.

Nonobſtant cela l'uſage eſt aujourd'hui qu'un Maréchal de France commandant une Armée, lors même que le Roi y eſt en perſonne, eſt appellé Général, & cela par deux raiſons : la premiere, qu'effectivement il a le Commandement général ſur toutes les Troupes & ſur tous les Officiers qui compoſent l'Armée. La ſeconde, pour le diſtinguer des autres Lieutenans Géneraux qui portent maintenant ce Titre dans les Armées, & auſquels il eſt attribué en un autre ſens que celui dans lequel il eſt donné au Général dans ſes Patentes : car le Titre de Lieu-tenant Général lui eſt donné comme repréſentant la Perſonne du Roi à la tête de l'Armée ; & les autres ne le portent pas ſeulement par rapport au Roi, mais auſſi par rapport au Général même dont ils tiennent la place dans la partie de l'Armée qu'ils commandent ſous ſes ordres, & parce qu'à ſon défaut, c'eſt-à-dire par exemple, au cas qu'il fût tué, ſoit dans une Bataille, ſoit dans un Siége, c'eſt à eux ſelon leur rang d'an-cienneté à commander l'Armée. D'où vient que dans leurs Pa-tentes il eſt exprimé qu'ils commanderont les Troupes dont l'Armée eſt compoſée *ſous l'autorité de nos Lieutenans Généraux qui commanderont en Chef nos Armées.* Il y a encore une differen-ce dans leurs Patentes; car dans celles de Lieutenant Général à qui l'uſage donne le Titre de Général, il eſt dit : *Nous avons fait, conſtitué notre Lieutenant Général* N. & dans les Patentes de ceux dont je parle, il eſt dit : *Lous avons fait, conſtitué* N. *l'un de nos Lieutenans Généraux* pour marquer que dans une Armée

C iij

il n'y en a qu'un de la premiere espece qui seul represente le Souverain, & qu'il y en a ou qu'il peut y en avoir plusieurs de l'autre espece.

Patentes des Lieutenans Généraux d'aujourd'hui ne sont ni Provisions ni Brevets mais un Pouvoir.

L'inscription des Patentes des Lieutenans Généraux dont il s'agit ici, est encore remarquable; ce ne sont point des Provisions comme pour plusieurs autres Charges Militaires : ce n'est point non plus un Brevet comme pour les Maréchaux de Camp; l'inscription est telle : *Pouvoir de Lieutenant Général d'Armée pour le Sieur* N.

Il est arrivé quelquefois qu'un Maréchal de France même portât cette qualité, lorsqu'il avoit un Prince audessus de lui qui commandoit l'Armée en Chef, comme par exemple à la Bataille de Rocroi le Maréchal de l'Hôpital étoit Lieutenant Général sous le Duc d'Anguien.

La charge de Lieutenant Général est la plus haute dignité de l'Armée après celle de Maréchal de France. Le Lieutenant Général est le premier entre ceux qu'on appelle Officiers Généraux. C'est un grade où l'on parvient aujourd'hui après être monté à celui de Brigadier, & ensuite à celui de Maréchal de Camp : on ne le regarde point comme une simple Commission : celui qui en est pourvû en conserve le Titre, même en n'en faisant plus les fonctions. Ce sont eux qui aident le Général de leurs conseils, qui commandent les Aîles d'une Armée ou l'Infanterie dans une Bataille, à moins qu'il n'y ait plusieurs Maréchaux de France ; ils commandent les Quartiers, les Attaques & les Tranchées à un Siége chacun à leur tour ; on les charge aussi pour l'ordinaire des gros Détachemens que le Général fait de son Armée soit pour investir une Place qu'il veut Assiéger, soit pour d'autres desseins.

Charge de Lieutenant Général d'aujourd'hui n'est pas fort ancienne.

Cette Charge telle qu'elle est aujourd'hui n'est pas fort ancienne en France : il n'en est fait aucune mention parmi les Officiers d'Armée, ni par du Tillet qui écrivoit sous le Regne de Charles IX. ni par du Haillan dont le Livre fut imprimé du tems de Henri III. Je n'ai pas d'idée d'en avoir vû non plus sous le Regne de Henri IV. Le Maréchal de Biron dans son Livre *des Maximes de Guerre* n'en dit rien, & parle du Maréchal de Camp comme du premier Officier après le Commandant Général.

DE LA MILICE FRANÇOISE. *Liv. IX.* 23

On commence à trouver de cette nouvelle espece de Lieutenans Généraux sous le Regne de Louis XIII. Il n'y en avoit pas dans tous les Corps d'Armée : & une marque évidente de cela, c'est que dans les Lettres où les Généraux rendoient compte au Cardinal de Richelieu ou aux Secretaires d'Etat, des Conseils de Guerre tenus pour quelque expedition, ils disent qu'ils ont assemblé leurs Maréchaux de Camp, & ne font nulle mention de Lieutenans Généraux, dont ils n'auroient pas manqué de parler, s'il y en avoit eu dans les Armées. On voit encore dans la Patente par laquelle le Roi Louis XIII. faisoit le Duc de Savoye Capitaine Général des Armées de France & de celles des Alliés en 1635, que le Maréchal de Crequi, tous les Maréchaux de Camp, Colonels, &c. avoient ordre de lui obéir, sans qu'il soit fait là aucune mention des Lieutenans Géneraux.

<small>Auberi Hist. du Cardinal de Richelieu p. 400. Mémoires pour l'Hist. du Cardinal de Richelieu T. 1. p. 571.</small>

Cependant il y en eut dès lors quelques-uns ; car dans les préparatifs que l'on fit pour attaquer les Espagnols l'an 1638, le Prince de Condé devant entrer avec une Armée en Espagne, il est dit qu'il devoit avoir pour Lieutenant Général le Marquis de la Force. Pareillement le Duc de Longueville qui devoit agir en Franche-Comté, avoit pour son Lieutenant Général Monsieur de Feuquieres. Ces témoignages suffisent pour montrer qu'en ce tems-là il y eut des Lieutenans Généraux sous les Commandans en Chef dans les Armées de France, & que quand il plaisoit au Roi d'en nommer, il n'en mettoit ordinairement qu'un dans une Armée & rarement deux. Il me paroît par quelques exemples que sur la fin du Regne de ce Prince, quand deux Maréchaux de France rouloient ensemble dans la même Armée, ils avoient sous eux chacun un Lieutenant Général. Je croi que ce n'étoit alors qu'une simple Commission, & qu'on ne donnoit cette qualité que par une Lettre de service pour une Campagne. C'est donc sous le Regne de Louis le Grand que l'usage a été introduit de mettre dans une Armée plusieurs Lieutenans Généraux sous les Ordres du Commandant en Chef, qui eussent ce titre en Charge, & en vertu d'un Pouvoir expedié sans être limité à une Campagne : car comme je l'ai déja remarqué, ce terme de *Pouvoir* est le Titre que l'on met à leurs Lettres Patentes.

<small>Auberi Hist. du Cardinal de Richelieu, p. 329. p. 503.</small>

Multiplication des Lieutenans Généraux.

Trois raisons me paroissent avoir déterminé ce Prince à cette multiplication de Lieutenans Généraux. La premiere est que c'est un grade d'honneur qu'il crut utile d'inserer, s'il m'est permis de m'exprimer ainsi, entre le Maréchal de Camp & le Maréchal de France, comme entre le Colonel & le Maréchal de Camp, il mit encore depuis le Brigadier : & cette utilité consiste en ce que chacun de ces divers degrez par lesquels on monte, satisfait au moins pendant quelque tems l'ambition de l'Officier, au lieu que quand il n'y avoit point, ou qu'il n'y avoit guéres de Lieutenans Généraux, & aussi tres peu de Maréchaux de Camp, comme je le dirai dans la suite, un Colonel ou un Mestre de Camp étoit longtems à attendre quelque distinction & quelque Titre permanent qui l'élevât au dessus du rang où il étoit depuis plusieurs années.

La seconde raison est, que les Officiers passant par ces divers degrez se forment mieux dans le Commandement & se rendent plus capables en passant d'un moindre à un plus étendu & de-là jusqu'à celui de Lieutenant Général.

La troisiéme raison est que sous ce Regne, sur tout depuis 1672, les Armées ont été infiniment plus nombreuses que sous les Regnes précédens, en sorte que des Corps ausquels on donnoit auparavant le nom d'Armée, se sont appellez depuis des Camps-volans. Il a fallu donc multiplier les Officiers à proportion de la multiplication des Troupes : & il convenoit que des détachemens aussi nombreux que des Corps d'Armées que les Maréchaux de France se faisoient auparavant honneur de commander, eussent à leur tête un Officier avec le titre de Lieutenant Général.

Commencement de cette multiplication.

Cette multiplication de Lieutenans Généraux commença pendant la Minorité du Roi & le Ministére du Cardinal Mazarin ; mais on en a fait encore en bien plus grand nombre, sur tout depuis la premiere Guerre de Hollande de 1672; car dans la Guerre de 1667 je ne trouve guéres que les Marquis de Bellefons, d'Humieres, de Crequi qui furent depuis Maréchaux de France, le Duc de Rohanois & le Sieur du Passage ausquels on donne le titre de Lieutenant Général. La plus nombreuse Promotion s'en fit en 1704 où il y en eut plus de soixante.

En

En parlant du titre de Capitaine Général dans l'Histoire de notre ancienne Milice, j'ai dit que le Cardinal Mazarin ressuscita ce Titre en 1656 en faveur de M. de Castelnau, non pas avec la même autorité qui y étoit autrefois attachée, & qui étoit en effet celle de Général d'Armée; mais seulement pour lui donner droit de commander d'autres Lieutenans Generaux, sans rouler avec eux, étant lui-même sous les ordres du General. Le Cardinal en usa ainsi pour ne pas tout-à-fait mécontenter Castelnau qui le pressoit de lui faire donner le Bâton de Maréchal. Monsieur d'Uxelles eut aussi alors le même Titre. M. de Montpesat & quelques autres anciens Lieutenans Généraux s'étant retirés à cette occasion pour n'être pas commandez par ces deux Officiers, on en fit de nouveaux du nombre desquels furent Messieurs de Crequi, d'Humieres, de Bellefons & de Gadagne.

Le Titre de Capitaine Général ressuscité par le Cardinal Mazarin.

Cette nouvelle qualité de Capitaine General ne dura pas long-tems; & l'on en revint à l'ancien usage qui étoit qu'un Lieutenant Général ne commandoit point ceux qui avoient le même Titre. Cela se pratiqua jusqu'en l'an 1690 que le Roi donna au Marquis de Boufflers des Patentes pour commander l'Armée de la Moselle en vertu desquelles, bien qu'il ne fut pas encore Maréchal de France, il commanda d'autres Lieutenans Généraux. De semblables Patentes lui furent données en 1691 & en 1692. Ces Patentes que j'ai vûës sont les mêmes que l'on donne aux Generaux d'Armée pour l'étenduë du Commandement. M. le Comte de Tessé au commencement de la derniere Guerre eut aussi le titre de Capitaine General dans les Troupes d'Italie en 1702, où il commanda d'autres Lieutenans Généraux. Je trouve aussi que le Duc de Navaille & le feu Duc de Noailles ont eu ce Titre.

usité encore depuis.

Régulièrement parlant le Rang des Lieutenans Generaux est reglé entre eux par l'ancienneté de leur Promotion. Un jour de Bataille le plus ancien commande l'Aîle droite, à moins que quelque raison particuliére ne détermine le General à faire une autre disposition de concert avec eux, comme il arriva à la Bataille des Dunes en 1658, où M. de Turenne donna le Commandement de l'Aîle droite au Marquis de Crequi qui n'étoit pas si ancien Lieutenant General que le Marquis de Gadagne, lequel il mit à la tête du corps de Bataille, parce qu'il entendoit parfaitement l'Infanterie.

A ce titre de Lieutenant Général, outre le commandement & les fonctions dont j'ai parlé qu'il donne dans les Armées, le Roi a ajouté plusieurs droits honorifiques qui les distinguent des autres Officiers Généraux, & qui sont réglez par des Ordonnances.

Honneurs militaires rendus aux Lieutenans Généraux.
Ordonnance & Réglemnt du 12 Mai 1696 art. 1.

Un Gouverneur de Place étant Lieutenant Général, l'Officier d'une Garde devant laquelle ce Gouverneur passe, fait mettre sa Garde en haye sous les Armes, & le Tambour appelle. Cette derniere cérémonie du Tambour ne se fait pas, si le Gouverneur n'est que Maréchal de Camp. Le Lieutenant Général qui commande en Chef dans une Province par ordre de Sa Majesté, aura pour sa Garde cinquante hommes sans Drapeau commandez par un Capitaine & des Officiers à proportion. Le Tambour appellera lorsqu'il passera devant la Garde. Il est salué deux fois par les Troupes ; sçavoir lorsqu'elles entrent en quartier d'hyver, & lorsqu'elles en sortent à la premiere Revuë qu'il en fait.

Un Lieutenant Général Commandant en chef à un Capitaine à la tête de sa Garde. Origine de cet usage.

Ce ne fut pas d'abord la coutume de mettre un Capitaine à la tête de la Garde du Lieutenant Général commandant en chef ; le Sieur de Puisegur nous apprend l'origine de cet usage dans ses Mémoires : » Les Gardes, dit-il, qui gardoient
» M. d'Uxelles, comme Lieutenant Général de l'Armée, ne le
» gardoient qu'avec un Sergent & vingt hommes, & il vouloit
» que je lui donnasse un Capitaine avec quarante hommes.
» Je lui dis que pour les quarante hommes, je les lui donnerois
» avec un Officier, mais que je ne lui donnerois pas un Capitaine, n'y ayant point d'apparence de raison qu'un Capitaine de Piedmont relevât un Sergent des Gardes. Il étoit
» dans ce tems-là Postulant avec M. de Castelnau pour être
» Maréchal de France. Il se plaignit à la Cour de ce que je
» ne lui voulois pas donner un Capitaine. On m'écrivit de le
» faire. J'envoyai à M. le Cardinal pour tâcher d'empêcher
» que cela ne fût; mais M. le Cardinal qui aimoit mieux lui
» donner un Capitaine pour le garder que de le faire Maréchal
» de France, m'envoya un second Ordre pour lui en donner un;
» ce que je fis, & dis à M. d'Uxelles, on vous accorde un Ca-

" pitaine, mais on ne vous accordera pas le Bâton de Maré-
" chal de France, quoiqu'aſſurément je puis dire qu'il le mé-
" ritoit; & on croira avoir aſſez fait pour vous, de vous don-
" ner la même Garde. Cela a été pratiqué depuis à l'égard des
Lieutenans Généraux commandant en chef. On le fit par ordre du Roi pour le Marquis de Bellefons en 1667 aux Pays-
Bas pendant l'hyver, à l'égard de M. du Paſſage en Rouſſillon
en 1668 & à l'égard de M. de Luxembourg en Hollande en
1672. &c.

Les Lieutenans Généraux qui commanderont à l'Armée ou
dans la Province ſous d'autres Chefs, ou qui n'auront le Commandement que par accident, auront pour leur Garde trente
hommes avec un Capitaine & un Sergent & un Tambour qui
appellera lorſqu'ils paſſeront devant la Garde.

Tous ces honneurs ne ſont rendus au Lieutenant Général
que quand il a actuellement des Lettres de ſervice; & il en eſt
à proportion de même des autres qu'on appelle aujourd'hui Officiers Généraux. Les Lieutenans Généraux dont je parle ont
deux mille francs par mois de quarante-cinq jours, ſur quoi
ils entretiennent leurs Gardes & leurs Aydes de Camp.

Ibid.

Ibid.

CHAPITRE III.

Du Titre de Maréchal de Camp.

LE Maréchal de Camp eſt un des premiers & des plus con-
ſidérables Officiers des Troupes : c'eſt celui qui de concert avec le Général ordonne du Campement & du logement
de l'Armée, & qui, lorſqu'elle décampe, prend les devants pour
reconnoître le Pays & faire marcher les Troupes en ſûreté. Après
que les Maréchaux de Camp ont déterminé la forme & l'étenduë du Camp; ils laiſſent le département du terrain au Maréchal Général des Logis & au Major Général : c'eſt une des
fonctions du Maréchal de Camp de poſter lui-même la grande
Garde dans un poſte avantageux, environ à une demie lieuë
du Camp.

D ij

C'est à eux à voir loger les Troupes & à les voir partir, &c. On les appelle Maréchaux de Camp, parce qu'ils y ont le Commandement pour en ordonner la disposition, à proportion comme le Maréchal de France l'a sur toute l'Armée.

Il est certain que de tout tems il y a eu dans les Armées un ou plusieurs Officiers chargez de ces fonctions : car c'étoit une nécessité de marquer un Camp pour les Troupes, quand elles arrivoient en quelque lieu, de les y ranger, d'assigner à chaque Corps sa place dans les Campemens, &c.

Je crois que c'étoient autrefois les Maréchaux de France qui faisoient eux-mêmes cette fonction sous le Connêtable ; & cela me semble assez marqué dans un Acte que j'ai cité en traitant des prérogatives du Connêtable, où il est dit, *que les Maréchaux de l'Ost sont dessous lui & ont leur Office distincte, de recevoir les Gendarmes, Ducs, Barons, Chevaliers, Ecuyers & leurs Compagnons* : ce qui me paroît assez clairement signifier que c'étoit aux Maréchaux de France à distribuer les Quartiers aux Troupes, quand elles arrivoient au Camp, comme font maintenant les Maréchaux de Camp.

<small>Regiſtre Pater. Fol. 183</small>

Dès le tems de François I. il y avoit dans les Armées des Officiers qui portoient le titre de Maréchal de Camp : mais il n'est pas également certain, si avant deux cens ans & même depuis, c'étoit une Charge & un Titre permanent, ou une simple Commission que le Roi ou le Général donnoit pendant une Campagne. Pour moi il me paroît que ce n'étoit qu'une simple Commission jusqu'au Regne de Henri IV, où l'on voit les personnes qui avoient été honorées de ce Commandement, mettre parmi leurs Titres ou Qualitez, celui de Maréchal de Camp, même hors du tems de Guerre.

<small>Langey Liv. 2 de la Discipline Militaire. Fol. 72.</small>

Encore sous le Regne de Henri IV, il n'y avoit proprement qu'un Maréchal de Camp dans une Armée ; & ces Officiers avoit comme des Lieutenans ou des Aydes qui d'abord ne porterent que le titre d'Ayde de Camp, mais qui par abus prirent dans la suite la qualité de Maréchaux de Camp. M. de Montgommeri-Corboson dans son Traité de la Milice Françoise fait cette remarque ; c'est en parlant du Colonel, c'est à dire du Meſtre de Camp d'un Regiment d'Infanterie, auquel il auroit souhaité, contre l'usage de ce tems-là, qu'on eût donné le titre de Colonel, Titre qui un peu après l'Inftitution des Régimens d'Infanterie, avoit été affecté à la perfonne du Colonel General & aux Commandans des Legions.

» Le Colonel, dit-il, ne doit obéiffance abfoluë qu'au feul
» Général & au Colonel Général après le Roi, & pour le dû
» de fa Charge, recevoir les Départemens, Places d'Armes
» ou Champs de Bataille, ordre pour aller ou envoyer à la
» Guerre, pour loger ou déloger, marcher, faire Convois, dé-
» bander Troupes & entrer en Garde, *d'un feul Maréchal Gé-*
» *néral de Camp. Quant aux Aydes de Camp lefquels s'appellent*
» *maintenant tous Maréchaux de Camp*, ils ne lui doivent ni
» peuvent commander, finon lui portant ordre exprès figné
» du General ou du Maréchal Général du Camp.

On voit par cet extrait que du tems de Henri IV, & même au commencement du Regne de Louis XIII (car ce Livre de M. de Montgommeri fut imprimé en 1617) il n'y avoit proprement qu'un Maréchal de Camp dans une Armée, auquel l'Auteur donne le titre de Maréchal General pour le diftinguer des autres qu'on nommoit Maréchaux de Camp, mais qui n'avoient pas la même autorité, puifqu'ils n'avoient droit de commander aux Meftres de Camp qu'en vertu des Ordres dont ils étoient porteurs de la part du Maréchal de Camp Général.

C'eft de ceux-ci dont parle le Maréchal de Biron dans fon Livre que j'ai cité : lorfqu'il dit que le Maréchal de Camp doit être accompagné de trois ou quatre Aydes qui ayent hanté les Maréchaux de Camp, pour bien faire l'affiette d'une Armée, &c. Je trouve en effet dans les Comptes de l'Extraordinaire des Guerres de l'an 1615 M. de Feuquieres & M. d'Efcures avec le titre d'Aydes des Maréchaux de Camp dans l'Armée du Maréchal de Bois-Dauphin. Fol. 49 vo.

On parloit encore de cette maniere en 1630 quand on vouloit s'exprimer avec exactitude : car dans l'Hiftoire du Maréchal de Toiras, l'Auteur en racontant la maniere dont on fit marcher l'Armée pour le fecours de Cafal dans laquelle trois Maréchaux de France commandoient chacun un Corps, parle de la forte. Vol. 2 p. 221.

» Les Maréchaux de Camp qui fervoient fous le Maréchal
» de Schomberg étoient les Sieurs de Feuquieres & Frangipa-

» ni. . . . les Aydes étoient la Haye & Beauregard. Sous le
» Maréchal de Marillac fervoient le Marquis de Brefé & Cha-
» telier-Barlot; fous eux Rogles & de Bofque étoient Aydes
« de Camp. Sous le Maréchal de la Force étoit feul Maréchal
» de Camp le Vicomte d'Arpajou homme hardi & valeureux,
» fes Aydes, la Fite, du Fraifche, le Vijan, du Pleffis-Befan-
» fon, & de Vignoles auffi Aydes en ce voyage.

Fol. 49 v°. Le Maréchal de Biron dit encore dans le petit Ouvrage que j'ai cité, que quand l'Armée eft partagée en deux Corps, il convient qu'il y ait deux Maréchaux de Camp, & que quand elle eft partagée en trois Corps, il en faut trois : mais il ajoute qu'il eft à propos qu'un des trois ait l'autorité fur les deux autres, pour éviter les jaloufies & les difputes pour le Commandement.

Journal de Baffompierre p. 149. C'eft ce qui fe pratiquoit en effet quelquefois. Ainfi en 1622 Monfieur de Baffompierre fut fait par Brevet premier Maréchal de Camp ; & en vertu de ce Brevet il commandoit à tous les autres & ne rouloit point avec eux.

A en juger par un Etat de la France de l'an 1598 fous Henri IV il n'y avoit qu'un Maréchal de Camp en titre d'Office. Car dans cet état après le dénombrement des Maréchaux de France, des Amiraux, des Colonels Généraux, on met ce Titre.

Maréchal de Camp.

Charles Gontaut Duc de Biron, & puis fuit la Lifte des Meftres de Camp des vieux Corps d'Infanterie : & il faut obferver que quoique M. de Biron fut dès lors Maréchal de France, & que dans cet état il foit dans la Lifte des Maréchaux, cependant on le met encore fous le titre particulier de Maréchal de Camp, parceque c'étoit une Charge qui étoit unique ; c'étoit celle de Maréchal de Camp General des Camps & Armées. Aujourd'hui il n'y a point de Maréchal Général de Camp, dont les autres Maréchaux de Camp foient comme les Aydes ou les Lieutenans. Le rang & l'autorité fe régle entre eux par la feule date de leur Brevet.

Quand il n'y avoit point de Lieutenant Général fous le Général dans une Armée, comme il n'y en avoit point jufqu'au tems de Louis XIII, & que même fous ce Regne fouvent il n'y en eut point, le Maréchal de Camp étoit le premier Officier des Troupes après le Général.

On multiplia les Maréchaux de Camp fur la fin du Regne de Louis XIII & au commencement du Regne de Louis XIV : car dans le rôle des Armées de l'an 1643 j'en trouve cinq pour l'Armée du Duc d'Anguien, sçavoir Messieurs de Gassion, de la Ferté-Seneterre, d'Aumont, d'Espenan & de Grancé, & au Siége de Thionville sous les ordres du même Prince j'en trouve sept, sçavoir Messieurs de Gêvres, d'Espenan, de Gassion, d'Aumont, de Paluau, de Sirot, d'Andelot, de Nangis. Après la Paix des Pyrenées les anciens Maréchaux de Camp étant apparemment morts depuis cette Paix, il en resta peu, & je sçai de feu Monsieur le Maréchal de Choiseul, que quand il fut envoyé au secours de Candie, il n'y avoit alors que quatre Maréchaux de Camp en France, & qu'il fut fait le cinquième, pour commander avec ce titre les Troupes qu'il conduisoit à cette expédition. Depuis ce tems-là le Roi multiplia les Maréchaux de Camp pour les mêmes raisons que j'ai dites, pour lesquelles il multiplia les Lieutenans Généraux.

Cette multiplication commença avec celle des Lieutenans Généraux; & on a fait d'ordinaire en même tems les Promotions des uns & des autres aussibien que celles des Brigadiers.

Quand un Officier est parvenu au grade de Maréchal de Camp, il peut vendre son Regiment, s'il en a : ce qu'il ne peut pas faire n'étant que Brigadier, il doit même le faire suivant un Réglement que le Roi fit durant la Guerre qui commença en 1688 : mais il y a eu des exceptions là-dessus.

Par tout ce que je viens de dire, on voit que les fonctions de la Charge de Maréchal de Camp d'autrefois ont été comme partagées entre le Lieutenant General & le Maréchal de Camp depuis l'institution des Lieutenans Généraux. Car le Maréchal de Camp en vertu de cet emploi commandoit immediatement sous le General : il conduisoit dans les Batailles le Corps de Reserve ou une des Aîles de l'Armée; & tout cela regarde aujourdhui pour l'ordinaire les Lieutenans Generaux. A un Siege où il y a deux attaques, celle de la gauche est commandée par un Maréchal de Camp, & la droite par un Lieutenant General.

Honneurs Militaires des Maréchaux de Camp.
Ordonnance du 12 Mai 1696.

Les Maréchaux de Camp à proportion de leur rang ont aussi des honneurs militaires reglez par les Ordonnances.

Un Maréchal de Camp qui commandera en chef dans une Province par ordre de Sa Majesté, aura quinze hommes pour sa Garde commandez par un Sergent sans Tambour : il en sera de même quand il commandera sous un Chef audessus de lui.

Si un Gouverneur de Place est Maréchal de Camp, l'usage est que l'Officier de garde fasse metre sa Garde en haye & le Fusil sur l'épaule, lorsque le Gouverneur passe : mais le Tambour ne bat pas.

Que si le Maréchal de Camp a ordre pour commander en chef un Corps de Troupes, alors il aura pour sa Garde trente hommes avec un Tambour commandez par un Officier, & le Tambour appellera, quand il passera devant le Corps-de-Garde.

Les Maréchaux de Camp ont en campagne pour Appointement neuf cens livres par mois de quarante-cinq jours.

Le grade de Maréchal de Camp est aujourd'hui une Charge dont l'Officier est pourvû par Brevet, & dans le Brevet elle est qualifiée de Charge.

Je me suis reservé à parler en cet endroit de la Charge de Maréchal General des Camps & Armées ; & je dirai d'abord que quoique cette Charge ne soit pas fort ancienne, je n'ai pû pleinement me satisfaire par les recherches que j'ai faites sur les prerogatives qui y étoient attribuées.

De la Charge de Maréchal General des Camps & Armées.

Ceux qui ont possedé cette Charge.

JE trouve dans l'Histoire des Grands Officiers de la Couronne trois Maréchaux de France qui ont porté le titre de Marechal General des Camps & Armées : sçavoir le Maréchal de Biron second du nom, le Maréchal de Lesdiguieres depuis Connêtable de France, & M. le Vicomte de Turenne,

DE LA MILICE FRANÇOISE. *Liv. IX.* 33
& l'on n'en trouve point en effet d'autre dans notre Histoire. Mais quant aux attributs de cette Charge, les Auteurs qui en ont parlé, ne s'accordent point entre eux.

Nous apprenons par l'Auteur de la vie de M. de Lesdiguieres que ce Seigneur étant Maréchal de France eut la Charge de Maréchal General des Camps & Armées ; & il raconte que le Roi Louis XIII pensant à le faire Connétable de France, M. de Lesdiguieres qui sçavoit que le Duc de Luynes alors le grand favori du Roi prétendoit à cette dignité, s'excusa par politique de l'accepter, & conseilla au Roi de la donner
" au Duc de Luynes ; ce qui fut exécuté. Il ajoute que le Roi
" voulant se satisfaire en l'affection qu'il avoit pour le Duc
" de Lesdiguieres, il lui envoya en même tems le pouvoir de Ma-
" réchal General de ses Camps & Armées avec des attribu-
" tions qui lui donnoient presque toute l'autorité de Connéta-
" ble, dont on pouvoit bien dire qu'il possedoit la Charge
" en effet, & que l'autre n'en avoit que le nom.

Dés que la Charge de Maréchal des Camps & Armées étoit jointe à la dignité de Maréchal de France, celui qui en étoit pourvû avoit dans un Siége tout le Commandement, & toute la Direction du Siége, quand même il y auroit eu un autre Maréchal de France plus ancien que lui ; c'est ce que nous apprend la même Histoire du Connétable de Lesdiguieres au sujet du Siége de Saint Jean d'Angeli en l'an 1621.

" La Ville de Saint Jean d'Angeli, dit l'Auteur, où Sou-
" bize frere du Duc de Rohan s'étoit enfermé pour la deffen-
" dre, ayant arrêté la Cour, Auriac l'un des Maréchaux de
" Camp de l'Armée du Roi qui servoit en celle-ci, & s'étoit au-
" paravant logé avec quelques Troupes au Bourg de S. Julien à
" un quart de lieuë de la Place, remit au Duc de Lesdiguieres,
" comme à son Superieur (en qualité de Maréchal General
" des Camps & Armées du Roi) le Commandement des Ar-
" mes & la Direction entiere du Siége à quoi l'on se préparoit : le
" Duc de Brissac à qui sa qualité de Maréchal de France at-
" tribuoit le Commandement de l'Armée, le lui défera aussi-
" tôt. Sur quoi il faut observer ce que l'Historien n'ajoute pas,
que le Maréchal de Lesdiguieres étoit moins ancien Maréchal de France que le Maréchal de Brissac.

Le Connétable de Lesdiguieres.
Videl t. 2 p. 159.

Prérogatives de cette Charge.

T. 2 p. 165.

Tome II.   E

Que si le Connétable étoit dans la même Armée, alors le Maréchal General des Camps & Armées n'agissoit que par ses ordres & même ne faisoit point ses fonctions : c'est ce que le même Historien témoigne en parlant du Siége de Montauban qui se fit la même année. » Le Duc (de Lesdiguieres) dit-
» il, étant venu de Villemur au Camp où le Connétable de
» Luynes donnoit tous les ordres ; & voyant qu'il ne vouloit
» point de Compagnon en cette Souveraine partie du Comman-
» dement, se contenta de prendre le soin d'un quartier avec
» le Prince de Joinville depuis Duc de Chevreuse, & le Ma-
» réchal de Saint Géran qui s'associerent à l'attaque de l'endroit
» nommé le Moustier.

P. 172.

Une chose cependant est à remarquer, que quand le Maréchal General des Camps & Armées étoit le Cadet d'un autre Maréchal de France qui se trouvoit au même Siége, celui-ci gardoit en certains points le rang & les prerogatives que son ancienneté lui donnoit. C'est ce que nous apprenons du Maréchal de Bassompierre dans les observations qu'il fit sur l'Histoire de France de Dupleix dans le tems qu'il étoit en prison à la Bastille.

Dupleix en parlant du Siége de Saint Jean d'Angeli s'étoit exprimé ainsi. » Brissac ceda le principal Commandement
» à Lesdiguieres en qualité de Maréchal General des Camps
» & Armées Royales.

Observations de M. de Bassompierre p. 325.

Monsieur de Bassompierre corrige l'Historien de cette maniere.
» Il ne lui ceda que la Charge de Maréchal de Camp Gene-
» ral : car au reste il le preceda aux Conseils, & au Com-
» mandement de la premiere attaque qui étoit celle des Gar-
» des.

Ces provisions sont dans les Registres de Mr le Tellier Secretaire d'Etat vol. 28. fol. 112.

* M. l'Abbé Raguenet.

Si j'avois pû recouvrer les Provisions de Monsieur le Vicomte de Turenne pour la Charge de Maréchal General des Camps & Armées, j'en aurois peut être tiré quelques nouvelles lumieres sur ce sujet : mais on les a cherchées longtems inutilement parmi les Papiers de la Maison de Bouillon, tout ce que j'en ai pû apprendre d'un celebre Ecrivain * qui a fait imprimer l'Histoire de la vie de Monsieur de Turenne il y a plusieurs années sur les Memoires les plus sûrs, laquelle n'a point encore paru pour des raisons particulieres, c'est qu'ayant eu ces

Provisions entre les mains, il en a tiré la date qui est le cinquiéme d'Avril de l'an 1660, & qu'il se souvient distinctement d'y avoir lû ces termes. *Pour en jouir (de cette Charge) aux mêmes Droits, Privileges, & Prérogatives, dont ont joui ceux qui en ont été pourvû avant lui.*

Ce fut au sujet de cette Charge que Louis XIV ordonna en 1672 que Monsieur de Turenne ne rouleroit point avec les autres Maréchaux pour le Commandement & qu'il les commanderoit tous. Cette affaire fit de l'éclat. Il fallut que les Maréchaux de France se soumissent aux ordres du Roi. Les Maréchaux de Crequi & d'Humieres furent obligez d'aller servir sous Monsieur de Turenne au Camp près de Nassau sur la Lone. Voici la Lettre que le Roi écrivit à ce General en cette occasion, & dont les deux Maréchaux furent eux-mêmes les Porteurs.

Différens entre les Maréchaux de France.

LETTRE DU ROI A M. DE TURENNE,
qui lui fut apportée par Messieurs les Maréchaux de Crequi & d'Humieres au Camp près de Nassau sur la Lone.

» MON Cousin, ayant résolu de me servir de mes Cousins les Maréchaux de Crequi & d'Humieres en qualité de mes Lieutenans Generaux sous vous dans mon Armée de laquelle je vous ai donné le Commandement en chef, j'ai bien voulu vous le faire sçavoir par cette Lettre, & vous dire que mon intention est que vous ayez à faire reconnoître Mesdits Cousins les Maréchaux de Crequi & d'Humieres en ladite qualité de mes Lieutenans Generaux sous vous en madite Armée; que vous leur fassiez prendre jour alternativement, & les employiez dans les fonctions de ladite Charge selon & ainsi que vous verrez être à propos pour mon service. Sur ce je prie Dieu qu'il vous ait, mon Cousin, en sa sainte & digne garde. Ecrit à Saint Germain en Laye, le 30 Octobre 1672. Signé LOUIS, & plus bas
» LE TELLIER.

Tout ce qu'on peut recueillir de ce que j'ai rapporté de l'Histoire de Monsieur de Lesdiguieres, & de ce que j'ai cité du Maréchal de Bassompierre, c'est que la Charge de Maréchal General des Camps & Armées donnoit, ce semble, à celui qui en étoit pourvû, le Commandement dans un Siége à l'exclusion même d'un plus ancien dans la dignité de Maréchal de France, & qu'en second lieu ce plus ancien Maréchal ne laissoit pas d'avoir la preséance dans le Conseil & dans la principale attaque.

Mais il paroît extraordinaire que ce Maréchal General des Camps & Armées qui avoit le Commandement general du Siége ne presidât pas au Conseil de Guerre. Cette difficulté n'est point resolue par le fait du Siége de S. Jean d'Angeli dont j'ai parlé, non plus que par celui de Montauban qui se fit la même année ; car le Connêtable de Luynes y étoit present, & c'étoit lui qui presidoit au Conseil de Guerre : de plus, comme le témoigne l'Auteur de la vie du Duc de Lesdiguieres, le Connêtable au Siége de Montauban donnoit tous les Ordres. J'ai déja transcrit ce qu'il dit là-dessus.

Videl t. 2 p. 172.

Mais écoutons encore raisonner le Comte de Bussi-Rabutin sur ce sujet dans deux de ses Lettres, à l'occasion du refus que firent les Maréchaux de France de commander sous les ordres du Vicomte de Turenne en 1672 au commencement de la Guerre de Hollande.

Lettre 300.

» C'étoit, dit-il, une question de sçavoir, si étant aussi re-
» devables au Roi qu'ils sont, ils eussent été excusables de re-
» fuser de lui obéir en choses qui eussent effectivement interes-
» sé l'honneur de leurs Charges ; mais de le refuser en choses
» où ils ont tort, je ne puis les excuser. Il est certain que
» les Maréchaux de Camp Generaux ont été faits pour la
» fonction de Connêtable. Il y en a eu peu jusqu'ici en France.
» Cette Charge a été créée pour faire esperer l'Epée de Con-
» nêtable à celui qu'on en pourvoiroit ; & cependant pour en
» faire les fonctions sous un autre titre. Je ne sçache guéres que
» le Maréchal de Biron, le Connêtable de Lesdiguieres, &
» Monsieur de Turenne qui en ayent été pourvûs. Une raison
» convainquante que la Charge de Maréchal de Camp Gene-
» ral est au-dessus de celle de Maréchal de France, c'est que

» quand le Maréchal de Biron fut fait Maréchal de Camp
» General, il étoit Doyen des Maréchaux. Si on n'eût pas vou-
» lu lui donner quelque chose au dessus de ce qu'il étoit, on
» l'eût laissé comme il étoit. Mais pour ajouter l'exemple à
» la raison, vous sçavez qu'au Siége de Clerac, Monsieur de
» Lesdiguieres qui n'étoit encore que Maréchal de Camp Ge-
» neral * commanda le Maréchal de Saint Geran, qu'il n'y
» avoit pas longtems qui étoit son Camarade. Monsieur de Tu-
» renne est aujourd'hui en bien plus forts termes avec les
» Maréchaux exilez. Il commandoit les Armées du Roi, que
» ceux-ci étoient encore au College. . . . . Il y a dix ans que
» j'ai appris ce que je viens de dire du feu Maréchal de Cle-
» rembaut.

* C'est-à-dire qui n'étoit pas encore Connêtable.

Voici ce que dit le Comte de Bussi dans son autre Lettre.   Lettre 306.
» Je voudrois bien, dit-il, demander à ceux qui vous disent
» que l'on ne fit le Maréchal de Biron Maréchal de Camp
» General que pour préceder les Maréchaux de France, où
» ils ont trouvé cela ? car je leur dirai que quand on lui don-
» na cette Charge nouvelle, il étoit le Doyen des Maréchaux ;
» & cela étant, il les précedoit par sa seule ancienneté. Pour
» le Connêtable de Lesdiguieres n'étant encore que Maréchal
» de Camp General au Siége de Clerac, il envoya dire au Ma-
» réchal de Saint Geran de se retirer, parce qu'il étoit allé à
» l'escarmouche comme un simple Officier. Je vous cite des
» endroits de l'Histoire que tout le monde peut voir : & l'on
» vous allegue des Provisions d'une Charge qui ne sont point
» publiques. Il faut dire aussi la verité, jusques ici j'avois cru
» que les Provisions de Monsieur de Turenne étoient comme
» les autres : mais l'Ordonnance que le Roi vient de faire,
» par laquelle il veut que Monsieur de Turenne commande
» les Maréchaux de France seulement pour cette Campagne,
» & sans tirer à consequence, me fait croire que les Lettres
» de Maréchal de Camp General ne lui en donnoient pas le
» Privilege. Cela pourtant m'embarasse, car quelles graces lui
» font-elles donc, à un vieux Maréchal de France qui a ren-
» du de grands services pendant la Guerre, & que l'on a vou-
» lu recompenser en faisant la paix ? Il me dit aussi-tôt qu'il
» fut fait Maréchal de Camp General, que le Roi en lui don-

„ nant cette Charge lui avoit dit : Je voudrois que vous m'euſ-
„ fiez obligé à faire quelque choſe de plus pour vous, vou-
„ lant dire, de le faire Connêtable, à quoi ſa Religion pour
„ lors étoit un obſtacle.

Je vais faire quelques courtes obſervations ſur ces Lettres de Monſieur de Buſſi. Premierement, il ſe méprend dans ce qu'il met pour principe de ſes raiſonnemens que Monſieur de Biron étoit le Doyen des Maréchaux de France, quand il fut fait par Henri IV Maréchal General des Camps & Armées. Il y en avoit deux vivans encore plus anciens que lui, ſçavoir Albert de Gondi Duc de Retz qui avoit eu le Bâton dès l'an 1574, & qui mourut la même année que Monſieur de Biron, c'eſt-à-dire, en 1602. L'autre étoit Henri de la Tour Duc de Bouillon fait Maréchal de France en 1592 & mort en 1623, & Charles de Biron ne fut honoré du Bâton qu'en 1594.

Secondement, que le droit du Maréchal General des Camps & Armées de commander aux autres Maréchaux de France eſt fondé ſur quelques faits ; car au Siége de Clerac le Maréchal de Saint Geran, & au Siége de Saint Jean d'Angeli le Maréchal de Briſſac furent ſous les ordres du Duc de Leſdiguieres Maréchal General des Camps & Armées, quoique le Maréchal de Briſſac eût la preféance dans le Conſeil comme plus ancien Maréchal de France.

Troiſiémement, d'ailleurs l'Ordonnance du Roi citée par Monſieur de Buſſi, par laquelle il fut dit que les Maréchaux obéiroient à Monſieur de Turenne pendant la Campagne de 1672, & ſans conſequence, paroît prouver qu'il n'avoit pas ce droit en vertu de ſes Proviſions de Maréchal General des Camps & Armées.

En quatriéme lieu, ſi Monſieur de Turenne n'avoit point cette prérogative en vertu de ſa Charge, quel avantage lui procuroit-elle ? ces deux articles embaraſſent le Comte de Buſſi & moi auſſi : il faudroit donc conclure, comme il ſemble avoir fait, que la Charge de Maréchal General des Camps & Armées du Roi n'étoit qu'un Grade qui le diſpoſoit à la dignité de Connêtable, que le Roi auroit eu envie de rétablir lorſqu'il fit Monſieur de Turenne Maréchal General des Camps

& Armées, ce que j'ai cependant beaucoup de peine à croire : car Louis XIII avoit supprimé cette Charge pour de très-bonnes raisons, & en particulier à cause de l'excessive puissance qu'elle donnoit à celui qui en étoit pourvû : raison capable de faire encore plus d'impression sur l'esprit de Louis XIV que sur celui de Louis XIII, à moins qu'il n'eût eu dessein de restraindre l'autorité de cette Charge, comme il fit depuis pour celle d'Amiral de France, de Colonel General de la Cavalerie, & de quelques autres. C'est là après bien des recherches tout ce que je puis dire là-dessus sans rien decider.

CHAPITRE IV.

Du Titre & de la Charge de Brigadier d'Armée.

SI on en croit nos Etymologistes, les mots de *Brigade* & de *Brigadier* viennent du mot Latin *Precor*: mais on ne descend de ce mot primitif jusqu'à ses dérivés que par bien des Cascades ; la chose cependant a beaucoup de vraisemblance. Ils disent donc que le mot de Brigade vient de l'Italien *Brigata*, que *Brigata* vient d'un autre mot Italien *Briga* qui signifie *Brigue*. Briga est aussi un mot de la basse Latinité qui signifie *contention* & debat. Ils ajoutent que ce mot *Briga* vient de *Precor* qui en Latin signifie *Prier*, parce que ceux qui vouloient être élevez aux dignitez à Rome prioient & sollicitoient pour avoir les voix, c'est-à dire, ce que nous dirions encore aujourd'hui, qu'ils briguoient ; que le nom de *Brigata* fut donné à la Troupe ou à la Faction de ceux qui briguoient pour le Chef de la Troupe ou de la Faction, & qu'ensuite ce mot a été transferé & déterminé à une Troupe de Soldats sous un Chef qu'on a appellée *Brigade*, & de Brigade est venu Brigadier.

Etymologie du Titre de Brigadier.

Quoiqu'il en soit de cette belle érudition, le Titre de Brigadier est fort nouveau dans les Troupes pour signifier la Charge dont je parle ici. Il est plus ancien en un autre

Diverses si-gnifications du mot de Brigadier dans les Troupes.

L'ordre de la Cavalerie de M. de Montgommeri p. 135.

sens. Les Compagnies de Gendarmerie du tems de Henri IV & avant lui se partageoient ordinairement en quatre Brigades, quand ces Compagnies étoient de cent Maîtres; & ceux qui les commandoient, s'appelloient Chefs de Brigades ou Brigadiers. Il en est à peu près de même aujourd'hui dans la Gendarmerie, & à proportion dans la Maison du Roi.

Quand deux Generaux, deux Maréchaux de France par exemple, commandoient dans une Armée, & qu'ils la partageoient en deux Corps pour en commander chacun un séparément, on donnoit à ces deux Corps le nom de Brigade. C'est le terme dont le Roi Louis XIII se servit dans une Lettre qu'il écrivit au mois de Juin de l'an 1635 aux Maréchaux de Chastillon & de Brezé qui commandoient ensemble l'Armée des Pays-Bas, & qu'ils avoient ainsi partagée, ce qui ne plut pas au Roi. ,, J'ai crû encore, dit le Roi, vous
,, devoir avertir pour prévenir les contestations qui pourroient
,, arriver, que toutes les fois qu'il y a eu deux de mes Cou-
,, sins les Maréchaux de France dans mes Armées, ils ont
,, toujours commandé alternativement & avec une égale auto-
,, rité, sans qu'il y ait eu aucune différence ni prérogative
,, entre eux pour le fait du Commandement, si ce n'est que
,, le plus ancien a droit de choisir le jour ou la semaine qu'il
,, doit avoir le Commandement, & après le laisser à son Compa-
,, gnon pour le prendre successivement l'un après l'autre. Je
,, desire donc que vous observiez le même ordre, puisque c'est
,, la coutume, la raison & ma volonté. Quant à la sépara-
,, tion que vous avez faite jusques ici de mon Armée *en
,, deux Brigades*, je veux croire que c'est à bonne fin & pour
,, de bonnes considerations que vous en avez usé de la sorte
,, pendant votre voyage; mais craignant que si vous conti-
,, nuiés à cet ordre qui n'a jamais été pratiqué, cela ne fît
,, naître des jalousies & des divisions entre mes Troupes, j'ai
,, bien voulu vous dire de le changer, ensorte que toutes les
,, Troupes changent aussi, & soient à leur tour sous la charge de
,, chacun de vous, sans demeurer affectées ni à l'un ni à l'au-
,, tre; à quoi je vous exhorte de tenir la main, & me rendre
,, compte à la premiere commodité de ce que vous aurez fait
,, en execution du present ordre que je vous envoye.

Ce

Ce que l'on appelle aujourd'hui une Brigade dans les Armées, est un corps composé de plusieurs Régimens soit d'Infanterie, soit de Cavalerie, soit de Dragons commandé par un Brigadier en titre & par Brevet. Les Brigades d'Infanterie sont composés de quatre, de cinq, & même de six Bataillons; celles de Cavalerie & de Dragons sont de cinq, de six & ont été quelquefois jusqu'à huit & dix Escadrons. Autrefois de pareilles Brigades étoient commandées par un Mestre de Camp, mais qui n'avoit la qualité de Brigadier que par Commission & dans le tems qu'il commandoit la Brigade. Il y avoit un inconvenient fort considerable pour le commandement de ces Brigades, sçavoir que comme les Mestres de Camp avoient leur rang entre eux par l'ancienneté de leurs Régimens, il arrivoit quelquefois que le Mestre de Camp du plus ancien Regiment étoit un jeune homme de peu d'experience, qui cependant à cause du rang & de l'ancienneté du Regiment, se trouvoit commander de vieux Mestres de Camp dont les Regimens avoient rang après le sien.

Brigadiers par Commission.

Monsieur de Turenne commandant en Flandre les dernieres années de la Guerre qui finit par la paix des Pyrenées, representa au feu Roi que cela étoit contre le bien du service: & suivant son Conseil, Sa Majesté ordonna que les Brigades de Cavalerie auroient des Commandans fixes pendant la Campagne, & l'on choisit pour cela des Mestres de Camp experimentés ausquels on donna le nom de Brigadiers: mais ils n'avoient pas pour cela de Brevet; ce n'étoit encore alors qu'une Commission & non une Charge, ni proprement un grade dans la Milice.

De ce nombre furent alors les Sieurs de Bauvesé.
Le Comte de Choiseul depuis Maréchal de France.
La Feüillée.
Le Chevalier de Fourille.
Le Marquis de Gassion.
Des Fourneaux.
Genlis.
Le Marquis de Joyeuse depuis Maréchal de France.
Le Baron de Monclar.
Le Marquis de Resnel.

Et Rochepaire.

Dans les Troupes qui furent au Siége de Marſal en 1663, dans celles qu'on envoya à l'Electeur de Mayence en 1664 pour ſoumettre la Ville d'Erford, dans l'expedition de Gigeri, dans celle de Hongrie où ſe donna la Bataille de Saint Godard la même année, il n'eſt fait mention ni du nom ni du ſervice de Brigadier que de cette maniere.

En 1665. le Roi envoya au ſecours des Hollandois contre l'Evêque de Munſter un Corps de Troupes commandées par Monſieur de Pradel Lieutenant General; & dans les dépenſes de la Guerre de cette année Bauveſé, le Chevalier de Fourille, & des Fourneaux eûrent chacun une gratification de deux mille livres en qualité de Brigadiers de Cavalerie, quoiqu'ils n'euſſent point de Brevet du Roi pour cette qualité.

Inſtitution des Brigadiers en titre d'Office dans la Cavalerie;

Mais en 1667 quand la Guerre commença, le Roi fit expedier au mois de Juin par Monſieur le Tellier pluſieurs Brevets de Brigadiers de Cavalerie dont il honora divers Officiers: & c'eſt alors que furent inſtitués les Brigadiers par Brevet, que cet emploi devint une Charge & un grade de Milice, & en vertu duquel ceux qui le poſſedent, ſont mis en quelque façon au nombre de ce qu'on appelle Officiers Generaux: car en effet ils ne le ſont pas, n'ayant jamais eu en vertu de ce grade, intendance ſur toutes ſortes de Troupes, mais ſeulement le commandement ſur une partie de la Cavalerie, ou de l'Infanterie, ou des Dragons.

Et puis dans l'Infanterie.

Le Roi ayant été fort ſatisfait de ces Brigadiers de Cavalerie, en mit auſſi dans l'Infanterie, l'année ſuivante, c'eſt-à-dire en 1668; & la premiere nomination s'en fit au mois de Mars. Les quatre qui furent nommez, ſelon les Memoires que j'ai vûs, furent Meſſieurs de Caſtelan, Martinet, des Bonnets & Rambures.

Avant cet établiſſement des Brigadiers à Brevet, & avant le changement dont j'ai parlé que fit Monſieur de Turenne, chaque Brigade étoit, comme je l'ai dit, commandée par le Meſtre de Camp du plus ancien Regiment qui s'y trouvoit. C'eſt pourquoi la Brigade portoit le nom de ce plus ancien Regiment. Cet uſage eſt demeuré juſqu'à préſent principalement dans l'Infanterie, quoique le Brigadier ne ſe trouve pas être

Colonel du plus ancien Regiment de la Brigade. Ainsi on dira la Brigade de Normandie bien qu'elle ne soit pas commandée par le Colonel de Normandie.

Pour ce qui est de la Cavalerie, on donne d'ordinaire à une Brigade le nom du Brigadier qui la commande, & non celui du premier des Regimens dont elle est composée.

Cet usage n'est pas néanmoins universel, si ce n'est pour les Regimens des Gentilshommes : car j'ai vû quelquefois qu'on parloit autrement, quand les Regimens Royaux ou ceux des Officiers Generaux de la Cavalerie étoient de la Brigade, parcequ'alors elle prenoit leur nom : par exemple, on disoit la Brigade du Royal, la Brigade du Commissaire General, &c.

Le Brigadier d'Infanterie dans une Bataille est à cheval, pour pouvoir se porter plus vîte aux divers Bataillons de sa Brigade dont il doit ordonner tous les mouvemens.

Il y a des Brigadiers non seulement dans la Cavalerie legere & dans l'Infanterie, mais encore dans les Dragons & dans la Gendarmerie : ceux de la Gendarmerie, au moins ceux qui étoient Capitaines-Lieutenans des quatre premieres Compagnies précedoient dans les promotions ceux de la Cavalerie legere : mais cet usage n'est plus.

Brigadiers dans les Dragons & dans la Gendarmerie.

Il n'est point nécessaire d'avoir passé par la Charge de Colonel ou de Mestre de Camp pour parvenir au titre de Brigadier. Le Roi a souvent promu à ce grade Militaire des Capitaines aux Gardes, des Officiers de Gendarmerie, des Officiers des Gardes du Corps, des Officiers des Gendarmes de la Garde, des Officiers des Chevaux-Legers & des Mousquetaires, des Officiers d'Artillerie, des Ingenieurs & des Lieutenans-Colonels. Je connois un Officier qui de premier Capitaine des Grenadiers du Regiment de Navarre fut fait Brigadier pour aller commander les Troupes du Roi à Pampelune en 1704; c'est Monsieur du Pont aujourd'hui Commandant de Toulon; mais cela n'est pas ordinaire. Ces Brigadiers font leur chemin comme les autres, c'est-à-dire, que de Brigadiers ils deviennent Maréchaux de Camp & Lieutenans Generaux par leurs services.

Louis le Grand attacha aussi à la qualité de Brigadier des honneurs Militaires. Le Brigadier qui est logé dans le Camp & y a sa Brigade, doit avoir une Garde composée d'un Ca-

Honneurs Militaires des Brigadiers.

poral & de dix hommes de sa Brigade : mais s'il est dans une Place sous un autre Commandant, il n'a pas même de Sentinelle.

Quand un Brigadier visite un Poste, l'Officier tient sa Garde en haye sans autres armes que l'Epée, & se met à la tête ayant son Esponton près de lui.

Un Officier tandis qu'il n'est que Brigadier, est pour l'ordinaire obligé de garder son Regiment, s'il en avoit avant que de l'être : mais il peut le vendre à son profit dès qu'il est parvenu à être Maréchal de Camp, ainsi que je l'ai déja dit à un autre occasion.

Par Ordonnance du 30 Mars 1668 le Roi donne aux Brigadiers d'Infanterie la même autorité sur les Troupes d'Infanterie que ceux de Cavalerie ont sur celles de Cavalerie.

Par celle du 10 de Mars 1673 il a été reglé que tout Brigadier soit d'Infanterie ou de Cavalerie qui aura Lettre de service, commandera à tous Colonels & Mestres de Camp tant d'Infanterie que de Cavalerie ; que dans une Place fermée celui d'Infanterie commandera à celui de Cavalerie ; mais dans un lieu ouvert & à la Campagne celui de Cavalerie commandera à celui d'Infanterie. L'Ordonnance du 30 de Juillet 1695. y ajoute le Brigadier de Dragons auquel elle donne le même rang qu'a celui de Cavalerie, & ordonne qu'ils rouleront ensemble suivant leur ancienneté.

Par Ordonnance du premier d'Avril 1696 il a été reglé que les Brigadiers qui auront leurs Commissions du même jour, garderont toujours comme Colonels le rang que leurs Regimens leurs donnent, & marcheront comme Brigadiers suivant l'ancienneté de leurs Commissions de Colonels. Et par celle du 20 de Mars 1704, Sa Majesté expliquant mieux son intention à l'égard des Colonels d'Infanterie qui ont passé à des Charges de Gendarmerie ou à des Regimens de Cavalerie ou de Dragons, elle a ordonné que les Brigadiers de Cavalerie d'Infanterie ou de Dragons, marcheront entre eux du jour de leur Commission de Colonel ou de Mestre de Camp d'Infanterie, de Dragons ou de Cavalerie, sans avoir égard aux changemens des Corps, ni au tems qu'ils seront entrés dans celui où ils se trouveront. Nonobstant le Brevet que le Roi donne aux Brigadiers, ils ne servent en cette qualité que par une Lettre de service. Ils ont en Campagne cinq cens livres par mois de quarante-cinq jours.

Outre les Maréchaux de France, les Lieutenans Generaux, les Maréchaux de Camp, les Brigadiers, il y a encore d'autres Officiers considerables, comme le Maréchal des Logis de l'Armée, le Major General de l'Infanterie, &c. Mais comme ils sont en quelque façon hors de rang, & que je prétends traiter ici d'abord des Officiers tant de Cavalerie que d'Infanterie qui sont, pour ainsi dire, dans la ligne de subordination des uns aux autres, je la continuerai jusqu'aux moindres Officiers, & je parlerai ensuite de ces diverses Charges. Ainsi je vais traiter ici du Mestre de Camp & puis du Colonel qui ont leur rang après les Brigadiers & servent sous leurs ordres.

CHAPITRE V.

Du Titre de Mestre de Camp.

IL ne s'agit point encore ici des Mestres de Camp Generaux tels que sont le Mestre de Camp General de la Cavalerie legere, & le Mestre de Camp General des Dragons; mais seulement de ceux à qui l'on donne aujourd'hui simplement le titre de Mestre de Camp: & ce sont ceux qui commandent en chef un Regiment de Cavalerie legere. Ce Titre semble être affecté à ces sortes d'Officiers, comme celui de Colonel à ceux qui commandent un Regiment d'Infanterie ou de Dragons. J'ai vû souvent cependant des gens de Guerre donner le nom de Colonel au Chef d'un Regiment de Cavalerie. Autrefois, c'est-à-dire du tems de Louis XIII, on eût parlé fort improprement en donnant le nom de Colonel à un Mestre de Camp: témoin le Maréchal de Bassompierre qui dans ses Remarques sur l'Histoire de Dupleix où le Sieur Arnaut est appellé Colonel des Carabins, releve ainsi cet Historien. ″ Sot

" que tu es, il ne fut jamais que Meſtre de Camp, & les
" Carabins ſont non ſeulement ſous le Colonel de la Cavalerie
" legere, mais encore ſous le Meſtre de Camp des Chevaux-
" Legers.

Les Meſ-tres de Camp autrefois avoient d'au-tres fonctions que ceux d'au-jourd'hui.

Ce titre de Meſtre de Camp ne répond nullement aux fonctions de l'Officier qui le porte aujourd'hui : car ſelon ſa notion primitive, & comme le nom même le marque, il avoit toujours ſignifié un Officier, dont la fonction étoit d'aſſigner, dans un Camp les quartiers aux Bandes ou Compagnies qui compoſent un Corps de Troupes, après avoir pris l'ordre du Maréchal de Camp.

P. 21 vo.

C'eſt en ce ſens que le prend l'Auteur de la Diſcipline Militaire attribué à Monſieur de Langey, lorſque parlant d'une Legion qui étoit de ſix mille hommes d'Infanterie du tems de François I, il dit " Leur Fourier s'avancera pour demander le quartier que
" la bande doit tenir dedans le Camp où la Legion logera, & faudra
" qu'il s'adreſſe *au Meſtre de Camp* d'icelle Legion ; l'Office
" duquel entre autres choſes, c'eſt d'aviſer l'endroit le plus
" ſain pour aſſeoir ladite Legion en Camp : & ayant trouvé
" quelque lieu commode, il départ les quartiers, & ſi ordonne
" quellement il doit eſtre fortifié, & à ces fins ce Maiſtre de
" Camp ſe ſera déja avancé pour avoir diviſé & comparti le
" tout de bonne heure, & devant que les bandes arrivent. Cette
diſtribution particuliere de terrain à chaque Regiment eſt
aujourd'hui la fonction du Major de chaque Regiment.

Il paroît que ſous François I, ce Maiſtre du Camp ou Meſtre de Camp étoit en même tems un des Capitaines des Bandes, ou de la Legion : mais par une Ordonnance de Henri II, il fut reglé que le Meſtre de Camp auſſi bien que le Sergent Major n'auroient point de Compagnie dans les Bandes où ils avoient ces fonctions, afin qu'ils puſſent s'en acquitter plus exactement, n'étant point chargez de la conduite d'une Bande particuliere. Dans un Etat Major de l'Infanterie de l'an 1568, je trouve à la tête le Colonel General, le Meſtre de Camp, & le Sergent Major de l'Infanterie. Ce Meſtre de Camp étoit comme le Lieutenant du Colonel General, & étoit lui-même comme le Meſtre de Camp General de l'Infanterie. Il en eſt parlé dans les Ordonnances de François I, & de Henri II, &

il paroît avoir eu le commandement de toute l'Infanterie sous le Colonel General.

L'Officier qui commandoit les Bandes Françoises dans quelques Provinces avoit aussi le titre de Mestre de Camp. J'ai vû la Commission du Sieur de la Mole du tems de Henri II par laquelle il fut fait Mestre de Camp des Bandes Françoises dans l'Isle de Corse sous les ordres & en l'absence de Monsieur de Termes Lieutenant General, & devoit joüir des prérogatives dont joüissent *les autres Mestres de Camp de nos autres Bandes Françoises*: ce qui montre que dans tous les Pays où il y avoit des Bandes, c'est-à-dire, de l'Infanterie Françoise il y avoit aussi un Mestre de Camp des Bandes. Il avoit l'inspection de ces Troupes, il les commandoit au nom du Colonel General, & lui en rendoit compte. Ces Mestres de Camp avoient du tems de Henri II six Arquebusiers pour leur Garde, ou du moins à leur suite entretenus par le Roi, comme on le voit par les Registres de l'Extraordinaire des Guerres de ce tems-là.

<small>Registre d'un Secretaire d'Etat dans la Biblioteque de M. Baluse.</small>

<small>Fonction des Mestres de Camp autrefois.</small>

<small>Vol. 3 Picardie. 1559.</small>

Je trouve dans les Memoires du Duc de Nevers que du tems de Henri III & par consequent depuis l'institution des Regimens d'Infanterie, il y avoit *quatre Estats*, c'est à dire, quatre Charges *de Mestre de Camp ordinaire*, qu'il y en avoit aussi d'extraordinaires de même espece, selon le même Auteur. Ce qui arrivoit, je croi, quand il se faisoit quelque Détachement considerable, ou bien lorsqu'on faisoit un nouveau Corps d'Armée, où les ordinaires ne pouvoient se trouver.

<small>T. p. 28.</small>

Sous François I, plusieurs Bandes dans une Armée étoient mises en un Corps, & celui qui les commandoit portoit le titre de leur Mestre de Camp. Montluc sous l'an 1545, parlant de l'expedition d'Angleterre qui se fit sous le Commandement de l'Amiral d'Annebaut, dit que » l'Amiral obtint du » Roy Commission, laquelle, dit-il, il m'envoya pour estre » Mestre de Camp de cinquante ou soixante Enseignes que Sa » Majesté fit lever pour faire le voyage d'Angleterre, desquelles j'amenay au Havre de Grace entre les mains de » Monsieur de Tais. (Ce Seigneur étoit Colonel General de l'Infanterie.)

Il y avoit donc alors premierement un Mestre de Camp dans tous les quartiers où se trouvoient plusieurs Bandes d'Infanterie, qui étoit comme le Lieutenant du Colonel General. Secondement il y avoit des Meſtres de Camp dans les Armées pour commander les Bandes, qu'on réuniſſoit pour former un Corps d'Infanterie. Troiſiémement, il y en avoit qui portoient le titre de Meſtre de Camp, dont la fonction étoit de diſtribuer le quartier deſtiné dans un Camp à un certain nombre de Bandes.

Quand François I eut inſtitué les Legions, ceux qui les commandoient eurent le titre de Colonel. Cette inſtitution ne ſubſiſta pas longtems. Henri II, comme je le dirai, mit ſur pied quelques Regimens d'Infanterie dans le tems même qu'il inſtitua auſſi des Legions. Les Chefs de quelques-uns de ces Regimens eurent ou s'attribuerent le titre de Colonel : mais le Colonel General de l'Infanterie Françoiſe & le Colonel General de l'Infanterie d'au-delà des Monts demanderent à Charles IX en 1568, & obtinrent que le titre de Colonel fût ôté aux Commandans des Regimens d'Infanterie en leur laiſſant le titre de Meſtre de Camp ; peut-être eurent-ils encore alors les fonctions qui y étoient attachées ſelon la notion primitive de ce nom & qui regardoient la diſtribution du campement à leur Troupe ſous les ordres du Maréchal de Camp : mais cette diſtribution fut depuis attribuée à d'autres Officiers. Ainſi le titre de Meſtre de Camp fut alors le titre des Chefs des Regimens d'Infanterie Françoiſe pour la plûpart, quoiqu'il ſoit maintenant affecté aux Chefs des Regimens de Cavalerie. Et voci comme cela eſt arrivé.

Meſtre de Camp autrefois Titre du Chef d'un Regiment d'Infanterie.

Les Commandans des Regimens d'Infanterie furent d'abord nommez Meſtres de Camp, parce qu'ils commandoient pluſieurs Bandes ou Compagnies réunies en un Corps, & qu'avant l'inſtitution des Regimens on donnoit ce Titre dans une Armée à ceux qui commandoient pluſieurs Compagnies ainſi réunies, comme je l'ai prouvé par le témoignage de Montluc. Ils continuerent depuis à porter cette qualité. Il n'y eut des Regimens de Cavalerie en France que plus de ſoixante & dix ans après l'inſtitution des Regimens d'Infanterie : car ceux ci furent inſtituez par Henri II, & la Cavalerie ne fut miſe en Regiment dans ce Royaume que l'an 1635 ſous le Regne de Louïs XIII.

Lorſqu'on inſtitua les Regimens de Cavalerie, on donna par
la

la même raison le même titre de Meſtre de Camp aux Commandans de ces Corps, le Colonel General de Cavalerie portant ſeul le titre de Colonel : de ſorte qu'il y eut alors des Meſtres de Camp de Cavalerie & des Meſtres de Camp d'Infanterie. Ce fait eſt tres-certain, on le voit dans nos Hiſtoires & dans les Regiſtres de l'Extraordinaire des Guerres : mais quand la Charge de Colonel General de l'Infanterie Françoiſe fut ſupprimée par Louis le Grand après la mort du dernier Duc d'Epernon l'an 1661, ce Prince par ſon Ordonnance de la même année attribua aux Commandans des Regimens d'Infanterie le titre de Colonel, & leur fit quitter celui de Meſtre de Camp. Il ne ſe fit aucun changement à cet égard dans les Regimens de Cavalerie, parce que la Charge de Colonel General de la Cavalerie ſubſiſtoit, c'eſt pourquoi les Commandans de ces Regimens de Cavalerie conſerverent leur titre de Meſtre de Camp. C'eſt donc ainſi qu'il eſt arrivé que ce Titre qui d'abord avoit été donné aux Commandans des Regimens d'Infanterie, demeura aux Commandans des Regimens de Cavalerie qui le portent encore aujourd'hui : mais, comme je l'ai déja obſervé, à regarder l'idée qu'on avoit d'abord attachée au titre de Meſtre de Camp, il ne convient pas mieux aux Commandans des Regimens de Cavalerie, qu'il ne convenoit aux Commandans des Regimens d'Infanterie ; puiſque la fonction de départir les Camps & les logemens des Compagnies dans le campement, n'eſt plus la fonction de ceux qu'on appelle aujourd'hui Meſtres de Camp ; & ce n'eſt que par un uſage abuſif qu'on le leur donne.

Et depuis devenu propre de la Cavalerie.

Il y a des Meſtres de Camp en pied, c'eſt-à-dire, dont le Regiment eſt ſur pied ; il y a des Meſtres de Camp réformés, c'eſt-à-dire, dont le Regiment a été réformé, & qui ſont attachez à un autre dans l'eſperance d'être à la tête de quelque Regiment qui vaquera, ou que l'on créera. Il y a auſſi des Meſtres de Camp de Commiſſion, c'eſt-à-dire, qui en ont la commiſſion ſans avoir & ſans avoir eu de Regiment ; ils en ont le rang & les prérogatives dans les occaſions. C'eſt un honneur dont le Roi recompenſe certains Officiers qui ſe ſont diſtinguez dans le ſervice hors des Regimens, & même dans les Regimens ſans en avoir été Colonels ni Meſtres de Camp.

Meſtres de Camp en pied.

Meſtres de Camp réformez.

Meſtre de Camp de Commiſſion.

Quoique les Meſtres de Camp réformez n'ayent par ce titre aucun Commandement, le Roi par ſes Ordonnances leur en attribuë pour certaines occaſions : par exemple, dans les Détachemens où il ſe rencontre des Meſtres de Camp en pied & des Meſtres de Camp réformez, ils ſe commandent entr'eux ſans diſtinction ſuivant les dattes de leurs Commiſſions ; & cela s'eſt pratiqué de tout tems dans les Regimens de Cavalerie.

Ordonnance du 4 Septembre 1701.

Pareillement en l'abſence des Meſtres de Camp en pied, les Meſtres de Camp réformez commanderont les Regimens ſoit dans les actions de Guerre, ſoit dans les marches, ſoit dans les quartiers ; ils y ont tous les honneurs & toutes les prérogatives du commandement, ſans néanmoins ſe mêler du détail des Regimens dont la connoiſſance appartient aux Lieutenans-Colonels ou au premier Capitaine en l'abſence du Meſtre de Camp.

Autorité des Meſtres de Camp.

Le Meſtre de Camp a droit d'interdire les Capitaines & les Subalternes de ſon Regiment lorſqu'ils manquent au ſervice, & de les mettre en arrêt. La juſtice du Regiment s'exerce au nom du Roi & du ſien ; il preſente les Officiers pour les Charges de ſon Regiment au Secretaire d'Etat de la Guerre ; mais on ne les agrée pas toujours, & on lui en nomme quelquefois d'autres. Le Roi nomme toujours le Capitaine & le Cornette.

Place du Meſtre de Camp dans un Combat & ailleurs.

Le Meſtre de Camp dans une marche & dans une revûë eſt à la tête des Capitaines trois pas devant eux : mais dans un Combat, dans une Bataille, la croupe de ſon Cheval eſt dans le premier rang de l'Eſcadron ; il a pour armes l'Epée & les Piſtolets. S'il ſe trouve dans un Détachement avec de l'Infanterie, il commande le Colonel dans une plaine : mais ſi c'eſt dans un lieu où il y ait retranchement, baricade ou ceinture, c'eſt le Colonel qui le commande. La choſe a été ainſi reglée par les Ordonnances du Roi. Avant ce tems-là il y avoit ſouvent des diſputes qui étoient décidées ſelon que les Generaux étoient favorables à la Cavalerie ou à l'Infanterie.

Commandement reglé entre le Meſtre de Camp & le Colonel d'un Regiment d'Infanterie. P. 585.

Le Sieur de Puiſegur dans ſes Memoires rapporte une choſe ſur ce ſujet qui montre ce que je dis. » Monſieur de Turenne, dit-il, étant devenu Colonel (General) de la Ca-

» valerie, il la vouloit mettre en un fort haut point, ce qu'il
» ne pouvoit pas faire sans abaisser l'Infanterie qu'il préten-
» doit faire obéir à toute la Cavalerie jusques à un simple Ca-
» pitaine de Dragons qu'il vouloit faire commander dans une
» Place où le Regiment de la Marine étoit. Ce fut à Furnes
» que la chose arriva, & ce fut un nommé Clodoré qui refusa
» d'obéir. Il le fit arrêter & il le fut six semaines durant ; &
» quand il parloit aux Officiers d'Infanterie pour obéir à ceux
» de la Cavalerie, ils lui disoient qu'ils ne devoient pas le fai-
» re, & que Monsieur de Puisegur leur avoit dit qu'ils ne le
» fissent pas ; & cela le fâchoit. M. de Puisegur ajoute ce que
» je viens de dire, que tout ce qui a été disputé à Monsieur
» de Turenne par l'Infanterie, a été réglé en faveur de l'In-
» fanterie par le Roi. Ce fut par l'Ordonnance du 6 de Mai
» 1667.

CHAPITRE VI.

Du Titre de Colonel, & de celui de Lieutenant-Colonel.

J'Ai traité ailleurs assez au long du Titre & de la Charge de Colonel General de l'Infanterie Françoise qui n'est plus : Je parlerai dans un autre endroit de celle des autres Colonels Generaux, c'est à-dire, du Colonel General de la Cavalerie legere, du Colonel General des Suisses, du Colonel Géneral des Dragons. Il n'est question ici que des Colonels particuliers.

Ce Titre est donné à celui qui commande un Regiment d'Infanterie ou de Dragons : car les Dragons sont réputez du Corps de l'Infanterie. On le donne aussi à celui qui commande un Regiment de Cavalerie étrangere. Il est pareillement donné à celui qui est le Chef d'un Regiment de la Milice Bourgeoise dans une Ville. Il y a à Paris seize de ces sortes de Colonels & un Colonel des Archers de la Ville.

J'ai déja fait remarquer que les Colonels d'Infanterie n'ont ce Titre que depuis l'an 1661, après la suppression de la Charge de Colonel Général, & qu'auparavant on les appelloit Mestres de Camp.

<small>Colonels en pied.
Colonels réformez.
Colonels de Commission.</small>

Il y a des Colonels en pied, des Colonels réformez, & des Colonels de commission, comme je l'ai dit des Mestres de Camp. Les Colonels réformez ont à proportion dans les Regimens d'Infanterie, les mêmes prérogatives que les Mestres de Camp réformez dans les Regimens de Cavalerie.

<small>Autorité des Colonels dans leur Régiment.</small>

Les Colonels en pied ont aussi à proportion la même autorité sur leurs subalternes que les Mestres de Camp sur les Officiers inferieurs dans les Régimens de Cavalerie : il a droit d'interdire les Capitaines & les subalternes de son Regiment, quand ils manquent au service, &c.

Les Colonels étant logez au Camp avec leurs Regimens peuvent avoir seulement pendant la nuit une Sentinelle qui est prise de la Garde de la tête du Camp, & qui se retire le jour.

Quand dans une Place fermée ou dans une Garnison il se rencontre un Colonel, c'est lui qui y commande s'il n'y a pas de Gouverneur ou de Lieutenant de Roi, ou quelque autre qui ait commission de Commandant de la Place.

<small>Place du Colonel dans un Combat.</small>

Dans un arrangement de Bataille, &c. le poste du Colonel est à la tête du Regiment, trois pas avant les Capitaines : mais dans le moment de combattre le Colonel & tout Commandant de Bataillon doivent au plus déborder d'un pas, pour voir plus aisément la droite & la gauche. Dans une marche quand le Regiment défile, comme par exemple en entrant dans une Ville, il marche cinq ou six pas devant le Capitaine.

Quand la mode étoit de porter des Armes défensives, par exemple du tems de Charles IX, le Colonel qu'on appelloit alors Mestre de Camp devoit être armé de la maniere qui suit, comme nous l'apprend Monsieur de Montgommeri dans son Traité de la Milice Françoise.

<small>P. 38.</small>

« Quand il aura à combattre l'Infanterie, dit-il, il portera
» une Rondelle (c'étoit une espece de Bouclier à l'épreuve
» du Mousquet) & un accoustrement de teste à preuve de
» mesme, le visage découvert, un grand Panache dessus, l'Epée
» à la main : il fera le semblable à un Assaut general ; mais

DE LA MILICE FRANÇOISE. *Liv. IX.*

» ayant à soutenir la Cavalerie, il s'armera d'Armes comple-
» tes ayant la Cuirasse, l'habillement de teste, trois lames de
» Brassals, & trois de Tassettes à preuve de Pistolets desquels
» la Cavalerie use maintenant avec une Pique de Biscaye à
» la main.

Ce n'est plus l'usage aujourd'hui que les Colonels d'Infanterie soient si pesamment armés ; ils n'ont pour l'ordinaire que leurs Armes offensives, c'est-à-dire, l'Épée, l'Esponton & les Pistolets, & tout au plus, s'il veut observer les Ordonnances, la Calotte de fer dans le chapeau & la cuirasse.

Les Colonels de Dragons sont à proportion pour le commandement, pour l'autorité & les prérogatives, sur le même pied que les Colonels d'Infanterie & les Mestres de Camp de Cavalerie. Si néanmoins les commissions d'un Mestre de Camp de Cavalerie & d'un Colonel de Dragons se trouvoient de même jour, le Mestre de Camp de Cavalerie auroit la préférence pour le commandement ; & il en est de même des autres Officiers de ces deux corps qui seroient de même rang, comme par exemple de deux Capitaines.

Ordonnance de 1695.

Du Titre de Lieutenant-Colonel.

Quelques années après que les Regimens d'Infanterie eurent été instituez en France, & au plus tard lorsque le Duc d'Epernon posseda la Charge de Colonel General, ce grand Officier avoit une Compagnie dans chaque Regiment d'Infanterie, qu'on appelloit *la Colonelle*, qui étoit toujours la premiere du Regiment. Celle du Mestre-de-Camp n'étoit que la seconde, même dans le Regiment des Gardes. Le Capitaine qui commandoit la Colonelle portoit le titre de Lieutenant-Colonel, c'est-à-dire, qu'il tenoit la place du Colonel-Général à la tête de la Compagnie qui appartenoit au Colonel-General. Ce titre en ce sens fut aboli dans les Regimens d'Infanterie, quand le Roi supprima la Charge de Colonel-Général. La Compagnie du Mestre-de-Camp qui prit alors le titre de Colonelle, devint la premiere ; & celle qu'on avoit jusqu'alors appelée *la Colonelle*, devint la seconde.

G iij

Il y a neanmoins encore des Lieutenans Colonels dans les Regimens d'Infanterie Françoife, de Cavalerie, & de Dragons. Celui qui a ce titre eft le Capitaine de la feconde Compagnie : il ne faut pas le confondre avec le Lieutenant de la Compagnie Colonelle, ou de la Meftre-de-Camp, qui eft le fecond Officier de cette Compagnie, & à qui l'on donne ordinairement Commiffion de Capitaine après quelque tems de fervice : mais il n'a que le rang de dernier Capitaine, excepté dans le Regiment des Gardes, où il prend rang du tems de fa Commiffion.

Avant l'an 1689, il n'y avoit point de Lieutenant Colonel dans les Régimens Suiffes en titre d'Office. M. de Reynold qui eft aujourd'hui Colonel du Regiment des Gardes Suiffes, fut le premier Lieutenant Colonel de ce même Regiment.

Dans les Corps de Cavalerie Etrangere, le Lieutenant Colonel eft le premier Capitaine du Regiment, & il le commande en l'abfence du Colonel : dans les Regimens François de Cavalerie, c'eft le Major qui fait les fonctions de Lieutenant Colonel, & qui en a les prérogatives.

Dans le Regiment des Gardes Françoifes, celui qui commande la Colonelle fous le Colonel, porte le titre de Capitaine-Lieutenant commandant la Colonelle.

Comme la Charge de Lieutenant Colonël eft confiderable & importante, & qu'elle eft exercée par des Officiers de mérite & d'experience, le Roi y a ajouté des diftinctions qui font marquées dans fes Ordonnances.

Code Militaire p. 276.

Prérogatives des Lieutenans Colonels.

» Il y difpenfe les Lieutenans Colonels des Regimens d'In-
» fanterie de monter la Garde dans les Places : il ordonne que
» bien que les Colonels foient prefens au Corps, les Lieu-
» tenans Colonels auront le choix de leurs logemens préférable-
» ment aux Capitaines, fans qu'ils foient obligez de les tirer avec
» eux; qu'en outre il leur foit loifible de choifir après les Co-
» lonels celui des Quartiers dans lequel ils viendront comman-
» der, encore bien que leurs Compagnies ne s'y trouvent point
» logées ; que quand les Regimens feront en Bataille, & que
» les Colonels feront préfens à la tête, les Lieutenans Colonels
» conferveront le pas devant tous les Capitaines; qu'en l'abfen-
» ce des Colonels, ils auront commandement fur tous les Quar-
» tiers des Regimens, & qu'ils commanderont le fecond Ba-

» taillon, quand le Colonel fera prefent pour commander le
» premier.

» Il eſt encore ordonné que les Lieutenans Colonels des Ré-
» gimens de Cavalerie, en l'abſence des Meſtres-de-Camp, &
» ſous leur autorité en leur preſence, commanderont leſdits
» Régimens de Cavalerie, & ordonneront aux Capitaines des
» Compagnies, & à tous les autres Officiers deſdits Régimens,
» ce qu'ils auront à faire pour le ſervice de Sa Majeſté, & pour
» le maintien & rétabliſſement deſdites Compagnies ; & que par
» tout où ils ſe trouveront, ils commanderont à tous Capitaines
» & Majors de Cavalerie.

CHAPITRE VII.

Du Titre de Capitaine.

LE titre de Capitaine en matiere de Guerre a toujours ſigni-
fié un Commandant, ou un Chef de Troupes & de Soldats.
Nos vieux Romans en Vers ſe ſervent quelquefois de celui de
Chevetaine, qui vient du mot François *Chef*, comme celui de
Capitaine vient de *Caput*, qui ſignifie auſſi *Chef*.

C'eſt par la même raiſon que ce que nous appellons aujourd'hui
Gouverneurs de Places, s'appelloient autrefois communément
du nom de Capitaine ; qu'on diſoit non pas le Gouverneur de
Melun, mais le Capitaine de Melun, non pas le Gouverneur
de Terouanne, mais le Capitaine de Terouanne, &c. Et ce
qu'on appelle aujourd'hui Gouvernement en cette matiere,
étoit appellé *Capitainerie*. Ainſi dans la Compilation des Ordonnances des Etats de Blois ſous Henri III, l'Article 276 a
pour titre : *Des Capitaineries des Places fortes & guets dûs à
icelles*. Et il eſt dit dans cet Article : *Nul ne ſera par nous
pourvû de Capitainerie aux Places fortes, qu'il ne ſoit naturel
François, connu par longs ſervices faits à Nous & à nos Prédecef-
ſeurs Rois*. Mais l'uſage a prévalu depuis pour les termes de
Gouverneur & de Gouvernement. Ceux de Capitaine & de
Capitainerie à cet égard ne ſe diſent plus que quand il s'agit

Le titre de Capitaine donné autre-fois au lieu de celui de Gou-verneur.

des Maisons Royales. On dit *le Capitaine de Saint-Germain*; *le Capitaine de Versailles* : mais il me semble que l'on a commencé depuis plusieurs années à se servir du terme de Gouverneur & de Gouvernement pour ces sortes de Charges.

Ce titre autrefois très-honorable.

La qualité de Capitaine, je dis de simple Capitaine, étoit autrefois beaucoup plus honorable qu'elle n'est aujourd'hui ; comme nous voyons dans nos Histoires depuis Louis XII jusqu'à Henri IV, où les personnes les plus distinguées par leur valeur dans les Armées Françoises sont nommées avec ce titre que l'on mettoit avant leur nom. On disoit, le Capitaine Montluc, le Capitaine Charri, le Capitaine Lancques, &c. C'est ainsi qu'on parloit alors à l'Armée & à la Cour, même de ceux qui avoient eu, ou qui avoient actuellement un plus haut commandement que celui de Capitaine : par exemple, dans le premier Volume de l'Extraordinaire des Guerres de l'an 1564 sous Charles IX, on s'exprime de cette sorte : *Au Capitaine Roumole Colonel desdites dix Compagnies, la somme de 200 l. pour son estat de Maistre de Camp.* Et ce qui est encore remarquable, c'est que dans ces Registres ce titre de Capitaine ainsi placé avant le nom, se donnoit même aux Officiers Subalternes d'une Compagnie ; & l'on disoit, *au Capitaine* tel, *Lieutenant de la Compagnie du Capitaine* tel *la somme de*, &c. Je trouve dans le Registre de Picardie de 1561, le Capitaine la Trimoille : ce qui montre que ce Titre étoit donné même à des gens de la haute Noblesse, en supposant que ce Capitaine fût de cette illustre Maison.

On disoit le Capitaine tel, au lieu de Monsieur tel.

Cet usage commença sous Louis XII & finit vers le tems d'Henri IV.

Brantôme au Tome des Colonels.

Cette maniere de parler n'étoit point en usage avant Louis XII. Philippe de Comines dans l'Histoire de Louis XI, & dans celle de Charles VIII, Prédecesseur de Louis XII ne s'en sert point, non plus que ceux qui ont écrit avant lui. Elle fut introduite sous le Regne de Louis XII, lorsque ce Prince commença, ainsi que le dit Brantôme, à mettre l'Infanterie Françoise sur le bon pied ; & que pour cet effet il engagea la Noblesse à servir dans l'Infanterie. Il fit un choix des plus vaillans Gentilshommes de ses Troupes, & des plus capables de bien discipliner les Soldats : il donna à l'un cinq cens Fantassins à commander, à un autre mille, à un autre deux mille ; & quelque forte que fût la Troupe, celui qui la commandoit n'avoit que le titre de Capitaine.

Il

DE LA MILICE FRANÇOISE. *Liv. IX.* 57

Il me paroît; mais je n'ose pas cependant l'assurer absolument : il me paroît, dis-je, par ce Livre de Brantôme que je viens de citer, & par les autres du même Auteur, aussi-bien que par les Histoires de ce tems-là, que ce titre de Capitaine n'étoit ordinairement porté de la-maniere que je l'ai dit, que par ceux qui commandoient, ou qui avoient commandé des Bandes d'Infanterie.

Cet usage cessa sur la fin du Regne de Henri IV. » Nous » n'appellions nos Capitaines que de ce nom-là, (dit un Au- » teur * qui écrivoit alors;) & même, ajoute-t'il, devant la » Rochelle (sous Charles IX) lorsque nous parlions des Mes- » tres-de-Camp. On disoit le Regiment du Capitaine Guas; » le Regiment du Capitaine Goas, de Cossins, de Poillac, & » ainsi des autres. Aujourd'hui ce seroit offenser son simple » Capitaine, si on ne disoit : *Monsieur.* Je crois, ajoute-t'il en- » core, que c'est une erreur pour leur Charge.

* Montgeon dans son Alphabet Militaire p. 25.

Dans les Légions de six mille hommes qui furent instituées par François I, chaque Capitaine commandoit mille hommes. Ces mille hommes étoient partagez en dix Bandes, chacune de cent : elles étoient commandées chacune par un Officier qui n'avoit point le titre de Capitaine, mais celui de Centenier, comme on le voit par les Ordonnances de ce Prince sur ce sujet.

Sous le Regne du même Prince, les Bandes ou Compagnies étoient de quatre cens hommes, & de trois cens hommes. Sous Henri II, elles étoient ordinairement de deux cens. Insensiblement elles devinrent sous les Regnes suivans beaucoup moins fortes, & on les réduisit à quarante hommes par les Réformes. Ainsi la multiplication des Capitaines, & la diminution de leur Commandement ont fait que ce titre n'est plus aujourd'hui aussi illustre qu'il l'étoit autrefois. Il n'y a que les Compagnies Suisses, qui ordinairement sont ou doivent être sur le pied de deux cens. Celles du Regiment des Gardes Françoises sont ordinairement aux environs de cent. Je les ai trouvées quelquefois sous Charles IX, réduites à cinquante.

Le Capitaine d'Infanterie nomme le Sergent, & les autres bas Officiers de sa Compagnie : mais il ne peut les casser de son autorité. Il en est de même à proportion du Capitaine de Cavalerie.

Tome II. H

Le titre de Capitaine à l'égard des Officiers d'Armée, excepté le général, ne fut guéres en usage dans les tems les plus reculez de notre ancienne Milice Françoise. Ceux qui commandoient sous les Comtes & sous les Ducs au tems de la premiere & de la seconde Race, étoient les Viguiers, les Centeniers, &c. Depuis l'institution de la Chevalerie, un peu avant Philippe-Auguste, c'étoient les Chevaliers Bannerets avec ce titre de Banneret, qui commandoient les diverses Brigades de Gendarmerie. Le titre de Capitaine commença à être en usage dans la signification qu'on y donne aujourd'hui, quand nos Rois, outre les Troupes de leurs Vassaux, donnérent des Commissions à quelques Seigneurs pour lever des Compagnies de Gendarmes. Ces Seigneurs prirent le titre de Capitaine de ces Compagnies, comme on le voit par une Ordonnance du Roi Charles V, de laquelle j'ai parlé ailleurs.

Charles VII dans la grande réforme qu'il fit de la Milice Françoise par l'institution des quinze Compagnies d'Ordonnance, fit prendre le titre de Capitaine à tous ceux qui les commandoient. Il a été dans la suite communiqué à tous les Commandans particuliers des diverses especes de Milices, tant dans la Gendarmerie, que dans la Cavalerie legere, dans la Garde de nos Rois, dans l'Infanterie, dans les Dragons, &c. de sorte qu'aujourd'hui il y a des Capitaines dans tous les Corps de Milice.

Capitaines en premier.
Capitaines en second.
Capitaine Réformé.

De notre tems nous voyons des Capitaines de diverses especes. Outre les Capitaines en premier ou en Chef, il y a des Capitaines en second, soit sur la mer, soit sur la terre. Le Capitaine en second dans les Troupes de terre, est un Officier qui commande une partie d'une Compagnie, quand elle est trop forte d'hommes : c'est une place qu'on a donnée quelquefois à des Capitaines réformez de Cavalerie, pour leur laisser quelque espece de commandement.

Capitaine en pied.

On distingue encore le Capitaine en pied & le Capitaine réformé. Le premier est celui dont la Compagnie a été conservée après la réforme des Troupes. Le Capitaine réformé est celui dont la Place ou la Charge a été supprimée, & qui quelquefois reste dans le même Corps, ou est incorporé dans un autre : on lui conserve son titre d'ancienneté, suivant la date de sa

DE LA MILICE FRANÇOISE. *Liv. IX.* 59

Commission ; ce qui peut lui être avantageux dans la suite. Il y a encore des Capitaines réformez en pied : ce sont des Mestres-de-Camp dont le Régiment a été cassé dans la Réforme, & réduit à une seule Compagnie qu'il commande ; c'est ce qui se fit en 1668. après la Paix d'Aix-la-Chapelle.

Il y a de plus des Capitaines des Guides, dont les fonctions sont de sçavoir parfaitement les chemins, & le Païs par où l'Armée doit passer, sur-tout quand elle marche la nuit, d'accompagner les Partis, les Convois, les Détachemens, l'Artillerie, les Bagages qui pourroient s'égarer faute de Conducteur, ou s'engager dans des chemins impraticables. Ces Officiers doivent être tres-habiles dans la Carte & dans la Topographie des lieux où la Guerre se fait, & dans la Langue du Païs. Cet emploi étoit en titre de Charge dès le tems de Henri IV, comme on le voit par le Livre *des Maximes de Guerre* du Maréchal de Biron. Ils sont sous les ordres des Maréchaux des Logis de l'Armée. *Capitaines de diverses espèces dans presque tous les Corps.* *Fol. 48.*

Il y a des Capitaines de Mineurs qui ont soin d'instruire & de fournir les Mineurs. Un Capitaine des Charois qui fournit les Attelages, les Chariots, les Charettes, & les autres Voitures pour la conduite de l'Artillerie & des Vivres. Un Capitaine d'Ouvriers qui commande aux Charpentiers, aux Charrons, &c. Enfin ce titre a été communiqué à une infinité d'Officiers qui ont quelque commandement dans les Troupes. Il y a encore des Capitaines-Lieutenans, titre assez nouveau. J'en parlerai en traitant des Troupes de la Maison du Roi, où il est principalement en usage, aussi-bien que dans la Gendarmerie.

Dans l'Infanterie quand le Regiment est partagé en plusieurs Bataillons, les plus anciens Capitaines commandent ces Bataillons ; & si le Bataillon est de dix Compagnies au moins, le Commandant a les prérogatives de Lieutenant-Colonel. *Code Militaire p. 279.*

Comme les Compagnies Suisses sont beaucoup plus nombreuses que les Françoises, les Capitaines Suisses qui commandent des Bataillons de quatre Compagnies, ont pareillement les prérogatives des Lieutenans-Colonels. *Ibid. p. 281.*

H ij

CHAPITRE VIII.

Du Lieutenant, & du Sous-Lieutenant.

LE Lieutenant eſt le ſecond Officier de la Compagnie, ſoit de Cavalerie, ſoit d'Infanterie, ſoit de Dragons. En l'abſence du Capitaine, il a le même pouvoir que lui dans la Compagnie. Quand une Compagnie d'Infanterie eſt en Ordonnance, le Lieutenant ſe poſte à la gauche du Capitaine, & à la droite, ſi l'Enſeigne s'y rencontre. En l'abſence du Capitaine le Lieutenant conduit la Compagnie, quand elle eſt formée en Bataillon: mais le Capitaine y étant, le Lieutenant ſera à la queuë. Il eſt armé dans un combat comme le Capitaine; il en eſt à peu près de même du Lieutenant de Cavalerie ou de Dragons.

Il y a des Lieutenans en pied & des Lieutenans réformez, dont les Rangs entr'eux ont été reglez par les Ordonnances, à peu près & à proportion comme ceux des Capitaines & des Colonels en pied, & des Capitaines, & des Colonels réformez.

Montgeon Alphabet Militaire p. 22.

Réforme generale des Lieutenans d'Infanterie ſous Charles IX.

L'Auteur d'un Livre intitulé: *L'Alphabeth Militaire*, remarque une choſe fort extraordinaire en ce genre; ſçavoir que du tems de Charles IX tous les Lieutenans des Compagnies d'Infanterie furent réformez: » J'ai ſouvenance, dit-il, de les » avoir vûs licentier du tems de Charles IX. Il eſt vrai qu'ils » eurent le choix de reprendre les Enſeignes, ſi bon leur ſem- » bloit; & en ce faiſant les Enſeignes étoient ſans parti: je ne » ſçai d'où cela pouvoit naître: mais je ſçai qu'incontinent après » nous fûmes à la Guerre. Ce fut préciſément auparavant la » Saint-Barthelemi; j'étois alors en Garniſon à Abbeville de la » Compagnie de M. d'Egueries l'aîné, qui avoit le Régiment » de Piémont.

Titre de Sous-Lieutenant peu ancien en France.

La Charge de Sous-Lieutenant quand il y en a, eſt la troiſiéme Charge de la Compagnie: cette Charge n'eſt pas fort ancienne, & je ne crois pas qu'il en ſoit fait mention avant le Regne de Henri IV. Depuis que le titre de Capitaine a été en uſage dans la Gendarmerie, dans la Maiſon du Roi, & dans les

DE LA MILICE FRANÇOISE. *Liv. IX.* 61

autres Troupes, on voit des Lieutenans, des Enseignes, des Guidons, des Cornettes, des Maréchaux des Logis, &c. Mais jusqu'au tems que je viens de marquer, je ne me souviens point d'avoir vû de Sous-Lieutenans.

Le premier que j'aye trouvé avec cette qualité est M. de la Guiche de Saint-Geran qui fut ensuite Capitaine-Lieutenant des Gendarmes de la Garde. Il est dit dans ses Provisions pour cette Charge en laquelle il succeda à M. le Maréchal de Souvré, qu'il avoit été fait Sous-Lieutenant de cette Compagnie par Henri IV. *Au Mémorial de la Chambre des Comptes de Paris cotte IIIII.*

Dans les Rôles des Chevaux-Legers de la Garde qui sont à la Cour des Aydes, on ne voit point de Sous Lieutenant avant l'an 1665. Dans le plus ancien Rôle que j'aye vû de la premiere Compagnie des Mousquetaires, il y a un Sous Lieutenant : mais ce Rôle n'est que de l'an 1643 ; il n'y en a jamais eu dans les quatre Compagnies des Gardes du Corps, ni dans les deux Compagnies des cent Gentilshommes.

Dans les Livres de Milice faits du tems de Henri IV, on ne voit point de Sous-Lieutenant : mais dans le Discours Militaire du sieur Le Normand imprimé en 1632 du tems de Louis XIII, il est fait mention de Sous-Lieutenant dans la Cavalerie. Il falloit qu'il y en eût quelques-uns de son tems : mais cela ne dura pas. Il faut en excepter la Compagnie Colonelle de la Cavalerie legere, où il y a un Sous Lieutenant, & qui obéit dans le Corps au Cornette qui porte la Cornette blanche. *P. 87.*

Pour ce qui est de l'institution des Sous-Lieutenans dans les Regimens d'Infanterie, je n'en trouve point avant l'an 1657, que le Roi en créa un dans les Compagnies du Regiment des Gardes Françoises : il en mit aussi dans les Gardes Suisses, & enfin dans les autres Regimens d'Infanterie : mais pour ceux-ci on m'a assuré qu'il n'y en avoit point eu avant 1668. On les cassa dans la suite, & on les rétablit en 1687, pour placer dans les Troupes plus de neuf cens jeunes Gentilshommes, que le Roi faisoit élever & former pour la Guerre dans plusieurs Places frontieres du Royaume, comme à Strasbourg à Longvvy, &c. Ordinairement on casse la plûpart des Sous-Lieutenans à la fin d'une Guerre, & on les rétablit quand on en commence une nouvelle. *Louis XIV a introduit les Sous-Lieutenans dans l'Infanterie.*

H iij

Dans toutes les Compagnies de la Maison du Roi, excepté les Gardes du Corps, il y a des Sous-Lieutenans ; il y en a aussi dans toutes les Compagnies de Gendarmerie : ce sont les seconds Officiers de toutes ces Compagnies.

CHAPITRE IX.

Du Cornette, de l'Enseigne, & du Guidon.

LA Cornette a été longtems un Etendart propre de la seule Cavalerie legere ; de sorte que pour dire qu'il y avoit dans une Armée, par exemple, cinquante Compagnies de Cavalerie, on disoit qu'il y avoit cinquante Cornettes.

Il y a aujourd'hui des Cornettes dans les Chevaux-Legers de la Garde, dans les Mousquetaires du Roi & dans les Dragons : il n'y a rien en cela d'extraordinaire, parce que les Chevaux-Legers de la Garde, comme leur nom même le porte, ont été du Corps de la Cavalerie legere ; ils n'en ont été séparez, & n'ont été soustraits à la Jurisdiction du Colonel General de la Cavalerie legere, que lorsque Henri IV s'en fit une Compagnie de Gardes ; comme je le dirai en parlant de cette Compagnie. Il y en a aussi dans les Compagnies de Chevaux-Legers de la Gendarmerie.

Corps où il y a des Cornettes.

La Cornette convient encore pareillement aux Dragons, parce que cette espece de Milice étant en même tems Infanterie & Cavalerie dans son origine, c'est-à-dire combattant à pied & à cheval, il est manifeste qu'en qualité de Cavalerie, elle appartient naturellement à la Cavalerie legere, & cela d'autant plus, que quand les Dragons furent instituez, ils étoient armez beaucoup plus legerement que la Cavalerie legere même de ce tems-là, à laquelle on donnoit ce nom de *legere* par opposition avec la Gendarmerie, qui étoit alors tres-pesamment armée.

La Cornette ne convient pas moins aux Mousquetaires du Roi, par la même raison qu'ils sont pareillement Infanterie & Cavalerie ; qu'on en fait les Revûës, tantôt en Bataillon & tantôt en Escadron ; que c'est en effet une Cavalerie legere par son équipage & dans son origine ; & que quoiqu'elle ne soit

DE LA MILICE FRANÇOISE. *Liv. IX.* 63

point sous l'autorité du Colonel General de la Cavalerie legere, elle n'est Gendarmerie que par un Privilege par lequel le feu Roi en 1665, ordonna que toute la Cavalerie de sa Maison seroit réputée telle, pour avoir la droite sur les Regimens de Cavalerie legere.

Il ne devroit pas non-plus paroître étrange qu'il y eût des Cornettes dans les Gardes du Corps, parce que, comme je le dirai, les Gardes du Corps dans leur institution étoient une Cavalerie legere : mais ces Compagnies, du moins les trois premieres ont été instituées avant que la Cavalerie legere fût un Corps reglé & bien discipliné, c'est-à-dire avant Louis XII. De plus, le terme de Cornette pour signifier un Etendart, ainsi que je l'ai dit ailleurs, n'étoit point encore fort en usage en France. C'est pourquoi il n'y eût jamais dans les Gardes du Corps d'Etendart sous le nom de Cornette.

La Cornette donc n'est que dans la Cavalerie legere, & dans les Troupes de Cavalerie, qui n'étant point sous la Jurisdiction du Colonel General de la Cavalerie legere, y seroient naturellement, si par un Privilege spécial on ne les en avoit pas soustraites.

Cette espece d'Etendart a donné son nom à celui qui le porte : car on dit *la Cornette* pour signifier l'Etendart, & le Cornette pour signifier l'Officier qui la porte.

Le Cornette dans les Compagnies de Cavalerie legere est le troisiéme Officier ; & dans les autres Corps où il y a Sous-Lieutenant ou Enseigne avec le Cornette, celui-ci n'est que le quatriéme : il en est de même quand il y a deux Sous-Lieutenans, comme dans la Compagnie des Chevaux-Legers de la Garde. Il n'est que le cinquiéme, quand il y a deux Sous-Lieutenans & deux Enseignes, comme dans les deux Compagnies des Mousquetaires du Roi.

On a doublé & multiplié les Cornettes dans certains Corps : il y en a quatre dans les Chevaux-Legers de la Garde. Il y en a deux dans chaque Compagnie des Mousquetaires du Roi, & dans les Compagnies de Chevaux-Legers de la Gendarmerie.

Le Cornette dans un combat a sa place au milieu du premier rang de l'Escadron, où il doit plûtôt périr que de se laisser arracher son Etendart. Il y va de son honneur & de celui du Corps

Place du Cornette dans un combat, & son devoir par rapport à son Etendart.

où il est. Il ne porte jamais d'Etendart, que toute la Compagnie ne marche ; ainsi on n'en porte point dans un Détachement. Le Cornette doit avoir une botte faite exprès pour recevoir le talon de la Lance de l'Etendart, & une Echarpe pour se l'attacher au Corps, de peur qu'on ne le lui enleve. Le Cornette est toujours de la nomination du Roi.

Figure & ornemens de la Cornette.

L'Etendart auquel on donne le nom de Cornette est une Piece d'Etoffe de taffetas d'environ un pied & demi en quarré, sur laquelle sont brodées les Armes, les Devises & les Chiffres du Prince ou du Mestre-de-Camp. On attache l'Etendart au bout d'une Lance longue de huit à neuf pieds ; & dans un tems de pluye on l'enferme dans une bourse qui est attachée au fer de la Lance. En Campagne on attache à la Cornette une espece d'Echarpe de taffetas blanc qui est la couleur de France ; c'est afin qu'on distingue de plus loin l'Etendart, & que les Cavaliers puissent s'y rallier.

Réforme ordinaire & rétablissement des Cornettes.

On casse ordinairement à la Paix la plûpart des Cornettes dans la Cavalerie legere, & on les rétablit, lorsqu'on forme de nouvelles Armées pour faire la Guerre : après la Paix d'Aix-la-Chapelle en 1668, le Roi les cassa tous, excepté le Cornette du Colonel General, & celui du Mestre-de-Camp General : ils furent rétablis pour la Guerre de Hollande en 1672.

De l'Enseigne.

LE nom d'Enseigne, aussi-bien que celui de Cornette a trois significations ; il signifie le Drapeau d'une Compagnie ; il signifie la Compagnie même. Comme en ces phrases : On a levé dix Enseignes d'Infanterie, dix Cornettes de Cavalerie, pour dire dix Compagnies d'Infanterie, & dix Compagnies de Cavalerie. Enfin, on donne le nom d'Enseigne ou de Cornette à l'Officier qui porte le Drapeau ou l'Etendart d'une Compagnie d'Infanterie, ou de Cavalerie.

Enseigne autrefois nom commun à l'Infanterie & à la Cavalerie.

Autrefois, comme je l'ai dit, sur la maniere dont Henri II s'exprime dans quelques-unes de ses Ordonnances, le nom d'Enseigne étoit commun aux Drapeaux de l'Infanterie, & aux Etendarts de la Cavalerie.

Il y a aujourd'hui des Drapeaux sous le nom d'Enseigne dans tous

DE LA MILICE FRANÇOISE. *Liv. IX.* 65

tous les Regimens d'Infanterie. Ils sont dans la Compagnie du Colonel, & dans celle du Lieutenant-Colonel. Il y en a dans chacune des Compagnies du Régiment des Gardes Françoises, & du Régiment des Gardes Suisses, & même de tous les Régimens Suisses. L'Officier qui y a le titre d'Enseigne parmi ceux de cette Nation, a sous lui un Soldat qui a le titre de Porte-Enseigne; parce que c'est celui qui porte le Drapeau. Comme dans les Regimens François il n'y a pas de Drapeau à chaque Compagnie, & qu'il doit y en avoir trois en chaque Bataillon, ce sont les Sous-Lieutenans qui portent les autres Drapeaux.

Nombres differens des Enseignes en divers Corps.

Dans les Gardes du Corps il y a trois Officiers par Compagnie qui ont le titre d'Enseigne : mais il n'y a point de Drapeau sous le nom d'Enseigne. Les Enseignes même ne portent point l'Etendart, c'est un Garde du Corps qui le porte qu'on appelle Port-Etendart, à qui on donne cette Commission avec une Pension de cent écus. Il en est de même des Gendarmes de la Garde, où il y a aussi trois Officiers en titre d'Enseignes, & des deux Compagnies des Mousquetaires dans chacune desquelles il y a deux pareils Officiers. Il y a aussi un Officier en titre d'Enseigne dans les Compagnies de Gendarmes; je dis de Gendarmes; car les Compagnies de Chevaux-Legers qui sont dans la Gendarmerie, n'ont ni Officiers, ni Drapeau auxquels on donne le nom d'Enseigne.

L'Enseigne d'Infanterie, quand il y a un Sous-Lieutenant n'est que le quatriéme Officier de la Compagnie. Quand elle marchoit en Ordonnance dans le tems qu'il y avoit des Piquiers, la place de l'Enseigne étoit au milieu d'eux. Dans une Bataille rangée les Enseignes avec leurs Drapeaux sont dans le premier rang à la tête de leur Bataillon; & dans un Assaut, comme les Bataillons marchent par divisions, les Drapeaux marchent avec les manches où ils se trouvent.

Ce que j'ai dit du Cornette se dit aussi de l'Enseigne, qu'en quelque poste qu'il se trouve, il doit plûtôt mourir que d'abandonner son Drapeau. Un Auteur qui a écrit de l'Art Militaire sous Henri IV & qui servoit dès le tems de Charles IX s'exprime ainsi sur ce sujet. » Le malheur avenant d'un desa- » vantage, le Tafetas lui doit servir de linceuil pour l'enseve-

Obligation de l'Enseigne de ne pas abandonner son Drapeau.
Montgeon, Alphabet Militaire, pag. 21.

Tome II. I

lir; & si c'est une vieille Compagnie où il n'y a qu'une
» Echarpe * le bâton de l'Enseigne lui doit servir de cierge. Il
apporte à cette occasion l'exemple d'un jeune Gentilhomme
nommé Chaftelier fils de Monsieur d'Ars âgé de seize à dix-
sept ans, qui à la prise de Taillebourg durant les Guerres des
Huguenots étant prêt de mourir de ses blessures, s'envelopa
dans son Drapeau. Quand l'Enseigne de la Colonelle est tué,
c'est un Capitaine qui prend le Drapeau.

Dans une marche il y a un Soldat qui porte le Drapeau :
mais l'Enseigne le porte lui-même dans une Revûë ou en montant la Garde, ou dans une Action. Il en est de même du
Cornette.

Ce qu'on appelle aujourd'hui Enseigne est un grand Drapeau beaucoup plus grand en long & en large que les Eten-
dars & les Guidons.

Du Guidon.

LE Guidon se prend aussi pour l'Etendart & pour l'Officier qui le porte. Cet Officier & l'Etendart ne sont que
dans la Gendarmerie; & il faut remarquer qu'il y a été de
tout tems, au moins depuis l'institution des Compagnies d'Ordonnance. Aujourd'hui donc il n'y a que les Gen- -mes de
la Garde, & les Compagnies de Gendarmes dans le orps de
la Gendarmerie qui ayent cette espece d'Etendart & d'Officier; les Chevaux-Legers d'Ordonnance même & qui font partie du Corps de la Gendarmerie, ne l'ont point.

Cet Etendart est plus long que large & fendu par le bout
dont les deux pointes sont arrondies. Il y a trois Officiers dans
les Gendarmes de la Garde avec le titre de Guidon; ils sont
après les Enseignes. Dans la Gendarmerie il n'y a qu'un Officier avec ce titre dans chaque Compagnie de Gendarmes. Le
Guidon marche aussi après l'Enseigne, & est le dernier des
Grands Officiers comme dans les Gendarmes de la Garde.

*c'est-à-dire, où le Drapeau est tout déchi-ré & usé, & où il ne reste plus que l'E-charpe blan-che, qui est attachée à la lance du Dra-peau.

Figure du Guidon.

CHAPITRE X.

Des Maréchaux des Logis & des autres Subalternes soit de Cavalerie, soit d'Infanterie.

JE ne parlerai point encore ici du Maréchal General des Logis de l'Armée, ni du Maréchal General des Logis de la Cavalerie, mais seulement de quelques autres Officiers moins considerables qui portent ce Titre dans les Régimens & dans quelques autres Corps.

Le President Fauchet sur la fin de son Livre des Dignitez & des Magistrats de France, dit que les Maréchaux des Logis sont fort anciens dans les Troupes de France, tantôt sous ce nom de Maréchal, & tantôt sous celui de Fouriers. Fol. 505. v. *Anciennité des Maréchaux des Logis.*

Pour le prouver il suppose que ce nom de Fourrier vient de Fourrage & de *fodrum* qui en effet dans la basse latinité signifie du fourage, & même en general des vivres pour les Soldats. Il cite sur ce sujet nos anciens Romanciers.

> Plus d'une lieuë sont li Fourriers couru
> Et prennent la vitaille qui par la terre fu. Roman de Gautier de Nanteuil.

Et au Roman d'Alexandre,

> Les Soudoyers Monsire dont quarante en y a
> Se partirent d'ici si-tôt qu'il ajourna *
> * En Fourre sont allés très que il éclaira. * * c'est-à-dire, dès qu'il fit jour.
* aux fourages.
* dès qu'il fit clair.

Et pour montrer qu'on les appelloit aussi du nom de Maréchaux.

> Les Maréchaux ostex * livrer
> Soliers * & cambres * délivrer. Roman de Brus.
* Hôtels.
* greniers.
* chambres.

En effet une des fonctions du Maréchal des Logis d'une Compagnie de Cavalerie est de distribuer les Fourages aux Cavaliers, & une des fonctions du Maréchal des Logis d'un Régiment d'Infanterie est de loger le Régiment. On leur donne encore le nom de Fouriers des bandes d'Infanterie dans les Ordonnances de François I, & de Henri II.

Il y a un Maréchal des Logis dans chaque Régiment d'Infanterie qui outre la fonction dont je viens de parler, & qui lui donne accès tous les soirs auprès de son Colonel ou du Major pour recevoir leurs ordres, doit dans une marche aller prendre l'ordre chaque soir du Maréchal General des Logis de l'Armée pour sçavoir où sera le rendez-vous, & en avertir son Colonel. Cette Charge dans les petits Corps est ordinairement exercée par l'Aide-Major.

Il y a aussi un Maréchal des Logis dans chaque Compagnie de Cavalerie & de Dragons : il y est chargé de divers détails. Outre la distribution des fourages, il doit visiter souvent les Ecuries ; & voir si l'on a soin des Chevaux, si rien ne manque à leurs harnois, afin que la Compagnie soit toujours en état de partir au premier bouteselle : c'est à lui à aller prendre l'Ordre chez l'Aide-Major pour le porter à son Capitaine & aux autres Officiers de la Compagnie ; c'est à lui à poser les Corps de Garde dans une marche ou dans une Garnison. Quand la Compagnie marche il est à la queuë pour empêcher les Cavaliers de quitter leurs rangs : & s'il y a quelque détachement à faire de la Compagnie, il est ordinairement chargé de ce soin.

Il y a des Maréchaux des Logis dans toutes les Compagnies de Gendarmerie ; il y en a dans les Gendarmes de la Garde, dans les Chevaux-Legers de la Garde, dans les deux Compagnies des Mousquetaires : mais ces Maréchaux des Logis sont sur un tout autre pied que ceux des Compagnies de Cavalerie legere. Il y en a parmi eux qui ont des Brevets de Mestre de Camp & qui peuvent passer de-là au rang des Officiers Generaux.

Le Titre & la Charge de Maréchal des Logis à été autrefois dans les Compagnies des Gardes du Corps. Dans le Rôlle des Gardes du Corps de 1598 il y a un Maréchal des Logis ; dans celui de 1599 & dans celui de 1602 il y a trois

DE LA MILICE FRANÇOISE. *Liv. IX.* 69

Maréchaux des Logis. Il n'y en a plus depuis long tems dans ce Corps. Je croi que cette Charge y a cessé au plus tard quand on y a multiplié les Aide-Majors qui sont chargez du détail, les uns de tout le corps, les autres de chaque Compagnie.

Il y a eu des Maréchaux des Logis dans les Gardes du Corps.

Des Sergens dans les Compagnies d'Infanterie.

LE nom de Sergent est un des plus anciens de ceux qui soient restez dans les Troupes. Nous voyons dans Rigord & dans Guillaume le Breton Historiographes de Philippe-Auguste que ce nom se donnoit à tous ceux qui étoient dans le service, soit de Cavalerie, soit d'Infanterie qui n'étoient ni Gendarmes, ni Ecuyers, ni Archers, ni dans le corps des Ribauds, ni dans quelques autres qui avoient des noms particuliers, & qui d'ailleurs n'étoient ni Goujats, ni Vivandiers, ni du nombre d'autres gens qui ont coutume de suivre les Armées.

Ancienneté du nom de Sergent dans les Troupes.

Ces Sergens étoient signifiez dans nos anciennes Histoires écrites en Latin par le mot de *Servientes* d'où est venu le nom François de Sergens, c'est-à dire, gens qui étoient dans le service.

Depuis que le nom de Soudoyers ou de Soldats fut venu en usage, c'est-à-dire, depuis que nos Rois outre les Troupes que leur amenoient leurs Vassaux, prirent des hommes à leur solde particuliere, le nom de Soldat se communiqua insensiblement à tous ceux qui portoient les Armes ; & je crois que Philippe-Auguste fut le premier qui outre ses Vassaux, fit des Troupes de cette espece : avec le tems le nom de Sergent ou de *Serviens* cessa d'être commun pour signifier un homme qui est dans le service. Enfin quand Louis XII s'appliqua à mettre la discipline dans l'Infanterie, ce nom de Sergent fut restraint à certains Officiers subalternes qui avoient quelque commandement dans les Compagnies sous le Capitaine, le Lieutenant & l'Enseigne. Quand on commença à donner le nom de bandes à une troupe de Soldats commandez par un Capitaine ; ce qui arriva aussi sous Louis XII, on appella ces Officiers Sergens de bande ; & on les appelle communément aujourd'hui simplement Sergens.

I iij

Il y a eu des Sergens dans les Dragons.

Il y a de ces Officiers subalternes dans toutes les Compagnies d'Infanterie : il y en avoit aussi dans les Dragons, qui sont en même tems Infanterie & Cavalerie ; & il n'y en a point ailleurs. Ceux qu'on nommoit autrefois Sergens dans les Dragons ont pris depuis le titre de Maréchal des Logis.

Le Sergent est d'ordinaire un Soldat qui a passé par les degrez d'Anspessade ou de Caporal. Quelquefois cependant on donne la Hallebarde à un simple Soldat, quand on le connoît brave, vigilant, & qu'il sçait bien lire & écrire, qui sont des conditions requises sur tout au poste de premier Sergent de la Compagnie, à cause qu'il tient le Registre du logement des Officiers & des Soldats. Il appelle les Soldats le jour du prêt, & pique ceux qui manquent dans les Gardes. Il est chargé d'un tres-grand détail en ce qui regarde la Discipline, la Police, le bon ordre, le bon état de la Compagnie.

Fonctions des Sergens.

Le Sergent de Garde en l'absence des Officiers de la Compagnie monte & descend les Gardes, marchant à la tête, la Hallebarde à la main, qui est son arme ordinaire ; & les autres Sergens se mettent sur les aîles de la Compagnie pour faire dresser & observer les distances des rangs & des files. Ils ont le même poste, tant dans la marche, que dans le combat. Tous les soirs le Sergent qui est de garde vient prendre l'ordre du Major, ou de l'Aide Major, & le porte à son Corps-de-Garde. Quand un Sergent est de garde, & qu'il sort du Corps-de-Garde pour quelque affaire importante, il laisse l'Ordre & le Mot à un des Caporaux qui sont de la Garde.

Du Caporal.

LE Caporal est un Officier subalterne immediatement au-dessous du Sergent : ce mot vient de l'Italien *Caporale*, & marque du Commandement, parce qu'en effet il commande une Escouade. Dans les Ordonnances de François I on les appelle *Caps-d'Escadre*, c'est-à-dire Chefs d'une Escadre ou Escouade. On commence à leur donner le nom de Caporal dans les Ordonnances de Henri II. Ce grade doit se donner à un Soldat qui ait déja du Service : il est exempt de faction ; il commande au Corps-de-Garde en l'absence du Sergent, & conduit la Hal-

DE LA MILICE FRANÇOISE. *Liv. IX.* 71

lebarde à la main les Factionnaires les plus importans pour les *Fonctions du Caporal.*
mettre à leur poste.

Il reçoit le mot des Rondes qui passent auprès du Corps-de-Garde : il va l'épée nuë pour recevoir le Mot de ceux que les Sentinelles de son Corps-de-Garde arrêtent, & de quelque qualité qu'ils puissent être, il les conduit au Corps-de-Garde, si le Mot qu'ils lui ont dit n'est pas le véritable. Quand la Compagnie marche, il porte le Mousquet ou le Fusil, & il est au premier Rang.

Quand on releve la Compagnie de garde, c'est à lui de consigner au Caporal qui entre en garde, les Ordres qu'il faut observer, en cas qu'il y en ait de particuliers ; de le charger des meubles du Corps-de-Garde, ou de ce qui y est mis en dépôt ; de l'instruire du nombre des Sentinelles qu'il doit poser, tant la nuit que le jour, & de ce qu'il y a à faire d'extraordinaire. Il doit tenir un Contrôle de tous les Soldats de la Compagnie, afin de les commander pour le Service à tour de Rôle, suivant le rang d'ancienneté.

De l'Anspessade.

LEs Anspessades sont ceux que les Commissaires des Revuës nomment d'ordinaire dans leurs Registres *apointez*, à cause qu'ils ont plus de paye que les simples Soldats.

On dit aujourd'hui *Anspessade* : mais autrefois on disoit, *Lanspessade*, comme on le voit par les Ordonnances de François I, & de Henri II. On parloit encore ainsi du tems de Henri IV. C'est ce que nous apprenons du Traité de la Milice Françoise de M. de Montgommeri qui nous donne en même tems l'origine de ce mot, & nous apprend qui étoient autrefois ceux à qui l'on confioit ce grade de la Milice. Voici ce qu'il dit là-dessus.

,, L'ancespesate (c'est ainsi qu'il écrit ce nom) est un Che- *P. 17. Anspessade autrefois grade de plus considerable qu'aujourd'hui.*
,, vau-Leger, lequel après avoir perdu cheval & armes en
,, quelque honorable occasion, se jette dans l'Infanterie, &
,, prend une Pique en attendant mieux. Cette coutume & ce
,, nom viennent des Guerres de Piémont. En ce tems-là le Che-
,, vau-Leger qui en un combat avoit rompu sa lance honora-
,,blement, cas avenant que son cheval lui fust tué : l'on le

„ mettoit dans l'Infanterie avec la paye de Chevau-Leger at-
„ tendant mieux, & le nommoit-on *Lance-Spesata*, comme
„ qui diroit, *Lance rompue*. Depuis par corruption de tems l'on
„ l'a fait Lieutenant ou Aide du Caporal. Or ces gens ici ho-
„ norent fort l'Infanterie, & sont ceux auxquels l'on commet
„ les Rondes ou les Sentinelles d'importance en tems d'éminent
„ péril ; car en autre Saison ils sont épargnez & gratifiez : ce
„ sont ordinairement les Camerates des Capitaines & autres
„ Chefs. Ils ne sont sujets d'obéïr après le Capitaine qu'au
„ Lieutenant, lequel en est comme Caporal, & les doit même
„ beaucoup honorer & priser, & doivent être les Chefs de file
„ d'un Bataillon. Tels étoient quelques Gentilshommes dont
parle Montluc, au sujet d'un petit combat qui se donna vers
Perpignan, après que le Dauphin en eût levé le Siege en 1542.
*Montbasin, Saint-Laurens qui étoit Breton & Fabrice, étant tous
Lances passades dudit Seigneur Comte de Brissac.*

En Italien, Lansa-Spez-zada.

L. 1. p. 93.

Ce n'est plus aujourd'hui l'usage de prendre les Anspessades dans la Cavalerie ; on fait seulement d'ordinaire le choix d'un Soldat brave & entendu ; car ce sont les Anspessades qui enseignent l'exercice des Armes aux nouveaux Soldats ; & en l'absence des autres Officiers du Corps-de-Garde, ils vont poser les Factionnaires la Hallebarde à la main, ce qui les exempte de faction : l'Anspessade reçoit l'ordre de son Caporal. Quand la Compagnie marchoit, il portoit le Mousquet, & porte aujourd'hui le Fusil dans le second Rang.

Des Brigadiers d'une Compagnie de Cavalerie.

COmme le Maréchal des Logis est à peu près dans une Compagnie de Cavalerie, ce qu'est le Sergent dans une Compagnie d'Infanterie ; de même les Brigadiers dans une Compagnie de Cavalerie sont à peu près ce que sont les deux derniers Officiers dans la Compagnie d'Infanterie.

Fonction du Brigadier d'une Compagnie de Cavalerie.

Les Brigadiers vont poser les Vedettes : ils tiennent un Registre des Ordres qu'ils reçoivent des Maréchaux des Logis, pour les distribuer ensuite aux Cavaliers. Il y en a deux dans chaque Compagnie, & ils marchent à la droite du premier Rang dans l'Escadron.

Ce

DE LA MILICE FRANÇOISE. *Liv. IX.* 73

Ce font-là tous les Officiers tant de Cavalerie que d'Infanterie & de Dragons qui font dans la ligne que j'ai appellée *de fubordination*, parce qu'ils font fubalternes les uns à l'égard des autres comme par degrez, & comme en ligne directe. Il y en a plufieurs autres qui font pour ainfi dire hors de ce rang, & dont je vais maintenant traiter.

Ces Officiers font les Maréchaux Generaux des Logis ; le Major General de l'Armée, les Majors de Brigade, les Aydes de Camp, les Infpecteurs & les Directeurs Generaux, les Ingenieurs. On a vû auffi dans les Armées fous le Regne du Roi Louis XIV des Maréchaux de Bataille & des Sergens de Bataille, un Commiffaire General des Armées : ces trois emplois ne fubfiftent plus : c'eft par eux que je vais commencer.

Du Maréchal de Bataille & de divers autres Officiers confidérables.

LEs Maréchaux de Bataille étoient des Officiers dont la principale fonction étoit de mettre l'Armée en bataille fur le plan que le General leur en donnoit, & comme on appelle Marechal de Camp celui qui prefide à la difpofition des Troupes dans les Campemens, de même on appelloit Maréchal de Bataille celui qui fuivant l'ordre de Bataille qui avoit été dreffé, affignoit à chaque Officier & à chaque Corps le pofte qu'il devoit occuper dans l'arrengement de l'Armée.

Je crois que ce Titre fut mis en ufage pár Louis XIII ; car je n'ai point d'idée de l'avoir vû dans nos Hiftoires avant ce Regne. *Cette Charge n'eft pas ancienne.*

Je trouve dans l'Etat de l'Armée du Duc d'Anguien affiegeant Thionville en 1643 un Maréchal de Bataille : c'étoit le Chevalier de la Valiere qui fut tué quatre ans après au Siége de Lerida en 1647 d'un coup de Moufquet dans la tête. *Memoires de Buffi Rabutin T. 1.*

En ce même Siége de Lerida qui fut levé par le grand Prince de Condé, il y avoit trois Maréchaux de Bataille dans l'Armée, fçavoir Sainte Colombe, Saint Martin & Jumeaux. ce qui montre qu'il y avoit plufieurs Officiers portant ce même Titre dans un même Corps d'Armée. Je trouve encore le *Plufieurs Maréchaux de Bataille dans une même Armée.*

Tome II. K

Marquis de Castelnau depuis fait Maréchal de France avec le titre de Maréchal de Bataille à la journée de Nortlingue en 1645 aussi bien que Monsieur de Fabert dans l'Armée de Piémont. On en voit aussi dans divers Etats des Troupes plus recens : un ancien Officier d'Armée & habile dans l'Histoire de la Milice, m'a dit que le dernier qui a eu cet emploi a été le sieur des Fougerais : il en exerçoit les fonctions sous ce Titre dans les frequentes revûës que Louis XIV faisoit de ses Troupes en 1666. Je trouve en effet dans un Registre du Régiment des Gardes qu'en 1656 il vendit sa Lieutenance aux Gardes pour acheter la Charge de Maréchal de Bataille. Je crois qu'il n'y en a point eu au moins en exercice depuis la courte Guerre de 1667. Il n'en paroît plus dès le commencement de la Guerre de Hollande en 1672, à en juger par l'Etat de l'Armée du Roi & de celle de Monsieur le Prince durant cette Campagne.

Hist. des Grands Officiers de la Couronne.

Dans le Compte de l'extraodinaire des Guerres de l'an 1614 je trouve un Maréchal de Bataille pour l'Infanterie c'étoit le sieur de Peronne ; & un Marechal de Bataille pour la Cavalerie c'étoit le sieur Duplessis ; mais je n'ai trouvé nulle part le détail des fonctions de ces Charges. Peut-être étoient-ils les Aides du Maréchal de Bataille, & l'aidoient l'un pour ranger la Cavalerie, & l'autre pour ranger l'Infanterie.

Du Sergent de Bataille.

IL y a dans les Troupes d'Allemagne & d'Espagne des Sergens Generaux de Bataille qui ont chacun dans leur district le même Commandement que nos Maréchaux de Camp ont dans nos Armées. Je dis chacun dans leur district ; car ils ont des Sergens Generaux de Bataille pour l'Infanterie ; ils en ont pour la Cavalerie ; ils en ont pour l'Artillerie : mais en sorte qu'un Sergent General de Bataille de l'Infanterie, n'a nul rapport à la Cavalerie ni à l'Artillerie : & de même celui de la Cavalerie ou celui de l'Artillerie ne se mêlent point de l'Infanterie.

Les Sergens de Bataille, quand il y en a eu dans les Armées de France, ne paroissent point avoir jamais été partagez pour

DE LA MILICE FRANÇOISE. Liv. IX. 75

leurs fonctions comme dans les Armées d'Allemagne & d'Espagne. Cette Charge étoit considerable à en juger par un discours manuscrit sur la Guerre que j'ai vû fait par un homme entendu sous le Regne de Henri IV ou de Louis XIII autant qu'il me paroît.

Il y est dit » qu'en l'absence des Maréchaux de Camp, le
» Sergent de Bataille doit commander, que sa Charge est au-
» dessus des autres ; qu'il a séance dans le Conseil ; qu'il peut,
» quand les Troupes sont en Garnison, aller par les Garnisons,
» & faire mettre les Troupes en Bataille, sçavoir le nombre
» des gens de Guerre, & s'ils sont bien armez ; qu'il en doit
» rendre compte au Roi & au General & même au Secretaire
» de la Guerre, quand c'est dans le tems (de la Guerre) &
» voires même en tout autre tems ; car cela est de la fonction
» du Sergent de bataille, & qu'anciennement ils avoient vingt-
» quatre Gardes ordinaires, & alloient faire la visite par les
» Frontieres au lieu du Commissaire qu'on y envoye. Aussi,
» ajoute-t'il, doivent-ils être des hommes choisis fort capables
» & courageux.

On voit par cet extrait que les Sergens de bataille avoient non seulement du commandement dans les Armées, mais qu'ils faisoient aussi les fonctions des Inspecteurs d'aujourd'hui.

Fonction de Sergent de Bataille.

Quand à ce qui regarde le commandement ; ce qui en est rapporté ici semble être confirmé par un endroit des Memoires du feu-Maréchal Duc de Navailles où il dit en parlant de lui-même : » Je vins passer le reste de l'hiver à Paris (c'é-
» toit en 1646) & j'y songeai bien moins aux divertissemens
» qu'à faire ma Cour. Je commençois à m'ennuyer de n'être
» que simple Colonel. Je demandai que l'on me fît Sergent de
» bataille, *ce qui étoit alors au dessus des Mestres de Camp*, & l'on m'en
» donna le Brevet. Je trouve aussi Monsieur de la Mote-Hou-
dencourt avec ce Titre en 1635 ou 1636, avant que d'être Maréchal de France.

Histoire des Grands Officiers de la Couronne,
T. 764.

Au reste quelque considerable que fût la Charge de Sergent de bataille, il est certain que c'étoit un grade inferieur à celui de Maréchal de bataille. Cela se prouve évidemment par l'exemple de Monsieur de la Valiere, lequel comme je l'ai observé, étoit Sergent de bataille en 1643, & la même an-

K ij

née au Siége de Thionville, Maréchal de bataille. J'ai vû encore deux Brevets du Sieur de la Boeffiere Chevalier Seigneur de Chambors Gentilhomme du Vexin François. Dans le premier daté de 1646, il eft fait Sergent de bataille, & dans le fecond qui eft daté de 1647 il monte à la Charge de Maréchal de bataille. Il fut tué à la bataille de Lens en l'an 1648 étant Meftre de Camp du Regiment Mazarin de Cavalerie, qui étoit de vingt Compagnies: il étoit Maréchal de Camp, quoi qu'en cette occafion il combattît à la tête de fon Regiment.

On voit ce titre de Sergent de bataille dès le tems de François I, dans une de fes Ordonnances pour les Legions: mais il ne faut pas s'y méprendre: car par le nombre de ces Officiers qu'on appelle en cet endroit Sergens de bataille, & qui devoient être fix dans une efcouade de cent hommes; & par leur paye qui eft moindre que celle des Centeniers c'eft-à-dire, des Officiers qui commandoient cent hommes dans la Legion, il eft manifefte que ces Sergens de bataille n'étoient que des Sergens de bande.

Mais on trouve des Sergens Generaux de bataille comme des Officiers de diftinction dès le tems de ce Prince. Brantôme dans fon difcours des Colonels en parlant de la bataille de Cerifoles en 1544 » Le Sergent Major, dit-il, ou pour par-
» ler à l'ancienne mode, *le Sergent de Bataille* eft à cheval pour
» aller par les rangs, par le devant, par le derriere, & par
» les côtez ou aîles, afin de mettre promptement ordre à ce-
» qui eft neceffaire.

Pareillement fous Henri II fon fucceffeur, voici ce que le Baron du Villars qui étoit en Piémont à la fuite du Maréchal de Briffac, dit dans fes Memoires » Le 14 du mois d'Aouft
» 1558 l'Ifle des Mars Sergent General de bataille de l'In-
» fanterie Françoife commandant prefentement à Mont-Calve,
» certifie à Monfeigneur de Briffac Maréchal de France, Gou-
» verneur & Lieutenant General pour le Roi deça les Monts,
» qu'en chacune des Compagnies qui font à Mont-Calve, j'ai
» vû le nombre des hommes qui font cy-après écrits comme
» s'enfuit. Eft ajouté le rôlle des Officiers, des Corcelets, c'eft-
à-dire, des Piquiers, des Arquebufiers, & des malades de cette

Garnison, & le tout signé des Capitaines de chaque Compagnie. On doit encore observer sur ce témoignage du Baron du Villars que le Sergent de bataille ne se mêloit que de l'Infanterie. Le sieur de Vic-Saret fit la fonction de Sergent de bataille à la journée d'Ivri, où Henri IV défit l'Armée de la Ligue. Je trouve le sieur de Miraumont avec ce Titre dans l'extraordinaire des Guerres en 1604.

D'Aubigné sous l'an 1590 chap. 16.

On voit dans l'Etat de 1643 de l'Armée du Duc d'Anguien deux Sergens de bataille, sçavoir, le sieur de Leschelle & le Chevalier de la Valiere dont j'ai deja parlé. On trouve ce dernier peu de tems après dans l'Etat de l'Armée qui assiegeoit Thionville devenu Maréchal de bataille ; & il fut Maréchal de Camp. J'ai vû aussi dans un autre Etat de la même année M. de Langeron Sergent de bataille. On m'a encore montré le Brevet de Sergent de bataille pour le sieur de Bourgogne qui mourut en 1656 étant nommé au Gouvernement de Dampvilliers. Ce Brevet est datté du mois d'Aoust 1651. Je pourrois en nommer encore d'autres; mais cela suffit pour montrer que cette Charge à été longtems dans nos Armées.

Je croi que la Charge de Sergent de bataille a cessé depuis la Paix des Pyrennées ; car on n'en voit plus depuis ce tems-là dans les Etats des Troupes, il paroît que les fonctions de ces sortes d'Officiers soit Maréchal, soit Sergent de bataille varioient selon la volonté des Princes & des Ministres de la Guerre: c'est pourquoi on ne peut donner une notion de ces Charges qui convienne à tous ceux qui en ont porté le Titre. Je serois encore assez porté à croire que la Charge de Sergent de bataille fût très-considerable ; mais que dans la suite on mit au-dessus de lui un Officier à qui on donna le titre de Maréchal de bataille, en lui attribuant avec la preféance les principales fonctions du Sergent de bataille. C'est tout ce que j'ai pû démêler ou deviner sur ce sujet.

Du Commissaire General des Armées.

IL est fait mention de cette Charge dans les Memoires de M. le Comte de Bussi Rabutin : elle ne fut pas de longue durée; & celui qui en fut pourvû d'abord, n'eut point de successeur.

T. 1 p. 18. Cette Charge n'a pas duré.

Voici ce qu'en dit le Comte de Bussi sous l'an 1637. » Je vins » au rendez-vous d'Armée à Rethel, ou Besançon Commis- » saire General des Armées de France, *Charge créée pour lui & » qui fut suprimée en sa personne*, parce qu'elle avoit trop d'au- » torité, fit faire revûë au Regiment de mon Pere. Il n'en dit rien davantage, & ne descent point dans le détail des fonctions & des prérogatives de cet Officier. On voit seulement qu'il fai- soit faire les Revûës aux Troupes : mais de la maniere dont l'Au- teur s'exprime, il paroît que cette Charge avoit une très-gran- de étenduë & donnoit un grand pouvoir à celui qui l'exerçoit. Il est fait encore mention de cet Officier dans la Relation du Siége de Landreci en 1637. Je vais maintenant traiter des autres Offi- ciers à peu près de cette espece qui sont actuellement dans les Troupes, & qui bien que non compris sous le nom d'Officiers Generaux comme les Lieutenans Generaux, les Marechaux de Camp y ont cependant une autorité considerable.

Du Major General & des autres especes de Majors dans les Armées.

IL y a aujourd'hui un Major General de l'Armée, un Ma- jor General des Dragons ; il y a des Majors de Brigade ; il y a un Major dans la Maison du Roi qui est celui des Gardes du Corps ; il y en a un dans la Gendarmerie : il y a des Ma- jors dans tous les Régimens soit de Cavalerie, soit de Dra- gons, soit d'Infanterie dans certains Corps militaires : l'Offi- cier qui fait les fonctions de Major n'en a pas toujours le ti- tre ; mais seulement celui d'Aide-Major. Il y a aussi un Major de la Garnison dans les Villes de Guerre & dans les Citadelles.

Titre de Ma- jor General fort moderne.

Le titre de Major General de l'Armée n'est pas plus ancien que le Regne de Louis le Grand. Il me paroît par ce que j'ai dit plus haut du Sergent Major à la bataille de Cerisoles, que le Major General lui a succedé dans quelques-unes de ses fonc- tions à l'Armée : mais il en a bien d'autres. Son emploi re- garde principalement le détail de l'Infanterie en campagne. Il doit en sçavoir l'état pour rendre compte au General de la for- ce de chaque Brigade & des Regimens, & des divers incidens qui peuvent arriver dans ces Troupes : il va au campement avec le Maréchal de Camp de jour : il distribue aux Majors de brigade le terrain que leurs brigades doivent occuper : il ordonne toutes les Gardes du Camp & des Postes que l'Infanterie doit garder : il tient un Etat des Brigadiers d'Infanterie, des Colonels, des Lieutenans Colonels, afin de les faire marcher à leur tour dans les Détachemens, & de les avertir quand ils sont de jour. Il prend l'ordre du Maréchal de Camp de jour, & le donne aux Majors de brigades qui le distribuent aux Majors des Regimens, il leur marque tous les soirs les Détachemens qui doivent marcher le lendemain aussi-bien que les Officiers. Il se trouve tous les matins à la tête du Camp pour voir monter & descendre les Gardes, & a soin d'examiner si les Soldats ont leurs Armes en bon état, & si rien ne leur manque, il a chez lui un Sergent d'Ordonnance par chaque brigade pour porter les ordres quand il survient quelque chose de nouveau, soit pour les Détachemens particuliers, soit pour faire marcher l'Armée selon les ordres que lui donne le General. Le jour d'un Combat il reçoit du General le plan de son Armée, la disposition de la Cavalerie, de l'Infanterie, de l'Artillerie, & l'ordre que toutes les Troupes doivent tenir.

Fonctions du Major General.

Ses fonctions ne sont pas moins étenduës dans un Siége. Il avertit les Corps qui doivent monter la Tranchée, fait tous les Détachemens pour les Attaques ou pour d'autres occasions. Il fournit tous les Travailleurs dont on a besoin, les faiseurs de Gabions, &c. Il est appliqué à mille autres choses par le General, c'est pourquoi à l'Armée il a son logement auprès de lui.

Cet emploi demande un Officier actif, diligent, experimenté, & bien entendu en toutes choses. Il a pour le soulager deux Aides-Majors Generaux qui sont d'anciens Officiers qu'on prend dans l'Infanterie.

Lorsque le Regiment des Gardes Françoises est dans une Armée, le Major du Regiment est de droit Major General. Dans les moindres Armées & dans les Camps-Volans où il n'est pas, le Major du plus ancien Regiment d'Infanterie fait les fonctions de Major General.

Cette Charge de Major General par elle même ne donne point de rang parmi les Officiers Generaux ; & il en est demême de toutes ces efpeces de Charges publiques : mais cet Officier a toujours quelque Grade foit de Brigadier, foit de Maréchal de Camp, foit de Lieutenant General.

J'ai dit que le titre de Major General de l'Armée n'eft pas plus ancien que le Regne de Louis le Grand : mais l'Office de Major de l'Infanterie Françoife eft beaucoup plus ancien, & je le croi de même date que celui de Colonel General, c'eft-à-dire, du tems de François I Je trouve au moins cette Charge marquée du tems de Charles IX, dans un Regiftre de l'Extraordinaire des Guerres de 1568 dont j'ai déja parlé, où l'on voit un Etat Major de l'Infanterie, dans lequel après le Colonel General qui étoit Philippe Strozzi & le Meftre de Camp qui étoit le fieur de Coffeins, eft nommé le Sergent Major qui étoit le fieur Margarit ; on ne lui donne point le titre de Major General, mais il l'étoit en effet, puifqu'il l'étoit de l'Infanterie Françoife en deça des Monts, & il exerçoit cette Charge nonfeulement pendant la Campagne ; mais encore toute l'année : on y a attribué fous le Regne de Louis le Grand bien d'autres fonctions foit pour les batailles, foit pour les Siéges, comme on en a ôté auffi d'autres qu'on a attribuées fur tout aux Infpecteurs.

Quand le Major General vifite les Gardes ordinaires & autres Détachemens poftez autour de l'Armée ou ailleurs, elles doivent le recevoir étant fous les Armes : mais le Tambour ne bat pas.

Une Armée eft un grand Corps de Troupes compofé de plufieurs autres moindres Corps qui ont chacun leur Commandant fubordonné à un Commandant General. Ces moindres Corps font ce qu'on appelle aujourd'hui des brigades : il y a déja longtems qu'ils ont ce nom. Ceux qui les commandent s'appellent Brigadiers. Ces Brigadiers maintenant font des Officiers conftitués en Charge par Brevet, & font de l'inftitution de Louis le Grand ; ainfi que je l'ai expliqué ci-deffus en parlant de la Charge de Brigadier d'Armée.

Avant l'inftitution des Regimens, il y avoit auffi des Brigades ; mais elles n'étoient compofées que de quantité de Compagnies franches : aujourd'hui elles ne font ordinairement compofées que de Regimens.

Dans

DE LA MILICE FRANÇOISE. *Liv.* IX.　81

Dans ces Corps on met un Major qui fait à proportion dans la Brigade les mêmes fonctions que le Major General fait dans toute l'Armée : & ce sont ces sortes d'Officiers qu'on appelle Majors de brigade. *Major de Brigade.*

Dans l'Infanterie ils reçoivent l'ordre du Major General, & ensuite le donnent aux Majors particuliers des Regimens. Toutes les fois qu'il se fait un Détachement considerable de la brigade, celui qui commande ce Détachement nomme aussi un Officier pour y faire la fonction de Major. Cette espece d'Officier étant absolument necessaire dans chaque Corps pour y maintenir l'ordre, & pourvoir à tout ce qui le regarde. *Leurs fonctions.*

Les Majors des Regimens particuliers ont à proportion des fonctions pareilles dans ces Corps : outre cela c'est au Major à faire faire l'exercice au Regiment, à le mettre en Bataille dans une Revûë ou Parade, & dans toutes les occasions où il faut qu'il paroisse ou qu'il marche ou qu'il combatte. Il est à cheval dans un jour de Combat pour être prêt à executer les ordres de son Colonel, soit pour faire avancer, soit pour faire reculer le Regiment, soit pour rallier les Fuyards au cas qu'il soit rompu. *Majors des Regimens.*

Leurs fonctions.

Le Major de la Gendarmerie, ou celui qui en fait les fonctions a dans ce Corps le soin du détail comme les Majors des autres Corps : & l'on peut dire de quiconque porte ce Titre dans quelque Corps que ce soit, ce que j'ai dit du Major General que c'est celui de tous les Officiers qui a le plus de fonctions particulieres, dont la Charge demande un homme exact, habile, infatigable, & qui sçache se donner de l'autorité sur les Troupes ausquelles il a affaire. *Major de la Gendarmerie.*

La Charge de Major étoit dans les Bandes comme elle a été depuis dans les Regimens. Les Bandes étoient quelquefois aussi nombreuses que nos petits Regimens d'aujourd'hui : car il y en avoit plusieurs de quatre cens hommes. Cette Charge est nommée dans les Ordonnances de François I, & de Henri II.

Selon l'Ordonnance de Henri II de l'an 1553 les Majors avoient intendance sur plusieurs Compagnies ; & c'est pour cela que ce Prince ordonna qu'ils n'auroient point de Compagnie particuliere, pour se donner tout entiers au détail de celles

Tome II.　　　　　　　　　　　　　　　　L

dont ils étoient chargez sous les ordres de celui qu'on appelloit alors Mestre de Camp, qui commandoit l'Infanterie sous le Colonel General. Il y avoit sans doute des Majors avant ce tems-là dans les Troupes, mais sous d'autres noms ; parce qu'on ne peut s'en passer pour le Reglement & la subsistance des Corps.

Major General des Dragons.

Les Dragons ont aussi un Major General qui donne l'ordre aux Majors de brigades de ce Corps, comme ceux-ci les donnent aux Majors particuliers des Regimens, & qui ordonne les Détachemens. Il est subordonné au Maréchal General des Logis de la Cavalerie dont il reçoit les ordres aussi-bien que le Major de la Maison du Roi & le Major de la Gendarmerie. Je ferai un plus grand détail de l'Office de Major de la Maison du Roi en faisant l'Histoire des Troupes de cette Maison. Pour ce qui est du Major de l'Artillerie, je traiterai aussi de ses fonctions dans la partie de mon Histoire où je parlerai de l'Artillerie.

Major d'une Place de Guerre.

Enfin ce que j'ai dit du service des Troupes dans les Garnisons comprend les principales fonctions du Major d'une Ville de Guerre, où cet Officier par rapport aux gens de Guerre qui gardent la Place, ou qui y arrivent de nouveau, ou qui en sortent, entre à proportion dans les mêmes détails, que les autres Majors dans les Armées.

Du Maréchal General des Logis de l'Armée, des autres Maréchaux des Logis & du Vague-Mestre.

Fonctions du Maréchal General des Logis.

LE Maréchal General des Logis de l'Armée a pour principale fonction de distribuer aux Maréchaux des Logis de chaque Regiment le terrain que leur Regiment doit occuper dans le Camp à proportion du lieu où l'Armée doit loger. C'est à lui à marquer ce qu'on appelle le quartier du Roi, le Parc de l'Artillerie de concert avec ceux qui la commandent, le quartier des Vivres & celui de l'Hopital. Il va tous les jours recevoir l'ordre du General pour sçavoir ce qu'il aura à faire le jour suivant. Car c'est lui qui forme l'ordre de la marche & le communique au General. Il y marque tous les lieux par où les Colonnes doivent passer.

Si l'on en croit quelques-uns, cette Charge seroit comme un Démembrement de celle de Grand Maréchal des Logis de la

Maison du Roi ; car selon eux, (& c'est ainsi que parle l'Auteur de l'Etat de la France de 1708.) »Les Maréchaux des Lo- *Cette Charge n'est point un démembrement de celle du Grand Maréchal des Logis de la Maison du Roi.*
» gis de la Maison du Roi qui sont les Subalternes du Grand
» Maréchal des Logis, non-seulement étoient autrefois char-
» gés du logement du Roi & de sa Maison ; mais encore de
» loger les Armées.

Je ne croi pas que cela soit vrai : ce qu'il y a au moins de certain, c'est que ni dans les Provisions de Monsieur le Marquis de Cavois qui a possédé la Charge de Grand Maréchal des Logis depuis l'an 1677 jusqu'en 1716, ni dans celles de Monsieur le Comte de Froulai son Predecesseur, il n'y a rien d'énoncé qui ait le moindre rapport à cette fonction ; & cette Charge ne paroît en aucune façon être une Charge Militaire.

La Charge de Maréchal General des Logis de l'Armée ne me paroît pas plus ancienne sous ce titre que le Regne de Louis le Grand. Avant lui c'étoit les Maréchaux de Camp qui faisoient les Départemens du Camp pour l'Armée aidés des Majors & des Maréchaux des Logis des Regimens.

Sous le Maréchal des Logis de l'Armée sont les Maréchaux des Logis des Regimens. J'en ai déja parlé.

Avant l'Institution des Regimens d'Infanterie il y avoit des Maréchaux des Logis dans les Bandes tant vieilles que nouvelles, & un Fourrier qui étoit comme leur Ayde pour loger & faire camper la Bande. Ces sortes d'Officiers ont été de tout tems necessaires dans les Troupes ; & avant qu'on y voye les les noms qu'ils portent aujourd'hui, on y trouve leurs fonctions.

La Charge de Maréchal General des Logis de l'Armée a depuis longtems été partagée en deux, sçavoir entre Monsieur de Champlai & Monsieur de l'Anglée, & depuis la mort de Monsieur de l'Anglée, sa portion, pour ainsi dire, a été encore partagée en deux, & le partage en a été fait entre Monsieur de Monroy & Monsieur de Verseilles lesquels ont chacun la moitié des appointemens.

Il y a encore deux autres Charges de Maréchaux des Logis de l'Armée qui sont subordonnées aux Officiers dont je viens de parler : ceux qui les possedent ont mille livres d'appointement. Ce sont Monsieur de Chevilli & Monsieur * * *. *Autres Maréchaux des Logis.*

L ij

Les fonctions de ces Charges demandent des Officiers experimentez; & c'est ce qui fait qu'on n'employe pas toujours dans les Armées les Titulaires, & que l'on commet souvent des Mestres de Camp ou des Officiers entendus dans ces fonctions. Ils doivent avoir une connoissance parfaite du Pays où l'on fait la Guerre, parce que ce sont eux qui dirigent les Marches, qui marquent le Camp sous les ordres des Maréchaux de Camp; qui distribuent le terrain que doit occuper l'Armée, & qui marquent les logemens des Officiers Generaux, & des autres qui doivent être logez, c'est-à-dire, les Lieutenans Generaux, les Maréchaux de Camp & l'Etat Major.

Vaguemestres. Les Maréchaux des Logis de l'Armée ont à leurs ordres les Capitaines des Guides dont j'ai déja parlé & les Vaguemestres. Les fonctions de ceux ci sont de visiter les chemins par où l'Armée doit passer, d'assembler tous les Equipages les jours de marche, & de les faire marcher selon l'ordre ordinaire, en commençant par ceux du General, des Officiers Generaux, & des Corps par leur ancienneté ou selon l'ordre du campement. Il y a un Vaguemestre General, un pour chaque ligne d'Infanterie, un pour chaque ligne de Cavalerie, pour chaque Brigade & pour chaque Regiment. Le seul Vaguemestre General est en titre d'Office; les autres sont choisis dans chaque Brigade d'Infanterie & de Cavalerie & dans chaque Regiment, auquel on donne deux Aides. Ils marchent à la tête des Colonnes & des Brigades.

Le Vaguemestre General va tous les soirs prendre l'ordre du Maréchal General des Logis, pour sçavoir la route que les Bagages doivent tenir, & ensuite se pourvoir de bons Guides, & faire avertir les bagages de chaque Brigade de se trouver autour de ses Fanions pour défiler selon le rang & le poste des Brigades. Le Fanion est un Etendart de Serge de la livrée du Brigadier, & qui est porté par un Valet de la Brigade de Cavalerie ou d'Infanterie pour leur faire observer l'ordre dans la marche. Je ne parlerai point ici du Maréchal General des Logis de la Cavalerie Legere ni des Maréchaux des Logis de divers autres Corps. Je me reserve à en parler en traitant de ces divers Corps.

Des Aydes de Camp.

CEtte Commission est exercée d'ordinaire par de jeunes Gentilhommes Volontaires qui sont bien aises de se faire connoître des Troupes. Leur fonction est d'accompagner les Officiers Generaux ausquels ils se sont attachez, pour porter leurs ordres par tout où il en est besoin principalement dans une Bataille. Ils doivent les bien comprendre, & les déclarer très-exactement & très-juste. Je croi qu'il y en a eu de tout tems dans nos Armées, quoiqu'ils n'ayent pas toujours porté ce nom: car comme je l'ai déja remarqué sur le témoignage de Monsieur de Montgommeri dans son Livre de la Milice Françoise, le nom d'Ayde de Camp se donnoit autrefois à ceux qui aidoient au Maréchal de Camp à faire la répartition des divers quartiers dans un campement.

Fonctions des Aydes de Camp.

Dans l'Etat de l'Armée du Roi commandée par le Duc d'Anguien au Siége de Thionville en 1643, il y avoit jusqu'à vingt-deux Aydes de Camp. Quand Louis le Grand étoit à l'Armée, il choisissoit quelques jeunes gens de qualité pour porter ses ordres; & on leur donnoit le titre *d'Ayde de Camp du Roi*. Ce Prince en entretenoit quatre à un General d'Armée en Campagne, deux à chaque Lieutenant General, & un à chaque Maréchal de Camp. Il y en avoit encore d'autres, mais qui n'étoient point entretenus. Je ne sçai si ces Commissions se donnoient par Brevet: mais cela se faisoit quelquefois ainsi au commencement du Regne de Louis XIV. J'en ai vû un daté du 1 d'Avril 1647 en faveur du sieur Guillaume de la Bouexiere Chevalier Baron de Chambors. Il avoit trois cens livres de gages par mois.

Des Inspecteurs & des Directeurs Generaux.

ON doit encore mettre ces Officiers au nombre des Officiers publics des Troupes par l'étenduë de leur Charge. Leur emploi est de faire la revuë des Troupes, d'ordonner les réparations qu'il convient d'y faire, & d'en rendre compte à la Cour, aussi bien que de la qualité & du mérite des Officiers de chaque Corps, & de la maniere dont le service se fait dans les Places de Guerre.

Autrefois les Maréchaux de France étoient chargez de ce soin pour la Gendarmerie comme il paroît par l'Ordonnance de Henri II de 1547 dont j'ai rapporté quelques articles en parlant de la dignité de Maréchal de France. Leurs départemens pour cet effet sont marquez dans l'Ordonnance; & il est dit que c'étoit l'ancien usage qu'on avoit laissé abolir, & que ce Prince jugea à propos de rétablir.

Avant & depuis ce tems-là ce furent des Officiers à qui l'on donnoit le nom de Commissaires qui rendoient compte de l'Etat des Troupes aux Ministres comme on le voit par diverses Ordonnances. Il me paroît par ce que j'ai dit des Sergens de Bataille, que quand il y en avoit, & que cette fonction leur étoit attribuée, il me paroît, dis-je, que ces Commissaires leur étoient subordonnés, & que les Sergens de Bataille étoient en chef pour la visite des Troupes & des Places frontieres de leur département: car pour l'ordinaire il y en avoit plusieurs.

Creation des Inspecteurs. Ainsi les Sergens de Bataille étoient alors les Inspecteurs: mais ils ne prenoient point ce titre; & je croi qu'il n'a été mis en usage que depuis la Guerre de Hollande de 1672, quoique dès-lors le Chevalier de Fourille Mestre de Camp General de la Cavalerie fît les revûës de la Cavalerie pour en rendre compte au Roi & à son Ministre; & le sieur Martinet qui fut tué cette année au Siége de Doëlbourg où il étoit Colonel du Regiment du Roi & Maréchal de Camp, faisoit la même fonction pour l'Infanterie.

Au tems de la Paix de Nimégue, c'est-à dire en 1678, le sieur des Bonnets étoit seul Inspecteur de toutes les Troupes. Depuis ce tems-là on a multiplié les Inspecteurs, & on en mit dans toutes les Intendances des Frontieres. Les choses furent sur ce pied jusqu'à l'an 1693, que le Roi voulut remettre aux Colonels le soin du rétablissement de leurs Regimens.

Après la Campagne de 1694 le Roi ne s'étant pas bien trouvé de la confiance qu'il avoit eu aux Colonels, rendit aux Inspecteurs Generaux la connoissance de toutes les Troupes, & créa quatre Directeurs Generaux pour l'Infanterie & au-

DE LA MILICE FRANÇOISE. *Liv. IX.* 87

tant pour la Cavalerie, aufquels les Infecteurs Generaux furent fubordonnés, & rendoient compte. Je parlerai de ces Directeurs dans la fuite.

Il y avoit en 1714 huit Infpecteurs Generaux pour l'Infanterie, & autant pour la Cavalerie, qui avoient chacun 8000 livres d'appointemens.

Ceux de l'Infanterie étoient les fieurs de Trezmane Maréchal de Camp, de Maupeou Capitaine aux Gardes Maréchal de Camp, d'Aubigni Colonel du Regiment Royal & Brigadier, d'Altermat Suiffe Maréchal de Camp, le Marquis de Broglio Maréchal de Camp, Vervins Maréchal de Camp. *Infpecteurs de l'Infanterie.*

Les Infpecteurs Generaux de la Cavalerie étoient les fieurs de Mauroy Lieutenant General, Bouteville Brigadier, Pouriere Brigadier, le Comte de Beauveau Maréchal de Camp, le Marquis de Bouzole Lieutenant General, de Ternaut Brigadier, le Marquis de Chaftillon Brigadier. *Infpecteurs de la Cavalerie.*

Les Infpecteurs Generaux de la Cavalerie avoient auffi infpection fur les Dragons. Le Comte de Coignies Colonel General des Dragons obtint en 1706 qu'il y auroit des Infpecteurs pour ce Corps. On partagea en deux pour cet effet une Charge d'Infpecteur de Cavalerie qui étoit vacante; & elle fut partagée entre les fieurs de Bouteville & le Chevalier de Pouriere Brigadiers de Dragons. Comme cela caufa un different avec le Colonel General de la Cavalerie, le Roi regla que ces nouveaux Infpecteurs auroient comme les autres infpection fur la Cavalerie & fur les Dragons; & ils eurent les appointemens ordinaires de 8000 livres. *Infpecteurs des Dragons.*

Les Infpecteurs ont auffi vûë fur la Gendarmerie; mais ils n'en ont point fur la Maifon du Roi, fur les Regimens des Gardes Françoifes, fur celui des Gardes Suiffes, ni fur le Regiment du Roi Infanterie. Le Roi eft pour ainfi dire lui-même l'Infpecteur des Troupes de fa Maifon & du Regiment d'Infanterie qui porte fon nom. L'autorité des Infpecteurs ne s'étend point non plus fur le Corps de l'Artillerie; & dans chaque Armée le Commandant d'Artillerie eft Infpecteur & Commiffaire de l'Equipage qu'il commande fous l'autorité du Grand Maître. A l'Armée quand les Infpecteurs Meneraux de l'Infanterie vifitent les Gardes ordinaires & autres Déta- *Troupes exemptes d'Infpecteurs.*

chemens autour de l'Armée, les Soldats se mettent sous les Armes ; mais le Tambour ne bat point. Quand l'Inspecteur General se trouve dans une Ville de Guerre, il peut, s'il le veut, faire la ronde, & l'Officier de la Garde doit lui donner le mot sans que l'Inspecteur soit obligé à mettre pied à terre, s'il est à Cheval. Je trouve encore dans une Ordonnance du Roi du 20 Janvier 1690 une chose fort honorable pour ceux qui ont la Charge d'Inspecteur ; c'est que si les lieux où ils se rencontrent pour leurs fonctions, viennent alors à être attaquez, les Troupes du Roi les reconnoîtront selon leur caractere d'Officier General, de Brigadier ou de Colonel, quand bien même ils n'auroient point de Lettres de service.

Creation des Directeurs Generaux de la Cavalerie & de l'Infanterie.

Pour ce qui est des Directeurs Generaux, le Roi les institua en 1694, quatre pour l'Infanterie & quatre pour la Cavalerie : sçavoir le Marquis d'Uxelles pour l'Infanterie & le Comte du Bourg pour la Cavalerie en Allemagne. Monsieur d'Artagnan pour l'Infanterie & Monsieur de Besons pour la Cavalerie en Flandres. Le Chevalier de Genlis pour l'Infanterie & Monsieur de Saint Sylvestre pour la Cavalerie en Catalogne. Le Marquis de Larray pour l'Infanterie & le Comte de Coignies pour la Cavalerie en Piémont. Ils étoient tous Lieutenans Generaux & avoient douze mille livres d'appointement. Ils voyoient les Troupes quand ils vouloient dans leurs Départemens, & se faisoient rendre compte de celles que les Inspecteurs Generaux avoient vûës, & en informoient la Cour.

Le Roi ne remplit point toutes ces Charges quand elles vinrent à vacquer. On m'a dit que le Comte du Bourg & le Comte de Montgon sont encore Directeurs de la Cavalerie ; il n'y en a plus dans l'Infanterie, les uns étant morts, & les autres étant Maréchaux de France.

CHAP. XI.

CHAPITRE XI.

Des Ingenieurs.

J'Avois d'abord projetté de traiter des Ingenieurs dans l'article de l'Artillerie, parce qu'ils étoient autrefois de ce Corps: mais comme ils n'en sont plus aujourd'hui, & que leur emploi est une Charge Militaire, j'ai jugé plus à propos de placer ici ce que mon dessein m'oblige à en dire, d'autant plus que plusieurs d'entre eux sont Officiers & même Officiers Generaux.

Les principales fonctions de l'Ingenieur sont la Fortification des Places & la conduite des travaux d'un Siége. C'est un emploi qui demande de la prudence & beaucoup d'intrepidité: car c'est à eux à planter le Piquet devant les Villes assiégées pour tracer les Tranchées, pour marquer le lieu des Places d'Armes, & l'endroit où l'on doit construire les Redoutes & les Batteries, ce dernier de concert avec les Commandans de l'Artillerie. Ils accompagnent les Dragons & les Grenadiers, quand il faut rompre ou franchir une Palissade, faire un logement sur la tête d'un Glacis ou d'une Contrescarpe, pour passer un fossé sec ou plein d'eau, pour conduire une mine, pour se retrancher au pied ou sur la tête d'une bréche. Ils ont aussi leurs fonctions dans la défense d'une Place assiégée: & generalement toutes celles qu'ils exercent sont tres-dangereuses: de sorte qu'il n'y a ni Officiers ni Soldats plus expozez qu'eux, soit dans les attaques, soit dans la défense des Villes. *Fonctions des Ingenieurs.*

Leur nom marque leur adresse, leur habileté, & le talent qu'ils doivent avoir d'inventer; on les appelloit autrefois Engeigneurs, comme je l'ai déja dit en un autre endroit, du mot *Engin* qui signifioit une machine; parce que les machines de Guerre avoient été pour la plûpart inventées par ceux qui faisoient cet emploi, & que c'étoient eux qui les mettoient en œuvre dans la Guerre. Or Engin vient d'*Ingenium*: on appelloit même en mauvais Latin ces machines *Ingenia*. *D'où leur vient ce nom.*

Tome II.   M

HISTOIRE

Hi se clauserunt prope ripas ingeniorum,

Dit Guillaume le Breton dans l'Histoire en vers de Philippe-Auguste, en parlant du quartier où étoient les machines.

<small>Guillaume Guyart ad an. 1206.</small>

Li Engigneurs Engins dressent.

Et Philippe Mouskes dans l'Histoire du Roi Louis VIII.

Quand li bons Mestres amauris
Le Sire des Engignours
Commandere des Minours.

C'est-là l'étymologie du nom d'Ingenieur. Ce sont-là encore de ces especes d'Officiers absolument necessaires pour la Guerre, sans lesquels on ne peut faire de progrès sur l'Ennemi, ni se défendre contre lui : aussi cet emploi est-il tres-honorable. Les Ingenieurs sont souvent appellez au Conseil du General, surtout quand il s'agit d'un Siége. Ils montent aux grades les plus considerables de l'Armée ; ils deviennent Brigadiers, Maréchaux de Camp, Lieutenans Generaux, Gouverneurs de Places. Et nous avons vû de notre tems Monsieur de Vauban monter jusqu'à la dignité de Maréchal de France avec l'approbation de tout le Royaume & des Armées. On n'a jamais porté l'Art d'Ingenieur à un si haut point que sous le Regne de Louis le Grand : & c'est aux Ingenieurs de France que ceux des Ennemis, parmi lesquels il s'en est trouvé aussi de fort distinguez dans cet Art, sont redevables de leur habileté.

<small>Necessité d'avoir des Ingenieurs.</small>

Il y a encore aujourd'hui dans les Siéges comme du tems de Philippe Mouskes *le Sire des Engigneurs*, c'est-à-dire un Ingenieur en Chef qui preside à tous les travaux d'un Siége & duquel les autres Ingenieurs prennent leurs ordres. Je trouve cet Ingenieur en Chef dans un Compte d'Artillerie de 1627. *qualifié d'Ingenieur faisant la Charge de Capitaine & Directeur General des Tranchées, Redoutes & Travaux en l'Armée de Languedoc, ayant sous lui deux Conducteurs desdits Travaux.*

<small>Ils étoient autrefois du Corps de l'Artillerie.</small>

Je vois par ce Compte d'Artillerie & par plusieurs autres beaucoup plus anciens que les Ingenieurs étoient alors censez du Corps de l'Artillerie : aujourd'hui ils n'en sont plus & sont comme un Corps à part.

DE LA MILICE FRANÇOISE, *Liv. IX.* 91

Dans les Siéges on les partage en Brigades à la tête desquelles est un ancien qui porte le titre de Brigadier. Les Brigades se relevent toutes les vingt-quatre heures. Les principaux Ingenieurs sont Directeurs particuliers de chaque Département dont ils rendent compte au Directeur General des Fortifications qui en fait son rapport au Roi.

Partage des Ingenieurs durant un Siege.

La déference qu'on avoit pour feu Monsieur de Vauban, faisoit que les Commandans d'Artillerie souffroient qu'il marquât les Batteries. Depuis sa mort les Ingenieurs voulant s'attribuer ce droit, le Marquis de la Frezeliere s'y opposa au Siége de Landau l'an 1703, & le Maréchal de Talard qui commandoit ce Siége decida en sa faveur. La prétention des Ingenieurs ayant été renouvellée en quelque autre occasion, il se fit un Reglement là-dessus à l'avantage du Commandant de l'Artillerie. Il seroit du bien du service que le Commandant de l'Artillerie & l'Ingenieur en Chef agissent bien de concert en pareilles occasions.

Après ce Traité des Charges Militaires qui sont maintenant dans les Armées de France & dont j'ai donné la notion, & marqué l'origine, je vais suivre la distribution que je me suis proposée de l'ample matiere qui me reste à traiter dans l'Histoire de la Milice Françoise de notre tems.

Je divise d'abord cette Milice en deux Corps: le premier est celui qui compose la Maison Militaire du Roi; le second renferme toutes les autres especes de Troupes. L'un & l'autre auront leurs soudivisions chacun en leur place. Je vais commencer par les Troupes qu'on appelle la Maison du Roi, en y comprenant la Gendarmerie pour la raison que j'ai dite ci-dessus.

Les Corps Militaires qui composent proprement aujourd'hui la Maison du Roi, ont tous le titre de Garde du Prince: c'est ce qui m'oblige de dire ici quelque chose de ceux qui les ont precedez en cette qualité.

M ij

CHAPITRE XII.

Des Troupes qui ont composé en divers tems la Garde des Rois de France.

IL est hors de doute que de tout tems nos Rois ont eu une Garde. C'est un usage immemorial & universel chez toutes les Nations ; & il a toujours été de la dignité & de la sûreté des Souverains, d'avoir des gens qui les accompagnassent par honneur, & veillassent à leur conservation.

Nous ne trouvons point dans les Memoires qui nous sont restez pour l'Histoire de la premiere Race de nos Rois, des Officiers en titre pour commander la Garde de ces Princes : mais si nous avions les Etats de leurs Maisons comme nous avons ceux des Empereurs, nous y verrions de ces sortes d'Officiers, de même qu'on y voit des Chambellans, des Referendaires, des Chanceliers & d'autres dignitez dont les noms sont venus jusqu'à nous par d'autres monumens & sur tout par des Chartes.

<small>L. 7 cap. 8.
Garde des Rois sous la premiere Race.</small>

Gregoire de Tours fait mention d'une grosse Garde sans laquelle le Roi Gontran petit-fils de Clovis n'alloit jamais, depuis que ses deux freres Chilperic Roi de Soissons, & Sigebert Roi d'Austrasie eurent été assassinez.

<small>Alamannus in parietinis lateranensibus. Baluze T. 1 Capitul. Mabillon iter Ital.</small>

Il y a encore d'anciens monumens où l'on voit Charles le Chauve quatriéme Roi de la seconde Race representé sur son Trône accompagné de quelques-uns de ses Gardes : mais il ne me paroît pas necessaire d'apporter plus de preuves d'une chose dont personne ne disconviendra. Ce qui seroit à souhaiter c'est que nous eussions de plus grands détails que nous n'en avons sur cette matiere dans la premiere & dans la seconde Race.

Nous n'en avons guére plus dans l'Histoire de la troisiéme Race jusqu'à Charles VII. On trouve cependant quelque chose avant le Regne de ce Prince d'une ancienne Garde com-

B. Seconde Pierre.

A. Premiere Pierre.

poſée de ceux qu'on appelloit Sergens d'Armes dont je vais parler, auſſi bien que de quelques autres ſur leſquelles on a moins de détail.

Des Sergens d'Armes & autres Gardes des Rois de France.

LEs Sergens d'Armes dits en Latin *Servientes armorum*, furent une Garde inſtituée par Philippe-Auguſte pour la conſervation de ſa perſonne. Ce Prince fut averti de ſe tenir ſur ſes gardes contre les embûches du Vieux de la Montagne petit Prince dans l'Aſie ſi fameux dans les Hiſtoires de ces tems-là, par les entrepriſes que ſes Sujets ſuivant ſes ordres faiſoient ſur la vie des Princes & des Seigneurs, dont il croyoit qu'il étoit de ſon interêt de ſe défaire. » Quand » ledit Roi, dit une ancienne Chronique, oüit les nouvelles, » ſi ſe douta fortement, & prit conſeil de ſe garder. Il élut » Sergens à Maces, qui nuit & jour étoient autour de lui, » pour ſon corps garder. (Ces Sergens à Maces étoient ces Ser-» gens d'Armes dont il s'agit.) Les Sergens d'Armes, dit un » autre Auteur, qui vivoit du tems de Charles VI, ſont les » Maciers que le Roi a en ſon Office, qui portent Maces de-» vant le Roi: ſont appellés Sergens d'Armes, parceque ce » ſont les Sergens pour le Corps du Roi.

Cette Garde étoit une Compagnie aſſez nombreuſe comme nous l'apprenons par un monument qui eſt à Paris à l'entrée de l'Egliſe de Sainte Catherine des Chanoines Reguliers de Sainte Genevieve. Ce ſont deux pierres où l'on lit l'inſcription ſuivante.

» A la priere des Sergens d'Armes, Monſieur Saint Louis » fonda cette Egliſe, & y mit la premiere pierre: & fut pour » la joye de la victoire qui fut au Pont de Bouvines l'an 1214 * » *les Sergens d'Armes pour le tems gardoient ledit Pont*: & voüe-» rent que ſi Dieu leur donnoit victoire, ils fonderoient l'E-» gliſe de Sainte Catherine, & ainſi fut-il.

Dans la premiere pierre eſt repreſenté Saint Louis avec deux de ces Sergens d'Armes, & dans la ſeconde un Dominiquain Conſeſſeur de ce Prince avec deux autres de ces Sergens d'Armes.

Marginalia:
Sergens d'Armes inſti-tuez par Phi-lippe-Auguſte.

Jean Bou-teiller Somme Rurale L. 2.

Cette Garde étoit nombreu-ſe.

* Sous Phi-lippe-Auguſte.

A Premiere Pierre.
B Seconde Pierre.

Vide du Cange in Glossario v. servientes armorum,

[marginalia: plusieurs ont été annoblis]

* V. Livre des Memoriaux de la Chambre des Comptes fol. 103. 134. & 215.
Vide du Cange loc. cit.
Sergens d'Armes étoient gens de distinction.
Ibid.

La Compagnie des Sergens d'Armes devoit être au moins de cent cinquante ou de deux cens hommes; puisqu'il est marqué que Philippe VI dit de Valois, voulant en faire une reforme, les reduisit au nombre de cent. C'étoient tous Gentilshommes, & même gens de qualité. J'en ai vû des Listes dans quelques Mémoriaux * de la Chambre des Comptes de Paris, & il se trouve de grands noms dans ces Listes.

De plus ils avoient des Privileges qui marquoient la consideration que le Prince avoit pour eux. Ils ne pouvoient être jugez par d'autres que par le Roi ou par le Connêtable; & leur emploi ne cessoit point par la mort du Souverain, comme d'autres Charges de la Maison du Roi en ce tems-là.

Voici encore une grande distinction pour ceux qui composoient cette Garde; c'est que nos Rois leur confioient la Garde des Châteaux de la Frontiere; qu'ils les en faisoient Châtelains; & qu'ils leur assignoient leurs gages sur les Bailliages & Sénechaussées où ces Châteaux étoient situez, quand ils avoient été pourvûs de ces Gouvernemens; mais quand ils n'en avoient point, c'étoit le Roi qui les payoit, comme les autres Officiers de Sa Maison.

Ibid.

Je croi que quand Philippe-Auguste les eut instituez, d'abord ils étoient tous employez à sa Garde autour de sa Tente, ou du Logis où il demeuroit, & dans les Marches: mais il est vrai-semblable que depuis ils ne servoient que par Brigades & par quartiers: au moins cela se faisoit-il ainsi du tems de Philippe le Bel, comme il paroît par un Statut de ce Prince de l'an 1285, où il est dit *Item Sergens d'Armes, trente, lesquels seront à Cour sans plus.* Les autres étoient dans leurs Gouvernemens, ou occupez à d'autres emplois.

Leurs Armes.

Leurs Armes étoient non-seulement la Mace d'Armes, mais encore l'Arc & les Fléches. C'est ce qui est marqué au même Statut. *Ils porteront toujours leurs Carquois pleins de Carreaux.* C'étoit une éspece de Fléche ainsi appellée parce que le fer en étoit quarré, comme je l'ai dit en parlant des Armes de ce tems-là.

DE LA MILICE FRANÇOISE. *Liv. IX.* 95

Une autre Ordonnance de l'an 1388, raportée par Godefroy dans les Annotations sur l'Histoire de Charles VI leur donne aussi des Lances.

Quand ils étoient de Garde devant l'Appartement du Roi, ils étoient armés de pied en cap, au moins pendant le jour. Dans le Monument de l'Eglise de Ste. Catherine dont j'ai parlé, sont représentez quatre de ces Sergens d'Armes, dont deux sont armez de la maniere que je viens de le dire, dans la seconde Pierre, excepté la tête, où ils n'ont qu'un Cabasset ou Casque leger sur lequel un des deux a un espece de voile rejetté en derriere, qu'on appelloit du tems de Charles VII du nom de Cornette.

C'étoit de la même sorte qu'ils étoient armez à la Guerre, excepté le Cabasset, au lieu duquel ils avoient un Heaume complet ; & je croi que c'est de cette Armure que leur vient leur nom de Sergent d'Armes : comme on appelloit gens d'Armes & hommes d'Armes, les Cavaliers qui avoient l'Armure complete, au lieu que la Cavalerie Legere n'avoit que le Casque & la Cuirasse, de même ceux dont je parle étoient appellez Sergens d'Armes, *Servientes Armorum*, pour les distinguer des autres Sergens ou Gardes, qui étoient armez à la legere.

Les deux autres Sergens d'Armes representez dans la premiere Pierre n'ont point le harnois comme les deux dont je viens de parler ; mais l'un a une Casaque à grandes manches avec un Colier ou Chaîne qui lui descend sur la poitrine. L'autre est enveloppé d'un grand Manteau fourré à long poil. Il a la tête couverte d'un bonnet. Le premier represente apparemment les Sergens d'Armes, lorsqu'ils marchoient en quelques ceremonies ; l'autre, ainsi que le pense du Tillet * represente ceux de ces Sergens d'Armes qui gardoient la porte de la Chambre pendant la nuit, quand les portes du Palais étoient fermées.

Le même du Tillet prétend que c'est de ces Sergens d'Armes que viennent ceux qu'on appelle aujourd'hui les Huissiers de la Chambre. En effet les Huissiers de la Chambre portent des Maces en certaines Fêtes : mais je ne suis pas en cela de son avis. Ma raison est que dans quelques anciens Actes les Huissiers d'Armes sont tout-à-fait distinguez des Sergens d'Armes.

Dans le Statut de Philippe le Bel de 1285. ◆ Item Sergeans

Leurs fonctions.

* *Au titre des Maréchaux.*

Ils étoient differens des Huissiers d'Armes.

" d'Armes, trente, lesquels seront à Cour, sans plus. Deux
" Huissiers d'Armes, & huit autres Sergeans d'Armes, & man-
" geront à Cour. Et dans deux Etats de l'Hôtel du Roi Charles VI * de l'an 1386, & 1388, il y a des Listes séparées de
Huissiers d'Armes, & de Sergens d'Armes.

 Je croirois donc que les Huissiers de la Chambre d'aujour-
d'hui viennent des Huissiers d'Armes, & non pas des Sergens
d'Armes. Les Huissiers d'Armes étoient au dedans de l'Appartement; & leur fonction étoit d'en ouvrir la porte à ceux qui
devoient y entrer : car le nom d'Huissiers vient d'un ancien
mot François, *huis*, qui signifie la même chose que celui
de porte ; & il est encore en usage dans la même signification
en quelque Province parmi le peuple.

 Comme les Sergens d'Armes étoient Armez de pied en cap,
il n'y a nul lieu de douter qu'ils ne servissent à cheval dans
les Combats ; mais ils faisoient la Garde à pied au Palais du
Roi : ainsi ils servoient à peu-près comme font aujourd'hui les
Gardes du Corps.

 Cette Garde en qualité d'un Corps de Milice ne dura pas
au de-là du Regne du Roi Jean. J'ai déja remarqué que Philippe de Valois la réforma, & la réduisit au nombre de cent
Sergens d'Armes. Charles V étant Régent du Royaume pendant la prison du Roi Jean son pere les cassa presque tous,
& n'en conserva que six ; apparemment parce qu'ils s'émanci-
perent, ou qu'ils ne firent pas leur devoir durant les Guerres
Civiles que ce Prince eut à soutenir, ou peut-être qu'il n'avoit
pas dequoi fournir à leurs appointemens.

 Je n'en trouve non plus que six marquez dans l'Etat de
la Maison de Charles VI au Mémorial de la Chambre des
Comptes que j'ai déja cité ; mais dans une Ordonnance de l'an
1592 il s'en trouve huit, dont la moitié servoit par mois alternativement. Ainsi l'on peut regarder cette Garde comme abolie en qualité de Milice dès le tems de Charles V, étant réduite à un si petit nombre.

 Je trouve encore une autre Garde sous le Régne de Charles
VI composée de quatre cens hommes d'Armes. C'est dans une
de ses Ordonnances dattée du mois de Fevrier l'an 1382 c'est-
à-dire, 1383, avant Pâque selon notre maniere de compter

d'aujour-

DE LA MILICE FRANÇOISE. *Liv. IX.* 97

d'aujourd'huy. Mais ce ne fut qu'une garde extraordinaire qu'il se donna seulement pour l'expedition de Flandre, qu'il meditoit en faveur de Loüis Comte de Flandre son vassal, contre lequel les Flamands s'estoient revoltés; & il la cassa à son retour après la victoire de Rosebeque. *Autre Garde sous Charles VI.*

C'est ainsi que Charles VIII pour son expedition du Royaume de Naples, augmenta sa Garde de deux cents Crennequiniers ou Arbaletriers à cheval, il la conserva cependant après son retour en France; & elle ne fut supprimée qu'au commencement du Regne de Louis XII son successeur. *Comines l. 8. chap. 6. Traité de l'origine de deux Compagnies des 200 Gentils-hommes.*

François I pour la conquête du Milanés créa une troupe de même espece qui fit des merveilles à la bataille de Marignan: mais elle ne paroît plus depuis dans nos histoires.

Quelquefois ces Princes augmentoient leur Garde pour paroître avec plus de pompe aux entrées qu'ils faisoient dans des villes conquises, comme fit Charles VII dans son entrée à Roüen, après avoir conquis cette Capitale de Normandie sur les Anglois, dont Mathieu de Coucy fait une magnifique description. *p. 593.*

Quoique depuis Philippe Auguste jusqu'à Charles VII nous ne trouvions que la Garde des Sergens d'armes bien distinctement marquée dans l'histoire & dans les états de la Maison de nos Rois, il ne s'ensuit pas qu'ils n'eussent que celle-là, & en examinant avec attention les monumens qui nous restent de ces tems-là, on trouve qu'en effet ils avoient une autre Garde à cheval composée d'Ecuiers, c'est-à-dire de Gentils-hommes, qu'on appelloit Ecuiers du corps. C'est pourquoy dans les histoires de Charles VI & dans celles de Charles VII par Jean Chartier & Mathieu de Coucy, & dans les autres, quand il est fait mention des Ecuiers qui étoient des Officiers de l'Ecurie, on ne manque gueres de les appeller Ecuiers d'Ecuries pour les distinguer des Ecuiers de la Garde; & quand on parle de ceux-ci, on les appelle Ecuiers du corps.

Dans les extraits des Mémoriaux de la Chambre des Comptes de Paris faits par le sieur Godefroy parmi ses annotations sur l'histoire de Charles VI, il nomme Pierre de Guiry dit le Galois, Ecuier du corps du Roy. Il parle encore des Comman- *Autre Garde des Ecuiers du corps. p. 789 sous l'an 1410.*

dans de cette Garde, qui dans ces Mémoriaux de la Chambre des Comptes, sont appellez Maîtres de la grande Garde des Ecuiers du Roy. *Robertus de Mondoucet dit le Borgne Scutifer corporis Domini Regis, institutus primus Scutifer corporis, & Magister magnæ Scutiferiæ Domini nostri Regis.* Il parle encore de Philippe de Gireſme dit le Cordelier, de Jean de Karnien, & de Bureau de Dyci, qui furent honorez de la même charge.

> pag. 786 sous l'an 1397.
>
> pag. 791 sous l'an 1412.
>
> pag. 793.

Je trouve que Loüis XII eut aussi une Garde Flamande très-nombreuse. Il en est fait mention au sujet de la bataille de Ravenne. Les François sur le bord du Ronco essuyerent un terrible feu de la part des Espagnols : ils perdirent là près de deux mille hommes; & on ajoûte, *De quarante Capitaines des Gardes Françoises & Flamandes*, il n'en réchappa que deux. C'estoient des Compagnies franches, car il n'y avoit point encore alors de Regiment des Gardes; & il n'y avoit que trois Compagnies des Gardes du Corps.

> Garde Flamande de Loüis XII.

Je ne dois pas omettre une Garde de Henri III appellée des Quarante-cinq. » C'étoit quarante-cinq Gentils-hommes ap-» pointés, dit le Journal de ce Prince, à douze cents écus de » gages & bouche à Cour, que le Roy avoit mis sus depuis ces » derniers troubles, pour être toûjours auprès de luy, comme » seures gardes de son corps, se défiant de chacun, & se voyant » comme défié de ceux de la Ligue par leur désobéïssance. Cette Garde ne dura que quelques années en qualité de Garde, ce sont ceux qu'on appelle aujourd'huy les Gentils-hommes ordinaires de la Maison du Roy, & qu'on appelloit ainsi dès ce tems-là, comme il est dit dans les Memoires du Duc de Nevers.

> p. 131.
>
> Garde des 45 sous Henri III.
>
> T. 2. p. 28.

Enfin il y eut une autre Garde dont le corps subsiste aujourd'huy en partie, mais non point en qualité de Garde. Ce sont les Cent Gentils-hommes du Roy appellez communément les Gentils-hommes au Bec de Corbin. Ce fut pendant long-temps un corps très-considerable. Je vais en faire par cette raison l'Histoire particuliere : & ensuite je passerai à celle des Corps qui composent maintenant la Garde du Roy.

CHAPITRE XIV.

Histoire des deux Compagnies des Cent Gentils-hommes ordinaires de la Maison du Roy, appellez les Gentils-hommes du Bec de Corbin.

CEs Gentils-hommes ont été autrefois regardez sous plusieurs Regnes, comme la plus considerable & la plus noble Garde de nos Rois, & on l'appelloit *la grande Garde du Corps*: mais les choses avec le tems ont bien changé à cet égard. C'est ce qu'on verra dans l'histoire que j'en vais faire.

<small>Livre intitulé l'Origine des deux Compagnies des Cent Gentils-hommes, &c. pag. 7.
Garde des Cent Gentils-hommes.</small>

Etat present des Cent Gentils-hommes.

LA Compagnie des Cent Gentils-hommes a un Capitaine qui est aujourd'huy M. le Duc de Lauzun, un Lieutenant & un Enseigne en titre d'Office.

Il y avoit deux Compagnies de Cent Gentils-hommes depuis long-tems en France. La seconde a subsisté jusqu'en 1688, qu'elle fut supprimée par une Declaration du Roy. La plus ancienne est demeurée sur pied jusqu'à maintenant ; & celui qui la commande prend encore le titre de Capitaine de l'ancienne bande des Cent Gentils-hommes. Ceux qui la composent sont aujourd'hui sans fonction pour le service de la guerre ; & même ils n'en font plus à la Cour qui soit ordinaire.

<small>Etat de la France de 1712.
Deux Compagnies des Cent Gentils-hommes.</small>

De l'institution des Cent Gentils-hommes.

NOus avons sur l'institution des deux Compagnies des Cent Gentils-hommes un livre imprimé *il y a plus de cent ans, fait par un homme judicieux & habile dans la matiere sur laquelle il avoit fait de fort exactes recherches. J'en tirerai ce que je vais dire de l'institution de cette Garde de nos Rois. Il seroit à souhaiter que nous eussions de pareils memoires sur tout ce qui compose la Maison Militaire du Roy.

<small>* Livre intitulé Origine des deux Compagnies des Cent Gentils-hommes ordinaires de la Maison du Roy.</small>

pag. 4.

" Ces deux Compagnies, dit l'Auteur, furent instituées en
" divers tems. Le Roy Loüis XI étant à Puyseaux le 4ᵉ jour
" de Septembre 1474, mit sus pour la garde de son corps une
" Compagnie de cent lances fournies selon sa grande ordon-

Premiere Compagnie instituée par Loüis XI.

" nance chacune d'un Homme d'armes & deux Archers, &
" en donna la conduite à Hector de Golart Ecuier, son Con-
" seiller & Chambellan, pour l'amener au païs de Roussillon
" & de Catalogne où lors étoit son armée ; & parce qu'elle
" fut faite la pluspart des Gentils-hommes de son Hôtel ou
" Pensionnaires, elle fut appellée la Compagnie de cent lan-
" ces des Gentils-hommes de la Maison du Roy ordonnés
" pour la garde de son corps.

J'ai dit ailleurs ce que c'estoit que ces Pensionnaires dont il est fait ici mention. L'expedition de Roussillon & de Catalogne, de laquelle l'Auteur parle, se fit au sujet de la revolte des habitans de Perpignan qui fut assiegé & obligé à se rendre par Jean de Geoffroy Cardinal & Evêque d'Albi, & par Jean de Daillon Seigneur du Lude qui commandoit l'armée Françoise.

Fol. 657 v°.

Le President Fauchet dit que Loüis XI ayant mis des impôts sur les gens de la campagne, ce qui causa la diminution des revenus des Gentils-hommes, *il fut conseillé de rendre ses Pensionnaires, les plus mutins & criards de ces Nobles dont il forma cette premiere Compagnie.*

Seconde Compagnie instituée par Charles VIII. p. 11.

La seconde Compagnie, selon le même Auteur du livre de l'origine des deux Cents Gentils-hommes, fut instituée par le Roy Charles VIII au mois de Janvier de l'an 1497, suivant la maniere de compter de ce tems-là, où l'année ne commençoit qu'à Pâque, & selon la maniere de compter d'aujourd'huy ce fut l'an 1498, c'estoit peu de tems avant sa mort : & au mois de Juillet suivant Loüis XII successeur de Charles VIII, confirma cette institution, & en fit Capitaine Jacques de Vendosme Vidame de Chartres.

Cette seconde Compagnie fut d'abord appellée la Compagnie des Gentils-hommes extraordinaires par opposition avec la premiere, qu'on appelloit la Compagnie des Cent Gentils-hommes ordinaires. Cette maniere de parler dura jusqu'en 1570, qu'on les appella l'une & l'autre la Compagnie

DE LA MILICE FRANÇOISE. *Liv. IX.* 101
des Cent Gentils-hommes ordinaires : & quoiqu'il y eût deux Compagnies chacune de cent hommes, neanmoins depuis le regne de Charles VIII on les a toûjours appellez jusqu'à notre tems les Cent Gentils-hommes.

Changemens arrivez dans ces deux Compagnies depuis leur institution.

Pour connoître ces changemens, il faut sçavoir sur quel pied elles furent d'abord. Premierement, elles étoient toutes deux composées de Gentils-hommes, & même des plus qualifiez. Voici comme l'Auteur du livre intitulé, *l'Origine des deux Compagnies, &c.* parle sur cet article.
 « Je puis dire qu'il n'y a gueres d'ancienne maison de
 » Gentils-hommes qui ne trouve quelqu'un des siens enrôlé
 » en l'une de ces deux Compagnies : d'où certes & de sembla-
 » bles écrits il seroit bien plus certain & honorable de prouver
 » la noblesse, que par Contrat & autres titres de moindre
 » foy. Tant il étoit constant que dans ces commencemens & long-tems depuis il n'y avoit que des Gentils-hommes dont la noblesse fût bien prouvée, qui fussent reçûs dans ces Compagnies. Ce que je citerai bientôt du Maréchal de Fleurange confirmera ce qui est dit ici. Mais en attendant j'ajoûterai une nouvelle preuve, c'est qu'en la premiere année de Charles IX on trouve encore le nom d'un Seigneur des plus illustres Maisons du Royaume parmi les Cent Gentils-hommes : c'est Gabriël de Beauveau, Chevalier, Sieur de Rivau.

Secondement, chacun de ces Gentils-hommes avoit deux Archers qu'il entretenoit, montoit & armoit à ses dépens sur sa solde.

Troisiémement, le Capitaine étoit absolument le maître de sa Compagnie ; & Hector de Golart, qui le fut dans le tems de l'institution, non seulement eut la permission du Roy de choisir lui-même tous les Gentils-hommes ; mais encore il les cassoit comme il le jugeoit à propos, & en mettoit d'autres à la place de ceux qu'il avoit cassez. On voit même que Jacques de Myolans, qui en étoit Capitaine sous le regne

p. 1.

Ces Compagnies étoient un Corps très-illustre.

Registre de l'Extraordinaire des Guerres de l'an 1560 cotté 2 vol. Picardie.

Autorité des Capitaines.

pag. 5.

N iij

de Charles VIII, donnoit des Lettres de Provision aux Gentils-hommes pour leurs places dans ce Corps : mais cela fut changé, & les Gentils-hommes jugerent qu'il étoit de leur honneur d'avoir leurs Provisions du Roy même.

Quatriémement, il n'y avoit d'Officier en titre d'Office, que le seul Capitaine ; & il dépendoit de lui de prendre dans la Compagnie, quelqu'un des Gentils-hommes pour faire les fonctions de son Lieutenant : c'est ce que l'Auteur, dont je tire l'histoire de ces deux Compagnies, remarque & ce qu'il établit sur les rôles qu'il avoit vûs de cette Compagnie. L'Auteur ajoûte, qu'il paroît par les rôles, que ce ne fut qu'en l'an 1539 qu'il y eut un Lieutenant d'Office aux gages de cinq cents livres, les Gentils-hommes n'en aïant chacun que quatre cents.

Le premier changement qu'on peut remarquer est, que dans la suite on ne fut pas si exact sur le choix des Sujets touchant la Noblesse, qu'on l'étoit autrefois. L'Ordonnance du Roy Henri III du premier de Janvier de l'an 1585, suppose ce que je dis par la défense qu'on y fait aux Capitaines » de » n'enrôler en leur Compagnie que Gentils-hommes de la » qualité requise, lesquels à cette fin ils lui presenteront au- » paravant que de les recevoir. Il y avoit peu d'ordre dans la Maison du Roy sous ce Regne, aussi-bien que sous celui de ses deux prédecesseurs, & même de son successeur pendant très-long-tems à cause des Guerres Civiles.

Un autre changement se fit dans la premiere Compagnie peu après son institution. Car aïant été instituée en 1474 & composée, outre les cent Gentils-hommes, de deux cents Archers, deux par chaque Gentil-homme ; le Roy Loüis XI en 1475, en sépara les deux cents Archers, dont il fit la petite Garde de son Corps.

Le troisiéme changement remarquable se fit sous François I. Au moins ne voit-on rien de ce que je vais dire dans les histoires de Loüis XI, de Charles VIII & de Loüis XII. C'est que quand les deux Compagnies des Gentils-hommes alloient à l'Armée, il se rangeoit sous leurs Drapeaux une infinité de Noblesse volontaire, qui en faisoit un Corps très-

DE LA MILICE FRANÇOISE. Liv. IX.

nombreux & jusqu'à quatorze ou quinze cents hommes. C'est ce que nous apprenons par les Mémoires du Maréchal de Fleurange. Voici ce que ce Seigneur dit là-dessus.

" Premierement, le Roy François I a pour sa Garde deux
" cents Gentils-hommes de Sa Maison, gens experimentez &
" hommes qui ont bien servi en bandes, Porteurs d'Ensei-
" gnes, Guidons & vaillans hommes, cent pour cent ung
" Chef & ung Capitaine, dont est pour l'heure presente le
" grand Senéchal de Normandie * & le Vidame de Char-
" tres *, qui sont deux gros Gentils-hommes & bien fondez
" en rentes, & baille à toûjours lesdites Charges à gens qui
" sont de grosse maison, & ont d'état les Capitaines, cha-
" cun deux mille francs, & les Gentils-hommes sous eux,
" vingt écus le mois, & portent haches autour de la personne
" du Roy, & font garde & guet la nuit, quand le Roy est
" en un Camp ; mais en tout tems ils le font de jour : & vous
" asseure quand ces dites bandes sont en armes, que c'est
" une merveilleusement forte bande : car il y a aux deux
" bandes *quatorze ou quinze cents chevaux combattans*, & la
" plûpart tous gens experimentez.

La solde de ces Gentils-hommes étoit de vingt écus par mois du tems de Loüis XI, de Charles VIII & de François I ; d'où vient qu'on les appelloit les Gentils-hommes des vingt écus. C'est ce que nous apprenons par Philippes de Comines.

" Et comme ledit Duc vouloit partir, dit cet Historien,
" fut pris des Anglois, un Valet d'un des Gentils-hommes de
" la Maison du Roy *qui étoit des vingt écus*; & en un autre en-
" droit, parlant de la Bataille de Fornoüé, " *je me trouvai
" du côté gauche*, où étoient les Gentils-hommes des vingt écus.
Elle fut fixée depuis à quatre cents livres.

Nos Rois recevoient eux-mêmes le serment du Capitaine : & l'on voit par les Provisions données à Gabriël Nompar de Caumont, Marquis de Peguilin en 1616, que ce Seigneur prêta le serment entre les mains du Roy. L'Enseigne étoit comme la Lieutenance, une Commission que le Capitaine donnoit à celui des Gentils-hommes de la Compagnie qu'il jugeoit à propos. C'étoit selon le President de Chassaing,

en tems de guerre.
fol. 40.

* Loüis de Brezé Comte de Maulevrier.
* Loüis de Vendosme.

Appellez Gentils-hommes aux vingt écus. p. 144

P. 341.

Mſ. de la Bibliotheque de M. Rousseau Auditeur des Comptes. T. 1. *in quarto* fol. 37.
Serment des Capitaines entre les mains du Roy.

l'Enseigne qui païoit les cent Gentils-hommes, & qui semble avoir fait les fonctions de Major.

Le dernier changement fut la décadence de cette troupe de la maison du Roy : il me paroît que cela arriva sous le Regne d'Henri IV ; car elle étoit encore en honneur sous Henri III, comme on le verra dans la suite. Il y a beaucoup d'apparence que cette décadence vint de ce que plusieurs de ces Gentils-hommes se rangerent au parti de la Ligue, & qu'après la paix de Vervins Henri IV aïant déja sur pied une nouvelle Garde de ses Chevaux-Legers, il negligea de rétablir celle des deux cents Gentils-hommes, sans neanmoins la supprimer en consideration des deux Capitaines, dont l'un étoit Loüis de la Trimoüille, Marquis de Royan, Capitaine de la premiere Compagnie, & Charles d'Angennes Vidame du Mans, qui l'étoit de la seconde.

Je ne sçai si leur nom de Gentils-hommes au Bec de Corbin est fort ancien : l'Auteur du Livre de leur origine qui écrivoit en 1614, ne le leur donne point : mais dès l'an 1564 sous Charles IX on donnoit à leur Hache d'armes le nom de *Bec de Faucon* : du Haillan, qui étoit du même tems, dit : qu'ils *portoient en leurs mains le Bec de Corbin* ; & un Auteur nommé Lupanus, dont le Livre fut imprimé en 1551, donne à leur Arme le nom de *Beccum Falconis*.

Quel étoit le service des Cent Gentils-hommes.

J'Ay déja dit, fondé sur les Mémoires manuscrits du Maréchal de Fleurange, & sur l'histoire de l'Origine des deux Compagnies des cent Gentils-hommes, que ce fut à son institution & long-tems depuis, la plus noble Garde de nos Rois ; & c'étoit par opposition à cette Garde, que celle des Archers du Corps sous Loüis XI, étoit appellée la petite Garde.

C'est par la raison de cette prééminence, & de la valeur de ce Corps, qu'une de ses fonctions étoit d'être autour du Roy dans un jour de bataille.

Ils avoient une seconde fonction marquée par le Maréchal de Fleurange, qui étoit *de faire la garde & guet la nuit,*

Chassaing catalog. gloriæ mundi part. 9 considerat. 20.
Décadence de ces Compagnies.

Livre des Dignitez, Magistrats & Offices de France, imprimé en 1564.
Appellez Gentils-hommes au Bec de Corbin.
Du Haillan état des affaires de France fol. 306 v°.
Lupanus de Magistratibus & Præfecturis Francorum. p. 29.

Les Cent Gentils-hommes autour du Roy dans une bataille.
Du Haillan loco citato.

DE LA MILICE FRANÇOISE, Liv. IX.

nuit quand le Roy étoit en un Camp, & en tout tems de faire la garde *de jour* autour de sa Personne.

Nous n'avons point plus de détail de leur service dans les Ordonnances de nos Rois qui concernent ces deux Compagnies jusqu'au Regne de Henri III qui le marque dans son Ordonnance du mois de Janvier de l'an 1585, en cette maniere : » Sa Majesté ordonne que les deux Cents Gentils-hommes de sa Maison serviront chacun par quartier près de » sa Personne ; à sçavoir pour le present quartier de Janvier, » le plus ancien pourvû des deux Capitaines avec son Enseigne & cinquante de sa Compagnie. Pour le quartier d'Avril, &c.

» Le premier jour de chacun quartier, le Capitaine ou le » Lieutenant entrant en charge (c'est-à-dire en quartier) presentera à Sa Majesté les cinquante Gentils-hommes de service, & les lui nommera : les défaillans perdront leurs gages.

» Veut Sa Majesté, qu'aucun desdits Gentils-hommes ne » soit pensionnaire ni domestique de qui que ce soit, ordonne dès à present que ceux de cette condition soient » cassez. Ceci ne fut pas ordonné sans cause par le Roy Henri III : c'est qu'alors le Royaume étoit partagé en factions ; la Ligue y étoit fort puissante : le Duc de Guise & les autres Princes de cette Maison avoient par tout des pensionnaires & des partisans : & c'étoit pour empêcher qu'ils n'en eussent parmi ces deux cents Gentils-hommes que le Roy Henri III mit cette clause dans son Ordonnance.

» Défend (Sa Majesté) aux Capitaines d'enrôler en leurs » Compagnies que Gentils-hommes de la qualité requise, » lesquels à cette fin ils lui presenteront auparavant que de » les recevoir, ainsi qu'il est dit. On voit par là qu'il falloit encore alors faire preuve de Noblesse pour entrer dans ces Compagnies.

» Veut aussi Sa Majesté, que les Gentils-hommes étant en » quartier, se trouvent en son Antichambre dès les six heures » du matin, pour l'accompagner avec leurs haches, comme » ils ont accoûtumé, jusqu'à son dîner, & l'après-dînée jusqu'à son souper. On voit par cet article que sous ce Regne ils étoient encore sur le pied de Gardes ordinaires du Roy,

Tome II.   O

» Toutes les fois que lesdits Gentils-hommes accompagne-
» ront Sa Majesté avec leurs haches, ils se mettront en haye
» de chacun de ses côtez : le Capitaine ou celui qui comman-
» dera sera le premier & le plus près d'elle à main droite,
» & à la main gauche un autre Chef, ou le plus ancien des
» Gentils-hommes.

Leurs places autour de la Personne du Roy.

» Si Sa Majesté est à pied, ceux desdits rangs qui seront
» à côté d'elle, ne passeront point en arriere le pommeau de
» son épée ; & si elle est à cheval, ne se tiendront point plus
» en arriere que la pointe de son pied. Ce sont maintenant
les Capitaines, les Lieutenans & les Enseignes des Gardes
du Corps qui en accompagnant le Roy, occupent les places
d'honneur auprès de sa Personne.

» Nuls des susdits ne sera payé qu'il n'ait rendu l'assidui-
» té & sujettion durant son quartier, dont il sera tenu de
» rapporter certification du Capitaine ou Lieutenant, qui
» aura servi, pour être païé par le Treforier, auquel est dé-
» fendu de leur païer aucune chose qu'en vertu du rôle &
» de la certification qu'il rapportera sur les comptes avec
» leurs quittances.

» Enjoint Sa Majesté très-expressément ausdits Gentils-
» hommes chacun en droit soy, d'observer de point en point
» tout le contenu cy-dessus, sous peine de cassation, & aux
» Capitaines d'en répondre sur leur honneur.

Traité de l'Origine des deux Compagnies p. 9. Severité de Loüis XI pour y empêcher la débauche.

On peut ajoûter ici que dans la premiere institution on
exigeoit tant de regularité dans ces Gentils-hommes, que
Loüis XI. en 1482 en cassa deux *pour être suspectionnez de
mauvaise maladie, & en remit deux autres en leur place.*

La Charge de Capitaine des Cent Gentils-hommes préferée à celle de Capitaine des Gardes.

Pag. 21. de l'Origine des deux Compagnies, &c.

Tel étoit le service des Cent Gentils-hommes en l'an 1585;
& il falloit que cette Garde fût encore alors en grande
consideration ; car en l'an 1575 Albert de Gondi Comte de
Rais, aïant donné sa démission de la Charge de Capitaine de
la premiere Compagnie, il eut pour successeur François le
Roy, Comte de Clinchamps, Seigneur de Chavigni, qui
quitta la Charge de Capitaine des Gardes du Corps pour
prendre celle-cy ; & Henri III en la lui donnant, crut lui
faire honneur. Nicolas d'Angennes Sieur de Rambouillet,
quitta pareillement la Charge de Capitaine des Gardes en

DE LA MILICE FRANÇOISE. *Liv. IX.* 107

1587, pour être Capitaine de la seconde Compagnie des Cent Gentils-hommes.

Le service des Cent Gentils-hommes est aujourd'huy reduit à peu de chose. Ils marchent aux jours de ceremonies deux à deux devant le Roy l'épée au côté avec le Bec de Corbin. Ils servirent à la ceremonie de la Majorité du Roy Loüis XIV en 1651, à la ceremonie de son Mariage en 1660, & depuis à la ceremonie des Chevaliers du S. Esprit en 1661, où il y en avoit six qui marchoient deux à deux devant Sa Majesté, & qui entrerent dans le Chœur des Augustins à Paris, les autres marchoient des deux côtez des Chevaliers de l'Ordre. *Etat de la France de 1708.*

Dans une nouvelle Edition qui s'est faite en 1685 du Livre de *l'Origine des deux Compagnies, &c.* je trouve une particularité qu'on y a ajoûtée : sçavoir que le Roy Loüis XIII supprima ces deux Compagnies en 1629, en reservant seulement aux Capitaines leurs gages pendant leur vie ; que cette suppression dura jusqu'en 1649, & que le Roy Loüis XIV rétablit alors ces deux Compagnies. *p. 16. Ces Compagnies supprimées par Loüis XIII. Rétablies par Loüis XIV.*

Les deux Compagnies des Cent Gentils-hommes de la Maison du Roy dans leur institution étoient une Gendarmerie. On les appelloit hommes d'Armes. Ils avoient d'abord à leur suite & à leurs gages deux Archers. Ils avoient pour Arme la Lance, & on les appelloit même les cent Lances des Gentils-hommes de l'Hôtel du Roy. Ils étoient le principal corps de l'Armée. Tout cela ne convient qu'à la Gendarmerie. Ils avoient outre la Lance, la Hache d'Armes, dont ils se servoient dans les combats, & lorsqu'ils étoient de guet ou de garde auprès de la Personne du Roy. *Traité de l'Origine des deux Compagnies, &c. p. 5. 7. Ces Compagnies étoient un Corps de Gendarmerie.*

Ils avoient les Priviléges des Commensaux, & Henri IV en 1593 ordonne que les Chevaux-Legers de sa Garde soient honorez des mêmes Priviléges accordez par ses prédecesseurs aux Cent Gentils-hommes. *Memorial de la Chambre des Comptes KKKK fol. 521. V°.*

O ij

HISTOIRE

Liste des Capitaines des deux Compagnies des cent Gentils-hommes depuis leur institution.

LA liste de ces Capitaines nous a été conservée dans le traité de l'origine de ces deux Compagnies jusqu'en 1614 que ce livre fut imprimé. On a ajoûté les autres dans une nouvelle édition de ce livre, jusqu'à M. le Duc de Lauzun qui est aujourd'huy Capitaine de la premiere Compagnie, laquelle est encore sur pied. On y a ajoûté aussi quelques Capitaines de la seconde Compagnie jusques à sa suppression.

Liste des Capitaines de la premiere Compagnie des Cent Gentils-hommes.

HEctor de Golart Ecuïer, Conseiller & Chambellan du Roy Loüis XI, pourvû par luy de l'état de Capitaine de la premiere Compagnie, lorsqu'elle fut créée le 4 jour de Septembre 1474.

Loüis de Graville Ecuïer, Seigneur de Montagu, Conseiller & Chambellan du Roy, (il l'appelle son cousin) fut pourvû le dixiéme Juin 1475 par le decès dudit Sieur de Golart.

Thiebault de Beaumont Seigneur de la Forest, Ecuïer, le dix-huitiéme Septembre 1481 par la dépossession dudit Sieur de Graville.

Claude de Montfaucon Ecuïer, pourvû le quinziéme May 1482 par la décharge dudit de Beaumont.

Jacques de Myolans & d'Anjou Conseiller & Chambellan du Roy Charles VIII, (il est appellé son cousin) fut par lui pourvû le treiziéme jour de Mars 1489 par la mort dudit de Montfaucon.

Yves Sieur d'Alegre, fut pourvû le 5 jour de Mars 1495 par la mort dudit de Myolans.

Huës d'Amboise, Seigneur d'Aubijoux, Chevalier de l'Ordre, fut pourvû par le Roy Loüis XII en l'an 1500 au lieu dudit Sieur d'Alegre.

Guy d'Amboise Sieur de Ravel, fut pourvû au lieu dudit Huës au commencement de l'an 1502.

Loüis d'Orleans Duc de Longueville, Marquis de Rothelin, grand Sénéchal & Gouverneur du Comté de Provence, fut pourvû dudit état de Capitaine le onziéme Janvier 1508 par la mort dudit de Ravel.

Monsieur de Saint Vallier fut pourvû dudit état de Capitaine par le Roy François I au mois de Janvier 1515, au lieu dudit Sieur Duc de Longueville.

Loüis de Vendosme Vidame de Chartres, Prince de Chabanes, Chevalier de l'Ordre, Conseiller & Chambellan ordinaire dudit Roy François, fut pourvû en Janvier 1523, au lieu dudit Sieur de S. Vallier.

François de la Tour Vicomte de Turenne, Chevalier de l'Ordre, fut pourvû le quinziéme Juin 1527, au lieu du Vidame de Chartres.

Loüis Monsieur de Nevers fut pourvû en Octobre 1532, en la place du Vicomte de Turenne.

Claude Gouffier Sieur de Boissy, Chevalier de l'Ordre, grand Ecuïer de France, fut pourvû en Janvier 1546 au lieu dudit Sieur de Nevers.

Albert de Gondi Comte de Raiz, fut pourvû par le Roy Charles IX le douziéme de Decembre 1571 au lieu dudit Gouffier.

François le Roy Comte de Clinchamps, Sieur de Chavigni, par la resignation dudit Sieur de Raiz fut pourvû en Janvier 1575 par le Roy Henri III : il quitta la Charge de Capitaine des Gardes pour monter à celle-ci.

Jacques de la Trimoüille Marquis de Royan, par resignation dudit Sieur de Chavigni, pourvû le dixiéme jour de May 1594 par le Roy Henri IV.

George de Babou Sieur de la Bourdaiziere, Chevalier des Ordres du Roy, pourvû par le decès dudit Marquis de Royan le douziéme d'Août 1603.

George de Babou Sieur de la Bourdaiziere, pourvû par la mort de son pere le 1607.

François Nompar de Caumont, Comte de Lauzun, Chevalier des Ordres du Roy & Conseiller d'Etat, 1615.

Gabriel Nompar de Caumont Comte de Lauzun son fils, par démission dudit Seigneur son pere, le 25. Novembre 1616.

Antonin Nompar de Caumont de Lauzun pourvû par la mort du Seigneur son pere en 1660 : il possede encore aujourd'hui la Charge.

Liste des Capitaines de la seconde Compagnie.

Au mois de Janvier 1497 le Roy Charles VIII institua une seconde Compagnie de cent Gentils-hommes de sa Maison, sous la charge de son Cousin Jacques de Vendôme Vidame de Chartres.

Loüis de Brezé Comte de Maulevrier, grand Sénéchal de Normandie, au lieu du Vidame, fut pourvû le dix-septiéme Septembre 1510 par Loüis XII.

Jean de Crequi, Sieur de Canaples, Chevalier de l'Ordre, pourvû au lieu du Sieur de Brezé en la fin de l'année 1527 par le Roy François I.

Jean de la Tour Vicomte de Turenne, pourvû par le decès du Sieur de Crequi au commencement de l'année 1554 par le Roy Henri II.

Loüis de Buëil Comte de Sancerre, pourvû en la fin de l'année 1556 par la mort du Sieur de Turenne.

Loüis de S. Gelais Sieur de Lansac, en l'an 1568 par le Roy Charles IX au lieu du Sieur Comte.

Jean de Laval, Marquis de Nesle, fut pourvû le dix-septiéme Avril 1578 par resignation du Sieur de Lansac par le Roy Henri III.

Antoine de Ponts Comte de Marennes, Chevalier des Ordres du Roy, pourvû le 21 Septembre 1578 par le decès du Sieur Marquis de Nesle.

Nicolas d'Angennes, Sieur de Ramboüillet, Chevalier des Ordres du Roy, aïant quitté l'état de Capitaine des Gardes du Corps, fut pourvû au mois de Janvier 1587 par le Roy Henri III de l'état de Capitaine des Cent Gentils-hommes par le decès du Sieur de Ponts. Il obtint la survivance au nom de Charles d'Angennes Vidame du Mans son fils, de Henri IV; mais depuis ensemble ils resignerent l'Office au Sieur Champier.

DE LA MILICE FRANÇOISE. Liv. IX.

Scipion de Champier Marquis de Vaux fut pourvû de la Charge le 5 Février 1611 par le Roy Loüis XIII.

Loüis de Crevant II du nom Vicomte de Brigueil, Marquis d'Humieres, par la mort dudit Champier le 28 d'Août 1612.

Loüis de Crevant III du nom, fils du précedent, eut cette charge l'an ...

Loüis de Crevant IV du nom, son fils, & depuis Maréchal de France sous le nom d'Humieres, lui succeda : il s'accommoda de cette Charge avec Loüis de Ligni Comte du Charmel au mois de Decembre de l'an 1684.

Loüis de Ligni Comte du Charmel, en 1685.

Cette seconde Compagnie, comme il a déja été dit, fut supprimée par Declaration du Roy du 28 de Juin 1688, enregistrée à la Cour des Aydes le septiéme de Juillet de la même année. C'est là toute l'histoire des Cent Gentils-hommes, où l'on voit la splendeur d'un des plus illustres Corps qui ait été dans la Maison de nos Rois, & sa décadence entiere. Tel est le sort des choses humaines, & sur tout de celles qui dépendent du goût des Princes.

LIVRE X.

De la Milice de la Maison Militaire du Roy Loüis le Grand. Cavalerie.

<small>Magnificence de la Maison de Loüis le Grand.</small>

LOUIS LE GRAND est celui de tous les Rois de France de la troisiéme Race qui a eu dans sa Maison & pour la garde de sa personne une Milice plus nombreuse, plus leste & plus choisie. En remontant jusqu'à François I & à Louis XII ; & depuis Loüis XII jusqu'à Hugues Capet, on ne trouvera rien de comparable en ce genre.

Je fais ici mention de Loüis XII & de François I, parce que ce sont ces deux Princes dont la magnificence pour leur Garde, paroît avoir le plus approché de celle du feu Roy. On le voit par les Memoires manuscrits de Robert de la Mark dit le Maréchal de Fleurange, dont j'ai déja cité l'extrait, & dont je vais mettre ici la suite pour le dénombrement de toute la Garde de François I.

Cy se devise de l'état des Gardes du Roy de France.

<small>*Ce sont ceux qu'on appelle aujourd'hui les Gentils-hommes au Bec de Corbin. Voyez l'extrait cy-dessus.</small>

Premierement, il a pour sa Garde deux cents Gentils-hommes de sa Maison, *&c.

» Après cette Garde, continue le Maréchal de Fleurange,
» nous avons les plus prochains du Roy vingt-cinq Archers E-
» cossois : ce sont ceux qu'on appelle aujourd'hui Gardes de
» la Manche, qui s'appellent les Archers du Corps, & ont un
» sayon blanc à une couronne au milieu de la piece de-
» vant l'estomac, & sont les dits sayons tout chargez d'or-
» fevrerie depuis le haut jusqu'en bas, & sont les dits Archers
» sous la charge du Sieur d'Aubigni, & couchent les plus près
» de la chambre du Roy. Ledit Sieur d'Aubigni est Capitaine
» de tous les Ecossois, qui sont cent sans ces vingt-cinq, & en-
» core cent hommes d'Armes *qui ne sont point comprins
ès

<small>* C'est la Compagnie</small>

DE LA MILICE FRANÇOISE. Liv. X.

„ ès Gardes... Après ces Ecoſſois, vous avez quatre cents Ar- *des Gendarmes*
„ chers François qui portent les ſayons d'Orfevrerie, & de *Ecoſſois.*
„ mêmes gages que les Ecoſſois, & les Hoquetons des cou-
„ leurs du Roy tout couverts d'Orfevrerie, tout aux deviſes
„ du Roy, & ſont les Chefs des dits quatre cents Archers.
„ Le Capitaine Gabriel * pour cent, M. de Savigni * cent   * *De la Cha-*
„ autres, M. de Cruſſol pour cent, & M. N. l'autre cent.   *ſtre.*
      * *Il faut lire*
   Les deux Compagnies des Cent Gentils-hommes faiſant un *Chavigni.*
Corps de quatorze à quinze cents chevaux, la Compagnie
des Gardes Ecoſſoiſes, & les Compagnies des Gardes Françoiſes,
faiſant plus de quatre cents hommes, comme le dit le Maréchal de Fleurange, il s'enſuit que toute la Garde à cheval de
François I étoit de deux mille hommes, & qu'elle approchoit
pour le nombre de celle du Roy d'aujourd'hui. En effet
le même Seigneur parlant dans un autre endroit de l'expe- *fol. 47.*
dition de Gennes, dit que Loüis XII y avoit avec lui dix-huit
cents chevaux de ſes Gardes : mais la difference qu'il y avoit,
c'eſt que les deux Compagnies des Cent Gentils-hommes
n'étoient de quatorze à quinze cents chevaux *que quand ces*
dites bandes étoient en armes; c'eſt-à-dire en tems de guerre,
& lorſqu'il étoit queſtion de ſuivre le Roy à l'armée; au lieu
que les troupes qui compoſent la Maiſon du Roy ſont toûjours
ſur pied, & entretenuës même en tems de paix.

   Ce n'eſt que ſous le Regne de Loüis XIV qu'on a proprement
parlé de la Maiſon du Roy comme d'un Corps ſeparé dans *Maiſon du*
les troupes. Il y en a deux raiſons; la premiere, que la Maiſon *Roy faiſoit un*
du Roy avant ce tems-là n'eſtoit pas ſi nombreuſe : chaque *Corps ſeparé*
Compagnie des Gardes du Corps ſous Loüis XIII & ſous les *dans les trou-*
Rois précedens, n'étoit que ſur le pied de cent hommes, au lieu *pes ſous Loüis*
que ſous le regne de Loüis le Grand par les augmentations qu'il *XIV.*
fit depuis la paix des Pyrenées, les quatre Compagnies faiſoient
enſemble un Corps de plus de quatorze cents hommes, & même
ils ont été pendant un tems de plus de ſeize cents. Il y a aujour-
d'hui deux Compagnies de Mouſquetaires, & il n'y en avoit
qu'une ſous le Roy Loüis XIII. Enfin avant Henri IV, il n'y avoit
ni Gendarmes de la Garde, ni Chevaux-Legers de la Garde,
comme je le dirai en traitant de ces deux Compagnies.

   La ſeconde raiſon pourquoy on ne parloit point de la Mai-

Tome II.   P

son du Roy comme d'un Corps separé dans les troupes, est que les Gardes du Corps n'étoient presque point regardez comme un Corps de Milice, mais seulement comme une simple Garde dont le service étoit borné aux fonctions qu'ils exercent encore aujourd'hui à la Cour. Ils n'alloient gueres à l'armée que quand le Roy y alloit, & pour y faire leurs fonctions ordinaires, quoiqu'ils combattissent aussi dans l'occasion. Sous le Roy Loüis XIII & au commencement du Regne de Loüis XIV, ce n'étoient point des hommes d'élite: c'étoient des gens qui pour la plûpart s'enrolloient dans ces Compagnies pour être exempts de taille, & joüir des autres privileges attachés à cet emploi. Ils achetoient ces places des Capitaines; & cette venalité ne fut absolument abolie qu'en 1664, comme je le dirai dans la suite. Le même abus étoit dans les autres Corps de la Maison du Roy; les Capitaines mêmes des Gardes du Corps & les autres Officiers n'étoient pas toûjours des personnes qui eussent beaucoup servi.

La Maison du Roy en 1667 combattoit encore à la tête des brigades de la Cavalerie Legere.

Enfin la Maison du Roy faisoit si peu un Corps separé à l'armée comme aujourd'hui, que même à la guerre de 1667 les Chevaux-Legers de la Garde, les Gendarmes, les Gardes du Corps & les Mousquetaires servoient mêlés parmi la Cavalerie legere. On les mettoit encore alors à la tête des brigades de Cavalerie, & ce ne fut qu'en 1671 qu'il fut resolu que toutes ces Compagnies feroient un Corps separé, qui fut appellé la Maison du Roy.

Depuis que cette Milice eut été mise en l'état où elle fut depuis, & que Louis XIV y eut fait diverses réformes, qu'il eut remboursé ou dédommagé plusieurs des Officiers, & qu'il les eut remplacez par des gens d'experience, & d'une valeur éprouvée, ce furent les meilleures troupes & les plus redoutables qu'il y eût dans le monde: elles se sont signalées dans toutes les batailles, & dans toutes les rencontres où elles ont été employées. Le Combat de Leuze entre autres fut un prodige qui surprit toute l'Europe. Vingt-huit Escadrons commandés par Monsieur le Maréchal de Luxembourg, la plûpart de la Maison du Roy, en battirent soixante & quinze des Alliez malgré leur vigoureuse resistance, & leur prirent quarante Etendarts. Ce haut fait d'armes fut jugé

Tom. II. pag. 125. Pl. 3.

DE LA MILICE FRANÇOISE. *Liv. X.* 115

digne d'être transmis à la postérité par une médaille d'un très-bon goût, où cette défaite est exprimée, & expliquée par cette Legende, VIRTUS EQUITUM PRÆTORIANORUM, c'est-à-dire, *Exploit de la valeur des troupes de la Maison du Roy.* La bravoure des Mousquetaires dans les fameux sieges qui se sont faits sous ce Regne, leur vivacité & leur intrepidité dans les attaques & dans les assauts, où rien ne leur resistoit, ont aussi beaucoup contribué à la gloire & à la reputation que la Maison du Roy s'acquit alors, & qu'elle conserve encore aujourd'hui. Il en est de même des Gendarmes & des Chevaux-Legers de la Garde.

Combat de Leuze.

Dans l'usage de l'armée, on n'entend par la Maison du Roy que les Compagnies qui servent à cheval, c'est-à-dire, les Gardes du Corps, les Gendarmes, les Chevaux-Legers & les Mousquetaires, & la Gendarmerie qui en campagne est censée être en quelque façon de la Maison du Roy, pour la raison que j'ai dit ailleurs ; mais dans les Etats de la France, on y comprend aussi les deux Regiments d'Infanterie de la Garde du Roy, c'est-à-dire le Regiment des Gardes Françoises, le Regiment des Gardes-Suisses, & la Compagnie des cent Suisses. Je ferai l'histoire des unes & des autres.

Ce qu'on entend aujourd'hui par la Maison du Roy.

Comme je ne traite ici de la Maison du Roy que par rapport à la Milice Françoise, je ne parlerai point des Gardes de la porte, ni des Archers de la Prevôté de l'Hôtel, parce que ces Compagnies ne sont point destinées aux services Militaires.

Les Corps de Milice de la Maison du Roy, sans y comprendre la Gendarmerie, sont donc de deux sortes. Les uns font le service à cheval dans les armées, les autres le font à pied. Ceux qui le font à cheval sont les quatre Compagnies des Gardes du Corps, ausquels depuis quelques années on a joint les Grenadiers à cheval, la Compagnie des Gendarmes, celle des Chevaux-Legers, & les deux Compagnies des Mousquetaires, qui servent aussi à pied dans les sieges, mais qui servent ordinairement à cheval en campagne. Ceux qui font le service à pied, sont le Regiment des Gardes Françoises, le Regiment des Gardes Suisses, & les cent Suisses.

Divers Corps dans la Maison du Roy.

Je traiterai dans ce dixiéme Livre de la Cavalerie, & je

P ij

commencerai par les quatre Compagnies des Gardes du Corps. Je ferai premierement en peu de mots, un exposé de l'état où elles se trouvoient en 1715. Secondement je traiterai de leur institution. Troisiémement du rang qu'elles ont entre elles. Quatriémement du rang qu'elles tiennent avec les autres troupes de la Maison du Roy. Cinquiémement des changemens qui s'y sont faits depuis leur institution, dont quelques-uns sont particuliers à la Compagnie Ecossoise, & d'autres communs à toutes les Compagnies. Sixiémement des divers noms que ceux qui composent ces Compagnies ont porté en divers tems. Septiémement de leur armure, de leur Bandouliere, de leurs Etendarts. Huitiémement de leur discipline Militaire, & enfin de leurs privileges.

Je suivrai à peu près ce même plan en traitant des autres troupes de Cavalerie de la Maison du Roy. Mais comme leur institution est plus recente, & qu'il s'y est fait moins de changemens, l'histoire que j'en ferai aura beaucoup moins d'étenduë que celle des quatre Compagnies des Gardes du Corps.

CHAPITRE I.

Des quatre Compagnies des Gardes du Corps, sous le Regne de Loüis le Grand en 1715.

COmme je borne mon Histoire à la fin du Regne de Loüis le Grand, tout ce que je dirai de l'état de la Maison du Roy doit s'entendre principalement du Regne de ce Prince.

Les Gardes du Corps sont la plus nombreuse troupe de Cavalerie de celles qui composent la Maison du Roy.

Chaque Compagnie est de trois cents soixante hommes. Elles ont chacune leur Capitaine, ce sont des plus grands Seigneurs du Royaume. Ils servent par quartier.

Il y a trois Lieutenans pour chaque Compagnie, autant d'Enseignes, douze Exempts, autant de Brigadiers, autant de sous-Brigadiers, & six porte-Etendarts.

Il y a un Major & deux Aydes-Majors, pour tout le Corps, quatre autres Aydes-Majors, un à chaque Compagnie.

Chaque Compagnie est divisée en six Brigades, les trois Lieutenans de la Compagnie sont Chefs des trois premieres

Brigades selon leur ancienneté : & les trois Enseignes sont Chefs des trois autres.

Chaque Brigade a deux Exempts, deux Brigadiers, deux sous-Brigadiers & un Porte-Etendart. Tout cela fait un corps de quatorze cents quarante hommes, sans y comprendre les Capitaines, les Majors, les Aydes-Majors, les Lieutenans, les Enseignes, les Exempts, qui tous ensemble font le nombre de quatre vingts trois.

Tel étoit en 1715 l'état Militaire des Gardes du Corps. Il n'a pas toûjours été le même. Je marquerai les changemens que j'ai pû observer, qui y sont arrivez depuis leur institution.

De l'institution des quatre Compagnies des Gardes du Corps.

IL paroît par l'Histoire que la Garde de nos Rois commença à se grossir sous Loüis XI, & il doit passer pour certain, que c'est sous Charles VII que la plus ancienne Compagnie des Gardes du Corps fut instituée.

Les grands services que le Comte de Boucan Ecossois fils aîné du Duc d'Albanie rendit à Charles VII, & sur tout la victoire qu'il remporta auprès de Baugé en Anjou sur l'armée d'Angleterre en 1421, engagerent ce Prince à lui donner des marques de sa reconnoissance. Il le fit Connétable de France, il institua plus de vingt ans après la Compagnie des Gendarmes Ecossois. Dans la suite pour marquer l'estime qu'il faisoit de la Nation Ecossoise, & combien il avoit de confiance en elle, il fit choix d'un nombre d'Ecossois d'une valeur & d'une fidelité reconnuë, & s'en composa une Garde. C'est celle qu'on appelle la Compagnie des Gardes Ecossoises, & qui tient le premier rang entre les Compagnies des Gardes du Corps. Je vais rapporter ce que les Monumens historiques nous fournissent touchant cette institution ; & ensuite je parlerai de l'institution des trois autres Compagnies.

Institution de la Compagnie Ecossoise.

De l'institution de la premiere Compagnie des Gardes du Corps, qui est la Compagnie des Gardes Ecossoises.

ENtre divers Monumens où il est fait mention de l'institution des Gardes Ecossoises, j'en choisirai trois, sur lesquels je ferai mes reflexions.

HISTOIRE

Le premier est l'Histoire d'Ecosse de Jean Leslé, Ecossois Evesque de Rosse, que ses travaux & ses persecutions pour la défense de la Religion Catholique en Angleterre, rendirent celebre dans le seiziéme siecle.

pag. 270. Après avoir parlé de la bataille de Verneüil dans le Perche, où l'armée de Charles VII fut défaite par les Anglois, & où perirent presque tous les Ecossois qui étoient à son service, l'Auteur ajoûte ce qui suit.

» D'autres Ecossois resolus d'avoir leur revanche de la
» défaite de leurs Compatriotes, passerent la mer, & vin-
» rent joindre le Roy Charles, étant conduits par Robert
* Robertus Patillocus Deidonensis. » Patilloc natif de Dondée *. Ce Capitaine par sa sagesse &
» par son courage, rendit Charles maître de la Gascogne
» que les Anglois possedoient... Ce Prince fut si satisfait des
Ce que dit l'Histoire d'Ecosse sur cette institution. » services que les Ecossois lui rendirent dans cette expedi-
» tion, qu'il voulut laisser dans sa propre Cour un monu-
» ment éternel de sa bienveillance envers les Ecossois :
» *C'est pourquoi il choisit un nombre de Soldats Ecossois,*
» *pour en former une Garde qui seroit la plus proche de la*
» *Personne du Roy.* Ils furent nommez Archers du Roy,
» parce qu'ils étoient armez d'arcs & de fléches, tant en
» paix qu'en guerre. Cette Garde avoit déja été instituée
» par Charles V Roy de France : mais elle fut confirmée
» & augmentée par Charles VII. Patilloc fut le Capitaine
» de cette Garde ; & les Ecossois s'acquitterent toûjours si
» bien de leur devoir, & avec tant de fidelité & d'exac-
» titude, que la chose a subsisté jusqu'à notre tems. Ce Prelat a imprimé son Histoire en 1578.

Le second Monument est une Remontrance intitulée,
Remontrance des Ecossois au Roy Loüis XIII. *Plaintes des Gardes Ecossoises* au Roy Loüis XIII en 1612, où se plaignant de ce qu'on violoit leurs Privileges, ils font une espece d'histoire des services que les Ecossois avoient de tout tems rendu à la Couronne, & racontent à cette occasion l'institution de la Garde Ecossoise, tirée de leurs histoires.
vol. 54. Cette plainte est à la Bibliotheque du Roy, parmi les Manuscrits de Brienne. Voici ce qui regarde le sujet dont je traite.

» Et (les Rois de France) ne se contentant pas de remu-
» nerer les services des Grands ; mais aïant égard à la valeur

» & fidelité de la Nation Ecoſſoiſe, & pour davantage con-
» firmer l'alliance, ils ont érigé quelques Compagnies de la
» Nation, leur donnant de grands Privileges. Saint Loüis en
» ſon voyage du Levant, ordonna que vingt-quatre Ecoſſois
» euſſent la Garde de ſon Corps jour & nuit ; lequel hon-
» neur a demeuré à eux l'eſpace de cent quarante années
» durant le Regne de huit Rois de France pour le moins.
» Charles V accrut le nombre de ſoixante-ſeize Archers,
» laiſſant aux vingt-quatre premiers les prérogatives par deſ-
» ſus les autres qui leur ſont demeurées juſqu'à aujourd'hui ;
» à ſçavoir, que ceux de leur nombre aſſiſteront à la Meſſe,
» Sermon, Vêpres & repas ordinaires du Roy de France,
» un à chaque côté de ſa chaiſe, & que les jours de grandes
» Fêtes, &c...... La Compagnie Ecoſſoiſe a demeuré la ſeule
» Garde du Roy plus de ſoixante & dix ans : car ce fut
» Charles VII qui érigea la premiere Compagnie Françoiſe
» des Gardes du Corps, comme Loüis XI la ſeconde, &
» François I la troiſiéme : & comme les prérogatives
» des vingt-quatre auſquels le premier Gendarme de Fran-
» ce étant ajoûté par Charles VII, fait le nombre de vingt-
» cinq, comme on les appelle encore, les témoignants plus
» anciens que le reſte de la Compagnie Ecoſſoiſe, auſſi les
» Privileges de toute ladite Compagnie & les plus ſignalées
» & honorables factions demeurant à elle ſeule, la témoi-
» gnent la plus ancienne que les autres trois : à ſçavoir la
» Garde des clefs du Logis du Roy au ſoir, la Garde du
» chœur de l'Egliſe, la Garde des bateaux quand le Roy
» paſſe des rivieres, l'honneur de porter la crépine de ſoye
» blanche à leurs Armes, qui eſt la couleur Couronnalle
» en France, les clefs de toutes les Villes où le Roy fait
» ſon entrée données à leur Capitaine en quartier ou hors
» de quartier ; le Privilege qu'il a étant hors de quartier
» aux ceremonies, comme aux Sacres, Mariages & Fune-
» railles des Rois, Baptêmes & Mariages de leurs Enfans,
» de ſe mettre en charge, la Robe du Sacre qui lui appar-
» tient, & que cette Compagnie par la mort ou changement
» de Capitaine ne change jamais de rang, comme font les
» autres Compagnies.

Au même vol. 54. des Manuscrits de Brienne.

La troisiéme piece sont les Lettres de Naturalité pour toute la Nation Ecossoise données par le Roy Loüis XII au mois de Septembre de l'an 1513. Ce Prince, après y avoir exposé les services que les Ecossois rendirent à Charles VII dans la reduction du Royaume à son obéïssance, parle ainsi.

Lettres de Naturalité données aux Ecossois par Loüis XII.

» Depuis laquelle reduction & pour le service que lui
» firent en cette matiere, la grande loyauté & vertu qu'il
» trouva en eux, en prit deux cents à la Garde de sa
» Personne, dont il en fit cent hommes d'Armes & cent Ar-
» chers, où il y en a vingt-quatre qui se nomment Archers
» du Corps : & sont lesdits cent hommes d'Armes, les cent

* C'est la Compagnie des Gendarmes Ecossois d'aujourd'hui.

» Lances de nos anciennes Ordonnances*, & les Archers
» sont ceux de notre Garde, qui encore sont près & à l'en-
» tour de notre Personne : & combien ainsi que notre amé
» & feal Conseiller l'Archevêque de Bourges, Evêque de
» Murra, à-present Ambassadeur devers Nous, de notre très-
» cher & très amé frere, cousin & allié le Roy d'Ecosse
» Jacques à-present regnant, & notre amé & feal Conseil-
» ler & Chambellan Robert Stuart, Chevalier, Sieur d'Au-
» bigni, Capitaine de notre Garde Ecossoise, & des cent Lan-
» ces de nosdites anciennes Ordonnances de ladite Nation,
» nous aïant remontré, &c.

Reflexions sur ces trois Monumens.

PAr ces trois extraits il est constant, 1º que la Compagnie des Gardes Ecossoises a été au plus tard instituée par Charles VII. 2º Ce qui est énoncé dans la remontrance de 1612, que Saint Loüis dans son expedition d'Egypte, se fit une Garde de vingt-quatre Ecossois, me paroît avancé

Choses avancées sans fondement dans l'Histoire d'Ecosse.

sans fondement ; je n'en trouve nul vestige dans notre Histoire, & il est contredit par l'Evêque de Rosse, qui fixe l'époque du commencement de la Garde Ecossoise sous Charles V. 3º Il est assez vrai-semblable que ce Prince, à qui effectivement les Ecossois rendirent de grands services, mit quelques Ecossois parmi ses Gardes : mais je ne croi pas qu'il en eût fait une Compagnie separée à laquelle il eût donné un Capitaine Ecossois ; d'autant plus que l'Evêque dans son

Histoire

DE LA MILICE FRANÇOISE. *Liv. X.* 121

Hiftoire dit expreffément que le premier Capitaine de la Garde Ecoffoife fut le General Patilloc, qui felon lui ne vint en France que fous Charles VII. *Iis primus dux Patillocus ille præficiebatur.* Enfin Loüis XII dans fes Lettres pour la naturalifation des Ecoffois, dit nettement que ce fut Charles VII qui créa la Compagnie des Gardes Ecoffoifes & la Compagnie des Gendarmes Ecoffois. Il faut donc fixer l'inftitution de la Compagnie des Gardes Ecoffoifes fous le Regne de ce Prince.

Charles VII inftituteur de la Garde Ecoffoife.

De plus Loüis XII dans fes Lettres, & l'Evêque de Roffe dans fon Hiftoire nous font connoître affez diftinctement & à peu près le tems que Charles VII créa la Compagnie Ecoffoife. Car Loüis XII dit que ce fut après que le Royaume de France eut été réduit à l'obéïffance de Charles VII, & l'Evêque de Roffe que ce fut après la réduction de la Gafcogne, que fe fit cette création. Or tout le Royaume, & en particulier la Gafcogne, ne furent tout-à-fait foûmis à Charles VII que l'an 1453. Ce fut donc entre cette année & 1461, qui fut la derniere de la vie de ce Prince, qu'il inftitua la Compagnie Ecoffoife. Je ne voudrois pas cependant tout-à-fait affurer qu'elle n'eût pas été inftituée quelques années auparavant. Car Loüis XII dans l'extrait des Lettres que je viens de rapporter, femble marquer que la Compagnie des Archers Ecoffois de la Garde fut inftituée en même-tems que la Compagnie des Gendarmes Ecoffois, qui font, dit-il, les Cent Lances de nos anciennes Ordonnances: or les Compagnies d'Ordonnance furent inftituées dès l'an 1445, auquel tems Charles VII avoit à la verité reconquis une grande partie de fon Royaume: mais il n'avoit pas encore chaffé les Anglois ni de la Normandie ni de la Guyenne. Quoi qu'il en foit, il paroît toûjours certain que ce fut fous fon Regne que la Compagnie d'Ordonnance des Gendarmes Ecoffois, & celle des Archers ou Gardes du Corps Ecoffois furent inftituées.

Epoque de cette inftitution.

Il faut maintenant chercher l'origine & marquer le tems de l'inftitution des trois Compagnies Françoifes.

Tome II. Q

HISTOIRE

De l'institution des trois Compagnies Françoises des Gardes du Corps.

LEs trois Compagnies Françoises n'ont pas été créées en même-tems : mais ce qui est exposé dans la plainte des Gardes Ecossoises de 1612, sçavoir, que Charles VII institua la premiere Compagnie Françoise, n'est pas veritable, comme on le verra par ce que je vais dire.

Loüis XI fils de Charles VII, étant à Puiseaux en 1474 le quatriéme de Septembre, se fit une nouvelle Garde de cent Gentils-hommes, aujourd'hui appellez les Gentils-hommes au Bec de Corbin: & chacun de ces Cent Gentils-hommes devoit entretenir & avoir à sa suite deux Archers, cela faisoit une Garde de trois cents hommes outre la Compagnie Ecossoise : mais depuis aïant dispensé les Cent Gentils-hommes de l'entretien des Archers par Lettres patentes données à Roüen l'an 1475, il forma de ces deux cents Archers une Garde particuliere sous les ordres de Loüis de Graville, Seigneur de Montagu.

En 1477, il en fit Capitaine Hervé de Chauvé, auquel succeda M. de Silly, & puis M. de Crussol. Cette Compagnie de deux cents Archers s'appelloit la petite Garde du Corps du Roy, pour la distinguer de l'autre que l'on appelloit la Compagnie des cent Lances des Gentils-hommes de l'Hôtel du Roy, *ordonnés pour la grande Garde de son Corps*. C'est cette Compagnie de deux cents Archers qui fut la premiere Compagnie Françoise des Gardes du Corps, que François I reduisit à cent comme les autres, par les démembremens qu'il en fit pour former la troisiéme Compagnie Françoise, comme je le dirai dans la suite.

Loüis XI en 1479, institua encore une autre Compagnie Françoise d'Archers de la Garde, dont il donna le commandement à Claude de la Chastre. C'étoit un Gentil-homme dont il avoit été mécontent, parce qu'il le voïoit fort attaché au parti du Duc de Guyenne son frere. Il le tint assez long-tems en prison : mais aïant connu son merite & sa valeur, & jugeant qu'il pourroit compter sur sa fidelité, il le

---

Traité de l'Origine des deux Compagnies des Gentils-hommes Ordinaires de la Maison du Roy, p. 4. p. 6.

p. 27.

p. 7. Création de la premiere Compagnie Françoise des Gardes du Corps, sous Loüis XI.

* C'étoient les Cent Gentils-hommes.

Création de la seconde Compagnie Françoise par le même Roy.

mit en liberté & lui confia la Garde de fa Perfonne. Gabriel de la Chaftre fils de ce Seigneur, lui fuccéda dans cet employ de Capitaine de cette Compagnie d'Archers de la Garde, qui étoit encore poffedée par Joachim de la Chaftre fils de Gabriel, à la mort de François I.

 Cette Compagnie étoit de cent Archers, qui avec les cent Ecoffois, les vingt-quatre Gardes de la manche de la même nation, les deux cents Archers dont le Sieur de Chauvé étoit Capitaine, faifoient alors plus de 400 Archers. C'eft en effet le nombre que marque Philippes de Comines, en parlant du féjour que ce Prince faifoit au Pleffis-lez Tours fur la fin de fon regne, fort inquiet & toûjours apprehendant qu'on n'attentât à fa vie. » En premier lieu, dit-il, il n'entroit » gueres de gens dans le Pleffis du Parc, excepté gens dome- » ftiques & les Archers, *dont il avoit quatre cents, qui en bon* *L. 6. ch. 7.* » *nombre* faifoient tous les jours le guet, & fe promenoient » par la place & gardoient la porte. Cette Compagnie de la Chaftre fut la feconde Françoife.

 L'Auteur du livre intitulé l'Etat de la France de 1661, s'eft mépris auffi-bien que fes fucceffeurs qui l'ont copié, quand il a écrit que Charles VIII fils de Loüis XI, en 1497 créa une nouvelle Compagnie de Gardes Françoifes Archers du Corps, dont il fit Capitaine Jacques de Vendôme Vidame de Chartres. Cette Garde n'étoit point une Garde d'Archers du Corps ; mais une feconde Compagnie de cent Gentils-hommes, telle que Loüis XI en avoit inftitué une à Puyfeaux l'an 1474. On a vû cy-deffus la lifte des Capitaines de cette feconde Compagnie de cent Gentils-hommes, dont effectivement Jacques de Vendôme fut le premier Capitaine.

Méprife des Auteurs de l'Etat de la France.
Traité de l'Origine des deux Compagnies des Gentils-hommes, &c. p. 22.

 Les chofes donc demeurerent au même état à l'égard des Archers du Corps fous le regne de Charles VIII, qui en 1491 fit Capitaine de la premiere Compagnie des deux cents Archers François Jacques de Cruffol à la place du Sieur de Silly, qui avoit fuccedé à Chauvé. Loüis XII ne changea rien non plus à cet égard ; il eut quatre cents Archers pour fa Garde en trois Compagnies, une Ecoffoife & deux Françoifes, comme fon prédeceffeur, mais il y eut du changement

p. 30.

Claude Seyffel Hift. de Loüis XII.

Q ij

sous le regne de François I, parce que non seulement ce Prince créa la troisiéme Compagnie des Gardes Françoises, mais encore si nous nous en rapportions aux Memoires du Maréchal de Fleurange, il y eut alors pendant quelque tems cinq Compagnies de Gardes en y comprenant l'Ecossoise : Car voici comme il parle : « Après cette Garde des » deux Cents Gentils-hommes, dit-il, vous avez les plus pro- » chains de la personne du Roy, vingt-cinq Archers Ecossois » qui s'appellent les Archers du Corps.... sous la charge » du sieur d'Aubigni.... Ledit sieur d'Aubigni est Capitaine » de tous les Ecossois qui sont cent, sans ces vingt-cinq.... » Après ces Ecossois vous avez quatre cents Archers François... » & sont Chefs desdits quatre cents Archers. Le Capitaine » Gabriel * pour cent, M. de Savigni * cent autres, M. de » Crussol cent, & M. N..... l'autre cent. Il y avoit donc alors, selon ce compte, cinq Compagnies des Gardes & cinq Capitaines des Gardes. Mais ce Seigneur s'est mépris en mettant ensemble deux Capitaines des Gardes qui ne le furent que l'un après l'autre ; sçavoir, M. de Chavigni & celui dont il a laissé le nom en blanc, qui fut Raoul de Vernon sieur de Montreüil-Bouyn. L'Auteur du Traité de l'Origine des deux Compagnies des cent Gentils-hommes nous instruit parfaitement là-dessus : voici ce qu'il raconte. » Le » vingt-septiéme Mars 1514, * trois mois après que le Roy » François I fut parvenu à la Couronne, il fit une nouvelle » Compagnie de soixante Archers pour la Garde de son » Corps, laquelle il voulut être composée des trente qu'il » avoit avant qu'il fût Roy, de vingt de la bande du sieur » de Crussol, & de dix de celle du Sieur de Nançay : des- » quels soixante Archers il donna la charge à Raoul de » Vernon sieur de Montreüil-Bouyn ; & après sa mort ave- » nuë le dernier Septembre 1516, à Loüis le Roy sieur de » Chavigni, lui ajoûtant quarante-cinq Archers encore de » la bande dudit sieur de Crussol, pour faire le nombre en- » tier de cette Compagnie de cent cinq Archers, compris » les membres & le Trompette.

Le Ceremonial François dans la Relation de l'Entrée de François I à Paris, parle à peu près de la même maniere sur

De la Chastre.
* Il faut lire Chavigni.

Méprise du Maréchal de Fleurange dans ses Memoires.

1515 selon la maniere de compter d'aujourd'hui.

P. 32.
Création de la troisiéme Compagnie Françoise par François I.

T. 1 p. 268.

ce sujet: mais on y a défiguré le nom du Capitaine Monstreüil-Bouyn, en le changeant en celui de Monstre Bonny.

Voilà donc l'institution de la troisiéme Compagnie Françoise des Gardes du Corps, marquée fort distinctement sous François I, comme celles de la premiere & de la seconde sous Loüis XI. Cette troisiéme fut formée des Archers que François I avoit avant que d'être Roy, & des démembremens que l'on fit de dix Archers de la Compagnie de Nançay ou de la Chastre, & principalement de ceux qui furent tirez de la Compagnie de Crussol, qui d'abord étoit de deux cents, & fut mise sur le pied de cent comme les autres, ainsi que le remarque l'Auteur de l'Origine des deux Cents Gentils-hommes.

Depuis il y a toûjours eu quatre Capitaines comme aujourd'hui, ainsi qu'on le voit dans la Relation des obseques du même Prince, imprimée à la fin de la vie de Pierre du Chastel grand Aumônier de France, où les quatre Capitaines des Gardes sont nommés; sçavoir, M. de Lorges Capitaine de la Garde Ecossoise, Messieurs de Nançay, le Senéchal d'Agenois, & Chavigni Capitaines des trois Compagnies Françoises. Il n'y eut depuis aucun changement pour le nombre des Compagnies & des Capitaines. Le nombre des Capitaines & des Compagnies fut donc fixé à quatre du tems de François I, lesquelles estoient sous le Regne de ce Prince. 1° l'Ecossoise. 2° La premiere Françoise instituée par Loüis XI, & composée de 200 Archers, dont le Capitaine sous François I étoit M. de Crussol. 3° La seconde Françoise instituée pareillement par Loüis XI, & qui fut commandée depuis par plusieurs Seigneurs de la Chastre les uns après les autres. 4° La troisiéme Françoise instituée par François I, & composée des Gardes que ce Prince avoit avant que d'être Roy, & des détachemens qu'il fit de celle de Crussol, qui jusques-là avoit été de 200 Archers & d'un autre détachément de celle de Nançay Seigneur de la Chastre. Il donna cette troisiéme Compagnie Françoise & qui étoit la derniere des quatre, à M. de Chavigni le Roy.

p. 34.

Q iij

Du Rang que les quatre Compagnies des Gardes tiennent avec les autres troupes de la Maison du Roy, & entre elles.

A L'armée la Maison du Roy a toûjours la droite sur toutes les autres troupes & le poste d'honneur : le rang que les divers corps qui composent cette Maison, doivent avoir entre eux, est aussi reglé.

Les Gardes du Corps ont le premier rang dans la Maison du Roy.

Les Gardes du Corps ont le rang au-dessus de tous les autres, je dirai en un autre endroit quand cette prerogative leur a été attribuée.

La Compagnie Ecossoise a le premier rang dans les 4 Compagnies.

Pour ce qui est du rang que les Compagnies des Gardes du Corps gardent entre elles, l'ancienneté de la Compagnie Ecossoise, & l'estime que nos Rois depuis Charles V ont eu pour la nation, ont acquis à cette Compagnie la prééminence sur toutes les autres, non seulement dans le service de la Cour, mais encore dans les armées.

Comme chaque Compagnie des Gardes du Corps forme deux Escadrons, les deux de la Compagnie Ecossoise ont toûjours la droite sur les autres ; & au cas qu'il se fasse des détachemens des diverses Compagnies, les Officiers de l'Ecossoise commandent ceux des autres Compagnies, qui leur sont égaux pour le rang.

D'où les trois Compagnies Françoises prennent leur rang entre elles.

Les trois Compagnies Françoises n'ont point entre elles d'autre rang, que celui que leur donne l'ancienneté de la reception de leur Capitaine ; il faut seulement remarquer, qu'il y en a une des trois qui porte le titre de premiere & ancienne Compagnie Françoise ; c'est celle dont Monsieur le Duc de Villeroy est aujourd'hui Capitaine, & c'est aussi celle dont j'ai parlé, qui fut créée par Loüis XI, composée de deux cents Archers, sous les ordres du Seigneur Loüis de Graville, & qui depuis fut réduite à cent Archers comme les autres. J'ai observé qu'en ce tems-là, & encore long-tems depuis, c'étoit une coûtume établie en France, de mettre ces sortes de Compagnies aussi-bien que les Compagnies de la Gendarmerie au nombre de cent hommes. Ainsi Charles VII composa sa Garde Ecossoise de cent Archers, sans y comprendre les vingt-quatre Gardes de la Manche, qui faisoient alors comme une Garde particuliere. Ainsi Louis XI se fit une Garde de cent Gentils-hommes sous un Capitaine. Ainsi Charles VIII en ajoûta depuis encore cent sous un autre Capitaine. Ainsi Charles VII, dans le grand changement qu'il fit dans la Milice Françoise, réduisit la Gendarmerie à quinze Compagnies de cent hommes d'Armes chacune sous un Capitaine, &c.

Quoi qu'il en soit, ce titre de premiere & ancienne Compagnie Françoise, ne donne point de prééminence à celle qui le porte, au dessus des deux autres; & je crois qu'il ne lui en a jamais donné. Il est au moins certain qu'il y a plus de cent ans qu'elle n'en avoit aucune. Cela se prouve par la remontrance des Gardes Ecossoises en 1612, dont j'ai rapporté l'extrait ci-dessus: car il y est dit en termes exprès, que la Compagnie Ecossoise, par la mort ou changement du Capitaine, ne change jamais de rang, *comme font les autres Compagnies.* Il est évident par ces dernieres paroles, que dès ce tems-là, & avant ce tems-là, les trois Compagnies Françoises n'avoient point d'autre rang entre elles, que celui qui leur étoit acquis par l'ancienneté de la reception de leurs Capitaines, ainsi qu'il se pratique maintenant.

Des changemens qui se sont faits dans les Compagnies des Gardes du Corps depuis leur institution.

Parmi ces changemens, il y en a de communs à toutes les Compagnies, & il y en a de particuliers à la Compagnie Ecossoise. Je commencerai par ceux qui regardent en particulier cette Compagnie.

Si ce qui est exposé dans la remontrance des Gardes Ecossoises en 1612 étoit vrai; *que saint Loüis en son voyage du Levant ordonna que vingt-quatre Ecossois eussent la Garde de son Corps*; si ce que dit encore Jean Leslé Evêque de Rosse dans son Histoire d'Ecosse, étoit pareillement certain, sçavoir que ce fut Charles V qui institua la Garde Ecossoise, & qu'elle fut seulement augmentée par Charles VII, cette augmentation seroit le premier changement remarquable qui fût arrivé dans cette Compagnie: mais j'ai dit que le premier fait est sans fondement, quoiqu'il soit rapporté par quelques Auteurs Ecossois, * que le second a de la vrai-semblance sans certitude, & qu'il paroît plus raisonnable de s'en tenir au témoignage de Loüis XII que j'ai rapporté, où il attribue à Charles VII, tant l'institution des vingt-quatre Gentils-hommes de la Manche, que celle de toute la Compagnie Ecossoise.

* DavidChambre dans son Histoire abregée des Rois de France, d'Angleterre, & d'Ecosse.

* Honston dans l'Ecosse Françoise.

Selon la remontrance des Ecossois, ce fut le même Charles VII, qui aux vingt-quatre Gardes de la Manche en ajoûta un vingt-cinquiéme avec le titre de Premier Gendarme ou Homme d'Armes de France.

De l'Homme d'Armes dans la Compagnie Ecossoise.

Ce titre de Premier Homme d'Armes de France est fort singulier. La plainte ou remontrance des Gardes Ecossoises assurant que ce fut Charles VII qui créa cette Charge, & qu'il ajoûta ce Premier Homme d'Armes de France aux vingt-quatre, qu'on appelle aujourd'hui Gardes de la Manche, ne nous dit point sur quoi ce titre étoit fondé, ni quelles étoient les fonctions de cet Officier, ni quel fut le motif du Roy Charles VII en l'incorporant dans cette troupe des Gardes Ecossoises. Notre Histoire ne nous en instruit point non plus. Voici ce que je puis conjecturer là-dessus.

Charles VII, dans la réforme qu'il fit de la Milice Françoise, fut l'instituteur des quinze Compagnies d'Hommes d'Armes appellées les Compagnies d'Ordonnance ; & parmi ces Compagnies celle des Gendarmes Ecossois eut le premier rang ; & elle l'a encore dans la Gendarmerie. Il y avoit dans chaque Compagnie d'Ordonnance un Gendarme qui portoit le titre de Premier Homme d'Armes. C'est ce que nous apprend Monsieur de Montgommeri de Corboson dans son Traité de l'Ordre de la Cavalerie Françoise. *Le premier Gendarme*, dit-il, *qui est comme l'un des membres de la Compagnie* : & plus bas : *Le premier Gendarme doit être toûjours au premier rang*.

p. 135.
p. 136.

Le Roy Charles VII voulut en avoir aussi un dans sa Compagnie d'Archers, pour commander sous le Capitaine les vingt-quatre autres appellez aujourd'hui Gardes de la Manche : car il est certain que ces vingt-quatre étoient, pour ainsi dire, de la Garde immediate de la Personne du Roy, & qu'ils portoient seuls, comme je le dirai bien-tôt, le titre d'Archers du Corps. Il tira cette espece d'Officier de

la

DE LA MILICE FRANÇOISE. *Liv. X.* 129

la Compagnie des Gendarmes Ecoſſois, lui conſerva ſon titre d'Homme d'Armes; & comme la Compagnie des Gendarmes Ecoſſois étoit la premiere de la Gendarmerie, & qu'il approcha ce Gendarme de ſa Perſonne pour lui donner le commandement ſur les vingt-quatre qui faiſoient ſa principale Garde, il l'honora du titre de Premier Gendarme de France. C'eſt là ce qui me paroît de plus vrai-ſemblable ſur ce ſujet.

Depuis long-tems cette Charge de Premier Homme d'Armes de France eſt un titre ſans fonction; & j'apprends de celui même qui le porte actuellement, * qu'il n'eſt plus dans le Corps & qu'il n'a que les appointemens de cette Charge ſans exercice.

* M. du Meſnil.

Titre de Premier Homme d'Armes aujourd'hui ſans exercice.

Mais le plus grand changement qui ſe ſoit fait dans la Compagnie Ecoſſoiſe, c'eſt qu'elle n'eſt plus Ecoſſoiſe que de nom, & que depuis très-long-tems les Charges & les places de Gardes ne ſe donnent qu'à des François. Ce changement ne s'eſt fait que peu à peu; il commença dès le tems de François I, ſous lequel Jacques de Lorge, Comte de Montgommery, fut Capitaine de la Compagnie Ecoſſoiſe; Gabriël de Lorge, Comte de Montgommery, fils de Jacques, fut auſſi Capitaine de la même Compagnie ſous Henri II. Cependant les Gardes Ecoſſoiſes ne trouverent pas fort mauvais que cette Charge eût été donnée à ces deux Seigneurs, parce qu'ils les regardoient comme Ecoſſois d'origine, d'autant que les Montgommery ſe prétendoient deſcendus des Comtes d'Egland, Maiſon d'Ecoſſe.

La Compagnie Ecoſſoiſe n'eſt plus Ecoſſoiſe que de nom.

Mais, diſent les Gardes Ecoſſoiſes dans la remontrance de 1612, que j'ai déja pluſieurs fois citée: » depuis que le Com-
» te (Gabriël) de Montgommery, qui a été le dernier Ca-
» pitaine d'extraction Ecoſſoiſe de cette Compagnie, a été
» dépoſſedé par la mort de Henri II *, on a pourvû des
» François à cette Charge qui ont ouvert la porte aux
» autres qu'Ecoſſois, d'avoir des places dans cette
» Compagnie, encore que par pluſieurs années après leur
» admiſſion ils n'aïent exercé leurs Charges, leſquels ont ſi
» bien multiplié qu'à cette heure ils tiennent les deux tiers
» des places de ladite Compagnie; & parmi icelles pluſieurs

* *Ce fut ce Comte qui bleſſa par malheur Henri II, dans le tournois de la place des Tournelles.*

Tome II. R

» places d'honneur, comme de Premier Gendarme de Fran-
» ce, des Exempts extraordinaires, du Maréchal des Logis.
» Le Privilege des clefs, la Garde du chœur de l'Eglife,
» le rang de la Compagnie aux ceremonies ont été rognez
» & pervertis contre la coûtume de cette Compagnie. Enfin
» tout moyen est ôté dorénavant aux Ecoffois d'y entrer,
» ou à ceux qui y font, d'être avancez, si ce n'est à force
» d'argent. La Lieutenance, Enseigne, places d'Exempts &
» Archers se vendent contre les Ordonnances, depuis quatre
» ou cinq ans en çà, &c.

Il paroît par cet extrait que ce fut principalement sous les Regnes de François II, de Charles IX, de Henri III, & de Henri IV, qu'il y eut beaucoup de changement dans la Compagnie Ecoffoife. On voit en effet par l'Histoire, qu'en 1567, c'est-à-dire, dans les premieres années du Regne de Charles IX, le Capitaine n'étoit ni Ecoffois ni originaire d'Ecoffe; car alors c'étoit Monfieur de Loffe, Gentil-homme François. Dans quelques Manufcrits qu'on m'a communiquez là-deffus, on cite un rôle des Gardes Ecoffoifes de cette année 1567, où ce Gentil-homme est nommé avec la qualité de Capitaine : mais la plûpart des Gardes étoient encore *Ceremonial* Ecoffois. Selon le rôle de 1599 & felon la relation du Sacre *François.* de Henri IV, c'étoit Monfieur de Chateauvieux qui étoit alors Capitaine de cette Compagnie : mais le Lieutenant & la plûpart des Gardes étoient Ecoffois. Ainfi depuis le Comte de Montgommery fous Henri II, il n'y a plus eu de Capitaine natif ni originaire d'Ecoffe. Il est pareillement conftant qu'en 1612 il y avoit encore plufieurs Officiers & Gardes Ecoffois, puifque c'eft en leur nom que fe fit alors la remontrance.

Cette remontrance avoit été précédée de quelques negociations au fujet tant de la Compagnie de la Garde Ecoffoife, que de celle des Gendarmes Ecoffois. Parmi les additions au Memoire du Sieur de Caftelnau-Mauviffiere, Ambaffadeur en Ecoffe du tems de Henri III, on trouve une Lettre de ce Seigneur écrite à Marie Stuart Reine d'Ecoffe, datée du 20 de Mai 1584, où il lui parle en ces termes : » Le Roy
» votre fils demande confeil au Roy fon bon oncle de ce
» qu'il a à faire : que la Compagnie des Gendarmes Ecoffois

DE LA MILICE FRANÇOISE. *Liv. X.*

„ soit remise & envoyée en Ecosse pour quatre ans, qu'il n'y
„ ait point de *François aux Gardes Ecossoises, & qu'un Ca-*
„ *pitaine de la Nation y commande comme anciennement.*

Negociation pour faire remettre la Compagnie Ecossoise sur l'ancien pied.

La plainte des Ecossois dit encore : „ que les remontrances
„ des Ambassadeurs d'Ecosse, tant ordinaires qu'extraordi-
„ naires, sont intervenuës envers les Rois de France pour la
„ conservation de la Compagnie Ecossoise ; & les Ecossois
ne presenterent leur Requête au commencement du Regne
de Loüis XIII, qu'après que le Roy de la grande Bretagne eut commandé à son Ambassadeur residant en France,
d'interceder envers leurs Majestez à ce que leurs plaintes
fussent oüies & justice leur fût renduë.

Mais toutes ces instances n'eurent pas grand effet jusqu'au
tems de Henri IV, & elles n'en eurent aucun même alors
en ce qui regardoit la Charge de Capitaine des Gardes de la
Compagnie Ecossoise.

Les choses apparemment auroient été remises sur l'ancien
pied à cet égard, si François II, qui avoit épousé Marie Stuart
Reine d'Ecosse, eût vecu : mais la mort précipitée de ce Prince,
le retour de la Reine d'Ecosse dans ses Etats, & les malheurs
qui lui arriverent, furent cause qu'on ne donna pas beaucoup
d'attention à cette affaire. De plus dans la suite l'Heresie qui
s'empara de l'Ecosse, & qui mit les esprits des gens du païs
dans une disposition toute contraire à celle où ils étoient depuis tant de siecles à l'égard des François, indisposa reciproquement la Cour de France envers l'Ecosse ; & l'on ne
crut pas la Personne de nos Rois, qui étoient hautement declarés contre les nouvelles erreurs, assez en sureté entre les
mains de gens qui en étoient infectez, ou qui pouvoient avoir
liaison avec ceux qui l'étoient. C'est pourquoy à la place des
Ecossois qui mouroient ou qui se retiroient, on substituoit des
François Catholiques ausquels il étoit plus naturel de se fier.

Raisons qui rendirent ces negociations inutiles.

Il faut encore ajoûter que les trois Royaumes aïant été
réünis dans la personne de Jaques I, à qui l'on donna le
titre de Roy de la grande Bretagne, les interêts des Ecossois
étoient devenus communs avec ceux des Anglois. Or comme
l'Angleterre étoit de tems en tems en guerre avec la France,
l'Ecosse devenoit aussi ennemie de ce Royaume ; au lieu qu'au-

R ij

trefois, avant la réunion des trois Couronnes, c'étoit un interêt essentiel pour la France & pour l'Ecosse d'être alliées entre elles, & de se témoigner une confiance reciproque.

Cependant Henri IV après la paix de Vervins, & après avoir reglé son Etat & sa Maison, eut beaucoup de consideration pour la Compagnie Ecossoise. C'est ce que nous apprenons par Houston Gentil-homme Ecossois, qui avoit été dix-neuf ans Officier dans cette Compagnie ; car voici comme il parle dans un Livre intitulé, *l'Ecosse Françoise*, imprimé en 1607, & dédié à Henri Prince de Galles fils aîné du Roy Jacques. Ce Henri mourut jeune, & laissa le Thrône à Charles I son cadet, qui portoit alors le titre de Duc d'York, & ne prit celui de Prince de Galles qu'en 1615 : Voici, dis-je, comme parle cet Officier dans son Livre intitulé, *l'Ecosse Françoise*.

p. 44.

» Cet invincible Roy Henri IV à present regnant, leur
» donne (aux Gardes Ecossoises) des avantages, lesquels ils
» n'avoient jamais reçûs du tems de ses devanciers, * & sa
» justice ne permet pas que l'ordre en soit alteré ni enfreint.

* Charles IX & Henri III.

» Ainsi l'on voit I° que le Capitaine des Gardes Ecossoises
» porte toûjours le nom & titre de Premier Capitaine des
» Gardes du Corps des Rois de France.... ce qui a toûjours
» été observé depuis l'institution des autres Compagnies
» Françoises.

» II° Le Capitaine des Gardes Ecossoises commence toû-
» jours l'année, & sert le premier quartier, & si d'aventure
» ledit Capitaine se trouve en Cour, lorsque quelque cere-
» monie survient, il peut prendre le bâton & se mettre en
» son rang, encore qu'il ne soit point en quartier. *

* Ce dernier article n'est plus en usage.

» III° Et au Sacre des Rois le dit Capitaine se tient le plus
» près de la Personne, en son rang & place ; & la ceremonie
» parachevée, la robe lui appartient : & cela mesme, encore
» que ce ne soit durant son quartier, ce qui s'est toûjours ob-
» servé jusques à-present.

» IV° Le Roy faisant son entrée en quelque ville de son
» Royaume.... les clefs de ladite ville étant presentées à Sa
» Majesté, sont baillées puis après de la main du Roy au Ca-
» pitaine desdites Gardes Ecossoises, & en son absence à son
» Lieutenant, Enseigne ou Exempt ; * nonobstant que ladite

* Le Roy regla en 1665 que les clefs des villes se-

DE LA MILICE FRANÇOISE. *Liv. X.* 133

» entrée des villes advienne au tems que les autres Capitaines
» soient en quartier.

» V° Ladite Compagnie étant composée de Cent Gentils-
» hommes ou Soldats signalez de la Nation, il y en a vingt-
» cinq d'iceux appointez, portans des hoquetons blancs cou-
» verts de papillotes d'argent, desquels en servent six tous les
» quartiers de l'année, * les plus près de la Personne du Roy,
» tant aux Sacres, Eglises, Ceremonies, Reception des Ambas-
» sadeurs, qu'aux Entrées de ville, avec le Premier Homme
» d'Armes de France, qui fait le nombre complet desdits
» vingt-cinq. Ce qui n'est point és autres Compagnies ; &
» aux enterremens des Rois, lesdits Archers du nombre de
» vingt-cinq s'y trouvans tous, portent le cercüeil là où est le
» corps depuis la ville de Paris jusqu'à Saint Denis & même
» jusqu'au tombeau, sans qu'il soit permis à d'autre d'y toucher.

« VI° Et pour une marque de fidelité approuvée de longue
» main, les Ecossois qui sont en quartier reçoivent les clefs de
» la Maison du Roy, ou du logis où il sera ; des mains des
» Archers de la porte à sept heures du soir,* faisans sentinelle
» toute la nuit jusques à six heures du matin ; & alors retirans
» lesdites clefs des mains du Capitaine en chef ... les rendent
» aux Archers de la porte, sans qu'aucun des Gardes Fran-
» çoises doive toucher lesdites clefs durant ledit tems.

VII° Le Roy étant à l'Eglise, les Ecossois gardent le chœur,*
tant aux Entrées, que près de la Personne du Roy.

»* VIII° Et là où il est question que Sa Majesté passe par eau,
» ou traverse quelque riviere par batteau ou barque ; lesdites
» Gardes Ecossoises se mettent devant & gardent le vaisseau
» appointé expressément pour la Personne du Roy. Et Sa
» Majesté y étant dedans, il y en a deux d'iceux Gardes Ecos-
» soises auprès de sa Personne, sans qu'il y ait aucun des autres
» Gardes du Corps, que les Ecossois pour le fait de service.

» IX° Les quartiers venans à changer durant toute l'an-
» née, lesdites Gardes Ecossoises commencent toûjours à en-
» trer en garde le premier jour du quartier, encore qu'ils au-
» roient été de garde pour tel fait de service.

» X° Et lorsqu'il est question de loger les quatre Com-
» pagnies des Gardes du Corps du Roy, les Ecossois ont le

roient d'abord mises entre les mains du Capitaine en quartier, bien entendu qu'il les remettroit aussi-tôt entre les mains des Ecossois.

* *Il n'y en a plus maintenant que deux par quartier ; & si l'un des deux se trouve indisposé, c'est le plus ancien Garde de ceux de la Compagnie Ecossoise qui sont sur le guet qui prend le hoqueton & fait le service.*

* *C'est actuellement six heures du soir.*

* *On les mêle à-present avec ceux des autres Compagnies. Ils sont les premiers, & les autres de suite, mais c'est le Brigadier de la Compagnie Ecossoise à qui on confie la clef.*

* *Je ferai ailleurs une remarque sur cet article.*

R iij

» premier choix des logis, suivant le département du Four-
» rier que leur Capitaine auroit appointé pour cet effet, foit-
» il aux champs, ou à la ville; & étant contraints par presse
» ou autrement de loger ensemble, ils ont aussi le premier
» choix du lieu & des commoditez particulieres.

Aujourd'hui un nouveau Garde même reçû n'est jamais mis au guet, mais dans le quartier pour l'éprouver.

Je ferai ailleurs une remarque sur cet article.

» XI° Et afin que le Capitaine sçache par essai en quoy les
» Ecossois qui se presentent à lui, sont capables de servir le
» Roy, il en met quelques-uns en lieu de service appellé le
» Guet, * lesquels reconnus par le tems & l'experience, sont
» pourvûs par ledit Capitaine aux places vacantes, suivant sa
» volonté & le jugement qu'il en fait, le tout à la charge qu'ils
» aïent, suivant la premiere institution, certificat de leur
» Roy, en leur faveur, faisant foy & démonstration de leur
» qualité, mœurs & prud'hommie.

» XII° Les Gardes Ecossoises du Corps des Rois de France
» portent sur leurs armes en signe d'honneur & memoire per-
» petuelle de l'alliance des deux Royaumes, la frange & crê-
» pine d'argent & soye blanche, qui representent le blason
» Royal & marque de l'Etat. Et les autres Compagnies Fran-
» çoises portent sur leurs armes diverses couleurs de livrée,
» suivant la volonté particuliere du Roy.

p. 52.

» Le Seigneur d'Aubigni Maréchal de France, parmi beau-
» coup d'autres Charges ausquelles les Rois de France le vou-
» lurent appeller, eut commandement sur les cent Ecossois de
» la Garde du Corps environ l'an 1537.

p. 57.
Henri IV.

» ..... Ce Grand Roy, * qui ne se lasse jamais de bien
» faire ... ne peut arrêter la volonté qu'il a de nous donner
» son affection qui se témoigne veritablement favorable en
» tout ce qui nous regarde, &c.

Après tout, quelque affection qu'Henri IV eût pour les
Ecossois, il ne remit point de Capitaine Ecossois à la tête de
la Compagnie, & il n'a jamais été remis depuis. Le Lieutenant (car alors il n'y en avoit qu'un dans chaque Compagnie)
fut un Ecossois encore pendant assez long-tems, comme la
plainte des Ecossois du tems de Loüis XIII le suppose. Mais
en 1656 je trouve qu'il se fit un changement à cet égard. Le
Roy Loüis XIV par une Declaration du premier de Juin donnée à Compiegne, declare, veut & entend, que deformais il

y ait deux Lieutenans dans ladite Compagnie, que l'un soit Ecossois originaire ou de race, & l'autre François : qu'il soit permis au Sieur de Lavenage Lieutenant Ecossois de garder la moitié de sa Charge, & de donner sa démission pour l'autre, ensemble des gages, pensions & droits y appartenans, que ces Charges soient desormais exercées alternativement & par six semaines, que l'Ecossois serve les six premieres semaines, & le François les six autres.

Lieutenant doublé en 1656 dans la Compagnie Ecossoise. 7. Vol. des Registres du Secretariat de la Maison du Roy.

Ce changement fut suivi d'un autre, & ce fut apparemment après la mort ou la démission entiere du Sieur de Lavenage; c'est que les deux Lieutenans furent tous deux François : de maniere cependant que l'un des deux portoit encore le titre de Lieutenant François, & l'autre le titre de Lieutenant Ecossois. Le François étoit le Sieur de Pierre-Pont, & l'autre portant le titre de Lieutenant Ecossois, étoit le Sieur de Romecourt : mais depuis plusieurs années ce titre même a cessé. Tous les Officiers sont François, & parmi les Gardes il n'y en a plus aussi d'Ecossois de nation. Un Officier de la Compagnie Ecossoise qui y a été long-tems & qui la connoît parfaitement, m'a dit que le dernier Ecossois qu'on y ait vû, étoit un Gentil-homme nommé Céton qui y est mort depuis bien des années, & dont l'oncle avoit été autrefois Lieutenant, & je trouve qu'il l'étoit encore en 1660. * Ainsi cette Compagnie n'est plus aujourd'hui Ecossoise que de nom. On y observe cependant encore un usage comme pour conserver le souvenir de ce qu'elle a été autrefois : c'est qu'à l'appel du guet, les Gardes de la Compagnie Ecossoise répondent en Ecossois *hamir*, c'est un mot corrompu & abregé de *hhay hamier*, qu'ils répondoient autrefois, & qui veut dire, *me voilà*.

Lieutenant François portant le nom de Lieutenant Ecossois. Etat de la France de 1663.

* Il est nommé dans les payemens de cette année 1660, à la Chambre des Comptes.

A l'appel du guet on répond encore en Ecossois.

Des changemens qui se sont faits dans les quatre Compagnies des Gardes du Corps & qui leur sont communs.

LE premier changement remarquable qui regarde tout le Corps en general, & que j'ai déja marqué, est le nombre des Compagnies. Il n'y en avoit que trois jusqu'au regne de François I, une Ecossoise & deux Françoises; ce Prince

136 HISTOIRE

en créa une quatriéme de la maniere que je l'ai exposé en parlant de l'inſtitution des Compagnies des Gardes.

Le ſecond changement conſiderable concerne le nombre des Gardes dans chaque Compagnie. Sous François I la Compagnie Ecoſſoiſe étoit de cent hommes, ſans y comprendre les vingt-quatre qu'on nomme aujourd'hui Gardes de la Manche & l'Homme d'Armes. Depuis cette Compagnie fut réduite comme les autres à cent, y compris les Gardes de la Manche. Les autres prédeceſſeurs du Roy Loüis le Grand n'augmenterent point ce nombre, & même ſous le Regne de ce Prince les Compagnies des Gardes furent long-tems ſur le même pied, & quelquefois au-deſſous. L'Etat de la France de 1661 en fait le détail.

Toutes les Compagnies réduites à cent hommes.

C'étoit encore la même choſe en 1663. *Chacune des Compagnies*, dit encore le même Auteur ſous cette année, eſt compoſée de cent hommes ſous un Capitaine, un Lieutenant & un Enſeigne. Il devoit remarquer qu'il y avoit deſlors deux Lieutenans dans la Compagnie Ecoſſoiſe.

Etat de la France de 1663.

Il paroît que dés ce tems-là ou un peu après, le Roy Loüis XIV projetta de faire du changement dans ce Corps: car l'an 1664 au mois d'Octobre, dans une revûë des Gardes du Corps, il fit paſſer devant lui tous les vieux Gardes à pied l'un après l'autre pour les examiner & les mieux connoître; & il faut que l'année ſuivante, c'eſt-à-dire en 1665, ce Corps fût ſur un tout autre pied qu'auparavant pour le nombre, puiſque le Roy ſur la fin du mois d'Octobre fit un détachement de trois cents de ſes Gardes avec quatre cents de ſes Mouſquetaires, pour aller au ſecours des Hollandois contre l'Evêque de Munſter.

Diverſes augmentations des Gardes du Corps.

Avant la campagne de 1667 il avoit fait des changemens d'Officiers dans ce Corps & dans les autres troupes de Sa Maiſon. Cette même année, ſelon les nouvelles imprimées de ce tems-là, il fit faire dans le parc de S. Germain l'exercice de deux Compagnies des Gardes du Corps qui compoſoient huit eſcadrons; leſquels ſans doute n'étoient pas auſſi gros qu'ils ont coûtume d'être: mais cela montre au moins que les quatre Compagnies étoient déja beaucoup augmentées.

Selon les mêmes Memoires en 1674, dans une revûë que

le

DE LA MILICE FRANÇOISE. *Liv. X.* 137

le Roy fit de la Compagnie Ecoſſoiſe de M. le Duc de Noailles, & de celle de M. le Duc de Duras, l'une & l'autre étoient chacune de plus de trois cents Maîtres, & le mois ſuivant dans une autre revûë les quatre Compagnies ſe trouvant chacune de plus de trois cents ſoixante Maîtres, le Roy les réduiſit à trois cents tous Gentils-hommes ou Officiers, & ceux qui furent réformez paſſerent dans d'autres Corps.

En 1676, les quatre Compagnies furent plus nombreuſes qu'elles n'avoient jamais été : car elles faiſoient enſemble ſeize cents chevaux, c'eſt-à-dire, qu'elles étoient chacune de quatre cents hommes ; & enfin en 1690, dans la revûë qui ſe fit le quatriéme de Mars auprès de Compiegne, elles ſe trouverent de ſeize cents quatre-vingt huit hommes ; elles furent réduites depuis à quatorze cents quarante, c'eſt-à-dire, chacune à trois cents ſoixante hommes, & c'eſt l'état où elles ſe trouvoient à la mort de Loüis le Grand.

J'ai fait diverſes perquiſitions pour pouvoir marquer exactement les Epoques de ces diverſes augmentations dans les Gardes du Corps, & le tems préciſément où elles ont été faites, j'ai conſulté ſur cela les Rôles de la Cour des Aydes & les Regiſtres de la Chambre des Comptes, où ſont contenus les payemens des Gardes : mais je n'en ai pû rien conclure pour ce que je cherchois, c'eſt-à-dire, pour les Epoques préciſes de ces augmentations. Tout ce qui m'a parû de certain, c'eſt qu'il ne s'eſt point fait d'augmentation conſiderable dans les Gardes avant 1664, & que ce n'eſt que depuis cette année qu'il s'en eſt fait en divers tems.

Je trouve un troiſiéme changement dans les Gardes du Corps, qui ſe fit encore vers ce tems-là, c'eſt-à-dire, en 1666, ou un peu auparavant, c'eſt l'inſtitution des Cadets, jeunes gens de qualité, qui furent diſtribuez dans les quatre Compagnies ; cela ſe prouve par un Memoire manuſcrit que le Roy fit pour la diſcipline de ſes Gardes du Corps. Il eſt daté de S. Germain en Laye 30 de Decembre de l'an 1666 : voici l'article où il eſt fait mention des Cadets.

Cadets dans les Gardes du Corps.

» Que les Cadets qui ſervent ſans paye faſſent le ſervice auſſi
» regulierement que ceux qui la reçoivent, & lorſqu'ils man-
» queront, qu'ils ſoient punis, tout ainſi que ceux qui ſont

Tome II. S

» couchez sur le Rôle desdits comptes.

Il y avoit aussi deslors des Cadets qui recevoient la solde, j'en ai vû dix de marquez à trente livres par mois dans la Compagnie Ecossoise, sur les comptes de cette année 1666, à la Chambre des Comptes de Paris. Dans l'Etat de la France de 1674, je trouve de ces Cadets nommez au nombre de plus de cinquante, j'en trouve encore dans l'Etat de 1676, mais en plus petit nombre, & quelques-uns avec la qualité de Gardes ordinaires, exemts neanmoins de faire le guet & la garde. On ne voit plus dans l'Etat de 1678, de Cadets ni de ces Gardes ordinaires exemts de guet & de garde, ainsi cet usage de Cadets n'a duré que quelques années. Il a été rétabli depuis la Regence.

Quatriémement jusqu'en 1671, les Gardes de la Manche avoient porté sur leur hoqueton devant & derriere, la devise de Loüis XIII : c'étoit une massuë d'Hercule avec ces paroles à l'entour, *Erit hæc quoque cognita monstris*. Mais alors le Roy y fit substituer sa devise, sçavoir un Soleil éclairant le monde avec cette ame, *Nec pluribus impar*.

Devise des Etendarts changée.
Venalité des places de Gardes abolie.

Cinquiémement l'abolition de la venalité des places de Gardes, & même des Charges des Officiers subalternes des quatre Compagnies, est un point de réforme qui ne doit point être ici omis. Rien n'est plus contre l'ordre que de donner à prix d'argent & au plus offrant, des Emplois qui regardent de si près la conservation de la Personne sacrée de nos Rois, & qui par cette raison ne doivent être confiez qu'à des gens d'une valeur & d'une fidelité à toute épreuve.

C'est un abus qui de tout tems a été blâmé en France, & l'on voit là-dessus dans les Etats de Blois de l'an 1576, un Reglement exprès conçu en ces termes.

Art. 260.
» Semblablement avons défendu aux Capitaines de nos
» Gardes de recevoir aux états d'Archers de leurs Compagnies
» aucuns qui ne soient Gentils-hommes, Capitaines ou soldats
» signalez, *& sans que lesdits états puissent être vendus directement ou indirectement*. Les Etats de 1615 firent encore une remontrance sur ce sujet, & par le douziéme article de l'Edit de 1616, défense fut faite de vendre desormais les Charges de la Maison du Roy.

DE LA MILICE FRANÇOISE. *Liv.* X.   139

Nonobstant ces Reglemens qui furent faits sous les Regnes de Henri III & de Loüis XIII, le même abus avoit prévalu non seulement pour les places des simples Gardes, mais encore pour les Charges des Officiers mêmes que les Capitaines vendoient, le Roy Loüis XIV l'abolit entierement par le Reglement qu'il fit dés l'an 1664: en voici la teneur.

Reglement sur ce sujet.

» Le Roy aïant consideré l'importance de la fonction de
» Lieutenans, Enseignes, Exemts & places d'Archers des
» quatre Compagnies des Gardes de son Corps, & voulant
» pour les remplir, faire choix de ceux qui pendant les dernie-
» res guerres ont donné des preuves de leur courage & de leur
» experience au fait des armes, dont la fidelité lui soit con-
» nuë, & aussi par ce moïen les recompenser de leurs services,
» & pour cet effet aïant resolu de retirer à soy la disposition
» desdites Charges & places qui avoient été laissées par le
» passé aux Capitaines, Sa Majesté a ordonné & ordonne
» que les Lieutenans, Enseignes, Exemts, Archers & petits
» Officiers des quatre Compagnies des Gardes de son Corps
» rapporteront presentement à Sa Majesté les Provisions qu'ils
» ont de leurs Capitaines, au lieu desquelles il leur en sera
» délivré d'autres signées de Sa Majesté, & contresignées par
» le Secretaire de ses Commandemens aïant le département
» de sa Maison, & qu'à l'avenir vacation avenant desdites
» Charges & places d'Archers, il y sera pourvu par Sa Ma-
» jesté, ainsi qu'il lui plaira; & pour dédommager lesdits quatre
» Capitaines de l'avantage qu'ils auroient de disposer desdites
» Charges & places, & d'y pourvoir, Sa Majesté leur a accordé
» & accorde à chacun d'eux la somme de quatre mille livres par
» an d'augmentation de gages & appointemens, suivant les
» Lettres Patentes qui leur en seront expediées; moïennant
» quoy Sa Majesté veut qu'ils se soumettent au present Regle-
» ment. Fait à Vincennes le dernier jour de Septembre mil six
» cents soixante & quatre. Signé Loüis, & plus bas de Guenegaud.

Dédommagement des Capitaines.

J'ai mis ici tout du long ce Reglement, parce qu'il n'a point été imprimé non plus que quelques autres dont j'ai déja fait ou dont je ferai mention dans la suite. On a tenu la main jusqu'à-present à l'observation d'un si sage Reglement, & l'on en a vû les bons effets pour le service.

S ij

HISTOIRE

Quant aux autres changemens qui concernent les Officiers des Gardes du Corps, outre celui dont j'ai déja parlé, par lequel le Roy en divers tems remboursa, ou dédommagea plusieurs Officiers de ce Corps, pour leur substituer des personnes experimentées dans le métier de la guerre; je trouve 1°, que de tout tems il y a eu dans chaque Compagnie des Gardes, un Capitaine, un Lieutenant & un Enseigne. Cela se voit par nos Histoires & par les Rôles qui sont à la Cour des Aydes.

2°, Je trouve que dans le Rôle de 1598, qui est le plus ancien qu'on ait pû me montrer à la Cour des Aydes, il n'y avoit encore qu'un Capitaine, un Lieutenant, un Enseigne, un Maréchal des Logis, sous le Regne de Henri IV; dans celui de 1599 il y a trois Maréchaux des Logis, dans les suivans jusqu'en 1664, il n'y a non plus qu'un Capitaine, un Lieutenant & un Enseigne, excepté toûjours la Compagnie Ecossoise, où il y avoit deux Lieutenans dès cette année-là.

Doublement des Lieutenans.

3°, L'augmentation des Lieutenans se fit aussi depuis dans les autres Compagnies, & ce fut au mois d'Avril de l'an 1667, que se fit le doublement des Lieutenans; depuis ce tems-là, il y eut neuf Lieutenans des Gardes, deux dans chaque Compagnie, le neuviéme étoit le Major qui eut aussi le rang de Lieutenant avec le droit de préceder ceux qui seroient reçûs depuis lui. C'étoit le Chevalier de Fourbin, qui fut depuis Capitaine-Lieutenant de la premiere Compagnie des Mousquetaires; mais cette institution du Major s'étoit faite quelques années auparavant, comme on le verra dans la suite.

Triplement des Lieutenans.

Enfin par l'Etat de 1678, & par les Rôles de la Cour des Aydes, on voit qu'en 1677 le Roy ajoûta un troisiéme Lieutenant à chaque Compagnie; & il paroît encore par les Etats de la France & par les mêmes Rôles, que la Charge de Maréchal des Logis avoit été supprimée depuis long-tems dans les Gardes du Corps; ce nombre de trois Lieutenans dans chaque Compagnie, sans y comprendre le Major qui a aussi le rang de Lieutenant, a toûjours subsisté jusqu'à présent.

Doublement & triplement des Enseignes.

4°, En ce qui regarde les Enseignes, ils ont été multipliez à mesure qu'on multiplioit les Lieutenans, c'est-à-dire, que dès qu'il y eut deux Lieutenans dans chaque Compagnie, il y eut deux Enseignes, & puis trois quand il y eut trois Lieutenans.

5°, La Charge d'Exemt me paroît être beaucoup plus recente que celles de Capitaine, de Lieutenant & d'Enseigne. Il n'y en avoit point sous Charles VII, sous Loüis XI, sous Charles VIII ; & je ne vois point cette Charge nommée avant le Regne de Henri III, je ne voudrois pas pourtant assûrer qu'elle ne fût pas plus ancienne. Je n'ai trouvé nulle part, & je n'ai pû m'imaginer l'origine de ce nom. Ne seroit-ce point que dans leur institution le Prince les exemta des fonctions ordinaires des Gardes du Corps, comme par exemple, d'être en faction, ou qu'on leur eût accordé d'autres Privileges dont les Gardes ne joüissoient point ?

Le nombre des Exemts a beaucoup varié jusqu'au Reglement que fit le Roy en 1664, par lequel il le fixe à dix par Compagnie, & quelque tems après à douze. Depuis il y a toûjours eu quarante-huit Exemts, douze par Compagnie. J'ajoûterai encore une remarque sur l'article des Exemts : c'est que dans leurs Lettres de retenuë ils ont le titre de Capitaine, au moins en ai-je vû de cette sorte au Registre de 1676 dans le Secretariat de la Maison du Roy: c'est celle du Sieur de Gannaris Sieur Desessarts, où il est nommé *Capitaine Exemt des Gardes du Corps* ; & je trouve que le même titre leur étoit donné dès le tems de Henri IV.

T. 1 des Memoires de Castelnau p. 44. du Sieur le Laboureur.

6°, L'institution des Brigadiers dans les Gardes du Corps est encore beaucoup plus recente que celle des Exemts, il n'en est fait aucune mention dans les Rôles de la Cour des Aydes jusqu'en l'an 1664. La premiere fois que cette Charge est nommée dans les Etats de la France, c'est dans celui de 1663, mais d'une maniere qui ne suppose point les Compagnies partagées en Brigades comme elles le sont aujourd'hui. Il y est seulement dit, *que le Brigadier est toûjours le plus vieux Garde de la Compagnie*, c'est-à-dire, qu'on donnoit depuis quelque tems ce titre au plus ancien Garde. La raison pourquoi il n'y avoit alors qu'un Brigadier, est que les Compagnies n'étant que de cent hommes, il n'y avoit alors que vingt-cinq Gardes de quartier. Ces vingt-cinq ne faisoient qu'une seule Brigade, & les cent Gardes de quartier ne faisoient en tout que quatre Brigades commandées sous

S iij

les Officiers superieurs par le plus ancien Garde, au lieu que depuis, à cause du grand nombre des Gardes, on a multiplié les Brigades.

Institution des Brigadiers.

L'institution des Brigadiers doit avoir été faite au plûtôt en 1663, car il n'y en a point dans les Rôles avant 1664. Il en est fait mention dans un Reglement du 15 d'Août 1665, que le Roy fit au sujet de quelques differends survenus entre les Officiers des trois Compagnies Françoises & ceux de la Compagnie Ecossoise. De plus on voit dans l'Etat de la France de cette année-là, huit Brigadiers marquez qui y sont appellez Brigadiers ordinaires, parce que deslors ce fut un Employ fixe, & qui n'étoit plus attaché précisément à l'ancienneté. Ainsi il y en avoit deux dans chaque Compagnie, qui à cause de l'augmentation des Gardes, étoient partagées chacune en deux Brigades.

Augmentation du nombre des Brigadiers.

Ce nombre de Brigadiers fut augmenté à mesure que le nombre des Gardes croissoit, & après divers changemens, enfin en 1678, quand le Roy eut ajoûté un troisiéme Lieutenant & un troisiéme Enseigne à chaque Compagnie, on multiplia les Brigadiers jusqu'à quarante-huit, c'étoit douze par chaque Compagnie. Les choses étoient sur ce pied à la fin du Regne de Loüis le Grand : de sorte que chaque Compagnie étoit partagée en six Brigades, & dans chaque Brigade il y avoit deux Brigadiers, & au-dessus d'eux deux Exemts.

Nombre des Brigadiers fixé.

Divers Etats de la France. Institution des Sous-Brigadiers.

7°, Les Sous-Brigadiers furent instituez en même tems que les Brigadiers l'année 1663 ou 1664, & en pareil nombre de huit, deux par chaque Compagnie. Le nombre en fut augmenté à peu près à proportion de celui des Brigadiers, & en 1678 on les trouve les uns & les autres augmentez jusqu'à quarante-huit : ce nombre fut toûjours le même jusqu'à la fin du Regne du feu Roy.

Création du Major.

8°, Comme dès l'an 1666, les Compagnies des Gardes du Corps étoient devenuës très nombreuses, le Roy institua un Major pour tout le Corps. Il est fait mention de cet Officier dans un Memoire que le Roy fit touchant les choses que Sa Majesté vouloit être observées dorénavant par les Officiers & Gardes du Corps. Ce Memoire est daté

DE LA MILICE FRANÇOISE. *Liv. X.* 143
de S. Germain en Laye du 30 de Decembre 1666.

9°, Le Roy en même-tems ou auſſi-tôt après, créa auſſi deux Aydes-Majors pour tout le Corps; car il en eſt pareillement fait mention dans le Memoire de 1666. *Création de deux Aydes-Majors pour tout le Corps.*

10°, Je trouve dans l'Etat de 1677 quatre autres Aydes-Majors, un pour chaque Compagnie; mais ils avoient été inſtituez dès l'an 1674, comme il paroît par le Regiſtre de cette année-là au Secretariat de la Maiſon du Roy, où les quatre Aydes-Majors ſont nommez, ſçavoir, le Sieur de la Taſte dans la Compagnie Ecoſſoiſe, le Sieur de Romery dans celle de Rochefort, le Chevalier de Leſſay dans celle de Duras, & le Chevalier de Bois-petit dans celle de Luxembourg. On m'a aſſûré que d'abord ces Aydes-Majors ne furent que de ſimples Gardes, & puis des Brigadiers, & enfin des Exemts. On verra dans l'article de la Diſcipline des Gardes les fonctions du Major, des deux Aydes-Majors du Corps, & des quatre Aydes-Majors des Compagnies. *Création des Aydes-Majors un par Compagnie.*

11°, Il y a encore dans chaque Compagnie un Porte-Etendart. Cette Charge, ou plûtôt cette Commiſſion, eſt marquée fort tard dans les Etats de la France. Il y en a un dans chaque Brigade. *Création des Porte-Etendarts.*

Avant que d'aller plus avant, pour aider la memoire de ceux qui liront cet Ouvrage, je vais mettre en abregé les principales choſes que j'ai expoſées & prouvées juſqu'à-preſent ſur ce ſujet.

1°, La Compagnie Ecoſſoiſe fut inſtituée par Charles VII.

2°, La ſeconde Compagnie, qui eſt la plus ancienne des trois Françoiſes, fut inſtituée par Loüis XI en 1475.

3°, La troiſiéme Compagnie fut inſtituée par le même Prince en 1479.

4°, La quatriéme fut inſtituée par François I en 1515, & elle fut miſe en 1516 pour le nombre ſur le même pied que les trois autres; & toutes ces quatre furent de cent hommes.

5°, La Compagnie Ecoſſoiſe a toûjours conſervé le premier rang. Les trois autres n'ont de rang entre elles que ſuivant l'ancienneté de la reception du Capitaine. Mais celui qui commande la plus ancienne prend le titre de Capitaine de la première & ancienne Compagnie Françoife.

6°, Sous François I, le Capitaine de la Compagnie Ecoffoife n'étoit plus Ecoffois de nation ; mais Jacques de Lorge, qui en étoit le Capitaine, paffoit pour être originaire d'Ecoffe.

7°, Après les deux Seigneurs de Lorge pere & fils, le Capitaine de la Compagnie Ecoffoife ne fut plus ni Ecoffois de nation, ni originaire d'Ecoffe, mais François. Et cela commença fous le Regne de Charles IX.

8°, En 1656 il y avoit encore un Lieutenant Ecoffois; mais fa Charge fut partagée en deux, & on y ajoûta un Lieutenant François. En 1663 les deux Lieutenans étoient François : mais un d'eux portoit le titre de Lieutenant Ecoffois.

9°, Depuis toute la Compagnie n'eut plus ni Officiers ni Gardes Ecoffois ; & elle n'eft plus Ecoffoife que de nom.

10°, Jufqu'en 1663 ou 1664, les quatre Compagnies étoient fur le pied de cent hommes.

11°, En 1665 elles étoient beaucoup augmentées, & elles augmenterent encore depuis.

12°, En 1676 elles faifoient enfemble feize cents chevaux, & plus encore en 1690.

13°, Elles furent réduites depuis à 1440, & elles étoient fur ce pied en 1715, à la mort du feu Roy.

14°, En 1666 il y eut des Cadets dans les Gardes du Corps. Il y en avoit encore en 1676. On n'y en voit plus dans l'Etat de la France en 1678.

15°, En 1664 le Roy ôta aux Capitaines la difpofition des Charges & des places de Gardes.

16°, On doubla les Lieutenans & les Enfeignes dans chaque Compagnie au plus tard en 1667; on y mit un troifiéme Lieutenant & un troifiéme Enfeigne en l'an 1677.

17°, Le Major fut inftitué au plus tard en 1666.

18°, Les deux Aydes-Majors de tout le Corps furent inftituez en même-tems ou vers le même tems.

19°, Les quatre autres Aydes-Majors, un pour chaque Compagnie, furent inftituez l'an 1674.

20°, Je ne me fouviens point d'avoir vû la Charge d'Exemt dans les Gardes nommée avant Henri III.

21°, Le

DE LA MILICE FRANÇOISE. Liv. X.   145

21°. Le nombre des Exemts a beaucoup varié, même sous le Regne de Loüis le Grand.

22°. Le Roy en fixa le nombre à dix dans chaque Compagnie en 1664, & en ajoûta deux dans chaque Compagnie quelque tems après. Le nombre a toûjours été depuis de quarante-huit en tout, douze par chaque Compagnie.

23°. L'inſtitution des Brigadiers eſt plus recente que celle des Exemts. Il paroît par les Etats de la France qu'ils n'ont point été inſtituez avant 1663 ou 1664.

24°. Le nombre a varié & beaucoup augmenté. Il paroît que ce fut vers l'an 1677 qu'il fut fixé au nombre de quarante-huit, douze par chaque Compagnie, & ce nombre eſt toûjours le même.

25°. Les Sous-Brigadiers ont été inſtituez en même-tems que les Brigadiers. Leur nombre a crû & varié pour l'ordinaire à proportion de celui des Brigadiers. Et ils furent fixez dans le même tems au nombre de quarante-huit.

Des noms d'Archer de la Garde, d'Archer du Corps, de Garde du Corps.

LE nom d'Archer, qui eſt aujourd'hui un peu avili, & qui n'eſt plus en uſage dans les troupes, excepté quand il s'agit du Prevôt des Maréchaux, étoit autrefois un titre honorable. Ceux qui le portoient dans les Compagnies d'Ordonnance furent pendant long-tems Gentils-hommes pour la plûpart, & à plus forte raiſon ceux à qui on le donnoit dans les Compagnies de la Maiſon du Roy, s'en tenoient honorez. Un Guidon ou Enſeigne d'une Compagnie (de Cavalerie Legere) dit du Haillan, ſe ſentoit bien honoré d'être puis après Archer de la Garde. Ce fut d'abord la qualité qu'on donna à ceux que nous appellons aujourd'hui Gardes du Roy ou Gardes du Corps. On la leur donne par tout dans nos Hiſtoires & dans tous les Actes publics où il eſt fait mention d'eux; & le Roy Loüis XIV la leur donna encore dans le Reglement de 1664, dont j'ai parlé ci-deſſus.

J'ai remarqué en liſant les Rôles qui ſont à la Cour des

Nom d'Archer autrefois nom ordinaire des Gardes du Corps.

(Du Haillan de l'Etat de affaires de France Lib. 4. fol. 303.)

Aydes, que dans celui de 1598, on lesappelle à la tête du Rôle *Archers* ou *Gardes du Corps* du Roy, & que dans celui de 1644, on ne les appelle plus que du nom de Gardes. Ce titre est le même dans les Rôles suivans jusqu'à notre tems ; & on a cessé entierement de leur donner le nom d'Archers.

Titre d'Archers du Corps affecté aux Gardes de la Manche.

Mais j'ai fait encore une autre remarque, sçavoir, que dans les premiers tems on ne leur donnoit pas à tous le titre d'Archers du Corps ; mais seulement celui d'Archers de la Garde. Le titre d'Archers du Corps étoit affecté aux Gardes de la Manche.

C'est ainsi que parle Loüis XII dans les Lettres de Naturalité pour toute la Nation Ecossoise. » Le Roy Charles » VII, dit-il, en prit deux cents à la Garde de sa Personne, » dont il fit cent Hommes d'Armes, & cent Archers, *où il y en » a vingt-quatre qui se nomment Archers du Corps.* Et sont lesdits cent Hommes d'Armes les cent Lances de nos anciennes Ordonnances, *& les Archers sont ceux de notre Garde.*

Le Maréchal de Fleurange dans ses Memoires manuscrits s'exprime de la même maniere en faisant la liste des Gardes de François I. » Après cette Garde, dit-il, vous avez les plus » prochains de la Personne du Roy vingt-cinq Archers Ecossois » qui s'appellent *les Archers du Corps.* Ces Memoires en mettent vingt-cinq, & Loüis XII n'en compte que vingt-quatre, parce que le Maréchal de Fleurange comprenoit le premier Homme d'Armes de France dans le nombre de ces Archers du Corps. On parloit encore de même du tems de Charles IX. Car dans un Livre intitulé, des Dignitez, Magistrats, & Offices du Royaume de France, imprimé en 1564, il est

p. 41.

dit. De ces quatre cents Archers, y en a cent Ecossois, & à chacune Compagnie de cent Archers, son Capitaine & Lieutenant. Il y a davantage *vingt-quatre Archers du Corps*, qui sont toûjours les plus près de la Personne du Roy. Enfin dans un Etat de la France de 1598 manuscrit, on les distingue encore par ce titre des autres Gardes du Roy. Aujourd'hui le nom de Garde du Corps est commun à tous.

Pour ce qui est du titre *de Gardes de la Manche*, que l'on donne aujourd'hui à ces vingt-quatre ou vingt-cinq Gardes de la Compagnie Ecossoise, je ne me souviens point de l'avoir vû en usage sous ces Regnes plus reculez. Ce nom de Garde de la Manche vient, sans doute, de ce que le Roy étant à la Messe, au Sermon, &c. il y a toûjours deux de ces Gardes qui sont debout avec leur pertuisane à côté de lui, l'un à droit, & l'autre à gauche, & tout proche de sa Personne.

De l'Armure des Gardes du Corps, de leur Bandouliere & de leurs Etendaris.

LEs Gardes du Corps dans leur premiere institution n'avoient pour armes défensives que le casque & la cuirasse, & étoient une espece de Cavalerie Legere; le nom d'Archers qu'on leur donnoit m'en fait juger ainsi. S'ils avoient été armez de pied en cap, on les auroit appellez Gens d'Armes, ou Hommes d'Armes, ou Sergens d'Armes. C'étoit par les armures differentes que ces deux sortes de Milices, je veux dire la Gendarmerie & la Cavalerie Legee, étoient alors distinguées; & les Archers mêmes des Ordonnances, c'est-à-dire, qui étoient à la suite de chaque Homme d'Armes dans les Compagnies d'Ordonnance depuis la reforme des Troupes faite par Charles VII, n'étoient pas armez comme les Hommes d'Armes. Dans une Ordonnance ou Reglement de Henri IV, il est ordonné que les Archers Ecossois qui veillent la nuit à la porte du logis du Roy, seront toûjours armez de la chemise de mailles, qui n'étoit pas alors l'armure de la Gendarmerie.

Pour ce qui est des armes offensives, il est évident par leur nom même d'Archer, qu'ils se servoient ordinairement de l'arc & de la fleche. Le President Fauchet dit que les successeurs de Charles VII changerent les armes des Archers du Corps; que de son tems ceux qui servoient à la Cour avoient des hallebardes, & que quand ils servoient à l'armée, ils avoient des lances & étoient armez comme les Archers des Ordonnances; il ajoûte que dans le tems qu'il écrivoit, c'est-à-dire en 1579, il y avoit plus de quarante ans que quelques-uns d'entre eux portoient des arquebuses. Cela signifie que dès le tems de François I ils se servoient de cette arme.

Gardes du Corps, Cavalerie Legere.

Art. 5.

Fol. 489. Leurs armes en divers tems.

T ij

Depuis par une Ordonnance de Henri IV de l'an 1598, il fut reglé que les Gardes du Corps, lorsqu'ils seroient à cheval, outre les pistolets à l'arçon de la selle, porteroient des javelines : *Ainsi*, ajoûte l'Ordonnance, *qu'ils portoient anciennement*. La javeline étoit une espece de demie pique d'environ cinq pieds & demi de longueur, dont le fer avoit trois faces qui aboutissoient à la pointe. Elles n'avoient point de poignée; & elles étoient tout unies depuis le fer jusqu'au bout, de même que les anciennes lances avant l'an 1300. Ainsi supposé la verité de l'énoncé de cette Ordonnance, les Gardes du Corps avoient anciennement porté la javeline avec l'arc & les fleches; depuis selon le President Fauchet ils s'étoient servis de lances; & enfin Henri IV remit la javeline. Un ancien Lieutenant General m'a assûré que sous Loüis le Grand il avoit vû les Gardes du Corps porter la Masse d'Armes à une revûë proche de Compiegne en 1665, ou 1666.

{marginalia: Fontanon T. ii. pag. 1485}
{marginalia: Fauchet fol. 524.}

Dans la suite ils ont quitté ces armes; & maintenant étant à cheval à l'armée, ils ont outre les pistolets, l'épée & le mousqueton. Le Roy étant à S. Germain en 1676 au mois de Decembre, fit prendre des carabines à quatre Gardes du Corps par Brigade : & comme Monsieur le Maréchal de Crequi s'en servit utilement dans la campagne du Port de Seille & de Kokesberg, on augmenta le nombre de ces Carabiniers par Brigade jusqu'à quinze pendant le quartier d'hyver suivant. Cela faisoit le nombre de 360. On nomma des Exemts & des Brigadiers pour les commander, quand ils seroient détachez. Il y eut depuis dix-sept Carabiniers par chaque Brigade commandée par un Lieutenant, & seize dans celles qui étoient commandées par les Enseignes. Quoique dans un combat les Gardes du Corps portent le mousqueton, ils ne se servent que de l'épée & du pistolet; ils n'usent gueres du mousqueton que dans une déroute des ennemis pour les tirer de loin, ou s'il s'agissoit de garder un défilé, & dans quelques autres occasions pareilles.

Quand ils sont de garde au Louvre, ils ont le mousqueton avec l'épée, & la Sentinelle a toûjours le mousqueton sur l'épaule. Ils l'ont suspendu au côté gauche la crosse en haut, quand ils accompagnent le Roy à cheval; au contraire des Mousquetaires qui portent la crosse en bas. Lorsque le Roy entre dans quelque ville de guerre, ils ont l'épée nuë à la main & en quelques autres rencontres. Dans l'Etat de la France de 1661, il est marqué que la moitié des Gardes portoit la pertuisane, & l'autre moitié la carabine; mais cela ne regardoit que le service de la Cour.

La Bandouliere qu'ils portent a rapport à leurs armes, & je la crois aussi ancienne que leur institution. La raison qui me le persuade, est que la Bandouliere est commune à tous ceux qui ont porté autrefois comme eux le nom d'Archer, & qui le portent encore aujourd'hui, comme les Archers du guet, les Archers des Maisons de Ville, jusqu'aux Gardes-Bois. C'étoit à cette espece de Baudrier qu'étoit attaché leur arc, & les Gardes du Corps y attachent encore aujourd'hui leur mousqueton ou leur carabine. Les Gardes des Princes qui en ont, portent aussi la Bandouliere, par la même raison que dans leur institution ils étoient aussi Archers. Ils ont ce titre dans les Relations des Sacres, des Entrées, des Obseques des Rois, & dans le tems qu'il étoit en usage pour eux aussi-bien que pour les Gardes du Corps. Les Gardes de la Manche ne portent plus de Bandouliere.

Bandouliere des Gardes du Corps.

Les Archers qui portent encore aujourd'hui ce nom ont leur Bandouliere chargée ou des Armes du Roy, ou de celles de la Ville, ou de quelque autre marque ou devise: mais la Bandouliere des Gardes du Corps est toute unie & sans devise. Le fond est d'argent, parce que la couleur blanche a toûjours été la couleur Françoise, soit dans les drapeaux, soit dans les écharpes. C'est pourquoi la Bandouliere de la Compagnie Ecossoise, qui est la plus ancienne, est de blanc ou d'argent plein. Quand les autres furent instituées, on ajoûta une autre couleur à chacune pour les distinguer. La premiere & plus ancienne Compagnie Françoise, dont M. le Duc de Villeroy est aujourd'hui Capitaine, & dont le Marquis son fils aîné a la survivance, a le verd ajoûté à l'argent; celle dont M. le Duc d'Harcour est Capitaine, a le jaune avec l'argent, & celle de M. le Duc de Charost, a le

Ancienneté de la Bandouliere.

Raison de la difference de la couleur des Bandoulieres.

bleu avec l'argent. Je croi que ces couleurs n'ont point changé depuis l'inſtitution de chaque Compagnie. Les houſſes ſuivent la couleur des Bandoulieres, excepté la Compagnie Ecoſſoiſe qui les porte rouges.

Du Haillan dans ſon Livre intitulé, *de l'Etat des affaires de France*, dit que de ſon tems, c'eſt-à-dire, du tems de Charles IX & de Henri III, il y avoit encore une différence entre les Gardes Ecoſſoiſes & les Gardes Françoiſes. » Le » Roy, dit-il, a d'autres Gardes compoſées de François & » d'Ecoſſois: Les Ecoſſois, à la différence des François, por- » tent la caſaque blanche ſemée de papillotes d'argent, & les » François la portent de la couleur du Roy avec ſes deviſes ; » & les uns & les autres portent la hallebarde ſur l'épaule. Les Gardes de la Manche ont encore leur caſaque ou hoqueton blanc quand ils ſont en fonction. Ce hoqueton repreſente aſſez bien l'ancienne cotte d'armes. Les autres Gardes ont retenu la couleur des livrées du Roy dans le juſte-au-corps bleu.

Pour finir cet article, il me reſte à parler des Etendarts des Compagnies des Gardes du Corps. Ces Etendarts ne ſont point aujourd'hui portez par les Officiers qui ont le titre d'Enſeigne.

Dans le tems que la lance étoit l'arme ordinaire dans les combats, rien ne pouvoit empêcher l'Enſeigne ou le Guidon d'une Compagnie de Gendarmerie ou de Gardes du Corps, de porter ſon Etendart, d'autant que cet Etendart même n'étoit qu'une lance qui ne l'embarraſſoit pas beaucoup plus que les autres lances n'embarraſſoient ceux qui les portoient: car il y avoit ſouvent auſſi des banderoles au bout de ces lances. Mais depuis que l'uſage des lances a été aboli, & qu'on ne combat plus à cheval, qu'avec l'épée & le piſtolet, l'Enſeigne dans les Troupes de la Maiſon du Roy, portant ſon Etendart, ne pourroit gueres ſe ſervir de l'épée, & encore moins du piſtolet. Et je crois que c'eſt la raiſon pour laquelle il ne le porte point, & qu'on le met aujourd'hui entre les mains d'un ſimple Garde du Corps, lequel a cette commiſſion, & une penſion qui y eſt attachée avec la qualité de Porte-Etendart. Il le porte au milieu du premier rang, tandis que l'Enſeigne combat à la tête.

DE LA MILICE FRANÇOISE. *Liv. X.* 151

L'Etendart des trois Compagnies Françoises des Gardes du Corps eſt une piece de tafetas quarrée, qui eſt attachée au bout & à côté d'une lance. Ceux de la Compagnie Ecoſſoiſe ſont de même, excepté celui de la Brigade commandée par le premier Enſeigne. Cet Etendart eſt un peu plus long que large & fendu par le bout. Je ne ſçaurois deviner la raiſon de cette difference, ſi ce n'eſt que telle étoit la figure de leur Etendart dans leur inſtitution, & qu'ils ont voulu garder cette marque d'ancienneté dans leur premier Enſeigne. *Figure des Etendarts.*

La couleur de l'Etendart ſuit celle de la Bandouliere; ainſi celui de la Compagnie Ecoſſoiſe eſt tout blanc, celui de la Compagnie de Villeroy eſt verd, celui de la Compagnie d'Harcour eſt jaune, & celui de la Compagnie de Charoſt eſt bleu. La deviſe en broderie d'or eſt un Soleil éclairant le monde, & pour ame ces mots: *Nec pluribus impar.* *Leur couleur. La deviſe.*

On ajoûte à chaque Etendart une écharpe d'une aûne de tafetas blanc qu'on attache au-deſſous du fer de la lance. C'eſt afin de marquer que c'eſt un Etendart François, & qu'il ſoit vû de plus loin pour le ralliement après une charge. Tous les Etendarts des troupes du Roy en ont de même.

Je traiterai encore ici en peu de mots une queſtion qui me fut propoſée il y a quelque tems, ſçavoir ſi les Gardes du Corps ſont dans leur origine une Garde à cheval. La raiſon qu'on m'allegua pour en douter, étoit que leur garde au Louvre ſe faiſoit à pied. Il ne me fut pas difficile de répondre à cette queſtion, en diſant que dans leur inſtitution ils étoient comme aujourd'hui une Garde à pied & à cheval: à pied pour garder le Prince dans ſon Palais, & à cheval pour le garder quand il ſortoit. La raiſon eſt 1°, qu'ils furent inſtituez pour être la garde du Prince par tout où il ſe trouvoit, en campagne comme au Louvre; 2°, que quand le Roy alloit à l'armée, ils l'y ſuivoient à cheval. Cela ſe peut prouver par divers endroits de notre Hiſtoire, mais il ſuffit de citer Philippe de Comines, qui parlant de la bataille de Fornouë, dit que le Roy Charles VIII y fit mettre à pied ſes Archers, au lieu que nous voïons que les Gardes à pied ſervent auſſi à pied *Gardes du Corps ſont Gardes à pied & à cheval.*

dans les armées, soit que le Roy y soit present, soit qu'il n'y soit pas. Ainsi font les Gardes Françoises & les Gardes Suisses, & ainsi ont fait de tout tems les Cent Suisses dans les ceremonies & à la guerre. Enfin un Auteur qui écrivoit du tems de Henri II, traitant des Gardes du Corps de ce tems-là & de ceux des Regnes precedens, les appelle une Garde à cheval : » Les Rois de France, dit-il, se sont faits une garde à » cheval de quatre cents hommes qu'on appelle Archers de la » Garde, parce que dans leur institution ils avoient l'arc pour » armes.* Nos Rois leur entretenoient des chevaux comme aujourd'hui, ou ils leur donnoient dequoy les entretenir. Ajoûtez qu'ils n'ont point de drapeau, mais des Etendarts qui sont la marque de la Cavalerie. De plus la premiere Compagnie Françoise, ainsi que je l'ai dit ci-dessus, fut instituée par Loüis XI, & formée des deux cents Archers à cheval, qui auparavant étoient à la suite des Cent Gentils-hommes du Roy. Enfin quand les Officiers des Gardes du Corps sont faits Brigadiers d'armée, c'est toûjours dans la Cavalerie. Les Officiers des Gardes du Corps étant en service, ont toûjours eu leur place au plus près de la Personne du Roy, aussi-bien que les vingt-cinq Gardes de la Manche de la Compagnie Ecossoise, ausquels on donnoit specialement le titre d'Archers du Corps. Ce titre seul montre ce que je dis. Ils partageoient cet honneur avec les deux Cents Gentils-hommes, ceux-ci marchoient immediatement devant le Roy, comme on l'a vû par l'Ordonnance de Henri III rapportée ci-dessus ; & les Gardes du Corps marchoient immediatement derriere ce Prince, de sorte qu'il étoit entouré de ces deux especes de Gardes. La chose parle d'elle-mesme. Après tout, c'est Loüis le Grand qui a mis les Gardes du Corps en plus grand honneur que jamais, & il n'a pas eu sujet de s'en repentir eu égard à la valeur avec laquelle il en a été servi.

* Itaque Reges Franci stipatores equites quadringentos elegerunt quos Archieros Guardiæ appellant, quod arcu uterentur, cùm fuerunt instituti.
Vincentius Lupianus de Magistratibus & Præfecturis Francorum l. 1 p. 30.

De la Discipline Militaire des Gardes du Corps.

IL y a de certaines loix de la Discipline Militaire communes à toutes les troupes, comme la subordination des Officiers entr'eux, l'obéïssance des subalternes à ceux d'un
rang

DE LA MILICE FRANÇOISE. *Liv. X.* 153

rang superieur, & des soldats à l'égard de ceux qui sont préposez par le Prince pour les commander. Ce n'est point de ces loix generales dont je prétends parler ici, mais seulement de certains Reglemens qui regardent en particulier les quatre Compagnies des Gardes du Corps. Je les tirerai des Memoires que le Roy Loüis XIV a fait en divers tems sur ce sujet, ou qu'il a fait faire par le Secretaire d'Etat, ou par les Capitaines des Gardes.

Memoire des choses que je veux être observées dorénavant par les Officiers & Gardes de mon Corps. En 1666.

MOn intention est que, lorsque mes Gardes marcheront, ils soient toûjours en bon ordre, que les Officiers soient à leur tête, les Gardes dans leur rang, sans qu'aucun en puisse sortir qu'avec permission de celui qui les commandera.

Que chacun de ceux ausquels j'ai donné le soin d'une Brigade desdits Gardes, rende tous les quinze jours au Capitaine desdits Gardes, qui sera en quartier, un compte exact de l'état des armes, des chevaux & de l'équipage de ladite Brigade.

Que par le Sergent Major, ou en son absence par les Aydes-Majors, ledit Capitaine en quartier fasse verifier si le compte qui lui aura été rendu se trouvera veritable.

Qu'aucun de mes Gardes, lorsqu'ils seront en des postes ne maltraiteront personne sans sujet, mais lorsqu'ils seront forcez par des gens qui perdront le respect qu'ils doivent à leur bandouliere, je veux qu'ils soient soûtenus par leurs Camarades, & qu'il ne soit rien omis pour se saisir de ceux qui auront commis quelque insolence.

Que le service dans lesdits Gardes se fasse par tout & toûjours par gens détachez des quatre Compagnies, à la reserve toutefois de la Garde que la Compagnie Ecossoise doit faire le soir à la porte du lieu où je serai logé, laquelle garde elle continuera de faire comme il est porté par le Reglement du 15 Août 1665.

Que les Cadets qui servent sans paye fassent le service aussi régulierement que ceux qui la reçoivent, & lorsqu'ils man-

Tome II. V

queront, ils soient punis, tout ainsi que ceux qui sont couchez sur le Rôle desdites Compagnies.

Que chaque mois, lorsqu'un Capitaine aura choisi les gens qui doivent composer le guet pendant ledit mois, il en faut donner un état signé de lui audit Major, afin que sçachant ceux qui doivent faire le service, il puisse observer ceux qui manqueront, & les faire punir.

Que lorsqu'on appellera le guet, qui que ce soit qui manquera à s'y trouver, perde sa solde pour la premiere fois ; & pour la seconde, outre ledit retranchement de solde, qu'il demeure un jour entier desarmé dans la Salle.

Que les Clercs du guet ne puissent toucher leurs appointemens, qu'en rapportant au Tresorier un certificat dudit Major, portant qu'ils auront bien entretenu la Salle & les Corps de Gardes & paillasses, & qu'ils auront actuellement fourni le pain, le vin, le bois & les bougies que je leur fais donner pour le service de la Salle.

Que les portes du Louvre ou autres lieux où je serai logé, soient toûjours fermées à une heure & demie après minuit, si les gens destinez pour servir auprès de ma personne se trouvent en être sortis avant cette heure-là ; sinon & quand ils seront obligez de demeurer plus tard, un quart d'heure après qu'ils seront sortis.

Que si dans le service il arrive quelque démêlé entre un Officier & un Garde, l'on commence toûjours à punir le Garde avant qu'on l'entende en sa justification.

Que lorsque le Capitaine en quartier jugera à propos d'excuser quelqu'un desdits Gardes qui sera tombé en faute & de la lui remettre, & pour cette fin de lui faire remettre la solde qui lui aura été retranchée, qu'il m'en rende compte, & qu'ensuite, si je le trouve bon, il donne un billet portant ordre au Tresorier de païer audit Garde ce qui lui aura été retenu. Et ledit Tresorier sera obligé à la fin de chaque mois de representer audit Major lesdits billets, & de compter pardevant lui de ce à quoi pourront monter les payes qui auront été ainsi retenuës, desquelles ledit Major donnera un état au Capitaine en quartier pour me presenter ; & lesdits Tresoriers ne pourront se dessaisir desdites payes que par mes ordres.

Que le Tréforier payeur de mes Gardes fe rendra un jour devant la fin de chaque mois à ma fuite, pour payer les Gardes qui auront fervi pendant ledit mois.

Que les logemens qui feront donnez pour les Gardes qui font en fervice près de ma perfonne, foient partagez en quatre portions égales ; & que les Gardes qui fervent près de la Reine & près de mon fils le Dauphin, prennent leurs logemens dans les cantons où feront logées les Compagnies dont ils font, fans pouvoir prétendre en avoir à part fous quelque prétexte que ce puiffe être.

Que de tous lefdits logemens il en foit fait un Controlle par le Major, duquel il donnera une copie au Capitaine en quartier, afin qu'il le faffe exactement obferver, & qu'il empêche qu'il n'y foit rien changé.

Qu'il foit donné audit Major un Controlle de chaque Compagnie contenant bien particulierement les noms & furnoms de ceux qui la compofent, & le lieu de leur naiffance, & que lorfqu'on recevra un Garde nouveau, il ne puiffe faire aucune fonction ni joüir de la paye qu'il ne fe foit fait écrire fur le livre dudit Major.

Que ledit Capitaine en quartier fe faffe informer par ledit Major, ou fes Aydes en fon abfence, de la maniere dont les Gardes vivront dans leurs quartiers avec leurs hôtes.

Que ceux qui commanderont les Cornettes de mes Gardes ne fouffrent point qu'il s'établiffe aucune femme publique dans les quartiers, ni qu'aucun de mes Gardes y en entretienne.

Que lorfque mes Gardes fe trouveront dans des armées, les Gardes de fatigues ne foient point diftinguées d'avec les Gardes d'honneur.

Que lorfque ledit Major trouvera quelque Garde en faute, il le faffe défarmer fur le champ, & qu'enfuite il en rende compte au Capitaine qui fe trouvera commander lefdits Gardes, pour être par lui ordonnée la peine qu'il jugera que la faute aura merité.

Que ledit Sergent Major donne toutes les femaines audit Capitaine en quartier un memoire contenant les noms des Gardes qu'il aura trouvez en faute, pour ledit memoire m'être donné par ledit Capitaine, afin que par la connoissance que j'aurai par ce moyen de l'assiduité & de l'exactitude que mes Gardes auront eu pour le service, je puisse faire des graces à ceux que je croirai les avoir mieux meritées.

Que pour donner un rang convenable audit Sergent Major, j'entends qu'il prenne dans mesdits Gardes celui de Lieutenant, & ce du jour du brevet que je lui ai fait expedier de ladite Charge de Major, & qu'en cette qualité il commande non seulement aux Enseignes, mais aussi aux Lieutenans de mesdits Gardes qui auront été reçûs depuis lui, de quelque Compagnie qu'ils soient, sans que ce que j'ordonne presentement en faveur dudit Major, puisse en rien alterer ce qui s'est pratiqué jusques à-present entre les Lieutenans des Compagnies de mesdits Gardes pour le commandement entr'eux.

Que quand le Capitaine des Gardes en quartier sera present dans le Louvre, & ne se trouvera pas lorsque l'on devra appeller le guet, mon intention est que ce soit le Major qui l'appelle & reçoive tous les honneurs dûs à celui qui appelle le guet.

Fait à S. Germain en Laye le 30 Decembre 1666, Signé Loüis.

En 1668. ..... Nul Garde ne pourra faire aucune fonction qu'il n'ait prêté serment entre les mains du Capitaine de sa Compagnie, s'il est actuellement près de moy, ou du Capitaine en quartier en son absence, & qu'il n'ait été ensuite enrôlé dans le Rôle du Major, lequel n'en enrôlera aucun qu'aussi-tôt il ne m'en donne un memoire, & en cas qu'aucun Officier commandant une Brigade presente en revûë au Commissaire un Garde sans avoir été auparavant enrôlé, ainsi qu'il est expliqué ci-dessus, je les ferai interdire pour un mois.

Mon intention est que les Lieutenans & Enseignes de mes Gardes qui sont en quartier près de moy, joüissent par jour successivement l'un après l'autre des avantages que leur donnent leurs Charges en l'absence des Capitaines dans le tems que lesdits Capitaines n'y peuvent pas être, & que le faisant un jour qu'un Enseigne sera de jour, ne se mette derriere ma chaise à dîner & à souper en l'absence du Capitaine preferablement au Lieutenant qui n'en sera pas; bien entendu qu'en tout autre lieu chacun prendra le rang que sa Charge lui donne.

Les Officiers en quartier commanderont à leur rang, quand ils se trouveront à la tête des Compagnies; mon intention étant qu'au surplus mon Reglement du trente Decembre 1666 soit ponctuellement executé.

Fait à S. Germain en Laye, ce 10 de Juillet 1668, Signé Loüis.

Copie de la Lettre de Monsieur de Brissac écrite de Fontainebleau le 18 de Septembre 1683, à M. de la Taste touchant le Reglement que Sa Majesté veut que les Compagnies des Gardes de son Corps observent quand elles seront dans ses armées.

En 1683.

LE Roy a reglé que ses Gardes salueroient toûjours les Maréchaux de France commandant l'armée, lorsqu'ils passeroient devant leurs escadrons.

Qu'ils salueroient le Colonel General de la Cavalerie une fois en entrant en campagne, & une fois en sortant, & non davantage.

Que si l'armée se trouve commandée par un Lieutenant General ou Maréchal de Camp, ils le salueront une fois seulement.

Qu'ils monteront à cheval pour tous les Officiers Generaux, lorsqu'ils iront les visiter dans leurs Gardes sans saluer, ni faire sonner les trompettes, ni battre les timbales que pour le General. Voilà l'intention de Sa Majesté que vous ferez sçavoir à ceux qui commandent, pour que cela soit observé.

Et plus bas est écrit. Je certifie que cette copie a été tirée sur l'Original. Signé, la Taste.

En 1690.

Mes Gardes doivent être sous les ordres du Commandant de la Cavalerie, tel qu'il soit pour le service ordinaire, & pour la Garde à cheval de ma Maison ou de celle de mon fils, il n'y a que pour le guet qu'on les doit détacher, sans en rendre compte à personne.

L'Officier qui commande l'escadron de garde devant la Maison, tel qu'il soit, même de Cavalerie, doit prendre la parole de moy ou de mon fils.

Les seuls avantages que doivent avoir mes Gardes & mes autres Compagnies sont que ceux qui sont commandez pour l'Ordonnance, soient chez le Colonel General ou autre Commandant de la Cavalerie tel qu'il soit, & que celui qui fait la Charge de Maréchal des logis de la Gendarmerie, prenne la parole du Maréchal de Camp de jour, car pour le reste du service, se doit executer ce que mande le Maréchal des logis de la Cavalerie sans faire nulle difficulté.

Quand je ne suis pas à l'armée ni mon fils, & qu'il ne faut point de Gardes devant le logis, ni de guet auprès de nous, ils doivent aller à la grande Garde & avoir des Gardes ordinaires comme le reste de la Cavalerie, à moins que le General ne se serve d'eux ailleurs.

Quand il y a de mes Gardes & des Gendarmes ou Chevaux-Legers de mes autres Compagnies de commandez pour un parti ou pour quelque détachement que ce soit, si celui qui commande le tout est Maréchal de Camp, le Brigadier qui se trouve le premier est reputé Commandant la Cavalerie, il doit donner l'ordre, & se mettre à la tête de ma Maison.

Si le Commandant n'est que Brigadier, il se peut mettre à la tête des troupes de madite Maison, & donner tous les ordres; mais celui qui le suit ne le peut, le détachement n'étant que de Cavalerie, & celui qui commande, n'étant consideré que comme Commandant de ladite Cavalerie.

Pour ce qui est des Saluts, j'ai déja dit mes intentions; & pour les expliquer plus clairement, mes Compagnies ne doivent saluer que mon fils, les fils & petits-fils de France, Princes du Sang, le Duc du Maine & le Comte de Toulouse, le General de l'armée, s'il est Maréchal de France, toutes les fois qu'ils les voïent hors de ma presence ou de celle de mon fils; & pour le Colonel General de la Cavalerie, ils ne le doivent saluer que la premiere fois & la derniere qu'il les voit. Nul autre Commandant de Cavalerie ne doit être salué.

Si le General de l'armée ou du corps où ils seront, n'est pas Maréchal de France, & qu'il ne soit que Lieutenant Ge-

DE LA MILICE FRANÇOISE. Liv. X.

néral ou Maréchal de Camp, ils ne le doivent saluer que la première fois qu'il les voit & la derniere, comme le Colonel General de la Cavalerie, le salut ne doit aller que jusqu'au Maréchal de Camp, & l'on ne doit point saluer les Officiers inferieurs, quand même ils commanderoient en Chef.

Voilà mes intentions sur le service de mes Gardes & de mes autres Compagnies; & si par hazard il arrivoit quelque difficulté que je ne sçaurois prévoir, mon intention est qu'ils cedent, remettant à la fin de la campagne de sçavoir mes intentions sur l'incident bisarre que quelques Officiers de mesdites Compagnies auroient cherché mal à propos. Et je veux bien qu'ils sçachent qu'en ce cas ils feront quelque chose qui me sera fort desagreable. A Versailles ce 15 Juillet 1690. Signé, Loüis. Et plus bas est écrit, Reglement écrit de la main de Sa Majesté. Signé, de la Taste.

En 1690.

Dans les détachemens, qui se feront à l'armée, on commencera par un Lieutenant, & ensuite par un Enseigne alternativement; & quand il y aura deux cents Gardes détachez, il y aura deux Officiers.

Quand on sera campé en front de bandiere, il n'y aura que les Officiers qui sont Brigadiers d'armée qui seront logez quand il se trouvera du logement.

Dans les quartiers de fourage, quand il y aura plusieurs villages pour une Compagnie, il n'y aura que le Commandant de la Compagnie qui aura un logis de preference sur le tout, & les six Brigades tireront également ensemble.

Les Officiers ne seront jamais détachez qu'ils ne fassent porter leurs cuirasses pour s'en servir dans l'occasion.

1691.

Dans la Campagne de 1691 en Flandres, Messieurs de Neuchelle & de Marcin sont convenus ensemble au sujet du service des troupes de la Maison du Roy avec la Gendarmerie.

Que dans les détachemens des deux corps, chacun fourniroit alternativement le Commandant à proportion de ce qu'il y a d'escadrons dans les deux Brigades.

Que l'on se tiendroit compte chacun de ce qu'il aura été fourni de gens commandez pour en fournir également.

Quand on demandera cent Maîtres, les troupes de la

Maison du Roy en fourniront cinquante, & la Gendarmerie cinquante.

Quand il n'en faudra que cinquante, l'une des deux Brigades les fournira.

Que chaque Brigade fera sa troupe à part dans les détachemens sans se mêler, pas même les coureurs, que l'on fournira à son tour suivant la volonté de celui qui commandera le détachement.

Que la Gendarmerie commandera un Gendarme à l'Ordonnance chez le Commandant de la Maison du Roy.

A l'égard du piquet, chaque Brigade fournira son Officier pour le commander.

Au siege de Mons, en Février 1691, le Roy a réglé que Messieurs les Lieutenans des Gardes de son Corps qui sont Brigadiers de Cavalerie, commanderoient dans les détachemens aux Capitaines-Lieutenans de Gendarmerie qui ne le sont pas, quoiqu'il n'y ait pas de Cavalerie Legere dans ledit détachement. Ce Reglement a été fait au sujet de M. de Vignau Lieutenant dans la Compagnie de Noailles, & M. d'Estain Capitaine-Lieutenant des Gendarmes Dauphins.

Au même siege de Mons M. Durfé, Lieutenant dans la Compagnie de Duras des Gardes du Corps, a obéï à M. de Virieu Capitaine Lieutenant de Gendarmerie, M. Durfé n'étant pas Brigadier

Au Camp d'Esne S. Pierre le 30 Juin, Messieurs de Neuchelle, de Vignau & de la Taste, & Messieurs de Marcin & de Druy Major de la Gendarmerie, ont réglé ce qui s'ensuit pour le service entre les Gardes du Corps & la Gendarmerie pour éviter toute conteste.

Que dans les détachemens qui seront faits des deux Corps, on conviendra en les faisant, de celui qui commandera, pour que chacun ait son tour pour commander ; que de cinq commandemens, les Gardes donneront le Commandant pour le premier, la Gendarmerie le second, les Gardes du Roy le troisiéme & le quatriéme, la Gendarmerie le cinquiéme. Et ensuite les Gardes du Corps commenceront en suivant le même ordre, pour que de cinq fois les Gardes du Roy fournissent trois fois le Commandant.

Dans

DE LA MILICE FRANÇOISE. *Liv. X.* 161

Dans les détachemens, les Gardes du Corps, les Gendarmes du Roy, les Chevaux-Legers de la Garde du Roy fourniront la troupe des Coureurs, & il n'y en aura pas de la Gendarmerie.

Au sujet de l'Ordonnance, la Gendarmerie l'envoyera chez le Commandant de la Maison du Roy, & la Brigade de la Maison du Roy envoyera au Commandant de la Cavalerie de l'armée.

Quoique les Memoires qu'on vient de rapporter, contiennent la plûpart des articles qui concernent la Discipline des Gardes du Corps, j'en ajoûterai un autre qu'on m'a communiqué, qui contient toute cette matiere d'une maniere plus rangée, & divers détails touchant les fonctions des Officiers tant pour ce qui regarde le service de la Cour, que pour le service dans les armées & dans les quartiers. J'en retrancherai ce qui a été dit pour éviter les redites. Il est bon de remarquer ici avant que d'aller plus avant, que tous ces Reglemens furent non seulement faits & intimez aux Compagnies des Gardes du Roy, mais encore qu'ils furent exactement observez : car ce n'est pas par les Ordonnances qu'il faut juger de l'exactitude de la Discipline ; il s'en est fait de tout tems sans effet, mais c'est par l'execution : & jamais Prince n'y a plus tenu la main que Loüis le Grand, sur tout en ce qui regardoit sa Maison.

Service des Officiers des Gardes du Corps du Roy.

IL y a peut-être dans ces Memoires & dans les suivans, quelques articles ou contestez, ou sujets à contestation, entre les Officiers de la Cour sur lesquels il ne me conviendroit pas de prononcer. Il faut de plus se souvenir qu'il ne s'agit ici pour la pratique que de ce qui se faisoit du tems du feu Roy : je ne fais gueres que copier & abreger ces Memoires.

Le Capitaine doit répondre de la Personne du Roy, quand il est en service ; c'est à lui d'ordonner de sa seureté & de bien faire prendre garde au service des Officiers des Gardes.

Aussi-tôt que le Roy sort de sa chambre, le Capitaine doit

Tome II. X

être derriere Sa Majefté, le plus près que faire fe peut, & il ne cede cette place à perfonne.

Quand il arrive que le Capitaine en quartier eft incommodé, ou qu'il ne peut fe trouver auprès du Roy, il envoye avertir un autre Capitaine, & le prier de prendre le bâton, & d'aller fervir jufques à ce qu'il foit gueri.

Le Capitaine doit être logé dans le Palais du Roy, en quelque endroit qu'il foit, préferablement à tous les Officiers & il ne découche point du logis où eft le Roy.

Il n'eft permis à aucun Officier ni particulier, de parler au Roy quand il eft hors de fa chambre, fans la permiffion du Capitaine; pour dans les appartemens du Roy, c'eft l'affaire du premier Gentil-homme de la Chambre.

S'il arrive la nuit quelque Courrier ou quelqu'un qui veuille parler au Roy, on doit le mener au Capitaine, qui fe leve auffi-tôt, & fait avertir Sa Majefté par le premier Gentil-homme de la Chambre, qu'on lui veut parler.

S'il arrivoit qu'il ne fe trouvât point de Capitaine, le plus ancien Lieutenant fe met derriere le Roy, & fait le fervice du Capitaine, prend l'ordre & le donne au Major, qui le diftribuë dans la falle aux Aydes-Majors & aux Brigadiers.

Le Capitaine concerte avec le Major les détachemens qu'il faut faire, foit à pied ou à cheval, felon les differentes ceremonies où le Roy doit fe trouver.

Il ne s'en fait jamais aucune en public où il n'y ait des Gardes, même au Parlement, quand le Roy y va, où il a fix Gardes de la Manche qui l'accompagnent à la Meffe, & enfuite jufqu'au Parquet; ils font auffi de même à la ceremonie des Chevaliers du Saint Efprit.

Le Major ne doit jamais quitter le Roy, & marche ordinairement devant Sa Majefté, pour voir & vifiter fi les Gardes qu'on a poftez où le Roy va, font leur devoir, & fi toutes les portes font bien gardées.

Il examine s'il n'approche perfonne d'inconnu auprès du Roy, & fi les Officiers & les Gardes font leur devoir.

Les Aydes-Majors, Brigadiers, & Sous Brigadiers doivent lui rendre compte de tout ce qui fe paffe dans les falles, & même dans les quartiers des Compagnies, afin qu'il en

DE LA MILICE FRANÇOISE. *Liv. X.* 163

puisse avertir le Capitaine en quartier & le Roy même.

Le Major est toûjours chargé de faire appeller le guet soir & matin dans les salles, & même plus souvent, s'il lui plaît, afin de voir si tous les Gardes sont assidus au service ; le Capitaine même est present tous les soirs à l'appel du guet.

Les deux Aydes-Majors * destinez pour le service d'auprès de la Personne du Roy, sont toûjours le plus près qu'ils peuvent, afin d'être à portée de recevoir les ordres du Capitaine & du Major.

* Il n'y en a plus qu'un aujourd'hui.

Ils sont chargez du détail des salles, & de faire faire les détachemens à pied & à cheval, & de faire bien porter les armes aux Gardes, & de leur apprendre l'exercice & le maniement des armes à pied.

Ils sont toûjours presens à l'appel du guet, & le font appeller en l'absence du Major, & distribuent l'ordre aux Brigadiers dans les salles.

Ils doivent toûjours être à pied & à cheval auprès du Roy quand il sort, & aller devant dans tous les endroits, pour bien visiter tout ce qui convient pour la sureté de la Garde de Sa Majesté.

Pendant la guerre, ils vont tour à tour l'un après l'autre en campagne, & font le détail de la Brigade de la Maison du Roy, & reçoivent l'ordre & le mot du Maréchal de Camp de jour.

Après avoir reçû l'ordre du Maréchal de Camp, & pris les détails de ce qu'il convient faire avec le Maréchal des logis de la Cavalerie, il l'apporte au Commandant de la Maison du Roy dans le Camp ou le quartier qu'il occupe, & ensuite le distribuë aux Aydes-Majors des Compagnies, qui le vont porter aux Commandans de leurs Compagnies, & ensuite le distribuent au Camp.

Quant aux Lieutenans & Enseignes qui servent auprès du Roy de quartier, ils doivent toûjours marcher à côté du Roy le plus près qu'ils peuvent selon le degré & le rang de leurs Charges, observant toûjours de ne point disputer les places aux Seigneurs de distinction qui veulent parler au Roy ou en approcher.

Mais au contraire ils doivent bien prendre garde qu'au

X ij

cun inconnu n'approche auprès de la Personne du Roy; & si quelqu'un veut donner un placet à Sa Majesté, ils doivent le prendre & le presenter eux-mêmes au Roy.

Le Lieutenant a toûjours la droite sur l'Enseigne. Et quand le Capitaine est absent, le Lieutenant de quartier se met aussi tôt derriere le Roy.

Quand il y a quelque Spectacle, Carousel, Opera ou Comedie; un Officier & un Exemt sont commandez pour la distribution des places avec un nombre de Gardes.

On fait aussi la même chose aux funerailles des Rois, Princes & Princesses; & cela s'est pratiqué aux enterremens de la Reine & de Madame la Dauphine.

Quand il arrive qu'il vient dans le Royaume quelque Roy ou Prince Souverain, le Roy lui envoye un Officier de ses Gardes avec un détachement pour le servir. Cela s'est pratiqué pour le Roy & la Reine d'Angleterre. Pendant la paix & pendant le quartier d'hyver, il y a toûjours un Lieutenant ou un Enseigne qui fait tous les mois la visite des quartiers; cela se fait tour à tour & un par Compagnie, & ensuite ils viennent rendre compte au Roy de l'état où ils ont trouvé toutes choses.

Les Lieutenans & Enseignes ont chacun leur quartier de l'année fixé qu'ils doivent servir auprès du Roy; & quand celui qui doit relever le premier jour du nouveau quartier, se trouve malade, celui qui devoit être relevé continuë de servir & est payé par extraordinaire.

Les Officiers sont obligez, quand il arrive quelque incident dans les Ceremonies, d'en avertir aussi-tôt le Capitaine en quartier, qui en rend compte au Roy, & en l'absence du Capitaine, c'est le Major.

Le Roy s'est servi quelquefois des Officiers de ses Gardes, pour faire arrêter des gens de grande consideration.

Les Brigadiers & Sous-Brigadiers sont destinez pour faire faire le service des Gardes dans les Salles, & ils doivent être très-assidus à leur devoir, très-reguliers à relever & visiter les sentinelles; la Salle ne doit jamais être sans qu'il y en ait quelqu'un.

La nuit un d'eux doit veiller tour à tour sans se deshabiller,

& faire la visite du Palais le soir avant de fermer les portes ; & il est chargé du soin de relever toutes les sentinelles jusqu'à six heures du matin, c'est celui qui est de garde à la porte.

Jamais les sentinelles ne doivent se relever qu'il n'y ait un Brigadier ou Sous-Brigadier. Tous les Brigadiers & Sous-Brigadiers du guet doivent coucher dans les Salles.

Quand on envoïe des détachemens en quelque part, & qu'il n'y a que 20 Maîtres, il n'y a qu'un Brigadier ou Sous-Brigadier : quand il y en a 30, il doit y avoir un Brigadier & un Sous-Brigadier.

Quand la sentinelle arrête quelqu'un à la porte du Roy, ou autre poste, elle doit appeller le Brigadier.

Il ne doit entrer personne chez le Roy qui ait le nez enveloppé dans son manteau.

Quand la porte où est la sentinelle est fermée, personne ne la doit ouvrir ; l'ordre est de prier la sentinelle de l'ouvrir.

Quand le Roy, la Reine, ou quelque Prince ou Princesse du Sang, ou quelqu'un des Capitaines passe dans la Salle, les Brigadiers doivent faire prendre les armes à tout le monde, & faire mettre les Gardes en haye selon le rang de leurs Compagnies.

Les Brigadiers doivent tenir un ordre dans le service des Salles, & faire en sorte que les sentinelles se relevent d'une Compagnie à l'autre.

Quand un Brigadier ou Sous-Brigadier trouve quelque Garde en faute, il le peut punir soit en lui faisant faire une sentinelle extraordinaire, soit en le désarmant & le mettant aux arrêts ; mais il faut qu'il en avertisse aussi-tôt le Major & le Capitaine en quartier.

Le service roule entre les Brigadiers & Sous-Brigadiers, mais le Brigadier a toûjours le commandement au-dessus de l'autre.

Le Major & l'Ayde-Major doivent être avertis du moindre incident qui arrive dans les Salles, soit entre les Brigadiers ou les Gardes, ou avec ceux qui vont & qui viennent.

Les Brigadiers ne doivent souffrir aucune désobéïssance, ni rien qui en approche.

Quand ils sont commandez pour suivre le Roy, ils doivent assembler leur détachement hors de la cour du Château, & quand il est assemblé, ils doivent se mettre à la tête, mettre l'epée à la main & la faire mettre aux Gardes, & entrer dans la cour du Château, après que les carosses sont arrivez, faire former la troupe sur deux rangs & aller prendre le poste près le carosse du Roy.

On en détache quatre pour marcher devant le carosse du Roy; & quand le Roy est à la chasse, un Exemt prend quatre Gardes avec lui & se promene autour du terrein où le Roy tire, assez loin pour ne pas incommoder.

Le dernier jour du mois le Trésorier apporte l'argent du guet aux Brigadiers, qui le distribuent par ordre du Major aux Officiers & aux Gardes sans rien retenir.

Il ne doit être reçû aucun Garde qu'il n'ait été presenté au Roy; & quand Sa Majesté l'a agréé, un Brigadier le mene chez le Major qui l'examine & ses services, le met sur son livre, & marque son âge, le lieu d'où il est & ses services; ensuite de quoy il lui donne un billet pour être reçû dans la Brigade où il est destiné, ensuite de quoy le Capitaine lui fait prêter serment dans la Salle, les Brigadiers & les Gardes étant sous les armes.

Nul ne doit être reçû dans les Gardes qui ait une affaire criminelle, au moins si elle n'est pas tout à fait accommodée.

Un Garde ne doit être mis sur le guet pour servir auprès du Roy, qu'après qu'il aura été six mois dans la Compagnie, & qu'il ait été éprouvé s'il est sage & de bonnes mœurs; en tems de guerre il faut qu'il ait fait une campagne.

Service dans le quartier.

IL y a toûjours un des Chefs de Brigade qui va faire pendant le mois la visite des quartiers de chaque Compagnie pour voir ce qui s'y passe, l'état des hommes & des chevaux, & à la fin de chaque mois cet Officier en vient rendre compte au Roy.

Il y a aussi deux Exemts par Compagnie qui y résident & qui ont attention que rien ne s'y passe contre le service du Roy. Celui qui se trouve Commandant du quartier, doit donner avis de tout ce qui s'y passe au Capitaine de quartier & au Major à même-tems.

Les Brigadiers sont chargez d'apprendre aux Gardes, & sur tout aux nouveaux, de bien porter & manier les armes.

Le Commandant fait de tems en tems monter la Brigade à cheval, soit pour exercer les hommes ou en faire la revûë.

L'Ayde-Major de la Compagnie est chargé de faire tous les mois, & même plus souvent, s'il convient, la revûë avec le Commissaire, la visite des armes, examiner si les hommes & les chevaux sont en bon état, si les Gardes vivent sagement dans les quartiers, & il doit rendre compte de tout à son Capitaine & au Major.

Il est chargé du payement de la Compagnie, & il doit arrêter les revûës conjointement avec le Commissaire.

Il doit faire monter les Brigades à cheval de tems en tems, pour voir si rien ne leur manque de l'équipage du Roy.

Les Brigadiers & Sous-Brigadiers sont obligez de lui rendre compte generalement de tout.

S'il y a quelque Garde de mauvaises mœurs, les Brigadiers sont obligez de le lui dire, afin que le Capitaine en parle au Roy pour le faire ôter.

On ne doit donner le congé à aucun, qu'on ne prenne l'ordre du Roy, & ce congé doit être donné par le Capitaine.

Quand il y a quelque querelle ou desordre dans quelque quartier, l'Ayde-Major est obligé de s'y rendre promptement pour faire l'information, & l'envoïer à la Cour au Capitaine & au Major à qui on doit toûjours écrire à même tems.

L'Ayde-Major doit envoïer tous les mois un extrait de la revûë au Capitaine, & au Major, afin qu'ils soient informez de l'état, & de la force des Compagnies.

Il est aussi chargé de faire faire les tentes quand on est prêt d'entrer en campagne, & d'examiner si les Timballiers & les Trompettes sont bien montez. Il est aujourd'hui chargé de l'habillement de la Compagnie sous le bon plaisir du Capitaine & du Major.

Il doit toûjours avoir un Controlle exact de la Compagnie & connoître les Gardes par lui-même.

Quand le Roy doit faire la revûë de ses Gardes, il doit bien examiner toutes choses, tenir un état parfait de tout, & voir s'il ne manque rien, & si tout est uniforme.

Il a soin de faire mettre les escadrons en bataille, de les faire dresser, & quand ils défilent devant le Roy, il passe le dernier à la queuë de la Compagnie.

Service de Campagne.

LE Roy nomme un Lieutenant qui a un caractere pour commander le Corps de ses Gardes en campagne, c'est un Lieutenant General ou un Maréchal de Camp, qui a sous lui un Lieutenant ou un Enseigne de la Maison du Roy, Brigadier d'armée. Dans les dernieres années de Loüis XIV, c'étoit toûjours le plus ancien Lieutenant General qui se trouvoit dans les quatre Compagnies. Ce Lieutenant General reçoit du Roy une lettre pour commander sa Maison, & le plus ancien Brigadier d'armée de la maison du Roy en reçoit aussi une pour faire le service de Brigadier de la Maison. Il y a un des deux Aydes-Majors du corps qui vient en campagne, & fait la charge de Maréchal des logis de toute la Maison, il va recevoir l'ordre, le donne au Commandant, & le distribuë aux autres Aydes-Majors des Compagnies, qui vont le porter au quartier ou au camp, le donnent à leurs Commandans des Compagnies, & ensuite le distribuent aux Brigadiers, qui ont soin de le donner aux Officiers & aux Gardes.

Le Commandant est chargé de bien faire servir les Officiers & les Gardes, & de représenter les besoins du corps pour la subsistance des hommes & des chevaux.

Il ne se fait aucun mouvement ni détachement qu'il n'en soit

soit averti. L'Ayde-Major General ordonne sous lui de tout ce qui se doit faire pour le détail du service, & les autres Aydes-Majors doivent lui rendre compte de tout ce qui se passe chacun dans leur Compagnie.

On envoïe ordinairement des détachemens de ce Corps à la guerre. Quand il y a 2 ou 300 Maîtres détachez, il y a un Lieutenant & un Enseigne pour les commander & des Exemts à proportion; quand il n'y en a que 100 ou 150, il n'y a qu'un Lieutenant ou un Enseigne; c'est-à-dire celui qui est à marcher.

A chaque détachement de 50 Maîtres, il doit toûjours y avoir un Exemt, un Brigadier, un Sous-Brigadier & un Trompette, c'est-à-dire, que quand il y a 200 Maîtres commandez, il faut qu'il y ait quatre Exemts, quatre Brigadiers, quatre Sous-Brigadiers & quatre Trompettes. C'est l'affaire de l'Ayde-Major ou du Major de Brigade de les partager chacun à leur troupe, & de partager aussi les Gardes de chaque Compagnie selon le rang de leur marche.

Quand le détachement est assemblé à la tête du Camp & en état de marcher, l'Ayde-Major le remet entre les mains de l'Officier qui doit le commander, & qui fait la visite des armes, & voit si tout est en état.

Les Aydes-Majors des quatre Compagnies se trouvent vers le soir chez le Commandant du Corps, & attendent là que l'Ayde-Major General soit revenu du quartier du Roy, & qu'il leur ait donné l'ordre.

Quand il arrive quelque chose dans le Camp ou dans un quartier, les Brigadiers qui doivent toûjours camper à la tête des Brigades, sont obligez d'avertir d'abord l'Ayde-Major de la Compagnie, qui en avertit aussi-tôt le Commandant de la Compagnie, & l'Ayde-Major General.

Quand il arrive quelque querelle, les Brigadiers doivent y donner ordre sur le champ en attendant qu'ils aïent averti les Superieurs.

Il doit toûjours y avoir une Garde aux Etendarts pendant la nuit, qui est ordinairement de douze ou seize Maîtres commandez par les Porte-Etendarts.

Tome II.   Y

Cette Garde pose des sentinelles à la tête & à la queuë du Camp, qui sont relevées de deux heures en deux heures.

Pendant le jour il y a toûjours une sentinelle à l'Etendart, qui a l'épée à la main & qui ne doit jamais être assis.

Le soir quand la retraite sonne, le Porte-Etendart qui commande, assemble sa garde, & fait porter tous les Etendarts au centre de la Compagnie avec les Timbales, & pose une sentinelle.

Cette Garde est pour la sûreté du Camp, pour empêcher qu'on ne vole les chevaux, & doit aussi faire prendre garde au feu des cuisines.

Celui qui la commande ne doit point souffrir que personne aille boire chez les Vivandiers pendant la nuit, ni qu'on tienne des jeux publics.

Il y a toûjours un Piquet commandé dès le soir à l'ordre de 50 Maîtres par Compagnie avec les Officiers; les Gardes doivent être toûjours bottez, & les chevaux sellez prêts à brider; afin d'être toûjours en état d'aller promptement où il conviendra pour le service.

L'Exemt & les Brigadiers du Piquet doivent les visiter quand l'ordre est donné le soir, & s'il y a quelque allarme, le Piquet monte d'abord à cheval, mais il ne doit point sortir de la tête du Camp que par un ordre d'un Officier Superieur qui commande tout le Piquet.

Dans les marches on commande un Brigadier ou Sous-Brigadier avec 12 ou 16 Gardes pour l'escorte des bagages, selon ce qu'il convient & le païs où l'on est.

Quant à l'escorte des fourageurs, il doit toûjours y avoir des Officiers pour les conduire, & des gens commandez selon l'éloignement & le danger qu'il peut y avoir.

Il n'est permis à aucun Garde de s'attacher particulierement au service d'aucun Capitaine ni Officier, ni de lui servir d'Ecuïer ou autrement.

Quand on sonnera à cheval dans le camp, les Brigadiers feront former les escadrons, & les Exemts & Sous-Brigadiers iront dans le camp faire monter à cheval les Gardes le plus promptement qu'il sera possible.

Les Lieutenans, Enseignes & Exemts camperont à la

queuë du camp ; les Brigadiers & Sous-Brigadiers à la tête.

Les Officiers, sur tout l'Ayde-Major & les Brigadiers, sont obligez de bien faire camper les Gardes & dresser les tentes.

Quand on entre dans des quartiers de fourage, le Commandant prend un logement de préference, l'Ayde-Major en prend un convenable, & on fait des cantons qu'on tire par Brigade.

Les malades doivent être preferablement logez avant même les Officiers.

On ne donnera jamais de congé à aucun Garde pendant la campagne, si ce n'est pour maladie, ou pour quelque affaire de grande consequence.

Quand le boutesele est sonné, il doit y avoir toûjours un Trompette à la tête du camp pour sonner à cheval, quand le Commandant l'ordonne.

Ils doivent aussi tous se trouver à la tête du camp vers le soir pour sonner le guet, & le Trompette du Piquet doit être toûjours botté & son cheval sellé.

L'Aumônier doit faire la priere du soir à la tête du camp, & avertir le Commandant, s'il connoît quelqu'un dans le Corps qui mene une mauvaise vie.

Service du Major & des Aydes-Majors des Gardes du Corps.

LE Major doit être toûjours près de la Personne du Roy: quand Sa Majesté est sortie de sa chambre, c'est lui qui prend l'ordre du Roy en l'absence des Capitaines, & qui rend compte à Sa Majesté de tout ce qui arrive dans le Corps.

Quand le Roy doit aller quelque part, soit à la chapelle, aux jeux de paulme, ou aux spectacles, il y envoie à l'avance des Brigadiers des Gardes, prendre les postes un peu avant l'heure que Sa Majesté doit aller dans ces lieux ; il va visiter si les postes sont bien garnis, & si tout est en ordre.

Il reçoit tous les matins & tous les soirs l'ordre du Capitaine en quartier aussi-tôt que ledit Capitaine l'a pris du Roy, & ensuite il va dans la Salle des Gardes, où il fait appeller le guet pour voir si tout le monde y est ; & là il distribuë l'ordre à toutes les Salles, & si le Roy ou les Princes sortent à cheval ou en carosse, il distribuë les relais pour un chacun.

Dans les voïages, il va devant de bon matin visiter les maisons où le Roy doit loger, visite les caves & les greniers, & fait ordinairement étaïer les appartemens où le Roy doit loger.

Le Major va tous les soirs après le guet appellé, dans les Salles visiter la garde de la porte, & voir si le Brigadier de porte qui est destiné avec un certain nombre de Gardes pour veiller, & relever les sentinelles de deux heures en deux heures est en état sous les armes ; & après avoir fait fermer les portes qui doivent être fermées par un des deux Gardes de la Manche de quartier, ensuite ce Garde de la Manche accompagné du Brigadier & de quatre Gardes, précedez par le Clerc du guet portant son flambeau, doit reporter les clefs au Capitaine en quartier, & le matin peu avant six heures, le Brigadier les vient reprendre.

Le Major tient un état bien exact de tout le guet ; & les Tresoriers qui apportent la paye de ce guet à la fin de chaque mois, ne le distribuent que par l'ordre du Major, après qu'il l'a pris lui-même du Roy.

C'est le Major qui ordonne, & qui fait relever tous les Samedis matin les Salles qui servent pendant toute la semaine, l'autre Salle qui est la moitié du guet, allant tour à tour se reposer au Pecq. Le Major se mêle de la distribution des habillemens de tout le Corps, des Etendarts & des armes quand le Roy en donne. Le Timballier & les quatre Trompettes des plaisirs du Roy sont à ses ordres, & c'est lui qui a soin de les remonter, quand ils ont besoin de renouveller leurs chevaux.

Le Major a toûjours un logement le plus près du Roy qu'il est possible, & Sa Majesté se sert souvent de lui pour les affaires les plus importantes.

Les deux Aydes Majors qui sont à la suite de la Cour sont aux ordres des Capitaines & du Major, ils sont toûjours à la suite de Sa Majesté, & servent ordinairement par semaine, & chacun dans sa semaine fait la fonction du Major en son absence : ils suivent le Roy à toutes les chasses, & ont soin d'envoïer des Gardes voltiger à droit & à gauche sur les aîles des chasses du Roy. Ils prennent ordinairement les devans pour avertir les Officiers & les Gardes de l'arrivée du Roy, afin que les portes soient garnies, & que tout soit sous les armes.

Les deux Aydes-Majors accompagnent toûjours soir & matin le Capitaine & le Major à l'appel du guet, & quand on va fermer la porte le soir. Un des deux va toûjours chacun à son tour en campagne avec le Corps des Gardes, & fait la charge de Maréchal des logis de la Brigade de la Maison du Roy, va recevoir l'ordre au quartier General, le porte au Commandant du Corps des Gardes, & le distribuë aux Aydes-Majors des quatre Compagnies, à ceux des Gendarmes, Chevaux-Legers, Mousquetaires, & même au Major de la Gendarmerie, quand elle est jointe à la Maison du Roy ; & c'est à lui à qui les quatre Aydes-Majors des Compagnies rendent compte de tous les détails pendant la campagne.

Il n'y a plus qu'un Ayde-Major en 1721.

Les quatre Aydes-Majors se mêlent chacun dans leur Compagnie generalement de tous les détails, comme d'arrêter les revûës avec le Commissaire, de recevoir l'argent des Tresoriers, de le distribuer aux Brigadiers pour en faire la repartition dans les Brigades.

C'est aussi eux qui doivent prendre soin de ce qu'on appelle Petit Etat Major, qui sont les Trompettes, Timballier, Chirurgien Major, Maréchaux & Selliers, Vague-Maître, & même de l'Aumônier.

Les quatre Aydes-Majors des Compagnies, après avoir reçû l'ordre de l'Ayde-Major du Corps, doivent le porter au Commandant de leur Compagnie, & ensuite le distribuer à la tête du Camp à tous les Brigadiers.

L'Ayde-Major de la Compagnie de Noailles étoit autrefois toûjours le Major de Brigade de la Maison du Roy, & presentement tous les Aydes-Majors font le détail par semaine l'un après l'autre, des quatre Compagnies.

Quand on donne des quartiers de fourage sur l'arrierefaiſon, c'eſt l'Ayde-Major des Mouſquetaires qui fait les cantons, & la Compagnie de Noailles choiſit; & enſuite tous les autres Aydes majors, ſoit des trois autres Compagnies, ſoit des Gendarmes & Chevaux-Legers & Mouſquetaires tirent au ſort.

Quand il ſe fait à l'armée un détachement de 4 à 500 Maîtres de la Maiſon du Roy, il doit marcher un des quatre Aydes-Majors, pour faire le détail ſous le Commandant.

On ne peut tirer d'une meilleure ſource que de ces divers Memoires ce que j'ai appellé la Diſcipline ou la Police des Gardes du Corps. Ils m'ont été très-obligeamment fournis par M. du Meſnil, cy-devant Ayde-Major de la Compagnie Ecoſſoiſe & premier Homme d'Armes de France, & qui fut envoyé en Eſpagne par le feu Roy pour former une pareille garde à Sa Majeſté Catholique Philippe V. Je vais dire encore quelque choſe des privileges & des prérogatives de ces quatre Compagnies, qui depuis qu'elles ont été miſes ſur le pied que nous les avons vûës par Loüis le Grand, ont rendu dans les armées de ſi grands ſervices à l'Etat.

Des Privileges & des Prérogatives des Compagnies des Gardes du Corps.

COmme les quatre Compagnies des Gardes du Corps approchent de ſi près la Perſonne de nos Rois, & qu'il eſt de la dignité de ces Princes, que ceux de leurs Sujets qui ont cet honneur, aïent quelque marque de diſtinction, ils leur ont accordé divers privileges. Il y en a pour les Officiers & pour les ſimples Gardes. Je commence par les Officiers.

Capitaines des Gardes font ſerment l'épeé au côté. Ils n'ont pas toûjours fait ſerment entre les mains du Roy. Origine des deux Compa-

Les Capitaines des Gardes, non ſeulement prêtent le ſerment entre les mains du Roy, mais encore ils le font aïant l'épée au côté. Ce Privilege de prêter ſerment entre les mains du Roy, n'eſt pas auſſi ancien que l'inſtitution des Compagnies des Gardes: Les Capitaines faiſoient autrefois le ſerment entre les mains d'un Maréchal de France. Car voici ce qui eſt marqué au ſujet du Seigneur de Chauvai qui ſucceda au Seigneur de Graville dans la Charge de Capi-

DE LA MILICE FRANÇOISE. Liv. X. 175

taine de la premiere Compagnie Françoise fous Loüis XI. Les Lettres dudit Chauvai font adreſſées aux Maréchaux de France pour prendre ferment de lui. Comme par fon attache, André de Laval Sire de Loheac, Maréchal de France, certifie avoir fait.

gnies des Cent Gentils-hommes.
p. 29.

Je rapporterai à cette occaſion la formule du ſerment que fait le Capitaine des Gardes entre les mains du Roy. Je l'ai tirée du Secretariat de la Maiſon du Roy. C'eſt celui que fit M. de Duras en 1672.

Regiſtre de l'année de 1672.
Serment des Capitaines des Gardes du Corps.

» Vous jurez & promettez à Dieu de bien & fidellement
» ſervir le Roy en la Charge de Capitaine des Gardes de
» ſon Corps dont Sa Majeſté vous a pourvû ſur la démiſſion
» de Meſſieurs de Charoſt pere & fils, de tenir la main que
» les Officiers qui ſont ſous votre charge, s'acquittent fi-
» dellement de leur devoir, de reveler à Sa Majeſté tout
» ce que vous ſçaurez importer au bien de ſon ſervice, de
» veiller ſoigneuſement à la ſûreté de ſa Perſonne, de ne re-
» cevoir penſion d'aucun autre Prince que de Sa Majeſté, &
» de faire en cette Charge tout ce que bon & fidelle ſujet
» & ſerviteur eſt tenu & obligé de faire: & pour marque de
» la confiance que Sa Majeſté prend en vous, elle vous met
» entre les mains le bâton de Commandement.

Les Capitaines des Gardes ſont toûjours des perſonnes de qualité. Pluſieurs Maréchaux de France ſe ſont tenus honorez de poſſeder & d'exercer cette Charge: & depuis que Loüis le Grand gouverna par lui-même, il l'a toûjours conferée ou à des Maréchaux de France, ou à des perſonnes qui étoient en paſſe de le devenir.

Tous les Lieutenans des Gardes du Corps ont le rang de Meſtre de Camp dans la Cavalerie, du jour qu'ils ſont pourvûs de leurs Charges, & font leur chemin dans le commandement, ſelon qu'il plaît au Roy de recompenſer leurs ſervices. Il n'y en a gueres qui avec le tems ne deviennent Officiers Generaux. Quand ils ſont faits Brigadiers, c'eſt toûjours dans la Cavalerie.

Lieutenans & Enſeignes ont rang de Meſtre de Camp dans la Cavalerie.

L'Enſeigne des Gardes du Corps qui eſt de quartier a ſa place au côté gauche du Roy. Les Enſeignes ont rang de Meſtre de Camp dans la Cavalerie dès le jour qu'ils ſont reçûs dans leurs Charges. Ils montent au rang d'Officiers Generaux ; & il y en a actuellement qui sont Brigadiers de Cavalerie & Maréchaux de Camp.

La Charge d'Exemt est aussi un emploi considerable dans les Gardes du Corps ; ce sont ordinairement des personnes de condition qui en sont pourvûs.

Les Exemts ont rang de Capitaine de Cavalerie.

Tous les Exemts ont commission de Capitaine de Cavalerie du jour qu'ils sont faits Exemts. Ceux qui étoient Capitaines de Cavalerie avant que d'être Exemts, conserveroient leur rang d'ancienneté de Capitaine, supposé qu'ils rentrassent dans la Cavalerie : mais dans les Gardes du Corps, ils marchent selon le rang de la Compagnie où ils sont ; & dans leur Compagnie ils n'ont leur rang que du jour qu'ils sont nommez Exemts, sans qu'on ait égard à leur ancienneté de Capitaine de Cavalerie.

Leur commandement dans les détachemens.

A l'armée dans quelques occasions ils commandent jusqu'à cinquante Gardes détachez sous eux. L'Exemt par le Reglement de 1665 ne cede point sa place à l'Officier hors de service, si ce n'est au Capitaine.

Les Brigadiers ont rang de Lieutenans dans les autres Troupes en vertu de leur Charge ; il y en a même plusieurs ausquels le Roy a donné des Commissions de Capitaine de Cavalerie. A l'armée on les détache quelquefois avec trente Gardes.

Leur commandement dans les détachemens.

Commandemens des Sous-Brigadiers dans les détachemens.

Les Sous-Brigadiers ont ce titre, parce qu'ils commandent sous les Brigadiers, & en l'absence des Brigadiers : ils ont le rang de Lieutenant de Cavalerie comme les Brigadiers. On les détache aussi quelquefois à l'armée comme les Brigadiers à la tête d'un pareil nombre de Gardes.

J'ay déja suffisamment parlé des prérogatives du Major & des deux Aydes-Majors du Corps en traitant de leurs fonctions, je dirai seulement de ceux-ci qu'ils ont par leur Charge le rang de Mestre de Camp du jour qu'ils sont pourvûs, & précedent les Exemts reçûs depuis eux. Les Aydes-Majors particuliers des Compagnies n'avoient que le rang d'Exemts, depuis ils ont eu rang d'Enseigne dans le Corps, & de Mestre de Camp de Cavalerie.

Les Aydes-Majors du Corps ent rang de Mestre de Camp.

Porte-E en-

Le Porte-Etendart n'est point une Charge, mais une simple

DE LA MILICE FRANÇOISE. *Liv.* X. 177

simple Commission que l'on donne à un Garde du Corps. J'ai déja dit que l'avantage attaché à cette Commission est une pension de cent écus, & qu'il commande les Gardes du Corps destinez pour la garde des Etendarts pendant la nuit, elle est ordinairement de douze ou seize Gardes. Ils ont aussi maintenant rang de Lieutenant de Cavalerie comme les Brigadiers & les Sous-Brigadiers. Tous ces rangs ont été reglez & confirmez par une Ordonnance du Roy Loüis XV de 1717.

dart simple Commission.

Ce sont les plus considerables Privileges des Officiers des Gardes du Corps, qui soient venus à ma connoissance.

Pour ce qui est des Privileges des simples Gardes du Corps, il faut sçavoir premierement qu'ils n'en joüissent pas tous, & que de trois cents soixante qui sont dans chaque Compagnie, il n'y en a que cent de chacune qui soient Privilegiez ; le Rôle en doit être porté tous les ans à la Cour des Aydes ; & ce n'est qu'en vertu de ce Rôle que ceux qui y sont nommez peuvent joüir de leurs Privileges.

Cent Gardes du Corps par chaque Compagnie Privilegiez.

2°. Les Gardes de la Compagnie Ecossoise ont de certaines distinctions, que n'ont point les Gardes des trois autres Compagnies.

3°. Dans la Compagnie Ecossoise même, les Gardes de la Manche en ont que les autres Gardes Ecossoises n'ont point. Mais il seroit inutile de repeter ici ce que j'ai déja rapporté sur ce sujet dans les extraits que j'ai faits de la plainte des Ecossois de l'an 1612, & du Livre de Honston intitulé *L'Ecosse Françoise*, où les plus considerables de ces prérogatives sont contenuës, & sur lesquelles j'ai déja fait quelques notes. J'ajoûterai seulement 1°, que les Gardes de la Manche ne portent point la Bandouliere ni le mousqueton ; qu'ils sont exemts de sentinelle & de faire vedette à l'armée, qu'on en met quatre dans chacune des six Brigades de la Compagnie ; que les deux qui sont actuellement de service auprès de la Personne du Roy ont bouche à Cour : outre quelques autres petites distinctions.

Privileges particuliers des Gardes de la Manche.

2°. Que sur l'article des clefs du Louvre ou du logis où le Roy demeure, dans lequel article Honston dit *qu'aucun des Gardes Françoises ne doit toucher lesdites clefs* ; le Roy regla ce point en 1665 de la maniere qui suit.

Tome II. Z

Reglement sur les clefs du Louvre.

Que le guet étant appellé, les Ecossois presenteront les clefs à celui qui commandera, de quelque Compagnie qu'il soit, & ensuite l'Ecossois les presentera *au Capitaine en quartier.*

Reglement de 1665.

Que l'Exemt commandant la Brigade marchera à la tête, & recevra les clefs du Lieutenant de la porte, ou de celui qui y commandera, & qu'il les mettra aussi entre les mains du Brigadier Ecossois.

Que la Brigade qui ira relever ladite porte, partira de la Salle marchant avec ordre, l'Exemt à la tête, & les Gardes Ecossois & François *mêlez ensemble*, & les Brigadiers à la tête selon leur rang, c'est-à-dire les Brigadiers Ecossois à la tête, & les Sous Brigadiers après les Brigadiers de la Compagnie qui sera de garde, se mettant en haye à ladite porte, ils se mettent dans le même ordre, c'est-à-dire, tous de même côté, *& sans distinction desdites Compagnies.*

Reglement pour quand le Roy est en bac ou en bateau.

3º, Sur l'article où le même Honston dit, *qu'où il est question que Sa Majesté passe par eau, ou traverse quelque riviere par bateau ou barque, lesdites Gardes Ecossoises se mettent devant, & gardent le vaisseau...... sans qu'il y ait aucun des autres Gardes du Corps que les Ecossois pour le fait du service.* Il a été dit par le même Reglement que lorsqu'il y aura un bac ou autre lieu à garder, tous les Gardes y entreront indifferemment: mais les sentinelles seront de la Garde Ecossoise, bien entendu qu'ils seront relevez par d'autres, quand il sera necessaire : hormis les gardes ordinaires qui se feront comme elles ont accoûtumé.

4º, Que si par hazard on étoit obligé d'ouvrir la porte après qu'elle aura été fermée, l'Ecossois viendra prendre les clefs du Capitaine en quartier ; mais ne pourront ouvrir la porte qu'en presence de l'Exemt qui sera de garde.

5º, Sur l'article où le même Honston dit *que les Gardes Ecossois sont pourvûs par ledit Capitaine Ecossois aux places vacantes suivant sa volonté & le jugement qu'il en fait, le tout à la charge qu'ils aïent suivant la premiere institution certificat de leur Roy en leur faveur faisant foy & demonstration de leur qualité*

Reglement de 1664.

, mœurs, prud'hommie. Le Roy en 1664, s'est reservé la disposition des places de Gardes aussi-bien que des Charges des Officiers.

Et pour ce qui est du certificat du Roy d'Ecosse, la chose n'est plus en usage depuis que la Compagnie Ecossoise n'est plus composée que de François. *Certificat du Roy d'Ecosse n'est plus en usage dans la Compagnie Ecossoise.*

6°. Les Gardes du Corps en general (je parle toûjours des cent Privilegiez de chaque Compagnie) ont divers privileges qui leur sont communs à tous.

Il y a eu de tout tems en France des privileges pour les Officiers domestiques du Roy & pour les Commensaux ; & nous avons sur cela plusieurs Ordonnances depuis le Regne de Charles VII ; mais je n'en ai vû qu'une avant le Regne de Loüis XIII, qui regarde specialement les Gardes du Corps, & les exemte de tous subsides, impositions, &c. Elle est du 7 de Février de l'an 1543, du tems de François I. Du Tillet en fait mention dans son recüeil des Rois de France. *pag. 328. edit. in fol.*

Il y a un Arrêt du Conseil du Roy Loüis XIII de 1619, qui leur attribuë tous les privileges des Commensaux, & en particulier l'exemtion de tailles, tandis qu'ils seront dans le service; & quand ils ont eu des Lettres de veterance qui ne leur sont données qu'après vingt-cinq ans de service, leurs veuves participent aux mêmes privileges, pourvû qu'elles ne se remarient pas, ou que leurs maris n'aïent pas dérogé par certains emplois indignes de la Noblesse. *Les Gardes du Corps ont les privileges des Commensaux. Privileges de leurs veuves.*

Dans les Rôles de la Cour des Aydes de l'an 1671, les cent anciens Gardes portent la qualité d'Ecuïer : mais ce privilege est plus ancien selon un Arrêt du Conseil Privé de l'an 1651, rendu contre la Cour des Aydes de Roüen, cité dans les Etats de la France ; il y eut encore un Arrêt du Conseil d'Etat du 25 d'Août 1634, qui les maintint dans la qualité d'Ecuïers & qui suppose qu'ils en étoient deslors en possession. *Titre d'Ecuïer accordé aux Gardes du Corps. Etat de la France de l'an 1708. p. 699.*

Outre l'exemtion des tailles, ils sont exemts de plusieurs autres charges & impositions, ils ont le droit de Committimus, &c.

Par Lettres patentes de Loüis XIII données à Roüen l'an 1617, ils ont le pas dans les lieux de leur demeure immediatement après les Conseillers des Bailliages, Senéchaussées & Présidiaux, lorsqu'il se fait des assemblées & des ceremonies, où ils se trouvent, le Roy les faisant participans des *Ils ont le pas après les Conseillers des Présidiaux, &c.*

privileges accordez par Henri IV en 1605 aux Officiers de la Chambre & de la Garderobe, aux Maréchaux des logis, aux Fouriers du corps & aux Fouriers ordinaires. Ce privilege fut confirmé par le Roy en 1681, lequel caſſa un Arrêt du Grand Conſeil qui y étoit contraire. C'eſt là à peu près tout ce que je crois qui peut être remarqué de plus important touchant les quatre Compagnies des Gardes du Corps; je dois maintenant traiter de la Compagnie des Gendarmes de la Garde: mais auparavant je dirai un mot des Grenadiers à cheval, qui ont été en quelque façon unis par Loüis le Grand aux Gardes du Corps, & qui campent & combattent conjointement avec eux dans les armées, ſans neanmoins avoir rang dans la Maiſon du Roy.

Des Grenadiers à cheval.

Création des Grenadiers du Roy.

LE Roy créa cette Compagnie au mois de Decembre de l'an 1676. Le Commandant porte le titre de Capitaine-Lieutenant: elle eſt compoſée de cent trente hommes en trois Brigades qui ne font qu'un eſcadron. Il y a trois Lieutenans, trois Sous-Lieutenans, trois Maréchaux des logis, ſix Sergens & ſix Appointez.

Leurs armes, leur deviſe.

Outre l'épée & le piſtolet, ils ont pour arme le fuſil; leur Etendart eſt blanc, & ils y ont pour deviſe une carcaſſe en broderie d'or qui creve en l'air, avec ces mots, *undique terror, undique lethum*, pour ſignifier qu'à l'exemple de la carcaſſe quand elle fait ſon effet, ils portent par tout la terreur & la mort.

Leurs fonctions.

Les ſoldats de la Compagnie ſont quelquefois employez dans les marches à raccommoder les chemins pour le paſſage des troupes de la Maiſon du Roy, & font auſſi la même fonction aux attaques des chemins couverts & des contreſcarpes. Cette troupe dans les batailles a l'honneur de combattre à la droite des eſcadrons de la Compagnie Ecoſſoiſe, elle a combattu ſouvent à pied.

Leur p'quet.

Par un Reglement que j'ai trouvé parmi ceux que le Roy a faits pour ſa Maiſon „ les Grenadiers du Roy font leur pi„ quet & leur ſervice en particulier. Ils ont du piquet ce que le „ Commandant de la Maiſon du Roy ordonne. Quand la Bri-

DE LA MILICE FRANÇOISE. Liv. X. 181
„ gade se trouve seule, ils font la garde chez le Maréchal
„ de Camp qui commande la Maison. Ils détachent pour
„ cela un Sergent avec huit ou dix Maîtres, leur Ayde-Ma-
„ jor prend l'ordre tous les soirs du Commandant. On leur
„ marque leur camp à 50 ou 60 pas à la droite de la Com-
„ pagnie Ecossoise. Le Commandant de la Maison en déta-
„ che là où il croit qu'ils sont necessaires, ils sont toûjours,
„ quand il y en a de détachez, sous l'ordre du Comman-
„ dant du détachement des Gardes du Corps, il y a un Tam-
„ bours dans cette Compagnie.

On voit par tout ce que je viens de dire que c'est un Corps considerable, & qu'il est regardé en quelque façon comme un membre de la Maison du Roy.

Voici les changemens qui sont arrivez dans cette Compagnie depuis son institution. Elle fut d'abord composée d'un Capitaine-Lieutenant, de deux Lieutenans, de deux Sous-Lieutenans, de deux Maréchaux des logis, de quatre Sergens, de deux Brigadiers, de quatre Sous-Brigadiers & de 74 Grenadiers, faisant en tout 88 Maîtres, non compris les Officiers à hausse-col.

Changemens arrivez dans cette Compagnie.

L'année d'après la prise de Valenciennes elle fut augmentée jusqu'à 120 Maîtres, & puis réduite à la paix de Nimégue à 100 Maîtres.

Après le combat de Leuze elle fut augmentée d'un Lieutenant, d'un Sous-Lieutenant & d'un Maréchal des logis, & de 50 Maîtres, y compris deux Sergens, un Brigadier, deux Sous-Brigadiers & un Porte-Etendart, que le Roy accorda en consideration de cinq Etendarts que cette Compagnie avoit pris sur les Ennemis dans ce fameux combat, & il y eut alors en tout, les Officiers à hausse-col non compris, 150 Maîtres.

A la paix de Riswick elle fut réduite à 150 Maîtres, comme elle étoit encore à la mort du feu Roy.

Leurs Capitaines.

Le premier Capitaine de ces Grenadiers fut M. de Riotor, qui fut tué combattant à leur tête au combat de Leuze, il eut pour successeur le Sieur de Riotor de Villemur son frere, qui commande encore cette troupe en 1721.

Z iij

CHAPITRE II.

Histoire de la Compagnie des Gendarmes de la Garde.

DE tout tems les Hommes d'Armes ou Gendarmes ont été regardez comme la plus noble partie de la Milice Françoise. Depuis l'institution des Compagnies d'Ordonnance par Charles VII, les grands Seigneurs, les Maréchaux de France, les Connétables, les Princes du Sang se sont fait honneur de commander ces sortes de Compagnies ; & dans la suite les Rois mêmes ont voulu en avoir une dont ils se faisoient les Capitaines.

Ces Compagnies, quoiqu'elles eussent les Rois pour Capitaines, n'étoient pas pour cela comprises dans l'état de leur Maison, ni destinées pour la garde de leur Personne ; c'est une marque particuliere de confiance, que Loüis XIII à son avenement à la Couronne voulut bien donner à la Compagnie, qui porte aujourd'hui le nom de Gendarmes de la Garde. M. de Souvré, qui fut honoré depuis du bâton de Maréchal de France, en étoit alors Commandant. M. de la Guiche, Seigneur de saint Geran, M. de l'Hôpital, Seigneur du Hallier, & M. d'Albret, tous trois aussi Maréchaux de France, ont été successivement à la tête de cette Compagnie. C'est aujourd'hui M. le Prince de Rohan qui est Capitaine-Lieutenant des Gendarmes de la Garde, & qui a succedé dans cet illustre Employ à M. le Prince de Soubise son pere. Ce Corps a toûjours été composé de gens d'élite, & merité de grands éloges pour avoir soûtenu une reputation de valeur toûjours égale dans le grand nombre de batailles & de combats qui se sont donnez durant le Regne de Loüis XIII, & le long Regne de Loüis le Grand.

Etat present de la Compagnie. C'est le Roy lui-même qui en est le Capitaine ; celui qui commande la Compagnie a le titre de Capitaine-Lieutenant, les deux Officiers Superieurs qui le suivent, prennent la qualité de Capitaines-Sous-Lieutenans. Il y a aussi trois Enseignes, & trois Guidons, il y a de plus dix Maréchaux des logis, parmi lesquels on en choisit deux pour remplir les fonctions de Major sous le titre d'Ayde-Major. Les Gendarmes sont au nombre de deux cents Maîtres, y compris huit Brigadiers, huit Sous-Brigadiers, quatre Porte-Etendarts, & quatre Sous-Aydes-Majors, ou Aydes-Majors de Brigade. Tel est l'état present de la Compagnie des Gendarmes de la Garde du Roy. Avant que de parler de l'institution de cette Compagnie, & d'entrer dans le détail des changemens qui s'y sont faits sous le Regne du feu Roy, je dirai quelque chose du titre de Capitaine-Lieutenant que porte le Commandant des Gendarmes; car je crois que c'est dans ce Corps, & dans la Compagnie des Chevaux-Legers de la Garde, où ce titre a été mis premierement en usage.

Du titre de Capitaine-Lieutenant.

LE titre de Capitaine-Lieutenant n'est pas particulier au Commandant des Gendarmes du Roy. Il est commun au Commandant des Chevaux-Legers de la Garde, aux Commandans des deux Compagnies des Mousquetaires, à tous les Commandans des Compagnies qui composent la Gendarmerie, & même au Commandant des Grenadiers du Roy.

Il me paroît que ce titre n'est pas plus ancien que le Regne de Henri IV, je ne l'ai point vû dans nos Histoires avant ce tems-là.

Il y a deux raisons de ce titre de Capitaine-Lieutenant: la premiere est l'autorité que le Roy donne aux Commandans des Compagnies qui le portent, & qui est la même que celle du Capitaine dans les autres Compagnies qui en ont. La seconde est que le Capitaine-Lieutenant a les gages de Capitaine, & ceux de Lieutenant. *Sur quoy est fondé ce titre.*

Depuis que ce titre de Capitaine-Lieutenant a été mis en usage, les Commandans des Compagnies auxquels il a été donné, ne l'ont pas toûjours porté par rapport au Roy seul. C'est-à-dire que le Capitaine-Lieutenant n'a pas toûjours été, & n'est pas encore toûjours aujourd'hui Lieutenant du Roy même. Le Capitaine même des Gendarmes de la Garde ne *Ce titre est ailleurs que dans la Maison du Roy.*

fut pas d'abord Lieutenant du Roy, mais de Monseigneur le Dauphin, comme je le dirai en parlant de l'institution de cette Charge, & encore aujourd'hui les Capitaines-Lieutenans des Gendarmes, & des Chevaux-Legers du Dauphin, de la Reine, de Berri, d'Orleans sont Capitaines-Lieutenans non pas du Roy, mais des Princes, dont ces Compagnies portent le nom quoique même plusieurs de ces Princes ne soient plus en vie.

Ce titre de Capitaine donné aux Sous-Lieutenans des Gendarmes de la Garde.

Je trouve une chose particuliere pour la Compagnie des Gendarmes de la Garde. C'est que le titre de Capitaine est non seulement donné au Lieutenant, mais encore aux deux Sous-Lieutenans, parce qu'ils ont des lettres patentes attachées à leurs Emplois, & scellées au grand sceau pour joüir des appointemens de Capitaine en Chef de la Compagnie.

Memorial iiii fol. 193. La Compagnie des Gendarmes créée par Henri IV.

Il y a à la Chambre des Comptes de Paris un acte, qui marque expressément que l'institution de la Compagnie des Gendarmes, qui furent sous Loüis XIII Gendarmes de la Garde, fut faite par Henri IV; cet acte est la provision de la Charge de Capitaine-Lieutenant des deux cents Hommes d'Armes pour Jean François de la Guiche, Comte de saint Geran : le voici.

Provision de la Charge de Capitaine-Lieutenant des deux cents Gendarmes pour Jean-François de la Guiche Sieur de saint Geran.

„ Loüis par la grace de Dieu . . . . . (c'est Loüis XIII qui
„ parle.) Comme notre très-cher Cousin le Sieur de
„ Souvré Maréchal de France ait volontairement remis en
„ nos mains la Compagnie des deux cents Hommes d'Ar-
„ més de nos Ordonnances, dont le feu Roy notre très-
„ honoré Sieur, & Pere de glorieuse memoire, le pourvut *en*
„ *la créant, & nous constituant Chef & Capitaine d'icelle*;
„ étant à cette occasion besoin de pourvoir en son lieu, de
„ quelque autre bon & experimenté Capitaine, en qui nous
„ aïons entiere confiance pour nous servir en ladite con-
„ duite de notredite Compagnie près de nous, & ailleurs,
„ où nous la voudrons employer; & sçachant pour cet effet
„ ne pouvoir faire une meilleure élection que de la personne
„ de notre amé & féal Conseiller en notre Conseil d'Etat,
„ Gouverneur,

» Gouverneur, & notre Lieutenant General en Bourbon-
» nois, &c. & Sous Lieutenant de notre susdite Compagnie,
» Jean-François de la Guiche, Sieur de Saint Geran, aussi choisi
» & appellé à ladite Sous-Lieutenance par feu notre Sieur
» & pere, *dessors de l'institution de* ladite Compagnie... A ces
» Causes.... donnons & octroïons par ces presentes ledit
» état & Charge de Capitaine-Lieutenant de ladite Com-
» pagnie de deux cents Hommes d'Armes de nos Ordon-
» nances, étant sous notre nom, & titre de Capitaine en
» chef : en témoin de quoy nous avons fait mettre & appo-
» ser notre Scel ausdites presentes. Donné à Paris le treizié-
» me jour de Mars, l'an de grace mil six cents quinze, & de
» notre Regne le cinquiéme.

On voit distinctement par cet acte, que ce fut Henri IV.
qui institua la Compagnie des Gendarmes de la Garde,
puisqu'il y est dit que ce Prince pourvut M. de Souvré de
cette Charge *en la créant*, & qu'il y est dit encore que M. de
la Guiche en avoit été fait Sous-Lieutenant, *dessors de l'institution de ladite Compagnie.*

On voit en second lieu que M. de Souvré en fut le premier Capitaine Lieutenant, qu'il en donna sa démission en
1615, & que dès cette même année la Charge fut mise entre
les mains de M. de la Guiche.

*M. de Sou-
vré premier
Capitaine-
Lieutenant
des Gendar-
mes de la Gar-
de.*

On voit en troisiéme lieu ce que j'ai dit auparavant, que
le Capitaine-Lieutenant ne fut point d'abord Lieutenant du
Roy, mais de Monseigneur le Dauphin, qui fut constitué par
le Roy son pere *chef & Capitaine d'icelle*, & qu'elle fut alors
sous son nom, *& titre de Capitaine en Chef*, & que ce n'est
que depuis son Regne après la mort de Henri IV, que nos
Rois sont Capitaines de cette Compagnie de leur garde.

*Loüis XIII
étant Dau-
phin, étoit Ca-
pitaine des
deux cents
Gendarmes.*

Et le même Prince dit expressément qu'il le voulut être; c'est
dans un acte contenu dans le même Memorial au sujet de M. du
Hallier, qui d'Enseigne fut fait Sous-Lieutenant à la place de M.
de la Guiche. *Ayant*, dit ce Prince, *à notre avenement à cette
Couronne voulu conserver sous notre nom, & titre de Capitaine de
la Compagnie des deux cents Gendarmes de nos Ordonnances, &c.*

Fol. 78. 8.

Les Provisions de M. de Saint Geran marquent si distinctement l'institution de la Compagnie des Gendarmes par

Henri IV, qu'on ne peut douter de cette Epoque, non plus que de ce qui est dit dans ce même acte authentique, que Loüis XIII étant encore Dauphin, fut le premier Capitaine de cette Compagnie, puisqu'il l'assûre lui-même.

Epoque de la création de cette Compagnie.

La création de cette Compagnie des Gendarmes fut faite en 1609, cela se prouve par l'extrait des Provisions de M. de Souvré que j'ai tiré d'un volume manuscrit, qui est dans les archives de la Maison du Roy. Voici cet extrait.» A Paris du » quatre Février 1609, icelui Sieur de Souvré fait, constitué » & établi, faisons, constituons, & établissons par ces pre- » sentes signées de notre main Gouverneur de notre fils le » Dauphin de Viennois, *Lieutenant de sa Compagnie d'Hommes* » *d'Armes*, & premier Gentil-homme de sa Chambre... a » fait & prêté le serment entre les mains du Roy, de ladite » Charge de Gouverneur de Monseigneur le Dauphin, *Lieu-* » *tenant de sa Compagnie*, & premier Gentil-homme de sa » Chambre.

Cette Compagnie donc dans son institution ne fut point encore de la Garde du Roy. Ce fut une Compagnie d'Ordonnance pour Monseigneur le Dauphin, dont le jeune Prince fut Capitaine, comme le Roy Henri IV lui-même en avoit une sous son nom, dont il étoit Capitaine, mais qui n'étoit point de sa Garde. Cette Compagnie du Roy Henri IV étoit en 1598 sous les ordres de Henri d'Albret Baron de Miossens. J'ai vû le Rôle de cette Compagnie fait pour une montre de cette même année 1598.

Henri IV avoit une Compagnie de Gendarmes, mais qui n'étoit point de sa Garde.

Le Roy Henri IV avoit donc cette Compagnie de Gendarmes d'Ordonnance, mais qui n'étoit pas de sa Garde, comme il avoit une Compagnie de Chevaux-Legers, dont il étoit aussi Capitaine; mais qu'il eut long-tems sans qu'elle fût non plus de sa Garde, ainsi que je le dirai dans l'histoire des Chevaux-Legers de la Garde.

Il faut donc bien distinguer les Compagnies des Gendarmes, & des Chevaux-Legers de nos Rois, dont ils étoient Capitaines, & leurs Compagnies de Gendarmes, & de Chevaux-Legers de leur Garde quand ils en eurent.

Cette Compagnie de Monseigneur le Dauphin, commandée par M. de Souvré, laquelle fut depuis la Compagnie

DE LA MILICE FRANÇOISE. *Liv.* X. 187

des Gendarmes de la Garde d'aujourd'hui, ne tarda gueres à l'être quand le Dauphin fut monté sur le Trône.

Elle ne l'étoit point cependant encore en 1610, & je rapporterai à cette occasion un autre acte tiré de la Chambre des Comptes, qui donnera lieu à quelques reflexions importantes sur ce sujet. C'est une Ordonnance par laquelle Loüis Dauphin devenu Roy sous le nom de Loüis XIII, attribua à Monsieur de Saint Geran les appointemens de Capitaine en chef de la Compagnie des Gendarmes.

» Loüis, &c. Salut. Encore que les Rois nos prédecesseurs
» aient accoûtumé à leur avenement à la Couronne, de quitter
» le titre de Capitaine des Compagnies d'Ordonnance dont
» ils étoient pourvûs avant leurdit avenement, & de remet-
» tre la principale partie d'icelle au Lieutenant, & l'autre
» au Sous-Lieutenant, pour en avoir chacun d'eux une par-
» ticuliere en titre de Capitaine en chef, & joüir des hon-
» neurs, dignitez, états & appointemens y appartenans;
» Nous avons neanmoins de particuliere inclination, com-
» me de plusieurs bonnes considerations importantes au bien
» de notre service, desiré conserver entiere sous notre nom
» & titre de Capitaine, celle de deux cents Hommes d'Ar-
» mes de nos Ordonnances, dont il a plû au feu Roy de
» glorieuse memoire, notre très-honoré Sieur & pere, que
» Dieu absolve, nous faire constituer chef, étant encore
» Dauphin de Viennois, au moyen de quoi, attendant qu'il
» se presente autre occasion de reconnoître les services
» de notre cher & bien-amé le Sieur de Saint Geran, Sous-
» Lieutenant de ladite Compagnie, selon l'estime que nous
» faisons de sa personne & de son merite, Nous avons
» par l'avis de la Reine Regente notre très-honorée Dame
» & mere, jugé le devoir gratifier de l'appointement de
» Capitaine en chef de la Compagnie de nos Ordonnances,
» comme si la nôtre étoit separée, & lui pourvoir de partie
» d'icelle, principalement pour lui donner moyen de soûte-
» nir la dépense extraordinaire à laquelle l'oblige la resi-
» dence qu'il fait de present près de Nous avec partie de
» notre Compagnie. A ces Causes, Nous voulons & vous
» mandons que par les Tresoriers Generaux de nos guerres,

Memorial EEEEE. fol. 271.

A a ij

» presens & à venir, & chacun d'eux en l'année de son exer-
» cice, vous ayez à faire dorénavant payer & délivrer com-
» ptant audit Sieur de Saint Geran, à commencer du premier
» Janvier dernier jusqu'à la somme de 820 livres tournois
» pour chacun quartier, revenant à la somme de 3280 livres
» par an, que nous lui avons pour les considerations susdites
» ordonné & ordonnons par ces presentes signées de notre
» main, pour ledit état & appointement de Capitaine en
» chef de la Compagnie de nosdites Ordonnances, & place
» d'Hommes d'Armes y jointe, en ce compris aussi celui de
» Sous-Lieutenant, dont il joüit de present, montant 345 livres
» par quartier, que nous voulons, ce faisant, être éteint &
» supprimé, comme nous l'éteignons & supprimons par les-
» dites presentes, & rapportant avec la copie collationnée,
» &c. Donné à Fontainebleau le vingt-neuf Avril 1611, & de
» notre Regne le premier. Signé, Loüis; & plus bas, Par le
» Roy, la Reine Regente sa mere presente, signé de Neuf-
» ville, Regiſtrées en la Chambre des Comptes, oüi le Pro-
» cureur General du Roy, pour joüir par l'impetrant de
» l'effet & contenu en icelles tant qu'il sera Sous-Lieutenant
» de ladite Compagnie, & sans tirer à consequence pour
» autre. Le 19 Juillet 1611, signé Bivelons.

Sur cet acte on peut faire les reflexions suivantes.

Les Rois en montant sur le Thrône quittoient leur Compagnie d'Ordonnance

1°, Que les Rois predecesseurs de Loüis XIII avoient coûtume de quitter le titre de Capitaine des Compagnies d'Ordonnance à la tête desquelles ils étoient à leur avenement
à la Couronne, & que ce Prince dérogea à cette coûtume
en faveur de sa Compagnie de Gendarmes; d'où il s'ensuit
que les Compagnies des Gendarmes & des Chevaux-Legers, dont Henri IV étoit Capitaine durant son Regne, n'é-
toient pas celles qu'il avoit en qualité de Prince du Sang
& de Roy de Navarre, avant que de monter sur le Thrône
de France.

*Ils la parta-
geoient entre le
Lieutenant &
le Sous-Lieu-
tenant.*

2°, Nous apprenons encore par cet acte que la Compagnie
d'Ordonnance, dont le Prince étoit Capitaine avant que
d'être Roy, se partageoit en deux quand il la quittoit, que
le Lieutenant en avoit une partie & le Sous-Lieutenant une
autre, & qu'il s'en faisoit deux Compagnies d'Ordonnance,

dont la premiere avoit pour Capitaine le Lieutenant, & la seconde le Sous-Lieutenant: ce qui étoit d'autant plus aisé à faire que les Princes du Sang avoient pour l'ordinaire des Compagnies de deux cents hommes, & qu'il en restoit cent à chacun des deux Officiers. Or alors les Compagnies de cent Hommes d'Armes ou des Chevaux-Legers étoient les plus nombreuses des Compagnies d'Ordonnance des Seigneurs particuliers, car les autres étoient communément de cinquante hommes, & au-dessous.

3°. Que dès cette année 1611 au mois de Juillet, la Compagnie des Gendarmes commença à faire les fonctions & le service de garder la Personne du Roy, puisque le Prince ne se la conservoit que pour ce dessein.

En effet Monsieur de Souvré Commandant de cette Compagnie, qui n'avoit jusques alors porté que le titre de Lieutenant, prit vers ce tems-là le titre de Capitaine-Lieutenant, comme on le voit par les Provisions de cette Charge pour Monsieur de Saint Geran, que j'ai rapportées cy-dessus, & de laquelle il fut pourvû par la démission de Monsieur de Souvré en 1615; lorsque ce Seigneur fut fait Maréchal de France. Ce fut donc peu de tems après l'avenement du Roy Loüis XIII à la Couronne de France que la Compagnie des Gendarmes, qui avoit été créée par Henri IV en qualité de Compagnie d'Ordonnance pour le Dauphin, fut érigée en Compagnie de la Garde du Roy, & que ce Prince s'en fit Capitaine.

M. de Souvré premier Capitaine-Lieutenant des Gendarmes de la Garde.

Il me paroît que tout ce que je viens de dire sur ce sujet est solidement établi & prouvé par des pieces, dont l'autorité ne peut être contestée.

Il semble qu'en qualité de Compagnie de Gendarmes, celle-cy devoit avoir la premiere place dans les Troupes de la Maison du Roy, puisque de tout tems en France & chez toutes les nations de l'Europe, la Gendarmerie a passé devant la Cavalerie Legere, qui est l'espece de Milice à laquelle les Gardes du Corps appartenoient dans le tems de leur institution, en vertu de leur armure & de leur qualité d'Archers. En effet, quoique la Compagnie des Chevaux-Legers soit plus ancienne, & se trouve comprise dans les Etats de

Rang de la Compagnie des Gendarmes de la Garde dans la Maison du Roy.

la Maiſon & de la Garde du Roy quelques années avant la Compagnie des Gendarmes, celle-cy a paſſé devant en qualité de Compagnie d'Hommes d'Armes. Suivant cet uſage les Gendarmes de la Garde tenoient le premier rang, & avoient le pas ſur les Gardes du Corps ſous le Regne de Loüis XIII, & pendant les premieres années du Regne de Loüis XIV. Mais ce Prince aïant pris la reſolution d'augmenter les Compagnies des ſes Gardes, qui n'étoient alors que de cent Maîtres chacune, & d'en faire un corps de Troupes reglées, leur donna en même-tems le rang qu'elles tiennent aujourd'hui : & voici comment cela ſe fit.

Les Gendarmes de la Garde ont eu la préſeance ſur les Gardes du Corps.

Sa Majeſté étant à Vincennes, fit une revûë des Troupes de ſa Maiſon, où les Gendarmes, qui avoient toûjours eu la droite ſur les Gardes du Corps, * eurent ordre de paſſer à la gauche ; la volonté du Roy & la grande ancienneté des quatre Compagnies des Gardes du Corps en comparaiſon des autres Compagnies de la Maiſon du Roy, furent alors & ont été depuis leur titre de préſeance.

Changement à cet égard vers l'an 1665.
* Ce fait m'a été atteſté par des perſonnes du plus haut rang à la Cour & dans les troupes, dont ils avoient été témoins oculaires.

Monſieur de la Salle, alors Sous-Lieutenant des Gendarmes de la Garde, étant homme de courage & d'un merite diſtingué, eût ſouffert avec peine de paſſer après les Lieutenans des Gardes du Corps, qu'il avoit juſques-là precedez. Il avoit des Lettres Patentes pour joüir des appointemens de Capitaine en chef de la Compagnie, de même que tous ſes prédeceſſeurs dans l'Emploi de Sous-Lieutenant.

Le Roy voulut bien avoir égard à cette circonſtance, & aux repreſentations de Monſieur de la Salle. Il fut donc reglé en ſa faveur & en faveur de tous ceux qui lui ſuccederoient dans l'Emploi de Sous-Lieutenant, qu'en vertu des Lettres Patentes ſuſdites où ſemblables, ils porteroient le titre de Capitaine-Sous-Lieutenant, & qu'en cette qualité ils auroient la préſeance & le commandement dans le ſervice de la Maiſon du Roy ſur les Lieutenans des Gardes du Corps ; choſe qui leur eſt particuliere, & c'eſt un privilege que n'ont pas les Sous-Lieutenans des Chevaux-Legers de la Garde, ni ceux des Mouſquetaires ; car dans les détachemens qui ſe font à l'armée, c'eſt le premier Sous-Lieutenant des Gendarmes qui marche le premier jour, le ſecond Sous-

Les Sous-Lieutenans des Gendarmes de la Garde ont rang avant les Lieutenans des Gardes du Corps.

DE LA MILICE FRANÇOISE. *Liv. X.* 191

Lieutenant le second jour, ensuite les Lieutenans des Gardes du Corps selon le rang des Compagnies. Le commandement vient après aux Sous-Lieutenans des Chevaux-Legers, puis à ceux des Mousquetaires, & le tour recommence par les Sous-Lieutenans des Gendarmes.

Autrefois les quatre Officiers Superieurs de la Compagnie des Gendarmes partageoient le service, & avoient chacun leur quartier. Mais depuis la multiplication des Charges, le Capitaine est toute l'année en fonction auprès du Roy. Les autres Officiers & Gendarmes ne servent que trois mois, la Brigade de quartier doit toûjours accompagner le Roy dans les ceremonies, dans les voyages, & lorsqu'il va coucher d'un lieu en un autre ; alors les Gendarmes suivent derriere le carosse, & l'Officier Superieur commandant la Brigade doit se tenir à côté de la portiere. Le quartier est composé de deux Officiers Superieurs, d'un Ayde-Major, de deux Maréchaux des logis & de cinquante Gendarmes, y compris deux Brigadiers, deux Sous-Brigadiers, un Porte-Etendart & un Sous-Ayde-Major. Les Officiers Superieurs pendant leur quartier de service doivent avoir un logement dans le lieu même où est la Personne de Sa Majesté ; leur fonction est de presenter tous les matins au Roy un Gendarme en habit d'ordonnance, qui vient recevoir ses commandemens, s'il en a quelqu'un à faire à la Compagnie, & tous les soirs de lui demander l'ordre ou le mot du guet. Pendant la guerre il ne reste auprès du Roy qu'un Officier Superieur, les autres étant à l'armée avec la Cornette ; & les cinquante Gendarmes qui demeurent de quartier ne sont relevez qu'au retour de la campagne.

Le service des Gendarmes de la Garde à la Cour.

Le premier changement arrivé dans la Compagnie est la multiplication des Officiers : il y a eu d'abord dans la Compagnie des Gendarmes de la Garde,

Un Capitaine-Lieutenant.
Un Sous-Lieutenant.
Un Enseigne.
Un Guidon. Cela se voit par les Rôles de la Cour des Aydes. En Juin 1675 le Roy doubla ces trois derniers Officiers, en sorte qu'il y eut,

Changemens arrivez dans la Compagnie depuis son institution.

Un Capitaine-Lieutenant.
Deux Sous-Lieutenans.
Deux Enseignes.
Deux Guidons.

En Mars 1683 le Roy tripla ces deux derniers Officiers, en forte qu'il y eut,

Un Capitaine Lieutenant.
Deux Sous-Lieutenans.
Trois Enseignes.
Trois Guidons.

Ce font là les changemens qui se sont faits pour les principaux Officiers sous le précedent Regne.

Nombre des Gendarmes de la Garde.
Depuis la création de la Compagnie, elle a toûjours été au moins de deux cents Maîtres ; ce nombre a été quelquefois augmenté, il y a eu pendant plusieurs années & jusques à la paix de Riswik, deux cents quarante Gendarmes employez sur les Rôles, & pendant la derniere guerre tous les surnumeraires qui servoient en campagne, étoient payez.

Venalité des places des Gendarmes.
Un second changement est, qu'autrefois les premiers Officiers disposoient des Charges ou places vacantes des Gendarmes & les vendoient, le Capitaine-Lieutenant en avoit cent à sa disposition, le Sous-Lieutenant quarante, l'Enseigne trente, & le Guidon trente. Cette venalité étoit contre les Ordonnances de Blois, elle étoit contre le bien du service & ne pouvoit manquer d'introduire beaucoup de mauvais sujets dans la Compagnie ; elle étoit contraire à la dignité, & pouvoit être même contre la sûreté du Souverain. Ce desordre avoit déja été aboli dans les Gardes du Corps dès l'an 1664, par une Ordonnance de Loüis XIV. Le Prin-

Elle a été ôtée par Loüis le Grand.
ce de Soubise ayant été fait Capitaine-Lieutenant des Gendarmes, representa toutes ces raisons au Roy, qui les trouva très solides ; il abolit la venalité des places des Gendarmes,

Dédommagement des Officiers.
& pour dédomager les Officiers qui en tiroient un revenu considerable, il leur assigna vingt-six mille livres d'appointemens extraordinaires, qui sont payez par quartier, à partager entre eux, sçavoir treize mille livres au Capitaine-Lieutenant, cinq mille deux cents livres au Sous-Lieutenant, trois mille neuf cents livres à l'Enseigne, autant au Guidon.

Par

DE LA MILICE FRANÇOISE. Liv. X.

Par l'Ordonnance du Roy du premier Mars 1718, les Capitaines-Lieutenans des Gendarmes de la Garde tiennent rang de premier Meſtre de Camp de Cavalerie. Les Sous-Lieutenans, les Enſeignes, les Guidons, celui de Meſtre de Camp du jour & date de leurs Brevets ou Commiſſions. Pareillement la Commiſſion de Meſtre de Camp de Cavalerie eſt jointe & attachée de droit aux deux places d'Ayde-Major, leſquelles ſont remplies par deux Maréchaux des logis au choix & à la nomination du Capitaine-Lieutenant. Les autres Maréchaux des logis ont rang de Capitaine de Cavalerie. Les Brigadiers, les Sous Brigadiers, les Porte-Etendarts ont rang de Lieutenant de Cavalerie.

On diſtribuë de tems à autre un certain nombre de Croix de Saint Loüis aux Officiers de la Compagnie, même à de ſimples Gendarmes, lorſqu'ils ont merité cette marque d'honneur par quelque action de courage, par leurs bleſſures, ou par leurs anciens ſervices. *Croix de S. Loüis diſtribuées à quelques Gendarmes.*

Il y a auſſi des Penſions attachées à la Compagnie en faveur des Officiers ſubalternes & anciens Gendarmes.

Par un Arrêt du Conſeil de l'an 1657, les deux Cents Hommes d'Armes qui ſont ſur le Rôle, portent le titre d'Ecuïer, & joüiſſent des Privileges des Commenſaux de la Maiſon du Roy, ces privileges ſont les mêmes que ceux des Chevaux Legers de la Garde ; j'en parlerai plus au long en traitant de cette Compagnie. Les armes de la Compagnie, ſont l'épée & le piſtolet. En tems de guerre, on diſtribuë aux anciens Gendarmes ou à ceux qui tirent le mieux quelques carabines rayées, dont ils ſe ſervent utilement dans les occaſions. *Privileges des Gendarmes.* *Leurs armes.*

L'uniforme ou l'habit d'ordonnance eſt d'écarlate chargé d'agrémens & galons d'or ſur toutes les coûtures, ſans mélange d'argent. Au dernier habillement fait en 1715, l'on a ajoûté les paremens de velours noir, qui étoient de l'ancien uniforme de la Compagnie. *Leur uniforme.*

Les Officiers ſuperieurs, & autres doivent être montez ſur des chevaux gris.

Il y a quatre Trompettes & un Timballier à la ſuite de la Compagnie.

Tome II.   B b

Leurs Etendarts.

Les Etendarts sont de satin blanc relevé en broderie d'or, leurs devises sont des foudres qui tombent du Ciel avec ces mots pour ame, *Quo jubet iratus Jupiter*. Lorsque la Cornette revient de l'armée, certain nombre de Gendarmes sont détachez pour accompagner les Etendarts jusques à la chambre du Roy, & à la ruelle de son lit. L'on fait un semblable détachement pour les aller prendre au même endroit, lorsque la Compagnie est assemblée pour passer en revûë ou marcher en campagne. Les quatre Etendarts des Gendarmes & ceux des Chevaux-Legers de la Garde sont les seuls qui soient portez chez le Roy, comme Capitaine de ces deux Compagnies.

Etendarts placez à la ruelle du lit du Roy.

Liste des Capitaines-Lieutenans des Gendarmes de la Garde.

GIlles de Souvré, Marquis de Courtanvaux, Chevalier des Ordres du Roy, Gouverneur & Premier Gentilhomme de la Chambre de Loüis XIII encore Dauphin, Maréchal de France, a été le premier Capitaine-Lieutenant de la Compagnie des deux Cents Hommes d'Armes des Ordonnances du Roy servant à la garde ordinaire de sa Personne; ses Provisions sont du mois de Juillet 1611.

Jean François de la Guiche, Seigneur de saint Geran, Comte de la Palice, Gouverneur de Bourbonnois, & Maréchal de France, avoit été nommé Chevalier des Ordres du Roy dès l'année 1604, il fut fait Sous-Lieutenant de la Compagnie des Gendarmes au mois de Juillet 1611, & Capitaine-Lieutenant le 13 Mars 1615, sur la démission du Maréchal de Souvré.

François de l'Hôpital, Seigneur du Hallier, Maréchal de France & Ministre d'Etat, avoit été d'abord Enseigne des Gendarmes de la Garde, il fut fait Chevalier des Ordres du Roy en la promotion de 1619, n'étant encore que Sous-Lieutenant de cette Compagnie, il étoit en même-tems Capitaine des Gardes du Corps; mais il donna sa démission de cet Emploi, & fut ensuite Capitaine-Lieutenant des Gendarmes en 1632.

Gaſpard de Coligni, Comte de Saligni, d'abord Enſeigne, puis Sous-Lieutenant des Gendarmes de la Garde & Maréchal de Camp, fut reçû à la tête de cette Compagnie le 20 de Février 1647, ſur la démiſſion du Maréchal de l'Hôpital.

Ceſar Phœbus d'Albret, Comte de Mioſſens, Gouverneur de Guyenne, avoit été d'abord Meſtre de Camp d'un Regiment d'Infanterie, puis ſucceſſivement Guidon & Enſeigne des Gendarmes de la Garde. Son Brevet de Sous-Lieutenant eſt du 18 de Février 1647, ſes Proviſions pour la Charge de Capitaine-Lieutenant de cette Compagnie vacante par le decès du Comte de Saligni, ſont du 10 de Mars 1651; il fut fait Maréchal de France l'année ſuivante, enſuite Chevalier des Ordres du Roy.

Loüis Caillebot, Sieur de la Salle, Lieutenant General des armées du Roy, étant Capitaine au Regiment des Gardes Françoiſes, en ſortit pour être Guidon des Gendarmes. Son Brevet d'Enſeigne eſt du 9 de Juillet 1647, celui de Sous-Lieutenant du 10 de Mars 1651. Ses Proviſions pour la Charge de Capitaine-Lieutenant ſont du 15 Janvier 1666, ſur la démiſſion du Maréchal d'Albret.

François de Rohan, Prince de Soubiſe, Lieutenant General des armées du Roy, Gouverneur de Champagne & de Brie, étant Sous-Lieutenant de la Compagnie des Gendarmes, fut pourvû de la Charge de Capitaine-Lieutenant au mois de Septembre 1672, ſur la démiſſion de Monſieur de la Salle.

Hercule Meriadec, Prince de Rohan, Lieutenant General des armées du Roy, Gouverneur de Champagne & de Brie, fut reçû à la tête de la Compagnie des Gendarmes de la Garde le premier de Janvier 1704, ſur la démiſſion de Monſieur le Prince de Soubiſe ſon pere.

Loüis de Rohan, Prince de Soubiſe, a été reçû en ſurvivance. Ses Proviſions ſont du 10 de Février 1717.

Je ne puis finir cette Hiſtoire de la Compagnie des Gendarmes de la Garde par un trait qui lui ſoit plus glorieux qu'un témoignage que je vais ajoûter de feu Monſeigneur le Dauphin, qui diſoit qu'un jour de bataille il choiſiroit cette troupe pour combattre à la tête.

CHAPITRE III.

Histoire de la Compagnie des Chevaux-Legers de la Garde du Roy.

<small>Etat présent des Chevaux-Legers de la Garde.</small>

LA Compagnie des Chevaux-Legers de la Garde est de deux cents hommes, sans y comprendre le Commandant, les Sous-Lieutenans, les Cornettes & les Maréchaux des logis. Il y a des surnumeraires dont le nombre n'est point fixe, & le Roy ne les paye qu'en campagne.

Le Capitaine de cette Compagnie est le Roy, comme il l'est de la Compagnie des Gendarmes de la Garde, celui qui la commande, porte le titre de Capitaine-Lieutenant pour la raison que j'ai dite en parlant du Capitaine-Lieutenant des Gendarmes.

Il y a deux Sous-Lieutenans, quatre Cornettes, dix Maréchaux des logis, deux Aydes-Majors, qui se prennent ordinairement dans les Maréchaux des logis, huit Brigadiers, huit Sous-Brigadiers, quatre Porte-Etandarts, quatre Sous-Aydes-Majors ou Aydes-Majors de Brigade, quatre Trompettes, un Timballier, divers autres Officiers pour le service du Corps.

<small>Cette Compagnie instituée par Henri IV pour sa Garde.</small>

La Compagnie des Chevaux-Legers de la garde ne fut instituée en qualité de garde & pour être de la Maison du Roy, que sous le Regne de Henri IV, c'est ce que je vais montrer en déterminant précisément l'Epoque de cette institution.

Il y a des Lettres patentes de ce Prince, où il fait mention des Privileges de cette Compagnie, données à Blois au mois de Septembre de l'an 1599, & enregistrées à la Chambre des Comptes le huitiéme d'Octobre de la même année, où ce <small>Memorial QQQQ fol. 385.</small> Prince parle ainsi : » Bien memoratifs de la promesse que » nous leur fîmes, *lorsque ladite Compagnie fut mise sus:* de les » faire joüir de l'exemtion de nos tailles, &c. Ces seules paroles suffisent pour montrer ce que j'ai avancé que Henri IV fut l'instituteur de cette Compagnie.

Il n'est plus question que de fixer précisément le tems de

DE LA MILICE FRANÇOISE. *Liv. X.* 197

cette inſtitution. C'eſt à quoy me ſervira un endroit des Me- *Occaſion de* moires de M. de Buſſy-Rabutin, où il marque l'occaſion de *cette inſtitu-* l'inſtitution de cette Compagnie en qualité de Garde du Roy: *tion.* car il faut ſçavoir que, lorſque cette érection en Garde du Roy ſe fit, la Compagnie des Chevaux-Legers étoit déja formée, qu'elle portoit le titre de Compagnie des Chevaux- *Cette Com-* Legers du Roy, que le Roy en étoit Capitaine, & M. de la *pagnie étoit* Curée Lieutenant, & il ne s'agit plus que de ſon érection en *ſur pied avant* qualité de Garde du Roy. Voici donc ce que dit là deſſus M. *la Garde du* de Buſſy-Rabutin dans ſon traité de la Cavalerie-Legere qu'il a *Roy.* inſeré dans ſes Memoires: «Givri, dit-il, aïant été tué à Laon, *Memoires*
» Vitri eut la Charge de Meſtre de Camp general (de la *de Buſſy-Ra-*
» Cavalerie-Legere) .... Il arriva en ce tems-là une conteſta- *butin tome 1.*
» tion entre la Curée Lieutenant de la Compagnie du Roy, *p. 468.*
» *qui a été depuis celle des Chevaux-Legers de la Garde*, & le
» Terrail Lieutenant-Colonel de la Cavalerie, pour la mar-
» che & pour le commandement. La Curée diſoit qu'il étoit
» Lieutenant du Roy, & que le Terrail n'étoit que le Lieute-
» nant du Duc d'Angoulême (Colonel General de la Cavale-
» rie-Legere.) Le Terrail diſoit que la veritable Compagnie du
» Roy étoit celle du Colonel, qu'une marque de cela étoit la
» Cornette blanche qu'elle avoit, laquelle donnoit le rang à
» toutes les autres Cornettes.

» Le Roy Henri IV, continuë M. de Buſſy, retira ſa Com- *Cette Com-*
» pagnie du Corps general de la Cavalerie, pour terminer *pagnie ſeparée*
» cette diſpute, *& en fit une Compagnie de ſa Garde*, laiſſant *Cavalerie-Le-*
» l'autorité du commandement ſur le reſte de la Cavalerie *gere.*
» au Lieutenant Colonel: auquel, pour que cette autorité
» fût plus ample, il fit donner une commiſſion de Capitai-
» ne-Lieutenant.

On voit ici clairement deux choſes: la premiere, que la Compagnie des Chevaux-Legers du Roy étoit deſlors ſur pied; & la ſeconde, qu'elle fut érigée en qualité de Garde du Roy dans le tems dont M. de Buſſy-Rabutin parle.

Il eſt aiſé après cela de fixer l'Epoque de cette érection: ce fut, dit M. de Buſſy, vers le tems que M. de Givri fut tué au ſie-ge de Laon. Or ce ſiege ſe fit en 1594, & Laon ſe rendit le

B b iij

20 de Juillet. D'ailleurs par un memorial de la Chambre des Comptes, contenant l'enregiſtrement des Privileges de cette Compagnie, on voit qu'elle étoit déja créée en qualité de Garde au mois de Decembre de 1593. C'eſt donc en cette année qu'arriva le differend de M. de la Curée & de M. du Terrail, & que ſe fit l'érection de la Compagnie des Chevaux Legers en titre de Gardes : & c'eſt ce qui détermine le terme vague, *en ce tems-là*, dont ſe ſert M. de Buſſy, qui ne s'eſt pas mis en peine de fixer ſi exactement cette Epoque.

Memorial KKKK fol. 521. v°.

Il y a une tradition dans ce Corps, & que je ſçay être très bien fondée, ſçavoir qu'au tems de cette érection de la Compagnie des Chevaux-Legers en titre de Garde du Roy, on offrit à M. de la Curée qui en étoit Lieutenant, de la mettre ſur le pied & ſous le nom de Gendarmes, mais que ce Gentil-homme pria le Roy de lui conſerver le titre de Chevaux Legers du Roy, parce qu'étant depuis long-tems connuë ſous ce titre, ſous lequel elle avoit fait de très-belles actions, il lui ſeroit avantageux de le conſerver.

Henri IV voulut d'abord en faire une Compagnie de Gendarmes.

Un très-ancien Officier, autrefois Lieutenant aux Gardes, & mort depuis quelques années à l'âge de plus de quatre vingts ans, m'a témoigné que feu M. le Maréchal de Navailles, qui fut Capitaine-Lieutenant de la Compagnie des Chevaux Legers de la Garde, lui avoit dit que cette Compagnie fut amenée de Navarre à Henri IV à ſon avenement à la Couronne de France, qu'elle étoit toute compoſée de Capitaines appointez & de Gentils hommes, & que ce Prince dèſlors lui donna le titre de Compagnie des Chevaux-Legers du Roy, & s'en fit le Capitaine. Ce qui confirme ce témoignage, c'eſt que les ſoixante & douze Penſionnaires de cette Compagnie, deſquels je parlerai dans la ſuite, y conſervent encore le titre de Capitaines appointez ; titre qui étoit fort ordinaire en ce tems là & ſous les Regnes précedens, comme on le voit par divers comptes de l'extraordinaire des guerres.

De quoy cette Compagnie fut d'abord formée.

La Compagnie des Chevaux-Legers de la Garde a le titre de Compagnie d'Ordonnance, c'eſt ainſi que je l'ai déja obſervé ailleurs, contre l'uſage primitif de ce terme : car dans l'inſtitution des Compagnies d'Ordonnance par le Roy

Rang de cette Compagnie dans la Maiſon du Roy.

Charles VII, & même avant lui & long-tems depuis lui, ce titre étoit affecté aux seules Compagnies de Gendarmerie, c'est-à-dire, aux Compagnies de gens armez de toutes pieces, & on ne le donnoit point aux Compagnies de Cavalerie legere : mais cet usage a changé, & on donne ce nom aujourd'hui, même aux Compagnies des Chevaux-Legers qui sont dans le Corps de la Gendarmerie. Loüis XIV, pour donner la préseance à toute la Cavalerie de sa Maison sur toute la Cavalerie legere, declara par une Ordonnance qu'il la mettoit sur le pied de Gendarmerie & de Compagnie d'Ordonnance.

La Compagnie des Chevaux-Legers de la Garde a dans la Maison du Roy son rang après la Compagnie des Gendarmes de la Garde, & devant les deux Compagnies des Mousquetaires. Quand la Maison du Roy campe en front de bandiere, les Gardes du Corps ont la droite, les Gendarmes & les Chevaux-Legers la gauche, & les Mousquetaires sont au centre. On garde le même ordre dans un combat, & à proportion dans les marches & pour les détachemens.

Cette Compagnie & celle des Gendarmes forment chacune un escadron à l'armée, sans y comprendre les cinquante commandez de quartier auprès du Roy. Ce sont les deux plus forts escadrons, parce que le complet est de 150 sans les surnumeraires, au lieu que les autres escadrons de la Maison du Roy sont fixez à 140 Maîtres sans surnumeraires.

La premiere prérogative qui leur est commune avec les Gendarmes & les Mousquetaires, est d'avoir à leur tête le Roy pour Capitaine. Le Roy en cette qualité a ses appointemens marquez sur l'Etat; mais il les cede au Capitaine-Lieutenant, de même qu'aux Capitaines-Lieutenans des Gendarmes & des Mousquetaires.

Prérogatives des Chevaux-Legers de la Garde.

On porte au Roy en qualité de Capitaine les Etendarts après la campagne, pour être gardez dans sa chambre, & M. le Duc de Chaulnes aujourd'hui Capitaine-Lieutenant des Chevaux-Legers de la Garde, & qui est d'une extrême exactitude pour ce qui regarde l'honneur & le bon ordre de ce Corps, a ordonné expressément aux Officiers qui portent les Etendarts chez le Roy à la fin de son dîner, de les poser eux-mêmes à côté du lit de Sa Majesté, sans les remettre à personne, & sans permettre qu'on les prenne de leurs mains à la porte de la chambre du Roy.

Par l'Ordonnance du Roy du 1 Mars 1718, les Officiers tant superieurs que les autres de la Compagnie des Chevaux-Legers de la Garde, ont dans les troupes les mêmes rangs qui ont été accordez aux Officiers des Gendarmes de la Garde, & que j'ai marquez en parlant de ce Corps.

Les deux Aydes-Majors des Chevaux-Legers de la Garde, qui font toutes les fonctions de la Majorité, se prennent ordinairement dans le Corps De sorte que le Roy voulant il y a quelques annees donner l'Emploi d'Ayde Major à M. de Fortisson Gentil-homme de Bearn, Capitaine de Dragons dans un ancien Regiment, & en même tems un Brevet de Mestre de Camp, & mille livres de pension, exigea de lui qu'il fît une campagne en qualité de Chevau-Leger dans la Compagnie, ce qu'il se fit honneur d'executer.

Le Capitaine-Lieutenant rend compte uniquement & immediatement au Roy de tout ce qui regarde la Compagnie, de même que le Ministre de la guerre le rend à Sa Majesté pour les autres troupes, qui ne sont point de la Maison du Roy.

Service de la Compagnie pour la Cour.

Le Capitaine-Lieutenant sert toute l'année auprès de la Personne du Roy, excepté lorsqu'en tems de guerre il marche en campagne à la tête de sa Compagnie ou pour quelque autre Commandement. Les deux Sous-Lieutenans & & les quatre Cornettes servent par quartier.

Les deux Aydes-Majors qui sont aussi Maréchaux des logis, font toute l'année le service de la Majorité, & servent chacun la moitié de l'année auprès du Roy.

Il y a tous les jours un Chevau-Leger à l'Ordre en habit d'ordonnance, pour recevoir les Commandemens du Roy touchant la Compagnie.

Changemens arrivez dans la Compagnie depuis son institution.

Le premier changement que j'observe est sur le nombre des Chevaux Legers de la Garde. Il paroît que cette Compagnie ne fut d'abord que de cent hommes. Henri IV en 1599, dans les Lettres confirmatives des privileges des Chevaux-Legers de sa Garde, ne marque que ce nombre : *Les cent Chevaux-Legers de notre Garde, dont le Sieur de la Curée est Lieutenant.*

Je

DE LA MILICE FRANÇOISE. *Liv. X.* 201

Je la trouve augmentée de vingt dans le Rôle de 1611, un an après la mort de Henri IV. En 1613 elle n'étoit non plus que de 120 hommes, les Officiers compris ; ce nombre est distinctement marqué dans le compte de l'extraordinaire des guerres de cette année. Mais dans l'Edit joint au Rôle de l'an 1627, on suppose que cette Compagnie étoit deflors de deux cents hommes : il faut donc que cette augmentation se soit faite entre 1613 & 1627. Elle se fit apparemment, quand le Roy Loüis XIII augmenta ses troupes au sujet des revoltes des Huguenots, & dans le tems qu'il augmenta sa Maison de la premiere Compagnie des Mousquetaires. Dans un Rôle de la Maison du Roy imprimé en 1640, il n'y avoit dans cette Compagnie que *neuf vingts deux hommes de guerre à cheval*, c'est-à-dire, qu'elle n'étoit que de cent quatre vingts deux hommes, y compris les Officiers ; mais il y a long-tems qu'elle est sur le pied de 200 hommes effectifs, & même de plus sans variation. *Compagnie des Chevaux-Legers de la Garde est de 200 hommes.*

Le second changement est que la Compagnie des Chevaux-Legers de la Garde eut des Carabins pendant quelque tems, lorsque cette espece de Milice étoit dans nos armées, & qu'elle n'étoit pas encore enregimentée comme elle le fut depuis. C'est ce qui est expressément marqué dans les memoires qui s'imprimoient en ce tems là avant l'institution de la Gazette sous le nom de Mercure François. Il y est dit au sujet du siege de Clerac en 1621, *que la Compagnie des Chevaux-Legers du Roy commandée par Monsieur de Luxembourg, fut ordonnée avec les Carabins de ladite Compagnie pour soûtenir* les Regimens de Piémont, de Navarre, de Normandie & de Chapes qui devoient marcher contre les Huguenots & les déloger des hauteurs des environs de Clerac, où ils s'étoient campez. Ces Carabins n'étoient pas du Corps de la Compagnie ; mais il y en avoit une troupe qui y étoit attachée & aux ordres du Capitaine-Lieutenant. Cela n'étoit point particulier à la Compagnie des Chevaux-Legers de la Garde. Les autres Compagnies de Cavalerie legere avoient aussi souvent leurs Carabins ; c'est ce que j'ai remarqué dans l'article où j'ai parlé des Carabins qui n'avoient point d'autre Capitaine, ni d'autre drapeau que le Capitaine & le drapeau de la Compa- *Elle avoit autrefois des Carabins qui lui étoient attachez.* *Mercure François sous l'an 1621 pag. 638.*

Tome II. Cc

gnie des Chevaux-Legers à laquelle ils étoient attachez. Ils avoient seulement un Lieutenant & un Maréchal des logis qui attendoient le signal du Capitaine de Chevaux-Legers pour charger l'ennemi. Cela se voit par le traité *de l'ordre de la Cavalerie* de M. de Montgommeri-Corboson imprimé en 1617.

p. 139.

» Chacune Compagnie de Chevaux-Legers, dit-il, doit
» avoir une troupe de cinquante Carabins avec soy sous la
» charge d'un Lieutenant, lequel obéïra au Capitaine des
» Chevaux-Legers, & n'aura d'autre Cornette que celle de
» la même Compagnie qu'elle suivra avec un Maréchal des
» logis & deux Caporaux...

Et puis parlant de leur maniere de combattre, il ajoûte:
» Ils ne partiront point que le Capitaine de Chevaux-Legers
» ne leur en donne signal par son Trompette, à sçavoir lors-
» qu'il verra l'ennemi à deux cents pas, si ce sont lances, & à
» cent, si ce sont cuirasses à notre mode : il fera alors sonner
» sa trompette un mot seulement *Tarare* : à cette heure-là
» celui des Carabins sonnera la charge tout au long, & sou-
» dain l'esquadre du Maréchal des logis partira au galop : &
» allant affronter l'ennemi, leur fera son salve de plus près
» qu'elle pourra, &c.

Cet usage changea tant pour la Compagnie des Chevaux-Legers de la Garde, que pour les autres Compagnies de Cavalerie legere, lorsque les Carabins furent mis en Regiment comme ils le furent depuis.

Le troisiéme changement regarde les Officiers de ce Corps. Dans le Rôle de 1611, qui est le plus ancien que j'ai pû trouver, il n'y a que le Roy marqué comme Capitaine, le Capitaine-Lieutenant, un Cornette & un Maréchal des logis. C'est-à-dire qu'ils étoient encore sur le même pied pour le nombre des Officiers que dans leur premiere institution ; car ils ne pouvoient point en avoir moins. C'étoit encore de même en 1665, à en juger par le Rôle de cette année, & encore en 1669.

Création du Sous-Lieutenant & d'un second Cornette.

Vers l'an 1670 le Roy créa un Sous-Lieutenant. A la fin de 1671, il créa une seconde Charge de Sous-Lieutenant & un second Cornette, & au mois de Mars 1684, il créa deux nou-

DE LA MILICE FRANÇOISE. Liv. X. 205

velles Charges de Cornettes, & en laiſſa la diſpoſition à M. le Duc de Chevreuſe Capitaine-Lieutenant de cette Compagnie. C'eſt l'état où elle eſt maintenant pour les hauts Officiers.

Sous-Lieutenant doublé. Quatre Cornettes.

L'augmentation des Maréchaux des logis & des autres Officiers ſubalternes ſe fit à meſure qu'on multiplia les hauts Officiers. Je trouve dans le Rôle de 1678, le Maréchal des logis doublé. Dans celui de 1689, on voit huit Brigadiers, huit Sous-Brigadiers & les quatre Porte-Etendarts, & deux cents Chevaux-Legers, les Officiers non compris. Dans celui de 1695, on trouve les dix Maréchaux des logis qui ſont encore aujourd'hui, les quatre Sous-Aydes-Majors ou les Aydes-Majors de Brigades ne ſont point ſpecifiez dans les Rôles. Les dix Maréchaux des logis ſont Officiers à brevet.

Maréchaux des logis.

M. de Montalant Gentil-homme de plus de quatre vingts ans, dont le pere fut en 1628 Capitaine de la premiere Compagnie des Mouſquetaires, m'a fait aſſûrer d'un fait digne de remarque par rapport aux Mouſquetaires & aux Chevaux-Legers de la Garde, ſçavoir que juſqu'en 1629 le Commandant des Mouſquetaires ne prenoit point immediatement du Roy l'ordre pour ſa Compagnie, & qu'il le recevoit par le Capitaine-Lieutenant des Chevaux Legers de la Garde; mais que cette année là le Roy fit expedier à M. de Montalant une nouvelle commiſſion, avec défenſe de prendre déſormais l'ordre d'autre que de lui-même.

Le Commandant des Mouſquetaires prenoit autrefois l'ordre du Capitaine-Lieutenant des Chevaux-Legers de la Garde. Il commença à le prendre du Roy en 1629.

Je fis prier M. de Montalant de me communiquer cette ſeconde commiſſion de M. ſon pere, il répondit qu'il l'avoit vûë, mais qu'il ne l'avoit point & qu'elle devoit être entre les mains de M. d'Ermenonville, chez qui étoient tous les papiers de la maiſon de Montalant. Je l'ai fait demander à ce Gentil-homme, qui a répondu qu'il croïoit avoir cette commiſſion, mais que les papiers n'étoient point encore arrangez, & que ſe trouvant dans une grande confuſion, il ne pouvoit pas la démêler. C'eſt là tout ce que j'ai pû ſçavoir là-deſſus. Il me ſuffit d'indiquer l'endroit où l'on pourroit trouver cette ſeconde commiſſion que je n'ai pû voir même.

Au reſte le fait dont il s'agit me paroît très-vrai-ſemblable par une raiſon; c'eſt que, comme je le dirai dans la ſuite, la

Cc ij

premiere Compagnie des Mousquetaires fut formée en 1622 de la Compagnie des Carabins du Roy, qui, ainsi que je viens de le remarquer, étoient attachez à la Compagnie des Chevaux-Legers de la Garde, & étoient dépendans du Capitaine-Lieutenant de cette Compagnie ; il est assez naturel que la Compagnie des Carabins du Roy aïant été changée en Compagnie de Mousquetaires, elle fût demeurée encore subordonnée au Capitaine-Lieutenant des Chevaux-Legers de la Garde, jusqu'à ce que cette Compagnie aïant été remplie de Gentils hommes & de gens d'élite, le Roy au bout de sept ans jugea à propos de la rendre indépendante du Commandant de la Compagnie des Chevaux-Legers de la Garde.

Privileges & distinctions de cette Compagnie.

Le Roy Henri IV, instituteur de la Compagnie des Chevaux-Legers de la Garde, lui accorda des privileges fort considerables, contenus dans ses Lettres patentes données en forme d'Edit à Tours au mois de May de l'an 1593.

Memorial KKKK fol. 221. v°.

» Sur les Lettres patentes du Roy en forme d'Edit données
» à Tours au mois de May dernier, signées, Henri, & sur le
» repli par le Roy, Rusé, & scellées par Coquille, pour les
» causes & considerations y mentionnées, ledit Sieur de l'avis
» des Princes, Seigneurs & Gentils-hommes de son Conseil,
» auquel cette affaire a été mise en déliberation, veut, or-
» donne & lui plaît que dorénavant ceux de la Compagnie
» des Chevaux-Legers de sa Garde qui se trouveront issus
» d'extraction noble, soient honorez des mêmes privileges
» accordez par ses prédecesseurs aux Cent Gentils-hommes
» de sa Maison ; à la charge qu'ils le serviront cinq ans en-
» tiers en ladite Compagnie ; & dont ils joüiront neanmoins
» durant qu'ils seront enrôlez en icelle, & qu'ils y serviront,
» & non autrement : & après avoir servi ledit tems de cinq
» ans, qu'ils joüissent desdits privileges, & leurs veuves tant
» qu'elles vivront durant leur viduité ; & quant aux autres
» qui ne se trouveront issus d'extraction noble, soient tenus
» auparavant que de pouvoir acquerir ce titre, servir cinq
» ans entiers, pendant lequel tems & qu'ils seront enrôlez &
» serviront actuellement en ladite Compagnie, Sa Majesté
» veut qu'ils soient affranchis & déchargez, comme elle les

DE LA MILICE FRANÇOISE. Liv. X.

» affranchit & décharge eux & leurs femmes & enfans de païer
» aucune taille & emprunt, ne subsides quelconques mis ou
» à mettre sur ses sujets, tout ainsi que sont les autres Offi-
» ciers de la Gendarmerie. Et quant ils pourront montrer
» par bons certificats avoir servi lesdites cinq années sans dis-
» continuer, Sa Majesté entend qu'ils soient tenus & de-
» clarés nobles, & que pour approbation de ce ils joüissent
» des privileges attribuez ausdits Cent Gentils-hommes de sa
» Maison, & tout ainsi que les autres issus d'extraction noble;
» le tout selon & en la même forme & maniere & aux char-
» ges & conditions plus amplement specifiées au Reglement
» de ce expedié & attaché ausdites Lettres sous le contrescel.
» Vû lesquelles, ledit Reglement, la Requête presentée à la
» Chambre par les gens de guerre de ladite Compagnie des
» Chevaux-Legers de la Garde du Roy à fin de verification
» & enterinement desdites Lettres; conclusions du Procureur
» General du Roy, auquel le tout a été communiqué; tout
» consideré: La Chambre avant que de faire droit sur lesdi-
» tes Lettres, a ordonné & ordonne que les supplians feront
» apparoir de quels privileges ont accoûtumé de joüir les Cent
» Gentils-hommes de la Maison du Roy. Fait à Tours le quin-
» ziéme Decembre 1593.

Ce qui est dit ici, que ceux qui n'étant point Gentils-hom-mes, *seront tenus & declarez nobles* après cinq ans de servi-ce dans la Compagnie des Chevaux-Legers de la Garde, ne doit pas s'entendre sans doute d'un ennoblissement qui passât aux descendans des Chevaux-Legers de la Garde ; mais seulement des avantages de la Noblesse pour eux tandis qu'ils vivroient, & pour leurs veuves.

Ce tems de cinq ans ayant paru bien court pour meriter de tels privileges, & plusieurs Chevaux-Legers quittant le servi-ce après les cinq années ; il fut jugé à propos dès le com-mencement du regne & de la minorité de Loüis XIII, de ne leur accorder ces privileges qu'après vingt ans de service, comme on le voit par l'Ordonnance de ce Prince donnée à Paris au mois de Decembre de l'an 1610.

Ces privileges furent confirmez en 1627, par Lettres de Jussion du vingt-quatriéme d'Avril, comme il est marqué dans le Rôle de cette année à la Cour des Aydes sous de certaines conditions, comme d'être actuellement dans le service, d'être couché sur les Rôles, de ne faire aucun acte dérogeant, &c.

Qualité d'Ecuïer donnée aux Chevaux-Legers de la Garde.

On trouve dans les Rôles postérieurs, la qualité d'Ecuïer donnée à tous les Chevaux-Legers de la Garde qui y sont nommez. Ils joüissent aujourd'hui de leurs privileges à peu près sur le pied de l'Ordonnance de 1610.

Les surnumeraires au delà des 200 ne joüissent point des privileges ; mais le Roy les paye quand ils servent en campagne.

Parmi les privileges de la Compagnie des Chevaux-Legers, on peut compter les pensions des Chevaux-Legers, qu'on appelle Pensionnaires ou Capitaines appointez, qui sont au nombre de soixante & douze, y compris les Brigadiers & les Sous Brigadiers.

Pensions données à 72 Chevaux-Legers.

La Compagnie a merité cette attention & ces égards; premierement, par la qualité de ceux qui la composent, secondement, par le zele qu'elle a toûjours eu pour le service du Roy, & par son desinteressement, jusques-là que durant les troubles de la Minorité de Loüis XIV, elle le servit souvent & long-tems à ses propres dépens. Eloge qui lui est commun avec la Compagnie des Gendarmes de la Garde, aussi-bien que celui de la valeur : car ces deux Compagnies n'ont jamais manqué à leur devoir en aucune occasion ; elles n'ont jamais perdu ni Etendarts ni Timballes, & dans les déroutes mêmes, dont nulle n'est jamais arrivée de leur part, elles ont toûjours fait leur retraite avec une contenance, une bravoure & une habileté, qui ont merité les loüanges & l'admiration des ennemis mêmes.

Elles ont partagé la gloire qu'elles ont acquise en plusieurs occasions avec les autres corps de Cavalerie de la Maison du Roy, & en particulier à la memorable journée de Leuze.

Il n'y a que des Corps où le Commandant peut se répondre generalement de la valeur de tous ceux qui les composent, capables de faire de telles actions. Et tel est le Corps dont il s'agit & celui des Gendarmes.

Le choix que l'on fait des sujets qu'on admet dans ces

DE LA MILICE FRANÇOISE. *Liv. X.* 207

Compagnies, & des Officiers que l'on met à leur tête, est ce qui les rend si formidables aux ennemis dans les combats; & pour ne parler que de celle des Chevaux-Legers dont je traite, on y voit actuellement des Gentils-hommes de la plus ancienne noblesse. On y a vû des Officiers d'armée s'y enrôler; & il y a peu d'années qu'un ancien Lieutenant Colonel d'Infanterie, nommé M. Duchesne, qui s'étoit retiré du service avec agrément & pension du Roy, demandant à y rentrer, accepta une place dans les Chevaux-Legers que le feu Roy lui offrit, & où il est mort depuis les armes à la main dans les dernieres guerres. Rien ne releve plus ces sortes de Corps que de tels sujets, qui se font honneur d'y avoir place.

Pensions des Officiers.

Les hauts Officiers ont des appointemens & des pensions très-considerables attachées à leur Charge. Les autres Officiers en ont aussi à proportion, & quelques-uns ont des pensions qui leur sont personnelles indépendamment de leur Charge, & fondées sur leurs services.

Etendarts, armes, &c. des Chevaux-Legers de la Garde.

L'Etendart des Chevaux-Legers est quarré & a environ un pied & demi en long & en large; il est brodé d'or & d'argent, & au milieu est un grand cartouche octogone, où est la devise de la Compagnie, qui est un Foudre; l'ame de la devise est composée de ces paroles latines, *Sensere gigantes.* Ce qui fait allusion à la Fable de Jupiter qui foudroya les Geans lorsqu'ils voulurent escalader le Ciel, & ce qui signifie que les Chevaux-Legers sont à la main du Roy, comme le foudre entre les mains de Jupiter, pour exterminer ses plus fiers ennemis.

Leurs armes sont des épées ou des sabres uniformes & les pistolets. L'uniformité n'étoit point pour les pistolets, chacun les avoit tels qu'il jugeoit à propos jusqu'à l'an 1714, que M. le Duc de Chaulnes en fit faire deux cents trente paires uniformes marquez de trois fleurs de lys, qu'il distribua *gratis* aux Chevaux-Legers, pour le tems du service seulement, & qui doivent être rapportez au magasin avec le reste de l'uniforme.

On a ajoûté dans les dernieres guerres aux armes ordinaires de la Compagnie, vingt carabines brisées, qui se portent chacune dans un fourreau, comme les piftolets. Elles furent données pour être portées par les vingt derniers Penfionnaires. C'eft pour s'en fervir feulement dans certaines occafions d'efcarmouche avant qu'on en vienne aux mains.

L'Uniforme ou habit d'Or-donnance.

En ce qui concerne les habits, l'Uniforme ou habit d'Ordonnance eft toujours d'écarlate galonné d'or avec quelque argent mêlé, pour diftinguer les Chevaux-Legers des Gendarmes, qui ont tous les galons d'or. Le Roy decide lui-même du goût de l'habillement fur les modeles qu'on lui porte. Les paremens ont été long-tems de velours; on les a laiffez pendant quelques années; mais on les a repris au dernier habillement de 1714.

Tous les Officiers font plus ou moins galonnez felon leur dignité. Le manteau des Chevaux Legers eft auffi de l'Uniforme. Il eft de même étoffe & de même galon que l'habit, & galonné plus ou moins, felon les Charges & les modeles agréez par le Roy.

La Compagnie prend tous les Uniformes, foit pour les habits, foit pour l'équipage des chevaux en toutes fortes de fervices, à l'exception des grands Officiers, des deux Aydes-Majors & des Maréchaux des logis, qui ne font obligez d'être en Uniforme que pour les fervices chez le Roy, ou chez les Enfans de France, ou dans les revûës faites par les Princes ou par le Capitaine-Lieutenant, ou par le General d'armée. Hors le fervice les Chevaux-Legers font vêtus comme les Officiers des troupes, & ainfi que bon leur femble.

Il n'y a point d'uniforme pour la couleur des chevaux, comme il y en a dans les deux Compagnies des Moufquetaires; mais il y en a pour les fourreaux de piftolets & pour les houffes, fuivant l'uniforme des habits.

Il y a dans cette Compagnie un Timballier & quatre Trompettes.

Chaque Chevau-Leger peut avoir autant de chevaux qu'il veut & fuivant la dépenfe qu'il juge à propos de faire. Auffi dans les diftributions de fourage & de grain, donne-t-on à l'Efcadron cinq cents rations, ou du moins quatre cents cinquante, quand les fourages font moins abondans. Il doit avoir au moins deux chevaux à monter, afin que l'un étant bleffé,

il

DE LA MILICE FRANÇOISE. Liv. X.

il puisse se servir de l'autre. Il n'est pas permis au Chevau-Leger étant en marche, de porter sur la croupe de son cheval autre chose que son manteau d'ordonnance pour ne le pas blesser.

Quand quelqu'un se presente au Capitaine-Lieutenant pour être reçû dans la Compagnie en qualité de Chevau-Leger, le Capitaine-Lieutenant après les informations faites, le presente au Roy. Si Sa Majesté agrée le Chevau-Leger, le Capitaine-Lieutenant lui expedie un Brevet en parchemin en son nom, sur lequel il est reçû. *Quelques autres particularitez concernant la Compagnie.*

Quand il s'agit de donner quelque ordre qui regarde le service à un Chevau-Leger absent, le Capitaine-Lieutenant lui écrivant use de ces termes au haut de la lettre & à la fin : *Monsieur mon Compagnon*, & signe, *votre affectionné serviteur*. Cet usage peut venir de ce que le Capitaine-Lieutenant a eu autrefois une place de Chevau-Leger & la païe de Chevau-Leger par-dessus ses appointemens, ainsi que je l'ai dit en parlant des anciens Gendarmes : mais je crois que cela vient encore de plus loin, & de ce qu'anciennement tous les Gendarmes étant Gentils-hommes, le Commandant de chaque Compagnie leur donnoit ce titre de *Compagnon*, leur faisant l'honneur de les traiter comme ses *Compagnons d'armes* ; titre que nos anciens Chevaliers prenoient quelquefois à l'égard les uns des autres. En vertu duquel ils s'engageoient à se secourir reciproquement & à ne se point quitter dans les occasions. Cette qualité de *Compagnon* passa de l'ancienne Gendarmerie dans les Compagnies d'ordonnance, & y est demeurée. *Titre de Compagnon donné aux Chevaux-Legers par le Capitaine-Lieutenant. Origine de ce stile.*

On ne donne point de Lettres d'Etat à un Chevau-Leger que sur le certificat du Capitaine-Lieutenant, par lequel il conste qu'il a au moins une année de service, & on ne lui en accorde point qu'il ne soit actuellement dans le service.

Le Roy ne monte que le Timballier. Celui-cy est d'ailleurs habillé, & les quatre Trompettes aussi tous les deux ans, suivant les ordres du grand Ecuyer de France.

HISTOIRE

Liste des Capitaines-Lieutenans des Chevaux-Legers de la Garde.

Monsieur de la Curée en 1593. Il étoit Lieutenant de la Compagnie des Chevaux-Legers du Roy Henri IV, lorsque ce Prince prit cette Compagnie pour sa garde. C'étoit un des plus renommez Officiers des Troupes.

Monsieur de Brantes, Duc de Luxembourg par sa femme, heritiere de cette grande Maison, étoit Capitaine-Lieutenant des Chevaux Legers en 1621, à l'attaque de Clerac. Il l'étoit encore en 1629, à la journée du pas de Suze. Il mourut en 1630. Il étoit frere du Connétable de Luynes, & le Roy Loüis XIII acheta lui-même la Charge de M. de la Curée, pour l'en revêtir.

Monsieur le Maréchal de Schomberg, en 1630 ou peu après. Il l'étoit encore en 1651. Il étoit en même-tems Colonel General des Suisses.

Monsieur de saint Mesgrin étoit Capitaine-Lieutenant des Chevaux-Legers en 1652. Il fut tué à la bataille de saint Antoine en 1652.

Memoires d'Artagnan T. 2, p. 113. Monsieur de Mancini, l'aîné des neveux du Cardinal Mazarin, en 1652. Il n'exerça point cette Charge, parce qu'il mourut des blessures qu'il avoit reçuës à la même bataille de saint Antoine.

Monsieur de Navailles, depuis Duc & Maréchal de France, fut Capitaine-Lieutenant en 1653. Il l'étoit encore en 1663.

Monsieur le Duc de Chaulnes l'étoit en 1666, & il l'étoit encore en 1669. Il fut Lieutenant General & chargé de diverses ambassades.

Monsieur le Duc de Chevreuse étoit Capitaine-Lieutenant en 1672, il l'étoit encore en 1701.

Monsieur le Duc de Montfort, fils du précedent, l'étoit en 1704. Il fut tué après avoir fait entrer un convoi d'argent dans Landau, assiegé par les ennemis, qui l'attaquerent au retour en 1704.

Monsieur le Duc de Chaulnes, frere du précedent, en 1704. Il l'est encore en 1721. C'est le cinquiéme de sa Maison qui a possedé cette Charge.

DE LA MILICE FRANÇOISE. *Liv. X.*

Monsieur le Vidame d'Amiens, fils du Duc de Chaulnes, reçû en survivance en 1717. C'est le sixiéme de sa Maison qui ait été honoré de cette Charge.

On peut voir par tout ce que je viens de dire de la Compagnie des Gendarmes & de la Compagnie des Chevaux-Legers de la Garde, que la police de ces deux Corps est à peu près la même. J'ai fait de certains détails en traitant de l'un, que je n'ai point faits en traitant de l'autre, & reciproquement, parce que j'ai suivi les divers Memoires qui m'ont été fournis par les Officiers des deux Compagnies : mais presque generalement parlant, tout ce que j'ai dit en ne marquant point qu'il fût particulier à une des deux Compagnies, convient également à l'autre.

CHAPITRE IV.
Histoire des deux Compagnies des Mousquetaires de la Garde du Roy.

CEs deux Compagnies sont composées pour la plûpart de jeunes Seigneurs & Gentils-hommes. C'est comme la premiere école où ils apprennent communément le métier de la guerre, & font leurs premieres armes. Quantité d'Officiers, sur tout ceux de Cavalerie & ceux des principaux Regimens d'Infanterie, y ont fait leur apprentissage. Plusieurs demeurent dans le Corps, & parviennent avec le tems aux Charges, aux pensions, & aux prérogatives que le feu Roy y a attachées.

Ils se sont infiniment distinguez dans les sieges, sur tout depuis la campagne de 1672. Ils étoient devenus la terreur des ennemis dans ces occasions, & rien ne fut plus admirable que la maniere dont ils emporterent Valenciennes l'an 1677. La valeur des Mousquetaires & la prudence de leurs Officiers les rendirent également recommandables en cette rencontre.

Valeur des Mousquetaires.

Elles sont depuis long-tems sur le même pied. Elles ont pareil nombre d'Officiers & de même espece. Il y a autant de Mousquetaires dans l'une que dans l'autre, ils font le même service à la Cour, à l'armée, dans leurs Hôtels. Ils ont même solde, mêmes pensions, mêmes prérogatives. Les mêmes

Etat des deux Compagnies des Mousquetaires en 1715. Elles sont sur le même pied.

changemens se font faits sous le Regne de Loüis le Grand dans les deux Compagnies.

Le Roy en est le Capitaine.

Le Roy est lui-même Capitaine des deux Compagnies, comme il l'est des Gendarmes & des Chevaux-Legers de la Garde : & ceux qui les commandent portent le titre de Capitaine-Lieutenant.

Officiers des Mousquetaires.

Il y a deux Sous-Lieutenans, deux Enseignes, deux Cornettes, huit Maréchaux des logis, quatre Brigadiers, seize Sous-Brigadiers, un Porte-Etendart, un Porte-Drapeau, deux cents cinquante Mousquetaires dans chaque Compagnie, y compris les Brigadiers, les Sous-Brigadiers, &c. Mais durant la guerre on en reçoit autant qu'il s'en presente, pourvû qu'ils aïent les conditions requises. Ces surnumeraires ont leur solde tandis qu'ils font le service: mais la guerre étant finie, ils ne l'ont plus, & attendent leur rang pour entrer en païe & dans le nombre des 250. Il y a dans chaque Compagnie six tambours & quatre hautbois : ils n'ont point de timballes ni de trompettes.

Outre les Officiers que je viens de nommer, il y en a un dans chaque Compagnie qui fait les fonctions de Major; mais les Commandans ont toûjours fait & font encore exercer cette commission par qui bon leur semble. Tel étoit l'etat des deux Compagnies des Mousquetaires en 1715.

Service des Mousquetaires.

Ils servent à pied & à cheval, l'exercice & les revûës se font de l'une & de l'autre maniere, tantôt en bataillon, tantôt en escadron. Lorsque la revûë ou l'exercice se fait à pied & en bataillon, le drapeau est déploié, & il a la droite sur l'étendart. Au contraire quand la revûë ou l'exercice se fait à cheval & en escadron, l'étendart est déploié, & il a la droite sur le drapeau.

L'an 1689, lorsque Monseigneur le Duc de Bourgogne entra Mousquetaire, les deux Compagnies camperent à Versailles; & ce Prince tout jeune qu'il étoit, fit l'exercice en presence du Roy. Le Marquis de Quinci, alors Sous-Brigadier de la seconde Compagnie, le tenoit par la main. Ce Prince avoit de l'inclination pour cette Compagnie; mais pour ne point causer de jalousie, il avoit deux habits d'Ordonnance qu'il mettoit alternativement, & la soubreveste avoit quelque chose des deux Compagnies.

Tous les ans le feu Roy passoit les deux Compagnies en

DE LA MILICE FRANÇOISE. *Liv. X.* 213

revûë, quelquefois à pied, quelquefois à cheval, comme il lui plaifoit de l'ordonner. Il les a toûjours paffées à cheval durant les dernieres guerres.

Les Moufquetaires vont à l'armée en détachement, quand le Roy l'ordonne, avec les autres troupes de la Maifon du Roy, qui font toûjours commandées par un Officier des troupes de la Maifon.

Il y a par tour un Moufquetaire à l'Ordonnance chez le General. Il le fuit par tout & mange à fa table.

Dans le tems que le Roy alloit à l'armée, les deux Compagnies de Moufquetaires campoient en fon quartier, le plus près de fon logis qu'il fe pouvoit ; la premiere à la droite, & la feconde à la gauche avec leurs Etendarts. Quand le Roy vouloit fe promener, ils l'accompagnoient, foit par détachement, foit tous en efcadron : & cela s'eft fait encore pour feu Monfeigneur, quand il commandoit l'armée où il n'y avoit qu'un détachement de cent cinquante Moufquetaires de chaque Compagnie fans Etendarts. Depuis les Etendarts ont marché avec le détachement. *Service des Moufquetaires à l'armée quand le Roy y étoit.*

Le Roy étant à l'armée, un efcadron de fa Maifon montoit la garde auprès de fon logis ou de fa tente, en commençant par les Gardes du Corps, qui étoient relevez par les Gendarmes ; ceux-ci par les Chevaux-Legers, & le tour finiffoit par l'efcadron de la feconde Compagnie des Moufquetaires: mais il faut remarquer ici en paffant, que la Compagnie des Gendarmes Ecoffois montoit cette garde après les Chevaux-Legers & avant les Moufquetaires, quoiqu'elle ne foit pas de la Garde du Roy : c'eft un droit des Gendarmes Ecoffois qu'ils fe font confervé. *Rang des Gendarmes Ecoffois avant les Moufquetaires.*

Quand le Regiment des Gardes ne fuivoit pas, ou qu'il fe trouvoit trop éloigné du lieu où le Roy étoit, les Moufquetaires montoient la garde à pied par Brigades, ou en plus grand nombre felon que Sa Majefté l'ordonnoit, avec les Officiers à proportion. Ceux de la Garde avoient bouche à Cour, & les deux Compagnies fe relevoient tour à tour, comme les Regimens des Gardes Françoifes & Suiffes.

Les Etendarts des Moufquetaires font gardez à la tête de la Compagnie par un Sous-Brigadier & douze Moufquetai-

D d iij

res avec leurs fusils. Ils couchent à l'Etendart qu'ils gardent l'épée à la main & bottez, & sont relevez le soir à la retraite.

Dans les diverses campagnes les Mousquetaires ont servi aux sieges, tantôt à cheval pour la garde de la tranchée, tantôt à pied aux attaques des dehors : & c'est dans ces actions de vigueur où ils se sont le plus signalez.

Dans les batailles ils ont combattu à cheval & en escadron. Cependant à la journée de Cassel, comme on rangeoit l'armée en bataille, & que les Mousquetaires alloient prendre leur poste, M. le Maréchal d'Humieres aïant apperçû derriere des hayes trois bataillons des ennemis, il fit mettre pied à terre aux Mousquetaires, qui tout bottez qu'ils étoient, donnerent sur ces bataillons, secondez d'une partie du Regiment de Navarre, les défirent, & remontant à cheval, allerent ensuite se ranger à l'endroit qui leur étoit destiné dans l'ordonnance de la bataille.

Ils combattirent d'abord à pied, & puis à cheval à la bataille de Cassel.

En 1665, on fit un détachement de quatre cents Mousquetaires qui furent joints aux autres troupes que M. de Pradel conduisit au secours des Hollandois contre l'Evêque de Munster. Les deux Compagnies étoient alors chacune sur le pied de trois cents Mousquetaires.

Détachement des Mousquetaires pour le secours des Hollandois contre l'Evêque de Munster.

En 1669, il s'en fit un autre détachement pour le secours de Candie. Il étoit de cent quatre Mousquetaires de la premiere Compagnie sous les ordres de M. de Maupertuis alors Cornette de cette Compagnie : il y avoit aussi un détachement de la seconde.

Un autre pour le secours de Candie.

Pour ce qui est du service de la Cour en quelque endroit que soit le Roy, il y a tous les jours un Mousquetaire de chacune des deux Compagnies qui va à l'ordre. Ils se placent ordinairement à l'entrée de la Chapelle, & s'il y a quelque ordre à donner, le Roy le leur donne. Les deux Mousquetaires y sont en habit d'ordonnance, & rapportent à l'Hôtel ou au quartier des Mousquetaires l'ordre qu'ils ont reçû. Ils sont bottez en attendant l'ordre. Autrefois avant qu'ils eussent la soubreveste, ils avoient la casaque sur l'épaule & sur le bras gauche dans cette fonction.

Leur service à la Cour.

Quant au service dans les deux Hôtels des Mousquetaires, il se réduit à peu de chose. Il y a toûjours un Officier de jour à

Leur service dans leurs Hôtels.

DE LA MILICE FRANÇOISE. *Liv. X.* 215

commencer par le premier Maréchal des logis, & à finir par le dernier Brigadier, à qui on rend compte de ce qui arrive. Il y a aussi un Sous-Brigadier de garde avec quatre Mousquetaires aux écuries, pour qu'on ait soin des Chevaux, de les faire panser, de leur fournir le foin & l'avoine & tout ce qu'il faut aux heures marquées. Le Sous-Brigadier & les quatre Mousquetaires couchent aux écuries, & sont relevez le matin. Tel est le service des Mousquetaires à l'armée, à la Cour & aux Hôtels. Je vais maintenant traiter séparément de l'institution des deux Compagnies.

J'ai eu beaucoup de peine à parvenir jusqu'à découvrir la premiere origine de cette Compagnie, d'autant qu'aïant été instituée dès la treiziéme année du Regne de Loüis XIII, il n'y a plus d'Officiers du Corps de ce tems-là, & que leurs successeurs ne paroissent pas s'être mis fort en peine de conserver le souvenir de cette Epoque. Cependant après bien des recherches inutiles, enfin lisant les Memoires de Puisegur, j'y trouvai ce que je cherchois depuis long-tems : sçavoir, que la premiere Compagnie des Mousquetaires fut instituée par Loüis XIII l'an 1622. Voici l'extrait de ces Memoires qui regarde cette institution.

De l'institution de la premiere Compagnie.

Institution de la premiere Compagnie des Mousquetaires en 1622.
Memoires de Puisegur p. 44, sous l'an 1622.

« Après cela, dit l'Auteur, (c'est-à-dire après la réduction
» de Montpellier) le Roy marcha droit à Avignon, & pen-
» dant sa marche il ôta les carabines à sa Compagnie de Ca-
» rabins, & leur fit bailler des mousquets, & donna la Com-
» pagnie vacante par la mort du Capitaine au Sieur de Mon-
» talet, la Lieutenance au Sieur de la Vergne, & la Cornet-
» te au Sieur de Montalet, qui portoit le même nom que le
» Sieur de Montalet son oncle qui mourut empoisonné à
» Negrespelice, étant Capitaine des Carabins, & qui fut lui-
» même après ledit Sieur de Montalet Capitaine desdits
» Mousquetaires. Sa Majesté demanda à M. d'Espernon six
» de ses Gardes, pour mettre dans ladite Compagnie ; elle
» voulut, & je puis même dire qu'elle me força de pren-
» dre une casaque de Mousquetaire. La difficulté que j'en
» faisois, n'étoit pas que je ne sçusse fort bien que ce m'étoit
» un grand honneur d'être dans la Compagnie ; mais j'ap-
» prehendois fort que cela ne m'éloignât de la Charge d'En-

» seigne qui m'avoit été promise à Montpellier. Sa Majesté
» m'assûra que cela ne me reculeroit pas, & qu'il me mettoit
» dans ses Mousquetaires, parce qu'il sçavoit bien que j'étois
» un vaillant homme & qui avoit fait de belles actions. Qu'il
» étoit resolu de ne mettre que des Gentils-hommes dans
» cette Compagnie qu'il prendroit dans ses Gardes, com-
» me aussi quelques soldats de fortune ; mais qu'il ne vouloit
» pas en prendre qu'ils n'eussent servi & qui ne se fussent
» trouvez aux occasions, desirant après cela, quand ils au-
» roient été pendant quelque tems dans la Compagnie, les
» en tirer, & les disperser dans les vieux & petits Regimens, &
» leur donner même des Enseignes & des Lieutenances dans
» les Gardes; & lorsqu'ils seroient dans un de ces degrez, il ne
» leur feroit point de tort quand les Charges au-dessus d'eux va-
» queroient, pour monter aux Compagnies, & qu'il me promet-
» toit de me donner la premiere Enseigne; ce qu'il fit dix-huit
» mois après que je fus entré dans ladite Compagnie des Mous-
» quetaires. C'est là tout ce que M. de Puisegur dit sur cet article.

Le premier Commandant sous le titre de Capitaine fut Montalet, il eut pour successeur un autre Officier de même nom, qui avoit d'abord eu la Cornette de la Compagnie : celui-ci étoit Capitaine des Mousquetaires en 1627 au secours du fort de l'Isle de Ré. Montalant succeda au second Montalet, & étoit encore Capitaine en 1634.

Cette même année il donna la démission de sa Charge : & ce fut alors que le Roy se fit Capitaine de la Compagnie des Mousquetaires, & que le Commandant prit le titre de Capitaine-Lieutenant. C'est ce que témoigne l'Historien Dupleix sous cette année. » Le Roy Loüis XIII, dit-il, par ses Let-
» tres du 3 d'Octobre, la Charge de Capitaine des cent Mous-
» quetaires étant vacante par la démission volontaire du
» Sieur de Montelan *, s'en fit lui même le Capitaine ; il fit
» Capitaine-Lieutenant M. de Troisvilles, du Bois Sous-
» Lieutenant, & Goulard Cornette.

M. de Bassompierre dans ses observations sur l'Histoire de Dupleix, le contredit sur l'article du Cornette : il dit qu'il n'y en avoit point; mais qu'il y avoit seulement un Maréchal des logis, qui étoit le Sieur Goulard. Je ne sçay si la critique du Maréchal

Mercure François T. 4, p. 169.

Le Roy Loüis XIII se fit Capitaine de la premiere Compagnie des Mousquetaires en 1634.
Dupleix sous l'an 1633.
* C'est Montalant.

Maréchal est juste en cet endroit, car M. de Puisegur qui étoit de la Compagnie, dit expressément qu'il y avoit un Cornette, & le Rôle de 1640 met aussi le sieur Goulard Cornette. J'y trouve deux Sergens dans le Rôle de la Cour des Aydes de l'an 1643.

Ce M. de Troisvilles, qui depuis se fit appeller Treville, étoit un Gentil-homme de Bearn, homme, selon les memoires d'Artagnan, aussi estimable par l'esprit que par la valeur & la sagesse, qui fit sa fortune par son merite en s'attachant toûjours au Roy Loüis XIII, sans s'embarrasser de faire sa cour au Cardinal de Richelieu. Ce Ministre par cette raison ne l'aimoit pas, & cette aversion du Cardinal étoit un motif pour le Roy, d'avoir plus d'attachement & de consideration pour Treville. La Compagnie des Mousquetaires étoit très-belle, & le Cardinal avoit une Compagnie de Gardes composée aussi de très-braves gens. Il y avoit une émulation entre ces deux Compagnies qui alloit jusqu'à la jalousie, de sorte que très-souvent il y avoit des querelles & des combats entre les Mousquetaires du Roy & les Gardes du Cardinal. C'étoit un plaisir pour le Roy d'apprendre que les Mousquetaires avoient mal-mené les Gardes, & le Cardinal pareillement s'applaudissoit quand les Mousquetaires avoient eu du dessous. Comme les duels étoient défendus, on faisoit aisément passer ceux des Mousquetaires & des Gardes du Cardinal pour des rencontres. Le Cardinal en prit occasion de faire quelques tentatives, pour faire casser la Compagnie des Mousquetaires, mais il ne réüssit pas.

Eloge de M. de Treville premier Capitaine-Lieutenant des Mousquetaires.

Quand il fut mort, Treville n'eut guères plus de complaisance pour le Cardinal Mazarin. Ce nouveau Ministre par d'autres vûës lui proposa de donner la démission de sa Charge: il le refusa, & voïant qu'il perseveroit toûjours dans son refus, il fit casser la Compagnie en 1646. Les Lettres de cassation portent que c'étoit pour épargner *une dépense des moins necessaires*: mais la veritable raison étoit le refus de la démission de la Charge que le Cardinal Mazarin vouloit donner à un de ses neveux.

La premiere Compagnie des Mousquetaires est cassée.

Le Roy rétablit cette Campagnie en 1657 au mois de Janvier. Le Duc de Nevers neveu du Cardinal en fut fait Capi-

Elle est rétablie.

taine-Lieutenant, & l'on donna comme en dédommagement à Treville le Gouvernement du pays de Foix pour lui, la Cornette des Mousquetaires pour son fils cadet, & l'Abbaye de Montirandé pour son fils aîné qui avoit pris le parti de l'Eglise.

Officiers des Mousquetaires au rétablissement de la Compagnie.

Dans ce rétablissement la Compagnie eut pour Officiers un Capitaine-Lieutenant, un Sous-Lieutenant, un Enseigne & deux Maréchaux des logis. On ajoûta un Cornette en 1658. Le nombre des Mousquetaires fut de 150.

A M. le Duc de Nevers succeda M. d'Artagnan, au mois de Janvier de l'an 1667. A M. d'Artagnan, qui fut tué au

Mercure François T. 14, p. 169. Etat de la France imprimé en 1650. Dupleix loc. cit.

siege de Maestrik, succeda M. le Bailli de Fourbin, au mois de Juin 1673; & à celui-cy M. de Maupertuis en 1684.

Le nombre des Mousquetaires fut d'abord de cent. Ils n'étoient pas au moins en plus grand nombre en 1627. Quelque tems avant que la Compagnie fût cassée, ils furent cent trente. Et dans le tems de cette cassation ils n'étoient que cent. Le Roy les rétablit sur le pied de cent cinquante.

Mercure François loc. cit.

Dans le premier tems le service des Mousquetaires à la Cour étoit borné à la garde du Roy quand il sortoit. Ils marchoient à cheval deux à deux devant tous les autres Gardes. A l'armée ils combattoient comme aujourd hui, à cheval & à pied. Ils étoient à pied au secours du Fort de l'Isle de Ré.

Epoque de l'institution de la seconde Compagnie.

La seconde Compagnie fut instituée en qualité de Mousquetaires de la Garde du Roy, l'an 1660 : elle étoit auparavant au Cardinal Mazarin, sous le titre de Compagnie de ses Mousquetaires : ce Cardinal les donna au Roy cette même année; car il est dit dans la relation de l'entrée de la Reine à Paris, qui se fit au mois d'Août, qu'en cette entrée *la Compagnie des Mousquetaires que son Eminence a donnée au Roy, commandée par les Sieurs de Marsac & de Montgaillard, étoit suivie de la Compagnie des anciens Mousquetaires.*

La seconde Compagnie des Mousquetaires ne fut montée qu'en 1663, pour aller en Lorraine à l'expedition de Marsal, qui fut pris par le Maréchal de la Ferté. Elle n'eut pas d'abord le Roy pour Capitaine. Mais le Sieur de Marsac aïant vendu sa Compagnie à M. Colbert-Maulevrier, frere du Miniſtre, Capitaine au Regiment des Gardes à la fin de 1664, un Commiſſaire vint par ordre du Roy à Charenton où étoit le quartier des Mouſquetaires de cette Compagnie, caſſa tous les Officiers & Mouſquetaires, & en même-tems la rétablit ſur le pied de la premiere.

La ſeconde Compagnie eſt miſe ſur le même pied que la premiere.

Le Roy au mois de Janvier de l'an 1665 s'en fit le Capitaine, comme il l'étoit de la premiere Compagnie. M. de Maulevrier prit la qualité de Capitaine-Lieutenant ; la Sous-Lieutenance fut donnée à M. de Montbron ; la Cornette à M. le Comte de Marſan, & l'Enſeigne à M. de Florenſac.

Le Roy ſe fait Capitaine de la ſeconde Compagnie.

L'inſtallation de M. Colbert en qualité de Capitaine-Lieutenant ſe fit avec ceremonie. Les deux Compagnies étoient en bataille dans la cour du vieux Louvre ; le Roy lui ordonna de marcher à la tête de la premiere en défilant, chaque Officier ſelon ſon rang étant dans les diviſions, comme ſi les deux Compagnies n'en avoient fait qu'une.

Inſtallation de M. Colbert-Maulevrier en qualité de Capitaine-Lieutenant.

Elle eut d'abord ſon quartier à Nemours, & puis à Charenton, & divers autres ſucceſſivement : elle eſt maintenant logée à l'Hôtel que le Roy a fait bâtir il y a quelques années au fauxbourg ſaint Antoine.

Dès que cette Compagnie fut ſous les ordres de M. de Maulevrier, comme il étoit frere du Miniſtre, tout ce qu'il y avoit de gens de qualité s'empreſſerent pour y faire entrer leurs enfans. Il n'y eut rien de plus beau que cette Compagnie, & elle l'emporta de beaucoup ſur la premiere. Ce grand feu paſſa après quelques années. Les deux Compagnies revinrent à peu près ſur le même pied toûjours bien entretenuës : mais ce fut la jeune Nobleſſe ordinaire qui en fit, pour ainſi dire, le fonds, comme aujourd'hui.

Les Mouſquetaires, étoient dès l'an 1663, au nombre de trois cents dans chaque Compagnie, & l'an 1668 après la conquête de la Franche Comté, ils furent fixez à deux cents cinquante ſur les Etats. Ils ont été juſqu'à la fin du Regne du feu Roy ſur ce pied, excepté, comme je l'ai déja dit, qu'on recevoit des ſurnumeraires en tems de guerre autant qu'il s'en preſentoit.

Changemens arrivez dans les deux Compagnies.

Il n'y eut d'abord pour premiers Officiers qu'un Capi-

220 HISTOIRE

Doublement des Officiers. taine-Lieutenant, un Sous-Lieutenant, un Enseigne & un Cornette : mais l'an 1693 le Roy doubla le Sous-Lieutenant, l'Enseigne & le Cornette : & il y a eu depuis ce tems-là deux Sous-Lieutenans, deux Enseignes & deux Cornettes.

Jusqu'en 1692, il n'y avoit que six Maréchaux des logis ; le Roy en ajoûta deux cette année-là au mois de Mai ; & il y en a eu huit depuis ce tems-là. Le nombre de Brigadiers a été augmenté jusqu'à seize. En 1675 le Roy institua des Commissions de Porte-Etendart & de Porte-Drapeau avec pension. Ces Commissions sont exercées par deux Mousquetaires.

Les deux Compagnies des Mousquetaires ont rang dans la Maison du Roy après les Gardes du Corps, les Gendarmes *La premiere Compagnie a la préseance sur la seconde.* & les Chevaux-Legers. La premiere Compagnie des Mousquetaires a la préseance sur la seconde : & les Officiers de la premiere commandent les Officiers de la seconde de même espece.

Rang des Officiers des Mousquetaires. Par rapport aux autres Corps, les Capitaines-Lieutenans des Mousquetaires, & les autres Officiers des deux Compagnies ont eu, par l'Ordonnance du Roy du premier Mars 1718, les mêmes prérogatives des Capitaines-Lieutenans & des autres Officiers des Gendarmes de la Garde & des Chevaux-Legers de la Garde, dont j'ai fait mention en traitant de la Compagnie des Gendarmes de la Garde.

La premiere Compagnie avoit droit de Committimus, comme les autres Commensaux du Roy, ainsi qu'on le voit par la Declaration de Sa Majesté donnée à Paris le 26 de Novembre 1643, qui est à la Chambre des Comptes. Mais il ne fut point fait mention de ce Privilege dans le rétablissement de cette Compagnie en 1657.

Maniere dont les Officiers sont reçûs. Le Capitaine-Lieutenant est reçû & mis en possession de sa Charge à la tête de la Compagnie, par le Roy même, qui ordonne aux Officiers & aux Mousquetaires, de lui obeïr en tout ce qui regarde son service.

Les autres Officiers sont reçûs en presence de Sa Majesté, lorsqu'il fait la revûë.

Les Charges se vendoient autrefois ; celle de Capitaine Lieutenant plus de 200000 livres, & les autres à proportion

DE LA MILICE FRANÇOISE. *Liv. X.*

Depuis le Roy Loüis XIV les donnoit & faifoit monter les Maréchaux des logis. Il y a plufieurs années qu'il regla que lorfqu'il y auroit des Cornettes vacantes, elles feroient remplies alternativement par un Maréchal des logis & par un Colonel de Cavalerie, comme il fe pratique dans les Gardes du Corps à l'égard des Enfeignes : mais jufqu'à la fin de fon Regne les Cornettes ont toûjours été données aux Maréchaux des logis des Moufquetaires.

Le Capitaine-Lieutenant a de païe 300 livres par mois comme Lieutenant, & 600 livres comme Capitaine, qui appartiennent au Roy en cette qualité, mais que Sa Majefté lui cede.

Il a outre cela 6000 livres de penfion.

Les Sous-Lieutenans, les Enfeignes, les Cornettes & jufqu'au Porte-Etendart, outre leur païe, ont pareillement des penfions, à proportion de leur grade.

L'an 1688, le Roy accorda des penfions aux cinquante-deux des plus anciens Moufquetaires, inégales, felon leur ancienneté. Toutes ces penfions font attachées au Corps.

Des armes, des Drapeaux, des Tambours, &c. des Moufquetaires.

Armes des Moufquetaires.

Les Moufquetaires ne fe fervoient autrefois que de moufquets; & c'eft de là que leur eft venu le nom qu'ils portent. Les Brigadiers & les Sous-Brigadiers dans la fuite prirent des fufils. Depuis plufieurs années les Moufquetaires ont eu auffi des fufils à l'armée, & ne fe fervoient de moufquets que dans les revûës. Aujourd'hui ils ne s'en fervent plus du tout. Leurs armes donc font le fufil, l'épée, & les piftolets. Le Roy fourniffoit autrefois le moufquet : mais les Moufquetaires fe fourniffent aujourd'hui de fufils.

Leurs Drapeaux & Etendarts.

Les Drapeaux des Moufquetaires font beaucoup plus petits que ceux de l'Infanterie. L'Etendart eft de la grandeur ordinaire des autres Etendarts, fa figure eft quarrée.

Le Drapeau & l'Etendart font à fond blanc : ceux de la premiere Compagnie ont pour devife une bombe en l'air, fortie de fon mortier & tombant fur une ville, avec ces mots : *quò ruit & lethum*; pour exprimer qu'en chargeant les ennemis, ils y portent la mort & le ravage, comme fait la bombe par tout où elle tombe.

La devife de l'Etendart & du Drapeau de la feconde Compagnie est un faisceau de douze dards empennez la pointe en bas, avec ces mots: *Alterius Jovis altera tela*. Cela veut dire, que le Roy aïant ajoûté cette seconde Compagnie à la premiere, elle lui tiendra lieu d'un nouveau foudre de guerre, quand il faudra combattre les ennemis de l'Etat.

Quand le Roy rétablit la premiere Compagnie en 1657, on y mit un Trompette. Il y a beaucoup d'apparence qu'il y en avoit eu un dès sa premiere institution. On ôta le Trompette vers l'an 1663, & l'on mit cinq tambours & un fifre.

Hautbois & tambours.
En 1665 on mit trois hautbois dans les deux Compagnies, dans la suite on ôta le fifre, & on ajoûta un sixiéme tambour & un quatriéme hautbois. Les tambours des Mousquetaires sont beaucoup plus petits que ceux de l'Infanterie, & battent d'une maniere toute differente & beaucoup plus gaïe. Les Mousquetaires sont la seule troupe de Cavalerie de la Maison du Roy, où il n'y ait ni trompettes ni timballes.

Habit d'ordonnance des Mousquetaires. P. 44.
Les Mousquetaires dès l'institution de la premiere Compagnie eurent la casaque, comme le dit M. de Puisegur dans ses Memoires en parlant de cette institution. C'étoit l'unique Uniforme qui les distinguât: car alors on ne se mettoit pas encore fort en peine de l'uniformité des habits dans les troupes.

Depuis le rétablissement de la premiere Compagnie, elle fut encore quelque tems sans avoir d'autre habit d'ordonnance que la casaque, qui étoit toûjours portée par les Mousquetaires dans les exercices & dans les revûës. Quand le Roy vouloit faire quelque revûë d'éclat, il ordonnoit de quelle façon il vouloit qu'on fût habillé. Une fois il ordonna que la Compagnie fût en buffle; & les plus riches des Mousquetaires mirent quantité de diamans sur les manches. Une autre fois il leur ordonna de s'habiller de velours noir.

L'Uniforme établi dans les deux Compagnies.
Quand le Roy eut institué la seconde Compagnie, qu'il s'en fut fait Capitaine en 1665, & qu'il l'eut mise sur le même pied que la premiere; l'Uniforme fut dans chaque Compagnie, & elles avoient chacune le leur particulier. Mais après le siege de Maestrik l'an 1673, le Roy ordonna que les deux Compagnies auroient le même Uniforme, excepté que la premiere portoit le galon d'or, & la seconde mêloit de l'argent avec de l'or.

Mousquetaire en habit d'ordonnance

DE LA MILICE FRANÇOISE. *Liv. X.* 223

En 1677 les habits furent d'écarlate, & ils en ont toûjours été depuis avec differentes manieres de galon & de broderie. Les poches du juste-au-corps furent en long, & ils les portent encore aujourd'hui de même.

Les casaques étoient fort courtes, & tomboient seulement sur la croupe du cheval. Le Roy pour son entrée à Paris après son mariage en 1660, en fit faire de magnifiques, qui sont encore conservées à Vincennes. Depuis, comme il a fallu aller à la guerre, on a fait les casaques de la longueur du manteau, descendant au-dessous du genouil ; elles ont quatre croix ; une au derriere de la casaque, une à chaque côté, & une au devant séparée en deux, la moitié d'un côté, & la moitié de l'autre.

Casaque des Mousquetaires.

L'an 1688, comme on quittoit les casaques depuis quelques années, lorsqu'on faisoit l'exercice devant le Roy, parce qu'elles incommodoient les Mousquetaires, il ordonna les soubreveftes qui sont comme des juste-au-corps sans manches. Elles sont bleuës & galonnées comme les casaques. Elles ont une croix devant & une derriere, qui sont de velours blanc, bordées d'un galon d'argent, les fleurs de lys aux angles de la croix sont de même, le devant & le derriere des soubreveftes s'accrochent au côté par des agraphes.

Institution des soubreveftes.

Une autre raison encore détermina le Roy aux soubreveftes ; c'est qu'en combattant à pied, ils n'avoient pas la casaque, & en combattant à cheval, ils l'avoient rejettée derriere les épaules. Cela faisoit qu'ils n'étoient pas si aisément reconnus pour ce qu'ils étoient. Et comme on avoit remarqué en diverses occasions que cette troupe, par sa seule presence, jettoit la terreur dans les ennemis, ainsi qu'il est arrivé à la bataille de Cassel, on jugea à propos de leur donner un habillement distingué & particulier, qui les fît reconnoître au premier coup d'œil.

Non seulement les Mousquetaires, mais encore les Sous-Brigadiers, les Brigadiers & les Maréchaux des logis portent la soubrevefte ; il n'y a que les Officiers Superieurs qui ne la portent point.

Les casaques & les soubreveftes des Mousquetaires de la premiere Compagnie, ne sont differentes de celles de la seconde, qu'en ce que les flammes qui sont dans les angles des croix, font rouges pour la premiere avec trois rayons, & celles de la feconde font de feüille morte & à cinq rayons. Les chapeaux des Moufquetaires de la premiere font galonnez d'or, & ceux de la feconde d'argent. Le Roy fournit la cafaque & la foubrevefte; & on rend l'une & l'autre quand on quitte la Compagnie.

Les hauts Officiers ont des jufte-au-corps d'écarlate avec des veftes, des houffes & des bourfes de piftolets brodées.

Les Moufquetaires portoient autrefois de groffes bottes, comme la Cavalerie : mais en 1683, le Roy voulut qu'ils euffent des bottes aifées de vache retournée, avec un éperon attaché derriere, & ordonna que dans les voyages de Sa Majefté, où ils faifoient la fonction du Regiment des Gardes, ils monteroient la garde bottez : mais ces fortes de bottes aïant mauvaife grace, ils ont porté depuis des bottes demi-fortes pour marcher aifément.

La feconde Compagnie demeura à pied depuis 1660 jufqu'à 1663, qu'on la monta pour aller en Lorraine. Les Moufquetaires avoient des chevaux de divers poil; il en avoit été de même de la premiere Compagnie depuis fon inftitution & depuis fon rétabliffement; & à l'entrée du Roy & de la Reine à Paris, il n'y avoit point d'uniformité pour les chevaux. Mais quand le Roy mit les deux Compagnies fur le même pied en 1665, les Moufquetaires de la premiere Compagnie, par ordre du Roy, prirent tous des chevaux blancs ou gris, & la feconde des chevaux noirs. C'eft de là qu'eft venu le nom de Moufquetaires gris à ceux de la premiere Compagnie, & celui de Moufquetaires noirs à ceux de la feconde Compagnie.

L'uniforme pour les Chevaux.

Je vais ajoûter ici la lifte des Commandans des deux Compagnies des Moufquetaires depuis leur inftitution.

Lifte des Capitaines & des Capitaines-Lieutenans de la premiere Compagnie.

JE diftingue les Capitaines des Capitaines-Lieutenans, parce que d'abord il y eut un Capitaine à la tête de cette Compagnie, & qu'elle n'eut de Capitaines-Lieutenans qu'en 1634, lorfque le Roy Loüis XIII s'en fit lui-même le Capitaine.

Capitaines

DE LA MILICE FRANÇOISE. Liv. X.

Capitaines de la premiere Compagnie des Mousquetaires.

MOnsieur de Montalet en 1622 à l'institution de la Compagnie. Memoire de Puisegur, p. 44.
Un autre Montalet.
M. de Montalant en 1628.
M. de Troisvilles, dit depuis le Comte de Treville, fut Capitaine-Lieutenant en 1634, lorsque le Roy se fit Capitaine de cette Compagnie.
Philippe Mazarini Mancini, Duc de Nevers, fut fait Capitaine-Lieutenant, lorsque la Compagnie fut rétablie en 1657.
Charles de Castelmor-Artagnan en 1667. Il fut tué au siege de Maestrik en 1673.
Loüis de Fourbin en 1673.
Loüis de Melun de Maupertuis en 1684.
Le Comte d'Artagnan l'est aujourd'hui en 1721.

Liste des Capitaines & des Capitaines-Lieutenans de la seconde Compagnie.

AVant que le Roy se fût fait Capitaine de cette Compagnie en 1665, c'est-à-dire plus de quatre ans après qu'elle eût passé à la garde du Roy, elle avoit un Capitaine ; c'étoit M. de Marsac : ensuite les Capitaines-Lieutenans furent,
M. Colbert de Maulevrier en 1665.
M. le Comte de Montbron.
M. de Jauvelle en 1674.
Le Marquis de Vins en...
M. de Canillac l'est aujourd'hui en 1721.

J'ai traité jusqu'à présent de la Milice à cheval de la Maison du Roy ; la Gendarmerie qui à l'armée se joint à ces troupes, & ne fait avec elle qu'une même Brigade, va faire la matiere du traité suivant.

CHAPITRE V.

Histoire de la Gendarmerie Françoise.

LA Gendarmerie d'aujourd'hui est fort differente de notre ancienne Gendarmerie. On peut considerer la Gendarmerie Françoise depuis le commencement de la troisiéme Race en quatre differens tems. 1°, Telle qu'elle étoit depuis Hugues Capet jusqu'à Philippe Auguste. 2°, Telle qu'elle étoit depuis le Regne de ce Roy jusqu'à Charles VII. 3°, Depuis Charles VII jusqu'au Regne de Loüis le Grand. 4°, Telle qu'elle a été sous le Regne de Loüis le Grand depuis la paix des Pyrenées jusqu'à la fin de son Regne.

Etat de la Gendarmerie au commencement de la troisiéme Race.

Sous Hugues Capet la Gendarmerie étoit à peu près comme sous la seconde Race. Les grands Vassaux & les plus grands Seigneurs amenoient à l'armée leurs sujets, plusieurs en qualité de Chevaliers, d'Ecuïers & de Gendarmes, c'est-à-dire gens à cheval armez de toutes pieces & d'armes completes ; & c'étoit par l'obligation de leurs fiefs. Ils amenoient aussi d'autres gens à cheval armez à la legere, qu'on appelloit deslors Chevaux-Legers, & enfin des Fantassins. Mais, comme je l'ai dit en traitant de la maniere dont se formoient les armées dans les tems plus reculez de la troisiéme Race, ces deux dernieres especes de troupes, & sur tout les pietons, ne marchoient point en vertu de l'obligation du fief. C'étoit ou par un ordre exprès du Souverain dans les grands besoins de l'Etat, ou bien c'étoient les Seigneurs qui les amenoient volontairement pour paroître dans l'armée avec plus de distinction & de magnificence, ou pour leur service particulier : ou bien ils étoient commandez pour le service public en vertu de leurs métiers de Maréchal, de Charpentier, &c. dont on ne peut se passer dans les armées, & ils ne laissoient pas de combattre dans les occasions ; ou bien c'étoient des troupes de la Milice des Communes quand cette Milice eut été établie.

Il est hors de doute que quand l'armée étoit assemblée,

on separoit toutes ces differentes especes de Milices, qu'on mettoit les Gendarmes avec les Gendarmes, les Chevaux-Legers avec les Chevaux-Legers, & les Fantassins avec les Fantassins, & que les divisant par bandes ou Compagnies, on leur assignoit à chacun des Chefs ou des Capitaines. Ainsi il est évident qu'il n'y avoit point alors de Compagnies ni de Capitaines fixes de Gendarmerie, & que le commandement de ces Capitaines ne duroit que pendant la campagne; excepté, comme il arrivoit quelquefois, quand un grand Feudataire amenoit une troupe de Gendarmes assez grosse pour faire un Corps : car il en étoit alors le Capitaine ou Commandant né.

Il n'y avoit point alors communément de Capitaines fixes pour les Compagnies de Gendarmerie.

La Milice des Chevaliers Bannerets ne paroît dans notre Histoire que sous Philippe-Auguste, quoiqu'elle soit un peu plus ancienne. Je crois que le commandement de la Gendarmerie se partageoit alors entre les Chevaliers Bannerets. Les Chevaliers Bacheliers, c'est-à-dire, ceux qui n'avoient point moïen de lever Banniere, se rangeoient sous la Banniere d'un Banneret avec leur penon, ou Etendart, quand ils en avoient; les autres Gendarmes s'y rangeoient aussi; & les Chevaliers Bannerets étoient les seuls Capitaines de Gendarmerie. Cela se voit par Froissart & par les autres Historiens qui comptent la Gendarmerie par les Bannieres : & cela paroît tout naturel. Ainsi ces Bannerets n'étoient point non plus Capitaines fixes de Compagnies de Gendarmerie, excepté à l'égard de leurs vassaux qui étoient obligez de suivre leur Banniere.

Les Chevaliers Bannerets étoient Capitaines des Compagnies de Gendarmes, mais non pas toûjours des mêmes.

De plus nous voïons que sous le Regne de Philippe de Valois, & en remontant bien plus haut, le Roy retenoit (c'est le terme dont on se servoit) un Seigneur ou un Gentil-homme pour tant de Gendarmes, tant d'Archers, tant d'Arbalêtriers, soit à pied, soit à cheval, tantôt dix d'une ou de differentes especes, tantôt vingt, tantôt trente, ou plus. Il est encore certain que quand ces troupes venoient à l'armée, on les separoit, que les Gendarmes se mettoient avec les Gendarmes, les Archers avec les Archers, les pietons avec les pietons, & qu'au moins les Gendarmes & les Archers se rangeoient aussi sous diverses Bannieres : ainsi il n'y avoit point encore de Capitaines fixes de Compagnies de Gendarmes.

Ff ij

Capitaines ordonnez dès le tems du Roy Charles V.

La premiere Ordonnance que j'ai vûë sur les Capitaines de Gendarmerie reglée, est de l'an 1373, sous Charles V, où il est dit que les Compagnies de Gendarmes seront de cent hommes sous les Capitaines ordonnez. Ces Compagnies faisoient des Corps à part, & étoient indépendantes des Bannieres. Elles avoient leurs Capitaines & leurs Etendarts particuliers à peu près comme aujourd'hui ; mais il y en avoit peu, & le gros de la Gendarmerie étoit composé de Gendarmes amenez par les Seigneurs fieffez.

Institution des Compagnies d'ordonnance sous Charles VII.

Tout ceci se pratiqua jusqu'au tems de Charles VII, qui l'an 1445 pendant une longue tréve avec l'Angleterre, fit une réforme generale de la Milice, & réduisit la Gendarmerie aux quinze Compagnies appellées depuis les Compagnies d'ordonnance de cent Hommes d'Armes, qui avec la suite de chaque Gendarme, laquelle étoit de quatre ou cinq hommes, lui firent un Corps de Cavalerie d'environ neuf mille hommes, sans y comprendre quantité de jeune noblesse volontaire, qui dans l'esperance d'être admise dans ces Compagnies, s'y attachoit avec l'agrément du Roy, ainsi que je l'ai dit en traitant des anciennes Compagnies d'ordonnance.

Alors cessa la Milice des Chevaliers Bannerets.

Alors il n'y eut plus de Bannieres ni de Milice de Chevaliers Bannerets, & toute la Gendarmerie fut mise en Compagnies reglées. Dans la suite on ajoûta de nouvelles Compagnies à celles-ci, lesquelles mêmes furent depuis divisées en deux, & sous-divisées, sans qu'on gardât beaucoup d'uniformité pour le nombre.

Compagnies d'ordonnance multipliées.

Avec le tems tous les Princes, le Connétable, les Maréchaux de France & plusieurs autres Seigneurs eurent chacun leur Compagnie d'Hommes d'Armes, & leur Compagnie de Chevaux-Legers: & cela a ainsi duré jusqu'au tems de la paix des Pyrenées, qu'on réduisit les Compagnies d'ordonnance à un certain nombre qui a été augmenté depuis. On ne conserva que celle des Princes : & il est bon de remarquer ici, pour empêcher la posterité de tomber dans l'erreur, qu'il ne faut pas sur cet article s'en rapporter aux livres intitulez *Etat de la France*, qui donnent encore des Compagnies d'ordonnance aux Maréchaux de France depuis la paix des Pyrenées. Ceux qui ont fait ce livre ont copié leurs prédécesseurs,

Erreur des livres intitulez Etat de la France.

DE LA MILICE FRANÇOISE. Liv. X. 229

sans penser à marquer ce changement qui s'est fait dans la Gendarmerie, & mettent encore dans le dénombrement des troupes les Compagnies d'ordonnance des Maréchaux de France, quoiqu'elles ne subsistassent plus. Cette faute est jusques dans l'Etat de la France de l'an 1676.

Les Compagnies de Gendarmerie de ces tems passez étoient encore differentes de celles d'aujourd'hui en plusieurs choses. 1°, Il n'y avoit point de Chevaux-Legers dans la Gendarmerie, & il y en a aujourd'hui. En ces tems-là la Cavalerie étoit comme un genre qui se divisoit, pour ainsi dire, en deux especes tout-à-fait opposées ; la Gendarmerie, & la Cavalerie-legere : & l'une ne fit jamais une partie de l'autre. Suivant l'ancienne idée de Gendarmerie, il n'y en auroit plus aujourd'hui, & alors notre Gendarmerie auroit été appellée Cavalerie-legere ; car selon la primitive signification de ces termes, le Gendarme ou l'Homme d'Armes étoit ainsi appellé à cause de son armure complete de pied en cap, & le Chevau-Leger se nommoit ainsi pour la raison contraire.

Difference des Compagnies de Gendarmerie & de celles des Regnes plus reculez.

Notre Gendarmerie auroit été appellée autrefois Cavalerie-legere.

2°, Dans les Compagnies de Gendarmes au tems passé il y avoit des Archers, & il n'y a dans celles de ce tems-ci que des Gendarmes ou des Chevaux-Legers, tous de même parure & armez de mêmes armes.

3°, Il n'y avoit autrefois dans la Gendarmerie qu'un Capitaine, un Lieutenant & un Guidon ou un Enseigne ; & aujourd'hui il y a des Sous-Lieutenans & des Cornettes.

4°, Sans parler de leurs differences pour le nombre, soit des Compagnies, soit des hommes de chaque Compagnie, celles d'aujourd'hui n'ont point de Capitaines, mais seulement des Capitaines-Lieutenans, qualité dont j'ai donné la notion ci-dessus.

Sous les Regnes précedens, & même bien avant sous le Regne de Loüis le Grand, ces Compagnies de Gendarmerie étoient distinguées en deux especes, à peu près comme les Regimens d'aujourd'hui. Il y avoit des Compagnies des Princes du Sang, & des Compagnies de Gentils-hommes, c'est-à-dire des Maréchaux de France, & des autres Seigneurs ou Gentils-hommes, dont elles portoient le nom. Elles avoient souvent entr'elles des disputes pour le service & le commandement.

Compagnies d'ordonnance des Princes, & Compagnies d'ordonnance de Gentils-hommes.

Ff iij

C'est ce que nous apprend M. de Bussy-Rabutin dans ses Mémoires, où il parle ainsi.

T. 1, p. 128.

» Le 19 d'Octobre le Maréchal de Grammont alla loger à
» Landau, les troupes dans des quartiers aux environs, & la
» Gendarmerie dans Checelin, où je ne voulus pas demeu-
» rer, parce que le Maréchal voulut que son Lieutenant de
» Gendarmes commandât le quartier, le Comte de Tavannes
» Lieutenant des Gendarmes du Prince de Condé venant de
» partir de l'armée.

Compagnies d'ordonnance embarrassantes pour le service jusqu'en 1660.

» Et en cette rencontre, continue-t-il, je serai bien-aise
» de faire quelques reflexions sur l'embarras que faisoit d'ordi-
» naire dans les armées un Corps de Gendarmes avec leurs
» prétendus privileges.

» Premierement, ils ne faisoient jamais la garde du Camp,
» ils n'alloient jamais en parti, ils étoient incompatibles avec
» la Cavalerie-legere & avec l'Infanterie. Un Guidon de Gen-
» darmes prétendoit commander l'armée en l'absence des
» Officiers generaux; enfin leurs chimeres étoient insuporta-
» bles.

» Dans le Corps de Gendarmes étoient comprises les Com-
» pagnies de Chevaux-Legers d'ordonnance des Princes du
» Sang, & c'étoit encore une autre dispute entre les Compa-
» gnies d'ordonnance, & les Gendarmes des Gentils-hom-
» mes. Le Prince de Condé & le Duc d'Enguien vouloient
» que leurs Lieutenans de Chevaux-Legers commandassent
» aux Lieutenans de Gendarmes des Gentils-hommes, & cela
» se pratiquoit quand l'un ou l'autre commandoit l'armée;
» mais en leur absence si un Maréchal de France comman-
» doit & qu'il eût une Compagnie de Gendarmes, il préten-
» doit que son Lieutenant commandât les Lieutenans de
» Chevaux-Legers d'ordonnance, & c'est ce qui m'empê-
» cha de coucher au quartier de Checelin.

» Il y avoit même une dispute entre les Officiers du Prince
» de Condé & ceux du Duc d'Enguien son fils. Celui-ci qui
» commandoit d'ordonnance l'armée où servoient les Gen-
» darmes de leur Maison, vouloit que son Lieutenant com-
» mandât le Sous-Lieutenant du Prince de Condé : cependant
» cela étoit injuste ; car le Sous-Lieutenant d'une Compagnie

„ de Gendarmes eſt au même degré que le Lieutenant d'une
„ Compagnie qui n'a point de Sous-Lieutenant : cela faiſoit
„ que le Sous-Lieutenant du Prince de Condé ne ſervoit jamais.

„ Le Roy a mis depuis un bon ordre à tout cela, il a caſſé *Embarras des*
„ toutes les Compagnies de Gendarmes & de Chevaux-Legers *Compagnies*
„ d'ordonnance, à la reſerve de celles de la Famille Roïale, *d'ordonnance*
„ leſquelles il a mis ſous l'autorité du Colonel de la Cavale- *ôté par Loüis*
„ rie-legere, du Meſtre de Camp general & du Commiſſaire *le Grand.*
„ general ; ainſi il n'y avoit plus d'embarras en 1660. Ce que
dit M. de Buſſy des Compagnies d'ordonnance miſes ſous
l'autorité du Colonel de la Cavalerie-legere, &c. ne paroît pas
énoncé avec exactitude, car hors le *viſa* & l'attache en
quelques cas dont je parlerai dans la ſuite, les Gendarmes
n'ont point de dépendance du Colonel general de la Cavalerie.

Nous apprenons par cet extrait, non ſeulement les differends
de ces troupes, mais encore le tems de la ſuppreſſion des *Suppreſſion*
Compagnies de Gendarmes & de Chevaux-Legers des Gen- *de la plûpart*
tils-hommes, qui ſe fit immediatement après la paix des Py- *des Compa-*
renées : enſuite de ces obſervations, je vais traiter de la *gnies d'ordon-*
Gendarmerie telle qu'elle eſt aujourd'hui en France. *nance par le*
même Prince.

De la Gendarmerie telle qu'elle étoit en France en 1715.

LE Corps qu'on appelle maintenant du nom de Gendarmerie, eſt compoſé de ſeize Compagnies, ſçavoir de dix de
Gendarmes & de ſix de Chevaux-Legers. Toutes ont le même *En 1715.*
nombre d'hommes, & elles étoient à la mort du feu Roy ſur
le pied de ſoixante & trois Maîtres, ſans y comprendre les
Officiers. Voici les noms de ces Compagnies.

Ecoſſois, Anglois, Bourguignons, Gendarmes de Flandre, *Compagnies*
de la Reine, Dauphins, de Bretagne, dite ci-devant de Bour- *de Gendarmes.*
gogne, d'Anjou, de Berri, d'Orleans.

De la Reine, Dauphins, de Bretagne, dit ci-devant de *Compagnies*
Bourgogne, d'Anjou, de Berri, d'Orleans. *de Chevaux-*
Legers.
Ces Compagnies de Gendarmes & de Chevaux-Legers ont
pluſieurs choſes communes, & d'autres qui leur ſont particu-
lieres.

HISTOIRE

Ce qu'elles ont de commun, est 1°, que les Commandans de ces Compagnies ne portent pas le titre de Capitaines, mais celui de Capitaines-Lieutenans.

2°, Les unes & les autres sont censées Compagnies d'ordonnance, titre que la Compagnie des Chevaux-Legers de la Garde & celle des Mousquetaires ont aussi dans la Maison du Roy, quoiqu'il ne se donnât autrefois qu'aux Compagnies de Gendarmes.

3°, Toutes ces Compagnies, tant de Gendarmes que de Chevaux-Legers, sont censées de la Maison du Roy à l'armée, parce qu'ils y sont de la Brigade de la Maison du Roy.

4°, Elles ont toutes pareil nombre d'Officiers superieurs ; c'est-à-dire quatre, dont les deux premiers sont le Capitaine-Lieutenant & le Sous-Lieutenant ; & outre cela il y a quatre Maréchaux des logis qui ont des Brevets du Roy, deux Brigadiers, deux Sous-Brigadiers, un Porte-Etendart & deux Fouriers.

Les Capitaines-Lieutenans des Chevaux-Legers de la Gendarmerie reconnoissent le Colonel General de la Cavalerie pour leur superieur.

Ce qui leur est particulier, c'est 1°, que les Capitaines Lieutenans des Chevaux-Legers, quoique du Corps de la Gendarmerie, doivent prendre leur *visa* & l'attache du Colonel General de la Cavalerie-legere de France. Et il est expressément marqué dans leur commission qu'ils doivent servir *sous l'autorité du Colonel General & du Mestre de Camp General de la Cavalerie-legere* ; ce qui n'est point ainsi pour les Capitaines-Lieutenans des Compagnies de Gendarmes que le Roy renvoye aux Maréchaux de France pour les faire recevoir, & quand le feu Roy se trouvoit à l'armée, il faisoit lui-même recevoir à la tête des escadrons les Capitaines-Lieutenans des quatre premieres Compagnies.

Tous les Officiers, même des Gendarmes, quand ils reçoivent des commissions de Mestre de Camp, sont obligez de les faire viser aussi par le Colonel General de la Cavalerie, & de prendre son attache.

2°, Dans les Compagnies de Gendarmes, il y a pour troisiéme & quatriéme Officier un Enseigne & un Guidon, & dans les Compagnies des Chevaux-Legers il n'y a ni Guidon ni Enseigne, mais un premier Cornette & un second Cornette.

La Gendarmerie est le Corps le plus distingué dans la Cavalerie

DE LA MILICE FRANÇOISE. *Liv. X.* 233

valerie après la Maison du Roy. Les quatre Officiers superieurs des Compagnies sont toûjours des personnes de naissance. Ce Corps s'est souvent signalé & a beaucoup contribué au gain des batailles, comme à Senef, à Cassel, à la Marsaille, à Spire, & sur tout il s'acquit beaucoup de gloire à la journée de Fleurus.

Du service de la Gendarmerie avec la Maison du Roy.

A l'armée la Gendarmerie & la Maison du Roy campent ensemble, la Gendarmerie a la gauche : & elle est alors aux ordres de celui qui commande la Maison du Roy.

Ce Commandant a sous lui un Brigadier d'armée, qui commande les douze Escadrons de la Maison du Roy, & un Brigadier d'armée du corps de la Gendarmerie, qui commande les huit Escadrons de Gendarmerie.

Un des deux Aydes-Majors des Gardes du Roy fait alors le détail des douze Escadrons de la Maison du Roy & des huit Escadrons de la Gendarmerie, & quoiqu'il ne soit qu'Ayde-Major, il donne l'ordre au Major de la Gendarmerie.

Le Major de la Gendarmerie prend l'ordre de l'Ayde-Major de la Maison du Roy.

Comme la Maison du Roy est composée de douze Escadrons, & la Gendarmerie de huit, sur cinq détachemens qu'on fera, la Maison du Roy fournira trois fois le Commandant, & la Gendarmerie deux fois par proportion au nombre des douze & des huit Escadrons. Mais il faut remarquer que les Maîtres de la Maison du Roy, soit Gardes du Corps, soit Gendarmes, &c. ne se mêlent point avec la Gendarmerie, & qu'ils font toûjours des troupes separées les unes des autres dans les détachemens.

Distribution du commandement entre les deux Commandans dans les détachemens.

Dans les détachemens la Gendamerie & la Maison du Roy sont deux troupes separées.

Enfin la Gendarmerie à l'armée envoye un Gendarme d'Ordonnance chez le Colonel General de la Cavalerie, ou chez celui qui est Commandant de la Cavalerie, de même que la Maison du Roy. On coule à fond pour cela : c'est le terme dont on se sert, & qui signifie que le premier escadron de la Maison du Roy commence par envoier un Garde du Corps d'ordonnance, les onze escadrons suivans sont le même : ensuite le premier escadron des huit de la Gendarmerie, & puis les autres jusqu'à ce qu'on recommence par le premier escadron de la Maison du Roy.

Rang pour l'ordonnance chez le Commandant de la Cavalerie.

Quand la Gendarmerie n'est pas avec la Maison du Roy, elle a toûjours la droite, & fait elle seule une Brigade com-

Du service de la Gendarme-

Tome II. Gg

mandée par le plus ancien Brigadier d'armée de la Gendarmerie.

vie avec la Cavalerie-Legere.

Autrefois la Gendarmerie se mêloit & rouloit avec la Cavalerie dans les détachemens, mais depuis 1667, il a été reglé qu'elles ne rouleroient plus & ne se mêleroient plus ensemble. De maniere que lorsqu'un Mestre de Camp de Cavalerie a dans son détachement un ou plusieurs troupes de Gendarmerie, elles ont toûjours le poste d'honneur. Ce sont les Officiers du Corps qui commandent leurs troupes détachées, & ils n'obéïssent qu'au Commandant General du détachement.

Elle ne se mêle plus & ne roule plus avec la Cavalerie.

Par exemple dans un détachement un Enseigne de Gendarmerie executera les ordres du Mestre de Camp commandant: mais ce sera de cette maniere; cet Enseigne chargera avec sa troupe de Gendarmes. Il envoyera relever un poste par un ou plusieurs Gendarmes, tandis que le Capitaine de Cavalerie executera de son côté les ordres avec sa cavalerie, sans que l'Enseigne de Gendarmerie se mêle de commander au Capitaine de Cavalerie, ni celui-ci à l'Enseigne de Gendarmerie.

Rang des Compagnies de Gendarmerie entre elles.

Les Compagnies de la Gendarmerie tirent leur rang du Prince qu'elles ont pour Capitaine; & elles ont entre elles le rang selon lequel je les ai marquées dans la liste que j'en ai faite ci-dessus.

Distinction des quatre premieres Compagnies.

Celles des Ecossois, des Anglois, des Bourguignons & de Flandre sont les quatre premieres, parce qu'elles ont le Roy pour Capitaine. D'où vient qu'on les nomme Gendarmes du Roy: mais pour les distinguer entr'elles, elles ont chacune leur nom particulier, sçavoir, de Gendarmes Ecossois, Anglois, Bourguignons & de Gendarmes de Flandre. Il ne faut pas confondre les Gendarmes Bourguignons, qui composent la troisiéme Compagnie, avec les Gendarmes de Bourgogne, dont la Compagnie fut créée plusieurs années après pour feu M. le Duc de Bourgogne, & laquelle depuis a pris le nom de Bretagne.

Il y a eu un tems où chaque Compagnie composoit seule un escadron, parce que celles qui étoient alors sur pied, étoient beaucoup plus nombreuses qu'elles n'ont été depuis

DE LA MILICE FRANÇOISE. Liv. X. 235

& même celles de feu Monseigneur faisoient chacune deux Escadrons, parce que l'un & l'autre, tant les Gendarmes que les Chevaux-Legers, étoient de deux cents quatre-vingts Maîtres, & sur tout celle de ses Gendarmes, qui resta toûjours au double des autres, jusqu'à la paix de Nimegue ; ensorte qu'elle étoit à deux cents quatrevingts, quand les autres n'étoient qu'à cent quarante. *Les Compagnies de feu Monseigneur d'abord beaucoup plus nombreuses que les autres.*

Chaque Compagnie de Gendarmes avoit pour Officiers un Capitaine-Lieutenant, un Sous-Lieutenant, un Enseigne, un Guidon, quatre Maréchaux des logis, quatre Brigadiers, quatres Sous-Brigadiers, un Porte-Etendart, un Porte Guidon, & avec cela un Timballier & plusieurs Trompettes.

Les Compagnies de Chevaux-Legers avoient les mêmes Officiers, excepté qu'au lieu de l'Enseigne & du Guidon, il y avoit un Cornette, & dans la suite deux Cornettes, & au lieu du Porte-Etendart & du Porte-Guidon, deux Porte-Cornettes.

Après la paix de Nimegue on réduisit toutes les Compagnies à cinquante Maîtres, & elles avoient un Timballier & un Trompette. *Réduction des Compagnies après la paix de Nimegue.*

On fit alors escadronner les Gendarmes Ecossois avec les Gendarmes Anglois. *Compagnies jointes pour escadronner ensemble.*

Les Gendarmes de Flandre avec les Gendarmes Bourguignons.

Les Chevaux-Legers de la Reine avec les Gendarmes de la Reine.

Les Chevaux-Legers Dauphins & les Gendarmes d'Anjou avec les Gendarmes Dauphins.

Les Chevaux-Legers d'Orleans avec les Gendarmes d'Orleans ; & cela composoit en tout seulement cinq Escadrons.

A la guerre de 1689, on composa les escadrons d'une autre maniere, & on voulut que les quatre Compagnies du Roy, c'est-à-dire l'Ecossoise, l'Angloise, la Bourguignonne & celle de Flandre fussent chacune Chef d'escadrons ; l'on changea pour cela la maniere d'escadronner. *Autre maniere d'escadronner en 1689. Les quatre premieres Compagnies Chefs d'escadron.*

Après la bataille de Fleurus l'an 1690, le feu Roy augmenta le Corps de la Gendarmerie de quatre Compagnies, qui fu- *Augmentation de qua-*

Gg ij

rent celles des Gendarmes & Chevaux-Legers de Bourgogne, qui sont aujourd'hui Bretagne, & celles des Gendarmes & Chevaux-Legers de Berri.

1re Compagnies dans la Gendarmerie.

Ces quatre Compagnies ajoûtées aux autres firent le nombre de seize, qui est le même que maintenant. Elles furent toutes mises alors sur le pied de quatre vingts Maîtres, y compris le Brigadier & le Sous-Brigadier, & dans chaque Compagnie de Chevaux Legers on doubla le Cornette; tout le Corps fut composé de huit escadrons, & l'on fit escadronner les Compagnies d'une maniere differente.

Les Compagnies Chefs d'escadron conserverent seules leurs timballes.

Il n'y eut plus alors que les huit premieres Compagnies, c'est-à-dire celles qui furent Chefs d'escadron qui conserverent des timballes: & ce fut aussi dans ce tems que le nombre des Maréchaux des logis fut augmenté jusqu'à quatre par Compagnie, car jusques-là il n'y en avoit eu qu'un; il en fut de même du nombre des Brigadiers & des Sous-Brigadiers: j'ai appris tous ces divers arrangemens d'escadrons de M. le Marquis d'Auger ci-devant Major de la Gendarmerie.

Etendarts & Cornettes dans les escadrons.

Comme chaque escadron est de deux Compagnies, il y a dans chacun deux Etendarts, ou une Cornette & un Etendart, chaque Compagnie aïant le sien.

Chaque Compagnie est de deux Brigades, lesquelles ont chacune leur Trompette qui est surnumeraire comme dans la Maison du Roy.

Je vais maintenant parler de l'institution de chaque Compagnie en particulier, à laquelle j'ajoûterai la liste des Capitaines, des Commandans-Lieutenans, & des Capitaines-Lieutenans. Je fais cette distinction de titres au sujet de la Compagnie Ecossoise qui a eu long-tems des Capitaines, & puis des Lieutenans-Commandans, & n'a eu qu'en 1667 des Capitaines-Lieutenans comme les autres.

La plûpart de ces Compagnies sont de nouvelle création.

Les Compagnies de la Gendarmerie d'aujourd'hui sont de nouvelle création, c'est-à-dire depuis la paix des Pyrenées, & depuis la suppression des Compagnies d'ordonnance qui étoient sous le nom de divers Seigneurs. Il faut en excepter 1°. la Compagnie des Gendarmes d'Orleans, & la Compagnie des Chevaux-Legers d'Orleans, qui furent créées vers l'an 1647 pour feu Monsieur pere de Monsieur le Duc d'Or-

DE LA MILICE FRANÇOISE. *Liv. X.* 237

séans d'aujourd'hui. 2°, La Compagnie Ecossoise qui est beaucoup plus ancienne, & de laquelle je vais traiter d'abord & séparément des autres, parce qu'elle a diverses choses qui lui sont particulieres.

En traitant de la Milice de la Maison du Roy, j'ai fait l'histoire de la Compagnie Ecossoise des Gardes du Corps sur divers monumens de l'histoire d'Ecosse & de la nôtre. J'ai marqué l'Epoque de son institution sous le Regne de Charles VII. C'est pareillement à ce Regne qu'il faut rapporter celle de la Compagnie des Gendarmes Ecossois, de laquelle ces mêmes monumens font aussi mention sous ce même Regne.

Institution de la Compagnie Ecossoise de Gendarmerie.

Entre toutes ces pieces d'où j'ai tiré l'institution de la Compagnie des Gardes du Corps Ecossois, la plus authentique & sur laquelle on doit faire le plus de fond sont les lettres de naturalité* pour toute la nation Ecossoise données par le Roy Loüis XII au mois de Septembre de l'an 1513. Il y marque l'institution des Gendarmes Ecossois sous Charles VII, en ces termes: » Depuis laquelle reduction (du Royaume de France » sous l'obéïssance de Charles VII) & pour les services que » lui firent en cette matiere la grande loyauté & vertu qu'il » trouva en eux, en prit deux cents à la garde de sa Personne, » dont il en fit cent Hommes d'Armes & cent Archers...... » & sont lesdits cent Hommes d'Armes les cent Lances de » nos anciennes ordonnances, & les Archers* sont ceux de » notre garde qui encore sont près & à l'entour de notre Personne. Le Roy ajoûte qu'actuellement Robert Stuart Chevalier Sieur d'Aubigni, étoit en même-tems Capitaine de la Garde Ecossoise, *& des cent Lances de sesdites anciennes ordonnances de ladite nation.*

* *Rapportées au vol. 54 des manuscrits de Brienne à la Bibliotheque du Roy.*

Compagnie des Gendarmes Ecossois créée par Charles VII.

* *C'est la Compagnie Ecossoise des Gardes du Corps.*

Il faut observer sur cet extrait des Lettres de Loüis XII que la Compagnie des Gendarmes Ecossois fut au moins pendant quelque tems de la Garde du Roy Charles VII, comme le sont aujourd'hui ceux qu'on appelle Gendarmes de la Garde. Cela paroît marqué expressément par ces paroles: (*Le Roy Charles VII*) *en prit deux cents à la Garde de sa Personne, dont il en fit cent Hommes d'Armes & cent Archers.* Mais ces Gendarmes cesserent d'être de la Garde du Roy, je ne sçai pas quand. Ils ne l'étoient plus certainement sur la fin du Regne

Les Gendarmes Ecossois furent d'abord une garde du Roy.

Gg iij

de Loüis XII, ou du moins au commencement de celui de François I, car le Maréchal de Fleuranges dans ses Memoires dit expressément que les cent Hommes d'Armes Ecossois *n'étoient point compris ez Gardes.*

Ils n'étoient plus de la Garde à la fin du Regne de Loüis XII.

Ce que Loüis XII ajoûte immediatement après, *& sont lesdits cent Hommes d'Armes les cent Lances de nos anciennes ordonnances*: nous apprend le tems de l'institution de la Compagnie des Gendarmes Ecossois, c'est-à-dire l'an 1445, car ce fut cette année que Charles VII institua les quinze anciennes Compagnies d'ordonnance, ainsi que je l'ai marqué dans mon histoire de France en citant les auteurs contemporains. Il se pourroit faire neanmoins que la Compagnie des Gendarmes Ecossois auroit esté instituée plûtôt en qualité de Garde du Roy, & qu'en 1645, il l'ôta de sa Garde pour la mettre à la tête des quinze Compagnies d'ordonnance cette année-là même.

Prérogatives de cette Compagnie.

Cette ancienneté de la Compagnie lui a procuré diverses prérogatives, & elle en joüit encore de plusieurs. Premierement elle est la premiere de toute la Gendarmerie, comme elle le fut d'abord dés le tems de l'institution des quinze anciennes Compagnies d'ordonnance, avec d'autant plus de raison que selon qu'on vient de le voir dans les lettres de Loüis XII, elle fut pendant quelque tems de la Garde de ce Prince.

Elle avoit le premier rang comme aujourd'hui sous le Regne de Henri IV, qui prit un soin particulier de la remettre sur le bon pied. » Ce grand Roy....., dit Honston, a remis cette

Honston dans son Ecosse Françoise.

» Compagnie d'Hommes d'Armes Ecossois qui par un tems
» immemorial se trouve si ancienne en son grade, qu'elle pre-
» cede celles des François par son antiquité, laquelle avoit été
» negligée à cause du miserable état de la France & de ses
» troubles civils depuis quelques Regnes en çà, & maintenant
» elle reçoit cette gloire d'être reveillée de son assoupisse-
» ment par la courtoisie de ce Roy.

Elle a rang devant les Mousquetaires du Roy.

Non seulement cette Compagnie a le premier rang avant toutes les autres Compagnies de Gendarmerie; mais encore elle passe en quelques occasions devant les deux Compagnies des Mousquetaires du Roy. Cela arrivoit lorsque le Roy ou feu Monseigneur étoient à l'armée, & qu'on leur montoit une grande garde avec les Etendarts & les escadrons entiers. La Compagnie Ecossoise des Gardes du Corps montoit d'abord, ensuite les trois autres Compagnies des Gardes du Corps l'une après l'autre. Ensuite les Gendarmes de la Garde, & puis les Chevaux-Legers de la Garde, après eux les Gendarmes Ecossois montoient la Garde, ensuite la premiere Compagnie des Mousquetaires, & puis la seconde, ensuite les Gendarmes Anglois, & puis le reste des escadrons de la Gendarmerie couloient à fond.

Le Capitaine Lieutenant des Gendarmes Ecossois est le premier Mestre de Camp de Cavalerie de France: & du jour qu'il est en Charge & qu'il arrive à l'armée, il fait le premier détachement de Colonel. Dans une revûë devant le Roy, ou quand on est en marche, s'il n'y avoit point de Brigadiers du Corps, ce seroit le Capitaine-Lieutenant de la Compagnie Ecossoise qui commanderoit tout le Corps de la Gendarmerie en qualité de Capitaine de la plus ancienne Compagnie.

Depuis l'érection de cette Compagnie par Charles VII, plusieurs Seigneurs de la maison de Stuart en furent Capitaines. Robert Stuart, Seigneur d'Aubigni, qui se signala beaucoup dans les guerres d'Italie, posseda cette Charge sous Loüis XII, & étoit en même-tems Capitaine des Gardes ou Archers Ecossois. Mais ce qui en releve beaucoup le lustre, c'est que les fils des Rois d'Ecosse en ont été Capitaines; & on a même prétendu en Ecosse que ces Princes avoient droit à cette Charge. Cet article mérite une attention particuliere; & je vais rapporter ce que j'ai pû découvrir dans l'Histoire sur ce sujet.

Les fils des Rois d'Ecosse en ont été les Capitaines

Premierement, il y a au College des Ecossois à Paris, en langue Ecossoise & en original, une Lettre, laquelle est datée du quinziéme d'Août 1596 & écrite par le Sieur Lindesai de Belcaras, Secrétaire d'Etat du Roy Jacques VI, qui dit expressément que la Charge de Capitaine de la Compagnie des Gendarmes Ecossois *appartient au Prince d'Ecosse, fils de ce Roy.* Je rapporterai plus bas l'extrait de cette Lettre, & l'occasion où elle fut écrite. Mais je ne trouve point en quel tems ce droit sur cette Charge a été affecté au fils du Roy d'Ecosse. J'ai parcouru les traitez faits entre les Rois des deux Nations, & je n'y trouve point le fondement de ce droit, qui sans doute feroit honneur à la France. Je dirai là-dessus mes conjectures qui ne me paroissent pas frivoles.

Secondement, je trouve que cette Charge depuis Charles VII, jusqu'en l'an 1513 & au-delà, a été à la verité possedée par des Seigneurs de la maison de Stuart; mais non par des fils du Roy d'Ecosse. Dans les Historiens d'Ecosse qui font la Liste des Capitaines des Gendarmes Ecossois, depuis Charles VII jusqu'en 1513, il n'est fait nulle mention d'aucun fils du Roy d'Ecosse. Outre cela on voit dans les Lettres de naturalité données par Louis XII l'an 1513, à la Nation Ecossoise, que Robert Stuart, Seigneur d'Aubigni, qui n'étoit point fils du Roy d'Ecosse, étoit alors Capitaine des Gendarmes Ecossois. J'ai déja cité l'extrait de ces Lettres de naturalité où cela est marqué.

Honston, Ecosse Françoise.

Il faudroit donc que ce droit eût été établi depuis cette année 1513, que mourut Jacques IV, Roy d'Ecosse; mais il ne l'étoit pas encore sous Jacques V, car je trouve que d'Aubigni mourut possedant cette Charge l'an 1543 avec la qualité de Capitaine un an après la mort de Jacques V, & qu'elle fut possedée depuis par Jacques Hamilton, Comte d'Aran.

Marie Stuart, fille de Jacques V, succeda à la Couronne d'Ecosse: mais je ne trouve point non plus depuis la mort de Jacques V aucun traité où il soit fait mention de ce droit des Princes d'Ecosse, & entr'autres il n'en est rien dit dans le traité de mariage de Marie Stuart avec François II Dauphin, & depuis Roy de France.

La Charge de Capitaine n'a point appartenu au fils du Roy d'Ecosse avant Marie Stuart.

Je conjecture donc fort vrai-semblablement, ce me semble, que quand cette Princesse après la mort de son mari François II Roy de France, fût obligée de retourner en Ecosse pour gouverner son Royaume, ou bien après qu'elle y fut établie, elle obtint de Charles IX, que pour entretenir l'union entre les deux Nations, la Charge de Capitaine des Gendarmes Ecossois avec des appointemens, fût affectée à un des fils du Roy d'Ecosse, d'autant plus qu'elle avoit presque toûjours été possedée depuis son institution

par

DE LA MILICE FRANÇOISE. *Liv. X.* 241

par des personnes de cette Maison Royale, c'est-à-dire, par des Seigneurs du nom de Stuart.

En effet dès que cette Princesse eut eu un fils de son mariage avec Henri Stuart son cousin, elle écrivit à son Ambassadeur en France, une lettre datée du 26 de Janvier 1566, dont l'original est aussi au College des Ecossois, où elle parle ainsi : » Vous vous souvenez que nous vous écrivîmes au re- » tour de M. le Comte de Brienne, Ambassadeur du Roy » au Baptême de notre cher fils, qu'entre autres choses vous » eussiez à demander en notre nom que la Compagnie Ecos- » soise des Gendarmes fût remplie & remise sur l'ancien » pied, en faveur de notre fils, & qu'il en fût nommé Ca- » pitaine, &c. Elle ajoûte qu'elle nommera une personne de qualité pour être Lieutenant de cette Compagnie.

Negociations sur ce sujet.

L'Ambassadeur qui étoit Jacques Bétun Archevêque de Glasco, répondit à la Reine, sa Maîtresse, que la Reine Mere (Catherine de Medicis) lui avoit promis dans une audience d'accorder ce qu'il demandoit.

Il y a lieu de douter si la chose fut executée : car parmi les additions aux Memoires de Castelnau-Mauvissiere, Ambassadeur en Ecosse, du tems de Henri III, on trouve une lettre de ce Seigneur, écrite à Marie Stuart, datée du 20 de Mai 1584, où il lui parle en ces termes : » Le Roy votre fils » (Jacques VI) demande conseil au Roy son bon oncle de ce » qu'il a à faire : que la Compagnie des Gendarmes Ecossois » soit remise & envoyée en Ecosse pour quatre ans, &c. Cela suppose clairement que la Compagnie des Gendarmes Ecossois n'étoit pas encore remise sur un pied que le Prince d'Ecosse pût en prendre avec honneur le titre de Capitaine.

Quoi qu'il en soit, Jacques VI lui-même, l'an 1596 fit demander au Roy Henri IV la Charge de Capitaine de la Compagnie des Gendarmes Ecossois, pour son fils Henri : comme on le voit par une lettre de Lindesai de Belcaras Secretaire d'Etat du Royaume d'Ecosse, datée du 15 d'Août 1596 & écrite à l'Ambassadeur Ecossois en France.

Jacques VI la demanda pour son fils Henri.

» En troisiéme lieu, dit-il, Sa Majesté, seroit bien aise de » sçavoir, s'il est possible de remettre la Compagnie Ecos- » soise des Gendarmes, & si le Roy de France a la volonté

Tome II. Hh

» & le moyen de le faire, si on le lui demandoit : car grace
» à Dieu, Sa Majesté a un fils qui est Prince d'Ecosse, &
» *à qui cette Compagnie appartient.* Sa Majesté consentant
» d'envoyer le Duc de Lenox en qualité de Lieutenant à
» la place du Prince.

Ce fut sans doute en réponse à cette lettre que fut écrite celle de Henri IV dont on a une copie, mais dont la date a été mal copiée : on y a mis 1594 au lieu de 1597 ou 1598. Car M. de Weymes, dont il y est fait mention, ne fut envoyé Ambassadeur extraordinaire qu'à la fin de 1597 ou de 1598. En voici l'extrait..... » Nous vous renvoyons ledit Sieur de
» Weymes, avec charge de vous assûrer du desir que nous avons
» de conserver & entretenir inviolablement la bonne & par-
» faite amitié qui a toûjours été entre nos Personnes, & la
» très-ancienne alliance & confederation qui est entre les
» Couronnes de France & d'Ecosse, & les suites d'icelle,
» dont le personnage que nous prétendons vous dépêcher,
» vous portera plus ample assûrance, *par lequel aussi vous*
» *recevrez la Commission de la Compagnie des Cent Hommes*
» *d'Armes de nos Ordonnances, que nous desirons être au nom*
» *de notre cousin le Prince d'Ecosse votre fils pour commencer à*
» *lui rendre quelque témoignage de notre bonne affection, &c.*
Le Prince d'Ecosse n'étoit donc point encore en ce tems-là, c'est-à-dire bien avant dans le Regne de Henri IV, Capitaine des Gendarmes Ecossois.

Il paroît encore que cette Commission ne fut pas si-tôt envoyée : car dans une lettre de l'Ambassadeur d'Ecosse au Roy Jacques VI, du 26 de Février 1599, voici ce qui est marqué d'une audience qu'il eut de M. de Villeroy, Secretaire d'Etat..... » Au regard du troisiéme point qui re-
» garde le rétablissement de la Compagnie d'Hommes d'Ar-
» mes, M. de Villeroy dit que le Roy faisoit état de rompre
» la forme de la Gendarmerie presente, pour la remettre sur
» l'ancien pied ; que le Roy qui est grand Capitaine sçavoit
» en quoi il y avoit faute, & qu'il n'y avoit pas moyen
» de dresser sa Gendarmerie, qu'en détruisant celle qui est
» à-present ; que lorsqu'il travailleroit à la remettre, il n'ou-
» blieroit point de mettre ladite Compagnie Ecossoise dans
» tous ses droits.

DE LA MILICE FRANÇOISE. *Liv. X.* 243

Voici encore l'extrait d'une autre lettre de Jacques VI à son Ambassadeur ordinaire, du 20 Novembre: la date de l'année n'y est point marquée: mais ce doit être l'année 1601, en laquelle le Duc de Lenox fut envoyé Ambassadeur extraordinaire en France.

„ Comme au mois de Janvier prochain, le Roy de France
„ notre très-cher frere doit prendre des mesures pour rétablir
„ les troupes qui doivent servir l'année prochaine; & com-
„ me notredit très-cher frere a promis au Duc de Lenox
„ notre Ambassadeur, que la Compagnie d'Hommes d'Ar-
„ mes seroit accordée à notre cher fils le Prince, vous ne
„ manquerez pas en consideration de ladite promesse, de de-
„ mander en notre nom, que ladite Compagnie soit mise en
„ état & qu'elle soit payée à l'ordinaire.

Le Prince d'Ecosse, dont il est parlé dans ces extraits, étoit Henri, frere aîné de Charles, qui par la mort de ce jeune Prince succeda à Jacques VI au Royaume de la grande Bretagne, & fut Charles I du nom. Un homme de merite & digne de foi, assûre qu'il a vû dans les Archives de la Compagnie des Avocats d'Ecosse, la Commission de Capitaine des Gendarmes Ecossois, que Henri IV envoya au Prince d'Ecosse Henri: & cela est confirmé par la Liste des Capitaines de cette Compagnie rapportée par Honston, & qui est en cela conforme à une Genealogie des Stuarts-Aubigni qui est manuscrite au College des Ecossois.

Le Prince Henri en eut le titre, & ce fut le premier qui l'eut.

Il s'ensuit de tout ce que je viens d'exposer, que ce jeune Prince Henri, fils aîné de Jacques VI, a été le premier des Princes d'Ecosse qui ait eu le titre de Capitaine des Gendarmes Ecossois au service de France, & que le droit d'être Capitaine de cette Compagnie, que Lindesai Secretaire d'Etat d'Ecosse dit dans sa lettre que j'ai citée, appartenir au Prince d'Ecosse, ne fut mis en execution pour la premiere fois qu'à l'égard de ce Prince.

Il est certain que Charles I, après la mort de Henri son frere, eut la Charge de Capitaine des Gendarmes Ecossois. Honston qui étoit Officier de la Compagnie des Gardes du Corps Ecossois en ce tems-là, le met dans la Liste des Capitaines des Gendarmes Ecossois. Il ajoûte même qu'il avoit

Charles son frere, qui fut Charles I Roy d'Angleterre, l'eut aussi.

H h ij

eu cette Charge avant la mort de son frere Henri, & qu'il eut pour Lieutenant-Commandant Loüis Stuart Duc de Lenox, qui prit le titre de Lieutenant-Commandant, qui n'avoit point été en usage, jusqu'à ce que les Princes d'Ecosse eussent celui de Capitaine.

George Gourdon, Marquis de Huntley, succeda au Duc de Lenox l'an 1624. J'ai vû une copie de ses Provisions qui m'a été communiquée par feu Milord Duc de Perth, où il est dit, qu'on lui donne la charge & conduite de cette Compagnie, comme le Duc de Lenox son prédecesseur l'avoit euë : c'est à dire, qu'il en étoit Lieutenant-Commandant sous le Prince Charles qui en étoit Capitaine. On donne cependant la qualité de Capitaine des Gendarmes Ecossois au Marquis de Huntley, dans la Genealogie des Gourdons, selon laquelle il posseda cette Charge jusqu'en l'an 1638. Je crois en effet qu'il prit ce titre non pas d'abord en 1624, mais l'année suivante, c'est-à-dire l'an 1625, lorsque le Prince Charles monta sur le Trône d'Angleterre : car sans doute alors ce Prince quitta le titre de Capitaine des Gendarmes Ecossois. Et comme il n'avoit point encore de fils, il le laissa prendre au Marquis de Huntley.

Je n'ai pû sçavoir si Charles II, avant que d'être Roy, fut Capitaine des Gendarmes Ecossois après la mort de George Gourdon. Mais Jacques Duc d'York frere de ce Prince le fut depuis. C'est celui que nous avons vû vivre & mourir en Saint avec le titre de Roy de la grande Bretagne Jacques II du nom à S. Germain en Laye.

Jacques Duc d'Yorck, depuis Roy d'Angleterre, mort à S. Germain en Laye, l'a ouö aussi.
Il s'en démit en 1667.

Il fut Capitaine des Gendarmes Ecossois jusqu'à l'an 1667, & eut pour Lieutenant-Commandant le Comte de Schomberg, depuis Maréchal France, tué à la bataille de Boyne en Irlande, les armes à la main contre ce même Prince. Je ne sçai pas la raison pourquoi le Duc d'Yorck quitta cette Compagnie. Peut-être crut-il faire plaisir au Roy de France, qui étoit bien-aise de mettre des Officiers de sa main dans toutes ses troupes & ne pas en laisser la nomination à d'autres.

Ce que je sçai de bonne part, c'est que le Chevalier de Hautefeüille, qui fut le premier Capitaine-Lieutenant de la Compagnie des Gendarmes Ecossois, ne voulut point en traiter avec M. le Comte de Schomberg, qu'en supposant la démission du Duc d'York; & que ce fut ce Comte qui engagea le Duc d'York à remettre cette Charge entre les mains du Roy, lequel se fit alors Capitaine de la Compagnie des Gendarmes Ecossois, comme des autres qui ont le rang après elle.

Le Roy de France s'en fit alors Capitaine.

Je vais mettre ici la Liste des Commandans de cette Compagnie depuis son institution. La plus exacte jusqu'à George Gourdon me paroît être celle de Honston; quoiqu'il la commence dès Charles VI, ne la devant commencer qu'au tems de Charles VII.

Liste des Commandans de la Compagnie des Gendarmes Ecossois depuis son institution.

1°. Jean Stuart Seigneur d'Arnelay & d'Aubigni, auquel le Roy Charles VI donna la terre d'Aubigni, par Lettres Patentes du 24 de Mars de l'an 1422, enregistrées au Parlement séant à Poitiers. Il fut tué l'an 1429, sous le Regne de Charles VII, dans un combat contre les Anglois qui fut appellé la Journée des harangs, durant le siege d'Orleans, défendu par la fameuse Pucelle.

2°. Jean Stuart, Seigneur d'Aubigni, fils du précedent Chevalier de l'Ordre.

3°. Robert Stuart, cousin du précedent Seigneur d'Aubigni, fait Maréchal de France en 1515.

4°. Jacques Hamilton, Comte d'Aran.

5°. Jean Stuart, Seigneur d'Aubigni, frere de Matthieu Comte de Lenox, & pere d'Esme premier Duc de Lenox.

(Alors survinrent les guerres civiles des Hugenots, tant en France qu'en Ecosse. Ce fut pendant ces guerres, c'est-à-dire en 1567 que Marie Stuart Reine d'Ecosse, demanda la Charge de Capitaine des Gendarmes Ecossois pour son fils Jacques le Prince d'Ecosse, qui fut depuis Roy sixiéme de ce nom. Cette affaire fut suspenduë au moins jusqu'en l'an 1601, comme on l'a vû par l'Histoire que je viens de faire des negociations qu'il y eut sur ce sujet: & il paroît que durant tout ce tems-là, il n'y eut point de Capitaine en titre de cette Compagnie, qui peut-être ne subsista plus, ou fut réduite à un si petit nombre de Gendarmes que personne ne voulut la prendre, jusqu'à ce qu'elle fut remise en état : Et ce fut alors que Henri, fils aîné du Roy Jacques VI, en fut fait Capitaine.)

6°, Henri Prince d'Ecosse.

7°, Charles Prince d'Ecosse, qui fut depuis Roy de la Grande Bretagne, premier de ce nom, son frere aîné Henri étant mort.

8°, George Gourdon, Marquis de Huntley, l'an 1625, après que Charles I fut monté sur le Trône de la Grande Bretagne.

(J'ai déja dit que je ne sçai si Charles fils aîné de Charles I & depuis aussi Roy de la Grande Bretagne, second de ce nom fut Capitaine de cette Compagnie.)

9°, Jacques Duc d'York, frere de Charles II, & son successeur à la Couronne d'Angleterre : ce Prince remit cette Charge entre les mains du Roy Loüis XIV en 1667, & le Roy s'en fit Capitaine. Depuis ce tems-là il y eut des Capitaines-Lieutenans jusqu'à aujourd'huy. Après M. de Schomberg, qui étoit Lieutenant-Commandant sous le Duc d'York, les Capitaines Lieutenans ont été,

1°, Le Chevalier de Hautefeüille, en 1667.

2°, Le Marquis de Pianezze, appellé ordinairement le Marquis de Livourne, en...

3°, Le Marquis de Mouy, l'an 1682.

4°, Le Comte de Roucy, en...

5°, Le Marquis de Nesle, l'an 1707.

6°, Le Comte de Mailli l'an 1714.

Par cette liste des Capitaines des Gendarmes Ecossois depuis Charles VII jusqu'au tems de Charles IX, & au-delà, & qui n'étoient point fils du Roy d'Ecosse, je montre la verité de la conjecture que j'ai faite d'abord, que le droit d'être Capitaine des Gendarmes Ecossois n'a point été attribué au fils du Roy d'Ecosse avant le Regne de Marie Stuart, puisqu'on ne voit aucun Prince d'Ecosse avant ce tems-là qui ait possedé cette Charge, ou qui l'ait demandée, & par là cette conjecture devient une verité constante.

DE LA MILICE FRANÇOISE. *Liv. X.* 247

J'ajoûte que par les faits que j'ai rapportez, on voit encore la fausseté d'une opinion où j'ai trouvé plusieurs personnes: sçavoir que cette Charge étoit attachée au second fils du Roy d'Ecosse: car Jacques VI, pour qui cette Charge fut demandée par la Reine Marie Stuart sa mere, n'avoit point d'aîné & fut son fils unique. Secondement, Henri fils de ce Prince, qui posseda la Charge, étoit son aîné, & Charles son cadet, ne l'eut qu'après lui, quoique de son vivant. Il n'y a eu que ce Prince & le Duc d'York, depuis Roy d'Angleterre de notre tems, qui étant second fils du Roy de la grande Bretagne, ait possedé la Charge: & c'est sur ces deux exemples que ce faux préjugé est fondé. Je crois ce point d'histoire suffisamment éclairci.

Faux préjugé que cette Charge est attachée au second fils du Roy d'Ecosse.

Quand le Roy vers le tems de la paix des Pyrenées supprima les Compagnies d'ordonnance, dont divers Seigneurs du Royaume étoient Capitaines, celle des Gendarmes Ecossois fut conservée tant à cause de son ancienneté, qu'en consideration du Duc d'York, dont je viens de parler, qui en étoit Capitaine.

Institution des autres Compagnies de la Gendarmerie.

LA Compagnie des Gendarmes Anglois qui est la seconde, fut amenée en France en 1667 par le Comte George Hamilton Seigneur de la Branche d'Hamilton-Albercorne, établie depuis long-tems en Irlande. Cette Compagnie vint en France à l'occasion que je vais dire.

Gendarmes Anglois.

Charles II étant remonté sur le Thrône en 1660, fit venir en Angleterre quelques Officiers & soldats Catholiques qui avoient servi en Flandre sous lui & sous ses deux freres, & il les incorpora dans ses Gardes. Quelques années après le Parlement broüillé avec la Cour, obligea ce Prince de casser tous les soldats & Officiers Catholiques de ses Gardes. A cette occasion George Hamilton eut permission du Roy son maître d'enrôler ces Officiers & ces soldats, & de les faire passer en France: il y avoit dans cette troupe des Anglois, des Ecossois & des Irlandois.

Quand Hamilton fut arrivé, le Roy de France trouvant

Epoque de la création des Gendarmes Anglois.

que c'étoient tous bons hommes & bien faits, il en fit une Compagnie de Gendarmes sous le titre de Gendarmes Anglois, excepté qu'il en retira ceux qui étoient d'Ecosse, & les incorpora dans les Gendarmes Ecossois. Il se fit le Capitaine de cette nouvelle Compagnie, & fit George Hamilton Capitaine-Lieutenant. Je sçai ce détail d'un ancien Officier Ecossois.

Liste des Capitaines-Lieutenans des Gendarmes Anglois.

Le Comte George Hamilton en 1667. Il fut tué dans un combat proche de Saverne en 1675, à la tête du Regiment qui portoit son nom.

Monsieur de la Guette en 1689.

Journal de la guerre de Hollande.

Monsieur Du Croly en ....

Le Marquis de Bethomas en 1693. Il fut tué peu de tems après à la journée de la Marsaille.

Le Marquis de Mezieres en 1693.

Le Chevalier de Janson en 1706.

Le Marquis de Verderone en 1715.

Dans la liste des troupes de l'armée du Roy pour la campagne de Hollande en 1672, après la Compagnie des Gendarmes Anglois, & avant celle des Gendarmes Bourguignons, je trouve une Compagnie de Chevaux-Legers Anglois de 100 hommes commandée par le Marquis de Hautteman : mais je ne la vois plus depuis dans la Gendarmerie.

Gendarmes Bourguignons.

La Compagnie des Gendarmes Bourguignons fut créée pour Monsieur le Chevalier de Fourille sur le pied de Chevaux-Legers en 1668. Ce Chevalier en fut Capitaine-Lieutenant : & au mois d'Août de l'an 1674, le Roy à la priere du Comte de Broglio qui en étoit alors Capitaine-Lieutenant, mit cette Compagnie sous le titre de Gendarmes, & au lieu des deux Cornettes, il créa un Enseigne & un Guidon. Cette Compagnie ne commença à servir qu'au Fort de saint Sebastien l'an 1669.

Liste des Capitaines-Lieutenans des Gendarmes Bourguignons.

Le Chevalier de Fourille. Il fut tué à la bataille de Senef en 1674.

Le

DE LA MILICE FRANÇOISE. *Liv. X.*

Le Comte de Broglio en 1669.
Le Comte de Flamanville en 1683.
Le Comte de Linieres en 1702.
Le Marquis de Renti en 1707.
Le Marquis de Castelmoron en 1713.

La Compagnie des Gendarmes de Flandre fut créée en 1673 en faveur du jeune Comte de Marcin, qui après la mort du Comte de Marcin son pere, lequel s'étoit attaché au service des Espagnols, entra au service de France. Il n'avoit alors que dix-sept ans. Cette Compagnie est la quatriéme de la Gendarmerie de laquelle le Roy est le Capitaine. *Gendarmes de Flandre.*

Liste des Capitaines-Lieutenans des Gendarmes de Flandre.

Le Comte de Marcin en 1673. Il fut fait Maréchal de France en 1703, & mourut en 1706 des blessures qu'il reçut au combat donné auprès de Turin commandant l'armée sous les ordres de M. le Duc d'Orleans.

Le Chevalier de Roye en 1698. Au Chevalier de Roye dit depuis le Marquis de la Rochefoucaut, succeda le Comte de Tavannes en 1716.

Après les quatre premieres Compagnies de Gendarmerie, qui sont Compagnies du Roy, parce qu'il en est le Capitaine, suivent les douze autres qui prennent leur nom des Princes ausquels elles appartiennent. Celle de la Reine est la premiere de celles-ci.

La feuë Reine mere Anne d'Autriche avoit une Compagnie de Gendarmes & une Compagnie de Chevaux-Legers qui furent cassées après sa mort. On créa après le mariage du Roy une Compagnie de Gendarmes & une de Chevaux-Legers pour la Reine regnante Marie Therese. Ce sont celles qui subsistent encore aujourd'hui. *Compagnie de la Reine.*

Liste des Capitaines-Lieutenans de la Compagnie des Gendarmes de la Reine.

Le Marquis du Garo fut fait Capitaine-Lieutenant dans le tems de la création.
Le Marquis de Lanion en 1677.

Tome II. I i

Monsieur de Lammarie en 1693.
Le Chevalier de Vertilli en 1702.
Le Marquis de Tournemine en 1705, tué à la bataille de Malplaquet en 1709.
Le Marquis de Merinville en 1709.
Le Comte de Merinville fils du précedent en 1719.

Liste des Capitaines-Lieutenans des Chevaux-Legers de la Reine.

<small>*Capitaine-Lieutenant des Chevaux-Legers de la Reine.*</small>

Monsieur de Villiers Capitaine aux Gardes, fut fait Capitaine Lieutenant à la création de la Compagnie.
Le Marquis de Fervaques en 1671.
Le Marquis de Seppeville en 1676.
Le Marquis d'Ancezune de Caderousse.
Le Comte de Seppeville.
Le Marquis d'Estrehan en 1706.
Le Marquis de Buzenval en 1709.
Monsieur du Fargi en 1716.

<small>*Gendarmes Dauphins.*</small>

La Compagnie des Gendarmes Dauphins fut créée sous le nom de feu Monseigneur l'an 1666. Le Marquis de Rochefort, qui fut depuis Maréchal de France, eut la Charge de Capitaine-Lieutenant à la création de cette Compagnie. En 1669 ce Seigneur aïant été fait Capitaine des Gardes, la quitta.

Il est à remarquer que ce fut à cette occasion qu'on donna des pensions aux Officiers de Gendarmerie, attachées à leurs Charges.

Liste des Capitaines-Lieutenans des Gendarmes Dauphins.

Le Marquis de Rochefort dans le tems de la création, depuis Maréchal de France.
Le Marquis de la Trousse en 1669.
Le Chevalier de Soyecourt en 1690. Il fut tué à la bataille de Fleurus en 1690.
Le Comte d'Estain en 1690.
Le Comte de Jonsac en 1713.
La Compagnie des Chevaux-Legers Dauphins fut créée

quelque tems après la naissance de feu Monseigneur en 1662 *Chevaux-* ou 1663, & ce fut d'abord la plus belle Compagnie de la *Legers Dau-* Gendarmerie. Elle fut composée de près de trois cents Offi- *phins.* ciers reformez, dont la plûpart eurent des pensions.

Le Roy ne mit d'abord à la tête de cette Compagnie qu'un Cornette qui fut le Marquis de la Valiere, & il la commanda pendant un an avec ce seul titre : mais ensuite il en fut fait Capitaine-Lieutenant.

Liste des Capitaines-Lieutenans des Chevaux Legers Dauphins.

Le Marquis de la Valiere.
Monsieur de Merinville.
Le Marquis de Villarceau en 1677. Il fut tué à la bataille de Fleurus en 1690.
Le Marquis de Toiras en 1690. Il fut tué au combat de Leuze en 1691.
Le Marquis d'Urfé en 1691.
Le Marquis de Dromesnil en 1693.
Le Marquis d'Auvet en 1703.

La Compagnie des Gendarmes de Bourgogne fut créée *Gendarmes* après la bataille de Fleurus l'an 1690, sous le titre de Mon- *de Bourgogne.* seigneur le Duc de Bourgogne. Ce Prince étant devenu Dauphin & Capitaine des Gendarmes Dauphins, on donna à la Compagnie des Gendarmes de Bourgogne le nom de Bretagne, qui étoit le titre de son fils aîné. Le jeune Prince étant mort aussi, la Compagnie n'a pas laissé de conserver le nom de Bretagne.

Liste des Capitaines-Lieutenans des Gendarmes de Bourgogne, aujourd'hui Bretagne.

Le Marquis de Virieux au tems de la création l'an 1690.
Le Comte de Mortagne en 1695.
Le Marquis de Gassion en 1701. Il mourut des blessures reçûës à la bataille d'Hocstet en 1704.
Le Marquis de Castelmoron en 1704.

Ii ij

Chevaux-Legers de Bourgogne dits de Bretagne.

Monsieur Trudenne en 1712.

La Compagnie des Chevaux-Legers de Bourgogne fut créée l'an 1690 après la bataille de Fleurus pour Monseigneur le Duc de Bourgogne.

Liste des Capitaines-Lieutenans des Chevaux-Legers de Bourgogne dits aujourd'hui de Bretagne.

Le Chevalier de Saint Saën à la création l'an 1690.
Le Marquis de Mezieres en 1692.
Le Chevalier de Planci en 1693.
Le Comte de Beauvau en 1706.
Le Marquis de Flamarin en 1710.
Le Marquis de Breteuil en 1716.

Gendarmes d'Anjou.

La Compagnie des Gendarmes d'Anjou fut créée en 1669 pour Monsieur Philippe fils de France Duc d'Anjou, né le cinquiéme d'Août de l'an 1668, & qui mourut le dixiéme de Juillet 1671. Cette Compagnie a eu depuis pour Capitaine Philippe Duc d'Anjou second fils de feu Monseigneur, aujourd'hui Roy d'Espagne.

Liste des Capitaines-Lieutenans des Gendarmes d'Anjou.

Le Marquis de Genlis.
Le Comte de Beaujeu en 1697.
Monsieur de la Tour-montiers en 1703.
Le Marquis de Saint Pierre en 1715.

Chevaux-Legers d'Anjou.

La Compagnie des Chevaux-Legers d'Anjou fut créée sous le titre de Monseigneur le Duc d'Anjou aujourd'hui Roy d'Espagne en 1689.

Liste des Capitaines Lieutenans des Chevaux Legers d'Anjou.

Le Comte de Rosamel à la création de la Compagnie.
Le Marquis de Segur en 1693.
Le Marquis de Linieres en 1701.
Le Marquis de Soudé en 1702.

Le Comte de Tavannes en 1711.
Le Comte de Guines en 1716.
Monsieur de Matarel en 1716.
La Compagnie des Gendarmes de Berri fut créée l'an 1690 *Gendarmes* après la bataille de Fleurus sous le nom de Monseigneur le *de Berri.* Duc de Berri.

Liste des Capitaines-Lieutenans des Gendarmes de Berri.

Le Marquis de Virville en 1690.
Le Marquis de Champron en 1701.
Le Marquis de Brulart en .... Il fut tué à la bataille de Spire l'an 1703.
Le Marquis de la Mezeliere en 1703.
Le Marquis de Roquelaure en 1706. Il fut tué à la journée d'Oudenarde en 1708.
Monsieur de Riantz en 1708.
Monsieur de Crecy en 1711.
Le Marquis de Pellevé en 1718.
La Compagnie des Chevaux-Legers de Berri fut aussi créée *Chevaux-* en 1690 après la bataille de Fleurus. *Legers de Berri.*

Liste des Capitaines-Lieutenans des Chevaux-Legers de Berri.

Le Marquis de Keroüart en 1690.
Monsieur d'Iliers en 1703.
Le Comte de Chastellus en 1715.
La Compagnie des Gendarmes d'Orleans fut créée pour *Gendarmes* feu Monsieur qui n'avoit alors que sept ans, c'est-à-dire l'an *d'Orleans.* 1647, & a passé à Monseigneur le Duc d'Orleans son fils. L'époque de cette création montre que ce n'étoit point la même Compagnie de Gendarmes qu'avoit Gaston de France frere de Louis XIII.

Liste des Capitaines-Lieutenans des Gendarmes d'Orleans.

Le Comte de Montignac l'an...

Monsieur de la Roque l'an …

Monsieur de Beauvau l'an … . Il fut tué à la bataille de Cassel en 1677.

Monsieur de Beauvau frere du précedent l'an 1677.

Le Baron de Salhart l'an 1684. Il fut tué à la bataille de Fleurus en 1690.

Le Comte de Saffenage en 1691.

Le Comte de Saint Christophle en 1694.

Le Marquis de Moni-d'Estampes en 1705.

Le Marquis d'Oise en 1715.

Chevaux-Legers d'Orleans. Pour la Compagnie des Chevaux-Legers d'Orleans, je n'ai pû sçavoir l'année qu'elle fut créée; mais il y a beaucoup d'apparence qu'elle le fut dans le même tems que la Compagnie des Gendarmes.

Liste des Capitaines-Lieutenans des Chevaux-Legers d'Orleans.

Le Marquis de Valsemé l'an …

Le Marquis de Valsemé fils du précedent l'an … :

Le Chevalier de Monmain en 1706.

Avant la bataille de Cassel, qui se donna en 1677, les Compagnies des Gendarmes & des Chevaux-Legers d'Orleans étoient censées être de la Maison de Monsieur, & avoient rang avec ses Gardes du Corps. Elles n'alloient à l'armée que lorsque Monsieur y alloit, & ne quittoient jamais sa Personne. Elles furent à la bataille de Cassel, parce que ce Prince commandoit l'armée. Après cette bataille les Gendarmes, & Chevaux-Legers d'Orleans furent unis au Corps de la Gendarmerie, & ils y sont toûjours demeurez unis depuis, & avec les mêmes prérogatives de la Gendarmerie, &c.

Il y avoit seulement une difference sous le Regne de Loüis le Grand entre les Officiers des Compagnies d'Orleans, & ceux des autres Compagnies de la Gendarmerie, c'est que les Officiers des Compagnies d'Orleans ne montoient pas aux Charges des autres Compagnies, lorsqu'elles venoient à vaquer, comme ceux des autres Compagnies ne montoient pas non plus aux Charges des Compagnies d'Orleans : mais de-

DE LA MILICE FRANÇOISE. *Liv. X.* 255

puis la Regence, Son Alteſſe Royale a reglé que les Officiers de ſes deux Compagnies rouleroient avec ceux des autres pour monter aux Charges indifferemment : & lorſque la Compagnie des Chevaux Legers d'Anjou vaqua au mois de Novembre 1716 par la mort du Comte de Guine, Son Alteſſe Royale y nomma Monſieur de Matarel Sous-Lieutenant des Chevaux-Legers d'Orleans, parce qu'il ſe trouva le plus ancien de tous les Sous-Lieutenans de la Gendarmerie ; & Monſieur le Comte de Cerney Enſeigne des Gendarmes de Bretagne, qui étoit le plus ancien Enſeigne du Corps, monta à la Sous-Lieutenance des Chevaux-Legers d'Orleans.

Quoique la Gendarmerie ſoit un Corps formé de ſeize Compagnies, cependant ces Compagnies ſont elles-mêmes autant de Corps ſeparez indépendans les uns des autres. Elles marchent ſur ſeize Lettres du Roy, & ſur ſeize routes, quoiqu'elles aillent ſouvent dans le même endroit.

Quand pendant l'hyver les Compagnies ſont dans des quartiers differens, les Officiers n'ont rien à voir que dans le quartier où eſt leur Compagnie, hors l'Etat Major qui a vûë & inſpection ſur toutes, & trois Officiers qui vont tous les mois par ordre du Roy, prendre connoiſſance de tout ce qui regarde le Corps. Ce ſont un Sous-Lieutenant, un Enſeigne ou un premier Cornette, ou un Guidon ou un ſecond Cornette. Ils ſont relevez tous les mois.

En l'anné 1690 le feu Roy établit un Etat Major pour la Gendarmerie, & ce fut à l'occaſion que je vais dire.

Création d'un Etat Major pour la Gendarmerie.

Monſieur le Maréchal de Luxembourg aïant rendu compte au Roy de la maniere diſtinguée dont la Gendarmerie s'étoit conduite la veille & le jour de la bataille de Fleurus, au gain de laquelle ce Corps avoit beaucoup contribué, Sa Majeſté l'augmenta de quatre Compagnies, reſolut de la mettre ſur un très bon pied, & d'en prendre un ſoin plus particulier. Il y créa pour cet effet un Etat Major, où il mit un Major, un Ayde-Major & un Sous-Ayde-Major, &c. Le Major devoit lui rendre compte directement de tout ce qui ſe paſſeroit dans le Corps, y porter ſes ordres, en faire l'inſpection, l'informer des mœurs des Officiers, de leurs talens, de leur capacité, & de la maniere dont ils ſe comporteroient dans les batailles & dans les autres tems de la campagne, lui proposer les sujets les plus dignes de remplir les Charges vacantes, & les personnes qui se presenteroient pour acheter celles qui seroient à vendre, après avoir examiné s'ils étoient d'assez grande naissance pour en obtenir l'agrément : donner à Sa Majesté l'état des services des Officiers lorsque l'on feroit des promotions d'Officiers generaux, & proposer ceux qui seroient le plus à portée d'esperer par leurs services ou leur ancienneté d'avoir des grades d'honneur & des recompenses ; & enfin pour être chargé du soin du service, de la discipline & du payement de ce Corps ; ce qui a été executé jusqu'à-present.

Sa Majesté donna au Major rang de premier Sous-Lieutenant du jour de la date de son Brevet, à l'Ayde-Major de premier Enseigne, & au Sous-Ayde-Major de premier Maréchal des logis. Depuis ce tems-là le Roy a donné quelquefois à l'Ayde-Major le rang de Sous-Lieutenant, Monsieur le Comte de Coëtanfao Ayde-Major de la Gendarmerie, a eu rang de Sous-Lieutenant au mois de Decembre 1713.

Monsieur le Comte de Druy a été le premier Major, il étoit Exempt des Gardes du Corps. Monsieur d'Anglas aussi Exempt des Gardes du Corps fut fait Ayde-Major, & M. de Saint Luc Maréchal des logis des Chevaux-Legers de la Reine, fut fait Sous-Ayde-Major. Tous trois furent tuez à la journée de la Marsaille le quatriéme d'Octobre de l'an 1693.

Monsieur d'Auger Major de la Gendarmerie, ayant demandé à se retirer au mois de Septembre 1716, Monseigneur le Duc d'Orleans Regent lui donna la Sous-Lieutenance des Gendarmes de Flandre à vendre, qui étoit vacante par la mort de Monsieur le Comte de Saint Abre, & luy conserva 4000 livres de pension.

Son Altesse Royale ayant jugé que deux Officiers Majors suffisoient à-present, que les huit Escadrons de la Gendarmerie étoient réduits à quatre, ne nomma pas à la place de Major, & chargea Monsieur le Comte de Coëtanfao Ayde-Major d'en faire toutes les fonctions. La Charge de Major a été depuis rétablie en faveur de Monsieur le Comte de Coëtanfao.

Lorsque le Major a rendu compte au Roy ou au Regent pendant

pendant la Minorité, de la revûë de la Gendarmerie; il observe de donner un double des extraits au Secretaire d'Etat de la guerre: il en use de même pour les autres memoires qui regardent son employ.

Voici la liste de ceux qui ont possedé jusqu'à-present la Charge de Major.

Messieurs
De Druï tué à la bataille de la Marsaille en 1693.
De Vertilli.
Dormoi.
Du Plessis-la-Corée tué à la journée d'Oudenarde en 1708.
D'Auger.
Le Comte de Coëtanfao.

L'Ordonnance du Roy du premier Janvier & du premier de Mars 1719 en faveur des Officiers de la Gendarmerie, a relevé beaucoup la Charge de plusieurs de ces Officiers par les avantages que Sa Majesté y a attachez.

Par cette Ordonnance les Capitaines-Lieutenans des quatre premieres Compagnies tandis qu'il seront pourvûs desdites Charges, tiendront rang de premiers Mestres de Camp de Cavalerie, & en cette qualité ils commandent dans tous les détachemens à tous Mestres de Camp.

Les Capitaines-Lieutenans des autres Compagnies, tant des Gendarmes que des Chevaux-Legers des Ordonnances, tiendront rang de Mestre de Camp, & commanderont à tous les Mestres de Camp, dont la Commission sera moins ancienne.

Les Sous-Lieutenans des Compagnies de Gendarmes & Chevaux-Legers, ainsi que l'Enseigne & le Guidon de celle des Gendarmes Ecossois, auront rang de Mestre de Camp, du jour & date de la presente Ordonnance.

Le rang de Sous-Lieutenant tel qu'il est expliqué dans l'article précedent, sera dorénavant attaché à l'Ayde-Major desdites Compagnies, & en consequence ceux qui en seront pourvûs auront rang de Mestre de Camp.

Les Enseignes & Guidons des autres Compagnies de Gendarmes & de Chevaux-Legers joüiront, ainsi que le Sous-Ayde-Major de la Gendarmerie, du rang de Lieutenant Colonel.

Tome II. K k

Les Maréchaux des logis de la Compagnie des Gendarmes Ecoſſois tiendront rang de Capitaines de Cavalerie.

A l'égard des Maréchaux des logis des autres Compagnies, ils tiendront rang de derniers Capitaines.

Ceux qui ſont actuellement Brigadiers ou Sous-Brigadiers de la Compagnie des Gendarmes Ecoſſois, tiendront rang de Lieutenans de Cavalerie.

Des Etendarts des Compagnies de Gendarmerie.

Les Etendarts de la Gendarmerie ſont de figure quarrée, comme ceux de preſque toutes les troupes qui en ont.

Deviſe des Gendarmes Ecoſſois.

Les Gendarmes Ecoſſois ont dans leur Etendart pour deviſe un grand chien courant, en poſture de courir dans une plaine où il y a des arbres, avec ces mots: *In omni modo fideli*. C'eſt pour marquer l'attachement & la fidelité avec leſquels les Ecoſſois ont toûjours ſervi nos Rois.

Deviſe des Gendarmes Anglois.

Les Gendarmes Anglois ont dans leur Etendart un Soleil & huit Aiglons qui s'élevent de terre pour voler vers lui, avec ces mots: *Tuus ad te nos vocat ardor*. Pour marquer leur courage à executer les ordres du Roy, dont le Soleil étoit deſlors le ſymbole.

Deviſe des Gendarmes Bourguignons.

Les Gendarmes Bourguignons ont dans leur Etendart cinq croix de Bourgogne c'eſt-à-dire cinq ſautoirs, quatre petites aux quatre coins & une plus grande au milieu, ſans inſcription.

Deviſe des Gendarmes de Flandre.

Les Gendarmes de Flandre ont la deviſe du feu Roy: c'eſt-à-dire, un Soleil rayonnant, avec ces paroles: *Nec pluribus impar*.

Deviſe des Gendarmes & des Chevaux-Legers de la Reine.

Les Gendarmes & les Chevaux-Legers de la Reine ont deux cartouches ovales qui ſe joignent. L'une eſt aux armes de France, & l'autre aux armes d'Eſpagne, couronnées de la Couronne de France, & ſoûtenuës de deux palmes croiſées & attachées par un ruban avec ces mots: *Seu pacem ſeu bella gero*. Pour marquer l'union des deux Etats, pour la paix & pour la guerre.

Deviſe des Gendarmes & des Chevaux-Legers Dauphins.

Les Gendarmes & les Chevaux-Legers Dauphins ont une mer agitée, ſur laquelle eſt un Navire au milieu de la tempête. Trois Dauphins paroiſſent ſe joüer. Les paroles de la deviſe, *Pericula ludus*. Pour marquer que cette Compagnie ſe fait un jeu des dangers de la guerre.

DE LA MILICE FRANÇOISE. Liv. X.   259

Les Gendarmes de Bretagne, qui étoient autrefois sous le nom du Duc de Bourgogne, ont dans leur Etendart un beau & grand arbre & un petit à côté avec ces mots : *Triumphali è stipite surgit.* Cela faisoit allusion aux conquêtes faites par feu Monseigneur pere de M. le Duc de Bourgogne.

Devise des Gendarmes de Bretagne.

Les Chevaux-Legers de Bretagne, qui étoient aussi auparavant sous le nom du Duc de Bourgogne, ont dans leur Etendart un oiseau en l'air les aîles étenduës, & un autre à terre les aîles aussi étenduës, qui fait effort pour s'élever, avec cette ame : *Votis sectatur euntem.* Pour signifier l'ardeur du jeune Duc de Bourgogne pour suivre son pere à la victoire.

Devise des Chevaux-Legers de Bretagne.

Les Gendarmes & les Chevaux-Legers d'Anjou ont dans leur Etendart deux arbres dans une plaine. Sur le plus grand des deux est une étoile rayonnante qui lance un gros trait de rayons avec ces mots : *Virtute autorem refert.* Cela fait une semblable allusion à la valeur de feu Monseigneur.

Devise des Gendarmes & des Chevaux-Legers d'Anjou.

Les Gendarmes de Berri ont pour devise dans leur Etendart un puissant Lion en posture arrêtée, montrant sa face à plein avec ces mots : *Vestigia magna sequetur.* C'est la même allusion aux exemples de Monseigneur & du Roy.

Devise des Gendarmes de Berri.

Les Chevaux-Legers de Berri ont un Aigle seul, qui vole en l'air, avec cette ame, *quò non feret insita virtus.* C'est un présage fondé sur la vivacité que l'on voïoit dans M. le Duc de Berri en son enfance:

Devise des Chevaux Legers de Berri.

Les Gendarmes & les Chevaux-Legers d'Orleans ont une bombe en l'air qui creve & jette le feu par quatre endroits, avec ces mots pour ame : *Alter post fulmina terror.* C'étoit la devise de feu Monsieur, & qui signifioit qu'après le Roy, il étoit la terreur des ennemis.

Devise des Gendarmes & des Chevaux-Legers d'Orleans.

Après avoir traité de la Maison Militaire du Roy, composée de Cavalerie, à laquelle j'ai joint la Gendarmerie, je vais faire l'Histoire de l'Infanterie, dont est formée sa Garde à pied, & commencer par le Regiment des Gardes Françoises.

CHAPITRE VI.

Histoire du Regiment des Gardes Françoises. Etat de ce Regiment en 1715.

Regiment des Gardes a le premier rang dans l'Infanterie.

LE Regiment des Gardes Françoises tient le premier rang parmi tous les Regimens d'Infanterie. Il est composé de trente-deux Compagnies ; elles portent chacune le nom de leur Capitaine, excepté la Colonelle, qu'on désigne ordinairement par ce nom. Les Officiers principaux sont le Colonel, qui est aujourd'hui Antoine de Grammont, Duc de Guiche, Lieutenant General des armées du Roy, le Lieutenant-Colonel, les Capitaines, les Lieutenans, les Sous-Lieutenans & les Enseignes.

Il y a comme dans les autres Regimens d'Infanterie, des Sergens, des Caporaux & des Anspessades.

Il y a outre cela un Major de tout le Regiment, six Aydes-Majors & six Sous Aydes-Majors.

Il y a deux Commissaires à la conduite, deux Commissaires Aydes, deux Maréchaux des logis, sans parler des autres Charges qui ont rapport au Regiment, mais qui ne sont point Militaires.

De l'institution du Regiment des Gardes Françoises.

p. 90.

BRantôme, dans son Discours des Colonels, nous marque l'institution du Regiment des Gardes, & nous en fait aussi connoître le tems. » Or le Havre pris, dit-il, les Anglois chas-
» sez encore un coup hors de la France, le Roy & la Reine
» sa mere, qui pouvoit tout alors, à cause de la minorité du
» fils, constituerent un Regiment de gens de pied François
» pour la garde de Sa Majesté ; & ce fut lors la premiere
» institution, composée de dix Enseignes de la Garde du Roy.

Epoque de l'institution du Regiment des Gardes.

Le tems de cette institution nous est aussi désigné ici par l'époque du siege du Havre qui fut repris sur les Anglois. Or ce siege se fit au mois de Juillet de l'an 1563. C'est donc cette année, ou au plus tard au commencement de 1564 que le Regiment des Gardes fut mis sur pied. Supposé même que Brantôme parle ici avec exactitude, on peut assûrer que ce fut l'an 1563, car il dit que ce fut durant la minorité du Roy Charles IX. Or la minorité du Roy finit cette année, & la Reine sa mere, au retour du siege du Havre, avant que de retourner à Paris, le fit reconnoître majeur au Parlement de Roüen.

Le premier qui fut honoré du titre de Mestre de Camp de ce Regiment, fut le Capitaine Charri, Languedocien, un des plus braves Gentils-hommes qu'il y eût alors dans les troupes; mais il ne garda pas long-tems cette Charge. Il refusa de se soûmettre à M. d'Andelot Colonel General. La Reine mere le soûtenoit dans ce refus, comme le témoigne Brantôme, sur ce que ce Regiment étoit une garde du Roy à laquelle personne ne devoit commander que le Roy seul: mais durant la chaleur de ce differend, Charri fut attaqué sur le Pont S. Michel par un autre Officier d'armée nommé Chastellier, qui le tua d'un coup d'épée au travers du corps; & l'on crut communément que ce fut à l'instigation de M. d'Andelot, qui ne pouvoit souffrir les bravades de Charri, ni qu'il refusât de le reconnoître pour son superieur.

Le Capitaine Charri premier Mestre de Camp du Regiment des Gardes.

Ce differend entre le Mestre de Camp du Regiment des Gardes & le Colonel General de l'Infanterie fut entierement decidé par Henri III, en faveur du Duc d'Espernon son favori, qu'il avoit fait Colonel General de l'Infanterie Françoise, & M. de Crillon, alors Mestre de Camp du Regiment, fut obligé de se soûmettre & de prendre son attache de ce Duc.

Differend entre le Mestre de Camp du Regiment, & le Colonel General de l'Infanterie, decidé par Henri III.

La création du Regiment des Gardes Françoises n'avoit pas été du goût de tout le monde, & moins encore de celui des Huguenots; ils disoient qu'il ne convenoit point que le Roy eût tant de Gardes, sur tout quand il faisoit sa residence au milieu de son Royaume; que de tout tems la plus seure garde des Rois François avoit été le cœur de leurs sujets, & que c'étoit une nouvelle dépense superfluë dont on chargeoit l'Epargne. Brantôme prétend que deslors leurs chefs meditoient le dessein qu'ils tâcherent d'executer quel-

Brantôme au Discours des Colonels.

ques mois après ces plaintes, qu'ils firent principalement en 1567. Ce dessein étoit de se rendre maîtres de la Personne du Roy ; car ils prévoïoient que la chose leur seroit impossible, tandis que ce Prince auroit une si grosse garde auprès de sa Personne.

La Garde du Roy ôtée pour quelque tems au Regiment.

Ils en murmurerent si fort & si souvent que la Reine Regente qui vouloit paroître ne pas trop se défier d'eux, jugea à propos de les contenter sur ce point. Il y avoit quelque tems que la paix étoit rétablie dans le Royaume, & durant le grand voïage que cette Princesse avoit fait avec le Roy dans presque toute la France, il s'étoit fait une reconciliation à Moulins entre les Princes de la Maison de Guise d'une part, & les Montmorenci & les Coligni de l'autre. De sorte qu'elle consentit à la suppression de cette garde après son retour.

Le Regiment ne fut pas cependant cassé pour cela : mais en le conservant, au lieu qu'il avoit jusqu'alors accompagné le Roy par tout, on l'envoya en Picardie, & on en mit les Compagnies en garnison dans diverses villes.

On ne fut pas long-tems à se repentir de ce qu'on avoit fait, car ce fut cette même année 1567 au mois de Septembre, que le Prince de Condé & l'Amiral de Coligni entreprirent d'enlever le Roy sur le chemin de Meaux à Paris ; & il ne leur eût pas échappé sans un corps de Suisses qu'on fit venir en diligence de Château-Thierry qui escorterent le Roy jusqu'à Paris. Ils le firent avec tant de resolution, que jamais le Prince de Condé & l'Amiral ne purent les entamer avec leur Cavalerie, dont les Suisses soûtinrent les caracoles & les assauts pendant plusieurs lieuës dans des plaines, où l'Infanterie a un désavantage infini contre la Cavalerie.

Ibid.

La Garde du Roy renduë au Regiment.

Brantôme continuant de parler sur ce sujet, dit que durant cette dangereuse marche, il fut souvent mention du Regiment des Gardes, & dès que le Roy fut en sûreté à Paris, on fit partir M. de Strozzi qui avoit été fait leur Mestre de Camp après Charri, pour rassembler les Compagnies, & les ramener auprès du Roy : ce qu'il executa.

Monsieur de Strozzi aïant été fait Colonel Géneral de l'Infanterie Françoise, Cosseins lui succeda dans la Charge de Mestre de Camp du Regiment des Gardes ; mais Strozzi y avoit à lui deux Compagnies Colonelles. Cosseins fut tué au siege de la Rochelle. Il ne paroît pas qu'on lui eût donné de successeur : car après l'élection du Duc d'Anjou au Royaume de Pologne qui se fit durant ce siege, la paix s'étant faite avec les Huguenots, le Roy Charles IX cassa le Regiment l'an 1573. Mais l'année d'après, les Huguenots commençant à remuer de nouveau, & le parti de ceux qu'on appella Malcontens ou Politiques, s'étant formé en même-tems, Charles IX se donna une nouvelle garde d'Infanterie, mais de deux Compagnies seulement : il conserva cette garde jusqu'à sa mort qui arriva cette même année.

Le Regiment est cassé par Charles IX. Ibid.

Henri III étant monté sur le thrône de France, rétablit le Regiment des Gardes & le remit sur un aussi bon pied qu'il eût jamais été. Il en fit Mestre de Camp le Sieur du Gua qu'il aimoit fort, & mit à la tête des Compagnies de très-vaillans Officiers. La Charge de Capitaine aux Gardes devint alors très-considerable ; de sorte que plusieurs d'entr'eux aïant été pourvûs de Regimens nombreux & de commandemens dans les armées, ne les accepterent qu'après que le Roy leur eut permis de retenir leur Compagnie des Gardes & leur titre de Capitaine.

Ibid. p 105. Il est rétabli par Henri III.

Charge de Capitaine aux Gardes devenuë très-considerable.

Du Gua aïant été assassiné quelque tems après par le Baron de Vitaux, Beauvais-Nangis lui succeda. Il étoit encore Mestre de Camp du Regiment des Gardes au siege de la Fere en 1580 : mais le Roy quelques années après aïant terminé l'ancien differend en faveur du Duc d'Espernon, & ordonné à Beauvais-Nangis de prendre l'attache de ce Seigneur comme du Colonel General de l'Infanterie, cet Officier aima mieux donner la démission de son emploi, que de plier en cette rencontre ; & la Charge fut donnée à Monsieur de Crillon, qui la conserva durant tout le Regne de Henri III, & plusieurs années encore sous celui de Henri IV jusqu'en 1604 ou 1605.

Ce fut à l'occasion de cette démission qu'il arriva une grosse affaire entre le Roy & le Duc d'Espernon. Ce Seigneur suivant les privileges attachez par Henri III à la Charge de Colonel General de l'Infanterie Françoise, avoit droit de nommer tous les Mestres de Camp, sans en excepter le Mestre de Camp du Regiment des Gardes. Henri IV ne jugea pas à

Henri IV ôte au Colonel General la nomination du Meſtre de Camp du Regiment des Gardes.

propos de laiſſer la nomination du Meſtre de Camp de ſes Gardes à la diſpoſition du Colonel General, & en pourvut M. de Crequi gendre de M. de Leſdiguieres.

Le Duc d'Eſpernon fit ſur cela de vives remontrances au Roy; mais elles furent inutiles. Le mécontentement qu'il en eut joint à quelques autres, lui fit quitter la Cour, & il ſe retira à ſon Gouvernement d'Angoulême.

Dans la vie du Duc d'Eſpernon.

Cependant le Roy voulant ménager cet eſprit hautain & fougueux à cauſe de l'attachement que les troupes avoient pour lui, parce que tous les Officiers d'Infanterie étoient ſes creatures, il voulut bien faire une eſpece de convention avec ce Seigneur: il y fut ſtipulé en ce qui regarde le Regiment des Gardes, que le Roy choiſiroit lui-même le Meſtre de Camp de ce Regiment, & que pour les Capitaines des Compagnies, il conſentiroit de les nommer alternativement avec le Colonel General: en ſorte que le Roy aïant nommé un Capitaine pour une Compagnie vacante, il agréeroit le Capitaine de la premiere qui vaqueroit ſur la nomination du Colonel General; que tant le Meſtre de Camp que les Capitaines prendroient leur attache du Colonel General; qu'ils ne ſeroient point inſtallez & ne prendroient point leur rang ſans cela; que le Colonel General nommeroit de ſon autorité tous les Officiers de la Colonelle comme les Lieutenans Colonels, les Enſeignes Colonels, & generalement toutes les Charges de l'Etat Major; que le Meſtre de Camp du Regiment des Gardes feroit le ſerment entre ſes mains.

Convention de Henri IV avec le Duc d'Eſpernon ſur ce point.

Dans la vie du Duc d'Eſpernon.

Quand Monſieur de Crequi eut été nommé Meſtre de Camp du Regiment des Gardes, & avant que la convention dont je viens de parler eût été faite, il fut obligé d'aller à Angoulême trouver le Duc d'Eſpernon pour prendre ſon attache; il y eſſuïa bien des déſagrémens. Le Duc le fit attendre un jour entier à la porte de ſa chambre, & il le retint à ſa ſuite pluſieurs jours, faiſant toûjours difficulté de lui donner ſon attache & de recevoir ſon ſerment. Mais enfin ce fier Duc fut obligé d'obéïr à l'ordre du Roy, & ce fut après qu'il y eut obéï que la convention ſe fit.

Il ſe maintint dans la poſſeſſion de nommer les Capitaines des Gardes alternativement avec le Roy, & même au commencement

mencement du Regne de Loüis XIII, le Regiment aïant été augmenté de deux Compagnies, & le Roy aïant nommé un des Capitaines, & le Duc d'Espernon l'autre, celui-cy prit rang avant celui qui avoit été nommé par le Roy; & cela apparemment parce qu'il étoit plus ancien Officier.

En 1655 Monsieur de Vennes Lieutenant de la Colonelle, s'étant démis de cette Compagnie pour son grand âge, le Roy Loüis XIV donna à la verité l'agrément pour la démission; mais Monsieur d'Espernon fils du précedent & qui lui avoit succedé dans la Charge de Colonel General, fut dédommagé par la promesse qu'on lui fit d'avoir la disposition de la premiere Compagnie vacante: & effectivement le Chevalier Desmarais Capitaine aux Gardes aïant été tué six mois après, le Duc d'Espernon nomma à cette Compagnie Saint Quentin son Capitaine des Gardes.

Il n'y eut des Mestres de Camp dans ce Regiment que jusqu'en l'an 1661, & dans la suite ceux qui le commanderent prirent le titre de Colonel.

Ce changement arriva à la mort du second Duc d'Espernon: dès qu'il fut mort, le Roy Loüis XIV supprima la Charge de Colonel General de l'Infanterie Françoise qui rendoit trop puissant celui qui en étoit revêtu.

C'étoit le Maréchal de Grammont qui étoit alors Mestre de Camp du Regiment des Gardes, & qui possedoit cette Charge depuis l'an 1636. Je vais mettre ici la liste des Mestres de Camp du Regiment des Gardes jusqu'au tems qu'ils prirent le titre de Colonel en 1661, & puis j'ajoûterai celle des Colonels.

Liste des Mestres de Camp du Regiment des Gardes.

Le Capitaine Charri fut le premier au commencement du Regne de Charles IX.

Philippe Strozzi. Il fut tué à l'expedition des Açores.

Cosseins succeda à Strozzi. Il fut tué au siege de la Rochelle l'an 1573.

Après la mort de Cosseins le Regiment des Gardes fut cassé par Charles IX.

Henri III l'ayant rétabli, le Mestre de Camp fut,

Du Gua, qui ne garda cette Charge gueres plus d'un an, aïant été aſſaſſiné.

Beauvais Nangis.

Crillon.

Charles Sire de Crequi. Il fut depuis Maréchal de France, & fut tué d'un coup de canon allant ſecourir Brême en Italie aſſiegée par les Eſpagnols.

Charles Sire de Crequi appellé ordinairement Monſieur de Canaples, fils du précedent. Il mourut d'une bleſſure reçûë au ſiege de Chamberri en 1630.

Le Comte de Sault frere aîné de Canaples, exerça la Charge pendant quelque tems.

Rambures. Il fut tué au ſiege de la Capelle en 1637.

Antoine de Grammont ſucceda à Rambures l'an 1637. Il fut depuis Maréchal de France. Ce fut le dernier qui porta le titre de Meſtre de Camp du Regiment des Gardes, & qui prit enſuite celui de Colonel de la maniere que je vais dire.

Le Maréchal de Grammont premier Colonel des Gardes Françoiſes.

Monſieur de Grammont, quoiqu'il eût été fait Maréchal de France en 1641, garda toûjours ſa Charge de Meſtre de Camp du Regiment des Gardes. Il l'étoit encore en 1661, lorſque le dernier Duc d'Eſpernon Colonel General de l'Infanterie Françoiſe, mourut. Cette grande dignité aïant été ſupprimée immediatement après la mort du Duc, le Maréchal ſuivant l'Ordonnance du Roy que j'ai rapportée en traitant des Colonels Generaux, prit le titre de Colonel; il arbora le drapeau à ſes armes comme avoit fait le Colonel General. La Compagnie Meſtre de Camp, qui auparavant n'étoit que la ſeconde du Regiment, devint la premiere & eut le drapeau blanc. La ſeule diſtinction qui reſta à la Compagnie qui avoit été Colonelle au Regiment des Gardes, fut qu'elle ne rouleroit point avec les autres, & que comme la Meſtre de Camp qui étoit devenuë Colonelle, ſeroit toûjours la premiere du Regiment; de même la Colonelle qui étoit devenuë la ſeconde, ſeroit toûjours la ſeconde ſous le nom de Lieutenante Colonelle, au lieu que les autres Compagnies prendroient rang entre elles ſelon l'ancienneté de la reception de leur Capitaine.

Le Roy conferva auſſi aux Lieutenans-Colonels tant du Regiment des Gardes que des autres, les appointemens qu'ils avoient eu juſqu'alors, ſans que ceux qui leur ſuccederoient, puſſent prétendre à ces appointemens, ni à d'autres avantages qu'à ceux qui leur ſeroient attribuez en qualité de Capitaines.

Je vais continuer la liſte des Colonels du Regiment des Gardes juſqu'à notre tems, en marquant quelques particularitez de leur reception, quand il s'y ſera fait quelque choſe de ſingulier.

Le Comte de Guiche fils du Maréchal de Grammont avant la ſuppreſſion de la Charge de Colonel General, avoit été reçû en ſurvivance l'an 1658, & ſervit durant la campagne de cette année à la tête du Regiment des Gardes. On m'a fourni la relation de la maniere dont il fut reçû ; la voici.

Le Duc d'Eſpernon n'étant point alors à Paris, les ceremonies qui regardoient le Colonel General n'y furent point obſervées. Le Regiment étant aſſemblé dans la plaine de Grenelle, tous les Officiers eurent ordre de ſe mettre à la tête du premier bataillon. Monſieur de Fourille, qui étoit alors Lieutenant Colonel, leur declara la volonté du Roy en faveur du Comte de Guiche, & cela s'appella l'avoir mis en Charge.

Le Comte de Guiche avoit la pique à la main & le hauſſecol ; enſuite il prêta le ſerment entre les mains du Sieur de la Rapée Commiſſaire à la conduite. Le Comte étoit chapeau bas, la pique à la main, & le Commiſſaire couvert, comme tenant la place du Colonel General.

Cela fait, le Comte de Guiche monta à cheval, viſita les bataillons, fut ſalué de la pique, & vit défiler le Regiment par Compagnies: la Colonelle marcha la premiere, enſuite la Meſtre de Camp, puis celle de Pradel, celle de Villiers, & les autres ſelon leur rang. Il prit ces quatre premieres pour monter la garde au Louvre. Il marchoit ſix pas devant les Capitaines qui étoient ſur la même ligne du Lieutenant-Colonel. Du Tronc Lieutenant de la Meſtre de Camp marchoit à la ſerrefile, aïant mieux aimé ce poſte que de marcher un peu derriere les Capitaines, & à côté de la ligne comme ceux-cy l'auroient voulu.

La Garde étant arrivée au Louvre, le Comte de Guiche prit la pique auprès des sentinelles, le lendemain la garde fut relevée dans le même ordre. Pendant la garde le Comte de Guiche eut toûjours le haussecol, & prit la pique quand le Roy & la Reine mere entrerent & sortirent.

Trois ans après, quand la Charge de Colonel General eut été supprimée, le Comte de Guiche prit le titre de Colonel. Sa Mestre de Camp devint la Colonelle & la premiere du Regiment, & tout le reste se fit dans ce Corps suivant l'Ordonnance du Roy.

Installation du Duc de la Feüillade.

En 1672 le Maréchal de Grammont aïant fait agréer au Roy sa démission & celle du Comte de Guiche son fils, le Duc de la Feüillade leur succeda. Il fut installé d'une maniere nouvelle & bien honorable pour lui. Le Roy voulut en faire lui-même la ceremonie.

Il n'y avoit alors que dix Compagnies des Gardes à Paris, elles eurent ordre de se rendre à S. Germain où la Cour étoit. On en fit deux bataillons, qui furent postez entre les deux Châteaux, faisant tête l'un à l'autre. Le Roy à cheval s'étant mis entre deux, commanda aux Officiers de s'approcher. Il prit une pique & un haussecol des mains de M. de Pradel, Lieutenant-Colonel du Regiment, & les aïant donnez au Duc de la Feüillade, il dit que la Charge de Colonel de ses Gardes étant vacante par les démissions du Maréchal de Grammont & du Comte Guiche, il l'avoit donnée au Duc de la Feüillade, & leur ordonnoit de le reconnoître & de lui obéir en tout ce qu'il leur commanderoit pour son service; & puis il se retira.

Serment fait par le Duc de la Feüillade entre les mains d'un Maréchal de France.

Ensuite le Duc de la Feüillade prêta le serment, non pas entre les mains du Commissaire à la conduite, comme il s'étoit pratiqué jusqu'à ce tems-là, en l'absence du Colonel General; mais entre les mains du Maréchal du Plessis, le plus ancien des Maréchaux, & comme representant le Connétable.

Le serment aïant été prêté de la sorte, M. de la Feüillade alla sur le fossé du vieux Château, ordonna que toutes les Compagnies défilassent devant lui, & fut salué de la pique

DE LA MILICE FRANÇOISE. *Liv. X.* 269
par tous les Officiers des dix Compagnies.

Il retint six Compagnies dont il forma un bataillon, à la tête duquel il alla monter la Garde, & se mit en parade dans la cour des cuisines, après avoir défilé sous les fenêtres du Roy, lequel il salua de la pique.

Dans la marche il avoit six pas devant M. de Pradel Lieutenant-Colonel, & M. de Pradel deux pas avant les Capitaines. Le lendemain la Garde fut descenduë dans le même ordre.

Pendant cette Garde le Duc de la Feüillade eut toûjours le hauffecol, & prit la pique quand le Roy ou la Reine entrerent & sortirent.

Dans ce même tems le Roy lui donna pouvoir de porter toûjours un bâton semblable à celui des Capitaines des Gardes du Corps du Roy, au lieu que jusques-là les Meftres de Camp ou Colonels du Regiment, ne l'avoient porté qu'en certains jours de ceremonies, comme l'avoit porté le Comte de Guiche à l'entrée de la Reine en 1660, ou quand le Roy alloit au Parlement. *Distinction accordée par le Roy au Duc de la Feüillade.*

Le Duc de la Feüillade étant mort en 1691, le Roy donna la Charge de Colonel du Regiment des Gardes au Marquis de Boufflers, qui fut depuis Maréchal de France & Duc & Pair. Il fut reçû le quatriéme de Février de 1692. Tout le Regiment se rendit à Versailles, derriere la bute de Montboron, où le Roy l'installa à peu près de la même maniere qu'il avoit installé son prédecesseur. Au lieu de la pique qui avoit été jusques alors comme la marque de l'investiture de cette Charge, il lui donna l'esponton; il prêta le serment entre les mains du Maréchal d'Humieres, & ensuite monta la Garde chez le Roy. *Installation du Marquis de Boufflers.*

Le lendemain qu'il eut monté la Garde, le Roy jugeant sa presence pour son service plus necessaire en Flandre qu'auprès de sa Personne, le fit partir le même jour, après lui avoir permis comme à son prédecesseur de porter toûjours le bâton.

Le jour de sa reception il obtint une grace du Roy en faveur des Officiers du Regiment. Ce fut une Ordonnance par laquelle tous les Lieutenans du Regiment des Gardes commanderoient à tous les Capitaines d'Infanterie, & les *Privilege obtenu par M. de Boufflers pour les Officiers du Regiment.*

Enseignes du même Regiment commanderoient à tous Lieutenans.

L'an 1704 il obtint encore du Roy une nouvelle grace pour quelques Officiers du Regiment. Il representa à Sa Majesté qu'elle avoit donné la Commission de Colonel à plusieurs Officiers de ses troupes, tant dans les Gardes du Corps que dans la Cavalerie & l'Infanterie, qui n'avoient pas tant de service que les anciens Lieutenans des Gardes. Sur cette remontrance, le Roy accorda aux sieurs de S. Paul, de Clisson & Seraucourt, trois des plus anciens Lieutenans du Regiment, la Commission de Colonel. Ainsi le Regiment lui est redevable de plusieurs graces considerables qu'il lui a procurées dans le tems qu'il le commandoit. Je dois placer ici une distinction très-singuliere que le Roy accorda quelques années après à ce Seigneur, & qui a rapport à la Charge de Colonel du Regiment des Gardes. Ce fut le droit pour lui & pour ses descendans mâles, d'orner à perpetuité l'écusson de leurs armes des Drapeaux, dont le Colonel du Regiment des Gardes orne son écusson, & pareillement des Etendarts du Colonel General des Dragons, aïant aussi possedé cette Charge.

Autre grace obtenuë en faveur de quelques Officiers par le Colonel.

Le Maréchal de Boufflers fut honoré l'an 1704 de la Charge de Capitaine d'une Compagnie des Gardes du Corps vacante par la mort du Maréchal de Duras ; & il quitta alors celle de Colonel du Regiment des Gardes.

Le Duc de Guiche, petit-fils du Maréchal de Grammont, lui succeda en cette Charge le 13 Octobre de l'an 1704. Après avoir été installé par le Roy à Versailles, il fit le serment entre les mains du Maréchal de Noailles. Il est le cinquiéme de ceux qui ont porté le titre de Colonel du Regiment des Gardes, & le troisiéme de sa Maison qui en ait été honoré : aussi le Roy en l'installant à la tête du Regiment & lui mettant l'esponton à la main, dit aux Officiers qu'ils obéïroient avec plaisir sans doute au Duc de Guiche pour l'execution de ses ordres, puisque ce Corps étoit accoûtumé depuis long-tems à obéir aux personnes de ce nom. Le Duc de Louvigni, fils du précedent, fut reçû Colonel du Regiment au mois de Janvier 1717. Le Roy

DE LA MILICE FRANÇOISE. *Liv. X.* 171
vit la ceremonie de son appartement du Louvre.

Après avoir fait l'histoire de l'institution du Regiment des Gardes Françoises & celle des Mestres de Camp & des Colonels, je dois parler des autres Officiers Militaires de ce Corps.

Il y a eu de tout tems dans le Regiment des Gardes Françoises des Capitaines, des Lieutenans, des Enseignes, des Sergens, des Caporaux, des Anspessades, comme dans les autres Regimens. Il y a eu aussi des Sergens-Majors, & puis des Aydes-Majors & des Sous-Aydes-Majors, des Commissaires à la conduite, des Maréchaux des logis; on y a mis des Sous-Lieutenans dans la suite des tems.

Comme la Charge de Lieutenant-Colonel des Gardes fut toûjours très-considerable, & qu'elle l'est encore aujourd'hui, je vais faire la liste de ceux qui l'ont possedée, dont j'ai eu connoissance; après quoi je passerai à l'Etat Major de ce Regiment.

Liste des Lieutenans-Colonels du Regiment des Gardes.

Messieurs,
Du Massez, en l'an....
De Laval, en l'an...
D'Arquier, en l'an..... sous Henri IV.
Sainte Colombe eut cette Charge en 1610, & la posseda long-tems.
De Vennes.
De Fourille, en 1655.
De Pradel, en 1667.
Bardi Magalotti, en 1675.
Rubentel, en 1681.
D'Avejan, en 1697.
De Caraman, en 1705.
De Saillant d'Esteing, en 1710.

Liste des Majors du Regiment des Gardes.

Le premier que j'aye rencontré en parcourant d'anciens

memoires, s'appelloit Blajan. Il l'étoit en 1581, c'étoit un des premiers sans doute; car le Regiment n'avoit été créé que dix-huit ans auparavant.

Dans le compte de l'Extraordinaire des Guerres de l'an 1606, il paroît que l'on mit un second Major: ce fut le Sieur de la Hiliere, qui exerça cette Charge conjointement avec Blajan.

A la Hiliere succeda l'Ostelnaut, en 1623.

A l'Ostelnaut son neveu de même nom, l'an....

La Jalaise eut cette Charge en 1651.

Le Chevalier de Maupeou, en 1659.

Castelan, en 1661. Il fut commandé avec le titre de Brigadier en 1669 pour aller en Candie avec 400 hommes des Gardes, & il y fut tué à une grande sortie que fit M. de Navailles.

Saint Sandoux lui succeda en 1670. Il fut tué aux païs-bas.

Cesan en 1675.

Artagnan, en 1678, aujourd'hui Maréchal France sous le nom de Montesquiou.

Traversonne, en 1698.

Bernieres, en 1703, tué à la bataille de Ramilli.

Contade, en 1706. Il l'est encore aujourd'hui.

La Charge de Major General de l'Infanterie, qui est une des plus considerables des armées, de laquelle j'ai parlé cy-dessus, est attachée à celle de Major du Regiment des Gardes.

Aydes-Majors. La Charge de Major de ce Regiment étant d'un grand détail, il eut d'abord un Ayde-Major, dont il est parlé au siege de la Fere en 1596, sous le Regne de Henri IV, lorsque ce Prince la reprit sur les Espagnols qui s'en étoient saisis durant la Ligue. On en ajoûta un second en 1615; & *Sous-Aydes-Majors.* cette création se fit durant le voyage de Loüis XIII, pour son Mariage avec l'Infante d'Espagne Anne d'Autriche: on les a doublez depuis. On fit même des Sous-Aydes-Majors, *Garçons-Majors.* dont quelques-uns avant que de porter ce titre, eurent celui de Garçons-Majors. On les a aussi multipliez en divers tems.

Je vais maintenant dire quelque chose des Capitaines, des Lieutenans & des autres Officiers subalternes selon le rang qu'ils ont entre eux.

Les

DE LA MILICE FRANÇOISE. Liv. X. 273

Les Capitaines sont les premiers Officiers après le Colonel, & qui commandent sous lui chacun leur Compagnie. Celui qui commande la Colonelle sous le Colonel a le titre de Capitaine-Lieutenant, qui lui fut donné en 1672 dans une nouvelle Commission, laquelle lui fut expediée avec de la cire.

Le Capitaine de la seconde Compagnie porte le titre de Lieutenant-Colonel, & en cette qualité il a la paye de Lieutenant & de Capitaine : mais le Lieutenant-Colonel a un privilege considerable, c'est qu'en vertu de sa Commission il commande le Regiment en l'absence du Colonel, quand même sa propre Compagnie n'y seroit pas, au lieu qu'autrefois & dans le tems du Colonel General, le Lieutenant-Colonel ne commandoit le Regiment qu'aux endroits où la Colonelle étoit.

Les autres Capitaines n'ont rang entre eux non plus que leurs Compagnies, que par l'ancienneté de leur reception.

Par une Ordonnance donnée à Mons en 1691 le Roy attribua le titre de Colonel aux Capitaines aux Gardes. Par tout où il se trouve quelques Compagnies du Regiment : le plus ancien Capitaine, même sans être Brigadier, sert comme Colonel du Regiment des Gardes ; & lorsque le Regiment monte la garde de la tranchée dans les sieges, les Capitaines aux Gardes ne peuvent être commandez que par un Brigadier qui soit du Corps du Regiment, & par nul autre. En 1694 il y eut un different à l'armée pour le commandement de la Brigade en l'absence du Brigadier, ce fut entre le Lieutenant-Colonel des Gardes Suisses Brigadier & le premier Capitaine du Regiment des Gardes Françoises non Brigadier. Le Lieutenant Colonel des Gardes Suisses prétendit commander la Brigade comme Brigadier, au préjudice du Capitaine des Gardes Françoises. L'affaire fut portée au Roy, qui décida que ni le Lieutenant-Colonel des Gardes Suisses, ni aucun Brigadier ou autre de la nation ne commanderoit jamais la Brigade, & qu'elle devoit toûjours être commandée par le plus ancien Capitaine des Gardes Françoises.

Etat de la France de 1691, t. I. Capitaines aux Gardes sont sur le pied de Colonels. Autre privilege des Capitaines aux Gardes.

Par l'Ordonnance de 1664, les Capitaines aux Gardes obéïssoient aux Colonels des autres Regimens : mais en 1693 le

Tome II. M m

Roy leur donna le rang de Colonel avant tous les Colonels créez depuis le siege de Mons: & l'ancienneté des Capitaines aux Gardes pour être Brigadier d'armée, courut pour ceux qui étoient Capitaines aux Gardes avant le siege de Mons.

Etat de la France de 1698, t. 1. Autre privilege.

Je ne dois pas oublier une autre distinction des Capitaines aux Gardes dans les Garnisons où ils peuvent se trouver: c'est qu'ils ne sont point obligez d'y monter la garde comme les autres Capitanes d'Infanterie. Ce Reglement fut fait l'an 1681. Le Roy au mois d'Avril avoit envoïé vingt Compagnies des Gardes au Païs Bas en diverses villes. Monsieur le Duc de la Feüillade alors Colonel du Regiment, representa au Roy que la fonction essentielle des Capitaines aux Gardes étoit de garder sa Personne Royale, & qu'il ne convenoit pas de les confondre dans le reste du service avec les autres Capitaines d'Infanterie. Sur quoy Sa Majesté fit une Ordonnance qu'elle envoïa aux Gouverneurs & aux Commandans des places, par laquelle il exemtoit à l'avenir les Capitaines du Regiment de monter la garde dans les Garnisons, & vouloit seulement qu'il y en eût un tous les jours sur la place pour voir monter la Garde sans pique & sans haussecol, & que ce Capitaine à son jour allât la nuit visiter les postes du Regiment.

Les Capitaines aux Gardes exemts de monter la garde dans les Garnisons.

Les Capitaines aux Gardes Françoises en montant la Garde au Louvre, ont toûjours la droite sur les Capitaines des Gardes Suisses, ils portent le haussecol doré aussi-bien que les autres Officiers du Regiment qui ont le droit de haussecol; & les Officiers du Regiment Suisse le portent argenté.

Préseance des Capitaines des Gardes Françoises sur les Capitaines des Gardes Suisses, & la distinction du haussecol.

Le Lieutenant est le second Officier de la Compagnie; il y en a deux dans chacune des deux Compagnies de Grenadiers, & un dans toutes les autres. Ce fut l'an 1701 que le Roy doubla les Lieutenans dans ces deux Compagnies.

En 1662 lorsque les Aydes-Majors des Gardes eurent par Ordonnance du Roy le rang de Lieutenant avec pouvoir de commander selon leur ancienneté, il fut aussi reglé qu'en l'absence des Capitaines dans les quartiers ou ailleurs, les Lieutenans, Sous-Lieutenans & Enseignes se commanderoient les uns les autres à proportion de leurs Charges selon leur ancienneté de reception, au lieu qu'autrefois ils n'avoient le commandement que selon l'ancienneté des Compagnies dont ils étoient.

Reglement pour le commandement des Lieutenans.

DE LA MILICE FRANÇOISE. Liv. X.   275

Après les Lieutenans suivent les Sous-Lieutenans. Cette *Sous-Lieu-* Charge n'est pas ancienne dans le Regiment des Gardes non *tenans aux* plus que dans les autres. Je n'en trouve point avant 1657 ; & *Gardes.* ce fut en effet cette année-là que cette Charge fut créée.

En 1701 le Roy doubla les Sous Lieutenans dans les deux Compagnies de Grenadiers, jugeant à propos que ces deux Compagnies eussent plus d'Officiers que les autres.

L'Enseigne avant l'institution des Sous-Lieutenans étoit la *L'Enseigne.* troisiéme Charge du Regiment, & elle n'est maintenant que la quatriéme.

Il y a aussi deux Enseignes dans chacune des deux Compagnies de Grenadiers. L'Enseigne y fut doublé en même- *Deux dans* tems que le Lieutenant & le Sous-Lieutenant. *chaque Compagnie de*

Je trouve dans l'état Major du Regiment des Gardes de *Grenadiers.* 1600, un Maréchal des logis ; & je crois cette Charge aussi *Maréchaux* ancienne que le Regiment. *des logis.*

Quant aux Sergens, le nombre a varié : il y en a aujourd'hui six dans chaque Compagnie, c'est depuis 1705. Il n'y en avoit que quatre auparavant, excepté dans la Colonelle qui en avoit six il y avoit quelques années.

En 1690 le Roy créa une Charge de premier Sergent, ou *Premier Ser-* Sergent d'ordre, avec la païe de 360 livres par an outre une *gent.* gratification de 400 livres que le Roy lui faisoit, & chaque Capitaine de bonne volonté lui donnoit une pistole par an à cause des peines qu'il se donnoit pour le Regiment. Il n'avoit point d'autres fonctions que celles que lui donnoient le Major & les Aydes-Majors. Il est Sergent par Brevet.

En 1687 Monsieur de la Feüillade aïant representé au Roy *Sergens* que les vieux Sergens du Regiment n'entrant dans les Inva- *Invalides.* lides que comme soldats, ils aimoient mieux mourir de faim que d'y entrer de la sorte ; Sa Majesté ne voulant pas changer l'ordre de l'établissement des Invalides, & voulant aussi avoir égard aux bons & longs services des Sergens qui n'étoient plus par leur grand âge en état de servir, accorda sur sa cassette à six vieux Sergens chacun deux cents livres par an, & leur logement dans le quartier ; & à mesure qu'il en meurt, Monsieur le Colonel en nomme un autre. Ceux des Sergens aux Gardes qui ont voulu depuis entrer aux Inva-

Mm ij

lides, ont eu une diftinction que les Sergens des autres Corps n'ont pas, c'eft qu'ils ne mangent point avec les foldats, mais à une table feparée. Et le Roy en 1718 leur a accordé d'entrer aux Invalides fur le même pied que les Lieutenans d'Infanterie.

Les Gentils-hommes du drapeau.

On peut encore compter parmi les Officiers du Regiment des Gardes, ce qu'on appella les quatre Gentils-hommes du drapeau, parce qu'ils marchoient autour du drapeau de la Colonelle, dans laquelle ils furent mis armez de pertuifannes : mais ces Charges ou Commiffions ne durerent pas long-tems, Monfieur le Duc de la Feüillade en aïant reprefenté l'inutilité au Roy.

Montluc fol. 439. v°.

Le Regiment des Gardes à fa premiere création fous Charles IX, fut de dix Compagnies, comme le dit Brantôme dans fon difcours des Colonels, & Montluc dans fes Commentaires. Ces dix Compagnies ne faifoient que 500 hommes, comme il eft expreffément marqué dans le 3 vol. des fept de l'extraordinaire des guerres de 1563, où neuf de ces Capitaines font marquez, fçavoir Charri, Strozzi, Gohas, Serriou, Yromberi, Noaillan, la Mote, Coffeins, Cabanes. Ce même nombre de cinq cents hommes eft marqué dans le premier vol. de l'extraordinaire des guerres de 1564 *à quatre vingts trois hommes de guerre à pied François, faifant partie de cinq cents hommes de guerre ordonnez pour la fuite & garde du Roy, fous la charge & conduite du Sieur Strozzi leur Capitaine.* Ainfi le Regiment des Gardes ne fut qu'un détachement du Regiment de Charri, qui felon Montluc & Brantôme étoit de trois mille hommes. Le Regiment des Gardes aïant éte caffé par Charles IX, Henri III le rétablit, comme j'ai déja dit. Il fut dans fon rétabliffement de douze Compagnies, & il étoit encore fur ce pied à la mort de ce Prince.*

* Mémoires du Duc d'Angoulême, p. 155.

Au plus tard après la paix de Vervins il fut fixé à vingt Compagnies, comme on le voit par le Rôle de 1600 ; mais il ne demeura pas long-tems fur ce pied-là. Deflors Henri IV avoit envie de fe délivrer de la dépenfe d'une partie de ce Regiment. Ainfi Buffet & Sabrin deux Capitaines aux Gardes étant morts, le premier à la fin de l'an 1600, & le fecond en 1601, leurs Compagnies furent licentiées, & le Regiment

DE LA MILICE FRANÇOISE. Liv. X.

réduit à dix-huit Compagnies. On le voit même par le compte de l'extraordinaire des guerres de 1604, réduit à dix-sept.

Il paroît que cela fut ménagé de la sorte dans la vûë qu'on avoit de ramener peu à peu le Regiment au nombre de douze Compagnies, comme il avoit été dans son rétablissement par Henri III; & cela à mesure que les Compagnies vaqueroient pour ne mécontenter personne.

Depuis l'an 1604, le Regiment demeura à dix-sept Compagnies jusqu'à l'an 1606, que Henri IV créa la Compagnie de Mausan ordonnée pour la garde de Monseigneur le Dauphin. Ainsi il y eut 18 Compagnies jusqu'à 1612, que le Roy Loüis XIII remit le Regiment à vingt par la création de deux Compagnies. *Augmentation du nombre des Compagnies.*

Le nombre des Compagnies ne diminua ni n'augmenta jusqu'à l'an 1635, que le même Prince y ajoûta dix Compagnies. C'est ce qui se voit par les états, & ce que Dupleix Historien contemporain témoigne en ces termes : » Le Roy, » dit-il, considerant que le Regiment de ses Gardes compo- » sé pour la plûpart de jeune noblesse & de vieux soldats, est » le Corps le mieux discipliné & le plus fort de son Infan- » terie ; en sorte qu'il peut être comparé aux Bandes Preto- » riennes des anciens Empereurs Romains, & aux Janissaires » du Turc, l'augmenta de dix Compagnies cette année : si » bien qu'avec les vingt anciennes il est à-present de trente. *Dupleix Hist de Loüis XIII, t. 2. p. 46, sous l'an 1635. Hist. de Loüis XIII, t. 2, p. 46.*

Il demeura depuis ce tems-là fixé à ce nombre de Compagnies, jusques à ce que l'an 1689, Loüis le Grand y ajoûta deux Compagnies de Grenadiers ; & c'est l'état où il est aujourd'hui.

Il y a eu des changemens non seulement pour le nombre des Compagnies, mais encore pour le nombre des soldats qui les composoient. Je ne remarquerai que les principaux de ces changemens. En 1600 sous Henri IV, selon les états, chaque Compagnie étoit de quatre vingts hommes ; & il paroît que ce nombre étoit regardé comme l'état naturel des Compagnies, parce que certaines raisons aïant obligé diverses fois à y faire des augmentations, on les réduisoit ensuite par les réformes au nombre de quatre vingts. Au moins cela se fit-il deux fois de suite sous Henri IV. *Nombre des soldats dans les Compagnies.*

Ce Prince à la fin de l'année 1600 se préparant à faire la guerre au Duc de Savoye, au sujet du Marquisat de Saluces, les Compagnies du Regiment des Gardes furent mises chacune à trois cents hommes : mais l'accommodement aïant été fait avec le Duc, elles furent réduites à quatre vingts.

En 1606 le même Roy aïant armé pour les affaires de Sedan, & pour réduire le Duc de Boüillon, les Compagnies furent mises à 120 hommes ; & après la soûmission du Duc de Boüillon, elles furent encore remises à quatre vingts : elles continuerent sur ce pied jusqu'en 1610.

Il s'y fit cette année-là une augmention de quarante hommes par Compagnie, & elles furent de 120 ; ce fut au sujet de l'armement que faisoit Henri IV, lorsque la France perdit ce grand Prince.

Je crois que ce nombre fut conservé jusqu'à l'année 1615, qui fut celle du mariage du Roy Loüis XIII. Les Compagnies furent mises alors à 200 hommes. On les augmenta l'an 1629 jusqu'à 300 pour la guerre de Piémont, où elles suivirent le Roy qui força en personne le pas de Suze. Après cette expedition & le retour du Roy on les réduisit à 200, on les retrouve à 300 en 1632. Il y eut encore du changement & une réforme : & puis on les remit à 300 l'an 1635, comme le remarque l'Historien Dupleix à l'endroit que j'ai déja cité. Ce fut à l'occasion de la guerre que l'on envoïa déclarer au Cardinal Infant à Bruxelles, sur le refus qu'il fit de mettre en liberté l'Electeur de Treves, qui avoit été surpris par les Espagnols dans sa Capitale. Par cette augmentation le Regiment se trouvoit de neuf mille hommes.

Memoires de Puysegur p. 114.

En 1659 au voïage du Roy Loüis XIV pour son mariage, on mit sur pied huit Pertuisanniers, ausquels on donna des juste-au corps de la livrée du Roy, & qui faisoient deux rangs à la tête de chaque Compagnie. Depuis ils furent réduits à quatre, & enfin entierement abolis. Aujourd'hui chaque Compagnie est de 126 soldats, excepté les Compagnies de Grenadiers qui sont à 110.

Pertuisanniers du Regiment des Gardes.

Outre les soldats qui font le gros du Regiment des Gardes, il y a eu long-tems des Cadets : on appelloit Cadets de jeunes gens qui se mettoient volontaires dans les troupes sans

Cadets aux Gardes.

recevoir de païe, ni être mis fur les Rôles, & à qui on ne pouvoit refufer le congé. Ils fervoient feulement pour apprendre le métier de la guerre, & fe rendre capables d'y avoir de l'emploi.

Il y eut des Cadets aux Gardes dés le tems de l'inftitution du Regiment fous Charles IX : c'eft ce que nous apprend Brantome en faifant l'éloge du Regiment des Gardes. « Il » n'y avoit gueres, dit-il, de foldat qui ne meritât d'être » Capitaine, *jufqu'aux jeunes Cadets*, qui euffent combat- » tu jufqu'au dernier foûpir, comme les dix mille Grecs que » fouhaita un jour Marc-Antoine. *Au difcours des Colonels.*

Il y en eut auffi un grand nombre fous Henri III, fous Henri IV, fous Loüis XIII & au commencement du Regne du feu Roy : mais ce même Prince par fon Ordonnance de 1670, ordonna que deformais on ne recevroit que deux Cadets au plus dans chaque Compagnie d'Infanterie, & encore à condition qu'ils n'auroient pas plus de dix-huit ans. Dans la fuite le Roy declara qu'ils ne feroient plus comptez dans les revûës. Il y a long-tems qu'il n'y en a plus dans les Regimens François. Depuis on mit des Cadets aux Gardes du Corps, & il y en a eu pendant quelques années. D'autres établiffemens que le Roy fit durant fon Regne, tels que la feconde Compagnie des Moufquetaires, celles des jeunes Gentils-hommes qu'on élevoit dans plufieurs places des frontieres, celles des Gardes marines, furent de nouvelles écoles Militaires pour la jeune nobleffe, comme le Regiment des Gardes l'étoit autrefois : depuis la Regence on a remis des Cadets dans ce Regiment.

Privileges du Regiment des Gardes Françoifes.

Comme le Regiment des Gardes Françoifes en qualité de Gardes de la Perfonne du Prince, eft le plus confiderable Regiment du Royaume, il a le rang devant tous les autres : je regarde comme fauffe une tradition dont on m'a parlé, fçavoir que le Regiment de Picardie lui difputa d'abord la préfeance, & qu'en ce tems-là le Roy, c'eft-à-dire, ou Charles IX ou Henri III, pour terminer la querelle, avoit caffé pour un jour le Regiment de Picardie, afin de lui *Préféance du Regiment des Gardes.*

HISTOIRE

ôter l'ancienneté, & la donner au Regiment des Gardes. Cet expedient auroit été fort inutile: car il auroit aussi fallu casser pour la même raison Champagne, Navarre & Piémont, qui certainement sont plus anciens que le Regiment des Gardes, comme je le prouverai dans la suite. De plus si par cette prétenduë cassation Picardie avoit perdu son ancienneté, les trois Regimens que je viens de nommer, auroient suivant ce principe pris le rang avant Picardie, ce qui ne s'est pas fait. Cette tradition me paroît donc aussi chimerique qu'une autre toute semblable dont j'ai veu quelques gens de guerre prévenus, au sujet de la préseance des Gardes du Corps, à l'égard des Gendarmes de la Garde dont j'ai parlé ci-dessus. Le Regiment des Gardes eut donc la préseance par-dessus tous les Regimens en qualité de Regiment destiné à la garde du Souverain.

Il a non seulement la garde du Prince, mais encore il est de la Maison du Roy; & je vois qu'on lui attribuë cet honneur dans tous les Etats de la France qui ont été publiez, où l'on distingue les troupes de la Maison du Roy en Cavalerie & en Infanterie; & ce sont le Regiment des Gardes Françoises, la Compagnie des Cent Suisses, & le Regiment des Gardes Suisses qui composent cette Infanterie. Lorsque ce Regiment est à l'armée, il choisit son poste, & c'est ordinairement au centre de l'Infanterie à la premiere ligne. Le centre étoit autrefois le poste d'honneur dans les armées Romaines; & les Legions y étoient toûjours dans la premiere, la seconde & la troisiéme lignes, dont les troupes auxiliaires faisoient les flancs. Les Gardes Françoises choisissent aussi les logemens dans les Garnisons, & dans les sieges ils le prennent à la tête des sapes.

Le Regiment a ses quartiers dans la Capitale du Royaume, & les Compagnies en sont partagées dans les divers Fauxbourgs.

Quand on monte la Garde aux avenuës du Louvre, les Gardes Françoises ont toûjours la droite sur les Gardes Suisses, & la sentinelle Françoise sur la sentinelle Suisse: & quand le Roy sort ou rentre, les soldats des deux Regimens se rangeant en haye, les François sont toûjours à la droite

du

DE LA MILICE FRANÇOISE. Liv. X.

du Château en fortant, & les Suiſſes à la gauche.

A l'armée quand il eſt queſtion de quelque détachement du Regiment des Gardes, ce détachement ſe fait des ſeules troupes des Gardes Françoiſes & des Gardes Suiſſes ; on ne mêle point avec eux de Soldats détachez des autres Regimens ; & ils ont la tête de tout, ce qui ne s'obſerve qu'à l'égard de ces deux Regimens dans l'Infanterie.

Le Roy en 1669 conſerva par ſon Code, le droit de *Committimus* aux Capitaines, Lieutenans, Sous-Lieutenans, Enſeignes & autres Officiers de l'Etat-Major du Regiment des Gardes. Cette affaire fut ſollicitée avec ſoin, & n'étoit pas ſans difficulté par la rigueur avec laquelle on travailloit alors à la réformation de la Juſtice. On produiſit des Lettres Patentes du Roy Henri IV ſur ce ſujet, en date du mois d'Août 1605, enregiſtrées au Parlement en Juillet 1606. Le Parlement ne verifia alors les Lettres, qu'en faveur des Capitaines, Lieutenans, Enſeignes & Sergent Major, & non d'autres : mais ſur une juſſion expreſſe, donnée en Juin 1607, d'étendre la verification juſques aux Sergens & Maréchaux des logis incluſivement, & après divers délais, le tout fut pleinement executé en Mars 1609. Aujourd'hui le Commiſſaire & le Maréchal des logis ont droit de Committimus, mais les Sergens ne l'ont pas.

Droit de Committimus pour les Officiers.

Un Sergent aux Gardes n'eſt relevé de ſon poſte que par un Officier, lorſque c'eſt un détachement d'un autre Regiment qui releve. Outre ce que j'ai déja dit de quelques autres diſtinctions des Sergens aux Gardes Françoiſes, il y en a encore deux qui ſont venuës depuis peu à ma connoiſſance, & qui ne doivent pas être omiſes.

La premiere, que ſi un Sergent commet quelque faute, les autres Sergens du Corps tiennent entr'eux Conſeil de guerre où préſide le plus ancien, ſans que les Hauts Officiers y ſoient admis. Ce fut Loüis XIV, qui pour donner du relief à cet Emploi, leur accorda cette prérogative. Neanmoins ce Conſeil ne ſe tient point ſans ordre du Roy & du Colonel.

La ſeconde eſt, que depuis le Regne du Roy Loüis XV, il s'eſt établi une eſpece de Chambre de Juſtice, compoſée de douze Sergens reconnus pour gens de merite, de valeur &

de probité, dont l'emploi eft d'examiner la vie & mœurs des fujets que l'on propofe pour les hallebardes; & cela fe fait ainfi. Lorfqu'il y a une place de Sergent vacante dans une Compagnie, le Capitaine propofe un ou deux Caporaux, Anfpeffades, ou Soldats au Colonel, qui commence par agréer celui qu'il veut : mais avant qu'il foit reçû, il l'envoye au Confeil des Douze, pour être examiné, & pour fçavoir s'il n'a point de mauvais commerce, s'il a la valeur, l'experience & l'intelligence neceffaire, & fur leur rapport il eft reçû ou refufé. Cet établiffement, à la verité, n'eft pas de l'ordre du Roy : ce font Meffieurs le Colonel & le Major qui l'ont fait, pour que ce Corps fût compofé de gens de merite & de diftinction.

J'ajoûte encore que pour ne point avilir l'emploi de Sergent, il eft défendu à tous de travailler de quelque vacation qu'ils puiffent être, quoique cela foit permis aux Soldats des Gardes. Il faut que le Sergent vive de fa paye.

Les Gardes Françoifes entrent les premiers dans une place prife.

Lorfqu'on prend une place, & que les Gardes Françoifes font au fiege, ce font elles qui entrent toûjours les premieres dans la place : cet ufage eft très-ancien. Le Sieur de Puyfegur raconte dans fes memoires un differend qu'il y eut fur ce fujet au fiege de Gravelines en 1644, entre Meffieurs de Gaffion & de la Meilleraye. ” Quand les ennemis, dit-il,

Differend fur ce fujet entre M. de Gaffion & M. de la Meilleraye.

” eurent rendu la place, & qu'il fut queftion d'y faire entrer
” des troupes (c'eft toûjours au premier Regiment de l'armée à y entrer) on y fit entrer les Gardes. M. de la
” Meilleraye y entra, & M. de Lambert avec lui. Comme
” les Gardes vinrent à fe mettre fur la breche du côté
” de l'attaque de M. de Gaffion, lui qui étoit dans la tranchée avec le Regiment de Navarre, voulut faire entrer
” ledit Regiment. M. de la Meilleraye fe mit en devoir de
” l'en empêcher, & M. de Gaffion s'obftina dans la refolution qu'il avoit prife d'y vouloir entrer. Ils mirent tous
” deux la main à l'épée, M. de Gaffion appellant Navarre
” à moi, & M. de la Meilleraye de fon côté appelloit les
” Gardes à lui : les uns montoient par la breche pour vouloir entrer, les autres venoient au haut de la breche pour
” en défendre l'entrée, tous les deux partis aïant la meche

DE LA MILICE FRANÇOISE. *Liv.* X. 283

» compaſſée ſur le ſerpentin. M. de Lambert arriva, qui pria
» ces Meſſieurs de ne ſe pas emporter, & qu'on envoyeroit
» à M. le Duc d'Orleans, ſçavoir comme il deſiroit que la
» choſe fût. Ils n'y voulurent entendre ni l'un ni l'autre. M.
» de Lambert dit au Regiment des Gardes & à celui de
» Navarre : Meſſieurs, vous êtes des troupes qui êtes au Roy, il
» ne faut pas que la mauvaiſe intelligence de deux Generaux
» vous faſſe couper la gorge ; c'eſt pourquoi je vous com-
» mande de la part du Roy, & de celle de M. le Duc d'Or-
» leans, que vous aïez à retirer vos armes & que vous n'o-
» béïſſiez plus ni à M. de la Meilleraye, ni à M. de Gaſſion.
» Je m'en vais en donner avis à M. le Duc d'Orleans, afin
» qu'il ordonne ce qui lui plaira. En attendant il dit à M.
» de la Meilleraye, M. je vous prie de vous retirer, & en
» dit autant à M. de Gaſſion, leſquels furent contraints de
» le faire. On loüa fort M. Lambert de cette action, & on
» blâma M. de Gaſſion, d'avoir voulu entrer, puiſqu'il n'y
» a que le premier Regiment qui doit entrer dans une place
» conquiſe, quand il eſt aſſez fort pour la garder.

Le même Auteur remarque que du tems de Loüis XIII *p. 85.*
les Gardes ne prenoient l'ordre que du ſeul General d'Armée ou du Roy, quand il commandoit en perſonne, &
jamais des Lieutenans Generaux, quoiqu'ils fuſſent Maréchaux de France.

L'Uniforme pour les habits dans le Regiment des Gardes *p. 169.*
n'étoit point encore établi en 1661, car dans l'Etat de la France
de cette année-là il eſt dit : » Après la Colonelle, il y a entre
» autres Compagnies Françoiſes la Compagnie de Maupeou,
» dont les Soldats ſont habillez de gris & un panache mêlé
» ſur le chapeau. La Compagnie de Rubentel, dont les
» Soldats ſont habillez de gris & les chauſſes bleuës. La Com-
» pagnie de Caſtelan, dont les Soldats ſont revêtus d'un
» juſte-au corps ou caſaquin rouge.... La Compagnie de
» Hautefeüille, dont les Soldats ont des chauſſes rouges &
» des bonnets de ratine fourrez.

Peu de tems après Loüis le Grand mit l'Uniforme dans
les Regimens. Celui des Gardes de Sa Maiſon fut de gris
blanc avec du galon d'argent faux ſur toutes les tailles des

N n ij

284 HISTOIRE

juſte-au-corps, & les Officiers étoient habillez d'écarlate brodée d'argent. Aujourd'hui les Officiers & les Soldats ſont habillez de bleu, qui eſt la couleur Royale.

Leurs Enſeignes.

Les Drapeaux du Regiment des Gardes ſont bleus ſemez de fleurs de lys d'or ſans nombre avec une croix blanche au milieu, chargée de quatre couronnes d'or. Le Drapeau Colonel eſt blanc, orné de quatre couronnes d'or, une à chaque bout des deux travers de la croix.

Il y a dans chaque Compagnie quatre Tambours, & des Fiffres dans quelques unes.

Comme je prétens dans la ſuite de cette Hiſtoire marquer tous les Colonels & Meſtres de Camp, qui ont été tuez au ſervice, dont j'aurai connoiſſance; auſſi-bien que ceux qui ſont parvenus au bâton de Maréchal de France, & que les Capitaines aux Gardes ont depuis long-tems le titre de Colonel, en vertu de leurs Charges, je vais mettre ici ceux de cet illuſtre Corps que j'ai trouvé en liſant divers memoires ou hiſtoires, avoir eu la gloire de ſacrifier leur vie à leur patrie, ou que leur valeur a élevez à la dignité de Maréchal. La liſte n'en ſera pas complette, parce que je n'ai pû les ſçavoir tous.

Capitaines du Regiment des Gardes tuez au ſervice.

Brantôme dans ſon éloge de M. du Gua.

Coſſeins, Meſtre de Camp, tué à la Rochelle en 1573.
Poncenat, tué au ſiege de Broüage en 1577.
Buſſec, en ....
Salbeuf, tué au ſiege d'Amiens en 1597.
Colleville, au même ſiege.
Caſtelnau, tué au ſiege de Montpellier en 1622.
Roſtincleyres, frere du Maréchal de Toiras, tué à la défenſe de l'Iſle de Ré en 1629.
Marſillac, tué au ſiege de Privas en 1629.
Comminges, tué au ſiege de Pignerol en 1630.
Canaples, Meſtre de Camp, tué à Chamberri en 1631.
Menneville, Lieutenant de la Meſtre de Camp, tué à Caſtelnaudari en 1632.
Mata Bourdeille, tué au paſſage de Bray en 1635.
Rambure, Meſtre de Camp, tué à la Capelle en 1636.
Mata, tué en Italie à la défenſe de Quiers en 1639.

Vieuxbourg, tué en Italie au secours de Casal en 1639.
Mata, tué au siege de Turin en 1640.
Pauliac, tué au siege d'Arras en 1640.
De Reaux, tué au siege de Tortone en 1641.
Giscareau, tué au siege d'Yvrée en 1641.
Anfreville, tué au siege de Colioure en 1642.
Des Essars, tué au siege de la Mothe en Lorraine en 1642.
D'Espanelles, tué au siege de Trin en 1642.
Guebriant, Capitaine, depuis Maréchal de France, tué au siege de Rosueil en 1643.
Porcheux, tué à la Mothe au Bois en 1645.
Pruneloy Chauvelin, tué à la Mothe au Bois en 1646.
Grignan, tué au second siege de Mardik en 1646.
Montigny, tué au siege de Lens en 1647.
Langlade, tué à la bataille de Lens en 1648.
Saint Val,
Bellebrune,
Matarel, } dans la même bataille.
Porcheux,
Bois David,
Comines, tué à bataille de Retel en 1650.
Charmon, tué au siege de Sainte Menhoult en 1653.
Rouvrai, tué au siege de Stenay en 1654.
Lervilliers, au même siege.
Loignac, tué au siege d'Arras en 1654.
Le Chevalier du Marais, tué par un parti des ennemis en Flandre 1655.
Vautourneux, tué au siege de Condé en 1655.
Le Chevalier de Raré, au même siege.
Acquigni, tué au siege de Valenciennes en 1656.
Rubentel,
Du Bourdet, } au même siege.
Vitermont,
Noisi,
Hebert, tué au siege de Gravelines en 1658.
Roquemont, tué au siege de Dunkerque en 1658.
Lamezan, tué n'étant plus Capitaine, mais volontaire dans la Compagnie... 1667.

Dercy, frere de M. de Catinat, tué au siege de l'Isle en 1667.
Fourille, tué au siege de Dole en 1668.
Montreüil de Ranes, tué en Candie en 1669.
Castelan, Major des Gardes, au même siege.
Le Chevalier de Ranes, tué au siege de Mastrik en 1673.
Servon, tué à Senef en 1674.

Rasilli,
De Saint Sene, } dans la même bataille.
Lusanci,
Balincour,

Marigni, tué à un Fort devant Salins en 1674.
Le Chevalier de Calvisson, tué à la bataille de Consarbric en 1675.
Chaboissiere, à la même bataille.
M. de Saint Sandoux, tué en....
La Boissiere, tué à la bataille de Mont-Cassel en 1677.
La Villedieu, tué Maréchal de Camp au siege de Puicerda en 1678.
Montigni, tué au combat de saint Denis en Haynaut en 1678.
Rochebrune, mort à Paris en 1679 des blessures qu'il avoit reçûës au siege d'Aire en 1677.
Momon, tué en Irlande au siege de Londondery en 1689, où le Roy l'avoit envoyé pour servir le Roy d'Angleterre Jacques II ; il étoit Maréchal de Camp en Flandres, & le Roy d'Angleterre l'avoit fait Lieutenant General.
Roinville, tué le 25 d'Août à l'attaque de Valcour en 1689.

Chamillard,
De Lage,   } à la même bataille.
Attignac,

Beauregard, tué au combat de Stinkerque le 3 Août 1692.
Chatenai, tué à la bataille de Nervinde en 1693.
Gaujac, à la même bataille.
La Garde, tué à la bataille de Ramilli en 1706.

Bouzols,
Maigremont, } tuez à la même bataille.
D'Orgemont,

De Bernieres, Major des Gardes, tué à la bataille de Ramilli en 1706.

Chardon, à la bataille de Malplaquet en 1709.
Moret, à la même bataille.
Bonvisi, tué à . . . . . en . . .
Le Chevalier de Saint Hilaire, tué au Quesnoy en 1712.

Voicy ceux qui après avoir servi dans le Regiment des Gardes, sont parvenus au bâton de Maréchal de France, outre les Mestres de Camp & les Colonels de ce Corps, desquels j'ai déja fait mention.

Le Maréchal de Guebriant.
Le Maréchal de Fabert.
Le Maréchal de Toiras.
Le Maréchal de Catinat.
Le Maréchal de Vauban.
Le Maréchal de Montesquiou.

Après avoir fait l'histoire du Regiment des Gardes Françoises, je vais faire celle de la Compagnie des Cent Suisses & du Regiment des Gardes Suisses: mais auparavant je ferai un précis de l'Histoire de la Milice des Suisses en France, depuis qu'ils ont commencé à y servir.

CHAPITRE VII.

Histoire des troupes Suisses qui servent dans les armées de France.

COmme les Suisses depuis long-tems font une partie considerable des armées Françoises, jusques-là que dans la guerre qui finit par le traité de Riswik, il y en avoit trente-deux mille au service du Roy, je vais faire dans cet article l'histoire de cette Milice, & j'y renfermerai les principales choses qui la concernent.

Avant le Regne de Charles VII, il n'y eut nul commerce entre les François & les Suisses, & à peine les deux nations se connoissoient-elles l'une l'autre. La premiere connoissance se fit l'épée à la main l'an 1444, pendant une tréve qui fut alors concluë entre la France & l'Angleterre pour un an.

Charles VII qui avoit alors beaucoup de troupes sur pied,

& peu d'argent pour les foudoyer, étoit follicité depuis quelque tems par Sigifmond Duc d'Autriche de le fecourir contre les Suiffes, & en même tems par René d'Anjou Roy de Sicile, & le Duc de Lorraine, de l'aider à foûmettre la ville de Metz qui s'étoit foûlevée contre lui. Le Roy prit cette occafion d'entretenir fes troupes fans qu'il lui en coûtât beaucoup; il conduifit lui-même la plus grande partie de fon armée au fiege de Metz, & donna le refte au Dauphin qui fut depuis Loüis XI pour marcher contre les Suiffes.

Expedition du Dauphin, qui depuis fut le Roy Loüis XI, contre les Suiffes.

Le Dauphin prit entre Strafbourg & Bâle plufieurs Fortereffes dont les Suiffes s'étoient emparez, & enfuite il les défit en trois où quatre rencontres, où neanmoins il demeura d'accord de la valeur de cette nation, dont il n'avoit d'abord regardé les troupes que comme des païfans ramaffez. Il fut cinq mois dans ces quartiers-là: on propofa un accommodement entre le Duc d'Autriche & les Suiffes, & à cette occafion le Dauphin eut une conference avec les deputez de plufieurs des Cantons. On figna un traité, par lequel les deux nations fe promirent une amitié reciproque, & d'entretenir un libre commerce l'une avec l'autre. C'eft le premier traité qui ait été fait entre les François & les Suiffes. Il fut paffé à Enfisheim le 28 d'Octobre de l'an 1444. Ce traité fut renouvellé par le même Roy en 1453, & par Loüis XI en 1463, deux ans après fon avenement à la Couronne.

Premier traité entre la France & les Suiffes.

Les Suiffes n'obferverent pas exactement ce traité, car en 1465 durant la guerre du Bien public, il fe trouva cinq cents Suiffes dans le camp des Princes & Seigneurs confederez & revoltez contre Loüis XI.

Le premier fervice des Suiffes en France fut contre le Roy Loüis XI.

Ce fut la premiere fois que les Suiffes virent la France: c'eft pourquoy le Roy qui connoiffoit la valeur de cette nation, voulut fe l'attacher plus étroitement, & en 1470 il fe fit un autre traité entre lui & les Cantons, par lequel ils s'obligeoient reciproquement à ne point donner de fecours à Charles Duc de Bourgogne, les Suiffes contre la France, & le Roy contre les Cantons.

Traité de ligue défenfive entre la France & les Suiffes.

Quatre ou cinq ans aprés en 1475, il fe fit un traité de ligue défenfive entre les deux nations contre le Duc de Bourgogne, & dans lequel outre cela il fut dit que le Roy *en té-*
moignage

DE LA MILICE FRANÇOISE. Liv. X.

moignage de sa charité envers les Cantons, leur donneroit tous les ans la somme de vingt mille francs, que les Suisses joüiroient en France *de toutes les franchises, immunitez & privileges desquels les sujets du Roy joüissent* : & que quand il le voudroit, il leveroit des soldats en Suisse à certaines conditions ; il ne se servit du droit que lui donnoit cet article que sur la fin de son Regne, lorsqu'aïant cassé la Milice des Francs Archers, il prit six mille Suisses à sa solde pour remplacer cette Infanterie Françoise qu'il venoit de supprimer.

Premiere levée des Suisses pour la France sous Loüis XI.

Ces traitez furent renouvellez entre les Suisses & Charles VIII dés qu'il fut monté sur le Throne : ils servirent ce Prince très utilement dans son expedition de Naples, & firent paroître leur zele pour sa gloire & pour sa Personne, principalement en deux rencontres : la premiere fut à son retour en France, lorsque ce Prince ne pouvant imaginer aucun moïen de transporter son canon par l'Appennin, ils s'offrirent à le traîner dans les endroits où les chevaux ne pourroient pas le faire, & en vinrent à bout.

Grand service des Suisses rendu à Charles VIII.

L'autre fut à Atelle dans la Basilicate au Roïaume de Naples, où le Comte de Montpensier que le Roy avoit laissé pour gouverner ce Roïaume, se laissa envelopper par Ferdinand d'Arragon & par Gonsalve de Cordouë General des Espagnols. Les Lansquenets abandonnerent le Comte de Montpensier, & prirent parti dans l'armée ennemie : les Suisses demeurerent fideles ; & même après la capitulation ils refuserent les offres que Ferdinand leur fit s'ils vouloient prendre parti dans son armée : ils ne se separerent jamais du Prince ; & les maladies s'étant mises dans ses troupes, la plûpart des Suisses en moururent, & de treize cents qu'ils étoient, il n'en revint pas trois cents.

Generosité & fidelité des Suisses.

Loüis XII étant parvenu à la Couronne, ne manqua pas de renouveller l'alliance avec les Suisses. Ce renouvellement se fit à Lucerne le seiziéme de Mars de l'an 1499, qui étoit l'an 1500 selon le style d'aujourd'hui. Il y eut depuis des broüilleries entre les deux nations ; & enfin une rupture entiere durant les dernieres années de Loüis XII.

La France broüillée avec les Suisses sous Loüis XII.

L'animosité des Suisses contre la France ne finit point avec le Regne de Loüis XII. François I son successeur ne

Tome II.   O o

Bataille de Marignan. put les regagner : ils s'opposerent à son passage en Italie, il fut contraint de les combattre à Marignan où il les défit avec un très grand carnage.

Reconciliation des Suisses avec la France sous François I. La conquête du Duché de Milan, dont cette victoire fut suivie, & la grande perte que les Suisses souffrirent en cette journée, les firent rentrer en eux-mêmes ; & les anciennes alliances furent rétablies entre les deux nations l'année suivante, c'est-à-dire en l'an 1516. Il se fit encore d'autres traitez sous le Regne de François I, & depuis ce tems-là jusqu'au Regne present les alliances ont été renouvellées avec les Suisses par les successeurs de François I, & les pensions augmentées.

Conditions des traitez pour les levées des Suisses. Dans les traitez que Henri II fit avec eux, il fut specifié que quand le Roy feroit des levées en Suisse, elles ne seroient pas moindres que de six mille hommes, ni plus grandes que de seize mille, excepté si le Roy alloit lui-même à la tête des troupes ; car en ce cas il lui seroit permis d'en lever autant qu'il voudroit. La restriction de la presence personnelle du Roy à l'armée pour avoir droit de lever des soldats dans les Cantons jusqu'au nombre qu'il jugeroit à propos, a depuis été ôtée par l'article sixiéme du traité de 1658.

Dans tous ces traitez & dans quelques autres qui les ont suivis, il n'est parlé ni du Colonel General des Suisses, ni de l'institution du Regiment des Gardes Suisses, ni du détail de la police qui s'observe aujourd'hui & depuis long-tems dans les troupes de cette nation en France. Ce sont les trois points les plus considerables de l'histoire de cette Milice : je vais rapporter ce qui a pû venir là-dessus à ma connoissance après diverses recherches que j'ai faites pour m'en instruire. Je vais commencer par la Charge du Colonel General des Suisses.

Du Colonel General des Suisses & Grisons.

De l'Epoque de l'institution du Colonel General. LA premiere chose qui se presente à examiner, est le tems de l'institution de cette Charge : je crois l'avoir trouvé dans un acte qui est à la Chambre des Comptes de Paris : & je n'aurois nul doute là-dessus, si un endroit du Journal du Maréchal de Bassompierre qui a possedé cette Charge,

DE LA MILICE FRANÇOISE. *Liv. X.* 291

ne m'en faifoit naître quelques-uns : mais je crois pouvoir y fatisfaire aifément, & d'une maniere capable de contenter ceux qui aiment à creufer ces fortes des matieres.

Je dis donc que cette Charge fut inftituée en titre d'Office l'an 1571 par le Roy Charles IX. Ma preuve eft l'acte de la Chambre des Comptes dont je viens de parler. Ce font les Provifions de Charles de Montmorenci qu'on nommoit alors Monfieur de Meru. Par ces Provifions le Roy le fait Colonel General des Suiffes. Si ces Provifions font les premieres qui aïent été données, il eft évident que Monfieur de Meru eft le premier qui ait eu cet Emploi en titre d'Office ; car c'eft de quoy il s'agit ici, & non pas d'un fimple commandement des troupes de cette nation, qui étoit donné tantôt à un Seigneur, & tantôt à un autre felon les occafions. Or il paroît par la teneur des Provifions de Monfieur de Meru que ce font les premieres qui aïent été données pour cet Emploi.

Cette Charge inftituée en titre d'Office fous Charles IX.

Dans toutes les Provifions de ces fortes de Charges, on ne manque jamais de faire mention du prédeceffeur de celui qui eft pourvû de la Charge, en difant que c'eft par la mort, par la démiffion volontaire, par la forfaiture de celui qui la poffedoit auparavant, qu'il eft fubrogé à tous les droits, prérogatives, appointemens attachez à la Charge dont fon prédeceffeur avoit joüi, & autres chofes femblables. C'eft ce qui s'obferve encore aujourd'hui dans les Provifions des moindres Charges. Or rien de tout cela ne fe trouve dans les Provifions de Monfieur de Meru ; d'où je conclus que ce font les premieres qui aïent été données pour cette Charge, & par confequent ce Seigneur eft le premier qui ait été honoré de cet Emploi en titre d'Office. On voit par ces Provifions qu'il n'en avoit point auparavant, quoiqu'il eût commandé plufieurs fois les Suiffes ; qu'on luy affigne des appointemens qu'on augmentoit en tems de guerre, &c. & afin que perfonne n'ait nul doute là-deffus, voici les Provifions dont il s'agit.

Charles de Montmorenci Seigneur de Meru premier Colonel General en titre d'Office.

Charles par la grace de Dieu Roy de France, à tous ceux qui ces prefentes Lettres verront, Salut. Aïant mis en confideration que la principale force des gens de guerre étrangers que nous aïons ci-devant euë à notre folde & fervice, & dont

Provifions de M. de Meru pour la Charge de Colonel General.

O o ij

nous avons tiré plus de secours ez camps & armées par nous dressées, ce a été des Suisses nos bons Comperes, confederez & amis de notre Couronne, s'y étant toûjours monstrez si devots & affectionnez à la conservation de la grandeur & reputation de nos affaires & service, manutention de notre Estat & augmentation de notre Couronne, que le témoignage des choses passées nous fait de plus en plus accroistre & augmenter la volonté de nous en servir à l'advenir aux occasions qui se pourront presenter ; & pource que nous sçavons certainement que étant lesdits Suisses obeïssants comme ils sont aux loix, ordre & discipline Militaire autant ou plus qu'autre nation de la Chrêtienté, par consequent ils auront plaisir, & sera d'autant leur augmenter l'envie & le courage de bien faire quand ils se verront commandez en l'absence de nous & de notre Lieutenant General, d'un Chef magnanime & de Race genereuse, *qui soit leur Colonel General, lequel ils reconnoistront toûjours pour tel tant en tems de guerre que de paix* ; à quoy nous desirons & voulons pourvoir de Personnage doüé & accompagné des vertus & qualitez à ce requises; Sçavoir faisons que nous considerans les très-grands & recommandables services que nos predecesseurs Rois & nous avons reçûës de ceux de la Maison de Montmorenci, tant en nos guerres que à la conduite, direction & maniement des plus grandes & importantes affaires de notre Royaume, & consequemment de feu notre Cousin le Duc de Montmorenci Pair & Connétable de France, aïant sur ses vieux ans été blessé à la mort en la bataille rangée pour notre service, esperant que les enfants qu'il a laissez ne voudront jamais aucunement dégenerer aux actes heroïques du pere pour en obscurcir la memoire, mais au contraire la faire de plus en plus reluire par leurs magnanimes faits & gestes, ainsi que a très-bien commencé & continué jusques ici notre très-cher & amé Cousin Charles de Montmorenci, Sieur de Meru, son fils, *lequel même a combattu sous nous avec lesdits Suisses, leur commandant en trois batailles rangées & autrement*, comme en assaults & escarmouches, donnant toûjours en tout & par tout si bon, suffisant & digne témoignage de ses vertus, vaillance & bonne conduite, que avec l'amour & bonne affection que déja lui portoient iceux Suisses, nous pouvons hardiment assurer & reposer sur lui de l'administration & maniement des plus belles & importantes Charges de notre Royaume: Pour ces causes & autres grandes considerations à ce nous mouvans, *icelui avons fait, constitué, ordonné & establi, faisons, constituons, ordonnons & establissons par ces Presentes, Colonel General de tous nos gens de guerre Suisses*, qui sont à-present & pourront cy-après être levez, & mis sus & employez à notre solde & service, tant en cettuy notre dit Royaume que hors d'iceluy, pour quelque cause, entreprise ou occasion que ce soit, luy donnant pouvoir, puissance, autorité & faculté de leur commander & ordonner, & même aux Capitaines & Chefs des Compagnies en l'absence de nous & de notre dit Lieutenant General, tout ce qu'ils auront à faire & exploiter pour le bien de notre dit service, les mener & conduire où il sera besoin & necessaire, iceux départir & diviser selon que le cas le requerera, les mettre aux champs, ou les tenir enfermez en villes ou sieges, ainsi que les occurrences & évenemens de la guerre se y offriront, leur faire bailler logis, vivres & autres leurs necessitez par étappes ou autrement, oüir & entendre leurs remonstrances qu'ils auront à nous faire, & icelles nous rapporter, ou à notre dit Lieutenant General, pour après en ordonner comme de raison, leur bailler le mot du guet, les asseoir & poser en sentinelles, ou autrement selon que le besoin le requerera, élire & nommer en faisant les levées desdits Suisses, tels Capitaines de leur nation qu'il sçaura bien & mieux que nul autre choisir plus propre pour notre service, ayant à combattre & exposer sa vie avec eux, & ce pour être pourvûës des Compagnies qui feront, comme dit est, levées; & advenant vacation d'icelles, soit en ce dit Royaume, ou dehors, y remettre tels autres Capitaines Suisses qu'il verra & connoistra mieux le meriter ; ce que dés à-present comme pour lors nous promettons d'avoir agreable, & generalement de faire, dire & executer en ce qui dépend dudit état de Colonel General des Suisses tout ce qui appartient à une telle Charge ; encore que les facultez d'icelle ne soient si particulierement specifiées, déduites & declarées ; voulant que lesdits gens de guerre Suisses étant à notre solde & service, lui obéïssent & entendent comme à nous-mêmes ou à notre dit Lieutenant General. Et afin que notre dit Cousin le Sieur de Meru ait meilleur moyen de s'entretenir & subvenir à la dépense que en ce faisant il sera contraint de supporter, selon que la grandeur & importance de l'Etat le requiert ; *nous lui avons ordonné & ordonnons par ces presentes la somme de six mille livres tournois d'Etat & entretenement par chacun an, dont il sera payé avec & par même moyen des assignations que nous faisons & ferons bailler aux Thresoriers des ligues des Suisses pour emploïer au fait de son Office, lesquelles assignations seront à cette fin d'autant augmentées dorénavant par les Thresoriers de notre épargne presens & à venir à commencer du premier jour du mois de Juillet prochain venant, & pour ce que en tems de guerre notre Cousin le Sieur de Meru sera contraint faire plus grande & extraordinaire dépense, nous lui avons semblablement dés à-present comme pour lors, & pour lors comme dés maintenant, ordonné & ordonnons pareille somme de six mille livres d'augmention, dont il sera payé par le Thresorier extraordinaire de nos guerres avec les autres payements desdits Suisses*;

Garde Suisse du Roy & de la Reine mere indépandantes du Colonel General.

reservé toutes fois d'iceux Suisses ceux de notre garde, ensemble de la Reine notre très-honorée Dame & mere presens & à venir, lesquels seront & demeureront toûjours sous le commandement de leur Capitaine, comme ils ont accoûtumé. Si donnons en mandement à notre très-cher & très-amé frere & Lieutenant General le Duc d'Anjou, que icelui notre dit Cousin le Sieur de Meru, après qu'il aura fait & presté en ses mains le serment pour ce deub ; il fasse, souffre, & laisse joüir & user pleinement & paisiblement de la dite Charge & état de Colonel General des Suisses... Mandons aussi à nos amez & feaux les gens de notre Cour de Parlement à Paris & de nos Comptes... En témoin de ce nous avons signé ces presentes de notre main, & à icelles fait mettre notre scel. Donné à Gaillon le dix-septiéme jour de Juin l'an de grace mil cinq cents soixante onze, & de notre Regne le onziéme. Signé, Charles... Monsieur de Meru, Messire Charles de Montmorenci Chevalier de l'Ordre du Roy, a fait & prêté ez mains de mon dit Seigneur Duc d'Anjou le serment de Colonel General des Suisses étans, ou qui seront ci

Serment du Colonel General entre les mains du Duc d'Anjou Lieutenant General du Roy.

DE LA MILICE FRANÇOISE. *Liv.* X.   295
après au service de Sa Majesté, &c.

Je crois pouvoir m'assûrer que quiconque se connoît en ces sortes d'actes, jugera comme moy, par la seule lecture de ces Provisions, que ce sont les premieres qui aïent été données pour cette Charge, outre qu'il ne s'en trouve point de plus anciennes, au moins dans les memoriaux de la Chambre des Comptes d'où j'ai tiré celles-ci : mais comme je fais ici une espece de dissertation sur cette matiere, je dois répondre à une objection que l'on me peut faire, & qui est tirée du Journal du Maréchal de Bassompierre nommé par Loüis XIII Colonel General des Suisses l'an 1614. Je vais rapporter ici l'extrait du Journal de ce Seigneur.

Extrait du Journal de Bassompierre.

EN l'année 1614 les broüilleries commencerent à se former. Monsieur de Rohan avoit broüillé les cartes en Poitou & à la Rochelle ; & Monsieur le Prince avec Messieurs de Nevers & du Maine joints au Maréchal de Boüillon, faisoient leurs pratiques ; en sorte que la Reine en découvrit quelque chose, & pour cet effet voulut mettre une armée sur pied. Mais comme le principal Corps de l'armée devoit être composé de six mille Suisses, & que Monsieur de Rohan étoit leur Colonel General, la Reine se resolut de récompenser cette Charge, & de la tirer de ses mains. Monsieur de Villeroy, qui a toûjours affectionné la Maison de Longueville, proposa à la Reine de la donner à Monsieur de Longueville, qu'elle le pourroit retirer par ce moïen d'avec Monsieur le Prince ; mais elle ne s'y voulut pas fier. Elle proposa ma personne aux Ministres, disant que je n'y serois pas mal-propre, tant à cause de la langue Allemande que j'avois commune avec les Suisses, que pour être leur voisin : mais Monsieur de Villeroy qui avoit son dessein formé, dit à la Reine que par les anciennes capitulations des Rois de France avec les Cantons des Suisses, il étoit expressément porté que ce seroit un Prince qui seroit leur Colonel General, & même qu'il étoit porté Prince du Sang, mais qu'ils s'en étoient relâchez ; neanmoins que des Princes l'avoient toûjours été, à sçavoir un de Beaujeu Prince du Sang, & un autre ensuite : puis

Engilbert Monsieur de Cleves : de là trois Princes de la Maison de Longueville, dont le dernier qui étoit le petit-fils de Claude de Guise, étant mort jeune, son grand-pere emporta ces deux Charges de Grand Chambellan, & de Colonel General des Suisses, dont il fit pourvoir ses deux enfans ; & qu'enfin Monsieur le Connétable Anne de Montmorenci en fit pourvoir son fils dont les Suisses gronderent, qui neanmoins le souffrirent à cause de la grande autorité & reputation de Monsieur le Connétable ; que Monsieur de Meru fut aidé par Monsieur de Sanci pour obtenir du feu Roy la Charge de Maréchal de France en intention d'être pourvû en sa place de celle de Colonel General : mais que feu Monsieur le Comte de Soissons qui le haïssoit, porta les Suisses au renouvellement de l'alliance avec le feu Roy, de demander que ce fût un Prince qui fût leur Colonel General, & que Monsieur de Sully avoit porté le Roy à nommer Monsieur de Rohan pour cet effet, & qu'il avoit écrit ausdits Suisses qu'ils le devoient recevoir en cette qualité, puisqu'il étoit du Sang de deux Royaumes, desquels il pouvoit heriter, sçavoir de Navarre & d'Ecosse.

Sur ces raisons la Reine désista de me proposer pour cette Charge, & leur nomma le Chevalier de Guise ; & le même de Villeroy continuant son premier dessein, lui dit : Cette élection donnera bien à crier, & un specieux prétexte à ceux qui vouloient broüiller & qui se plaignoient déja de la faveur que vous faites à ceux de cette maison à leur préjudice.

Sur cela le Conseil se leva, & la Reine leur dit : Il faudra donc penser à quelqu'un qui soit propre pour cela. Comme elle fut revenuë à son cabinet, elle me dit : Bassompierre, si vous eussiez été Prince, je vous eusse donné aujourd'hui une belle Charge : Madame, lui dis-je, si je ne suis pas Prince, ce n'est pas que je n'aïe bien envie de l'être ; mais neanmoins je vous puis assûrer qu'il y en a de plus sots que moi : j'eusse été bien-aise que vous l'eussiez été, me dit-elle ; car cela m'eût empêché d'en chercher un qui fût propre pour ce que j'en ai maintenant affaire : Madame, se peut-il sçavoir à quoi ? à en faire un Colonel General des Suisses, me dit-elle ; &
comment

comment cela, Madame? ne le pourrois-je pas être si vous le vouliez? elle me dit, comme ils avoient capitulé avec le Roy, qu'autre qu'un Prince ne pourroit être leur Colonel General.

Comme nous nous en allions dîner, je rencontrai par fortune le Colonel Galaty à la cour du Louvre, qui selon sa coûtume me vint saluer, à qui je dis ce que la Reine m'avoit dit, qui me répondit, qu'il se faisoit fort de me faire agréer aux Suisses, & que si je lui voulois commander, qu'il partiroit dès le lendemain pour en avoir leur consentement. Cela me fit remonter à la chambre de la Reine pour lui dire, qui si elle vouloit, les Suisses y consentiroient; elle me dit, je vous donne quinze jours, voire trois semaines de tems pour cela; & si vous les y pouvez disposer, je vous donnerai la Charge.

Alors je parlai à Galaty, qui me pria de lui faire avoir son congé pour aller au païs, & qu'il partiroit l'après-demain; ce que je fis: & au tems qu'il m'avoit promis, il m'envoya une lettre des Cantons assemblez à Soleure, pour l'octroi de la levée que le Roy demandoit, par laquelle ils mandoient au Roy, que s'il lui plaisoit m'honorer de cette Charge, ils me recevroient d'aussi bon cœur qu'aucun Prince que l'on y sçût mettre.

Sur cela la Reine me commanda d'envoyer vers M. de Rohan, lequel envoya sa procuration à M. Arnauld & de Murat, qui conclurent avec moi; & parce que je voyois que le païement de la somme seroit long, j'offris à la Reine d'avancer l'argent, pourvû qu'il lui plût m'écrire qu'elle me le commandoit, ce qu'elle fit, & moi j'eus mes expeditions & prêtai le serment le douziéme de Mars de ladite année 1614.

C'est là tout ce que dit M. de Bassompierre sur ce sujet, & voici mes reflexions.

Reflexions sur cet Extrait.

PRemierement, on ne peut douter qu'il n'y ait eu de l'opposition à la nomination de M. de Bassompierre pour la Charge de Colonel General des Suisses, à cause qu'il n'étoit point Prince, puisqu'il sçut la chose de la propre bouche de la Reine.

Méprises attribuées à M. de Villeroy dans le Journal de Baßompierre.

Mais en second lieu, ce qui me surprend, sont les méprises qu'il attribuë à M. de Villeroy dans le discours qu'il lui fait tenir à la Reine, pour l'engager à donner à M. de Longueville la Charge de Colonel General des Suisses : car il lui fait dire que *M. le Connétable Anne de Montmorency fit pourvoir son fils de cette Charge, dont les Suisses gronderent, qui neanmoins le souffrirent à cause de la grande autorité & reputation du Connétable.* Or le Connétable étoit mort dès l'an 1567, des blessures qu'il avoit reçûës à la bataille de Saint Denis; comment donc auroit-il fait *pourvoir de cette Charge par son autorité* M. de Meru son fils, dont les Provisions sont datées de 1571, c'est à dire quatre ans après la mort du Connétable?

De plus on fait dire à M. de Villeroy que *M. de Meru fut aidé par M. de Sancy pour obtenir du feu Roy (Henri IV) la Charge de Maréchal de France en intention d'être pourvû en sa place de celle de Colonel General des Suisses.* Or M. de Meru ne fut jamais Maréchal de France, mais seulement Amiral. Comment donc fut-il aidé par M. de Sancy pour obtenir une Charge qu'il n'eut jamais?

Memorial 4. O fol. 75. v°.

On fait entendre que M. de Sancy fut empêché par le Comte de Soissons & par le Duc de Sully, d'être Colonel General des Suisses, & il l'a certainement été ; il en fut pourvû par les Lettres du Roy Henri IV, données en 1596, au Camp devant la Fere, lesquelles furent enregistrées au Parlement le 4 de Mars de l'an 1597. On voit ces actes à la Chambre des Comptes de Paris. Mais comment le Comte de Soissons empêcha-t-il M. de Sancy d'être Colonel General des Suisses au tems du renouvellement de l'alliance qui se fit en 1602, puisque M. de Sancy l'étoit dès l'an 1596 ? & comment M. de Sully persuada-t-il alors au Roy de nommer M. de Rohan, puisqu'on sçait certainement que le Duc de Rohan ne fut Colonel General des Suisses qu'en 1605 ? On le sçait par la démission de M. de Sancy, qui est à la Chambre des Comptes. Tant il est vrai que les memoires particuliers sur lesquels on fait souvent un grand fonds, ne sont pas toûjours des garants fort sûrs pour les faits Historiques.

Memorial 4. Y.

DE LA MILICE FRANÇOISE. *Liv. X.* 299

Pour moi je crois que cet endroit du Journal de M. de Baſſompierre a été alteré & mal tranſcrit par ceux qui l'ont fait imprimer, ou qu'on lui fit un faux rapport du détail du diſcours que M. de Villeroy fit à la Reine à cette occaſion, lequel il a mis dans ſon Journal ſans aſſez l'examiner.

Il y auroit encore bien des choſes à diſcuter dans ce diſcours qu'on attribuë ici à M. de Villeroy. 1°, *Que par les anciennes capitulations des Rois de France avec les Cantons des Suiſſes, il étoit expreſſément porté que ce ſeroit un Prince qui ſeroit leur Colonel General, & même qu'il étoit porté Prince du ſang; mais qu'ils s'en étoient relâchez.* Nous avons imprimez la plûpart des traitez faits avec les Suiſſes par nos Rois, depuis Charles VII, qui ſigna le premier de tous ces traitez, juſqu'au Regne d'aujourd'hui. On voit dans ces traitez diverſes conditions ſous leſquelles les Suiſſes doivent ſervir en France; mais il n'y en a aucun où il ſoit fait mention de celle dont il s'agit.

On fait enſuite dans le journal de Baſſompierre l'énumeration de ces Princes, qu'on prétend avoir été Colonels Generaux des Suiſſes; *à ſçavoir un de Beaujeu Prince du ſang, & un autre enſuite.* Ce premier Beaujeu ne peut être que Pierre de Beaujeu, gendre du Roy Loüis XI, qui fut depuis Duc de Bourbon. Cet autre Beaujeu qui le fut enſuite, eſt une chimere. Car après Pierre de Beaujeu, il n'y eut point de Prince du ſang qui portât ce nom, ni aucun autre Prince du ſang qui ait porté le titre de Colonel General des Suiſſes en ce tems-là.

Puis, continuë-t-on, *Engilbert M. de Cleves.* Ce fait eſt encore faux: car à la verité, ſelon l'Hiſtoire de Philippe de Comines, Engilbert M. de Cleves combattit à la bataille de Fornouë avec les Allemans, c'eſt-à-dire les Suiſſes, à qui cet Auteur donne quelquefois le nom d'Allemans; mais il n'y étoit pas ſeul, & il n'en étoit pas le Chef. Celui qui les commandoit étoit le Seigneur de Baſſey Bailli de Dijon: Voici les paroles de Comines: *Et y étoit à pied avec les Allemans Engilbert M. de Cleves, frere au Duc de Cleves, Lornay & le Bailli de Dijon, Chef des Allemans.* C'étoit donc le Bailli de Dijon, & non pas Engilbert M. de Cleves, qui commandoit les Suiſſes.

Comines p. 340.

Pp ij

Enfin, les trois Longueville & un des fils de Claude de Guise, qu'on dit dans le Journal avoir été Colonels Generaux des Suisses, ne se trouvent point Colonels Generaux dans l'Histoire, ni, qui plus est, dans leurs Genealogies où l'on marque leurs autres Charges.

Ainsi nonobstant cet endroit du Journal du Maréchal de Bassompierre, je m'en tiens à ce que j'ai avancé d'abord, que M. de Meru fils du Connétable de Montmorency, a été le premier Colonel General des Suisses en titre d'Office : mais il y a un moyen de concilier au moins une partie des faits rapportez dans ce Journal, avec le sentiment que j'ai embrassé, en me fondant sur les Provisions de M. de Meru; & c'est une troisiéme reflexion que je crois très-veritable.

Moyen de concilier une partie des faits rapportez dans le Journal de Bassompierre.

Cette reflexion est que depuis que nos Rois eurent commencé à se servir des Suisses, ils envoïoient toûjours chez les Cantons une personne de grande distinction, pour amener à l'armée les Soldats de cette Nation, qui, ainsi qu'il est specifié dans plusieurs traitez, ne pouvoient être levez en moindre nombre que de six mille. Ce même Prince ou Seigneur marchoit à leur tête, & leur commandoit pour l'ordinaire pendant la campagne avec le titre ou de Capitaine des Suisses, ou de Capitaine General des Suisses, ou de Colonel General des Suisses : mais c'étoit une simple Commission pour une campagne, & non une Charge permanente, jusqu'en 1571, qu'elle fut érigée en titre d'Office en faveur de M. de Meru, qui fut établi par ses Provisions leur Colonel General, non seulement pour le tems de la guerre, mais encore *pour le tems de la paix*, avec cette difference, que ses appointemens étoient doublez pendant la guerre.

Il pourroit bien être arrivé, que lorsque Loüis XI fit venir pour la premiere fois six mille Suisses en France sur la fin de son Regne, M. de Beaujeu, Prince du sang, son gendre, les alla prendre, se mit à leur tête, & les commanda auprès du Pont de l'Arche sur la riviere de Seine, dans le camp qui y fut fait, & où le Roy les alla voir ; il leur faisoit faire & aux autres troupes qu'il y avoit assemblées, tout ce qui a coûtume de se pratiquer dans un camp qui seroit en païs ennemi, & observer la plus exacte discipline.

Ainſi le Maréchal de Fleurange dans ſes memoires manuſcrits dit, que dans l'expedition de Gennes, ſous Loüis XII, M. de la Mark, Seigneur de Montbaſon, ſon parent, étoit Capitaine de dix mille Suiſſes; c'eſt-à-dire, qu'il les commandoit dans cette occaſion. Par cette même raiſon l'Auteur* de la Genealogie des Montmorency, donne le titre de Capitaine General des Suiſſes à Anne de Montmorency, qui n'étoit pas encore Maréchal de France, parce qu'il fut envoyé pour lever ſeize mille Suiſſes, & qu'il les commanda. Pareillement le Bailli de Dijon à la bataille de Fornouë eſt appellé par Comines, *Chef des Suiſſes*, parce qu'il les avoit levez & qu'il les commandoit aïant avec lui Engilbert M. de Cleves.

* Ducheſne p. 379.

C'eſt encore par la même raiſon que M. de Meru lui-même dans l'Extraordinaire des Guerres de 1568 & 1569, & dans les memoires de Caſtelnau, eſt qualifié de Colonel des Suiſſes à la bataille de Moncontour, parce qu'il les commandoit, & cela deux ans avant qu'il eût eu les Proviſions de cette Charge, laquelle ne fut érigée en titre d'Office qu'en 1571, qui eſt la date de ſes Proviſions. De ſorte que tous ces Princes, dont il eſt fait mention dans le Journal du Maréchal de Baſſompierre, & qui ſelon qu'on le lui avoit rapporté, avoient été citez par M. de Villeroy à la Reine Marie de Medicis, ne commanderent les Suiſſes que par commiſſion & dans quelques campagnes.

Je crois donc avoir raiſon de fixer l'époque de l'inſtitution de la Charge de Colonel General des Suiſſes, en l'an 1571 ſous Charles IX, & de dire que M. de Meru en fut le premier Colonel General en titre d'Office. Brantôme dit qu'il garda long-tems cette Charge.

Il en fut en effet en poſſeſſion depuis 1571, juſqu'en 1596, que M. de Harlay de Sancy en fut pourvû au camp devant la Fere; il remit ſa Charge quelques années après entre les mains de Henri Duc de Rohan.

M. de Sancy Colonel General des Suiſſes.

Le Duc de Rohan poſſeda cette Charge depuis l'an 1605, juſqu'en 1614, que ce Prince devint ſuſpect à la Cour. Ce fut alors que M. de Villeroy fit tous ſes efforts pour la faire tomber à M. de Longueville, & qu'enfin le Maréchal de

Le Duc de Rohan Colonel General des Suiſſes.

P p iij

M. de Baſ-
ſompierre Co-
lonel General
des Suiſſes.

Baſſompierre en fut pourvû de la maniere qu'il lé raconte dans ſon Journal. Ce Maréchal exerça ſa Charge juſqu'en l'an 1631 qu'il fut diſgracié & mis à la Baſtille.

Sur la fin de l'an 1634, on lui propoſa d'en donner ſa démiſſion, en lui faiſant eſperer ſa liberté ; il la promit & la donna le douziéme de Mars de l'année ſuivante, *à même jour*, dit-il, *mois & heure que vingt & un an auparavant j'avois prêté ſerment entre les mains du Roy, de la même Charge de Colonel General des Suiſſes.* Ce fut en faveur du Marquis de Coaſlin. Nonobſtant cette démiſſion, le Maréchal de Baſſompierre demeura priſonnier à la Baſtille juſqu'à la mort du Cardinal de Richelieu.

Le Marquis
de Coaſlin Co-
lonel General
des Suiſſes.

Memoires
du Marquis
de la Chaſtre.

Le Marquis de Coaſlin aïant été tué au ſiege d'Aire l'an 1641, la Charge fut donnée au Marquis de la Chaſtre, en la païant aux heritiers de M. de Coaſlin. Ce Seigneur en obtint l'agrément du Roy en 1642 ; mais après la mort de ce Prince, s'étant trouvé en liaiſon avec le Duc de Beaufort qui fut arrêté & mis en priſon à Vincennes, pour s'être fait chef d'une cabale de gens qu'on appelloit *Importans*, il fut enveloppé dans ſa diſgrace. La Reine Regente lui envoya demander la démiſſion de ſa Charge ; & ſur le refus qu'il fit de la donner, on fit une Declaration par laquelle le Roy declaroit que la démiſſion du Maréchal de Baſſompierre étoit nulle, comme aïant été donnée en priſon, & ſous une promeſſe de le mettre en liberté, qu'on ne lui avoit pas tenuë, & caſſoit toutes les Proviſions données en conſequence au Marquis de Coaſlin & au Marquis de la Chaſtre, remettant le Maréchal de Baſſompierre en Charge ſans qu'il eût beſoin de nouveau ſerment, à condition de païer les quatre cents mille livres que la Charge avoit coûté. Le Marquis de la Chaſtre quitta la Cour, & deux ans après il ſuivit le Prince de Condé en qualité de Volontaire à la campagne de Nortlingue. Il reçut à la bataille qui ſe donna un coup de piſtolet dans la tête, dont il mourut peu de tems après à Philiſbourg.

Le Maréchal
de Baſſompier-
re rétabli dans
la Charge.

C'eſt ainſi que le Maréchal de Baſſompierre fut rétabli & fait de nouveau Colonel General des Suiſſes : il ne conſerva la Charge que trois ans, étant mort l'an 1646.

DE LA MILICE FRANÇOISE. Liv. X. 303

Le Maréchal de Schomberg lui succeda le premier de May de l'an 1647, & après sa mort qui arriva en 1656, elle passa à M. le Comte de Soissons l'an 1657.

Ce Prince la posseda aussi jusqu'à sa mort, c'est-à-dire, jusqu'en 1673. Ce fut cette même année qu'elle fut conferée à M. le Duc du Maine, qui la possede encore aujourd'hui.

Voici donc la liste de tous les Colonels Generaux des Suisses.

Le Maréchal de Schomberg Colonel General des Suisses.
Le Comte de Soissons Colonel General des Suisses.
M. le Duc du Maine Colonel General des Suisses.

Liste des Colonels Generaux des Suisses.

Monsieur de Meru en 1571.
Monsieur de Sancy en 1596.
Henri Duc de Rohan en 1605.
Le Maréchal de Bassompierre en 1614.
Le Marquis de Coaslin en 1632, tué au siege d'Aire.
Le Marquis de la Chastre en 1642, mort d'une blessure reçûë à la bataille de Nortlingue.
Le Maréchal de Bassompierre, rétabli dans la Charge en 1643.
Le Maréchal de Schomberg en 1647.
M. le Comte de Soissons en 1657.
M. le Duc du Maine en 1674.
M. le Prince de Dombes, fils aîné de M. le Duc du Maine, pourvû en survivance en 1710.

Prérogatives du Colonel General des Suisses.

Quoique la Charge de Colonel General des Suisses ne soit point une Charge de la Couronne, elle est pourtant une des plus belles & des plus considérables des Charges Militaires.

Tous les Suisses generalement, qui sont au service de France, sont subordonnez au Colonel General, à la reserve de la Compagnie des Cent Suisses de la Garde.

Le Colonel General des Suisses avoit autrefois à fort peu près la même autorité sur les Suisses qui étoient au service, que le Colonel General d'Infanterie Françoise avant la suppression de cette Charge avoit sur l'Infanterie Françoise, & qui consistoit principalement en ce qu'en vertu de sa Charge il nommoit & pourvoïoit les Colonels & les Capitaines Suisses. Cet usage a duré jusqu'à la mort de M. le Comte de Soissons, c'est-à-dire, jusqu'à l'an 1673. Mais aussi-tôt après les mêmes raisons par lesquelles le Roy supprima très-sagement la Charge de Colonel General, qui étoit la trop grande étenduë du pouvoir de cet Officier, & une espece d'indépendance du Souverain dans l'exercice de sa Charge: ces mêmes raisons, dis-je, determinerent le Roy après la mort du Comte de Soissons, à se reserver la faculté de pourvoir aux Charges qui viendroient à vaquer dans les troupes Suisses, tant des Compagnies que de l'Etat Major des Regimens, de choisir pour remplir ces Charges ceux qu'il en jugeroit les plus capables, de leur en faire expedier les Commissions ou Brevets; pour lesquels neanmoins M. le Duc du Maine donneroit ses attaches, comme faisoit le Colonel de l'Infanterie Françoise immediatement avant la suppression de cette Charge. Ces reserves sont exprimées dans les Provisions de M. le Duc du Maine.

Etenduë de l'autorité du Colonel General des Suisses.

Restrainte par le Roy Loüis XIV.

Le Colonel General des Suisses en vertu de sa Charge, commande toutes les troupes de la Nation sous l'autorité du Roy: il reçoit les remontrances qu'ils pourroient faire, & les rapporte au Roy ou aux Lieutenans Generaux, leur donne le mot du guet, ordonne les Gardes & les Sentinelles & tout le service.

Le Colonel General des Suisses commande toutes les troupes de la Nation.

Les Provisions que le Roy donne aux Officiers Suisses, sont adressées au Colonel General qui y met son attache; que l'on nomme ainsi, parce que cette expedition est attachée aux Provisions, ou aux simples Lettres de sa Majesté.

Il met son attache aux Provisions données par le Roy aux Officiers.

L'attache du Colonel General n'est proprement qu'une marque qu'il reconnoît l'Officier, & un ordre aux Suisses de le reconnoître.

Autrefois le Colonel General mettoit son attache à toutes les routes qui s'expedioient pour les Suisses, mais l'usage n'en est plus. Il la doit mettre aussi aux Ordonnances qui ne regardent que les Suisses: & on en voit une de Monsieur le

Duc

Duc du Maine à celle du 29 de Mai 1691, qui regarde le rang que doivent tenir les Majors.

Compagnie Generale.

Le Colonel General a une Compagnie dont il est specialement le Chef; celui qui la commande sous lui a le titre de Capitaine-Lieutenant; on appelle cette Compagnie la Generale. Cette Generale fait comme un Corps à part, & elle a sa Justice particuliere. C'est pourquoi bien qu'elle serve d'ordinaire à la tête du Regiment des Gardes Suisses, cependant les Officiers ne se trouvent point aux Conseils de guerre du Regiment, non plus que les Officiers du Regiment aux Conseils de guerre de cette Compagnie; elle est la premiere de toutes; elle seule a le drapeau blanc, les autres drapeaux sont de la livrée du Colonel General, tous les Officiers sont Suisses; & celui qui la commande sous le Colonel General, a le rang de Capitaine aux Gardes.

Cette Compagnie fait comme un Corps à part.

Le Colonel General a le droit de paroître à cheval & en bottes à la tête des Suisses, soit quand ils sont en bataille, soit lorsqu'ils défilent; & dans ces occasions il n'est point obligé d'avoir l'épée à la main; il ne porte point non plus de hausse col.

Equipage du Colonel General à la tête des Suisses.

Le Regiment des Gardes Suisses battoit aux champs autrefois pour le Colonel General, quoique sans un ordre particulier il ne batte ainsi que pour le Roy. Cela s'est fait encore plusieurs fois pour Monsieur le Duc du Maine; mais ce Prince a jugé à propos de faire cesser cet usage.

Autrefois le tambour battoit aux champs pour lui.

Quand le Colonel General des Suisses est à l'armée, il a toûjours une Compagnie Suisse avec un drapeau qui monte la garde à son logement, lorsqu'il y a des Suisses dans l'armée; & cette garde est indépendante de celle qu'il peut avoir ou par le rang de sa naissance, ou par le grade personnel qu'il a dans l'armée. Il est marqué dans ses Provisions qu'il aura douze Hallebardiers servans près de sa Personne, qui sont entretenus aux dépens du Roy.

Sa garde à l'armée.

A la garde du Roy, les Suisses prennent les armes pour le Colonel General, quand il passe, & ils appellent pour lui. Les Officiers du Regiment des Gardes Suisses le saluent de la pique, soit qu'il passe à la tête des bataillons, soit qu'il les fasse défiler devant lui.

La garde Suisse du Roy prend les armes quand le Colonel General passe.

Tome II.

Il a droit de prendre du Roy l'ordre pour la garde.

Il a seul le droit de prendre l'ordre pour la garde Suisse de Sa Majesté, préferablement à ceux qui commandent cette garde ; & lorsqu'il n'a point pris l'ordre, le Commandant de la garde, & même le Colonel du Regiment, quand sa Compagnie est de garde, est obligé de le lui apporter chez lui.

Le Colonel du Regiment des Gardes n'est pas en droit de prendre l'ordre pour un autre Capitaine qui seroit de garde : mais ne fut-ce qu'un subalterne qui commandât la Compagnie de garde, c'est lui qui a l'honneur de prendre l'ordre directement du Roy, lorsque le Colonel General n'y est pas.

Il a pouvoir seul de donner grace dans sa Compagnie.

Ses certificats pour les Officiers.

Le Colonel General a pouvoir seul de donner grace dans sa Compagnie, il peut donner des exemtions de logemens des Suisses ; il donne des certificats à tous les Officiers subalternes, & ils n'ont point d'autre titre que ce certificat pour être Officiers. Ceci regarde même les Majors des Regimens Suisses, excepté les Majors du Regiment des Gardes que le Roy nomme lui-même. Pour les Majors des autres Regimens, les Colonels les nomment au Colonel General : mais comme cet Emploi donne le rang de Capitaine, Monsieur le Duc du Maine a établi depuis quelques années, que les Majors qui n'auroient pas d'ailleurs la Commission de Capitaine, prissent de lui un certificat, & qu'ils ne tinssent leur rang de Capitaine que du jour de la date du certificat.

Il presente au Roy les Officiers aux premiers jours de l'an.

Il est d'usage que tous les premiers jour de l'an le Colonel General presente au Roy les Officiers Suisses qui se rencontrent pour lors à la Cour. Autrefois le Roy dans cette ceremonie leur faisoit l'honneur de leur toucher dans la main, mais la coûtume s'en est perduë.

Il propose au Roy les places à remplir.

Lorsqu'il vaque quelque place dans les troupes Suisses, c'est le Colonel General qui en rend compte au Roy, c'est lui qui propose les remplacemens, & qui ensuite en avertit le Ministre de la guerre, pour qu'il en fasse les expeditions.

Dans les differends il nomme des Commissaires dont le jugement est suivi.

Quand il y a quelques disputes d'interêt entre les Officiers Suisses, le Colonel General est en droit de leur nommer des Commissaires pour les décider ; & ils doivent se conformer à leur jugement.

Ses appointemens.

Le Colonel General des Suisses, ainsi qu'il est marqué dans les Provisions de Monsieur le Duc du Maine, *a douze mille*

DE LA MILICE FRANÇOISE. Liv. X. 307

livres d'Etat & entretenemens par chacun an ..... & en outre six mille cent soixante & quatorze livres par mois d'entretenement aussi attribuez à la dire Charge .... sçavoir six mille pour ses appointemens tant ordinaires qu'extraordinaires, & cent soixante quatorze livres pour l'entretenement de douze Hallebardiers servans prés de sa Personne.

Par les Provisions de Monsieur de Meru on voit qu'il ne fit pas le serment entre les mains du Roy, mais entre les mains du Duc d'Anjou qui commandoit les armées. Monsieur de Sancy, successeur de Monsieur de Meru, le prêta entre les mains du Duc de Montmorency Connétable de France. Le Duc de Rohan, successeur de Monsieur de Sancy, le fit de même comme on le voit par leurs Provisions. Cet usage a été changé, & c'est entre les mains de Sa Majesté que le Colonel General fait son serment.

Il prête maintenant serment entre les mains du Roy.

Ce fut à la reception du Maréchal de Bassompierre, successeur du Duc de Rohan, que ce changement se fit, comme il paroît par l'endroit de son Journal que j'ai déja cité, où il parle de sa démission. *Ce fut*, dit-il, *à même jour, mois & heure que vingt & un an auparavant j'avois prêté serment entre les mains du Roy*, de la même Charge de Colonel General des Suisses.

Journal du Maréchal de Bassompierre, p. 684.
Quand cela a commencé.

Le Colonel General des Suisses porte derriere l'écu de ses armes six drapeaux passez en sautoir, le fer de la pique de chaque drapeau terminé en fleurs de lys. C'est là ce que j'ai pû trouver de plus considerable, & de plus digne d'être remarqué dans les memoires qui m'ont été fournis touchant la Charge de Colonel General des Suisses & Grisons qui sont au service du Roy. Je vais maintenant traiter de la Compagnie des Cent Suisses avant que de parler du Regiment des Gardes, l'institution de cette Compagnie étant plus ancienne que celle du Regiment.

De la Compagnie des Cent Suisses de la Garde du Roy.

J'Avois d'abord douté si je ferois mention de cette Compagnie dans l'histoire de la Milice Françoise, sur le préjugé où j'étois qu'elle n'étoit point une garde Militaire, mais

Qq ij

HISTOIRE

Compagnie des Cent Suisses est une garde Militaire.

purement domestique, & dont le service étoit borné à celui qu'elle faisoit à la Cour pour la garde du Prince. J'ai été sur cela détrompé par des faits anciens & recens qui m'ont persuadé du contraire.

Le premier fait est contenu dans les Provisions du premier Capitaine de la Compagnie des Cent Suisses, qui fut Loüis de Menton Ecuïer Sieur de Lornay en date du 27 de Février 1496 à Lyon, où Charles VIII parle en ces termes : " Charles " &c. Salut. Comme pour conduire, gouverner & faire ser- " vir *les Cent homme de guerre Suisses*, lesquels puis n'a gueres " avons ordonné avoir & entretenir à l'entour de nous pour la " garde de notre Personne... soit besoin, ordonner & établir " quelque bon & notable personnage & experimenté ; sça- " voir faisons, que Loüis de Menton Ecuïer Sieur de Lor- " nay pour Capitaine Surintendant, &c.

Elle fut telle dans son institution.

Besson dans le discours sommaire sur la création de la Compagnie des Cent Gardes Suisses ordinaires du Corps du Roy. p. 4.

On voit clairement par l'énoncé de ces Provisions que les Cent Suisses furent instituez *comme gens de guerre*, & comme une garde Militaire. De plus les Provisions du Sieur de Lornay sont adressées aux Maréchaux de France pour recevoir son serment. Celles de Henri Robert de la Marck Capitaine des Cent Suisses par Commission à la place du Duc de Boüillon son pere prisonnier de guerre chez les ennemis, furent adressées au Connétable pour recevoir son serment : mais depuis la suppression de la dignité de Connétable, tous les grands Officiers prêtent le serment entre les mains du Roy même. Ce serment fait entre les mains du Connétable & des Maréchaux de France, est une nouvelle preuve que cette Charge est Militaire, à quoy il faut encore ajoûter que le Capitaine des Cent Suisses prête serment entre les mains du Roy l'épée au côté, de même que les Capitaines des Gardes du Corps.

Il le fait maintenant entre les mains du Roy l'épée au côté.

Le second fait que nous avons vû de notre tems est, que lorsque Loüis le Grand alloit à la tranchée, comme il a fait en divers sieges, il faisoit l'honneur à cette Compagnie de lui faire garnir la tête de la tranchée ; & c'est pour cela que toutes les fois qu'il marchoit en campagne, il faisoit prendre des fusils à la Compagnie, qui ne sont point ses armes ordinaires dans le service de la Cour, mais seulement à la guerre : &

Ils servent à la guerre.

DE LA MILICE FRANÇOISE. *Liv. X.* 309
depuis l'inſtitution des habits uniformes dans les troupes, il leur en donnoit auſſi un particulier dans ces occaſions.

Ce n'eſt pas là l'unique fonction que les Cent Suiſſes ont euë dans les armées. " En vûë ou païs ennemi, dit l'Au-
" teur du diſcours ſommaire ſur la création de cette Com-
" pagnie, les Cent Suiſſes ſe mettent & marchent devant le
" Regiment des Gardes & Compagnie Generale dudit Re-
" giment de leur nation, ainſi qu'ils firent en ordre de
" bataille à la tête deſdites troupes toute une journée, de-
" puis la hauteur de Guiſe juſqu'à l'Abbaye de Haumont, au
" commencement de la reception de Monſieur de Vardes à
" la Charge de Capitaine Colonel des Cent Suiſſes, & de la
" campagne de l'année 1655. Monſieur Daty Lieutenant
" François, & moy Beſſon l'aîné étions à pied à la tête, & les
" Sieurs Meſtre & Beauregard exempts ſur les aîles, & les
" deux Fouriers à la ſerrefile.

" Et durant la même campagne de 1655, la Cour étant à   *Ibid. p. 97.*
" la Fere, on eut avis qu'un camp volant de Cavalerie de
" Monſieur le Prince étoit à Ribemont; que de ſes partis &
" coureurs avoient paru à la portée du canon dudit lieu de
" la Fere; ce qui fit reſoudre la Cour d'aller à Soiſſons; le
" Roy fit l'honneur audit Enſeigne Beſſon de lui commander
" de laiſſer trente de ſes Gardes Suiſſes avec un exempt dans
" la Fere, la garniſon étant foible.

Quand un Officier ou un Suiſſe de cette Compagnie meurt,   *Les Officiers*
il eſt enterré en ceremonie de guerre; c'eſt-à-dire que les   *& les ſoldats*
Suiſſes portent alors leur hallebarde la pointe en bas, les   *ſont enterrez*
tambours ſont couverts de crêpe ou d'étoffe noire, les fifres   *avec les cere-*
joüent d'un ton lugubre; & ſi c'eſt un Officier, l'épée & le   *monies Mili-*
bâton de commandement ſont poſez ſur le cercuëil; enfin   *taires.*
ils ont un drapeau, & des Officiers Enſeignes. Tout cela
montre que la Compagnie des Cent Suiſſes s'eſt toûjours
maintenuë dans les fonctions Militaires qu'elle eut dans ſa
création en qualité *de gens de guerre.*

De ce qu'ils portent la livrée du Roy, cela prouve qu'ils
ſont domeſtiques & commenſaux; mais ce n'eſt point une
preuve qu'ils ne ſoient point une garde Militaire: car, comme
le remarque du Haillan dans ſon livre de l'Etat des affaires

Q q iij

de France, les Gardes du Corps François portoient de son tems, c'est à-dire du tems de Henri III, le juste-au-corps bleu comme aujourd'hui, qui est la livrée, ou comme il parle, *la couleur du Roy*. Les Trabans de l'Empereur & ceux de Hollande & d'Angleterre portent aussi la livrée de leurs Maîtres, & ce n'en sont pas moins des Corps Militaires.

De la Charge de Capitaine des Cent Suisses.

CEtte Charge a été de tout tems, & est encore aujourd'hui une des plus considerables de la Cour ; les plus grands Seigneurs l'ont possedée, & le Capitaine est censé comme un cinquiéme Capitaine des Gardes.

Dans les Provisions du Sieur de Lornay on lui donne le titre de *Capitaine Surintendant*. Aujourd'hui dans les Provisions on donne au Chef de cette Compagnie le titre de *Capitaine Colonel*: & cela n'est pas nouveau; on le lui donnoit dès le tems de Henri IV, on l'appelloit même alors simplement Colonel, & on le mettoit dans la liste des Colonels Generaux, & il est ainsi qualifié dans un Etat de la France manuscrit de l'an 1598, que le Reverend Pere Daclin, Religieux de Saint Benoît, a eu la bonté de me communiquer.

Fonctions & prérogatives du Capitaine des Cent Suisses.

Tous les soirs avant que le Roy se couche, le Capitaine prend l'ordre de Sa Majesté, & le donne en sortant à l'Exemt qui est de jour pour commander les Suisses destinez à coucher dans la Salle des Gardes.

Quand le Roy marche à pied, le Capitaine des Cent Suisses va immediatement devant la personne de Sa Majesté, comme le Capitaine des Gardes du Corps de quartier va immediatement après elle. Quand le Capitaine des Gardes montoit dans le carosse du Roy, le Capitaine des Cent Suisses y montoit aussi, si la Reine n'y étoit pas ; pareillement quand dans les ceremonies il y a un banc pour les Capitaines des Gardes du Corps, le Capitaine des Cent Suisses a aussi sa place sur ce banc.

En certaines occasions les Gardes du Corps allant à pied vis-à vis des portieres du carosse du Roy, la Compagnie des Cent Suisses marche en deux files tambours battans, à commencer depuis les petites roües du carosse, les Officiers à la

DE LA MILICE FRANÇOISE. Liv. X. 311

tête, & le Capitaine marche à cheval entre les deux files proche du carosse.

Il a toûjours un des Cent Suisses à la porte de son logis, qui est censé une sentinelle tirée de la garde.

Quand il s'agit de faire des détachemens de la Compagnie en certaines occasions, le Roy adresse une lettre de cachet au Capitaine, pour qu'il fasse executer les ordres du Maître ou du Grand Maître des ceremonies, sans quoy, les Officiers ni les Suisses ne voudroient pas obéir.

Il prête serment de fidelité de sa Charge entre les mains du Roy, & il le reçoit des autres Officiers de sa Compagnie, ausquels il donne des Provisions scellées du sceau de ses armes, à l'exception des deux Lieutenans qui sont pourvûs du Roy, & prennent leurs Provisions au grand Sceau; après quoy ils prêtent le serment entre les mains du Capitaine. Ensuite il les vient installer à la tête de la Compagnie, ordonnant aux Cent Suisses de les reconnoître & de leur obéir en tout ce qu'ils leur commanderont pour le service du Roy.

Cette clause a toûjours été mise dans les Provisions du Colonel General.

Liste des Capitaines de la Compagnie des Cent Suisses depuis Charles VIII son instituteur.

Loüis de Menton Sieur de Lornay fut fait Capitaine en 1496 à l'institution de la Compagnie.

Loüis de Menton Sieur de Lornay.

Après le Sieur de Lornay plusieurs Seigneurs de la Maison de la Marck possederent cette Charge. l'Auteur du discours sommaire sur la création de la Compagnie des Cent Suisses, donne pour successeur à Lornay Guillaume de la Marck, & prouve fort bien qu'il eut cette Charge par son épitaphe qui est à Sainte-Maure proche de Fontenai en Poitou; elle est conçuë en ces termes : *Cy gist Messire Guillaume de la Marck en son vivant Chevalier de l'Ordre, Conseiller Chambellan ordinaire du Roy nôtre Sire*, CAPITAINE DES CENT SUISSES DE LA GARDE, &c. Ce Seigneur posseda cette Charge sous Loüis XII, & au commencement du Regne de François I.

Plusieurs Seigneurs de la Marck l'un après l'autre.

Le même Auteur fait succeder dans cette Charge à Guillaume de la Marck Robert de la Marck, qui mourut selon lui en 1552 sous Henri II.

Il donne pour successeur à celui-ci Henri de la Marck dit communément le Maréchal de Fleurange. Ce Seigneur dit lui-même dans ses memoires manuscrits qui sont à la Bibliotheque du Roy, qu'il eut cette Charge.

L'Auteur du discours de la création des Cent Suisses, met après le Maréchal de Fleurange Henri Robert de la Marck, qui exerça la Charge par Commission durant la prison de son pere.

Suit Charles Robert de la Marck Seigneur de Braine, &c. sous Henri III. Il est aussi dit dans la Genealogie imprimée de la Marck que ce Seigneur fut Capitaine des Cent Suisses en ce tems-là.

Henri Robert Duc de Boüillon. Et puis Henri Robert Duc de Boüillon qui exerçoit la Charge en 1598 conformément à l'Etat de la France manuscrit de cette année dont j'ai déja parlé ; mais il n'en fut en possession qu'en 1625 que son pere mourut. Il la posseda en Chef 27 ans selon l'Auteur, c'est-à-dire jusqu'en 1652.

Jean de Souillac. Son successeur en 1653 fut Jean de Souillac, Seigneur de Monmege, Lieutenant General des Armées du Roy, & nommé à l'Ordre du S. Esprit.

Le Marquis de Wardes. François René du Bec-Crespin, Marquis de Wardes, en 1655.

Le Marquis de Tilladet. Jean-Baptiste de Cassagnet, Marquis de Tilladet, en 1678. Il fut tué à Steinkerque en 1692.

Le Marquis de Courtenvaux-Louvoy. Michel-François le Tellier de Louvoy, Marquis de Courtenvaux, Colonel du Regiment de la Reine, fut reçû en survivance en 1688, & entra en exercice de la Charge l'an 1692.

François de Louvoy. François Macé le Tellier, Marquis de Louvoy, Mestre de Camp du Regiment de Cavalerie d'Anjou, fait Capitaine Colonel des Cent Suisses en 1716, par la démission du Marquis de Courtenvaux son pere, à qui la survivance en a été donnée, l'exercice actuel & le commandement conservé, aussi-bien que les revenus, privileges, &c. de la Charge sa vie durant.

Des autres Officiers de la Compagnie des Cent Suisses.

IL y a dans cette Compagnie des Lieutenans, des Enseignes, des Exemts & des Fouriers, outre d'autres Charges non Militaires, dont les Officiers, comme dans les autres Corps, sont mis sur l'Etat Major.

Il n'y eut d'abord qu'un Lieutenant Suisse de nation; & cette Charge fut ordinairement exercée par des Colonels Suisses, dont l'Auteur du Discours Sommaire de la création de la Compagnie, fait une liste. Charles Robert de la Marck, du tems de Henri III, y fit mettre un Lieutenant François nommé d'Estiveau, & l'on voit que cette Charge a été possedée par des personnes qualifiées, comme les Sieurs de Pardaillan & de Maugiron. *Il n'y eut d'abord qu'un Lieutenant qui étoit Suisse de nation.*

Il y a eu depuis un Lieutenant François avec le Suisse.

Les Suisses ne furent pas trop contens de cette innovation. Il survint une dispute pour la préseance entre les deux Lieutenans. Chacun allegua ses raisons. Le Lieutenant François s'appuïa sans doute sur la regle generale que les François ont par tout la droite sur les Suisses ; & le Lieutenant Suisse sur ce que sa Charge étoit aussi ancienne que la Compagnie même ; que la Françoise étoit nouvelle, & qu'il avoit toûjours commandé la Compagnie en l'absence du Capitaine. *Dispute pour la préseance entre les deux Lieutenans.*

Le Colonel Balthasar de Gressach, Lieutenant Suisse, ceda la préseance au Lieutenant François ; mais il y eut des remontrances faites là-dessus à Henri IV, qui jugea en faveur du Lieutenant Suisse : & la Requête des Cantons presentée en 1624, articule que le jugement de Henri IV fut mis à execution à l'entrée de ce Prince dans Lion ; mais Loüis XIV en 1653 regla qu'en l'absence du Capitaine, le Lieutenant François commanderoit la Compagnie, & donneroit les ordres qui regarderoient le service. C'étoit alors le Sieur de la Boissiere de Chambors, qui étoit le Lieutenant François, & qui venoit de prendre possession au mois d'Avril de cette année, comme ses Provisions le marquent. *Jugement de Henri IV à l'avantage du Lieutenant Suisse.*

Jugement de Loüis XIV en faveur du Lieutenant François.

Le Lieutenant Suisse est en possession de tems immemorial d'être Juge superieur de la Compagnie, tant au civil qu'au criminel, & de celle de M. le Duc d'Orleans, qui est originairement un détachement de la Compagnie des Cent Suisses du Roy. Le Conseil de guerre de la Compagnie ne peut cependant être assemblé sans la permission du Capitaine : & s'il n'y avoit pas assez d'Officiers Suisses, on en prendroit de la Compagnie Generale pour y suppléer.

Conseil de guerre de la Compagnie.

Au-dessous des Lieutenans sont deux Enseignes, l'un François, & l'autre Suisse. Ils servent par semestre. L'Enseigne François fut créé en 1658, la Charge d'Enseigne Suisse aïant été separée en deux, dont la moitié demeura à l'Enseigne Suisse, & l'autre moitié fut attribuée à l'Enseigne François.

Deux Enseignes, l'un Suisse, & l'autre François.

Après les Enseignes, suivent les Exemts. Il y en a huit, quatre Suisses & quatre François dont toutes les Charges ne sont pas de même création, servant par quartier. Ce titre d'Exemt ne fut point en usage dans la Compagnie avant 1615.

Il y a encore des Fouriers au nombre de quatre, deux Suisses & deux François, qui servent par quartier.

Fouriers.

Il y avoit autrefois un Porte-Enseigne ou Porte Drapeau Suisse, Office qu'on a negligé de rétablir : mais le Drapeau subsiste toûjours. Le fond est de quatre quarrés bleus. Le premier & le quatriéme portent une L couronnée d'or, le Sceptre & la Main de Justice passez en sautoir, noüez d'un ruban rouge. Le second & le troisiéme ont une mer d'argent ombrée de vert, flottant contre un rocher d'or qui est battu de quatre vents. La croix blanche separe les quatre quartiers avec cette inscription ; *ea est fiducia gentis*. On a voulu apparemment marquer par ces paroles la fermeté de la Nation, que les plus grands dangers ne sont pas capables d'ébranler, comme le rocher se tient toûjours ferme malgré la fureur du vent & des flots. Ce Drapeau est le même qui étoit sous le Regne de Henri II, comme il est marqué dans la salle des Suisses à Fontainebleau. Le feu Roy le fit renouveller. Ce Drapeau est déposé chez le Capitaine Colonel.

Je ne descendrai point dans le détail du service de la Compagnie des Cent Suisses à la Cour, cela n'aïant nul rapport à mon Histoire de la Milice Françoise.

Drapeau de la garde des Cent Suisses.

Du Regiment des Gardes Suisses.

JE n'ai trouvé nulle part dans nos Historiens, ni dans les memoires qui m'ont été fournis sur les troupes Suisses, l'époque de l'institution du Regiment des Gardes Suisses expressément marquée. Je croi pourtant qu'on la peut fixer par les reflexions que je vais faire sur ce sujet.

Premierement, dans la liste qu'on a des Colonels de ce Regiment, en commençant par M. de Reynold, qui possede aujourd'hui cette Charge, on remonte jusqu'au Colonel Galati qui étoit à la tête du Regiment des Gardes Suisses en 1615, & cette liste ne va point plus loin que ce Colonel.

Secondement, dans le compte de l'Extraordinaire des Guerres de l'an 1590, qui fut la premiere année du Regne de Henri IV, le Regiment de Galati est marqué comme un Regiment Suisse, mais non sous le titre de Regiment des Gardes. Il se trouva sur la fin de 1589 au combat d'Arques, où Henri IV battit le Duc de Mayenne, & on ne lui donne point non plus dans les Relations de ce combat, où il fit des merveilles, le nom de Regiment des Gardes.

En 1615, selon le compte de cette année, le Regiment de Galati fut de dix Compagnies. Et enfin dans le compte de 1616, Galati est nommé pour la premiere fois Colonel des Gardes Suisses.

Ceci convient parfaitement avec ce que M. de Bassompierre dit dans son Journal, que le Roy (Loüis XIII) au retour du voïage qu'il fit en Guyenne pour son mariage, se resolut l'an 1616 *de faire à Tours un Regiment complet de ses Gardes Suisses, & qu'ils vinrent faire la premiere Garde devant son logis le mardi douziéme de Mars.*

Journal de Bassompierre p. 361. de l'Edition de Cologne 1665.

C'est donc cette année qu'il faut placer l'époque de l'institution du Regiment des Gardes Suisses. Jusqu'en 1615 le Roy n'avoit eu pour sa Garde Suisse, non plus que Henri IV, que deux ou trois Compagnies. On en leva d'autres en 1615. Le Regiment ne fut complet qu'en 1616, & ne monta sa premiere Garde au logis du Roy qu'au mois de Mars de la même année, comme vient de le dire le Maréchal de Bassompierre, qui étoit alors Colonel General des Suisses. Il me paroît que pitaines Suisses sans l'aveu de leurs Superieurs.

Dès le tems de François I, & même avant son Regne, il y avoit une espece de Loy ou de Reglement parmi les Suisses qui défendoit de donner par autorité publique des troupes à un parti, quand ils en avoient accordé à l'autre. Cela s'interpretoit en ce sens, qu'ils ne pouvoient pas fournir en même tems aux deux partis des soldats qui combattissent de part & d'autre sous les Etendarts des Cantons ; mais les particuliers, à moins d'une défense très-expresse, pouvoient s'enrôler sous les drapeaux de quelque Etat que ce fût. Il arriva de là quelquefois que dans deux armées ennemies, la plûpart de l'Infanterie étoit composée de Suisses : ce qui obligeoit les Cantons à leur envoïer ordre de quitter les deux camps & de revenir à leur païs, pour empêcher qu'ils ne s'égorgeassent les uns les autres. Il s'est donc souvent trouvé durant les guerres de notre tems, quelques Compagnies de Suisses dans nos armées levées de cette sorte sans l'aveu de leurs Superieurs. Les Capitaines de ces Compagnies ne peuvent faire leurs recruës publiquement dans le païs : mais elles se font cependant, & ces Compagnies se trouvent completes comme les autres.

Les troupes Suisses qui sont aujourd'hui en France consistent en plusieurs Regimens, & en quelques Compagnies non enregimentées, qu'on appelle par cette raison Compagnies franches.

Il n'y eut jamais tant de Suisses au service de France qu'il y en eut pendant la guerre qui préceda le traité de Riswik; il y en avoit alors trente-deux mille. La plûpart de ces troupes composoient onze Regimens, chacun de douze Compagnies, qui pouvoient être de deux cents dix hommes ; & le surplus étoient des Compagnies détachées au nombre de dix-neuf & demie.

A la paix de Riswik on réforma presque toutes les Compagnies franches. En 1714 il y avoit encore au service du Roy dix-neuf mille Suisses en dix Regimens.

Compagnies Suisses sur le pied de deux cents hommes. Les Compagnies Suisses sont ordinairement sur le pied de deux cents hommes : & suivant les conventions faites avec les Cantons, on leur fournit une certaine somme pour la levée des soldats. Chaque Capitaine pour la somme qu'on lui donne, est obligé de fournir le nombre des soldats & des Officiers, & d'entretenir les soldats de tout.

Chaque Regiment est composé de neuf Compagnies, & forme trois bataillons chacun de trois Compagnies, excepté le Regiment des Gardes qui étant de douze Compagnies, a quatre bataillons.

Outre les premiers Officiers & les autres subalternes ordinaires, c'est à-dire les Sergens, les Caporaux, &c. il y a ce qu'on appelle des Trabans ; ce mot signifie Garde en langue Allemande. Leur fonction est d'accompagner les Capitaines dans une action de guerre. Ils sont en cette occasion & dans les revûës armez d'une grande hallebarde ou pertuisanne differente de celle des Sergens : le fer en est taillé par son extrémité en lame de pertuisanne, & les deux côtez en hache d'armes & de Bec de Corbin. Ils sont exemts de factions, & ont une paye un peu plus grosse que celles des autres soldats de la Compagnie. Il y a aussi dans chaque Compagnie un Officier qu'on appelle Capitaine d'armes, dont la fonction est d'avoir l'œil sur les armes de la Compagnie, de donner ordre qu'elles soient toûjours en bon état, & d'en distribuer de nouvelles dans le besoin.

Trabans, leur fonction.

Dans le Regiment des Gardes ils ont la livrée du Roy, dans les autres ils ont la livrée du Colonel aussi-bien que les Tambours & les Fifres.

Les drapeaux du Regiment des Gardes sont de la livrée du Colonel General, dans les autres Regimens, ils sont de la livrée des Colonels, & dans les Compagnies franches de la livrée du Capitaine. Le drapeau Colonel du Regiment est la croix blanche qui le sepere en quatre quartiers, lesquels sont de bleu turquin, aurore, noir & rouge en pointes ondées aboutissantes aux quatre angles de la croix.

Drapeaux.

Il y avoit autrefois des Piquiers dans les Regimens Suisses comme dans les autres, & ils avoient dans les combats, dans les revûës & en montant la garde des corcelets. Ils les ont quittez depuis le retranchement des piques.

Il y a quelques cadets dans les Regimens Suisses : mais il y en a plus dans le Regiment des Gardes que dans les autres :

Cadets.

ce sont de jeunes gens des meilleures familles des Cantons qui se destinent au service, & y servent jusqu'à ce que le Roy les avance à quelque Charge. Ils sont distinguez des autres soldats par le plumet blanc & l'épée d'argent.

Comme quelques Compagnies Suisses ont deux Capitaines, il est aussi arrivé quelquefois qu'un même Colonel avoit deux Regimens. Ainsi Monsieur Stoppa, en qui le Roy avoit beaucoup de confiance, & qui durant le bas âge de Monsieur le Duc du Maine, faisoit toutes les fonctions de Colonel General, à la reserve des honorifiques, étoit en même-tems Colonel du Regiment des Gardes & d'un autre Regiment qui portoit son nom. Il mourut en 1701 étant Lieutenant General: & ce fut alors que Monsieur le Duc du Maine entra en exercice de toutes les fonctions de Colonel General.

Les Compagnies enregimentées sont subordonnées aux Colonels & aux Lieutenans Colonels pour toutes les choses de discipline, c'est-à-dire que ces Commandans des Corps sont proprement les Inspecteurs de leurs Regimens, pour avoir attention que les Capitaines fassent bien le service, que leurs Officiers subalternes soient tels qu'ils doivent être, que leurs Compagnies soient completes, bien tenuës, bien vêtuës, bien armées, & composées de soldats bien en état de servir. C'est de quoy les Colonels doivent rendre compte au Colonel General, & dont ils sont responsables: car pour ce qui est du détail pecuniaire des Compagnies, cela concerne les Capitaines.

Ce sont les Colonels qui nomment & presentent les Majors au Colonel General, excepté dans le Regiment des Gardes, dont le Roy nomme lui-même les Majors.

Le Capitaine est du Canton où la Compagnie est levée.

Quand une Compagnie est levée dans un Canton, le Roy y nomme un Capitaine du même Canton; & si le Capitaine meurt ou quitte le service, le Roy observe de prendre le Capitaine dans la famille de celui qui l'a levée, quand il s'y rencontre de bons sujets. Cela s'entend seulement des Compagnies avouées des Cantons; car pour les autres il ne s'y astreint pas.

Une Compagnie peut passer d'un Regi-

Dans les Regimens François, les Compagnies ne passent point d'un Regiment à un autre; mais parmi les Suisses, à la
reserve

DE LA MILICE FRANÇOISE. *Liv. X.* 321

reserve du Regiment des Gardes, cela se fait sans difficulté. On observe seulement que de quelque ancienneté que soit la date de la Commission de Capitaine de celui qui change de Regiment, il se met à la queuë, ne perdant point cependant son rang d'ancienneté dans les détachemens composez de plusieurs Regimens.

ment dans un autre.

Les Officiers Suisses sont en droit de tirer des autres troupes les soldats de la nation qui s'y rencontreroient. Il y a sur cet article une Ordonnance du Roy du cinquiéme d'Avril 1674, selon laquelle, s'il se trouve dans les Regimens Suisses quelque soldat François, le Capitaine est tenu de le remettre au premier Capitaine François qui le lui demandera, sans que ce Capitaine soit obligé de rien païer au Capitaine Suisse. Mais si un Capitaine Suisse trouve un soldat Suisse dans un Regiment François, il est en droit de le reprendre, en donnant vingt-deux livres au Capitaine François.

Il y a plusieurs Cantons dont nous n'avons point de Compagnies; mais il n'y en a point dont nous n'aïons des Officiers.

Il y a des Officiers de tous les Cantons.

Il y avoit autrefois un Regiment qui n'étoit composé que de Bernois, & qui même devoit avoir un Colonel de ce Canton, c'est celui qui est à-present le Regiment de Villars-Chandieu: on observe encore d'y mettre un Colonel Bernois: mais comme le Canton de Berne n'a pas le même attachement pour la France qu'autrefois, depuis sur tout que le Roy a revoqué l'Edit de Nantes; on met dans ce Regiment quelques Compagnies tirées des autres Cantons.

Regiment du Canton de Berne.

Nous avons un Regiment du païs de Vallais, qui doit avoir un Colonel Vallesien. Il n'y a que ces deux Regimens qui puissent donner quelque contrainte sur le choix du Colonel.

Regiment du païs de Vallais.

Comme pendant plusieurs années depuis l'institution des Compagnies de Grenadiers, il n'y en avoit point eu parmi les Suisses, & que par cette raison les troupes de cette nation n'avoient point de part aux actions les plus brillantes de la guerre, le Sieur Stoppa en 1691 proposa au Roy d'en former une Compagnie par chaque Regiment, pour servir sur ce pied-là dans les mouvemens de guerre seulement, & Sa Majesté l'approuva.

Tome II. S s

HISTOIRE

Grenadiers Suisses.

On prit vingt des meilleurs hommes dans chaque Compagnie & un Sergent ; on en fit des Compagnies de Grenadiers où l'on mit des Officiers d'élite : on fit camper ces nouvelles Compagnies ensemble durant la campagne ; on s'en est fort bien trouvé ; & dans les occasions elles n'ont fait paroître ni moins de valeur ni moins de vivacité que nos Grenadiers François. Il y a même pour les Officiers de ces Compagnies quelque chose de fort honorable pour eux, c'est qu'ils n'ont point d'appointemens extraordinaires. Quand les places des Officiers ou des soldats vaquent, on les remplace par d'autres : & lorsque la campagne est finie, ils retournent dans les Compagnies dont ils ont été tirez : au lieu que les Grenadiers des Regimens François forment des Compagnies particulieres, & toûjours separées des autres.

Outre plusieurs privileges dont les Suisses joüissent en France, comme d'être censez Regnicoles, &c. un des plus considerables par rapport aux troupes de la nation, est d'avoir une justice particuliere & separée, à laquelle neanmoins les seuls Suisses qui sont dans le service, sont soûmis.

Officiers pour exercer la justice dans les Regimens Suisses.

Les Regimens ont chacun leurs Officiers pour l'exercer. Quoique la Compagnie Generale serve d'ordinaire à la tête du Regiment des Gardes, elle a cependant sa justice à part, & dans son Etat Major est un Officier qu'on appelle le Grand Juge.

Le Regiment des Gardes a aussi son Grand Juge, un Grand Prevôt, un Greffier, les Juges de chaque Compagnie, les petits Prevôts, vingt Archers du Grand Juge & un executeur de justice. Les autres Regimens ont aussi leurs Officiers de justice, un Grand Juge par Regiment & un petit Juge par Compagnie. Les Compagnies franches en ont aussi ; & elles invitent dans les occasions des Officiers de quelque Regiment pour rendre complet le nombre des Juges.

La maniere dont les Suisses tiennent leur Conseil de guerre a quelque chose d'assez singulier. Il ne se tient jamais ni le Dimanche, ni les Fêtes, ni le Vendredi.

Ce Conseil est partagé en deux Tribunaux. L'un n'est composé que des subalternes du Regiment, c'est-à-dire des Lieutenans, Sous-Lieutenans, Enseignes. Le dernier Capitaine du Regiment y préside sans y avoir de voix. Il y est seulement pour avoir soin que les choses se passent dans les formes. Le Grand Juge est assis devant une table avec le livre du Conseil de guerre. Il n'a point de voix : & il ne parle que pour interroger le criminel. Celui-cy a un Avocat pour le défendre, cet Avocat est ordinairement un Sergent. Un autre fait la fonction d'Avocat du Roy pour requerir sur le crime.

Ce Conseil se tient en plein air & à découvert, quelque tems qu'il fasse, au milieu du bataillon qui se forme en quarré. Il doit toûjours juger suivant la rigueur des Loix & des Ordonnances. Lorsqu'il a prononcé, & fait écrire la sentence, le Capitaine qui y préside la porte au Conseil de guerre des Capitaines qui sont assemblez dans une tente ou dans une maison voisine. Le Colonel, ou le Lieutenant Colonel, ou le plus ancien Capitaine y préside. Il fait lire la sentence, & il demande les avis en commençant par le Capitaine le moins ancien. Si les voix étoient mi-parties, la voix du Président l'emporteroit.

Ce Conseil peut commuer la peine, & est en droit de faire grace. Il n'y a même que lui qui le puisse. C'est un privilege de la nation ; & je sçai de très-bonne part qu'en une occasion le feu Roy ayant été fortement sollicité pour donner la grace à un soldat Suisse, Monsieur de Surbek alors Major au Regiment des Gardes Suisses prenant congé de lui pour aller au Conseil de guerre, ce Prince lui ordonna de dire en propres termes au Conseil, *qu'il le prioit d'accorder la grace* ; ce que les Capitaines ne manquerent pas de faire.

Après qu'on a écrit la sentence des Capitaines au bas de celle du premier Conseil de guerre, le dernier Capitaine qui l'avoit apportée, la reporte au Conseil des subalternes, & on la lui lit. Si le criminel est condamné à la mort, on rompt une baguette qui est sur la table du Grand Juge : si le criminel est absous, ou qu'on lui donne sa grace, la baguette n'est point rompuë.

Le Conseil de guerre ne peut se lever que l'execution ne soit faite. Que si les choses ne se passoient pas dans l'ordre au Conseil de guerre des subalternes, le Capitaine qui y préside peut surseoir le Conseil, pour en aller rendre compte aux Capitaines assemblez qui sont en pouvoir de le rompre.

Liberté de conscience pour les troupes Suisses.

Les Suisses qui sont dans le service ont la liberté de leur Religion. Comme ils sont presque mi-partis sur cet article, le Roy veut qu'il y ait un Aumônier dans chaque Regiment, & les Protestans ont droit d'avoir un Ministre ; c'est le Colonel suivant la Religion dont il est, qui païe l'Aumônier ou le Ministre ; & l'autre, sans qu'il s'en mêle, est païé par les Officiers du Regiment qui sont de l'autre Religion.

Dans les Garnisons on assigne aux Ministres un lieu où ils peuvent prêcher ; mais il ne leur est point permis de prêcher ailleurs, ni d'admettre à leurs assemblées d'autres personnes que les Officiers & soldats de leurs Regimens.

Soldats Suisses Catholiques admis aux Invalides.

Les soldats Suisses sont admis à l'Hôtel des Invalides comme les soldats François, quand ils se trouvent dans le cas : mais de tout tems il n'y a eu que les soldats Suisses Catholiques qui aïent joüi de cet avantage. Neanmoins comme on retient sur tous, soit Protestans, soit Catholiques, ce qu'on appelle le denier des Invalides, les Cantons Protestans ont fait sur cela de vives & de frequentes remontrances. Le Roy pour les satisfaire, sans se départir du Reglement qu'il avoit

Moyen de suppléer à cet avantage pour les soldats Protestans.

fait à cet égard pour la Religion, imagina en 1710 un moïen : ce fut de prendre une somme de six mille livres sur le fonds des Invalides, pour être distribuée dans le païs en petites pensions par les mains de l'Ambassadeur de France, aux Officiers & aux soldats qui sans leur Religion pourroient être reçûs à l'Hôtel des Invalides : & cela a fait cesser les plaintes.

Lorsqu'un Capitaine est par son âge, ou par ses blessures, ou par ses infirmitez hors d'état de servir, le Roy qui en ces cas ne donne pas si souvent aux Etrangers qu'aux François, des pensions ou des emplois, lui laisse sa Compagnie, en l'obligeant de nommer & de païer un Capitaine pour la commander.

Valeur de la Nation Suisse contre Charles Duc de Bourgogne.

De tout tems les Suisses ont été en grande reputation de valeur ; ils la firent paroître du tems de Loüis XI, contre Charles le Hardi Duc de Bourgogne ; & aprés l'avoir battu en diverses occasions, tout vaillant & tout habile qu'il étoit dans la guerre, ils le défirent de nouveau auprès de Nanci dans une bataille où il perit.

La journée de Novare sous le Regne de Loüis XII, après leur rupture avec ce Prince, est une des plus belles choses qui se lisent dans l'histoire en matiere de guerre : le dessein qu'ils conçûrent de surprendre Monsieur de la Trimoüille, fut également bien conduit & bien executé. *A la journée de Novare.*

La bataille de Marignan au commencement du Regne de François I, leur fut très-funeste ; mais ils y firent paroître leur intrepidité, & ce ne fut qu'après deux sanglants combats donnez deux jours de suite, qu'ils firent leur retraite. *A la bataille de Marignan.*

S'étant reconciliez avec la France, ils soûtinrent en la servant leur ancienne reputation, ils pousserent à l'excès leur bravoure à la journée de la Bicoque, malgré tout ce que purent leur representer les Generaux François, leur imprudence & leur opiniâtreté furent également dommageables & à eux & à la France. *A la journée de la Bicoque.*

Dans la suite ils se signalerent principalement en deux occasions. La premiere fut à la bataille de Dreux, où ils soûtinrent très-long-tems le choc de la Cavalerie du Prince de Condé : & après que leurs bataillons eurent été enfoncez & percez d'outre en outre, ils se rallierent, repousserent la Cavalerie du Comte de la Rochefoucault, qui entreprit de nouveau de les rompre ; défirent un gros de Lansquenets qui vint les attaquer ; & enfin assaillis de nouveau par plusieurs escadrons de Reistres & de Cavalerie Françoise, ils penserent à faire retraite. Ils la firent par petits pelotons toûjours en ordre & en combattant, tournant tête de tems en tems ; & au défaut de leurs piques, dont la plûpart étoient brisées, presentant les uns l'épée, & les autres jettant des pierres contre ceux qui les approchoient, ils se retirerent de cette sorte avec l'admiration des deux armées, jusqu'à l'aîle droite, commandée par le Maréchal de Saint André. *A la bataille de Dreux.*

La seconde occasion fut lorsqu'ils ramenerent à Paris le Roy Charles IX, que le Prince de Condé & l'Amiral de Coligni avoient projetté d'enlever. Le Colonel Phiffer à la *Dans la retraite du Roy Charles IX à Paris.*

tête de six mille Suisses, se fit fort de conduire ce Prince au milieu de ses bataillons depuis Meaux jusqu'à Paris. Ils furent attaquez diverses fois en pleine campagne par la Cavalerie du Prince : mais ils firent si bonne contenance, marcherent avec tant d'ordre, & reçûrent avec tant de resolution cette Cavalerie, qu'elle fut obligée de les laisser aller, sans avoir jamais pû faire breche à leurs bataillons.

L'Infanterie Suisse, modele des autres nations.

Ces glorieux exploits étoient non seulement l'effet de leur bravoure, mais encore de la discipline Militaire établie parmi eux. Cette discipline fut le modele sur lequel les autres Nations formerent leur Infanterie, c'est-à-dire les François, les Espagnols, les Italiens ; & jusques-là nulle Infanterie n'étoit estimée, hormis celle des Suisses, & les Lansquenets qui cependant le cedoient encore aux Suisses.

Leur fidelité.

Ils ont été aussi toûjours loüables par leur fidelité pour les Princes ausquels ils se donnoient, pourvû cependant qu'on les payât bien : la desertion étoit rare parmi eux ; & il me souvient qu'encore vers l'an 1673, comme j'étois dans une ville de la frontiere, un Suisse aiant deserté, non seulement les Officiers, mais encore les simples Soldats en furent très-scandalisez, & le deserteur ayant été pris, ils demanderent avec empressement qu'on en fît une severe justice.

Tout cela sans doute est fort honorable pour la Nation, & a dû avoir place dans l'histoire que je viens de faire de cette Milice.

Je vais rappeller icy la memoire d'un autre Regiment des Gardes étranger, dont je n'avois moi-même jamais entendu faire mention, & qu'on ne connoît gueres, quoiqu'il n'y ait pas extrêmement long-tems qu'il étoit sur pied ; c'est le Regiment des Gardes Ecossoises.

CHAPITRE VIII.

Du Regiment des Gardes Ecoſſoiſes.

IL eſt naturel de traiter du Regiment des Gardes Ecoſſoiſes, après avoir fait l'Hiſtoire du Regiment des Gardes Françoiſes & du Regiment des Gardes Suiſſes. J'avouë qu'en liſant les Hiſtoires, je n'avois fait aucune attention à ce troiſiéme Regiment des Gardes, quoiqu'il ait été ſur ce pied en France pendant pluſieurs années, & même ſous le Regne de Loüis le Grand. Tout ce qui s'étoit preſenté à moy ſous ce titre de Gardes Ecoſſoiſes, je l'avois attribué à la Compagnie Ecoſſoiſe des Gardes du Corps; mais j'ai été détrompé par l'extrait d'un Rôle de Denis Gedoin, Treſorier de l'Epargne, de l'an 1643, qui m'a été communiqué par M. l'Abbé de Dangeau. On y voit ces articles.

Regiment des Gardes Ecoſſoiſes de treize Compagnies, faiſant enſemble 1500 hommes.

Regiment des Gardes Ecoſſoiſes de 1700 hommes en dix-ſept Compagnies arrivées d'Ecoſſe.

Cela m'obligea à faire quelques recherches; & je trouvai encore dans l'état des troupes qui aſſiegerent & prirent Thionville cette année-là même 1643 ſous les ordres de M. le Prince, ce même Regiment, avec le titre de Regiment des Gardes; & dans un autre Rôle de 1648, il eſt dit, *Regiment de mes Gardes Ecoſſoiſes*, de vingt Compagnies de 40 hommes chacune. Il étoit à la bataille de Lens en 1648, & il combattit à la premiere ligne, à côté du Regiment des Gardes Françoiſes, comme on le voit dans la relation & dans le plan de cette fameuſe bataille. J'ai lû encore quelque part imprimé, que le Regiment des Gardes Ecoſſoiſes fut demandé par Loüis XIII, & qu'il y a une lettre du Comte Iroüin, Conſeiller d'Etat d'Ecoſſe, écrite à ce Prince, où il le remercie de l'honneur qu'il fait à la Nation de lui demander ce Regiment. Cette lettre, dit-on, eſt datée de 1643. Cela veut dire que le Roy Loüis XIII avoit demandé ce

Regiment des Gardes Ecoſſoiſes ſous Loüis XIV.

Regiment dès l'an 1642, & qu'il ne passa en France qu'en 1643, fort peu de tems avant la mort de ce Prince. Enfin je trouve dans l'Histoire des Grands Officiers de la Couronne, que M. de la Ferté-Imbaut, qui fut Maréchal de France, avoit en 1643 porté le titre de Colonel General des Ecossois: ce qui semble marquer qu'on pensoit à faire venir en France encore d'autres Regimens Ecossois.

Ainsi on ne peut douter que ce Regiment n'ait eu ce titre sous le Regne de Loüis le Grand; & je crois même qu'il ne l'a eu que sous ce Regne, qui commença en 1643. Car ce fut cette année, comme le marque l'état des troupes que j'ai cité, que ce Regiment passa d'Ecosse en France.

Il paroit qu'il fut sans fonctions par la Garde du Roy.

Le titre de Regiment des Gardes qu'on donna à ce Regiment, fut, je croi, purement un titre d'honneur; car je ne trouve nulle part qu'il en ait exercé les fonctions ordinaires, ni qu'il se fût jamais fait aucun Reglement à cet égard. Il eut cependant une distinction, puisque, comme je l'ai dit, il combattit à la bataille de Lens, à côté du Regiment des Gardes Françoises. Voici ce que j'ai pû sçavoir de ce Regiment de quelques anciens Officiers Ecossois.

Rutterfoord Colonel de ce Regiment.

Le Colonel qui le commandoit, s'appelloit Rutterfoord, homme de merite, & qui servit fort bien dans les troupes de France jusqu'à la paix des Pyrenées. Quand le Roy Charles II fut rétabli en 1660 sur le Thrône d'Angleterre, il nomma Rutterfoord Gouverneur de Dunkerque, le Colonel accepta cet emploi; mais sans user de certains ménagemens que la bienseance l'obligeoit de garder à l'égard du Roy de France, dont il avoit été aimé & consideré. Je trouve neanmoins dans la negociation du Comte d'Estrade, pour la vente de Dunkerque au Roy de France en 1662, que ce Prince avoit encore de la consideration & de la confiance pour Rutterfoord, & que ce Gouverneur y répondoit dans l'execution du traité, d'une maniere qui convenoit à un homme d'honneur.

Ce Regiment est cassé.

Le Roy, après que Rutterfoord se fut retiré, cassa le Regiment, & incorpora les subalternes & les Soldats qui voulurent servir en France, dans le Regiment de Douglas. Quand Dunkerque eut été cedée à la France, Rutterfoord fut envoié voïé Gouverneur à Tanger, sur les côtes d'Afrique, où il fut tué par les Maures. Je parlerai dans un autre endroit du Regiment de Douglas où le Regiment des Gardes Ecossoises fut incorporé.

Dans le neuviéme Livre & dans le dixiéme, où je me suis proposé de traiter de la Milice moderne, la Maison du Roy, par sa dignité, a dû préceder tout le reste. Je vais maintenant faire l'Histoire des autres Corps qui composent les troupes, sçavoir de l'Infanterie, de la Cavalerie Legere & des Dragons. Je commencerai par celui qui est le plus considerable par son nombre, c'est-à-dire par l'Infanterie, qui est composée pour la plûpart, des Corps qu'on appelle Regimens. Je vais parler prémierement de l'institution de cette espece de Milice, qui n'a été introduite dans les armées Françoises que depuis environ cent soixante ans.

HISTOIRE

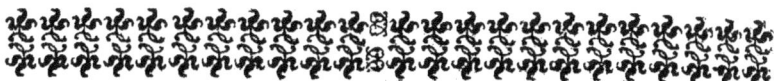

LIVRE XI.

Histoire de l'Institution des Regimens François d'Infanterie.

ES Regimens sont aujourd'hui & depuis long-tems le gros de l'Infanterie des armées: car quoique, même depuis l'institution de ces Regimens, il y ait toûjours eu plusieurs Compagnies franches, c'est-à-dire non enregimentées, ce n'est rien en comparaison du nombre des troupes, dont les Regimens sont composez.

Bien des gens croïent, & moi-même j'ai crû long-tems que l'institution des Regimens d'Infanterie s'étoit faite sous le Regne de Charles IX: mais après diverses reflexions sur notre Histoire, & par la lecture des Registres de l'Extraordinaire des guerres, je me suis convaincu qu'elle se fit sous le Regne de Henri II.

Regimens instituez sous Henri II.

Le Regne de Charles IX fut dès le commencement & dans la suite trop rempli de troubles, pour que ce Prince eût formé le projet d'un si grand changement dans la Milice, & l'on ne voit nulle Ordonnance de lui, par laquelle on puisse montrer qu'il l'ait fait. A la verité il se forma plusieurs Regimens d'Infanterie de son tems: mais c'étoit sur le modele que lui en avoient laissé ses predecesseurs. Je conviens encore que le nom de Regiment devint plus commun sous son Regne pour signifier les especes de Corps de troupes qui le portent aujourd'hui: mais il ne s'agit pas du nom, il s'agit de la chose.

Notion d'un Regiment d'Infanterie.

On appelle Regiment d'Infanterie un Corps de troupes composé de plusieurs Compagnies de Soldats à pied, commandez par un Colonel ou Mestre de Camp en titre d'Office, chacune de ces Compagnies aïant un Capitaine, & les autres

Officiers subalternes. Or cela se trouve dès le tems de Henri II, qui institua des Corps tels que je viens de dire, & il les institua d'abord sous le nom de Legions pour la plûpart.

Il ne faut pas confondre ces Legions de Henri II avec celles qui furent instituées par François I, son pere, quoiqu'elles eussent beaucoup de ressemblance. Celles-cy furent instituées en 1534, & ne durerent point. Celles de Henri II furent créées en 1558, & il s'en forma de semblables aussi-tôt après sur ce modele, ausquelles on donna peu de tems après le nom de Regimens. Ceux-cy ne furent pas si nombreux que les Legions l'avoient été d'abord. Mais pour l'essentiel il n'y a point de difference. Ce que je dis se verra clairement par l'Ordonnance de Henri II, dont je vais transcrire une partie. Elle est rapportée par Rebuffe p. 95 de sa collection des Ordonnances & Edits des Rois de France.

Reglement & Ordonnance sur le fait des Legionnaires dressez par le Roy Henri II en l'an 1557.

LE Roy aïant connu combien il lui est necessaire pour la sûreté, conservation & défense de son Royaume, dresser & remettre sus une force de gens de pied, & par les Provinces d'icelui, en forme de Legions, pour d'icelles forces se servir & aider ainsi que l'affaire le requerra, & que bon lui semblera, a fait les Ordonnances qui s'ensuivent, lesquelles il veut dorénavant être gardées & observées inviolablement par tous ceux & ainsi qu'il appartiendra.

Et premierement, ledit Seigneur veut & entend dresser sept Legions de gens de pied, en chacune desquelles Legions y aura six mille hommes, qui se leveront & mettront sus dès cette heure ès païs & Provinces de sondit Royaume cy-dessous declarez : c'est à sçavoir au païs & Duché de Normandie, se fera & dressera une Legion : au païs & Duché de Bretagne, une autre Legion : au païs de Picardie & Isle de France une autre : au païs & Duché de Bourgogne, Comté de Champagne & Nivernois, une autre : ès païs de Dauphiné, Provence, Lionnois & Auvergne, une autre Legion : au païs de Languedoc, une autre Legion : au païs & Duché de

Guyenne, une autre, qui feront en tout quarante-deux mille hommes de pied.

Et veut & entend ledit Seigneur, que tous les Capitaines defdites Legions, Lieutenans, Enfeignes, Caporaux, Chefs de Bande, Sergens de bataille, & autres Officiers d'icelles Legions foient tous du païs où fe levera ladite Legion.

Lefquelles gens de pied & Chef feront entierement francs, & exemts de toutes tailles & tributs, pourvû toutefois qu'il ne fera enrôlé homme ès bandes defdites Legions, qui ait accoûtumé de païer tailles plus haut de vingt fols par an. Et là où aucun d'iceux auroient accoûtumé de païer plus groffe fomme que lefdits vingt fols, en ce cas ils ne feront quittes & exemts que de ladite fomme tant feulement, & païeront l'outre plus en quoi ils pourroient avoir été impofez à la taille, tout ainfi qu'ils feroient s'ils n'étoient defdites Legions. Et quant aux Capitaines, Lieutenans & Enfeignes, ledit Seigneur veut & ordonne que durant le tems qu'ils auront lefdites Charges, ils foient quittes & exemts du devoir & fervice qu'ils feront tenus & obligez de lui faire, à caufe de leurs Fiefs, fi aucuns en ont, fans que pour raifon de ce on leur puiffe aucune chofe demander.

Et ordonne ledit Seigneur, qu'en chacune Legion y aura quinze Enfeignes, fous treize Capitaines particuliers, & deux fous le Colonel de ladite Legion, à raifon de quatre cents hommes pour chacune Enfeigne, & en chacune Legion un Sergent Majour. Et auront lefdits Colonels, Sergent Majour, Capitaines & Officiers cy-après nommez, en tems de paix, & quand ils ne feront point employez, les Etats qui s'enfuivent par chacun mois, à fçavoir, &c. Fait à Fontainebleau le vingt-deuxiéme jour de Mars, l'an mil cinq cents cinquante-fept. Signé, Henri. Et au-deffous, Bourdin.

Le refte de l'Ordonnance qu'on a ici omis contient la païe des Officiers & des foldats, la police & la difcipline que Henri II vouloit être obfervées dans ces Legions. Elle eft datée du 22 de Mars 1557, c'eft à-dire, felon notre maniere de compter d'aujourd'hui, l'an 1558, avant Pâque. Car tout le monde fçait qu'encore alors l'année ne commençoit en France qu'à Pâque.

On voit ici un Corps de troupes composé de plusieurs Compagnies, aïant chacune leur Capitaine, leur Lieutenant, leur Enseigne, leurs Sergens, leurs Caporaux, leurs Anspessades, des Piquiers, des Arquebusiers, un Etat Major; & à la tête de tout cela un Colonel. C'est là certainement ce qu'on appelle un Regiment, & qu'il plut à Henri II. de nommer du nom de Legion. Or que chaque Legion se levât dans chaque Province dont elle portoit le nom; que les Officiers d'une Legion fussent tous Picards, celle d'un autre tous Normans, celle d'un autre tous Bretons, &c. cela ne leur ôte point la forme de ce que nous appellons aujourd'hui un Regiment: & puis cet article de l'Ordonnance ne fut pas long-tems observé, comme je le dirai dans la suite. Henri II dit dans l'exorde de cette Ordonnance qu'il veut *dresser & remettre sus en forme de Legions une force de gens de pied*, ce qui fait allusion aux Legions que François I son pere fit le projet de lever en 1534, dont quelques-unes en effet furent levées. Ces premieres Legions de François I étoient de six mille hommes comme celles de Henri II, & avoient un Colonel; mais il n'y avoit que six Capitaines qui commandoient chacun mille hommes, deux Lieutenans qui en commandoient chacun cinq cens, dix Centeniers qui en commandoient cent, &c. Celles de Henri II étoient divisées en quinze Compagnies, & il y avoit quinze Capitaines, en y comprenant ceux qui commandoient les deux Compagnies Colonelles de chaque Legion. Il y avoit sous chaque Capitaine un Lieutenant, un Enseigne, deux Sergens, huit Caporaux, &c. Ce grand nombre de soldats dont les Legions étoient composées, ne met point non plus de difference entre ces Corps & ce que nous appellons un Regiment: car on a veu par exemple le Regiment des Gardes jusqu'à six mille & jusqu'à neuf mille hommes. Outre que les Legions furent bientôt reduites à la moitié & au-dessous de la moitié pour le nombre des soldats. Voici ce qui donna lieu à cette nouvelle institution.

Les Legions de Henri II étoient de veritables Regimens.

Difference des Legions de François I, & de celles de Henri II.

L'an 1557 Philbert Duc de Savoye, qui avoit été dépouillé de ses Etats par François I, commandoit l'armée de Philippe II Roy d'Espagne au siege de Saint Quentin. Le Conné-

Occasion de l'institution des Legions.

table de Montmorenci s'étant avancé avec l'armée de France, jetta quelque secours dans la place, sans avoir dessein de hazarder une bataille ; mais aïant trop retardé sa retraite, le Duc de Savoye le suivit, l'obligea à en venir aux mains, & fit un grand carnage des François ; presque toute l'Infanterie y périt, & une infinité de Noblesse y fut tuée ou prise. Ce fut le jour de Saint Laurent.

Cette funeste bataille, qu'on appella la bataille de Saint Quentin, fut cause qu'on rappella d'Italie François Duc de Guise, qui étoit avec une armée sur les frontieres des Terres de l'Eglise & du Royaume de Naples pour soûtenir le Pape Paul IV, contre les Colonnes & les Espagnols.

Ce Duc de retour avec ses troupes fit le siege de Calais au mois de Janvier, prit cette place en huit jours, & ensuite Guines, & les autres Forts & villes dont les Anglois s'étoient emparez, & les chassa de ce quartier de la France où ils s'étoient établis & maintenus depuis l'an 1347 pendant plus de deux cents ans.

Ces conquêtes surprirent toute l'Europe, aïant été faites dans un tems où l'on croïoit la France entierement abbattuë par la perte de la sanglante bataille de Saint Quentin. Mais Henri avoit en tête deux redoutables ennemis, sçavoir les Anglois & les Espagnols ; on ne pouvoit prendre trop de précaution pour la défense du Roïaume. Ce fut ce qui donna lieu à ce nouveau projet de Legions pour rétablir l'Infanterie, duquel apparemment le Duc de Guise fut l'auteur, & un peu plus de deux mois après la prise de Calais, parut l'Ordonnance de Henri II touchant cette nouvelle Milice.

Pour donner plus de jour à ce qui regarde cette institution & à toute l'histoire des Regimens, il faut faire ici quelques reflexions sur l'article de l'Ordonnance qui regarde le dénombrement des Legions que Henri II projetta de lever, & ajoûter certains points particuliers sur lesquels j'ai eu soin de m'instruire. J'ai trouvé sur cela quelques pieces authentiques ; j'ai feüilleté plus de cent registres de l'Extraordinaire des guerres de ces tems-là, aïant regardé ce point comme un des plus importans de la matiere dont j'ai entrepris de traiter

DE LA MILICE FRANÇOISE. *Liv. XI.* 335

dans cette Histoire de la Milice Françoise.

Sur l'extrait que j'ai fait de l'Ordonnance de Henri II, il faut remarquer premierement, que la Legion de Bretagne ne fut point levée, en voici la preuve; c'est qu'on ne voit ni le Colonel, ni les Capitaines nommez, ni les Compagnies païées dans les monstres rapportées aux registres de l'Extraordinaire des guerres de ce tems-là. On ne les voit point non plus dans nos histoires.

La Legion de Bretagne ne fut point levée.

Secondement, la Legion de Languedoc ne fut point non plus levée du tems de Henri II. Les mêmes raisons tirées de l'Extraordinaire des guerres le prouvent : mais sous le Regne de François II son successeur, les Legionnaires qui furent levez en Languedoc, furent joints à ceux qui composoient la Legion de Dauphiné, de Provence, de Lionnois & d'Auvergne, pour n'en faire qu'une. Je pense ainsi sur le témoignage de Popeliniere homme de guerre, & qui avoit du commandement dans les troupes Calvinistes. Car il dit expressément que *François de Beaumont Baron des Adrets fut Colonel des Legionnaires de Lionnois, Dauphiné, Provence & Languedoc.*

La Legion de Languedoc ne fut point levée du tems de Henri II.

L. 9, fol. 357.

Troisiémement, la Legion de Guyenne fut levée du tems de Henri II. Montluc en fait mention dans ses commentaires, en parlant d'une entreprise qu'Antoine Roy de Navarre Gouverneur de Guyenne avoit formée contre les Espagnols avant la paix de Casteau-Cambresis. L'intelligence manqua, sur quoy Montluc parle ainsi : « Nous allâmes à » Bayonne, & trouvâmes que celui qui avoit mené cette » marchandise qui s'appelloit Gamure, la traitoit double, & » qu'il vouloit faire prendre le Roy de Navarre même. Il » renvoïa Monsieur de Duras *avec les Legionnaires*, lequel il » avoit fait venir, & aussi les Biarnois.

La Legion de Guyenne fut levée.

L. 1, p. 692.

De plus cette Legion s'étant dissipée durant les guerres civiles, Charles IX voulant la rétablir en 1565, témoigne que cette Legion avoit déja été sur pied. *Ayant*, dit-il, *advisé de remettre sus les bandes Legionnaires du dit païs* (de Guyenne) *qui pour quelques années y ont été intermises*, &c. C'est ainsi que ce Prince s'exprime dans la Commission de Colonel de cette Legion qu'il donna à Monsieur de Tilladet de Saint Orens, qui est datée de l'an 1565, & que je produirai ci-dessous.

Legions de Picardie, de Champagne & de Normandie furent levées.

Cinquiémement, les Legions de Picardie, de Champagne & de Normandie furent levées. Il en est mention dans l'Extraordinaire des guerres du vivant de Henri II, & sous ses successeurs. On les voit completes de quinze Compagnies selon l'Ordonnance de leur institution. On voit le nom des Colonels & des Capitaines. Je donnerai plus bas la liste de ces Colonels.

Premier état de ces Legions, des changemens qui s'y firent & de leur durée.

Suivant l'Ordonnance de Henri II, ces Legions devoient être composées de quinze Compagnies, chacune de quatre cents hommes, qui faisoient en tout six mille hommes. Il y avoit treize Capitaines. Les deux premieres Compagnies étoient sous le Colonel qui les faisoit commander immediatement par ses deux Lieutenans. Tous les Officiers devoient être du pays dont la Legion portoit le nom ; par exemple la Legion de Picardie & de l'Isle de France devoit être composée d'Officiers tous Picards ou de l'Isle de France, celle de Champagne d'Officiers Champenois, Bourguignons & du Nivernois, & ainsi du reste. La raison de ceci étoit que tous les Officiers & la plûpart des soldats étant levez dans les Provinces frontieres dont elles portoient les noms, il étoit de leur interêt commun de bien garder leur païs contre les ennemis. L'intention du Roy étoit qu'elles servissent ordinairement chacune sur les frontieres de leur Province, & qu'elles y eussent d'ordinaire leur quartier d'hyver pour la commodité des soldats & des Officiers, & pour épargner à ceux-ci la dépense.

On assignoit aux Capitaines le canton où ils devoient faire la levée de leurs Compagnies ; & les lieux étoient marquez dans une expedition particuliere que l'on donnoit au Colonel pour la délivrer à chaque Capitaine.

Commission du Colonel de la Legion.

Les Provisions ou la Commission du Colonel étoient sous le titre de *Lettre d'Etat*. Il recevoit une Commission particuliere pour la levée de ses deux Compagnies Colonelles. Chaque Capitaine recevoit aussi du Secretaire d'Etat sa Commission à peu près dans le même style qu'aujourd'hui. Je mettrai ici quelques-unes de ces differentes formules qui nous apprennent l'usage de ce tems-là. Je les ai tirées d'un Registre où il y a plusieurs expeditions faites par des Secre-

taires

DE LA MILICE FRANÇOISE. *Liv. XI.* 537

taires d'Etat sous le Regne de Henri II & de ses premiers successeurs. Les Commissions que je vais transcrire furent expediées aux sujet de la Legion de Guyenne que Charles IX projetta de rétablir l'an 1565, les troubles étant alors cessez pour quelque tems dans le Roïaume.

Ce Registre est à la Bibliotheque de M. l'Abbé Baluze.

Expedition pour les Legions de Guyenne.

DE PAR LE ROY.

C'Est l'Etat que Sa Majesté veut & ordonne & commande être tenu sur le nombre des Capitaines & Officiers des Legionnaires de son Duché de Guyenne, qui seront en nombre de quinze Enseignes, & chacune Enseigne de quatre cents hommes, faisant & revenant à six mille hommes suivant les Ordonnances sur ce faites *par feu de bonne memoire le Roy Henri que Dieu absolve* le 27 de Mars 1557, dont Sa Majesté a donné la Charge & conduite au Capitaine Thilladet Sieur de Saint Orens, pour en joüir avec même autorité, dignité, gaiges & privileges que avoit le feu Sieur de Duras.

S'ensuit les noms des Capitaines & Senechaussées où ils feront leurs Compagnies de quatre cents hommes.

Premierement,

Le Sieur Thilladet, Colonel de deux Compaignyes qu'il fera ès Senechaussées de Agenois, Condomois & Armaignac de 400 hommes chacune.

Le Capitaine Monbadon en Bordelois une Compagnie de 400 hommes.

Le Capitaine Mabrun en Xaintonge une Compagnie de 400 hommes.

Tome II. V u

Lettres d'Etat & Charge de Colonel desdites Bandes.

CHarles, &c. A tous ceux, &c. Comme pour la seureté, tuition & conservation en nos païs & Duché de Guyenne, qui est de si grande estenduë que chacun sçait, & pour y tenir nos sujets du dit païs en l'obéïssance qu'ils nous doivent, reprimer les seditions & émotions qui y pourroient advenir, & pour autres bonnes, justes & raisonnables considerations à ce nous mouvans, ayons advisé de remettre sus les Bandes Legionnaires qui pour quelques années y ont été intermises; au moyen de quoy soit bien requis & necessaire de pourvoir d'un Colonel ausdites Bandes de personnage qui soit pour y faire tel & si loyal devoir que l'importance d'une telle Charge le requiert. Sçavoir faisons que ne pouvant à-present faire meilleure élection que de la Personne de notre amé & feal Gentil-homme ordinaire de notre Chambre, le Capitaine Thilladet le jeune Sieur de Saint Orens, ayant ja en plusieurs & notables lieux fait preuve & experience de sa Personne, & confiant à plein de ses sens, suffisance, vertu, vaillance, experience au fait des guerres, bonne conduite & diligence. A icelui pour ces causes & autres considerations à ce nous mouvans avons donné & octroyé, donnons & octroyons par ces presentes l'Etat & Charge de Colonel des Legionnaires & Bandes de gens de pied par nous ordonnées être levées & mises sus en nosdits païs & Duché de Guyenne. Pour lesdits Etat & Charge avoir, tenir & dorénavant exercer avec honneurs, autoritez, privileges, ... & solde qui y ont été ordonnez par les Ordonnances faites sur le fait & érection desdits Legionnaires tant qu'il nous plaira. Si donnons en Mandement par ces presentes à notre très-cher & très-amé frere le Prince de Navarre Gouverneur & notre Lieutenant General en iceux nosdits païs & Duché que prins & receu du dit Capitaine Thilladet le serment en tel cas requis & accoûtumé, icelui mette & institue, ou fasse mettre & instituer de par nous en possession & saisine du dit Etat & Charge de Colonel d'icelle, ensemble des honneurs ci-dessus. Mandons en outre à ceux de nos Thresoriers qu'il appartient.... Voulons

DE LA MILICE FRANÇOISE. *Liv. XI.* 339.
lefdits gages, état & police être paſſez & alloüez en la dépenſe de leurs comptes & rabbatuë de leur recepte par nos amez & feaux les Gens de nos Comptes, auquels nous mandons ainſi le faire ſans difficulté : car tel eſt notre plaiſir. En témoin de ce nous avons fait mettre notre ſcel à ces dites preſentes. Donné à Bayonne le quatorziéme jour de Juin l'an de grace 1565, & de notre Regne le ſixiéme.

Etat & Charge de deux Bandes deſdites Legions au Colonel d'icelles.

CHarles, &c. A notre amé & feal Gentil-homme ordinaire de notre Chambre le Capitaine Thilladet le jeune Sieur de Saint Orens, ſalut, &c. Comme ce jourd'hui nous vous ayons donné & deputé à l'état & Charge de Colonel de la Legion de nos païs & Duché de Guyenne, & que par nos Ordonnances faites ſur le fait & érection des Legionnaires de notre Roïaume, a été ordonné que le Colonel de chacune Legion aura deux Bandes de gens de pied. Pour ces cauſes & confiant à plein en vos ſens, vertu, vaillance, experience au fait des guerres & grande diligence vous avons baillé & baillons la Charge, Capitainerie & conduite de deux Bandes de ladite Legion de Guyenne de quatre cents hommes de pied chacune, que vous ferez enrôler & lever en nos Senechauſſées de Agenois, & Condomois & Armagnac, pour icelles Bandes conduire, mener & exploiter ou & ainſi qu'il vous ſera commandé & ordonné pour notre ſervice, & de la dite Charge en joüir, & uſer aux droits, états & ſolde par nos Ordonnances des Legionnaires. Car tel eſt notre plaiſir : de ce faire vous avons donné & donnons plein pouvoir, autorité, Commiſſion & Mandement ſpecial. Donné à Bayonne, &c.

Commiſſion pour les deux Compagnies Colonelles.

Les Commiſſions données aux Capitaines pour la levée de chaque Bande de 400 hommes, ſont à peu près de même ſtile que celles du Colonel pour la levée des deux Bandes Colonelles.

Il paroît que les Colonels des Legions n'étoient point dans la dépendance du Colonel General : c'eſt-à-dire que ni eux

V u ij

ni les Capitaines des Legions ne prenoient point leur attaché de lui, comme faisoient les Capitaines des Bandes, & dans la suite les Capitaines & les Meſtres de Camp des Regimens. Mais dans une armée & dans une bataille ils obéïſſoient au Colonel General ; & il leur aſſignoit leurs poſtes. Cette indépendance ſe remarque par le ſtyle des Regiſtres de l'Extraordinaire des guerres, où quand on parle d'une Bande ou Compagnie franche ou même enregimentée : il eſt dit, Telle Compagnie ſous la Charge d'un tel Capitaine ; dont eſt Colonel, par exemple, Monſieur d'Andelot qui étoit Colonel General ; & quand on parle des Legions, on dit : Telle Compagnie de quatre cents hommes ſous la Charge d'un tel leur Capitaine particulier dont eſt Colonel, par exemple, Monſieur de Crezegues qui fut le premier Colonel de la Legion de Picardie, ſans faire nulle mention du Colonel General, qui en cette qualité étoit Colonel de tous les Regimens, & il y eut dans la ſuite la Compagnie Colonelle ; au lieu que dans les Legions, le Colonel General n'avoit point de Compagnie Colonelle ; & qu'au contraire le Colonel de la Legion y avoit deux Compagnies Colonelles.

Changemens arrivez dans les Legions.

On n'obſerva pas long-tems pluſieurs Reglemens de l'Ordonnance de Henri II pour les Legions, ſoit en ce qui regarde l'article par lequel étoit ordonné que tous les Officiers & les ſoldats fuſſent des Provinces dont la Legion portoit le nom, par exemple, de Picardie : ſoit pour le nombre des Compagnies dont elles devoient être compoſées, ſoit pour le nombre des ſoldats dans chaque Compagnie.

On recevoit dans une Legion des ſoldats de divers païs.

Ces changemens paroiſſent dans les Regiſtres de l'Extraordinaire des guerres. Pour le premier article qui regarde le païs, on y voit dès l'an 1562 des Gaſcons dans la Legion de Picardie. Je trouve encore que cette même année M. de la Boiſſiere, Colonel des Legionnaires de Picardie, reçut mille livres pour quatre Capitaines qui auroient Charge ſous lui, & que ces quatre Capitaines devoient lever leurs Compagnies ou Enſeignes à Lion : ce qui fait voir que deſlors, c'eſt-à-dire quatre ou cinq ans après l'inſtitution de ces Legions, on n'obſervoit plus le Reglement qui ordonnoit de lever les ſoldats des Legions dans les Provinces dont elles portoient le nom.

Il en fut de même pour le nombre des Compagnies qui devoient être au nombre de quinze dans chaque Legion. On les voit reduites à six, ou même aux deux Colonelles ; & on en licencioit plusieurs pendant l'hyver pour les remettre sur pied au printems.

Pareillement le nombre des soldats devoit être de quatre cents dans chaque Compagnie ; & on les voit peu de tems après l'institution reduites à trois cents & à deux cents. Enfin à en juger par les monstres rapportées dans l'Extraordinaire des guerres, qui est la plus sûre regle qu'on puisse avoir, jamais ces Legions ne furent toutes complettes en même tems. Celle de Dauphiné, de Provence, &c. paroît l'avoir été avant que le Baron des Adrets, qui en étoit Colonel, quittât le parti du Roy pour se jetter dans celui des Calvinistes. Il en fut de même de celles de Guyenne, jusqu'à ce que le Baron de Duras, qui en fut le premier Colonel, eut aussi embrassé le parti Calviniste. Celles de Picardie, de Normandie, de Champagne furent de tems en tems complettes, & puis reduites aux deux Colonelles, &c.

Quant à la durée, la Legion de Guyenne ne subsista que depuis 1558 jusqu'à l'an 1562, que le Baron de Duras, qui en fut le premier Colonel, se declara pour le Prince de Condé & les Huguenots. Alors la Legion fut dissipée. Une partie, tant des Capitaines, que des Soldats, quitta la Legion, lorsque le Colonel se revolta contre le Roy : l'autre partie le suivit à Orleans, où il fut tué en défendant les dehors, dans une attaque que François Duc de Guise y donna, lorsqu'il l'assiegea en 1563. Charles IX projetta de remettre sur pied cette Legion en 1565, & délivra les Commissions aux Capitaines & au Colonel, qui fut M. de Tilladet de Saint Orens, comme on l'a vû par les pieces que j'ai produites cy-dessus : mais elle ne fut rétablie qu'en 1567, non point sous le nom de Legion, mais sous celui de Regiment, non point à quinze Bandes ou Compagnies sur le pied de l'Ordonnance pour les Legions : mais elle fut de vingt-cinq Enseignes, qui faisoient en tout le nombre de quatre mille huit cents quatre vingts hommes, où il y avoit deux Colonelles, ausquelles il paroît qu'elle fut bien-tôt après reduite, M. de

Durée des Legions sous ce nom.

Quelques-unes rétablies sous le nom de Regimens. Vol. 12. de 1567.

Tilladet portant toûjours le titre de Colonel.

Celle de Provence, de Dauphiné, &c. se dissipa aussi en 1562, lorsque le Baron des Adrets, qui en étoit Colonel, se mit à la tête des Huguenots, en ces quartiers là, où il se rendit redoutable par son habileté dans la guerre, & encore plus par son excessive cruauté envers les Catholiques. Il eut du mécontentement des autres Chefs des Huguenots, & negocia pour rentrer dans le service du Roy : mais la chose aïant été sçûë, il fut arrêté, & il auroit pû lui en coûter la vie, si la paix n'eût été concluë en 1563. Quand les Huguenots reprirent les armes en 1567, la Legion du Baron des Adrets fut remise sur pied par le Roy, non pas sous le nom de Legion, mais sous celui de Regiment de Dauphiné, où il y eut deux Colonelles, comme dans une Legion. On la voit sur ce pied en 1568, on y ajoûta en 1569 huit nouvelles Bandes

2. Vol. Piemont 1568.

La Legion de Normandie ne paroît plus dans les monstres, & le Colonel n'en est point nommé depuis l'an 1593; de sorte que cette Legion fut supprimée ou se dissipa cette année.

La Legion de Normandie supprimée.

Quoique les Legions de Picardie & de Champagne disparoissent de tems en tems dans les monstres, & cela sans doute parce qu'elles étoient reduites aux deux Colonelles, ou peut-être aux Officiers des deux Colonelles ; cependant on les voit reparoître, tantôt en une année, tantôt en une autre, & leurs Colonels sont nommez & païez de leurs appointemens.

On voit paroître dans les monstres, une Legion de Languedoc, dont Loüis de Foix d'Amboise, Comte d'Aubijoux, étoit Colonel. On avoit separé deslors les Legionnaires de Languedoc de ceux de la Legion du Baron des Adrets, de laquelle il est fait mention en même-tems. Ces deux Legions n'étoient alors que de huit Compagnies, en y comprenant les deux Colonelles. Celle de Languedoc fut bien-tôt après reduite à ces deux Colonelles. Il est encore fait mention de la Legion de Languedoc en 1568. On voit celle du Lionnois & du Beaujolois en 1569, dont on nomme le Colonel, qui étoit le Sieur de Saint Marcel. D'Aubigné, sous l'an 1562, parle d'une Legion de Vendomois à laquelle commanda le fameux Ronsard *Gentil-homme de courage*, dit l'historien, *& à qui les*

Vol. 1. Piemont. vol. de 1562. Albigeois.

Ibid.

Vol. 3. Piemont.

1. Vol. de Piemont.

DE LA MILICE FRANÇOISE. Liv. XI. 343

vers n'avoient pas ôté l'usage de l'épée. Mais ces deux nouvelles Legions ne durerent pas long-tems: & de toutes celles même qui avoient été créées par l'Ordonnance de Henri II, dès l'an 1558, il n'y eut que Picardie, Champagne & Languedoc, qui subsisterent dix ou douze ans. Je vais mettre ici les noms des Colonels des Legions instituées par Henri II.

D'Aubigné l. 3. chap. 6.

Legion de Picardie, Colonels.

M. de Crezegues, Gentil-homme de la Maison du Roy. Je le trouve nommé Colonel de la Legion de Picardie dès le vingt-quatriéme du mois de Mai 1558, c'est-à-dire deux mois après l'érection des Legions.

Monsieur de la Boissiere en 1562.

M. Claude d'Estavaye en 1563. Il l'étoit encore en 1567.

Vol. 2. de l'Extraordinaire des guerres, Picardie 1558.

Vol de 1562. Picardie.
5. Vol. de 1563. Picardie.
7. Vol. de 1567. Picardie.

Legion de Champagne, Colonels.

Claude d'Anglure, Seigneur de Jours, fut le premier Colonel de cette Legion. Je le trouve marqué avec cette qualité dans l'Extraordinaire des guerres, la même année que les Legions furent instituées; voici ce que Brantôme dit de ce Gentil-homme: » Le bon homme M. de Jours, Colonel des » Legionnaires de Champagne, qui a commandé aux guer- » res d'Italie & ailleurs en grande reputation, est mort en » l'âge de quatre vingts ans...... Il devint de la Religion. » Pourtant il voulut servir le Roy aux premieres guerres, » (c'est-à-dire en 1562) mais je sçai bien qui empêcha le Roy » qu'il ne s'en servît.

Cette raison fut sans doute, qu'il s'étoit fait Huguenot.

En 1567 on voit un nouveau Colonel de la Legion de Champagne. Il s'appelloit Claude de Diou, Sieur de Montperoux, Gentil-homme ordinaire de la Chambre du Roy.

Il faut observer que quoiqu'il s'agisse souvent des troupes de Champagne, de Normandie, &c. je ne cite à la marge que les Registres intitulez Picardie: parce qu'on mettoit & qu'on met encore aujourd'hui sous ce titre dans l'Extraordinaire des guerres toutes les Provinces d'en-deçà de la Loire,

Vol. 4. de 1558. Picardie.
Discours des Colonels, p. 68.

Vol. 7. de 1567.

comme on mettoit & comme on met encore sous le titre de Piemont, toutes celles d'au-delà.

Vol. 1. vol. 4. Picardie. 1568.
Vol. 5. Picardie 1569.
Vol. 8. 1569. Picardie.
D'Aubigné sous l'an 1569. chap. 17.

M. de Montperoux étoit encore Colonel de la Legion de Champagne en 1568 & en 1569.

Sur la fin de la même année, Antoine de Boves, Chevalier Seigneur de Rance, est dit General des Legionnaires de Bourgogne, Champagne, & Brie au mois d'Août; & il les commandoit à la bataille de Moncontour.

Il ne fut pas long-tems Colonel; car la même année au mois de Decembre, dans le même Regiſtre, je trouve M. de Mailli, Colonel des Legionnaires de Champagne & de Bourgogne. Il étoit d'une branche de la maison de Mailli, qui s'étoit établie en Champagne avant François I, & qui y poſſedoit la Vicomté d'Auchi.

D'Aubigné sous l'an 1575. chap. 19.

Enfin en 1575 je retrouve le Sieur de Rance, Colonel de Legionnaires: & c'étoit apparemment de la même Legion à la tête de laquelle il fut mis une seconde fois.

Legion de Provence, Dauphiné, &c. Colonels.

Vol. de 1558. Piemont.

François de Beaumont, Baron des Adrets en 1558; sa Commiſſion est du vingt-quatriéme de Mars de cette année, c'eſt-à-dire deux jours après l'Ordonnance de Henri II, pour la levée des Legions; & dans les memoires de du Villars, je trouve que cette même année le Maréchal de Briſſac, qui commandoit en Piemont, voulant mettre son armée en état de reſiſter à celle des ennemis, demanda au Roy *trois mille Suiſſes, les quatre mille Legionnaires de Dauphiné dont le Baron des Adrets eſt Colonel, &c.* Cette Legion se diſſipa, comme je l'ai dit, quand ce Gentil-homme se jetta dans le parti des Huguenots.

Memoires de Duvillars sous l'an 1568.

Legion de Guyenne, Colonels.

Le premier Colonel fut le Baron de Duras en 1558, l'année de l'Ordonnance. Outre le témoignage de Montluc, que j'ai cité cy-deſſus, le Roy Charles IX voulant rétablir cette Legion en 1565, & en aïant nommé les Capitaines & le Colonel qui

DE LA MILICE FRANÇOISE. *Liv. XI.* 343

qui fut M. de Tilladet, marque que ce Gentil-homme avoit succedé à cet Emploi au Baron de Duras : » dont Sa Majeſté » a donné la Charge & conduite au Capitaine Tilladet, Sieur » de Saint Orens, pour en joüir avec même autorité, dignité, » gages & privileges qu'avoit le feu *Sieur de Duras.* Expeditions pour les Legions de Guyenne.

Le ſecond Colonel fut donc M. de Tilladet le jeune, Sieur de Saint Orens. Il en reçut le titre en 1565, & elle ne fut levée qu'en 1567, non point ſous le titre de Legion, mais ſous celui de Regiment.

Legion de Normandie, Colonels.

M. de Paloiſeau en fut Colonel en 1558, qui fut l'année de l'Ordonnance de l'inſtitution des Legions. Le païement des Compagnies, les lieux où elles étoient en garniſon & le nom du Colonel, ſont marquez dans l'Extraordinaire des guerres de cette année. Une de ces Compagnies fut envoyée en Ecoſſe, comme il eſt marqué dans le Regiſtre de 1559. C'étoit le Sieur de Ricarville, qui en étoit Capitaine. Vol. 9. Picardie. Vol. 4. Picardie 1559.

En 1562 le Sieur de Briqueville d'Auſboc eſt nommé Colonel de la Legion de Normandie. Il n'eut point de ſucceſſeur. La Legion fut ſans doute ſupprimée en 1563, car il n'en eſt plus nulle mention depuis dans les monſtres. Vol. de 1562. Picardie.

Legion de Languedoc, Colonels.

Je mets cette Legion au nombre des premieres de l'inſtitution de Henri II ; car quoique d'abord les Legionnaires levez en Languedoc euſſent été incorporez dans la Legion de Provence, de Dauphiné, &c. ſous le Baron des Adrets ; neanmoins la Legion de Languedoc paroît ſous François II, faiſant un Corps à part, conformément à l'Ordonnance de Henri II. Cette Legion fut levée par les ordres du Roy & les ſoins du Comte de Villars, alors Lieutenant General en cette Province durant l'abſence du Connétable de Montmorenci, qui en étoit Gouverneur. Vol. de 1560. Piemont.

Je trouve ſur la fin de 1561 Loüis de Foix d'Amboiſe, Comte d'Aubijoux, Colonel des Legionnaires de Languedoc,

Tome II. X x

aïant six Capitaines sous lui. La Legion fut reduite à deux Compagnies pendant l'hyver de 1561 à 1562. Cette Legion paroît encore en 1568 sous le même Colonel.

<small>Vol. 1. vol. 5. 1568. Piemont.</small>

Enfin je vois des Legionnaires au-delà des Monts : mais je ne les trouve point sur l'Etat avant 1569 ou 1570. Leur Colonel est nommé dans le Regiſtre de 1571 Michel-Antoine de Saluſſe, Seigneur de la Mante, Chevalier de l'Ordre du Roy, Colonel des Legionnaires delà les Monts, Gouverneur & Capitaine de la Citadelle de Lion.

<small>Vol. 1. Piemont. 1571.</small>

Comme ces Corps auſquels on donna le nom de Legions, étoient tout ſemblables à ceux que l'on nomma depuis Regimens, c'est-à-dire que les uns & les autres étoient des Corps compoſez de Compagnies qui avoient chacune leur Capitaine & leurs Officiers ſubalternes de même eſpece, ſous un Commandant qui portoit le titre de Colonel ; que de plus, comme je le dirai, les autres Regimens furent auſſi-tôt formez ſur le modele des Legions. J'ai raiſon de regarder l'inſtitution des Legions comme l'inſtitution des Regimens, & par conſequent, de rapporter l'inſtitution des Regimens au Regne de Henri II, la diverſité du nom ne changeant point la nature de la choſe. Je pourrois ajoûter que le nom même de Regiment fut donné aux Legions par l'uſage de l'armée dès le tems de leur inſtitution.

<small>Remarque ſur un endroit des Commentaires de Montluc.</small>

J'aurois pour cela un bon garand, c'eſt le Maréchal de Montluc, qui donne deſlors le nom de Regiment à divers Corps de troupes d'Infanterie, & qui feroit même penſer qu'il y eut dès ce tems-là d'autres Corps de Regimens formez avec les Legions.

Pour bien entendre ce que je vais dire, il faut ſe reſſouvenir que l'Ordonnance par laquelle Henri II inſtitua les Legions, eſt du 22 de Mars 1558, que le ſiege de Thionville fut fait par François Duc de Guiſe, la même année, & que cette ville fut priſe au mois de Juin : que le Roy peu de tems après apprehendant pour Corbie, menacée par les Eſpagnols, Montluc, qui étoit Colonel General de l'Infanterie, y fit marcher du ſecours avec une diligence extraordinaire, & empêcha l'armée d'Eſpagne de l'aſſieger. Tout ceci étant ſuppoſé, voici la narration de Montluc, où l'on doit remarquer ce qu'il dit des Regimens.

„ Quelques jours après, dit-il, Sa Majesté fut avertie que le *Comment. de*
„ Roy d'Espagne marchoit avec son armée, & faisoit gran- *Montluc, l. 4.*
„ de diligence. Le Roy se douta qu'il alloit surprendre Cor-
„ bie, ou Dourlans, ou bien Amiens, où il n'y avoit en gar-
„ nison que deux Enseignes en chacune ; le soir que ces nou-
„ velles lui vindrent, ils ne firent que disputer sur les moyens
„ de les secourir : mais ils trouvoient qu'il étoit impossible,
„ veu que le Roy d'Espagne étoit fort avant. Monsieur de
„ Guise demeura cette nuit-là à Marche, & en renvoïa Mes-
„ sieurs de Tavannes & de Bourdillon à Pierre-pont. Ma
„ coûtume étoit d'aller donner le matin le bon jour à Mon-
„ sieur de Guise, puis m'en retourner à mes pavillons : & de
„ tout le jour je ne m'esloignois de ma Charge & ne m'amu-
„ sois à faire la cour. Ce n'a jamais été mon métier, de
„ quoy le Roy, Monsieur de Guise & tous les Princes du
„ Sang m'en estimoient davantage, disant que de notre cô-
„ té il ne pouvoit venir aucun desordre. Or donc le lende-
„ main matin, je m'en allois donner le bon jour à Monsieur
„ de Guise, pensant qu'il fût retourné le soir à Pierre-pont :
„ mais à l'entrée de la ville je trouvai Messieurs de Bourdil-
„ lon, de Tavannes & d'Etrée à cheval, & leur demandai
„ où ils alloient : ils me dirent qu'ils retournoient au Conseil
„ à Marche ; & que le soir devant ils n'avoient pu résoudre
„ sur les moyens de secourir Corbie : car le Roy d'Espagne
„ marchoit en grande haste en cet endroit-là : & que Monsieur
„ de Guise étoit demeuré cette nuit-là à Marche. Alors je
„ leur demandai combien il y a d'icy jusques à Corbie. Il me
„ semble qu'ils me dirent trente lieuës ou plus : alors je leur
„ dis ; je vous prie, piquez au galop, & dites au Roy, qu'il
„ n'est point tems de s'amuser à conseils ni consultation, &
„ que peut-être cependant qu'il s'amuse à discourir sur le ta-
„ pis, l'ennemi marche : mais que promptement il se faut
„ résoudre, & que s'il lui plaît, je prendrai sept Enseignes,
„ & m'en irai jour & nuit me mettre dedans. Dites-lui que je
„ l'assûre de faire si grande diligence que j'y arriverai plûtôt
„ que le Roy d'Espagne ni son Camp. Et dites à Monsieur de
„ Guise que je ne lui demande que vingt-cinq mulets char-
„ gez de pain. Je ferai mener quatre charettes de vin de

" marchans volontaires qui *seront à notre Regiment*, pour faire
" manger & boire les soldats en cheminant sans entrer en
" ville ni village : & qu'il mande à Monsieur de Serres que
" promptement il m'envoye les mulets chargez de pain. Je
" m'en vais courir *au Regiment*, pour élire les sept Enseignes,
" & à votre retour vous me trouverez tout prêt à partir.
" Mais il faut que vous couriez en diligence, & que le Roy
" se résolve en poste : & que si promptement on ne prenoit
" entiere résolution, je ne le voudrois entreprendre, sans
" user de remise. Alors Monsieur de Bourdillon me commença
" à dire que le Roy trouveroit difficile que le secours y pût
" être si-tôt que le Camp du Roy d'Espagne. Et lors je sautai
" en colere, & dis en jurant, je vois bien que quand vous
" autres serez là, vous mettrez tout le jour en dispute : en dé-
" pit des disputes & consultations, que le Roy me laisse
" faire : je creverai, ou je le secourerai. Monsieur d'Estrée dit
" alors : allons, allons, laissons-le faire : car le Roy ne le trou-
" vera que bon : & se mirent à piquer droit à Marche : &
" moy droit *à mon Regiment*. Et soudain je fis élection de
" sept Enseignes, lesquelles promptement repeurent : & leur
" dy que sans bagage il failloit partir pour faire un bon ser-
" vice. Je ne leur donnai pas demie heure de tems à manger,
" puis les fis mettre tous sept à la campagne, une partie de
" l'arquebuzerie devant, & une autre à la queuë des piquiers.
" Je prins quatre charettées de vin de ceux qui avoient les
" meilleurs chevaux : & les mis à la tête des Capitaines : &
" puis commandai aux charettiers d'apporter deux ou trois
" sacs d'avoine sur les poinçons de vin, & un peu de foin :
" puis m'en courus à mes tentes lesquelles étoient derriere
" *le Regiment* : & commençai à manger, & amenai les Capi-
" taines des sept Enseignes manger avec moy. Messieurs de
" Tavannes, de Bourdillon & d'Estrée allerent à si grande
" haste qu'ils trouverent le Roy qui ne faisoit que sortir du
" lict : & promptement lui proposerent le parti que je leur
" avois dit. Le Roy voulut appeller tout le Conseil : Mon-
" sieur d'Estrée commença à renier, à ce qu'il me dit après,
" (car il s'en sçait aussi bien ayder que moy) & dit : Montluc
" nous a bien dit, Sire, la verité, que vous mettriez tout

DE LA MILICE FRANÇOISE. *Liv. XI.* 349

„ aujourd'hui à difputer, s'il fe peut faire ou non. Et fi vous
„ vous fuffiez au foir réfolu & promptement, comme il s'eft
„ réfolu, le fecours feroit à dix lieuës d'ici. Il ma dit que fi
„ promptement on ne lui envoye ce qu'il demande, il fe
„ dédira : car il ne veut pas que les Efpagnols triomphent
„ de lui. Monfieur de Guife embraffa chaudement cette
„ affaire, Meffieurs de Tavannes & Bourdillon pareillement:
„ & tout à coup fans autre Confeil, Monfieur de Guife man-
„ da à Monfieur de Serres de m'envoyer les vingt-cinq mu-
„ lets chargez de pain à toute diligence. Le Roy me manda
„ par Monfieur de Broilly qui fuivoit Monfieur de Guife,
„ qu'il avoit trouvé bonne mon opinion, fauf qu'il ne vou-
„ loit point que j'y allaffe : car il n'avoit perfonne pour com-
„ mander *les Regimens*, s'il lui falloit donner bataille. Car on
„ ne fçavoit fi le Roy d'Efpagne la viendroit prefenter, fai-
„ fant mine de vouloir attaquer quelque chofe, mais qu'ils
„ alloient faire élection d'un qui ameneroit le fecours, & que
„ cependant je fiffe tout aprêter. Le dit Broilly s'en retour-
„ na en pofte dire au Roy, qu'il avoit vû toutes les fept En-
„ feignes aux champs pour marcher, & que je n'attendois fi-
„ non le pain. Et à même que Broilly retournoit vers le Roy,
„ les vingt-cinq mulets arriverent : & fur fon chemin trouva
„ le Capitaine Brueil Gouverneur de Ruë & beau-frere de
„ Salcede, qui lui dit, que le Roy l'avoit élu pour amener
„ le fecours.

Par cette relation de Montluc, on voit que dès l'an 1558, qui fut l'année de l'Ordonnance de Henri II, il y avoit des Regimens dans l'armée. Or il femble que ces Regimens ne pouvoient être que les Legions, ou d'autres Regimens qui furent formez en même-tems que les Legions : & par confequent dès ce tems-là on donnoit dans l'armée aux Legions le nom de Regiment ; ou bien il y eut deflors d'autres Regimens outre les Legions.

D'ailleurs je trouve dans le fixiéme volume de l'Extraordinaire des guerres de 1558, *dix Enfeignes Françoifes arrivées d'Italie dont le Sieur de la Mole eft Colonel* : & de là je pourrois conclure encore que l'on comprenoit deflors les Legions à l'armée fous le nom de Regiment ; & qu'outre cela il y avoit

X x iij

des Regimens François non compris dans le nombre des Legions, tel que celui de Montluc & celui de la Mole.

Après tout, quelque convainquant que paroisse cet extrait des Commentaires de Montluc pour prouver qu'il y avoit des troupes sous le nom de Regimens dès le tems de Henri II, j'avoüerai cependant de bonne foi qu'il ne l'est pas autant qu'il semble l'être, suivant une remarque que j'ai faite moi-même dans un autre endroit en traitant des Charges Militaires* qui sont encore dans nos armées. Cette remarque est que Montluc au sujet de la bataille de Cerisoles sous François I, sous lequel il est certain qu'il n'y avoit point de Regimens, parle comme il parle ici sous le Regne de Henri II, donnant sous François I le nom de Regiment à plusieurs Bandes réünies en un Corps dans une armée sous les ordres d'un Mestre de Camp ; quoique ces Bandes hors de là ne fissent pas un Corps tel que ceux que nous appellons du nom de Regiment, qui même hors de l'armée est toûjours composé des mêmes Compagnies. Mais au moins il me sera permis de conclure que les Legions de Henri II étant, au nom près, de veritables Regimens, sans que rien y manque, sur le modele desquels se formerent d'autres Corps ausquels on donna le nom de Regiment ; j'ai, dis-je, droit de conclure par cette raison que ce Prince fut l'instituteur des Regimens : outre que dans les Registres de l'Extraordinaire des guerres de 1558, je trouve un Regiment qui n'étoit point une Legion. C'est le Regiment de la Mole dont j'ai parlé un peu auparavant. Car enfin, comme je l'ai dit en commençant à traiter de cette matiere, il ne s'agit pas ici du nom, mais de la chose.

Pour débroüiller peu à peu cette matiere qui m'a plus coûté qu'aucune autre à éclaircir, & où je n'ai point épargné ma peine, parce qu'elle regarde le plus nombreux Corps de nos armées, je me propose d'examiner ici une question, sçavoir si nos quatre premiers vieux Corps d'aujourd'hui, Picardie, Piémont, Champagne & Navarre furent du nombre de ces premieres Legions instituées par Henri II, ou du moins s'ils en tirent leur origine.

* Sous le titre de Mestre de Camp.

Examen de la Question.

AU premier coup d'œil qu'on donne à cette matiere, le préjugé est grand pour l'affirmative en ce qui regarde Picardie & Champagne : car comme les Legions de Henri II & les Regimens n'étoient gueres differens que de nom, il est assez naturel de penser que le Regiment de Picardie vient de la Legion de Picardie, & le Regiment de Champagne de la Legion de Champagne.

A l'égard même du Regiment de Navarre, on pourroit croire avec assez de vrai-semblance qu'il vient de la Legion de Guyenne ; car quand cette Legion fut levée, c'étoit Antoine Roy de Navarre pere de Henri IV, qui étoit Gouverneur de Guyenne & qui leva cette Legion par ordre de la Cour : par cette raison il n'est pas difficile de se persuader que la Legion de Guyenne put aisément dans la suite prendre le nom de Navarre à l'honneur de ce Prince qui l'avoit levée : & suivant cette idée, il ne seroit plus question que de trouver une pareille origine du Regiment de Piémont, pour avoir celle de ces quatre premiers vieux Corps de l'Infanterie Françoise, qui long-tems ont porté seuls ce titre de vieux Corps : mais bornons cependant la question que je me suis proposée au Regiment de Picardie & au Regiment de Champagne, & il sera aisé d'en appliquer la décision aux deux autres.

On demande donc si le Regiment de Picardie d'aujourd'hui est le même Corps que la Legion de Picardie instituée par Henri II, & dont il est fait mention sous François II & Charles IX ; & si le Regiment de Champagne a pareillement pour origine la Legion de Champagne de ces tems-là ? Je réponds que non, & que c'est ici un de ces points de critique en matiere d'histoire, où la vrai-semblance éloigne de la verité plûtôt que d'y conduire. La vrai-semblance consiste en ce que les Legions de Picardie & de Champagne, aïant été dans leur institution deux Corps chacun de quinze Compagnies de quatre cents hommes sous un Colonel, il paroît qu'elles n'ont eu qu'à quitter le nom de Legion pour devenir Regiment de Picardie & Regiment de Champagne : & la verité est que la Legion de Picardie & le Regiment de Picardie étoient deux Corps differens. Il en est de même de la Legion de Champagne & du Regiment de Champagne.

Pour bien entendre ceci, il faut sçavoir que du tems de Henri II, l'Infanterie étoit composée de vieilles Bandes & de nouvelles Bandes. Les vieilles Bandes étoient celles qui avoient été mises sur pied dans les premieres années de François I, & même du tems de Loüis XII, qui commença à mettre l'Infanterie Françoise en honneur & sur le bon pied. Les nouvelles Bandes étoient celles qui avoient été levées depuis, & que l'on cassoit à la fin d'une guerre ; au lieu que l'on conservoit ordinairement les vieilles Bandes, de même qu'aujourd'hui on conserve sur pied pendant la paix les plus anciens Regimens & que l'on casse les nouveaux. Tandis que les vieilles Bandes furent separées les unes des autres, on leur donna le nom de vieilles Bandes ; & quand elles furent mises en Corps, ou en Regimens, on les appella avec le tems vieux Corps, parce que ces Corps étoient composez de vieilles Bandes. *Vieilles Bandes du Roy*, dit d'Avila, *c'est ainsi qu'ils appellent les vieux Regimens.* On voit cette distinction de vieilles Bandes & de nouvelles Bandes dans les Ordonnances de Henri II, & dans l'Extraordinaire des guerres de ces tems-là, où l'on ne manque gueres de marquer cette distinction à l'honneur des Capitaines, parce que la qualité de Capitaine de vieilles Bandes étoit beaucoup plus honorable que celle de Capitaine de nouvelles Bandes. Il faut donc supposer comme certain que les quatre vieux Corps ou vieux Regimens furent composez de vieilles Bandes : ce qui n'empêchoit point qu'au commencement d'une guerre on ne les augmentât de nouvelles Bandes que l'on mettoit à la queuë, & que l'on cassoit à la paix comme l'on fait encore aujourd'hui.

Il faut encore remarquer que soit en tems de paix, soit en tems de guerre, les vieilles Bandes étoient départies dans toutes les Provinces frontieres, où elles avoient leurs quartiers, & où elles faisoient ordinairement leur residence pour les défendre ;

L. 4. p. 267.
Les vieux Corps composez des vieilles Bandes.

fendre ; de sorte qu'il y avoit les vieilles Bandes de Piémont, les vieilles Bandes de Picardie, les vieilles Bandes de Champagne, les vieilles Bandes de Languedoc, les vieilles Bandes de Guyenne. Ce n'est pas que les Officiers & les soldats fussent toûjours de ces quartiers-là ; mais c'est qu'ils y étoient d'ordinaire en garnison : car en ce tems-là on ne faisoit pas si souvent changer les troupes de place & de Province qu'on l'a fait depuis.

Toutes ces vieilles Bandes regulierement parlant & toutes ces nouvelles, étoient sous les ordres & dans la dépendance du Colonel General de l'Infanterie Françoise, & elles eurent la même dépendance de cet Officier quand elles furent enregimentées.

Tout cela supposé, il est aisé de conclure que les quatre vieux Corps étoient tous differens des Legions : parce que ces Legions furent toutes composées de nouvelles Bandes, & nullement des vieilles ; & les vieux Corps au contraire.

Cela se voit clairement, premierement par l'Ordonnance même par laquelle Henri II institua les Legions, où il declare que c'est une force ou Milice qu'il veut *mettre sus*. C'étoit donc une levée de nouvelles Bandes. Secondement, il veut que tous les Officiers & soldats des Compagnies qui composeront les Legions soient du païs ou de la Province dont la Legion portera le nom : ce qui ne convient nullement aux vieilles Bandes, où les Officiers & les soldats étoient sans distinction de tout païs. Troisiémement, les Gouverneurs des Provinces eurent ordre de faire la levée de toutes ces Compagnies qui formerent les Legions, & par consequent elles n'étoient pas sur pied auparavant. Quatriémement, on voit par l'Extraordinaire des guerres que les Compagnies des Legions étoient tantôt cassées, tantôt rétablies, & que la Legion étoit quelquefois réduite aux deux Compagnies Colonelles, & les vieilles Bandes qui formoient les vieux Regimens étoient conservées, ou tout au plus réformées pour le nombre des soldats.

Cinquiémement, on voit dans les mêmes Regiftres de l'Extraordinaire des guerres les Compagnies des Legionnaires toûjours distinguées des vieilles Bandes, & jamais on ne leur

Tome II. Y y

y donne ce titre. Il est donc clair qu'elles étoient toutes composées de nouvelles Bandes, & par consequent qu'elles n'étoient pas les vieux Corps ; que la Legion de Picardie n'étoit pas le Regiment de Picardie, ni la Legion de Champagne le Regiment de Champagne.

De plus, & ceci est sans replique, on voit dans le même tems un Colonel de la Legion de Picardie, & un Colonel ou Mestre de Camp du Regiment de Picardie. En 1567 le Sieur d'Estavaye selon l'Extraordinaire des guerres étoit Colonel de la Legion de Picardie ; & Philippe Strozzi selon d'Aubigné l'étoit du Regiment de Picardie. Car voici comme parle d'Aubigné en racontant ce qui préceda la bataille de Saint Denys : » D'autre part, dit-il, Philippe Strosse » Commandant au Regiment de Picardie, aïant rallié les » Legionnaires de Champagne, quelque noblesse de Bour- » gogne & un amas de Garnisons, avoit passé dextrement, & » gagné les Fauxbourgs de Paris. Et dans la page suivante il appelle le Regiment de Picardie le Regiment de Strosse. Il faut encore observer la maniere dont cet Historien parle ici. » *Philippe Strosse*, dit-il, *Commandant au Regiment de Pi-* » *cardie aïant rallié les Legionnaires de Champagne*. Si la Legion & le Regiment de Champagne avoit été la même chose, il auroit dit ici *le Regiment de Champagne* comme il avoit dit *le Regiment de Picardie*. Enfin dans le combat de Dormans le même auteur distingue expressément le Regiment de Champagne de la Legion de Champagne. » Il y avoit, dit-il, trois » Regimens, des Gardes, de Piémont, de Champagne, par- » tie de celui de Lorraine *& des Legionnaires de Rances*. Or dans la liste des Colonels de la Legion de Champagne, j'ai montré que c'étoit Monsieur de Rances qui en étoit Colonel.

Pareillement je trouve le Regiment de Languedoc composé de vieilles Bandes, aïant pour Colonel François de la Jugie Baron de Rieux, & l'année suivante le Capitaine Sarlabous le jeune ; & en même-tems la Legion de Languedoc aïant pour Colonel le Comte d'Aubijoux. Tout cela montre évidemment que les Legions levées dans les Provinces, & les Regimens portans le nom des mêmes Provinces, étoient des Corps differens.

Mais quoique les Legions ne fuſſent pas les vieux Regimens, elles donnerent cependant lieu à leur création & à celles de pluſieurs autres. C'eſt ce que je vais tâcher de débroüiller avec le plus de clarté qu'il me ſera poſſible ; car cette matiere eſt fort obſcure & fort embarraſſée : & ce n'eſt qu'avec bien des reflexions qu'on peut la démêler.

De l'origine des quatre premiers vieux Regimens d'Infanterie.

AVant qu'il y eût des Legions & des Regimens, *chaque Capitaine*, dit Brantôme, *étoit Meſtre de Camp de leurs gens, fuſſent qu'ils en euſſent peu ou beaucoup.* C'eſt-à-dire que les Capitaines obéïſſoient immediatement au Commandant General de l'Infanterie ou au Colonel General, depuis qu'il fut inſtitué par François I, qu'ils n'avoient point de Colonel particulier ou de Meſtre de Camp au-deſſus d'eux, excepté que dans l'armée étant en campagne, pluſieurs Bandes étoient réünies en un Corps ſous un Chef à qui l'on donnoit le titre de Meſtre de Camp. Hors de là chaque Compagnie faiſoit un Corps particulier, dont le Capitaine étoit le premier & l'unique Chef.

<small>Tome des Colonels pag. 66.</small>

Ce fut ſur le modele des troupes étrangeres en gardant le nom de la Milice Romaine, à l'exemple de François I, que Henri II forma les Legions des Provinces frontieres, & qu'immediatement après ſur l'idée des Legions on mit enſemble pluſieurs vieilles Bandes, & qu'on forma des Corps auſquels on donna le nom de Regimens, comme les appelloient les Allemans & les Suiſſes. En même-tems quelques Gentils-hommes avec l'agrément du Souverain leverent de ſemblables Corps ſous leur nom, dont ils furent les Commandans. Les guerres de Religion étant bien-tôt ſurvenuës, la même choſe ſe fit dans les armées Huguenotes rebelles ; & de là vint ce grand nombre de Meſtres de Camp dont Brantôme dit : » qu'il y en a tant eu & s'en fait tant tous les jours, que
» par maniere de dire, il n'y a gueres contrée en France, que
» ſi on en bat les buiſſons, on en verra ſortir un Meſtre de
» Camp, ainſi qu'on diſoit du tems des Capitaines de la
» Gaſcogne.

HISTOIRE

Je ne prétends point descendre dans un grand détail touchant ces Regimens particuliers, qui furent composez de nouvelles Bandes, dont un des premiers & qui me paroît avoir été le plus considerable, fut celui du Capitaine Charri, lequel fut de trois mille hommes, ainsi que le disent Brantôme & Montluc ; & dont en 1563 se fit un détachement de cinq cents hommes sous dix Capitaines pour faire le Regiment des Gardes commandé par ce même Capitaine. Je me borne à rechercher d'abord le commencement des premiers vieux Corps composez de vieilles Bandes des Provinces frontieres.

La difficulté de les démêler vient de ce qu'au commencement, & sur tout dans l'Extraordinaire des guerres, on ne les désigne point par le nom de la Province qu'on leur a constamment donné depuis, mais seulement par le nom du Colonel ou du Mestre de Camp qui les commandoit : & l'on ne trouve marqué nulle part quand précisément les vieilles Bandes dont ces Regimens furent composez, commencerent à être unies pour former un Corps de Regiment. Il est certain seulement que ce ne fut point plus tard que l'an 1562. Car Popeliniere, Officier considerable dans les troupes Huguenotes, racontant dans son Histoire la bataille de Dreux, laquelle se donna sur la fin de cette année-là, & décrivant l'arrangement de l'armée Catholique, parle ainsi, *& un peu*

L. 9. fol. 344.

plus avant, dit-il, *à côté d'un nombre d'enfans perdus qu'ils avoient tirez de tous les Regimens, &c.* Il parle aussi un peu

Fol. 346.

plus bas du Regiment de l'Amiral de Coligni dans l'armée Huguenote.

Pareillement d'Avila homme aussi du métier non seulement parle de Regimens dans la description de cette bataille : mais encore il nomme expressément les Regimens de Picardie & de Bretagne. *Nel Corno destro del contestabile erano*

D'Avila l. 3. sous l'an 1562.

gli Suizzeri fianchegiati da i Regimenti d'Archibugieri di Bretagna & di Picardia. Enfin d'Aubigné parlant du siege, ou plûtôt du blocus de Paris que fit le Prince de Condé avec les troupes Huguenotes en 1562, avant la bataille de Dreux,

D'Aubigné l. 3. chap. 12.

dit ce qui suit : » L'autre moitié des Suisses, *le Regiment de Pi-* » *cardie*, huit Compagnies de Gendarmes & la plûpart de la

" Nobleſſe volontaire furent donnez au Maréchal de Saint
" André pour défendre le paſſage de Corbeil. Voilà donc le
Regiment de Picardie dont d'Avila parle dans la bataille de
Dreux nommé par d'Aubigné avant cette bataille même.

On voit encore deſlors le Regiment de Piémont, car il eſt dit dans l'Extraordinaire des guerres que le Comte de Briſſac amena à l'armée du Duc de Nemours dans le Lionnois huit vieilles Bandes de Piémont dont il étoit Colonel. Et pour montrer qu'il n'eſt pas ſeulement dit Colonel de ces Bandes, parce qu'il étoit Colonel General de l'Infanterie en Piémont, c'eſt que dans le premier volume de l'an 1563 on donne à ces vieilles Bandes le nom de Regiment; on y parle ainſi: " Au Capitaine Muz Meſtre de Camp & Capitaine de
" l'une des Bandes de Monſieur le Comte de Briſſac la ſom-
" me de ...... pour diſtribuer particulierement à pluſieurs
" ſoldats *du Regiment dudit Sieur Comte de Briſſac*, qui avoient
" été bleſſez en une entrepriſe executée contre la ville de
" Lion. Et dans les années ſuivantes, on donne en une infinité d'endroits le titre de Regiment à ces mêmes vieilles Bandes. C'eſt de ce Regiment dont d'Aubigné parle ſous le nom de Bandes de Piémont qui ſe jetta dans Paris, aïant le Comte de Briſſac ſon Colonel à ſa tête, lorſque les troupes Huguenotes vinrent inveſtir cette Capitale, & dont il parle auſſi dans ſa relation de la bataille de Dreux. Enfin d'Avila au ſujet de la repriſe des armes en l'an 1567 dit que la Reine *ſit venir en diligence les Colonels de Briſſac & Strozzi* avec les vieux Regimens, c'eſt-à-dire avec les Regimens formez des vieilles Bandes; car ils étoient fort nouveaux en qualité & ſous le nom de Regiment.

Vol. de 1562.

Vol. 1. de 1563. Piémont.

D'Aubigné l. 3. c. 13. & 14. ſous l'an 1562.

D'Avila l. 4. p. 205.

Nous avons donc déja deux vieux Corps formez en Regimens dès l'an 1562, c'eſt-à dire Picardie & Piémont. Mais il n'eſt pas ſi aiſé de démêler les deux autres, je veux dire Champagne & Navarre, quoique je ſois perſuadé que l'un & l'autre étoient deſlors ſur pied.

Il y a deux ou trois lignes dans l'hiſtoire de d'Aubigné qui nous le font entendre à l'égard du Regiment de Navarre. C'eſt au ſujet du ſiege d'Amiens, lorſque Henri IV reprit cette place que les Eſpagnols avoient ſurpriſe. Le Regiment de Navarre s'y signala beaucoup. D'Aubigné dit que les assiegez redoutoient beaucoup ces Gascons, qu'ils les appelloient Lutheranés, *parce que*, ajoûte-t-il, *c'étoit la vieille semence du Roy de Navarre.*

p. 538. sous l'an 1597.

Ce Roy de Navarre étoit Antoine pere de Henri IV, que la Reine Jeanne d'Albret son Epouse avoit d'abord fait aller au prêche. Ces Gascons étoient les vieilles Bandes de Guyenne, Province dont il étoit Gouverneur, desquelles & de quelques Bandes de son Domaine de Bearn il avoit formé le Regiment de Navarre. Ce que d'Aubigné dit que ce Regiment *étoit la vieille semence du Roy de Navarre*, ne peut avoir d'autre sens. Or ce Prince mourut de la blessure qu'il reçut au siege de Roüen au mois d'Octobre de l'an 1562. Ce Regiment donc étoit sur pied dès cette année aussi-bien que Picardie & Piémont.

Comme dans l'Extraordinaire des guerres, & communément dans l'histoire, ainsi que je l'ai remarqué, on ne désigne les Regimens que par le nom du Mestre de Camp, ou par le nom du Colonel General dans la Brigade duquel il étoit, & non par celui de la Province de Picardie, de Champagne, &c. on ne peut distinguer le Regiment de Navarre dans le dénombrement des Regimens ; & je ne le vois reparoître sous le nom de Navarre qu'en 1589. à la journée d'Arques après la mort de Henri III. C'étoit le Sieur de Valliraut Gentil-homme de Bearn qui en étoit alors Mestre de Camp. *Sa Majesté*, dit le Comte d'Avergne dans ses Memoires, *commanda au Regiment de Valliraut qui étoit celui de Navarre, de le soûtenir, &c.*

pag. 198.

Il est fort vrai-semblable que quelque tems après la mort d'Antoine Roy de Navarre, son Regiment fut réduit à ce qu'on appella depuis les Gardes du jeune Henri Roy de Navarre, desquels parle d'Aubigné. Ce jeune Prince en 1575 étant observé de près à la Cour, les envoïa malgré lui tous les ordres du Duc de Guise contre Monsieur de Thoré fils du feu Connétable de Montmorenci, qui étoit à la tête des Mécontens & de quelques troupes Allemandes à la journée de Dormans où ce Seigneur fut défait. *Le Roy de Navarre*, dit d'Aubigné, *y envoya sa Maison & ses Gardes, & sur tout ceux*

2. part. l 2. chap. 19.

qui sentoient le fagot, & travailloient à sa liberté.

Je suis confirmé dans cette pensée par un manuscrit trouvé, m'a-t-on dit, par M. de Reygnac, dans les archives de Metz, dont on m'a communiqué quelques articles : on y dit que le jeune Roy de Navarre avoit quatre cents Bearnois pour sa Garde, qui le servoient par quartier, qu'on appelloit les Charbonniers du Roy de Navarre, parce qu'ils alloient toûjours vêtus à la mode de leur païs, d'un drap brun, fait en forme de cape & que l'on appelloit Capat ; que quand il disputa la Couronne contre la Ligue, ces quatre Compagnies ne le quitterent jamais ; & que quand il eut été declaré Roy de France, il en forma un Regiment qui est celui de Navarre, qu'il mit sur le même pied que Picardie, Piémont & Champagne.

Ainsi l'ancien Regiment de Navarre subsista toûjours dans ces quatre Compagnies, & Henri IV ne fit que le rendre plus nombreux, quand il fut parvenu à la Couronne. Cela s'accorde parfaitement avec ce que j'ai cité cy-dessus de d'Aubigné ; que le Regiment de Navarre étoit *la vieille semence du Roy (Antoine) de Navarre*. Cela convient encore avec un autre memoire manuscrit, dont je parlerai dans la suite, où il est dit que Henri IV étant parvenu à la Couronne, eut dessein de se faire un second Regiment des Gardes de son Regiment de Navarre.

Je suis plus embarrassé à trouver le Regiment de Champagne pendant quelques années, je le vois expressément marqué sous ce nom en 1580 au siege de la Fere sous Henri III. Et c'étoit M. de la Valette, depuis Duc d'Espernon, qui en étoit Mestre de Camp. Je le trouve encore cinq ans auparavant en 1575, à la journée de Dormans, dont je viens de parler. Il n'y a plus que treize ans à remonter de là jusqu'en 1562, où les autres vieux Corps paroissent. Il faut encore tâcher de le démêler en quelque sorte dans cet intervalle.

Il faut toûjours se souvenir que ce qui empêche de trouver ces vieux Corps, composez des vieilles Bandes des Provinces, c'est qu'on ne les désigna point d'abord communément par le nom des Provinces, & qu'on ne trouveroit pas même Picardie sous ce nom dans ces premiers tems, si d'Au-

D'Aubigné sous l'an 1580.

D'Aubigné sous l'an 1575.

bigné & d'Avila ne l'avoient, comme par hazard, nommé au sujet de la bataille de Dreux: mais il faut encore observer une autre chose, c'est que cette année 1562, qui me paroît avoir été l'année de l'institution de ces vieux Corps, l'Infanterie Françoise fut partagée en trois, sous les ordres de trois Mestres de Camp, dont les Corps qu'ils commandoient furent appellez du nom de Regimens. Je parle ici sur le témoignage de Brantôme.

» La guerre civile vint, dit-il, (il parle de l'année 1562)
» à laquelle il fallut pourvoir, & pour ce, fallut dresser
» une armée sous la Charge du Roy (Antoine) de Navarre,
» Lieutenant General du Roy, M^{rs}. de Guise, le Connétable
» & le Maréchal de Saint André, qu'on appelloit les trois der-
» niers, par ce nom de Triumvirat. Pour l'Infanterie furent
» élûs & constituez de l'invention de M. de Guise, qui s'en-
» tendoit à l'Infanterie aussi-bien qu'homme de France, encore
» qu'il n'y ait été nourri, & l'aimoit fort, ces trois Mestres de
» Camp, à la mode des Espagnols, & étoient iceux le Capitaine
» Sarlabous l'aîné, que j'avois vû Gouverneur de Dumbarre
» en Ecosse n'avoit pas long-tems: le Capitaine Richelieu
» l'aîné, qui avoit été autrefois Lieutenant d'une des Co-
» lonelles de M. de Bonnivet en Piémont, & Gouverneur
» d'Albe la-même, & le Capitaine Remolle, tous trois di-
» gnes de cette Charge: & tous trois eurent leurs Regimens
» à part, & sous eux trois & leurs Regimens toute l'Infan-
» terie Françoise fut rangée à la mode de Terces Espagnols.

D'avila * ajoûte qu'outre les Suisses il n'y avoit dans cette armée du Roy de Navarre, que six mille hommes d'Infanterie Françoise, *gens d'élite, & tous vieux Soldats*; ce qui ne convient qu'aux vieilles Bandes, dont certainement les vieux Corps furent composez; ainsi il paroît hors de doute que ces trois Regimens, à la tête desquels furent mis en qualité de Mestre de Camp, les Capitaines Sarlabous, Richelieu & Remolle, étoient les Regimens de Picardie, de Navarre & de Champagne.

* Sous l'an 1562.

Le Regiment de Piémont, qu'on appelloit le Regiment de Brissac, n'étoit point dans l'armée du Roy de Navarre, parce qu'il est marqué dans l'Extraordinaire des guerres que

DE LA MILICE FRANÇOISE. *Liv. XI.* 361

ce Regiment étoit venu de Piémont, joindre l'armée que le Duc de Nemours commandoit dans le Lionnois. Ces trois autres Regimens dont j'ai parlé, commandez par les trois Meſtres de Camp, avoient pour Chef le Colonel General ; c'étoit alors le Comte de Rendan, qui mourut d'une bleſſure au ſiege de Roüen cette même année 1562, & eut pour ſucceſſeur M. de Martigues.

On voit dans l'Extraordinaire des guerres de 1563 au volume *Picardie*, ces trois Meſtres de Camp nommez. Il y eſt dit *au Capitaine* Sarlabos, Meſtre de Camp d'un Regiment de Bandes Françoiſes. Au Sieur de Richelieu, Meſtre de Camp d'un Regiment des Bandes Françoiſes. Et au premier volume, qui eſt de *Piémont*; parce que Remolle fut cette année envoïé en Provence, il eſt dit : *dix Enſeignes de gens de guerre à pied, François & Gaſcons, du Regiment du Sieur de Remolle.*

Cette guerre ne fut pas de longue durée, & elle finit par une paix en 1563. Les Huguenots reprirent les armes en 1567 ; la paix ſe fit encore en 1568, mais elle fut rompuë dès la même année, la guerre finit en 1570.

Quand elle recommença en 1567, on ne ſuivit pas tout-à-fait la même methode qu'on avoit priſe en 1562, pour la diſtribution de l'Infanterie : car au lieu des trois Regimens, commandez par trois Meſtres de Camp, on fit deux Brigades, ſous les deux Colonels Generaux qui étoient Philippe Strozzi, Colonel General de l'Infanterie, en-deçà des Monts, & le Comte de Briſſac, Colonel General de l'Infanterie, au-delà des Monts ou de Piémont. Il eſt à remarquer que ces deux Brigades s'appellerent le Regiment de Strozzi & le Regiment de Briſſac ; & dans chacune il y avoit trois Regimens qu'on ne déſigne point encore par les noms des Provinces, mais par le nom des Meſtres de Camp qui les commandoient ſous les Colonels Generaux.

L'Infanterie Françoiſe partagée en deux Brigades, auſquelles on donnoit le nom de Regimens.

Ainſi il eſt dit au 6 volume *Picardie*, au Capitaine Coſſeins, l'un des Meſtres de Camp *du Regiment de M. Stroſſe* : au Capitaine Gohas, Meſtre de Camp dû *Regiment dudit Sieur Stroſſe* : au Capitaine Gohas l'aîné, Meſtre de Camp *du Regiment du Sieur Stroſſe*. Et plus bas : au Capitaine Muz, Meſtre de Camp des Bandes Françoiſes, étant ſous le Regiment de

M. le Comte de Briſſac : au Capitaine la Broſſe, Meſtre de Camp de partie des gens de guerre à pied François, étant ſous le Regiment de Monſieur le Comte de Briſſac. Au Capitaine Honoux, Meſtre de Camp de partie des Bandes Françoiſes, étant ſous le Regiment de M. le Comte de Briſſac. Et par tout cela l'on voit qu'on donnoit le nom de Regiment aux deux Brigades, qui comprenoient chacune trois Regimens.

Témoignage de Brantôme ſur ce ſujet.

Brantôme fait auſſi mention de ces trois Regimens ; compris dans chaque Brigade des deux Colonels Generaux. » Philippe Strozzi, dit-il, eut la Charge de Charri (c'étoit celle » de Meſtre de Camp du Regiment des Gardes:) de là fut » Colonel (General) aux ſeconds troubles (en 1568,) commandant à trois Regimens, menez par trois Meſtres de » Camp, Coſſeins, Sariou & Goas. Ces trois Regimens étoient le Regiment des Gardes, dont Strozzi étoit Meſtre de Camp, & les deux autres étoient ſans doute celui de Picardie, qu'il avoit déja commandé, & Champagne.

Tome des Colonels, p. 284.

Vol. de 1567.

On donne auſſi dans l'Extraordinaire des guerres de 1567, trois Meſtres de Camp au Comte de Briſſac, Colonel General des Bandes de Piémont : *Claude Stuart, Sieur de Muz, un des Meſtres de Camp des Bandes Françoiſes, dont eſt Colonel M. de Briſſac : Gabriël de la Barthe, Meſtre de Camp des Bandes Françoiſes, dont eſt Colonel M. de Briſſac : Honoux, Meſtre de Camp des Bandes Françoiſes, dont eſt Colonel M. de Briſſac.* On ajoûte enſuite les trois Meſtres de Camp de M. de Strozzi, qui ſont les mêmes que j'ai nommez après Brantôme.

Des trois Regimens de la Brigade du Comte de Briſſac, l'un étoit certainement le Regiment de Piémont, qu'il avoit amené de ce païs, comme il eſt marqué dans les Regiſtres, & qui s'appelloit ſpecialement le Regiment de Briſſac. Je ne puis deviner quels étoient les deux autres.

Le Comte de Briſſac, quoiqu'il ne fût que Colonel General des Bandes de Piémont, commandoit neanmoins ſa Brigade en France, comme on le voit par l'Hiſtoire des guerres de 1567, 1568 & 1569, & par les Regiſtres de ces trois années ; & elle étoit ſeparée de celle de Philippe de Strozzi, Colonel General de l'Infanterie Françoiſe en-deçà des Monts.

Le Comte de Briſſac fut tué à l'attaque de Mucidan en

1569; & alors les Regimens de sa Brigade se réünirent avec celle de Strozzi, au moins en grande partie. Cela se prouve par les Regiſtres où il eſt dit: *à neuf vingts dix hommes.... dont étoit Colonel le feu Comte de Briſſac & depuis reduite sous le Sieur de Stroſſe, à sept vingts huit hommes.... dont souloit être Colonel le feu Sieur de Briſſac, & depuis le Sieur Stroſſe.* Et dans le septiéme volume, le Sieur de la Barthe, qui étoit un des Meſtres de Camp du Comte de Briſſac, eſt dit *Meſtre de Camp des Bandes Françoises du Regiment, dont eſt Colonel le Sieur de Stroſſe.*

Vol. de 1569. Picardie.

Cela se prouve encore par ce qui se paſſa au combat de la Roche-l'Abeille en Limouſin en cette année 1569, où l'Amiral de Coligni étant venu attaquer l'armée Catholique, quelques Capitaines & Soldats qui avoient servi dans la Brigade de Briſſac, dirent aſſez haut: *Nous aurions ici grand besoin de Briſſac.* Ces paroles furent entenduës par Strozzi qui en fut vivement piqué, & répondit en jurant, Briſſac eſt mort; mais suivez-moi seulement, & je vous conduirai en lieu aussi chaud qu'il vous ait jamais mené. Il tint parole; car étant sorti sur le champ avec pluſieurs Compagnies, dont il appella les Capitaines, il chargea un gros Bataillon des ennemis qu'il enfonça; & aïant été coupé dans sa retraite par un gros de Cavalerie que Mouy commandoit, il fut fait priſonnier, aïant eu autour de lui vingt-deux Officiers de sa troupe tuez, tant Capitaines que Lieutenans & Enseignes. D'Aubigné dit qu'il y eut trente-deux Chefs des vieilles Bandes qui perirent en cette rencontre avec huit cents Soldats, preſque tous tuez de coups de main.

Brantôme, tome des Colonels dans l'éloge de Strozzi.

D'Aubigné chap. XI. sous l'an 1569.

Pour revenir au Regiment de Champagne, qui m'a donné lieu de traiter de la diſtribution de l'Infanterie, sous les Colonels Generaux & les Meſtres de Camp depuis 1562, je le trouve encore dans un memoire manuscrit de bonne main, dont je parlerai dans la suite, mis en Brigade avec celui de Picardie, dès le tems de l'origine des autres vieux Regimens. Je n'en sçai pas davantage sur ce point: mais enfin la préseance qu'il diſputa toûjours aux autres vieux Corps, montre évidemment qu'il étoit aussi ancien qu'eux.

En feüillettant les Regiſtres de l'Extraordinaire des guerres de ces tems-là, j'ai fait quelques autres obfervations fur cette matiere des Regimens que je vais mettre ici.

Premierement, que l'an 1569 après la mort du Comte de Briffac, toute l'Infanterie Françoife, excepté le Regiment de Piémont, n'aïant plus qu'un Colonel General, les Regimens paroiffent plus diftinguez les uns des autres qu'auparavant : par exemple, on voit la lifte fort diftincte des Regimens qui étoient au fiege de Saint Jean d'Angeli en 1569, fçavoir,

6. vol. Picardie 1569.

Le Regiment du Seigneur de Coffeins, (c'étoit le Regiment des Gardes, dont ce Capitaine étoit Meftre de Camp.)
Le Regiment du Seigneur de Sarieu ou Sarriou.
Le Regiment du Seigneur de Goas.
Le Regiment du Seigneur de la Barthe.
Le Regiment du Seigneur de Sarlabous, (c'étoit le jeune.)
Le Regiment du Seigneur de l'Ifle l'aîné.
Le Regiment du Seigneur de l'Ifle le jeune.
Le Regiment du Chevalier de Montluc.

On y voit le nombre des Compagnies; & tous ces Regimens faifoient en tout le nombre de quatorze mille neuf cents quatre vingts trois hommes.

Secondement, quoique Brantôme dife qu'en 1562 toute l'Infanterie Françoife fut mife fous les ordres des trois Meftres de Camp, Sarlabous l'aîné, Richelieu l'aîné & Remolle ; cela ne veut pas dire que tout ce qu'il y avoit d'Infanterie Françoife dans le Royaume fut mife fous ces trois Meftres de Camp : car Brantôme dit au même endroit, que le Regiment de Charri, qui étoit de trois mille hommes, vint auffi-tôt après joindre l'armée ; & par confequent il n'étoit pas compris dans cette repartition. Il y avoit alors un Regiment en Languedoc, qui étoit fous le Baron de Rieux, & peu de tems après fous le Capitaine Sarlabous le jeune, un autre en Provence, &c. Tout cela n'étoit point compris dans les trois Corps: & Brantôme ne parle en cet endroit que des troupes qui étoient en-deçà de la Loire, & qui étoient à portée de former un Corps d'armée que devoit commander Antoine Roy de Navarre contre les Calviniftes.

Plufieurs Commandans des Regimens avoient peine à fe foûmettre au Colonel General de l'Infanterie Françoife, &

ils prenoient le titre de Colonel, ne se contentant pas du titre de Mestre de Camp, & faisoient porter le Drapeau blanc dans leurs Regimens. Cette affaire fit grand bruit en 1568, ainsi que je l'ai raconté en traitant de la Charge de Colonel General: mais Strozzi & le Comte de Brissac tinrent ferme; & lorsque le Capitaine Sarlabous le jeune amena son Regiment de Languedoc à l'armée, & le Comte de Sommerive, son Regiment de Provence, ils furent obligez par ordre du Roy, de quitter le Drapeau blanc & le titre de Colonel. Le Comte de Brissac aïant été tué l'année suivante, il ne paroît pas que Strozzi prît les choses si fort à cœur; car depuis ce tems-là plusieurs Commandans de Regimens se donnerent le titre de Colonel: quelques-uns même avoient une Colonelle dans leur Regiment, & quelquefois deux, dont ils étoient Capitaines particuliers. Le Chevalier de Montluc, dans le Regiment qu'il leva en Gascogne, avoit ces deux Colonelles. M. de Tilladet de Saint Orens dans son Regiment, aussi levé en Gascogne, avoit pareillement deux Colonelles. Ils avoient même l'un & l'autre chacun leur Mestre de Camp sous eux. Le Sieur de Bonnenin l'étoit du Regiment de Montluc, & le Sieur de Barraut l'étoit du Regiment de Tilladet. Il y a plusieurs autres exemples semblables.

Differend entre les Colonels Generaux & les Commandans des Regimens.

Brantôme, dans l'éloge du Comte de Brissac.

Vol. 8. 1567. 4. Vol. de 1658.

Ma derniere reflexion sera sur les Compagnies Colonelles. Ce fut un privilege des Colonels Generaux dès le tems de l'institution de cette Charge, d'avoir deux Compagnies Colonelles, & cela avant même l'institution des Legions & des Regimens. Selon Brantôme, M. de Taix, qui fut le premier Colonel General, en eut deux, une en-deçà des Monts, & l'autre en Piémont. L'Amiral de Coligni étant Colonel General, tant en-deçà qu'en-delà les Monts comme M. de Taix, en eut deux en Piémont & deux en France; ce privilege fut attribué, comme je l'ai dit, aux Colonels des Legions, qui avoient aussi deux Colonels dans leur Legion.

Reflexions sur les Compagnies Colonelles.

M. d'Andelot, frere de l'Amiral, étant rétabli dans sa Charge de Colonel General après la paix de 1563, pour se distinguer des Colonels des Legionnaires, se fit sept Colonelles qui sont marquées dans l'Extraordinaire des guerres de cette même année, de la maniere qui suit.

5. Vol. 1563.

Capitaine Monneins aïant Charge d'une Compagnie Colonelle de Monsieur d'Andelot 18 d'Août 1563.

Capitaine Poyet, aïant Charge d'une Bande Colonelle du Sieur d'Andelot, 1563.

Capitaine Roumolle, aïant Charge d'une autre Bande Colonelle de M. d'Andelot, Août 1563.

Capitaine Jacques Wolf, aïant Charge d'une autre Bande Colonelle de M. d'Andelot, Août 1563.

Capitaine Serrien (c'est Sariou) aïant Charge d'une des Bandes Colonelles dudit Sieur d'Andelot, 4 Septembre 1563.

Capitaine Rance, aïant Charge d'une autre Bande Colonelle dudit Sieur d'Andelot, 17 Août 1563.

Capitaine Civray, aïant Charge d'une autre Bande Colonelle dudit Sieur d'Andelot, 17 Août 1563.

J'ai marqué les dates pour faire voir que M. d'Andelot avoit toutes ces Colonelles en même-tems.

Il me paroît que toutes ces Colonelles étoient des Bandes, ou Compagnies franches & non enregimentées : car ce n'est, ce me semble, que depuis que le Duc d'Espernon fut Colonel General, qu'il y eut une Colonelle à tous les Regimens, qui étoit la premiere & passoit devant la Mestre de Camp ; & je n'ai point trouvé ces Capitaines cy-dessus nommez, marquez dans les Regimens, comme y tenant la premiere place en qualité de Lieutenant de M. d'Andelot. Mais toutes ces Compagnies ensemble faisoient un Corps considerable à ce Seigneur, immediatement sous ses ordres ; car en ne leur donnant qu'à chacune deux cents hommes, qui étoit le moindre pied sur lequel étoient alors la plûpart des Compagnies, excepté quelque cas de reforme qui ne tomboit gueres sur les Colonelles, elles lui auroient fait ensemble quatorze cents hommes, & des plus determinez qu'il y eût dans les troupes. Depuis lui Monsieur Strozzi & le Comte de Brissac n'eurent que deux Colonelles, autant que je l'ai pû connoître par les Regiftres des monftres.

Recapitulation de ce qui a été dit touchant les quatre vieux Corps.

Pour réduire en peu de mots tout ce que je viens de dire des quatre vieux Corps qui subsistent encore aujourd'hui : ces vieux Corps étoient composez de vieilles Bandes ; & c'est de là que leur vient le nom de vieux Corps. On trouve celui de Picardie dans l'Histoire dès l'an 1562. On trouve celui de Piémont commandé par le Comte de Brissac dans l'Extraordinaire des guerres de la même année. On trouve aussi celui de Navarre dans le même tems. Celui de Champagne n'est nommé par ce nom que treize ans après dans l'Histoire; parce qu'on ne l'y a désigné que par le nom de son Mestre de Camp: mais sa prétention sur la préséance avec les autres vieux Corps, montre clairement qu'il étoit aussi ancien qu'eux, les vieilles Bandes, dont il étoit composé, étant aussi anciennes que les autres.

Il y eut donc dans la suite entre les quatre vieux Corps, des disputes touchant le rang & la préséance dans les armées, dans les campemens, dans les marches, dans les assauts & dans les batailles; & c'est dont je vais traiter maintenant.

Du rang des quatre vieux Corps entre eux.

UNe des difficultez de l'ouvrage que j'ai entrepris, consiste en ce que me trouvant obligé d'examiner certaines particularitez qui me paroissent importantes, je n'en trouve presque rien dans nos Histoires; & tel est l'article dont il s'agit ici. On sçait en gros que les quatre vieux Corps ont eu entre eux de grands differens pour le rang en de certains tems: mais on n'en trouve point le détail dans ces premiers tems, qui seroit neanmoins assez curieux.

Au défaut de nos Histoires, une personne* qui a pris plaisir à faire des recherches sur la Milice des derniers tems, m'a fourni un memoire manuscrit, qu'il a eu d'un vieux Officier du Regiment de Champagne, mort depuis plusieurs années dans la Paroisse de Saint André des Arcs. Cet Officier me paroît d'autant plus croïable, qu'il ne parle point en homme passionné pour le Regiment dont il étoit, & que ce qu'il dit s'accorde assez avec ce que j'ai trouvé dans les Registres de l'Extraordinaire des guerres touchant les vieilles Bandes de France mises en Regimens sous des Mestres de Camp subordonnez au Colonel General: & sur l'arrivée des vieilles Bandes de Piémont dans le Royaume, vers ce même tems là. Outre qu'il marque des faits & des circonstances qu'on ne s'avise

*M. Guyart.

point de feindre & d'imaginer: il n'a pû les apprendre que de fes prédeceffeurs, qu'il eut la curiofité d'interroger pour s'inftruire de l'hiftoire de fon Regiment. Je vais mettre ici ce memoire, fur lequel je ferai quelques remarques. Ces remarques feront renfermées dans des parenthefes que j'infererai dans le texte du memoire.

Il dit donc qu'on donna le nom de Picardie au premier Regiment qui fut fait des Bandes de France (c'eft-à-dire des Bandes qui étoient en-deçà de la Loire) & qu'on donna le nom de Champagne à l'autre Regiment (c'eft-à-dire que l'on fit un fecond Regiment des autres vieilles Bandes d'en-deçà de la Loire, auquel on donna le nom de Regiment de Champagne, la Picardie & la Champagne étant les deux frontieres de ce côté-là où les vieilles Bandes avoient pour l'ordinaire leurs quartiers pour la fûreté du Royaume.)

Que les Bandes de Piémont arriverent en France. (J'ai remarqué ci-deffus que ce fut fur la fin de 1561, qui fut l'année qu'on mit les vieilles Bandes en Regiment.)

Qu'il y eut une grande difpute à leur arrivée entre le Colonel de Picardie & celui des Bandes de Piémont, le premier ne voulant point que l'autre arborât l'Enfeigne blanche; mais qu'il fut reglé que ce dernier la porteroit, parce que la Bande de Piémont étoit plus ancienne que celle de France.(Je dirai fur cet article qu'il ne me paroît pas exactement énoncé. Car je ne vois pas pourquoy l'Auteur du memoire prétend que les Bandes de Piémont fuffent plus anciennes que celles de France. C'étoient aux deux endroits les vieilles Bandes qui avoient été mifes & confervées fur pied depuis le commencement du Regne de François I, ou même depuis le Regne de Loüis XII.)

L'Auteur du memoire continuë, & dit que le Regiment de Picardie eut la droite fur Piémont; que celui-ci eut la gauche, qui étoit la place qu'occupoit Champagne lorfqu'il fe trouvoit avec Picardie, avant que Piémont fût arrivé; & que Picardie deflors s'affûra du premier rang. (Il faut obferver que cela fuppofe le Regiment de Champagne déja fur pied en 1562.)

Que les guerres civiles aïant obligé Charles IX à lever de nouvelles

nouvelles troupes, & d'en avoir auprès de sa Personne pour sa sûreté. Il choisit pour sa garde le Regiment de Charri, quoique nouvellement levé, mais qui avoit déja servi à la bataille de Dreux.

(Ce ne fut qu'après la paix faite que Charles IX prit un détachement du Regiment de Charri pour sa garde. Ce fut en 1563 ensuite de la reprise du Havre sur les Anglois : & ce Regiment avoit été levé presque en même-tems que les vieilles Bandes furent enregimentées. Ce qui put déplaire aux vieux Corps en cette occasion, fut que le Regiment de Charri n'étoit composé que de nouvelles Bandes, & que le Roy le préfera aux vieilles Bandes pour en faire sa garde.)

Que le Roy donna le caractere de Mestre de Camp du Regiment des Gardes audit Charri, & qu'il n'eut pour Colonel que le Roy même. (C'est ce qui causa la broüillerie entre Monsieur d'Andelot qui avoit été rétabli dans sa Charge, & Charri à qui il en coûta la vie.)

Que Picardie jaloux du choix que le Roy avoit fait du Regiment de Charri pour sa garde, lui disputa le premier rang ; que le Roy le trouva fort mauvais ; qu'il ordonna que ce Regiment étant pour sa garde, marcheroit le premier & devant tous les autres : mais que pour adoucir la peine que cet ordre faisoit aux Capitaines de Picardie, il leur dit qu'il ne donneroit les Compagnies vacantes dans son Regiment des Gardes qu'aux Capitaines de leur Regiment distinguez par leur merite.

Que pour le Regiment de Navarre, il servoit dans l'armée du Roy, & qu'il étoit païé par le Roy, quoiqu'il fût au Roy de Navarre (c'est-à-dire à Antoine Roy de Navarre) que le Roy de Navarre (Henri IV) étant parvenu à la Couronne de France, laissa au Regiment des Gardes toutes ses prérogatives, & promit à son Regiment de Navarre de s'en servir comme d'un second Regiment des Gardes, son intention étant d'en avoir deux, & de leur assûrer par là un rang sur tous les autres.

(Cela quadre assez avec ce que j'ai dit ci-dessus, que le Regiment de Navarre avoit subsisté dans les quatre Compagnies des Gardes du jeune Roy de Navarre, qu'on appelloit selon le Manuscrit de Metz, les Charbonniers du Roy de Navarre : car ce Regiment lui aïant servi de garde avant qu'il fût Roy de France, il étoit assez naturel qu'il le conservât sur le même pied.)

L'Auteur du Memoire continuë disant que ce fut là un nouveau chagrin pour Picardie, qui se trouva par là reculé d'un rang ; (mais ce projet de faire un second Regiment des Gardes du Regiment de Navarre, ne fut point executé.)

Navarre pré-feré à Picardie.

Que cependant Picardie s'étant trouvé au siege de Paris avec Navarre, le Roy de Navarre dans son ordre de bataille mit Picardie à la gauche de son Regiment des Gardes dans la ligne, & que Navarre la fermoit : ce qui donnoit à celui ci le poste d'honneur.

(Il s'agit ici du siege de Paris que Henri Roy de Navarre vint faire avec Henri III, après que ce Prince accablé par la ligue fut venu se jetter entre ses bras en 1589, & où il fut assassiné.)

Differend entre Picardie & Navarre.

Que Picardie n'osa se plaindre de cette préference : mais qu'il n'eut pas la même consideration au siege de Chartres (en 1591 :) car aïant été commandé avec Navarre pour l'attaque d'un bastion, il voulut marcher devant lui, & Navarre ne voulant pas ceder, les choses en vinrent à un point, que si le Roy ne fût survenu, il seroit arrivé un grand desordre.

Décidé par le sort en faveur de Picardie.

Qu'ensuite Picardie lui representa son droit avec respect, que le Roy ordonna aux deux Regimens de tirer au sort, que le sort fut favorable à Picardie, & qu'il eut le rang après les Gardes ; que Monsieur de Boëce étoit en ce tems-là Mestre de Camp de Navarre ; que le Roy lui promit que son Regiment auroit le rang après Picardie ; que Piémont iroit après Navarre, & Champagne après Piémont.

Differend entre Navarre & Champagne.

Que neanmoins ce Reglement ne mit point fin à tous les differens, qu'il y en eut bien-tôt après un autre entre Navarre & Champagne pareil à celui qui étoit arrivé à Chartres. Que le Maréchal de Biron assiegeant le Château de Beaune*, Champagne demanda d'attaquer la bréche pré-

---

* Dans le Memoire manuscrit il y a Beaufort, mais c'est Beaune.

DE LA MILICE FRANÇOISE. *Liv. XI.* 371

ferablement à Navarre ; que le Maréchal le lui aïant accordé, le Meſtre de Camp de Navarre s'en plaignit ; & que n'aïant pas été écouté, il marcha avec ſon Regiment ſans en avoir l'ordre ; & que Monſieur de Biron fut obligé de contremander Champagne & de laiſſer l'attaque à Navarre.

Qu'au ſiege de Dijon (qui ſuivit immediatement après celui de Beaume en 1595) Navarre monta la tranchée le premier, & que Champagne le releva ; qu'au ſiege d'Amiens (en 1597) les Gardes, Picardie, & Navarre ſe releverent à la tranchée par leur rang.

Que Monſieur de Miremont menant douze Compagnies à Metz, quatre de Navarre, quatre de Piémont, & quatre de Champagne, logea celles de Navarre à ſon quartier ; que les autres s'en plaignirent ; qu'il leur répondit que c'étoit l'intention du Roy, & qu'il leur en montra l'ordre.

(Tous ces faits autoriſoient beaucoup Navarre dans ces prétentions contre Piémont & Champagne ; mais la paix qui dura pluſieurs années lui laiſſa peu d'occaſions d'aſſurer ſa poſſeſſion. La guerre civile en 1615 ſous Loüis XIII lui fut encore favorable.)

L'Auteur du Memoire continuë, & ajoûte que le Maréchal de Bois-Dauphin qui commandoit les troupes Roïales contre les Mécontens, ſe ſervoit du Regiment de Navarre preferablement même à celui de Picardie dans toutes les actions de ſon armée ; & que ces anciens Regimens pendant quelque tems ne gardoient gueres leur rang & ne ſe rangeoient que ſelon la faveur du General qui les commandoit.

Que Monſieur le Duc de Guiſe (en 1616) commandant une des trois armées que le Roy avoit ſur pied, convint alors avec les autres Generaux, que les vieux Corps, excepté Picardie qui garderoit ſon rang, tireroient au ſort pour la preference ; que Navarre l'emporta ſur les deux autres, & Champagne ſur Piémont, & qu'afin que ce Reglement fût durable, on rendit reſponſables les Meſtres de Camp de tous les nouveaux incidens ; & qu'il n'y en eut point depuis. Ici finit le Memoire.

Nouveau Reglement.

Neanmoins il y eut de tems en tems des remontrances de la part de Champagne & de Piémont, pour ſe relever de ce que le

A a a ij

fort avoit decidé; mais ce qui finit entierement tous ces differends fut le Semestre que le Roy Loüis XIV établit l'an 1666, entre ces trois Regimens, c'est-à-dire qu'ils se précederent tour-à-tour les uns les autres, par Semestre ; mais comme les campagnes duroient quelquefois plus de six mois, & que pour suivre ce Reglement à la lettre, on se trouvoit obligé de changer l'ordonnance des troupes, il fut reglé qu'ils rouleroient d'année en année : ce qui n'empêche pas qu'on n'ait retenu le mot de Semestre pour exprimer la variation de préseance entre ces Regimens.

Outre la prérogative de préseance, que ces quatre Corps ont sur toute l'Infanterie, excepté sur le Regiment des Gardes, auquel même Picardie la disputa d'abord par le droit d'ancienneté, ils ont le grand état Major qui renferme plusieurs Officiers que les autres Regimens n'eurent pas si-tôt, & que tous n'ont pas encore; par exemple le Prevôt de justice qu'on appelloit autrefois le Prevôt des Bandes ; nom qui est demeuré dans le Regiment des Gardes. Ils sont conservez sur pied en tems de paix : on en réduit seulement les Compagnies à un moindre nombre de soldats, & l'on ne casse que les nouvelles qui y avoient été ajoûtées pour la guerre ; l'on y met à la paix plusieurs Officiers reformez, & ces Regimens servent d'ordinaire dans les armées.

p. 587.

„ Autrefois les Compagnies des vieux Corps, dit le Sieur
„ de Puysegur dans ses Memoires, étoient la recompense des
„ Capitaines des petits vieux Regimens & des autres. Quand
„ il s'en trouvoit quelqu'un qui avoit bien servi, on le recom-
„ pensoit en le mettant dans un vieux, parce que les Petits
„ vieux pouvoient être cassez ou réduits à deux Compagnies
„ comme je les ai vûs, & les vieux Regimens n'étoient ja-
„ mais au-dessous de vingt Compagnies : * même les Commis-
„ sions des Capitaines n'étoient pas faites comme celles d'au-
„ jourd'hui. Le Roy n'y faisoit pas apposer la clause qu'on y
„ ajoûte à present, sçavoir, pour être entretenu tant & si
„ longuement que ladite Compagnie sera sur pied pour notre
„ service.

* Cet article des vingt Compagnies n'est pas exactement vrai : on en a des preuves du tems de Henri IV.

Par la raison de ces avantages & de quelques autres, ces Regimens sont ordinairement plus nombreux que les autres Regimens. Leurs Meſtres de Camp & leurs Colonels ont toûjours été des perſonnes d'experience & diſtinguées par leur valeur, & ſouvent par leur naiſſance. Il en eſt à proportion de même des Lieutenans-Colonels & des Capitaines, dont on a ſouvent, ſur tout autrefois, tiré des Gouverneurs ou des Commandans de places frontieres.

Les Regimens de Picardie, de Champagne & de Piémont ne s'écarterent jamais de l'obéïſſance dûë au Souverain durant les guerres civiles des Huguenots. Il n'en fut pas de même de Navarre, parce qu'il avoit à ſa tête Henri Roy de Navarre qui étoit Calviniſte. Mais ce Regiment ne doit pas être exclus abſolument de cet éloge commun aux trois autres; car dans les guerres civiles ſous le Regne de Loüis XIII & de la Minorité de Loüis XIV, ils demeurerent toûjours fortement attachez au Roy. C'eſt le témoignage que leur rend le Sieur de Puyſegur dans ſes Memoires, ajoûtant que les Petits vieux avoient auſſi toûjours été dans la même diſpoſition. Il ne veut pas ſeulement dire par là qu'ils ne ſe donnerent point aux Princes mécontens, mais encore qu'ils n'étoient point devoüez comme la plûpart des autres Regimens au Cardinal de Richelieu du tems de Loüis XIII, & au Cardinal Mazarin du tems de Loüis XIV, mais uniquement au Roy, ſans être eſclaves de la faveur des Miniſtres au préjudice du Souverain.

P. 582.

Je vais mettre ici la liſte des Colonels, ou Meſtres de Camp des quatre premiers Regimens depuis leur inſtitution. Je dis des Colonels ou Meſtres de Camp; car il faut ſe reſſouvenir de ce que j'ai remarqué, que ces Officiers prenoient tantôt le titre de Colonel, tantôt celui de Meſtre de Camp juſqu'en 1568, qu'on leur défendit de prendre celui de Colonel pour ne porter que celui de Meſtre de Camp, & que cet uſage dura juſqu'en 1661, lorſque Loüis le Grand leur fit reprendre la qualité de Colonel après la ſuppreſſion de la Charge de Colonel General.

Ces liſtes ne ſeront pas completes, parce qu'on n'a pas eu ſoin dans ces vieux Corps de conſerver les noms des premiers Officiers non plus que dans la plûpart des autres. J'ai ſeulement raſſemblé ici ceux que j'ai trouvé dans divers Memoi-

HISTOIRE

res ou Histoires, dans quelques Registres de la Chambre des Comptes de Paris avec assez de peine. Je cite les endroits où je les ai pris, & l'on ne peut pas exiger autre chose de moy.

Liste des Mestres de Camp & des Colonels du Regiment de Picardie.

<small>D'Aubigné l. 4. c. 8. sous l'an 1567.</small> Philippe Strozzi avant que d'être Colonel General de l'Infanterie, commandoit le Regiment de Picardie en 1567.

<small>Ibid. c. 13. sous l'an 1580.</small> Monsieur de Serillac le commandoit au siege de la Fere en 1580.

<small>Memoires du Duc d'Angoulême p. 40.</small> Monsieur le Houlier en 1589. Il fut tué à l'attaque de Jargeau.

<small>Etat de la France manuscrit de 1598.</small> Le Baron de Saint Blancart frere du Maréchal Duc de Biron, étoit Mestre de Camp du Regiment de Picardie en 1598 du tems de Henri IV. Il l'étoit encore en 1604, selon l'Extraordinaire des guerres.

<small>Divers Comptes de l'Extraord. des guerres.</small> Monsieur Zamet l'étoit en 1621. Il fut tué l'année suivante au siege de Montpellier étant Maréchal de Camp. Il étoit Mestre de Camp dès l'an 1616, ou 1617.

<small>Memoires de Pontis t. 1. p. 203.</small> Monsieur de Liancourt succeda à Zamet en 1622.

François de Bethune Comte, & depuis Duc d'Orval, eut cet Employ en 1625.

<small>Hist. des Grands Officiers de la Couronne t. 1. p. 196. t. 2. p. 1998.</small> Loüis de Bethune Comte, & puis Duc de Charost, étoit Mestre de Camp de Picardie lorsqu'il fut nommé Gouverneur de Stenay en 1633.

Monsieur de Breauté en 1640 au siege d'Arras, où il fut tué étant Sergent de Bataille. Il étoit Mestre de Camp dès 1638, comme on le voit par son Brevet de Sergent de Bataille.

<small>Memoires de Condé pag. 158.</small> Monsieur de la Vicarile l'étoit au siege de Dunkerque en 1646 lorsque le Duc d'Anguien prit cette place.

Monsieur de Pradel l'étoit vers l'an 1648.

<small>Memoire de Navailles p. 94.</small> Monsieur de Nangis l'an ....

Monsieur de Nangis l'an ....

<small>Colonels du Regiment de Picardie.</small> Le Comte de la Mark étoit Colonel de Picardie en 1672. Il soûtint le siege de Voerden & donna le tems au Duc de Luxembourg de le venir délivrer. Il fut tué à la bataille

DE LA MILICE FRANÇOISE. Liv. XI. 375

de Consarbric en 1675.

Le Marquis de Bourlemont l'étoit en 1675, & fut tué au siege de Valenciennes en 1677.

Le Marquis d'Harcourt, depuis Duc & Maréchal de France, fut fait Colonel de Picardie en 1677.

Le Prince d'Epinoy fut fait Colonel du Regiment en 1691.

Le Prince Montbazon l'étoit en 1714.

Le Prince de Montauban l'est en 1741.

Ce Regiment depuis son institution a toûjours dignement soûtenu l'honneur qu'il a d'être le premier de tous les Regimens de France qui ne sont point de la Maison du Roy. Le drapeau du Regiment a le fond rouge, & la croix blanche au milieu.

Mestres de Camp du Regiment de Champagne.

Je trouve en 1580 Monsieur de la Vallette, depuis Duc d'Espernon, Mestre de Camp de Champagne au siege de la Fere sous Henri III. *D'Aubigné l. 4. c. 13. sous l'an 1580.*

Monsieur de Rieux l'étoit en 1598. Je le trouve marqué avec cette qualité dans un Etat de la France manuscrit de cette année.

Le Marquis de Mirabeau l'étoit en 1604.

Monsieur de la Guesle en 1607. *Divers Comptes de l'Extraordinaire des guerres*

Monsieur de Mont Rexel en 1617.

Le Comte de Grignan l'an . . .

Le Comte de Montreüil l'étoit en 1621, au siege de Saint Jean d'Angeli, & il y fut tué. *Memoires de Puisegur p. 8.*

Monsieur Arnaud, homme fameux par son habileté dans le métier de la guerre & par sa severité pour l'observation de la discipline Militaire, l'étoit l'an 1622. *Memoires de Pontis t. 1. p. 315.*

Monsieur de Toiras fut son successeur. Ce fut ce brave Mestre de Camp qui défendit la Citadelle de Saint Martin dans l'Isle de Ré avec son Regiment contre les Anglois, & leur fit lever le siege. Il soûtint avec la même fermeté le siege de Casal en 1629 & 1630. Il parvint par ses services au baston de Maréchal de France, & fut tué d'un coup de mousquet en reconnoissant la bréche de Fontaner qu'il attaquoit dans le Milanés l'an 1637. *Hist. du Maréchal de Toiras. Memoires de Puisegur p. 53.*

376 HISTOIRE

Je trouve dans la Genealogie des Seigneurs de Montaut, Blaise de Montaut Mestre de Camp du Regiment de Champagne mort au siege de la Rochelle.

Histoire des Grands Officiers de la Couronne.

Le Marquis de Bellefonds, depuis Maréchal de France, étoit Mestre de Camp du Regiment de Champagne en 1650 & 1651.

Colonels du Regiment de Champagne depuis 1661.

Le Comte Grignan.

Le Marquis d'Ambres en 1656.

Le Marquis de Monimes en étoit Colonel en 1671. *mort en 1673.*

Monsieur de Mont-Gaillard en 1663.

 # (Charles de Sercin) Marquis de Montgaillard nommé Colonel le 26 avril 1673. (orig.)

Monsieur de Bois-David en 1675.

Le Bailly Colbert en 1678, tué à Valcour en 1679.

Le Comte de Sceaux frere du précedent, en 1689, tué à la bataille de Fleurus en 1690.

Le Marquis de Blainville frere des précedents, tué à la bataille d'Hocstet en 1704.

Le Marquis de Seignelai en 1702.

Le Chevalier de Tessé l'étoit en 1714, & l'est encore en 1741.

Outre plusieurs occasions, où ce Regiment s'est signalé, j'en trouve une marquée dans l'Histoire qui lui merita un grand éloge. Ce fut au sujet de l'entreprise des Anglois sur l'Isle de Ré. » Il faut avouer, dit une lettre rapportée par
Eloge du Regiment de Champagne.
» l'Auteur du Mercure François, que ce Regiment de Cham-
» pagne a excellemment bien servi le Roy depuis trois ans
» qu'il est entre les mains de Monsieur de Toiras. Il a toûjours
» gardé le Fort Loüis : il a chassé Soubize du Medoc, où il
» étoit descendu après l'entreprise de Blavet : il a conquis
» l'Isle de Ré avec fort peu d'assistance : il a battu les troupes
» dudit Soubize, & mis en déroute tous les rebelles qui y
» étoient. Il a donné bataille aux Anglois à leur descente, a
» soûtenu le siege (du Fort de S. Martin) durant six semai-
» nes, & a encore battu les Anglois à leur retraite.

Ce Regiment étoit en telle estime dès le tems de Henri IV, que ce Prince aïant délivré des Commissions pour lever quelques Compagnies de gens de pied, le Duc de Nevers lui écrivit, que nuls Gentils-hommes ne vouloient de ces Commissions, à moins qu'on ne les fît entrer dans le Regiment

de

DE LA MILICE FRANÇOISE. *Liv. XI.* 377.

de Champagne. C'est pourquoi le Roy écrivit à ce Duc, qu'il falloit les satisfaire & qu'il pouvoit, s'il jugeoit à propos, augmenter le Regiment de Champagne jusqu'à vingt Compagnies.

Le Drapeau du Regiment de Champagne a le fond vert & la croix blanche au milieu.

Memoires du Duc de Nevers t. 2. p. 216.

Mestres de Camp du Regiment de Navarre.

M. de Valliraut étoit Mestre de Camp de Navarre en 1589, à la journée d'Arques, où Henri IV battit le Duc de Mayenne.

M. de la Limaille commandoit le Regiment de Navarre en 1597, au siege d'Amiens, & y fut tué.

M. de Boesse en 1598, étoit Mestre de Camp du Regiment de Navarre. Il le fut encore plusieurs années après. Il l'étoit encore en 1604.

En 1606 M. de Pardaillan ; mais c'étoit peut-être le même que M. de Boesse, qui étoit Baron de Pardaillan.

M. de Themines en 1617. Il est marqué en cette qualité dans le compte de l'Extraordinaire des guerres de cette année. Il fut Maréchal de France.

Jacques de Sault de Tavannes, tué au siege de Montauban en 1621.

M. de Palluau, tué au siege de S. Antonin l'an 1622.

En 1629 le Marquis de Tavannes étoit Mestre de Camp de ce Regiment à l'attaque du pas de Suse en 1629.

Le Marquis de Saint Simon en 1630.

Le Marquis de Themines fils du Maréchal, l'étoit en 1646. Il fut tué au siege de Mardik.

Jean d'Estrées, depuis Maréchal de France, l'étoit en 1649. Il se signala également sur la terre & sur la mer, & c'est le premier qui soit parvenu au bâton de Maréchal de France par ses services sur la mer, qui avoient été précedez de beaucoup d'autres, par lesquels il s'étoit distingué dans les troupes de terre.

Le Marquis de Lavardin en 1663.

M. de Kerman en 1671. Il fut tué d'un coup de mousquet dans le front au siege de Nimegue en 1672.

Memoires du Duc d'Angouleme p. 108.
D'Aubigné t. 4. pag. 538.
Etat de la France manuscrit de l'an 1598. Comptes de l'Extraordinaire des guerres.

Genealogie de Tavannes. Memoires de Puysegur p. 17. Hist. du Maréchal de Toiras t. 2. p. 10. Genealogie de S. Simon. Histoire des Grands Officiers de la Couronne t. 1. p. 692.

Colonels du Regiment de Navarre depuis 1661.

Tome II.   Bbb

Le Marquis d'Albret, neveu & gendre du Maréchal d'Albret, en 1672.

Le Marquis de la Vieville en 1677.

Le Chevalier de Souvré en 1680 ou 1681.

Le Duc de la Roche-Guyon en 1683.

Le Marquis de Maulevrier en 1696.

M. de Pionsac.

Le Marquis de Gassion l'étoit en 1717.

Le Marquis de Rambure l'est en 1721.

D'Aubigné dans son Histoire, sous l'an 1597 au siege d'Amiens que fit Henri IV pour reprendre cette place que les Espagnols avoient surprise, remarque une chose singuliere du Regiment de Navarre, de laquelle j'ai déja parlé en une autre occasion. C'est que Porto-Carrero, Gouverneur Espagnol de cette place, ne faisoit jamais de sortie lorsque ce Regiment étoit de jour à la tranchée. » Le Regiment de Na-
» varre, dit-il, étoit redouté par ceux de dedans qui se re-
» tenoient de sortir le jour qu'ils le sçavoient en garde,
» pour avoir été reçûs par des Gascons deux ou trois fois
» fort rudement.

Mais pour dire quelque chose de plus recent, en 1690 à la journée de Fleurus, la Brigade de Navarre composée du Regiment & de ceux de la Chastre & de Vermandois, aïant à sa tête le Duc de la Roche-Guyon, depuis Duc de la Roche-Foucault, Colonel de Navarre, & à qui M. de Luxembourg par consideration pour lui, ne donna point de Brigadier ; cette Brigade, dis-je, fut postée à la gauche des hayes de Saint Amand, flanquée des Regimens de Cavalerie de Cibour & d'Imécour, aïant en tête une ligne d'Infanterie des ennemis derriere les hayes avec de la Cavalerie & du canon, & entre autres un Regiment Suedois au service de Hollande, qui, disoit-on, n'avoit jamais été battu.

Quand M. de la Roche-Guyon sçut que M. de Luxembourg étoit entré par les derrieres dans la plaine de Fleurus avec sa Cavalerie, il fit marcher sa Brigade, aïant la baïonnette au bout du fusil & avec défense de tirer. Il se donna là une espece de bataille particuliere. Notre Cavalerie défit celle des ennemis. La Brigade essuya le feu de leur canon & de

DE LA MILICE FRANÇOISE. Liv. XI. 379

leur mousqueterie, enfonça leurs bataillons, les poursuivit plus de mille pas & les aïant mis entierement en déroute, se rallia. M. de Luxembourg les voïant si avant dans la plaine, douta si ce n'étoit point une troupe des ennemis, & l'envoya reconnoître par M. le Duc de Montmorency son fils, aujourd'hui Gouverneur de Normandie. Cette action fut une de celles qui eurent le plus de suite pour la victoire.

Le Regiment de Navarre rendit en 1678, un service plus important encore à l'Etat, à la journée de Saint Denis. Tout le monde sçait que quand la paix de Nimegue fut signée, les deux armées étoient fort proche l'une de l'autre aux païs bas, la nôtre commandée par le Maréchal de Luxembourg, & celle des ennemis, par le Prince d'Orange. M. de Luxembourg avoit reçû de nos Plenipotentiaires l'avis de la signature de la paix, & crut que les hostilitez devoient finir. Le Prince d'Orange en avoit été aussi averti; mais comme il étoit au desespoir de cette paix, il n'ouvrit point le paquet des Etats, & marcha en bataille pour surprendre M. de Luxembourg.

Bataille de S. Denis.

Ce General avec une promptitude & une presence d'esprit incroyable, rangea aussi tôt ses troupes, aïant sa droite appuyée à Saint Denis, & portant sa gauche à Castiau. Nos troupes au commencement de l'attaque, pousserent celles des ennemis en quelques endroits, & furent repoussez en d'autres, & surtout vers le Pont de Castiau, où nos gens pressez se retiroient avec quelque desordre devant la Cavalerie ennemie.

Le Regiment de Navarre, qui étoit là proche, voïant l'importance d'empêcher le passage du Pont aux ennemis, s'y porta. Le Chevalier de Souvré, qui en étoit Lieutenant Colonel, & commandoit le Regiment en l'absence du Colonel, qui étoit malade, remplit le Pont de ses Piquiers, & rangea ses autres Soldats le long des bords du ruisseau. Ils firent si bien leur devoir que la Cavalerie ennemie fut repoussée, & ne pouvant soûtenir le feu de la mousqueterie qui fut fort vif, elle fut obligée de se retirer. Ce qui contribua beaucoup à l'heureux succès de cette bataille, qui fut d'ailleurs très-sanglante de part & d'autre. M. de Luxembourg qui connut la consequence de cette vigoureuse reso-

Bbb ij

lution du Regiment de Navarre, l'en remercia le lendemain publiquement. Il se distingua encore beaucoup à la bataille de Spierbac, que le Maréchal de Talard gagna sur les Imperiaux.

Bataille de Spierbac.

J'ai de plus appris d'un ancien Officier de ce Corps une chose fort singuliere de ce Regiment. Il y avoit, comme dans les autres Regimens, un tiers de Piquiers, qui marchoit selon l'arrangement ordinaire de l'Infanterie dans le centre du Regiment. Cet ordre de marche y fut changé; & soit que tout le Regiment marchât, soit qu'une seule Compagnie défilât, les Piquiers contre l'ordre naturel, marchoient à la tête des Mousquetaires. On n'a pû me dire précisément à quelle occasion cet usage fut introduit. On m'a dit seulement que ce fut durant les guerres de la Valteline; que dans un combat où les Mousquetaires du Regiment étant commandez pour avancer vers l'ennemi qui faisoit un très-grand feu, ils balancerent. Ce que voïant les Piquiers, ils marcherent dans le moment, piques baissées, enfoncerent l'ennemi & le mirent en déroute, & que depuis ce tems-là, cette distinction leur fut accordée de marcher à la tête du Regiment; que cela dura jusqu'en 1665; qu'alors M. Martinet qui fut choisi par le Roy pour mettre la regle dans l'Infanterie, rétablit l'ordre ordinaire dans le Regiment; mais que cela ne se fit qu'après que le Roy eut fait une honnêteté à ce Regiment, qui ne fit nulle resistance à ses ordres.

Privilege des Piquiers de ce Regiment.

Le Drapeau du Regiment de Navarre a le fond feüille-morte, la croix blanche au milieu, chargée des armes de Navarre au centre de la croix & aux quatre bouts, avec vingt fleurs de lys d'or partagées par cinq sur les travers de la croix. Les armes de Navarre y sont couronnées d'une couronne d'or fermée & entourée des deux Colliers de l'Ordre.

Mestres de Camp du Regiment de Piémont.

Nous apprenons de Brantôme, le nom des trois premiers Mestres de Camp du Regiment de Piémont sous le jeune Comte de Brissac, qui succeda à son frere dans le commandement de ce Regiment; & ce sont ceux que je

DE LA MILICE FRANÇOISE. *Liv. XI.* 381

mettrai à la tête des Mestres de Camp du Regiment.

Le premier fut la Riviere-Puitaillé l'aîné.

Le second fut d'Honoux.

Le troisiéme, d'Antefort.

Car voici ce que dit Brantôme dans l'éloge de M. de Strozzi. » Etoit mort M. de Brissac, duquel toutes les Compagnies » vinrent à se joindre & se mettre dans celle de M. de Strozzi, » fors celles des vieilles Bandes de Piémont, qui pouvoient » monter à dix ou douze seulement, lesquelles furent retenuës » & données au jeune Comte de Brissac, lequel pour sa jeu- » nesse ne put avoir toute la dépoüille de son frere : il fallut » qu'il se contentât de celle du Piémont, portant le titre » de Colonel General des vieilles Bandes du Piémont, com- » me il le porte encore, & fut Mestre de Camp la Riviere- » Puitaillé l'aîné, & puis M. de Honoux......... & puis » Antefort, & autres.

Honoux ne le fut pas long-tems, car il fut tué à la défen- se de Poitiers dès la même année 1569. Antefort eut un suc- cesseur au plus tard en 1572. C'est celui qui suit.

M. Desgueries étoit Mestre de Camp du Regiment de Piémont immediatement avant le massacre de la Saint Bar- thelemi, c'est-à-dire l'an 1572, comme nous l'apprend un Auteur qui servoit dans ce Regiment.

Le Duc d'Epernon l'étoit en 1598.

M. de Lioux l'étoit en 1604.

En 1606 M. de Vaucellas.

Henri de Schomberg, Comte de Nanteüil, en 1610. Il fut depuis Maréchal de France.

M. de Richelieu en 1611.

M. de Fontenai-Mareüil l'étoit en 1627, au secours de l'Isle de Ré. Il l'étoit dès l'an 1617 selon le compte de l'Extraordinaire de cette année.

Le Comte de Clermont-Tonnerre l'étoit en 1637.

M. de Seneçay l'étoit en 1641. Il fut tué à la bataille de Sedan, dite autrement de la Marfée, en 1641.

M. d'Andelot fils du Maréchal de Chastillon, succeda cette année à M. de Seneçay. Le Regiment le demanda pour Mestre de Camp au Roy, qui le lui accorda. Le Car-

Mongeon, Alphabet Mi- litaire pag. 22.

Etat de la France ma- nuscrit de l'an 1598.

Compte d l'Extraordi- naire des guerres.

Compte de l'Extraordi- naire des guerres. Hist. de Toi- ras t. 1. p. 184. Memoires de Puysegur, pag. 184, &c dans la rela- tion du siege de Landrecy p. 23. Puysegur, pag. 264.

Bbb iij

382　HISTOIRE

dinal de Richelieu s'y oppofa, en remontrant que le Maréchal venant de perdre la bataille de la Marfée contre le Comte de Soiffons, il ne convenoit gueres de le recompenfer en faifant fon fils Meftre de Camp d'un vieux Corps : mais le Roy ne voulut pas fe retracter.

Memoire de Puyfegur. ibid. Memoires de Buffy-Rabutin t. 1. p. 102.

Je trouve dans les Memoires de Navailles p. 94, M. de Paulliac Meftre de Camp de ce Regiment.

M. de Vaffé.

Monfieur de Saveufe étoit Meftre de Camp de Piémont en 1654, quand on fit lever le fiege d'Arras affiegé par les Efpagnols & par Monfieur le Prince. Il fut tué peu de tems après par un parti ennemi auprès de Maubeuge.

Memoires de Puyfegur p. 500.

Monfieur de Puyfegur fucceda à M. de Saveufe en 1655.
M. de Chavigny-Bouthillier après la paix des Pyrenées.

Ibid. p. 202.

Monfieur de Chavigny-Bouthillier.

Colonels du Regiment de Piémont depuis 1661.

Monfieur de la Meilleraye en 1667.
Monfieur de la Macline en 1675.
Le Marquis de Rebé en 1680. Il fut tué à la journée de Nervinde en 1693.
Le Comte de Lus, aujourd'hui Duc de Chaftillon, en 1693.
Le Chevalier de Luxembourg, aujourd'hui le Prince de Tingrie, frere du précedent.
Le Marquis de Fervaques en 1705.
Le Duc de Louvignies-Grammont en 1707.
Le Marquis de Fervaques remis à la tête du Regiment.
Le Marquis de Maulevrier l'eft en 1721.

Comme les vieilles Bandes de Piémont firent la principale partie du Regiment de Piémont, les loüanges qu'on leur donnoit convinrent au moins d'abord à ce Regiment dans fa premiere inftitution. Voici comme en parle Monfieur de la Noüe bon connoiffeur en cette matiere dans le 13 de fes difcours militaires. ‟ Il me fouvient, dit-il, qu'au commencement du
‟ Regne de Henri II, quand il revenoit quelques Capitaines,
‟ ou Soldats en France, qui avoient été deux ans en garnifon
‟ és villes de Piémont, on les prifoit beaucoup les voïant fi
‟ civils, courtois, nullement injurieux, & fi bien parlants de
‟ l'exercice des armes ; & cela faifoit que tous les jeunes gens
‟ y couroient pour recevoir pareille inftruction.

Il y a une tradition dans le Regiment de Piémont, que l'on donnoit autrefois à ce Corps le nom de Bandes noires. Elle n'est pas sans fondement; & je crois en avoir trouvé l'origine.

Ce n'est pas le premier Corps qui porta ce nom. Il fut donné pour la premiere fois à une troupe nombreuse de Lansquenets ou Allemands à pied, qui s'étoient rendus fameux par leur valeur sous le Regne de Loüis XII & de François I. Ils furent ainsi nommez à cause des Enseignes noires qu'ils prirent après la mort de leur Chef qu'ils aimoient fort.

Il y eut encore en Italie d'autres Bandes, qu'on appella les Bandes noires Italiennes, pour les distinguer des Allemandes. Elles prirent ce nom pour une raison semblable, après la mort de Jean de Medicis leur Capitaine.

<small>Commentaires de Montluc l. 1 p. 50.</small>

Le Regiment de Piémont dont les vieilles Bandes avoient servi depuis très-long-tems en Italie, prirent aussi le nom de Bandes noires sur ce modele, & ce fut après la mort du Comte de Brissac leur Colonel.

Je tire cette époque de l'Histoire de d'Aubigné, qui parlant de la journée de la Roche-l'Abeille en Limosin, où l'Amiral de Coligni vint attaquer le Camp du Duc d'Anjou, un ou deux mois après que le Comte de Brissac eut été tué à l'attaque de Mucidan, dit que les Bandes du feu Comte de Brissac étoient dans le Camp du Duc d'Anjou, & qu'elles y étoient *en deüil*. Ce deüil consistoit en ce qu'elles firent le fond de leurs Enseignes tout noir avec la croix blanche, que le Regiment de Piémont porte encore aujourd'hui. Je crois que c'est sur cela qu'est fondée la tradition du Regiment de Piémont & l'origine de leur nom de Bandes noires.

<small>D'Aubigné sous l'an 1569. c. XI.</small>

Entre plusieurs occasions où le Regiment de Piémont a signalé sa valeur & son zele pour la Patrie, ce qu'il fit en 1636 augmenta beaucoup sa reputation. Le General Picolomini à la tête de l'armée Espagnole s'étoit mis en chemin pour assieger Corbie, une partie du Regiment de Piémont sans autres troupes lui empêcha le passage de la riviere de Somme pendant douze heures, soûtenant un feu continuel; de sorte qu'il y eut treize Capitaines, quatorze Lieutenans, seize Enseignes, trente-deux Sergens & sept à huit cents soldats tant tuez que blessez; & ils y auroient tous peri, si Monsieur le

<small>Memoires de Puysegur, p. 186.</small>

384 HISTOIRE

Comte de Soiſſons ne leur eût envoïé ordre de faire retraite.

C'eſt là tout ce qui s'eſt preſenté à moy de plus important touchant les quatre plus anciens Regimens d'Infanterie. Je vais traiter maintenant de deux autres à qui on a donné auſſi le titre de vieux Corps, & qui marchent immediatement après les quatre premiers, quoiqu'ils ne ſoient pas à beaucoup près de ſi ancienne date. Ces Regimens ſont Normandie & la Marine.

De l'Inſtitution des Regimens de Normandie & de la Marine.

IL ne m'a été gueres plus aiſé de trouver le commencement du Regiment de Normandie que celui des quatre premiers vieux Corps. On le voit pour la premiere fois en 1617, dans le compte de l'Extraordinaire des guerres.

Le Meſtre de Camp de ce Regiment durant les quatre premiers mois de 1617, fut le Comte de Peſne, & puis Monſieur de Cadenet, celui-cy étoit frere de Monſieur de Luynes qui fut peu de tems après Connétable. Il paroît donc que ce Regiment ne fut pas mis ſur pied avant 1616.

Epoque de la création du Regiment de Normandie.

Mais comment donc ce Regiment étant ſi nouveau, a-t-il eu ſon rang immediatement après les quatre premiers vieux Corps, & comment a-t-il acquis le titre même de vieux Corps? Voici comme il me ſemble que cela ſe fit. M. de Cadenet fut fait Meſtre de Camp de ce Regiment en 1617, & cette même année le Maréchal d'Ancre aïant été immolé à la haine publique, le Duc de Luynes, qui étoit déja favori du Roy, fut mis à la tête des affaires. Il n'eſt pas ſurprenant que M. de Cadenet Meſtre de Camp du Regiment de Normandie, étant frere du Duc de Luynes, ce Regiment fût traité avec toute ſorte de diſtinction.

De plus Monſieur de Cadenet fut fait Maréchal de France en 1619. Cela donnoit un nouveau relief au Regiment de Normandie; & dans l'état des armées de cette année qui eſt à la Chambre des Comptes, on voit le Regiment de Normandie

DE LA MILICE FRANÇOISE. Liv. XI. 385

mandie avoir son rang après celui de Champagne au mois d'Avril.

Cette prééminence que l'on donna à ce Regiment au-dessus de tous les autres après les quatre vieux, ne laissa pas de faire murmurer, & dans le recueil des libelles seditieux qui furent faits contre la Maison de Luynes & contre la puissance du Connétable, on reproche aux Seigneurs de cette Maison l'érection de ce Regiment. ″ Quelle hardiesse, dit l'Auteur, ils ont euë de faire un Regiment nouveau pour avoir ″ la force & la puissance des armes entre leurs mains ? Ce reproche ne consiste pas en ce qu'ils avoient levé un nouveau Regiment. D'autres aussi-bien qu'eux, Seigneurs & Gentils-hommes, faisoient des Regimens avec l'agrément du Roy, sans qu'on eût lieu de les accuser de vouloir dominer l'Etat par la force des armes : mais l'envie s'exprimoit ainsi, sur ce qu'en faveur de Monsieur de Cadenet ils avoient rendu ce Regiment fort nombreux, qu'ils l'avoient rempli d'Officiers d'élite, & qu'enfin en lui donnant rang après les quatre vieux Corps, ils en avoient fait un des plus considerables Regimens de l'armée. Voilà donc l'origine du Regiment de Normandie en 1616, & en 1618 ou 1619, l'époque du rang qu'il tient encore aujourd'hui immediatement après les quatre premiers vieux Corps.

pag. 272.

Un Memoire qui m'a été fourni par un Officier d'armée convient de l'époque de 1616, pour la création de ce Regiment, & il ajoûte deux circonstances. La premiere, que ce Regiment fut levé pour garder Monsieur le Prince Henri de Condé à Vincennes. La seconde, que Monsieur de Themines fils du Maréchal de ce nom en fut le premier Mestre de Camp. Ces deux particularitez avancées sans preuve dans le Memoire reçoivent de la vrai-semblance par l'Histoire. Car 1°, ce fut le Maréchal d'Ancre qui persuada au Roy de faire arrêter Monsieur le Prince en 1616. 2°, Nous avons une lettre du Maréchal d'Ancre au Roy, écrite du Pont de l'Arche au mois de Mars quelques semaines avant que ce Maréchal fût assassiné, où il lui mande qu'il avoit levé à ses propres dépens pour son service six mille hommes d'Infanterie, dont il y avoit deux mille huit cents François.

Tome II.   Ccc

3°, Il est certain encore que le Maréchal d'Ancre étoit alors en Normandie dont il étoit Lieutenant General : circonstance qui rend vrai-semblable, que ces deux mille huit cents François avoient été levez en Normandie, & que cette raison fit donner à ce Corps le nom de Regiment de Normandie.

4°, Il est certain que Monsieur le Prince fut gardé à Vincennes par un Regiment. C'est ce que nous apprenons encore par les libelles faits contre Messieurs de Luynes, où il est dit d'eux en parlant au Roy, qu'ils vont remplissant les vieux Regimens de leurs créatures, & celui de vos Gardes, *de ceux qui l'ont été si long-tems de Monsieur le Prince au bois de Vincennes.*

5°, Ce fut Monsieur de Themines qui arrêta Monsieur le Prince, & qui fut fait ensuite Maréchal de France : il étoit fort naturel que son fils le Marquis de Themines fût fait Mestre de Camp de ce Regiment qui gardoit le Prince.

6°, Il est dit de plus dans les mêmes libelles contre Messieurs de Luynes, qu'ils se rendirent les Maîtres de la Personne de Monsieur le Prince, & cela se fit quand en 1617, Monsieur de Cadenet frere du Duc de Luynes, fut fait Mestre de Camp du Regiment de Normandie qui gardoit le Prince. Il est vrai que dans l'Extraordinaire des guerres de 1617, le premier Mestre de Camp du Regiment de Normandie est nommé Comte de Penne, & non point Themines : mais je trouve que la terre de Penne a été dans la Maison de Themines, comme on le voit dans la Genealogie du Maréchal de Themines rapportée dans l'Histoire des Grands Officiers de la Couronne, & ce Comte de Penne pourroit bien avoir été le Marquis de Themines fils du Maréchal. Si les personnes de qualité avoient plus de soin de conserver & de ranger les Archives de leur Maison, on seroit délivré de la peine de faire ces sortes de dissertations de Critique : mais j'ai fait en vain consulter là-dessus des personnes de la Maison de Themines, & des Officiers du Regiment de Normandie.

Quoy qu'il en soit, deux choses sont constantes par les Registres de l'Extraordinaire des guerres. La premiere est l'époque de la création de ce Regiment en 1616. La seconde, qu'il prit rang après les quatre vieux Corps au plus tard en 1619; & pour confirmer ce second article, j'ajoûterai que dans les Memoires de Puyſegur, on voit trois ans après, c'est-à-dire en 1622, au ſiege de Montpellier; on voit, dis-je, le Regiment de Normandie avoir une attaque particuliere, de même que Picardie, Navarre & Piémont. » Le Regiment de » Picardie, dit-il, attaquoit par l'aiſle droite avec trois au- » tres Regimens, celui de Navarre par l'aiſle gauche auſſi » avec trois Regimens, & entre Navarre & les Gardes étoit » le Regiment de Normandie, *qui avoit une attaque à la droi-* » *te de Navarre.* Piémont étoit à la gauche de Picardie, qui » avoit auſſi une attaque à faire. Tout ceci marque évidemment la diſtinction qu'avoit deſlors le Regiment de Normandie, & qu'il étoit ſur le pied de vieux Corps.

pag. 37.

Le drapeau du Regiment de Normandie a le fond jaune & la croix blanche au milieu.

Liſte des Meſtres de Camp du Regiment de Normandie.

Le Comte de Penne en 1617.
Monſieur de Cadenet en 1617; depuis Maréchal de France.
Monſieur de Meilly en 1660.
Monſieur de Meilly cy-devant Meſtre de Camp, prit le titre de Colonel ſuivant l'Ordonnance du Roy en 1661. Il fut tué à Voerden en Hollande en 1672, étant Brigadier d'armée lorſque Monſieur de Luxembourg força les retranchemens du Prince d'Orange qui aſſiegeoit cette place. Il commandoit l'Infanterie ſous ce General.
Le Comte de Guiſcard en 1674.
Le Comte de la Bourlie en 1691.
Le Comte d'Eſtaires en 1700.
Le Marquis d'Angennes.
Le Marquis de la Fare.

Compte de l'Extraordinaire des guerres.
Item.
Colonels du Regiment de Normandie.

HISTOIRE
Regiment de la Marine.

QUoique le Regiment de la Marine soit le plus recent des six vieux Corps, c'est celui de tous ces Regimens sur lequel j'ai eu le plus de peine à trouver quelque instruction.

Ce Regiment créé sous Loüis XIII.

Il est du tems de Loüis XIII. Le Cardinal de Richelieu s'en fit le Chef. Il le composa de plusieurs Compagnies, qui avoient d'abord été destinées à la Marine, & qui suivant un Memoire que le Regiment m'a fourni par les soins de Monsieur le Comte de Middelbourg qui en est Colonel, étoient restées d'un Regiment servant à la Marine lequel perit par un naufrage. C'est pour cette raison qu'il fut nommé le Regiment de la Marine quand il fut transferé au service de terre.

Comme le Cardinal de Richelieu ne fut particulierement chargé de la Marine qu'en 1626, & qu'il n'eut en titre d'Office la Charge de Chef & Surintendant General de la Navigation & du Commerce de France, qu'en 1627 ensuite de la suppression de la dignité d'Amiral, il me paroît que ce Regiment ne fut mis sur pied au plûtôt que vers 1628; qu'ayant peri par le naufrage en grande partie, le Cardinal le rétablit & s'en fit le Mestre de Camp au plus tard en 1636; puisque le Maréchal de Navailles au commencement de ses Memoires dit que vers ce tems-là ce Ministre lui en donna l'Enseigne Colonelle. Je crois que le Cardinal de Richelieu le garda jusqu'à sa mort.

Le Marquis de la Trousse l'eut après lui.

Et puis au Cardinal Mazarin.

Ensuite le Cardinal Mazarin s'attribua aussi ce Regiment, qui aïant eu d'abord & aïant une seconde fois le premier Ministre à sa tête, ne pouvoit manquer d'être composé d'Officiers & de soldats d'élite. On lui donna rang après les cinq vieux Corps, & il en prit même le titre. Cette préseance fit murmurer les Regimens devant lesquels on le faisoit passer. Il paroît que le Cardinal voulut lui donner ce rang, lorsqu'il en fit Mestre de Camp Monsieur de Mancini son neveu; je conclus cela d'une lettre que le Sieur Corbinelli écrivit au Comte de Bussy-Rabutin en 1652, qui est rapportée dans les Memoires de

ce Seigneur. Voici ce qu'il lui en écrit. » Il y a, dit-il, un
» grand procès dans l'armée que le Roy ne veut pas accom-
» moder : c'est que le Regiment de la Marine a été donné à
» M. de Mancini, & que le Regiment de Plessis-Praslin lui
» dispute la préseance. Les Generaux sont après à les accom-
» moder : mais les Officiers sont mutins comme tous les Dia-
» bles, & entr'autres le bon homme Massoni, qui me l'a ra-
» conté. Mais le credit du Ministre l'emporta, & ce fut apparemment dès ce tems-là que la chose fut concluë. Ce qui est
certain, c'est qu'il fut mis enfin en possession de ce rang devant tous les Petits vieux & tous les autres, & qu'il y a long-
tems qu'on a cessé de le lui contester. Ce Regiment par la
couleur de son drapeau fait connoître qu'il étoit destiné à la
Marine : car le premier & le quatriéme quartier sont verts,
le second & le troisiéme bleus, la croix blanche les sepaje.
Les Mestres de Camp & les Colonels de ce Regiment desquels j'ai eu connoissance, sont ceux qui suivent.

Liste des Mestres de Camp du Regiment de la Marine.

Le Cardinal de Richelieu au plus tard en 1636, fut le premier Mestre de Camp de ce Regiment.

Le Marquis de la Trousse lui succeda. Il fut tué au siege de
Tortose en 1648.

Le Cardinal Mazarin se mit à la tête de ce Corps à la mort
de Monsieur de la Trousse.

Monsieur de Mancini neveu du Cardinal, en fut Mestre
de Camp en 1652, au mois de Mars ou au commencement
d'Avril. Il ne le posseda que trois ou quatre mois, parce qu'il
mourut au mois de Juillet des blessures receuës à la journée
de Saint Antoine.

Le Duc de Nevers.

Je trouve dans les nouveaux Memoires du Comte de Brienne que Monsieur de Guadagne étoit la même année 1652 à la
tête de ce Regiment. On fit mettre, dit-il, sous les armes
les Gardes & le Regiment de la Marine à la tête duquel étoit
Guadagne Gentil-homme de bonne Maison, & qui s'étoit

acquis de la reputation par sa bravoure & par son experience.

Colonels du Regiment de la Marine depuis 1661.

Le Comte de Tonnay-Charente.

Le Comte de Tonnay-Charente avec le titre de Colonel, commandoit encore ce Regiment à la campagne de Hollande en 1672.

Le Comte de la Mothe.
Monsieur Mathieu.
Le Marquis de Liancourt.
Monsieur de Tallerand.
Monsieur le Guerchois.
Monsieur de Chamillart Marquis de Cani.
Monsieur de Midelbourg l'est encore en 1721.

Des Regimens appellez Petits vieux.

CE nom de Petits vieux n'a été en usage que sous le Regne de Loüis XIII, au moins n'ai-je nulle idée d'avoir vû aucuns Regimens ainsi appellez dans les histoires du Regne de Henri IV. A la paix de Vervins, qui se fit en 1598, tous les Regimens d'Infanterie furent cassez ou reformez, & réduits à la Colonelle & à la Mestre de Camp, à la reserve des quatre vieux, & les Mestres de Camp licentiez, ou appointez comme je l'ai dit cy-dessus. Il y a beaucoup d'apparence qu'en 1600, lorsque Henri IV declara la guerre au Duc de Savoye, on remit sur pied quelques Regimens: mais la paix aïant été concluë quatre mois après, on fit une nouvelle reforme. La chose paroît certaine par le compte de l'Extraordinaire des guerres de 1601, où il n'est fait mention que des quatre vieux Corps, & où il y a un dénombrement des *Mestres de Camp appointez, cy-devant en pied*, & qui sont en grand nombre. On voit une pareille liste dans l'Extraordinaire des guerres de l'an 1604, & des suivantes.

Il est hors de doute que dans le grand armement que faisoit Henri IV en 1610 lorsque sa funeste mort arriva, armement qui étoit de plus de cinquante mille hommes, plusieurs de ces Regimens furent rétablis, & d'autres créez. Il fut tout naturel alors de donner à ceux qu'on rétablit, le rang qu'ils avoient eu après les quatre vieux, & devant ceux qui n'avoient point encore été mis sur pied; & il est assez vrai-semblable que ce furent quelques uns de ceux qui furent rétablis, à qui l'on donna depuis le nom de Petits vieux pour les distinguer des autres & marquer leur ancienneté.

Je ne prétens pas dire par là que les Regimens que nous appellons Petits vieux, aïent été les plus anciens de ceux qui furent levez après les quatre premiers vieux Corps. Il est certain que peu de tems après la création de ceux-cy, les guerres civiles aïant recommencé, plusieurs autres furent mis sur pied, soit par les Huguenots rebelles, soit par les Catholiques Royalistes, & depuis encore du tems de la Ligue. On en voit quantité de nommez dans les histoires de ces tems-là, qui ne sont point les Petits vieux d'aujourd'hui. La plûpart étoient levez par des Gentils-hommes, ou par des Seigneurs dans leurs terres, qui les amenoient au service du parti qu'ils embrassoient, & dès que la paix se faisoit, on les congedioit de part & d'autre. Il n'y avoit point de rang & de préseance parmi eux, que selon la volonté des Generaux, ou suivant la qualité, ou la consideration que les Mestres de Camp avoient dans les troupes. Je suis persuadé que ce ne fut tout au plûtôt que depuis que Henri IV fut affermi sur le Thrône, & sur tout depuis la paix de Vervins, & même sous le Regne de Loüis XIII qu'on commença à regler les rangs des Regimens, & à en faire des Rolles fixes. Il faut en excepter les quatre vieux, qui depuis leur institution furent toûjours regardez comme les premiers Corps de l'Infanterie, & qui se disputoient souvent le rang les uns aux autres. Ma pensée donc là-dessus, est que quand au commencement du Regne de Loüis XIII on congedia la plûpart des troupes qui étoient sur pied à la mort de Henri IV, on conserva outre les quatre vieux, quelques autres des meilleurs Regimens d'Infanterie, qui étoient des plus anciens d'alors & qui avoient à leur tête des personnes de consideration; que quand dans la suite, on augmenta les troupes, on donna le rang à ceux-cy après les quatre vieux; & que pour les distinguer des nouveaux, qu'on mettoit après eux, on leur donna le nom de Petits vieux.

Il n'y avoit sous Loüis XIII que cinq Regimens ausquels on donnât ce nom. Sçavoir Rambure, qui est aujourd'hui Richelieu, Silly, qui est aujourd'hui Bourbonnois, Auvergne, qui a conservé son ancien nom, Sault, aujourd'hui Tallard, & Espagni, aujourd'hui Boufflers-Remiancourt.

Les distinctions de ces cinq Petits vieux sont d'avoir rang avant tous les autres Regimens, & immediatement après les vieux Corps, d'avoir eu des premiers le drapeau blanc, de n'être point cassez après une guerre ; mais seulement d'être reformez pour le nombre des soldats & des Compagnies, d'avoir un Prevôt de justice, comme les vieux Corps. Ces deux Privileges ont été communiquez depuis à plusieurs autres Regimens. Le Privilege de n'être point cassez n'a été accordé aux Petits vieux que sous le Regne de Loüis XIII. Monsieur de Puysegur, qui servoit dans les troupes dès l'an 1617, dit expressément qu'ils *pouvoient être cassez ou réduits à deux Compagnies*.

<small>Memoires de Puysegur pag. 587.</small>

Après avoir traité en general des Regimens appellez Petits vieux, je vais dire quelque chose de chacun en particulier, & marquer les Commandans dont les noms sont venus à ma connoissance.

Regiment de Richelieu.

SElon un memoire qui contient quelques particularitez de ce Regiment, il fut formé des débris de la Garnison de Cambrai en 1595, lorsque le Maréchal de Balagny fut contraint d'abandonner cette place aux Espagnols ; & il porta d'abord le nom du Maréchal. Cela me paroît d'autant plus croïable que Charles de Rambure, dont je vais parler, avoit épousé une fille du Maréchal de Balagni, qui donna apparemment ce Regiment à son gendre. On voit en effet un Regiment de Balagni sous Henri IV, & qui prit le nom de Rambure en 1612. Ce n'est pas à dire que ce Regiment eût toûjours été sur pied depuis que Balagni eut perdu Cambrai ; puisque pendant plusieurs années, on voit qu'on ne conservoit que les quatre vieux Corps : mais il fut rétabli dans la suite, & on y remit apparemment quelques Officiers qui y avoient été sous le Maréchal de Balagni : ce qui le fit regarder comme l'ancien Regiment de Balagni.

<small>Comptes de l'Extraordinaire des guerres.</small>

Le Maréchal de Balagni en 1595.

Charles

DE LA MILICE FRANÇOISE. *Liv. XI.* 393

Charles de Rambure. Ce fut lui qui donna le nom de Rambure à ce Regiment. Ce Seigneur étoit à la bataille d'Yvri en 1590, & au siege d'Amiens en 1597. Il fut blessé en ces deux occasions & mourut en 1633 de ces deux blessures qui se rouvrirent. Il avoit été Maréchal de Camp & Chevalier des Ordres du Roy.

Mestres de Camp de ce Regiment.

Jean de Rambure. Il mourut en 1637, des blessures reçuës au siege de la Capelle l'année précedente. Il fut Mestre de Camp du Regiment des Gardes, Maréchal de Camp, & Gouverneur de Dourlens.

Hist. des Grands Officiers de la Couronne, t. 2. p. 1042.

François de Rambure. Il fut tué à la bataille d'Honnecourt en 1642.

Charles de Rambure en 1671.

Colonels de ce Regiment.

Loüis-Alexandre de Rambure en 1671, frere du précedent; & en lui finit cette illustre maison, & le Regiment cessa d'en porter le nom.

Le Marquis de Feuquieres en 1676.

Le Comte de Feuquieres frere du précedent, en 1689.

Le Marquis de Leuville en 1700.

Le Duc de Richelieu l'est en 1721.

Du Regiment de Bourbonnois.

SElon un Memoire qui m'a été communiqué, le Regiment de Bourbonnois tire son origine de quelques Compagnies qui passerent d'Italie en France après la paix que fit Henri II, par laquelle il rendit presque tout ce qu'il avoit conquis au-delà des Monts. On les appelloit les Bandes de Montferrat.

Charles IX en fit un Regiment & le donna à commander à M. de Nerestang. Il paroît que ce Regiment fut cassé quelque tems après, puisque dans un autre Memoire, il est dit qu'il fut mis sur pied par Henri IV, que ce Prince le cassa (apparemment à la paix de Vervins) & puis qu'il le rétablit & qu'il en fit Mestre de Camp M. de Nerestang, de la même famille que celui que j'ai nommé. En effet M. de Nerestang est marqué parmi les Mestres de Camp dans les comptes de l'Extraordinaire des guerres en 1606, 1607 &

Tome II. Ddd

1609. Ce Regiment prit le nom de Chapes en 1611.

Cefar d'Aumont, Sieur de Chapes en 1611.

Depuis ce Regiment a eu pour Meftres de Camp, des Meffieurs de Silli, & il en avoit un de ce nom en 1660.

Colonels de ce Regiment.

M. de Silli en 1660.

M. de Sainte Même.

Le Marquis de Caftelnau en 1664, tué dans la campagne de Hollande en 1672 à l'attaque d'un quartier des ennemis.

Le Marquis de Refuge en 1672. Ce fut de fon tems que ce Regiment prit le nom de Bourbonnois.

Le Marquis de Rochefort en 1687.

Le Marquis de Nangis en 1690.

Le Comte de Grammont l'eft en 1721.

Regiment d'Auvergne.

Origine du Regiment d'Auvergne.

SElon le même Memoire que j'ai cité, ce Regiment fut auffi créé par Henri IV fous le nom de Du Bourg-l'Efpinaffe; il étoit fur pied en 1606, fuivant l'Extraordinaire des guerres. Il fut réformé, & puis remis fur pied en 1610, fous le même nom. Je le trouve en effet fous ce nom dans les comptes de l'Extraordinaire en 1611. On lui donna le nom d'Auvergne en 1635 avec le Drapeau blanc.

Meftres de Camp de ce Regiment.

M. Du Bourg-l'Efpinaffe en 1610. C'eft le même qui eft dans les comptes de l'Extraordinaire des guerres dès l'an 1606 fous le nom de Du Bourg.

Le Marquis de Mouffy en 1660. Il fut tué en Hongrie en 1664, quand Meffieurs de Coligny & de la Feüillade y conduifirent le fecours que le Roy envoya à l'Empereur contre les Turcs.

Colonels de ce Regiment.

Le Marquis de Mouffy.

Le Comte Sery en 1665.

Le Duc de Chevreufe en 1667.

Le Marquis de Cœuvres en 1670.

Le Marquis de Thoy en 1678.

Le Marquis de Prefle-Nicolaï en 1680.

Le Marquis de Chavigny en 1692.

M. d'Imecourt en 1703, tué au Siege de Veruë, étant Maréchal de Camp.

M. d'Alba en 1705.

M. de Clermont d'Amboife l'eft en 1721.

Au fujet de Monfieur d'Imecourt un des derniers Colonels de ce Regiment, je remarquerai une chofe qui merite d'avoir place dans cette Hiftoire par fa fingularité. Ils étoient neuf freres de ce nom au fervice avec leur pere. Monfieur de Louvois en 1686, prefenta au Roy Monfieur d'Imecourt le pere avec huit de fes fils ; le cadet qui fervoit auffi déja, quoique fort jeune, ne s'étant pas alors trouvé à Paris. Le pere étoit Meftre de Camp d'un Regiment de Cavalerie ; il avoit pour Major de fon Regiment fon fils aîné, & quatre de fes fils Capitaines au même Regiment.

Le Roy charmé de voir tant de braves gens dans une même famille, leur fit un trés-bon accueil. Cinq de ces jeunes Gentils-hommes furent depuis tuez au fervice : & ce qu'il y a encore de particulier, c'eft que le pere avoit eu un pareil nombre de freres qui avoient tous cinq été pareillement tuez en fervant dans les Troupes. Ainfi il n'y a peut-être point de famille de nobleffe en France qui puiffe s'attribuer la gloire d'avoir en fi peu de tems donné tant de fang pour la Patrie. L'aîné de tous, qui eft Monfieur de Vaffignac-Imécourt, eft actuellement Lieutenant General, Gouverneur de Montmedy ; il étoit cy-devant Sous-Lieutenant des Chevaux-legers de la Garde.

Regiment de Talard.

[note manuscrite : Depuis : Monaco. Belfunce. Rougé. et Flandres à la formation de 1762.]

CE Regiment, fuivant le même Memoire dont j'ai parlé, fut mis fur pied fous le nom de Rofant par Monfieur de l'Efdiguieres fur les feules commiffions de ce Seigneur, long-tems avant que les Officiers en euffent eu du Roy. Il ne prit l'état Major du Colonel General de l'Infanterie qu'en 1615. Il paroît par là que la création de ce Regiment fut faite du tems de Henri IV.

Meftres de Camp de ce Regiment, t. I.

M. de Rofant. Il eft quelquefois parlé de cet Officier dans l'Hiftoire du Connétable de l'Efdiguieres.

Le Duc de l'Efdiguieres.

Colonels de

Le Comte de Sault fils du précedent, depuis Duc de l'Ef-

le Regiment diguieres, mort Maréchal de Camp.

Le Duc de l'Efdiguieres fils du précedent, en 1681.

Le Comte de Teffé fils aîné du Maréchal de Teffé, en 1703.

Le Marquis de Talard en 1714, aujourd'hui Duc.

Regiment de Boufflers-Remiancourt.

CE Regiment fut du nombre de ceux que Monsieur de Coligny mena en Hongrie, & il y fervit avec diftinction. Il fut créé en 1610 felon le Memoire dont j'ai parlé, & a eu pour Meftre de Camp deux Marquis d'Epagny. Ce Regiment fous le nom d'Epagny étoit à la Bataille des Dunes en 1658.

Memoires de Buffy-Rabutin, t. 2 pag. 140.

Meftres de Camp de ce Regiment.
Colonels de ce Regiment.

Le Marquis d'Epagny.

Le Marquis d'Epagny.

Le Marquis de Bandeville, tué à la journée d'Ensheim en 1674.

Le Chevalier de Bandeville frere du précedent, en 1674.

Le Comte de Vaubecourt en 1677.

Le Marquis de Nettancourt en 1695, mort des bleffures reçûës à la défaite de Schelemberg auprès de Donavert en 1704.

Le Comte de Mailly la Houffaye en 1704.

M. de Bueuil.

Le Marquis de Broffe.

Le Marquis de Boufflers-Remiancourt en 1714.

Le Prince de Pont en eft Colonel en 1721.

Après les cinq Regimens, dont je viens de parler, qui depuis un grand nombre d'années ont le titre de Petits vieux, fuit le Regiment du Roy, qui y a été comme aggregé, & qui en cette qualité précede comme eux tous les autres qui n'ont point ce titre, quoique leur inftitution foit de beaucoup plus ancienne date que celle de ce Regiment.

Histoire du Regiment du Roy.

Comme le Regiment du Roy a été un des Corps les plus diftinguez dans les troupes fous le Regne de Loüis le Grand, & qu'on m'a fourni de bons Memoires fur ce qui le regarde, j'en traiterai ici avec quelque détail ; & je ferai le même fur quelques autres dans la fuite.

Création de ce Regiment.

Le Regiment qui porte le nom de Regiment du Roy fut créé en 1662. Il n'eut d'abord qu'un Lieutenant Colonel, qui fut M. Martinet Officier très-entendu dans l'Infanterie. Un an & demi après le Roy nomma le Colonel qui fut le Marquis de Dangeau.

Augmentation du nombre des Compagnies.

Ce Regiment n'étoit alors que de vingt Compagnies, dont les Officiers, hormis le Lieutenant Colonel, avoient été tirez des Moufquetaires. Le lendemain de la nomination du premier Colonel, le Roy augmenta le Regiment de vingt Compagnies, dont tous les Officiers furent encore tirez des Moufquetaires, & huit jours après il fut encore augmenté de dix autres Compagnies. On prit dix Lieutenans du Corps pour les faire Capitaines de ces dix Compagnies, & le Roy permit au Colonel de choifir d'autres Officiers dans les Moufquetaires de concert avec les Commandans de cette Troupe de fa Maifon.

Cadets au Regiment du Roy.

Peu de tems après le Roy trouva bon que les gens de qualité entraffent dans fa Compagnie Colonelle pour y porter le moufquet. Il y en eut jufqu'à foixante, dont plufieurs ont été depuis Officiers Generaux, comme Meffieurs d'Albret, de Feuquieres, de Crenan, la Rochefoucault, Meffieurs de Pons, de Nefle, de Bourlemont, &c.

Les premiers Grenadiers inftituez dans le Regiment du Roy.

Le Regiment fit fa premiere campagne en 1667, & fe diftingua fort aux fieges de Tournay, de Douay, de Lille, où le Roy lui fit attaquer la demi-lune qui fut emportée. Enfuite ce Prince le fit fouvent camper auprès de Paris & de Verfailles, & dans la revûë qu'il en fit entre Vincennes & Paris, il y créa des Grenadiers, quatre par chaque Compagnie. Ce font les premiers Grenadiers que je fçache créez en France.

Le Roy voulut qu'à cette revûë les Officiers euffent des

Ddd iij

cuirasses & des tentes peintes avec des trophées, dont M. le Marquis de Dangeau fit la dépense. Tous les Officiers avoient pour uniforme des juste-au-corps brodez en or & en argent.

En 1667 pendant la campagne, le Colonel faisoit porter sur huit chariots qui étoient à lui, les tentes des Officiers. Les Soldats avoient une tente par chambrée, peinte aussi avec des trophées.

Au camp de la plaine d'Oüille près de Versailles, où les quatre Capitaines des Gardes du Corps avoient leurs Compagnies, aussi-bien que les Capitaines-Lieutenans des Gendarmes & des Chevaux-Legers de la Garde ; chaque Commandant de tous ces Corps commandoit le camp par semaine, & le Colonel du Regiment du Roy le commanda aussi à son tour.

Le Marquis de Dangeau eut dessein de faire de ce Regiment une troupe de la Maison du Roy, comme le sont les Regimens des Gardes Françoises & Suisses : mais M. de Louvois s'y opposa, & ce projet ne réüssit point. Le Marquis de Dangeau en 1670, quitta le Regiment pour acheter de M. de Vardes la Charge de Capitaine des Cent Suisses, & en eut l'agrément du Roy : mais cela fut rompu, parce que le Marquis de Dangeau fut nommé Ambassadeur extraordinaire en Suede.

Monsieur Martinet en 1670 fut fait Colonel du Regiment. Il fut tué au siege de Doesbourg en 1672. C'est lui dont le Roy se servit principalement pour regler & discipliner l'Infanterie Françoise. Alors l'uniforme pour les habits fut introduit dans tous les Regimens : les camps devinrent plus reguliers : on les partagea en ruës tirées au cordeau, les faisceaux d'armes à la tête des bataillons. Monsieur Martinet avoit fait ainsi camper le Regiment du Roy à la campagne de 1667, & le Roy voulut que cela fût pratiqué par toute l'Infanterie.

Uniforme introduit dans les Regimens.

Disposition nouvelle & reguliere des camps.

En 1672, le Regiment fit la campagne de Hollande avec le Roy, & sur la fin il marcha sous Monsieur de Turenne pour entrer sur les terres de l'Electeur de Brandebourg dans le Comté de la Mark. Le Marquis de Bourlemont, & Monsieur de Valgrand Capitaines du Regiment furent détachez avec cent hommes, & postez dans l'isle que forme la riviere de Lippe à deux lieuës de la ville de Ham. Le Gouverneur Allemand de cette ville alla à la tête de dix-huit cents hommes pour les déloger. Les deux Capitaines se défendirent si bien qu'ils les repousserent, & le Gouverneur y fut tué avec plus de cinq cents hommes.

En 1673, le Roy donna le Regiment au Comte de Montbron. Il fut au siege de Maestrik où le Roy étoit en personne. Ce Prince fit attaquer par son Regiment l'ouvrage à corne, & il fut emporté. Il eut part au siege de Limbourg en 1674, aussi-bien qu'à la conquête du Duché de Juliers & à celle de la Franche-Comté.

En 1675, il fut de l'armée du Prince de Condé, & se distingua beaucoup à la bataille de Senef. Il y perdit soixante & douze Officiers, dont il y eut vingt-deux Capitaines tuez.

En 1676, il servit au siege de Bouchain, & en 1677 à celui de Valenciennes, où les Grenadiers du Regiment soûtinrent les Grenadiers à cheval & les Mousquetaires, qui emporterent la place d'emblée par un de ces coups de valeur extraordinaires, dont on voit peu d'exemples. Il suivit le Roy au siege de Cambrai, où il fut commandé pour attaquer la demi-lune verte, dont il se rendit maître.

Cambrai aïant été pris, & le Comte de Montbron en aïant été fait Gouverneur, le Roy donna le Regiment au Comte de Saint Georges, & la Lieutenance Colonelle à Monsieur de Mont-chevreüil.

En 1678, le Regiment servit dans l'armée du Roy au siege de Gand & d'Ypres. Il fut commandé pour attaquer le chemin couvert de cette place, & l'emporta.

La même année se donna la bataille de Saint Denis, où le Regiment du Roy aïant culbuté les ennemis qu'il avoit en tête, voulut passer le ravin au Castiau. Un bataillon du Regiment y fut écrasé, & presque tous les Officiers tuez. Le Comte de Saint Georges, Colonel du Regiment, fut de ce nombre; & le Regiment fut donné à M. de Mont-chevreüil.

Les années suivantes le Regiment fut employé en divers endroits, soit dans les sieges, soit à divers travaux. En 1688, il se signala au siege de Philisbourg, que faisoit Monseigneur.

En 1690, il se trouva à la bataille de Fleurus, que M. de

Luxembourg gagna fur le Comte de Valdek.

En 1691, le Roy faisant le siege de Mons, fit attaquer par son Regiment l'ouvrage à corne. Il l'emporta. M. de Villemur resta seul de tous les Capitaines des Grenadiers, qu'il commandoit, tous les autres aïant été tuez. Le Roy aïant resolu cette année-là d'augmenter d'un bataillon les plus considerables Regimens de ses troupes, le Regiment fut de quatre bataillons.

En 1692, le Roy commença la campagne par le siege de Namur. Le Regiment fut commandé pour occuper le dessous des hauteurs & s'y camper. Les ennemis occupoient les hauteurs avec huit bataillons. Le Regiment se trouva si près d'eux, que les sentinelles de part & d'autre se parloient. On commença par faire feu les uns sur les autres, ce qui attira l'attaque des hauteurs, d'où le Regiment du Roy chassa les ennemis. Il y perdit beaucoup d'Officiers.

Suivit la journée de Steinkerque, où l'armée Françoise surprise, ne remporta la victoire que par la grande presence d'esprit du Duc de Luxembourg & des autres Commandans. D'abord quelques Brigades de l'armée Françoise furent poussées. M. de Montal, qui commandoit l'Infanterie, mena la Brigade du Roy dans l'endroit le plus exposé, soûtenuë par la Maison du Roy, à la tête de laquelle étoit M. le Prince de Conty. Le Regiment du Roy poussa les ennemis de haye en haye, les obligea d'abandonner leur terrein & à faire retraite. Toute la tête des Officiers du Regiment y perit. Trois Commandans de bataillons, quatre Capitaines de Grenadiers & huit autres Capitaines y furent tuez.

Durant l'hyver de 1692 à 1693, le Roy aïant donné le Gouvernement d'Arras à M. de Mont-chevreüil, Lieutenant General, il eut pour successeur au commandement du Regiment du Roy le Marquis de Surville, qui y avoit toûjours servi avec distinction.

En 1693, à la sanglante bataille de Nervinde, le Regiment du Roy attaqua le village de Nervinde, y força les ennemis, les poussa jusqu'au bout des hayes, & les renversa sur l'armée du Prince d'Orange. Ce Prince voïant que le Regiment n'étoit pas soûtenu, le fit attaquer par huit bataillons

taillons Anglois. Il fallut ceder au nombre : mais M. le Prince de Conty & M. de Mont-chevreüil s'étant mis à la tête, après que M. de Surville, Colonel du Regiment, eut été blessé, ils regagnerent le poste ; & cet avantage contribua beaucoup au gain de la bataille. Le Regiment servit les années suivantes jusqu'à la paix de Riswik.

La guerre aïant recommencé, le Regiment fut de toutes les expeditions, & se distingua à son ordinaire aux sieges de Brisac & de Landau en 1704. Durant le siege de cette derniere Place, les ennemis vinrent pour la secourir. Le Maréchal de Talard qui commandoit l'armée, alla au-devant d'eux. Le Marquis de Surville Colonel du Regiment, commandoit la gauche de l'Infanterie, où il n'avoit que ce Regiment, dont les Bataillons étoient réduits à trois cents hommes. Nonobstant cette inégalité, il fit attaquer la droite des ennemis, où il avoit en tête sept gros Bataillons de leurs meilleures troupes. Il les enfonça & les renversa. Cette hardie action aïant réüssi, l'armée ennemie fut entierement défaite, & Landau se rendit.

En 1705, le Regiment servit en Flandres sous le Maréchal de Villeroy. L'armée Françoise étant campée le long de la Dile, & les ennemis à Beguines, aïant huit cents hommes à l'Abbaïe de Florival, Monsieur le Maréchal voulut s'emparer des bords de la riviere vis-à-vis de l'Abbaïe, il choisit pour cet effet le Sieur de la Roque Capitaine au Regiment du Roy pour s'en emparer avec deux cents Grenadiers, qui malgré le feu du canon & des huit cents hommes, qui étoient à la portée du pistolet, executa son ordre, gagna l'écluse, s'y fortifia ; & on garda ce poste jusqu'au décampement des deux armées.

En 1706, M. du Barail succeda au Marquis de Surville, qui l'année d'auparavant avoit obtenu du Roy en recompense de la valeur des Officiers de ce Regiment, un Brevet de Colonel pour les Commandans des deux premiers Bataillons, & un de Lieutenant Colonel pour les Commandans des deux autres.

En 1707, le Regiment du Roy commença seul avec la Brigade de Poitou le Combat d'Oudenarde, & après cinq heu- *Brevet de Colonel donné* res de résistance, se voïant enveloppé de tous côtez, il se retira pendant la nuit derriere la gauche de notre armée, qui étoit en bataille.

aux Commandans des deux premiers Bataillons, &c.

En 1611, M. du Barail aïant été fait Maréchal de Camp & Gouverneur de Landrecy, & n'étant plus gueres en état de servir en campagne à cause de ses blessures, le Roy donna le Regiment à M. de Nangis, & accorda que tous les Commandans du Regiment, en prenant le Commandement d'un Bataillon, auroient le Brevet de Colonel.

Le même Brevet donné à tous les Commandans de Bataillon.

En 1712, le Regiment fit très-bien son devoir à l'attaque du Camp de Dénain sous les ordres du Maréchal de Villars. Cette Victoire fut suivie de la prise de Marchienne, de Douay, du Quesnoy & de Bouchain, où le Regiment perdit beaucoup de soldats. Il fut ensuite au siege de Landau & de Fribourg. La Paix étant faite en 1715, le Roy fit venir son Regiment camper à Marly, où le Colonel n'épargna rien pour la magnificence. Le Roy lui avoit donné quatre de ses tentes indépendamment d'un grand bâtiment qu'il occupoit.

Par tout ce que je viens de rapporter, on voit que Loüis le Grand affectionna toûjours beaucoup ce Regiment, qui répondit parfaitement à cet honneur par sa valeur & par ses services. Le Roy le mit sur le pied de Petit vieux, & lui en donna toutes les prérogatives. Il prit rang après les cinq Petits vieux ; & le Regiment de Beaumont qui depuis a été Saint Vallier, lui ceda sa place par accommodement. En 1692, M. le Marquis de Surville étant Colonel, le Roy ordonna que ce Regiment ne seroit plus sujet aux Inspecteurs, ni au Ministre de la guerre pour la disposition des Emplois. Il est à cét égard comme le Regiment des Gardes & comme les autres troupes de la Maison du Roy, qui n'ont point, pour ainsi dire, d'autre Inspecteur que le Roy même, lequel pourvoit immédiatement tous les Officiers. Ce Prince attacha à la Charge de Colonel de son Regiment une pension de six mille livres.

Il prend rang après les Petits vieux.

Ce Regiment non sujet aux Inspecteurs.

Pension attachée à la Charge de Colonel.

Le Regiment a pour enseigne une Croix blanche semée de fleurs de lys d'or. Le premier & quatriéme Canton ou Quartier rouge, le second & le troisiéme vert. Il ne me reste plus qu'à mettre ici de suite la liste des Colonels de ce Regiment,

Colonels du Regiment du Roy.

Le Marquis de Dangeau en 1664.

M. Martinet en 1670, ou 1671, tué au siege de Doesbourg en 1672.

Le Comte de Montbron en 1672.

M. de S. Georges en 1675, tué à la bataille de S. Denis auprès de Mons en 1678.

Le Comte de Mont-chevreüil en 1678, tué à Nervinde en 1693.

Le Comte de Surville en 1693.

M. du Barail en 1706.

Le Marquis de Nangis en 1711.

Le Chevalier de Pezé l'est en 1721.

L'institution des Regimens d'Infanterie ; celle du Regiment des Gardes Françoises ; celle du Regiment des Gardes Suisses, desquelles j'ai déja traité dans l'Histoire de la Maison Militaire du Roy ; la création des six vieux Corps, celle des cinq appellez Petits vieux ; celle du Regiment du Roy, lequel a été aggregé à ceux-ci par le rang qui lui a été donné : C'est tout ce qui me paroît de plus considerable dans l'Histoire de notre Infanterie des derniers Regnes, les autres Regimens n'ayant rien de singulier pour la plûpart dans leur institution & dans leur police ; je crois devoir me dispenser de traiter en détail de tous en particulier, quoique je me fusse d'abord proposé de le faire ; mais j'ai vû que cela se réduisoit presque uniquement à une longue & ennuyeuse liste de noms, tant des Regimens, que des Colonels. Outre que quantité de ces Colonels ont passé d'un Regiment à un autre, & souvent à plusieurs autres : ce qui allongeroit encore & embarrasseroit fort ces listes sans une grande utilité. C'est pourquoi je me suis borné là-dessus à deux choses.

Premierement, de ces listes que j'avois déja toutes prêtes, j'ai jugé à propos de faire un extrait des noms des Colonels qui ont été tuez au service, sur tout depuis la paix des Pyrenées. C'est un honneur qu'ils meritent pour avoir sacrifié leur vie à leur Patrie, & c'est un point qui me paroît essentiel à l'espece &

au caractere de l'Histoire que je donne au Public. J'y ajouterai ceux qui sont parvenus à la dignité de Maréchal de France. Il est difficile que je n'aïe omis quelques-uns de ceux qui sont morts au service : mais je ne puis mettre que ceux qui sont venus à ma connoissance, après bien des perquisitions. Je suivrai en les marquant pour la plûpart, le rang des Regimens dont ils ont été Colonels ; & je dirai à cette occasion ce que je sçaurai de singulier sur ces Regimens. Secondement, pour suppléer en quelque façon à ce que j'avois projetté d'abord, je vais mettre ici deux listes des Regimens d'Infanterie ; l'une de 1670, qui fut faite lorsque le Roy par une Ordonnance regla le rang de ces Regimens; la seconde, de 1714, qui fut faite un peu avant la derniere Paix.

Ordonnance du Roy, portant Reglement general pour le rang des Regimens d'Infanterie étant à la solde de Sa Majesté, du 26 Mars 1670.

DE PAR LE ROY.

SA Majesté aïant reconnu le préjudice que son service recevoit par les disputes & contestations qui survenoient journellement entre les Officiers de ses troupes d'Infanterie, au sujet du rang des Regimens dont ils sont, les uns prétendant que le leur étoit de plus ancienne création que celui ou ceux avec lesquels ils se trouvoient en même poste ou garnison; Sa Majesté pour y remedier auroit par son Ordonnance du dernier Decembre de l'année derniere, ordonné aux Colonels des Regimens de son Infanterie, de faire remettre dans le dernier jour du mois de Février dernier, au Secretaire d'Etat & de ses Commandemens, aïant le département de la guerre, les Commissions & memoires qui pouvoient servir de preuves pour le rang qu'ils prétendoient : à quoi tous lesdits Officiers aïant satisfait, & Sa Majesté aïant fait examiner soigneusement en sa presence les Commissions, titres & pieces qu'ils ont produites pour appuyer leurs prétentions, & justifier de leur rang, Sa Majesté a ordonné & ordonne que le Regiment de ses Gardes Françoises continuera à marcher le premier de tous les autres Regimens de ladite Infanterie, que celui de ses Gardes Suisses ira immediatement après lorsqu'il se trouvera en même corps d'armée ou garnison ; que lorsque ledit Regiment des Gardes Françoises n'y sera pas, ledit Regiment des Gardes Suisses sera précedé par le plus ancien des Regimens François qui s'y trouveront, & marchera après lui, que le Regiment de Picardie tiendra ensuite le premier rang, & après ledit Regiment de Picardie, ceux de Piémont, Champagne & Navarre, lesquels marcheront entre eux suivant ce qui a été reglé par l'Ordonnance de Sa Majesté, du 19 Février 1666. Qu'après lesdits Regimens marchera celui de Normandie, puis celui de la Marine, & ensuite ceux de Rambures, Castelnau & Auvergne, lesquels tiendront rang entre eux, suivant ce qui a été reglé par l'Ordonnance de Sa Majesté du 28 Février de ladite année 1666. Qu'après lesdits Regimens marchera celui de Sault, puis celui de Bandeville, de Saint Vallier, de Douglas, du Roy, cy-devant Lorraine, du Plessis-Praslin, de Lionnois, celui de Monseigneur le Dauphin, cy-devant Lignieres, de Crussol, de Montaigu, & celui de Monseigneur le Duc d'Anjou, cy-devant Royan, de Turenne, de la Motte, de Dampierre, de Louvigni, de Grancé, de la Reyne, de Montpezat, d'Harcourt, Royal des vaisseaux, celui de Monseigneur le Duc d'Orleans, celui d'Artois, de Bretagne, de Carignan, le Royal, de Sourches, de Vendôme, de la Ferté, de Conty, de la Fére, d'Alsace, le Royal de Roussillon, de Condé, Danghien, de Jonsac, de Montpeyroux, de Chasteau-Thiery, de Bourgogne, le Royal de la Marine, & celui de l'Amiral de France. Veut Sa Majesté que tous lesdits Regimens marchent conformément à ce qui est porté par la presente, sans qu'il y puisse être rien innové, ni qu'aucun d'eux puisse prétendre d'autre rang, quand bien même il recouvreroit d'autres titres que ceux qui ont été produits. Mande & ordonne Sa Majesté, aux Gouverneurs & ses Lieutenans Generaux en ses Provinces & armées, Maréchaux de Camp & autres Officiers aïant commandement sur ses troupes, de tenir la main chacun à son égard, à l'exacte observation de la presente ; en sorte qu'il n'y soit point contrevenu, & aux

Colonels, Capitaines & autres Officiers de ſeſdits Regimens d'Infanterie, de s'y conformer ſans difficulté, ſur peine de deſobéïſſance; & afin qu'aucun d'eux n'ignore ce qui eſt en cela des intentions de Sa Majeſté: Elle veut & entend que la preſente ſoit lûë & publiée à la tête de chacun deſdits Regimens & dans les lieux & villes où ils tiennent garniſon. Fait à Saint Germain en Laye, le 26 jour de Mars 1670. Signé Loüis. Et plus bas, le Tellier.

Liſte des Regimens d'Infanterie qui étoient ſur pied en 1714 ſuivant le Contrôle de cette année.

Gardes Françoiſes, Colonel le Duc de Guiche.

Gardes Suiſſes, Colonel M. de Reynold.

Picardie, le Prince de Montbazon.

Champagne, le Chevalier de Teſſé.

Navarre, le Marquis de Gaſſion.

Piémont, le Duc de Louvigni Grammont.

Normandie, M. d'Angennes.

La Marine, le Marquis de Cani Chamillart.

Leuville.

Bourbonnois, le Comte de Leſparre.

Auvergne, Monſieur d'Alba.

Talard.

Boufflers-Remiancourt.

Du Roy, le Marquis de Nangis.

Royal, le Comte d'Aubigné.

Poitou, Monſieur de Montal.

Lionnois, le Duc de Villeroy.

Dauphin, le Marquis de Chattes.

La Gerveſaye.

Touraine, M. de Maillebois.

Anjou, le Comte de Tonnerre.

Du Maine, Monſieur de Belrieu.

Saillant.

Meuſe.

La Cheſnelaye.

La Reine, le Chevalier d'Ambre.

Limoſin, Monſieur Philippes.

Royal-Vaiſſeaux, M. de Colandre.

Orleans, M. de la Villemeneu.

La Couronne, M. de Polastron.
Bretagne, M. Berthelot.
La Perche, M. de Cebret.
Artois, M. de Balincourt.
Louvigni.
Barois, M. de la Vieuville.
La Sarre, le Comte de Moncaut-d'Autrey.
La Fere, le Marquis de l'Isle.
Alsace, le Prince de Birkenfelds.
Royal-Roussillon, M. de Ximenes.
Condé, M. de Surville.
Bourbon, le Comte de Laval.
Beauvoisis, M. Pajot de Ville-pros.
Rouergue, le Comte de Guitault.
Bourgogne, le Marquis de Soyecourt.
Royal Marine, M. Desmarets-Château neuf.
Vermandois, M. Thomassin S. Paul.
Royal Artillerie, M. le Duc du Maine.
Royal Italien, M. Albergotti.
Villars-Chandieu.
Brandelé.
Castela.
Hessy.
Languedoc, M. Darrote.
Sourches.
Medoc, Monsieur de Villaines.
Gensac.
Bacqueville.
Royal-Comtois, le Comte de Froullay.
Lionne.
Provence, le Marquis de Nonant.
Gréder Suisse.
Comte de Laval.
Isenghien.
Surbek.
Nice, Monsieur de Saint Laurent.
La Marck.
Gréder.
Toulouse, Monsieur Bauzin d'Hautefort.
Guyenne, Monsieur d'Harling.
Lorraine, Monsieur de Varennes.
Bombardiers, Monsieur le Duc du Maine.
Flandre, Monsieur Mizon.
Berri, Monsieur de la Giglais.
Bearn, Monsieur de Siougeac.
Haynaut, Monsieur d'Herouville.
Boulonnois, le Marquis de Creci.
Angoumois, Monsieur de Coetenscourt.
Perigord, M. de Boisset de Gaix.

Xaintonge, le Comté de Lannion.

Bigorre, Monsieur de Fenelon.

Forez, Monsieur de Villefort d'Aussi.

Cambresis, Monsieur d'Arville.

Tournaisis, Monsieur Casteia.

Foix, Monsieur Thomé.

Bresse, Monsieur de Montmorenci.

La Marche, le Chevalier de Guiri.

Querci, le Chevalier de Miromesnil.

Nivernois, le Chevalier Sanguin.

Brie, le Marquis de Raffetot-Canonville.

Soissonnois, Monsieur de Barville.

* Isle de France, Monsieur de Buraulure.

Vexin, Monsieur du Metz.

Aulnix, le Chevalier de Brancas.

Beauce, Monsieur de Jean de Manvilles.

Dauphiné, M. de Monvieil.

Vivarez, le Chevalier de Rey.

Luxembourg, Monsieur de Mauni.

Bassigni, Monsieur de Creil.

Beaujolois, Monsieur de Luttault.

Ponthieu, Monsieur de Maubourg.

Miromesnil.

Du Chastellet.

Beaufort.

S. Valier.

D'Aunai.

Sanzai.

May.

Courten Suisse.

Lée.

Obrien.

D'Ilon.

Sparre.

Monroux.

Perry.

Peruin.

Chartres, le Marquis d'Estampes d'Esgrigni.

Blesois, Monsieur de Sauvebeuf.

Gastinois, Monsieur de la Fare-Langere.

Tierache, Monsieur de Nizas.

Prince de Conti, Monsieur Marton.

Albigeois, Monsieur du Deffand-la-Lande.

Laonnois, Monsieur de Brun.

Auxerrois, le Comte de Beuvron.

Agenois, le Chevalier de Broglio.

Charolois, Monsieur d'Epinai.

Labour, M. Raimond.

Bugei, le Marquis du Gua.

DE LA MILICE FRANÇOISE. Liv. XI.

Santerre, le Marquis de Conflant de Menards.
Orleannois, le Marquis d'Oyse.
Oleron, M. de Siougeac.
Les Landes, le Comte de Midelbourg.
Cotentin, le Comte de Chabannes.
Voges, Monsieur d'Herouville.
Saint Second.
Dorrington.
Bourk.
Odonell.
Barwik, le Comte de Barwik-Thimont.
Galmoy.
La Fond.
Laye.
Durefort-Boissiere.
Villemors.
D'Hugues.
Beaujeu.
Longue Ruë.
Bougi.
S. Germain-Beaupré.
Lannion.
Tiraqueau.
Labadie.
Monvieil.
D'Ussy.
Marlou.
La Fare.
Nuaillé.
Barbanson.
D'Entragues.
Des Vasieres.

Blacon.
L'Epinay.
Turbilli.
Caylus.
Maillé.
Riberac.
Matha.
Siffredi.
Boissieux.
Tavannes.
Roussille.
Bonneval.
La Roque.
Du Soupa.
Laubanie.
Montesson.
Varennes.
Letorieres.
Senneterre.
Castelot.
D'Hernoton.
D'Eppeville.
Murat.
Lannion.
Menou.
Peizat.
Du Bochet.
Belle-Isle.
Darci.
Laigle. *des acres*
Masselin.
Valouse.
Rafilly.
Trecesson.
D'Artaignan.
Choiseul.
Pertus.
Pissonel.

Tome II. Fff

Flamarin.
Desmortiers la planche.
S. Evremont (*supprimé*.)
Dampierre.
Chalmasel.
S. Leger (*supprimé*.)
Artaignan-Montesquiou.
Du Roure.
Poyanne.
Berard.
Beauficel.
Fontange.
Maisontiers.
Leautot.
Du Thil.
Valence.
Maumont.
La Rimbaudiere.
Hoccart.
Verseilles.
Copos.
Vassan.
Choiseul.
Bonnieres.
Des Angles.
Pisanson.
Morton.
Phiffer Suisse.
Nogaret.
La Riviere.
Du Bourg.
Rohan, Colonel le Chevalier de Rohan.
Lostange.
D'Ormoy.

Varennes.
Houdetot.
Lachau-Montauban.
Clermont.
Redingall.
Comte Danois.
Noé.
Chambaut.
Enghien.
Duc de Noailles.
Bouhier.
Mornac.
Bellasere.
Rombeller.
La Mote.
Tallerant.
Cormis.
De Ruis.
Guignonville.
Des Hayes.
Houdetot.
Sebbeville.
Lalonde.
Goello.
Castelnau.
Comte d'Houdetot.
D'Ussel.
Montreau.
Seve.
Montsorreau.
La Vieuville.
Leon.
Royal-Baviere, Colonel le Chevalier de Baviere.

De ces listes des Regimens d'Infanterie, je vais separer ceux dont quelques Colonels ont été tuez au service, ou sont parvenus à la Dignité de Maréchal de France. Je l'ai déja fait

DE LA MILICE FRANÇOISE. *Liv. XI.* 411
pour les premiers Regimens jusqu'au Regiment du Roy inclusivement. Voici les autres.

Colonels morts au service.

Regiment Royal.

CE Regiment s'appelloit autrefois l'Altesse. Il avoit deux Colonels, sçavoir le Duc d'Arpajou, & le Marquis de Pierre-fite. Après leur mort il fut donné au Marquis de Créqui, qui fut tué à la bataille de Luzara en Italie en 1702.

Le Marquis de Calvo, tué en 1703 à la bataille de Spire que gagna le Maréchal de Talard.

Regiment de Douglas Ecossois.

Ce Regiment a servi plusieurs années en France, & s'y est fort distingué. Je trouve dans l'Ordonnance de Loüis XIV, de l'an 1670 pour le rang des Regimens, qu'il étoit un des premiers. Il vint d'Ecosse en France du tems du Roy Jacques VI.

Le Chevalier Hepburne en étoit Colonel. C'étoit un homme d'un merite distingué, qui fut fort aimé du Roy Henri IV, & de Loüis XIII: on l'appelloit en France le Colonel Hebron, son nom d'Hepburne étant difficile à prononcer. Quoiqu'il eût été tué sous le Regne de Loüis XIII, sa memoire étoit si chere en France, que le Roy Loüis XIV lui fit ériger un monument magnifique dans l'Eglise Cathédrale de Toul.

Après la mort de Hepburne, Milord Jacques Douglas fut nommé Colonel du Regiment qui commença dèslors à être appellé le Regiment de Douglas. Ce Colonel fut tué entre Douay & Arras commandant un Camp volant. Il étoit Lieutenant General & fort estimé en France pour sa bravoure & pour sa conduite.

Son frere Milord George Douglas, qui eut ensuite le titre de Milord Dumbarton, fut nommé Colonel de ce Regiment, & ne cedoit point en merite à ses predecesseurs.

Ce Regiment de Douglas étant en Garnison à Avennes en 1661, eut ordre de passer en Angleterre, où il rendit des

Fff ij

Colonels morts au service.

services très-considerables au Roy Charles II.

Il n'étoit que de huit Compagnies en partant de France, & se trouva en y revenant, un an après, de trente-trois Compagnies, qui étoient composées pour le moins de cent hommes chacune. Milord George Douglas l'a toûjours commandé en France.

Il faut remarquer qu'il y avoit en même-tems en France un autre Regiment de Douglas, dont le Colonel étoit frere des deux précedens. Il s'appelloit aussi Milord Jacques Douglas. Ce Regiment qui n'étoit que d'un Bataillon, fut incorporé dans celui de son frere.

Le Regiment de Milord George Douglas fut rappellé en Angleterre vers l'année 1678.

Après la derniere révolution, le Colonel qui avoit alors le titre de Milord Dumbarton, Lieutenant General en France & en Angleterre, & un grand nombre d'Officiers suivirent le feu Roy Jacques en France. Plusieurs soldats imiterent l'exemple de leurs Officiers.

Ce Regiment subsiste encore, & est sans contredit le plus beau d'Angletere. Il est commandé par Milord Orkney Lieutenant General frere du feu Duc d'Hamilton & neveu de Milord Dumbarton. On le nomme le Regiment Royal, ou le Regiment d'Orkney. Ce Regiment a fourni un grand nombre d'excellens Officiers, dont plusieurs servent encore en France. Tout ce que je viens de dire a été tiré d'un Memoire d'un Officier Ecossois, qui étoit fort instruit de ce qui regarde ce Regiment.

Le Colonel Hepburne ou Hebron, fut tué au siege de Saverhe en 1636.

Milord Jacques Douglas, tué entre Douay & Arras en commandant un Camp volant l'an . . . . .

Regiment de Poitou.

Ce Regiment portoit d'abord le nom du Colonel, le dernier dont il le porta fut le Comte du Plessis Praslin. Le Marquis de Beville en étant Colonel en 1682, le nom de Poitou fut donné au Regiment.

Le Comte de Mornay fut tué au siege de Manheim en 1688, étant Colonel de ce Regiment.

Colonels morts au service.

Regiment Lionnois.

Ce Regiment a une chose singuliere : c'est que de tous les Regimens qui portent le nom d'une Province, c'est l'unique qui ait les livrées du Colonel, tous les autres ont les livrées du Roy.

Colonel devenu Maréchal de France, le Duc de Villeroy.

Regiment Dauphin.

Le Regiment Dauphin fut créé en 1667 : voici ce que j'ai tiré d'un Memoire qui m'a été donné sur ce Regiment. Le Roy lui donna le rang du Regiment de Linieres, qui avoit été autrefois l'Allier, & avant cela Estrades. C'est le rang qu'il a aujourd'hui après Lionnois.

Institution du Regiment.

Comme ce Regiment portoit le nom de feu Monseigneur âgé alors de six ans, le Roy lui donna de grandes marques de distinction. Il fut formé des Compagnies que l'on prit dans les vieux Corps d'Infanterie. Le Roy voulut que celles de ce nouveau Regiment fussent d'abord de cent hommes en cinq escoüades habillez de gris, mais dont les bas & les paremens étoient de diverses couleurs selon les escoüades. Cette diversité de couleurs des escoüades faisoit que le Bataillon étoit rangé plus promptement, & qu'au premier coup d'œil on voïoit quels soldats y manquoient. Le Roy entretenoit par chaque chambrée de soldats un cheval & un valet, & permit à ce Regiment d'avoir deux pieces de canon qui marchoient à sa tête, & que l'on tiroit le soir pour la retraite, comme cela se pratique encore dans les troupes des Etats Generaux. Ce Regiment ne devoit jamais loger ; mais toûjours camper, même en hyver.

M. Fisica, Officier du Dauphiné, ancien Capitaine dans Turenne, fut mis à la tête de ce Corps à sa création, mais seulement avec le titre de Lieutenant Colonel. Le Marquis de Beringhen lui succeda avec le titre de Colonel, & à ce

Colonels morts au service.

Seigneur le Marquis d'Uxelles. Dés le tems de M. de Beringhen toutes ces distinctions cesserent, & le Regiment fut mis sur le pied des autres.

Le Marquis de Beringhen Colonel de ce Regiment, tué en 1674 au siege de Dole, d'une volée de canon, qui lui emporta le crane, duquel M. de S. Geran Colonel d'Anjou fut si griévement blessé, qu'il fallut le trépaner.

Le Marquis d'Uxelles devenu Maréchal de France.

Regiment de la Gervaisaie.

SElon un ancien Memoire, ce Regiment fut levé au commencement du dernier siecle par M. de Casterbayart. Je trouve en effet le nom de ce Mestre de Camp à la tête d'un Regiment d'Infanterie dans le compte de l'Exraordinaire des guerres de 1615. Après la mort de Casterbayard, ce Regiment fut donné au fils aîné de Monsieur de Montausier, & fut assez long-tems dans cette Maison ; ensuite il passa dans celle d'Uzez, & puis dans celle d'Antin.

Le Marquis de Montausier en étoit Mestre de Camp, lorsqu'il fut tué dans la Valteline l'an 1635, ou 1636.

Histoire du Maréchal de Toiras, t. 2. pag. 104.

Le Duc d'Uzez en étant Colonel, fut tué à la bataille de Nervinde en 1693.

Regiment de Touraine.

Le Chevalier de la Frezeliere tué au siege de S. Omer en 1677, étant Colonel de ce Regiment.

Regiment du Maine.

Il a paru depuis peu une Histoire du Regiment du Maine écrite avec esprit & en stile de Cavalier par un jeune Capitaine du Corps, qui depuis la Paix s'est fait un amusement d'arranger divers Memoires qu'il avoit eu la curiosité de rassembler sur ce sujet. Curiosité digne d'un homme de son état, & dont il seroit à souhaiter que dans chacun des plus considerables Regimens, quelque Officier se laissât picquer pour la gloire

DE LA MILICE FRANÇOISE. *Liv. XI.* 415

de ceux qui l'y ont précedé, sans quoi leurs plus belles actions demeureront ensevelies dans l'oubli.

Colonels morts au service.

Il s'agit là non seulement de la gloire de quelques particuliers, mais encore de celle de tout le Corps ; car faute d'avoir fait ou recueilli de tels Memoires, on sçaura un jour tout au plus qu'il y a eu un tel Regiment dans les troupes de France ; mais on en ignorera jusqu'à l'origine, & jusqu'aux noms des Commandans.

Personne ne s'est plus apperçû que moi de ce défaut dans cette Partie de mon ouvrage. J'ai trouvé dans la plûpart de ces Corps un parfait oubli de ceux qui les avoient commandez autrefois, aussi-bien que du tems où ils avoient été créez, & des actions memorables où ils s'étoient particulierement distinguez.

C'est donc un service considerable que l'Officier dont je parle a rendu au Regiment du Maine en composant son Histoire, & un exemple qu'il a donné qui meriteroit d'être suivi dans les autres Regimens.

Je ne mettrai ici qu'un extrait fort court de cette Histoire, & tel que le dessein que je me suis proposé le comporte.

Le Regiment qui porte aujourd'hui le nom de Monsieur le Duc du Maine, fut levé en 1604 par un Gentilhomme Lorrain nommé de Lémon. Son frere appellé de Netmon leva en même-tems un autre Regiment à qui l'on donna le nom d'Anjou. Ces deux Regimens roulerent quelque tems ensemble. On les fit dans la suite tirer au sort pour regler leur rang. Le Sieur du Pertus qui fut Lieutenant Colonel du Regiment dont il s'agit, fut nommé pour tirer. Le sort ne lui fut pas favorable, & Anjou l'emporta.

Origine du Regiment du Maine.

Quoique l'Histoire du Regiment semble supposer qu'il fut toûjours sur pied depuis l'an 1604, j'ai peine à le croire par la raison que j'ai apportée ci dessus ; sçavoir, qu'en ce tems-là pendant la Paix, on ne conservoit guere d'Infanterie sur pied que les quatre vieux Corps ; mais seulement plusieurs Mestres de Camp dont les Regimens avoient été cassez, demeuroient appointez. Quoy qu'il en soit, ce Regiment étoit sur pied en 1632.

Le Vicomte de Turenne étant revenu cette année de Hol-

Colonels morts au service.

lande, où il avoit servi sous le Comte Maurice de Nassau son parent, & s'étant rendu auprès du Roy Loüis XIII, qui étoit alors en Lorraine, Sa Majesté le fit Mestre de Camp de ce Regiment au mois de Juin, & il le conserva jusqu'à sa mort.

Il eut toûjours un grand soin de le fournir d'excellens Officiers & de bons soldats, qui se distinguoient autant par leur sage conduite, & par l'exacte observation de la discipline Militaire que par leur valeur : c'est ce qui faisoit que quantité de jeune noblesse s'empressoit pour y avoir place. Il sortit de cette Ecole des éleves de Monsieur de Turenne, qui avec le tems parvinrent au Bâton de Maréchal de France, comme Messieurs de Duras & de Lorge ; quantité d'autres que l'on vit depuis Lieutenans Generaux des Armées, comme Messieurs d'Usson, Puisieux, Montendre, la Varenne, Du Bordage ; & le Duc d'York depuis Roy d'Angleterre, choisit ce Regiment pour y signaler sa valeur en qualité de volontaire.

Ce Regiment s'est trouvé dans une infinité d'occasions dangereuses. Il étoit à la bataille de S. Godart en Hongrie 1664, & il s'y signala de maniere qu'il en remporta deux distinctions très-remarquables. La premiere, que depuis il marcha pendant plusieurs années, aïant à sa tête quatre pieces de canon qu'il avoit pris sur les Turcs en cette bataille. Cet équipage étoit payé comme dans les troupes de l'artillerie sur le pied d'une Compagnie. Ces quatre pieces furent mises depuis à Sedan.

L'autre est que les Piquiers du Regiment conduisoient les Drapeaux. Ce Privilege leur fut accordé, parce que dans cette même bataille deux Drapeaux du Regiment aïant été pris, dans l'un desquels le Chevalier de Sillery s'enveloppa plûtôt que de l'abandonner, & y fut tué ; les Piquiers allerent tête baissée aux Janissaires, les enfoncerent & reprirent les Drapeaux. Ces Drapeaux étoient alors noirs.

Pour dire quelque chose de plus recent de ce Regiment, l'esprit de valeur que son illustre Colonel le Grand Turenne lui avoit inspiré, ne s'y ralentit pas après la mort de ce Heros. Il en donna des marques en diverses batailles & en divers sieges, où il se trouva. Il étoit dans Mayence sous les ordres

ordres du Marquis d'Uxelles depuis Maréchal de France, que les Alliez assiegerent en 1689. Trois Capitaines & trois Lieutenans du Regiment y furent tuez. Trois Capitaines, sept Lieutenans & deux Sous-Lieutenans y furent blessez.

Colonels morts au service.

Le combat d'Ekeren, à quelques lieuës d'Anvers en 1703, fut une des occasions où le Regiment qui avoit alors pour Colonel M. le Duc du Maine, se signala le plus, & où la gloire qu'il y acquit lui coûta plus de sang. Le Marquis de Seguiran, qui en étoit Colonel-Lieutenant, aïant forcé un défilé, se trouva exposé à un terrible feu des ennemis, qui tiroient à couvert de derriere une digue. Il se jetta avec son Regiment, dans le canal qui le separoit d'eux, aïant de l'eau jusqu'au col. Il n'eut pas plûtôt franchi ce pas dangereux qu'il fut chargé par un gros de Cavalerie. Il separa sa troupe en pelottons, qui sans branler faisoient feu sur cette Cavalerie, laquelle ne put gagner sur eux un pied de terrain. Le Colonel y perit avec trente Officiers; mais sans que le Regiment lâchât le pied. Les bales manquant à quelques Soldats, ils arrachoient les boutons de leurs juste-au-corps pour y suppléer, & au lieu de dépoüiller les ennemis qui étoient tuez, ils se contentoient de prendre leur poudre pour s'en servir n'en aïant plus. On vit des tambours quitter leurs caisses pour venir charger les ennemis avec leurs camarades, & enfin le Regiment fut presque tout défait sans pouvoir être forcé.

L'Espagne fut ensuite témoin de la vigueur du Regiment du Maine aux sieges de Gibraltar & de Barcelone, qui furent levez, & en d'autres occasions: mais il ne parut jamais avec plus d'éclat qu'à la bataille d'Almanza en 1707.

L'armée des Alliez eut d'abord un fort grand avantage sur la premiere ligne de l'armée Royale: & Mylord Gallouay voïant qu'il n'y avoit plus que les Gardes Vallones & Espagnoles à vaincre pour défaire entierement la ligne, fit avancer de ce côté la Brigade de Stuart, une des meilleures de son armée. Le Maréchal de Barwik penetrant son dessein, eut recours à la Brigade du Maine, qu'il fit marcher de la seconde ligne à la premiere, sous les ordres du Sieur de Belrieux, qui commanda aux Soldats de mettre la bayonnette au

Bataille d'Almanza.

Colonels morts au service.

bout du fusil, avec défense de tirer. Cette marche se fit avec une si belle contenance, & la charge avec tant de vigueur que les Anglois furent entierement défaits. Cette action rétablit les affaires, & fut suivie du gain de la bataille. On fut si persuadé qu'elle avoit été la principale cause de la victoire, que les habitans de Valence firent graver sur leur Hôtel de Ville, ces paroles en lettres d'or :

Quando empiesco apelear el Regimento d'Humena, entoncez empiesarom allamar, vittoria, vittoria.

C'est-à-dire, quand le Regiment du Maine commença à combattre, alors on cria, victoire, victoire.

Le Maréchal de Barwik rendit compte au Roy de la grande part que le Regiment du Maine avoit eu à cette victoire, & le Sieur de Courville, qui en étoit Colonel, étant mort des blessures qu'il avoit reçûës à l'attaque d'un poste un jour ou deux avant la bataille, M. de Belrieux eut sa place de Colonel, & fut fait en même tems Brigadier d'armée.

C'est ainsi que le Regiment a toûjours soûtenu la belle reputation de bravoure qu'il avoit acquise dans le tems que M. de Turenne étoit à sa tête ; on l'en faisoit ressouvenir dans les occasions ; & au siege de Bouchain en 1676, le Roy rangeant son armée pour recevoir le Prince d'Orange qui sembloit se preparer à donner bataille, s'arrêta devant le Regiment, & lui dit : » Qu'il s'attendoit bien qu'il feroit » paroître autant de valeur en cette occasion, qu'il en avoit » donné de marques sous M. de Turenne. Feu Monsieur lui parla de la même maniere à la bataille de Cassel. Enfin une

Journée de Denain.

des dernieres occasions où il se signala, fut l'heureuse & la glorieuse journée de Denain en 1712, qui nous redonna notre ancienne superiorité sur les ennemis. Le Maréchal de Villars après sa victoire passant devant le Regiment, lui dit : » Mes- » sieurs du Maine, j'étois bien informé de ce que vous sça- » viez faire ; mais aujourd'hui j'en suis convaincu par ce que » je viens de voir, & j'en rendrai bon compte au Roy.

Il y a sans doute d'autres Regimens qui meriteroient de pareils éloges : mais c'est principalement aux Officiers de ces Corps à s'interesser à leur gloire. J'ai fait inutilement des tentatives auprès de quelques-uns ; & je ne puis en dire plus que ce qu'on m'en a appris : car les Histoires ne descendent gueres dans le détail de ce qui concerne les Corps particuliers.

Colonels morts au service.

M. le Vicomte de Turenne qui garda toûjours ce Regiment, fut tué d'un coup de canon en 1675, commandant l'armée de France en Allemagne.

M. de Seguiran, tué au combat d'Ekeren aux païs bas en 1703, où le Maréchal de Boufflers défit les Alliez.

M. de Courville, mort des blessures reçûës à l'attaque d'un château un jour ou deux avant la bataille d'Almanza en Espagne en 1707.

Regiment de Saillant-d'Estain.

Selon un Memoire que j'ai vû touchant ce Regiment, M. de Nettancourt en fut le premier Mestre de Camp ou le premier Colonel, car le tems où ce Gentil-homme le commanda n'y est point marqué ; il eut pour successeur M. de Dampierre, qui en qualité de Maréchal de Camp, commanda les volontaires au siege de Candie. Le Roy donna depuis le Regiment à son fils.

Le Comte de Dampierre fut tué en Candie l'an 1669.

Le Marquis de Charost, tué à la bataille de Malplaquet en 1709.

Regiment de Meuse.

Ce Regiment est originairement Liegois, & étoit commandé par un homme du païs de Liege nommé la Bloquerie. Les Officiers mécontens de leur Commandant, se donnerent à la France sous le ministere du Cardinal Mazarin.

Le Maréchal de Grammont & le Maréchal de Noailles ont commandé ce Regiment.

Regiment de la Chesnelaye.

Le Maréchal de Grancey en fut Mestre de Camp.

Ggg ij

Colonels morts au service.

Regiment de la Reine.

Ce Regiment étoit au Cardinal Mazarin, & à sa mort il eut le nom de la Reine ; les Colonels de ce Regiment morts dans le service sont, le Marquis de Moussy tué en 1675 le jour des Rois au combat de Turqueim en Allemagne, étant Colonel de ce Regiment.

Le Marquis de Crenan Lieutenant General. Il commandoit à Cremone pour le Roy en 1702, quand cette place fut surprise par le Prince Eugene. M. de Crenan y fut blessé & mourut de ses blessures, après que le Prince Eugene en eut été chassé le même jour qu'il l'avoit surprise.

Le Marquis de Busançai tué en 1706 au siege de Turin. M. le Chevalier d'Ambre en est aujourd'hui Colonel en 1721.

Regiment de Limosin.

Le Marquis de Montpesat tué au siege de Luxembourg en 1684, en étant Colonel.

Regiment Royal des Vaisseaux.

Le nom de ce Regiment montre qu'il fut d'abord destiné & emploïé à la Marine avant que de servir dans les armées de terre. A la mort du Duc de Candale, qui étoit Mestre de Camp de ce Regiment, le Cardinal Mazarin le prit pour lui, & le fit appeller Vaisseaux-Mazarin. Le Roy le nomma Roïal des Vaisseaux en 1674.

Le Marquis de Gandelu, tué à l'attaque d'Oberkirk en Allemagne en 1689, étant à la tête de ce Regiment.

Le Marquis d'Entragues mourut des blessures reçûës à la surprise de Cremone en 1702.

Le Marquis de Montendre tué à la bataille de Luzara en 1702.

Regiment de la Couronne. * créé en 1638. *

Colonels morts au service.

Après la mort de Loüis XIII, ce Regiment fut levé sous le nom de la Reine mere Anne d'Autriche. Il eut de suite trois Messieurs de Genlis pour Colonels, qui furent tuez l'un après l'autre ; sçavoir,

Le Marquis de Genlis Lieutenant General tué à . . . .

Le Marquis de Genlis-Betencourt frere du précedent, tué à la journée de Consarbrik en 1675.

Le Marquis de Genlis frere des deux précedents, tué au siege de S. Omer en 1677.

Regiment de Bretagne.

Le Regiment de Bretagne fut levé en 1644, sous le nom du Cardinal Mazarin, & fut de deux mille cinq cents hommes d'élite, dont les Capitaines étoient gens de distinction. Le Marquis de Castelnau en fut fait Mestre de Camp. Ce Regiment se distingua dès cette même année à la bataille de Fribourg, & l'année suivante à celle de Nortlingue. Il étoit à l'attaque du Village d'Allerem, où le General Merci, qui commandoit l'armée ennemie, fut tué. Il a donné des preuves de sa valeur dans les dernieres guerres, & principalement lorsque le Prince Eugene voulut passer le Mincio. Ce fut ce Regiment qui lui disputa & lui empescha le passage.

Je ne sçai pas l'année qu'il quitta le nom de Mazarin pour prendre celui de Bretagne ; mais selon les Relations de la bataille des Dunes gagnée par Monsieur de Turenne, on lui donnoit déja le nom de Bretagne, c'est-à-dire en 1658.

Le Marquis de Castelnau, qui avoit été Mestre de Camp de ce Regiment, mourut à Calais en 1658 d'un coup de mousquet qu'il reçut dans le côté au siege de Dunkerque. Le Roy le fit Maréchal de France après sa blessure : mais il ne joüit de cet honneur que peu de jours.

Regiment du Perche.

Dans le tems que le Prince de Condé étoit dans les

Colonels morts au service.

troupes d'Espagne, un Officier Allemand nommé Balthasar qui y servoit, fut attiré au service de France par Monsieur de Salieres qui étoit son ami. On lui donna un Regiment qui prit son nom, & il servit en 1636 au siege de Valence sur le Pô.

La paix aïant été concluë entre la France & l'Espagne, il se fit une reforme de troupes. Le Regiment du Prince de Carignan & celui de Balthasar furent unis en un même Corps. Les deux Commandans conserverent chacun leur Colonelle & leur Drapeau blanc, le Regiment s'appella Carignan-Balthasar, & les Commissions des Officiers étoient expediées sous le nom des deux Colonels.

Le Colonel Balthasar s'étant retiré, Monsieur de Salieres prit sa place, & le Regiment s'appella alors Carignan-Salieres. Les deux Colonelles & les deux Drapeaux blancs subsisterent. La Colonelle de Carignan étoit la premiere, & celle de Salieres la seconde.

Ce Regiment quelque tems après fut embarqué pour passer en Canada commandé par Monsieur de Salieres. La permission que le Roy donna aux Officiers & aux soldats de se marier en ce païs-là, ruina le Regiment, & il fut reduit aux deux Colonelles qui conserverent leurs Drapeaux blancs, & étoient de cent hommes chacune, tous Officiers reformez, Sergens & vieux soldats.

Ce Regiment étant repassé en France, le Roy le rétablit & le fit de seize Compagnies, une desquelles étoit la Colonelle de Salieres.

Au Prince de Carignan succeda le Comte de Soissons, au Comte de Soissons le Marquis de Lignerac, & puis Monsieur de Cotteron & Monsieur de Cebret. La Colonelle de Salieres y étoit toûjours avec son Drapeau blanc, & avoit pour Capitaine Monsieur de Salieres fils de celui qui avoit été Colonel du Regiment. Cela continua ainsi jusqu'au mois d'Octobre de l'an 1718 que Monseigneur le Regent fit consentir Monsieur de Salieres à ne plus porter le Drapeau blanc dans sa Compagnie, laquelle il lui conserva, & le dédommagea par un Brevet de Colonel. Ce Regiment prit le nom du Perche, le Marquis de Lignerac en étant Colonel.

Monsieur de Cotteron Colonel fut tué au combat de Turin en 1706.

Regiment d'Artois.

Le Marquis d'Escots tué auprès de Namur dans un détachement, étant Colonel de ce Regiment.

Colonel Maréchal de France, le Comte de Noailles, & depuis Duc.

Regiment de Louvigni.

Le Marquis d'Humieres Colonel de ce Regiment, fut tué au siege de Luxembourg en 1684.

Le Marquis de S. Sulpice tué en défendant Keiserſvaert en 1701.

Meſtre de Camp devenu Maréchal de France, le Marquis de Clerembaut.

Regiment de la Sarre.

Ce Regiment fut d'abord au Maréchal de la Ferté & au Duc ſon fils. Il porta le nom de ſes Meſtres de Camp ou Colonels juſqu'au Marquis de Braques, & alors il prit le nom de la Sarre.

Le Marquis de Braques Colonel fut tué au siege de Montmelian en 1691.

Le Comte de Montcaut d'Autrey à la bataille de Malplaquet en 1709.

Meſtre de Camp devenu Maréchal de France, le Marquis de la Ferté-Seneterre.

Regiment de la Fere.

Monſieur de la Haye Colonel de ce Regiment, fut tué d'un coup de mouſquet à   en 1677.

Le Marquis de Crequi. J'ai déja parlé de ce Seigneur sous le Regiment Royal.

Le Comte des Marets tué au siege de Verceil l'an 1704.

Colonels morts au service.

Regiment d'Alsace.

Monsieur de Stembek tué à la bataille de Malplaquet en 1709.

Regiment de Roussillon.

Monsieur de Ximenes tué à la journée d'Oudenarde en 1708.

Regiment de Bourbon.

Le Marquis de Villandry tué à la défense de Grave en 1674.
Le Marquis de Vieuxpont l'aîné tué en Piémont l'an 1690.
Le Marquis de Vieuxpont le cadet tué en 1690 à …

Regiment de Beauvoisis.

Le Marquis de Vieuxbourg tué à la défense de Namur en 1695.

Regiment de Rouergue.

Le Comte de Montperrous mort des blessures reçûës à Lictemberg en 1678.

Regiment de Bourgogne.

Le Marquis de Chamilly fut Colonel de ce Regiment, & parvint à la dignité de Maréchal de France.

Regiment Royal la Marine.

Le Comte de Clére tué à la bataille d'Ensheim que gagna le Vicomte de Turenne en 1674.
Le Marquis de Nangis tué en Allemagne l'an 1690.

Regiment de Vermandois.

Ce Regiment créé en 1669 fut d'abord nommé le Regiment Amiral, & puis transferé au service de terre. Monsieur le Comte de Vermandois en demeura Colonel.

Le Comte de Gassé mort de ses blessures receuës à la bataille de Senef en 1674.

Le Marquis de Soyecourt tué à la bataille de Fleurus en 1690.

Le Maréchal de Matignon avoit été Colonel de ce Regiment.

Regiment de Castela Suisse.

Monsieur Polier tué à la bataille de Steinkerque en 1692.

Regiment de Languedoc.

Ce Regiment fut tiré du Regiment Catalan dit depuis Roïal Roussillon; on en prit tous les soldats François, & on le mit à trente & une Compagnies en 1671.

Le Marquis de Marillac tué à la bataille d'Hocstet en 1704.

Regiment de Sourches.

Le Marquis d'Uxelles Maréchal de France avoit été Colonel de ce Regiment.

Regiment de Gensac.

Le Marquis de Gandelu. J'ai déja parlé de ce jeune Seigneur sous le Regiment des Vaisseaux.

Le Maréchal d'Albret avoit été à la tête de ce Regiment.

Regiment Royal Comtois.

Ce Regiment porta le nom de ses Colonels, qui furent

Colonels morts au service.

deux Liftenai. Le Marquis de Bellefons en étant devenu Colonel, il fut nommé Royal Comtois.

Le Marquis de Bellefons tué à la bataille de Stinkerque en 1692.

Regiment de Lionne.

Le Marquis de Blainville Lieutenant General tué à la bataille d'Hocstet en 1704.
Le Marquis de Maulevrier-Colbert tué à la défense de Namur en 1695.
Le Maréchal de Schomberg avoit été Colonel de ce Regiment.

Regiment de Laval.

Le Maréchal Duc de Vivonne avoit été à la tête de ce Regiment.

Regiment d'Isanghiem.

M. de Pipemont. Il avoit été au service des Espagnols. Il fut tué à la bataille de Cassel en 1677, étant Colonel de ce Regiment.

Regiment de Zurlaube.

M. de Zurlaube tué à la bataille d'Hocstet en 1704.

Regiment de Lorraine.

Le Marquis d'Hocquincourt tué en Hollande en 1690.
Le Marquis d'Hocquincourt frere du précedent, tué auprès de Huy en 1691, dans un détachement. On m'a assûré qu'un autre de leurs freres avoit été tué à la tête du même Regiment: mais je ne sçai ni où, ni quand.

Regiment de Bearn.

Le Marquis de Mornay tué à Manheim en 1688.
Le Chevalier de Chamilly mort des blessures reçûës en 1702, à la bataille de Fridlingue, gagnée par le Marquis de Villars.

Regiment de Haynaut.

Le Comte de Morstein tué à la défense de Namur, en 1695.

Regiment d'Angoumois.

Le Marquis de Bellefons tué à Stinkerque en 1692, comme je l'ai déja dit sous le Regiment Royal Comtois.

Regiment de Forez.

Monsieur de Montmorency-Fosseuse tué à la bataille de la Marsaille en 1693.

Regiment de Cambresis.

M. de Vienne de Presle tué à la défense de Cremone en 1702.

Regiment de Foix.

Le Marquis de Blainville tué à Hocstet, ainsi que je l'ai déja dit, en parlant du Regiment de Lionne & du Regiment de Champagne.

Regiment de Quercy.

Le Marquis d'Amanzay tué au siege d'Ambrun l'an 1692.

HISTOIRE.

Colonels morts au service.

Regiment de Beaujolois.

M. de Meneſtrel, tué au ſiege de Verceil, en 1704.

Regiment du Chaſtelet.

Le Chevalier de Sillery, tué à la bataille d'Almanza en 1707.

Regiment d'Obrien Irlandois.

M. Talbot tué à bataille de Luzara étant volontaire au Regiment de d'Illon, en 1702.

Mylord Clare, tué à la bataille de Ramilly en 1706.

Regiment d'Anguien.

M. de S. Aulaire tué à la bataille de Rumersheim, où le Comte de du Bourg défit le General Mercy en 1709.

Regiment d'Albaret.

Ce Regiment fut détruit à la bataille d'Hocſtet, & n'a point été rétabli. Le Colonel y fut tué en 1704.

Regiment de Perrin.

M. de Bois-fermé, Francontois, Colonel, fut tué à la défenſe de Landau en 1704.

Regiment de Chartres.

Il a pour Colonel M. le Duc de Chartres, qui vient d'être fait Colonel General de l'Infanterie, en 1721.

Le Chevalier d'Eſtrade Colonel-Lieutenant, fut tué à la bataille de Steinkerque, en 1692.

Regiment de Beaujeu.

Colonels morts au service.

Le Chevalier de Gassion, tué à la bataille d'Hocstet en 1704.

Regiment de Baudeville.

M. de Baudeville, presque tous les soldats & Officiers de ce Regiment furent tuez à Hocstet. Il n'en resta que le Major & un Capitaine.

Regiment de Chabrillant.

M. de Chabrillant fut tué à Hocstet avec deux de ses freres, Chevaliers de Malte comme lui. Le Regiment fut entierement détruit, & n'a point été rétabli.

Outre ces Regimens d'Infanterie, que je viens de nommer, & plusieurs autres, dont je n'ai fait mention que dans les deux listes generales, parce que je n'ai pas trouvé qu'aucun de leurs Colonels eussent perdu la vie dans le service, il y a encore plusieurs Compagnies franches d'Infanterie, la plûpart Françoises, & quelques étrangeres. Il y en a dans l'Artillerie; il y en a de composées de soldats des Invalides que l'on forme pour les envoyer dans les Garnisons, sur tout pendant la guerre. D'autres sont sous des Capitaines partisans de profession, c'est-à-dire, dont la fonction particuliere est d'aller en parti dans le païs ennemi en tems de guerre. Il y en a une de deux cents Gentils-hommes de Basse-Normandie, commandée par le Comte de Matignon, &c.

Compagnie de 200 Gentils-hommes de Normandie.

Une autre espece de Regimens grossit considerablement nos armées en 1688. Ce furent ceux qu'on appella Regimens de Milices, dont je vais rapporter l'institution & la Police.

Des Regimens de Milice.

EN 1688, dans le tems que la ligue d'Ausbourg commençoit à faire éclore ses projets, le Roy jugea à propos de prévenir ses ennemis. Ses troupes entrerent en Allemagne. Hailbron fut pris au mois d'Octobre, & ensuite abandonné. Ausbourg fut mis à contribution ; Heydelberg & Mayence furent contraints de recevoir garnison Françoise. On fortifia Ebernebourg. Feu Monseigneur prit Philisbourg en dix-neuf jours de tranchée. Ensuite Manheim, Spire, Vormes, Oppenheim, Treves, Frankendal se rendirent, & la guerre fut declarée à la Hollande.

Le Roy prit d'ailleurs ses précautions pour la défense de son Royaume, qui alloit être attaqué de toutes parts & par mer & par terre. Une des plus importantes de laquelle il usa, fut la levée des Regimens d'Infanterie de Milices, dont je parle, laquelle se fit dans toutes les Generalitez du Royaume. Je ne sçai si dans ce dessein on prit pour modele l'institution des Francs-Archers par Charles VII, de laquelle j'ai parlé ailleurs : mais ces deux institutions se ressembloient en plusieurs choses.

Reglement du 29 Novembre 1688. Chaque village fournissoit un ou plusieurs hommes, excepté quelques-uns où il y avoit peu d'habitans. On y établit une très-belle police. On choisit pour les commander des Officiers dans la Noblesse & parmi les gens vivant noblement, on regla les rangs des Regimens & des Officiers entre eux. La Paroisse devoit fournir le Soldat tout équipé & tout armé. Il n'étoit enrôlé que pour deux ans. Il étoit marqué qu'il pouvoit se retirer après ce terme ; & qu'en ce cas, pour recompenser le service qu'il auroit rendu, s'il venoit à se marier, il ne pourroit être imposé à la taille que deux ans après son mariage.

Plusieurs de ces Regimens après avoir été disciplinez, devinrent de fort bonnes troupes & servirent très-bien.

Cette levée fut de 25050 hommes, partagez en trente Regimens, ainsi qu'il est contenu dans l'Etat de ces Milices. On en faisoit après la campagne les revûës, dans les villages d'où elles avoient été tirées.

DE LA MILICE FRANÇOISE. Liv. XI. 431

Ces Regimens de Milice furent congediez à la Paix de Riſwik. On leva encore des Milices par village à la derniere guerre, ſous le Regne de Loüis le Grand : mais on ne les enregimenta point. On en faiſoit des recruës pour les Regimens ordinaires, & l'on garda cette methode juſqu'à la Paix concluë à Utrecht.

Voici une autre inſtitution que je joins à l'établiſſement des Regimens de Milice, pour les raiſons que je vais dire.

De l'inſtitution des Compagnies de jeunes Gentils-hommes ou Cadets en diverſes places des frontieres.

JE mets ces Compagnies dans le traité de l'Infanterie, premierement, parce que les exercices dans leſquels on les élevoit étoient ceux de l'Infanterie, ſçavoir les exercices de la pique, du mouſquet & du fuſil ; ſecondement, que les factions où on les emploïoit, étoient toutes factions d'Infanterie ; troiſiémement, parce que les emplois, dont on en gratifia un grand nombre, furent des Charges dans l'Infanterie, & qu'enfin le deſſein du feu Roy paroît avoir été uniquement de former dans ces Compagnies de bons Officiers d'Infanterie.

Le Roy donc l'an 1682 prévoïant que la guerre pourroit ſe rallumer au ſujet de quelques differens entre la France & l'Eſpagne touchant certaines places des païs bas, & par diverſes intrigues du Marquis de Grana, penſa à établir comme des écoles Militaires pour la jeune Nobleſſe, à deſſein d'y former des Officiers au métier de la guerre. C'eſt pourquoi on publia au mois de Juin par ordre de Sa Majeſté, que pour donner moyen à pluſieurs Gentils-hommes de ſe rendre capables de ſervir dans les armées, Elle fera mettre ſur pied deux Compagnies dans leſquelles on recevra les Gentils-hommes qui voudront y entrer depuis l'âge de quatorze ans juſqu'à vingt-cinq, & qu'elles ſeront miſes en garniſon dans la Citadelle de Tournay & dans celle de Metz, où ſa Majeſté fera enſeigner les fortifications à ces Gentils-hommes avec tous les exercices Militaires.

Quoique le rendez-vous general fût d'abord à Tournay

& à Metz, on en marqua un troisiéme à Besançon, & la troupe qui y fut assemblée fut de quatre cents vingt, où il ne s'en trouva pas plus de quatre ou cinq qui ne fussent nez Gentils-hommes.

Ces levées furent si considerables, qu'on en forma neuf Compagnies, que l'on distribua en autant de places des frontieres, qui furent Tournay, Cambray, Valenciennes, Charlemont, Longouy, Metz, Strasbourg, Brisac, Besançon.

Les Commandans de chacune de ces Compagnies furent ceux qui commandoient dans les places où l'on les envoïa, sçavoir, Messieurs de Mesgrigni, dans la Citadelle de Tournay, le Tillieul dans la Citadelle de Cambray, de Montefranc dans la Citadelle de Valenciennes, Reveillon à Charlemont, M. N.   à Longouy, le Camus de Morton, à Metz, Montbrun, à Strasbourg, la Citardie, à Brisac, Moncaut, à Besançon. La Compagnie qui fut d'abord établie à Metz passa depuis à Sarloüis, & celle de Valenciennes à Betfort

On donna au Commandant de chaque Compagnie de Gentils-hommes, une Commission particuliere de Capitaine pour cet effet avec dix-huit cents livres d'appointement.

Les Cadets étoient soudoyez de dix sols par jour, entretenus d'habits propres. Le Roy païoit pour chaque Compagnie deux Maîtres d'Armes & un Maître de Mathematiques; on y ajoûta un Maître à dessiner, un Maître de langue Allemande, & un Maître à danser. Les Cadets faisoient tous ces exercices, & montoient la Garde à leur rang. Le Lieutenant de la Compagnie étoit chargé de la Police, à peu près comme le Lieutenant-Colonel dans les Regimens. Le premier Sous-Lieutenant faisoit faire l'exercice aux Cadets comme un Major. Le Roy en 1683 fit un voyage sur la frontiere. On fit faire à Besançon en sa presence, l'exercice aux Cadets, & ensuite la revûë. Cette Compagnie, comme j'ai déja dit, étoit de 420. Il y en ajoûta quelque tems après 216. Il vit aussi à Colmar ceux qu'il entretenoit à Brisac, au nombre de six cents.

Comme le dessein du Roy étoit de tirer de ces Compagnies la plûpart des Officiers pour ses armées, aussi bien que de ses deux Compagnies de Mousquetaires, il rétablit en 1687 les places de Sous-Lieutenant dans les troupes qui avoient

été

DE LA MILICE FRANÇOISE. *Liv. XI.* 433

été presque tous cassez à la paix, & donna des Sous-Lieutenances à plus de neuf cents de ces jeunes Gentils-hommes. On en fit aussi plusieurs Lieutenans dans les Regimens de Milices.

M. de Moncaut Commandant de la Citadelle de Besançon, fit des Reglemens pour le gouvernement de cette jeunesse, lesquels furent imprimez. Le Roy de Pologne, Jean Sobieski, souhaita de les avoir; & l'Electeur de Brandebourg & le Prince d'Orange s'en servirent pour de semblables Compagnies qu'ils mirent sur pied, à l'imitation du Roy. Tous ces Reglemens tendoient à accoûtumer ces Cadets à la fatigue, à vivre de peu, & à l'obéïssance Militaire. Les exercices Militaires y étoient reglez & rangez pour le tems, on n'y avoit pas oublié les exercices de Chrétien, & tout ce qui pouvoit contribuer à la politesse & au sçavoir vivre; de sorte qu'il ne tenoit qu'à ces jeunes gens d'apprendre dans cette Ecole tout ce qui peut former un brave Cavalier, un bon Officier, un honnête homme, & même un Chrétien dans la profession des armes.

Cet établissement dura pendant dix ans dans sa vigueur; *Durée de cet* mais les grandes guerres que le Roy eut sur les bras ensuite *établissement.* de la Ligue d'Ausbourg, l'obligea à retrancher les dépenses qui n'étoient pas absolument necessaires, on pensa à se décharger de celles qui se faisoient pour l'entretien des Compagnies de Cadets. On avoit déja commencé à ne pas admettre gratuitement ceux qui se presentoient, & les Intendans pour les recevoir dans les Provinces, exigeoient que l'on cautionnât pour ces Cadets, cinquante écus de pension, & on les obligeoit à aller prendre leurs Lettres à la Cour. Ces frais en rebuterent beaucoup, & altererent même l'établissement, en ce que plusieurs qui n'étoient pas Gentils-hommes étoient reçûs à ces conditions, pourvû qu'ils fussent de bonne famille & vivant noblement. Enfin après 1692, on cessa de faire des recruës, & peu à peu dans l'espace de deux ans ces Compagnies furent aneanties.

A ce détail que je viens de faire de l'Infanterie Françoise, j'ajoûterai encore quelque chose touchant les Soldats qu'on y appelle du nom de Grenadiers: car quoiqu'ils n'y composent pas

Tome II. I i i

un Corps separé, mais qu'ils soient dispersez dans les divers Regimens; c'est cependant une espece de Milice particuliere.

Des Grenadiers.

LE nom de Grenadiers fait connoître la fonction des Soldats qui le portent, ou plûtôt celle à quoi ils furent d'abord destinez dans leur premiere institution. C'étoit des Soldats qu'on exerçoit particulierement à jetter des grenades, pour s'en servir principalement dans des assauts, dans l'attaque d'un chemin couvert, d'un dehors, &c.

Je trouve dans un memoire que l'on m'a fourni pour l'Histoire du Regiment du Roy, que les premiers Grenadiers qu'on vit dans nos troupes, furent mis dans ce Regiment en 1667: on y en mit quatre dans chaque Compagnie.

En 1670, le Roy prit tous les Grenadiers des Compagnies de son Regiment pour les mettre tous ensemble, & en former une Compagnie, dont il donna le commandement à M. de Riotor qui fut le premier Capitaine de Grenadiers.

Un peu avant la guerre de Hollande, qui commença en 1672, le Roy ordonna que les trente premiers Regimens d'Infanterie eussent chacun une Compagnie de Grenadiers à leur tête. Dans la suite tous les Regimens, & puis tous les bataillons en eurent. C'est pourquoi on doubla dans les Regimens la Compagnie des Grenadiers. Il n'y eut que le Regiment des Gardes où il n'y en eut point jusqu'à l'an 1689. Alors le Roy augmenta ce Regiment de deux Compagnies, qui furent deux Compagnies de Grenadiers. Le premier des deux Capitaines a été depuis regardé comme le chef des Grenadiers de l'armée, & dans les détachemens où il se trouve, il marche à la tête. Depuis la Regence, le Roy a mis dans le Regiment des Gardes une troisiéme Compagnie de Grenadiers. C'est M. de Clisson qui en est Capitaine.

Il y en a aussi eu depuis dans les Regimens Suisses: c'est-à-dire en 1691: mais leurs Compagnies de Grenadiers ne sont separées des autres que durant la campagne, ainsi que je l'ai dit en traitant de la Milice des Suisses.

Les Grenadiers ne forment point de bataillon particulier,

mais ils marchent à la tête de chaque bataillon.

Par cette multiplication de Grenadiers, leur premiere fonction, d'où ils avoient pris leur nom, cessa de leur être commune à tous : car il y a telle Compagnie de Grenadiers, qui en dix campagnes n'aura pas servi à jetter une grenade : mais on s'en sert pour toutes les actions vigoureuses, & sur tout dans l'attaque d'un chemin couvert, pour donner l'assaut à une demi-lune, &c. Ils vont ordinairement à la tête de ces sortes d'assauts : aussi l'on peut dire que c'est l'élite des Soldats de l'Infanterie, & qu'on ne les voit gueres reculer. Leurs Capitaines sont toûjours des personnes d'une valeur éprouvée.

Loüis le Grand institua encore deux Compagnies de Grenadiers à cheval, qui furent appellez Grenadiers du Roy. J'en ai parlé dans l'Histoire de la Maison du Roy.

HISTOIRE

LIVRE XII.

Histoire de la Cavalerie-legere, de l'Arriereban, des Dragons, des Huffarts.

BRANTOME dans son premier volume, faisant l'éloge de M. de Fonterailles, dit, que du tems de Loüis XII, *il ne se parloit point de Cavalerie-legere Françoise, sinon de la Gendarmerie.* Cette expression a besoin de modification & d'explication. Elle seroit fausse, si elle signifioit qu'avant ce tems-là, & même en ce tems-là il n'y avoit de troupes Françoises de Cavalerie, que celles de la Gendarmerie. Il y a eu de tous les tems de la Cavalerie-legere dans nos armées, & l'Historiographe de Philippe-Auguste, au sujet de la bataille de Bovines, non seulement en parle, mais encore lui donne le nom de Cavalerie-legere; *levis armaturæ equites.* Il est évident que sous la premiere, la seconde & la troisiéme Race, les Seigneurs qui amenoient leurs vassaux ou sujets au service, ne les armoient pas tous de pied en cap, & avec les armes completes de Gendarmes. Il y avoit des Pietons & des Cavaliers armez à la legere. Les Communes en envoïoient de même espece. Enfin il y avoit des Archers & des Arbalêtriers à cheval en grand nombre, qui n'étoient point de la Gendarmerie, & qu'on doit réduire à l'espece de la Cavalerie legere.

Ce que Brantôme a donc voulu dire, c'est que du tems de Loüis XII, il n'y avoit de Corps reglé de Cavalerie Françoise, que la seule Gendarmerie. Celle-ci depuis Charles VII, étoit composée des Compagnies d'Ordonnance, qui furent beaucoup multipliées dans la suite, & avant le Regne de ce Prince, elle étoit formée des Gendarmes qu'amenoient les Chevaliers Bannerets, des Chevaliers & Gendarmes que les Seigneurs de divers Fiefs étoient obligez de fournir, & de quelques Compagnies que nos Rois, même avant Charles

Rigord, p. 216.

De tout tems il y a eu de la Cavalerie-legere en France.

VII, faisoient lever par divers Seigneurs ou Gentils-hommes, non pas en vertu de l'obligation de leurs Fiefs; mais en les foudoyant, comme Charles VII foudoya depuis les Compagnies d'ordonnance.

Ce que Brantôme a voulu dire encore, c'est que du tems de Loüis XII, il n'y avoit ni Officiers Generaux de Cavalerie comme il y en avoit de son tems, ni d'Etat Major, ni même communément de Capitaines avec des Commissions fixes; que la Cavalerie-legere n'étoit autrefois composée que de gens ramassez, ou de valets, ou d'autres gens de la suite des Gentils-hommes & des Seigneurs, auxquels on donnoit des Chefs ou des Capitaines pour une campagne, pour une bataille, pour les marches, & enfin d'Archers & d'Arbalêtriers Genois; & je croi que pour ceux-cy, ils avoient leurs Capitaines & leurs Commandans de leur Nation. On y joignoit quelques Cavaliers envoyez par les Communes des villes.

La Cavalerie-legere ne faisoit point un corps dans les troupes de France.

De là venoit que la Cavalerie-legere Françoise n'étoit point censée faire de Corps, & n'étoit gueres estimée. C'étoit la Gendarmerie qui faisoit toute la force de l'armée tant par la bonté de ses armes, que par la force de ses chevaux qui étoient des destriers, *dextrarii*: c'est-à-dire des chevaux de bataille. Aussi la Cavalerie-legere telle que je l'ai décrite, ne pouvoit tenir devant la Gendarmerie. Et une ancienne chronique dit que cent hommes de Gendarmerie suffisoient pour battre mille autres Cavaliers non armez; c'est-à-dire armez à la legere*, parce que les armes des Gendarmes étoient presque impenetrables, & que leurs grands & forts chevaux culbutoient dés le premier choc ceux de cette Cavalerie-legere.

Celle-cy ne servoit gueres qu'à deux usages; le premier à achever la déroute de la Gendarmerie ennemie, après que la Gendarmerie Françoise l'avoit rompuë: car en ce cas la Cavalerie-legere enveloppoit les Gendarmes dispersés, en se séparant en quantité de petits pelottons, plusieurs Cavaliers attaquoient un Gendarme, & à coups de massuës & de haches d'armes le renversoient de son cheval, le prenoient ou le

Usage de la Cavalerie-legere.

---

* Ex his armatis centum, inermes mille lædi potuerunt... habebant dextrarios, id est equos magnos qui inter equos communes quasi Bucephalus Alexandri inter alios eminebant. *Chronicon Colmariense ad an. 1298.*

tuoient. Le second usage à quoy on employoit ces chevaux-legers, étoit à poursuivre l'Infanterie après la défaite de l'armée ennemie & à achever de la tailler en pieces, ou à faire des prisonniers: car la Gendarmerie victorieuse ne pouvoit poursuivre les ennemis à cause de la pesanteur de ses armes défensives, & de celles mêmes des chevaux qui étoient bardez de fer ou de gros cuir. On se servoit encore de cette Cavalerie pour battre l'estrade, pour aller en parti, & pour escorter les petits convois: car quand l'armée marchoit, c'étoit la Gendarmerie qui couvroit les vivres, les bagages & l'artillerie.

L'Histoire de la Cavalerie-legere doit commencer au regne de Loüis XII.
p. 463.
Et non sous Charles VIII.

C'est donc depuis Loüis XII au plûtôt que doit commencer l'histoire de la Cavalerie-legere de France. Le Comte de Bussy-Rabutin dans le premier volume de ses memoires, où il a inseré un petit traité de la Cavalerie-legere, met l'origine de cette Cavalerie sous Charles VIII predecesseur de Loüis XII, lorsqu'il passa en Italie, & prétend la trouver dans certains Cavaliers nommez Estradiots, dont j'ai déja parlé; mais je croi devoir m'en rapporter sur ce point à Brantôme plûtôt qu'à lui, parce que Brantôme étoit plus proche de ces tems-là, & on ne voit point par l'histoire que Charles VIII ait eu l'idée de former un Corps de Cavalerie Françoise sur le modele des Estradiots. Cela même me paroît évident par le témoignage de Philippe de Comines, lequel parlant des Estradiots Venitiens au sujet de la bataille de Fornoüe, qui fut gagnée par Charles VIII à son retour de la conquête du Royaume de Naples, dit que les Estradiots qui incommodoient fort les François avant la bataille, *étoient alors chose encore fort nouvelle pour nos troupes.* Il est clair par ces termes de Comines, que Charles VIII en passant en Italie, n'avoit point d'Estradiots dans son armée.

Charles VIII ne se servit point d'Estradiots à son expedition de Naples.
Comines, p. 338.

Monsieur de Bussy convient avec Brantôme que l'on prit pour modele en ce Royaume la Cavalerie Albanoise, à laquelle en France & en Italie on donnoit ce nom d'Estradiots ou Stradiots; mais ils ne nous disent point en quoi consistoit la forme qu'on lui donna, & ce que l'on prit de cette Cavalerie étrangere pour l'introduire dans la nôtre: ils se sont contentez de dire la chose en general sans entrer dans aucun détail; faute de cela je dirai bien ce qu'on n'en prit point, & je dirai seulement par conjecture ce qu'on en prit.

Cavalerie-legere de France formée sur le modele de la Cavalerie Albanoise.

DE LA MILICE FRANÇOISE. Liv. XII. 439

Pour me faire mieux entendre, je remettrai ici une partie de ce que j'ai transcrit ailleurs de Philippe de Comines touchant les Estradiots.

Comines, p. 334.

« Estradiots, dit Philippe de Comines, en parlant de ce qui
» se passa avant la bataille de Fornouë, sont gens comme
» Genetaires, vêtus à pied & à cheval comme Turcs, sauf la
» tête où ils ne portent cette toile qu'ils appellent Turban;
» & sont dures gens, & couchent dehors tout l'an & leurs che-
» vaux. Ils étoient tous Grecs venus des places que les Ve-
» nitiens y ont : les uns de Naples de Romanie en la Morée,
» autres d'Albanie devers Duras, & font leurs chevaux bons &
» tous de Turquie. Les Venitiens s'en servent fort & s'y fient.
» Je les avois tous vûs descendre à Venise & faire leur monstre
» en une Isle où est l'Abbaye de saint Nicolas; & étoient bien
» quinze cents, & sont vaillans hommes, & qui fort travaillent
» un ost quand ils s'y mettent. Les Estradiots chasserent, com-
» me j'ai dit, jusqu'au logis dudit Maréchal (de Gié) où
» étoient logez les Allemands,* & en tuerent trois ou quatre,
» & emporterent les têtes; & telle étoit leur coûtume : car les
» Venitiens ayant guerre contre le Turc pere de cettuy-cy ap-
» pellé Mahomet Ottoman, il ne vouloit point que ses gens
» prissent nuls prisonniers, & leur donnoit un ducat par tête,
» & les Venitiens faisoient le semblable; & croi bien qu'ils
» vouloient épouvanter la Compagnie, comme ils firent; mais
» les Estradiots se trouverent bien épouvantez aussi de l'artil-
» lerie; car un faucon tira un coup qui tua un de leurs chevaux,
» qui incontinent les fit retirer : car ils ne l'avoient point ac-
» coûtumé.

*C'est-à-dire les Suisses.

Le livre de l'Art Militaire attribué à M. de Langey, dit qu'on pouvoit leur faire mettre pied à terre, & qu'avec leur arzegaye ou bâton ferré par les deux bouts, ils étoient en état de faire la fonction de Piquiers contre la Cavalerie. Il dit encore qu'un de leurs principaux exercices étoit de bien se servir de cette arme & à toutes mains, en donnant tantôt d'une pointe, & tantôt de l'autre; & qu'avec cet instrument, quand ils sçavoient bien le manier, ils faisoient un grand carnage des ennemis armez à la legere.

p. 25.

En tout ce que je viens de transcrire ici de ces deux Auteurs, il n'y a presque rien qui eût été pris des Estradiots pour notre Cavalerie-legere. On ne la fait point coucher dehors toute l'année, elle ne combat point à pied, si ce n'est en quelques occasions extraordinaires & qui arrivent rarement, elle n'eut jamais l'arzegaye pour arme offensive.

En quoy les Estradiots furent le modele de la Cavalerie Françoise.

En quoy donc les Estradiots furent-ils le modele sur lequel on forma notre Cavalerie-legere ? Pour moy je crois que cela consista uniquement en ce que l'on fit un Corps particulier de la Cavalerie-legere dans les troupes, comme les Estradiots en étoient un dans les armées des Turcs & dans celles des Venitiens; qu'on leur donna des Capitaines & d'autres Officiers fixes, un Commandant General, & un Etat Major, que ce n'étoient plus des gens ramassez & pris de la suite des Seigneurs, des Gentils-hommes, des Gendarmes ; mais des soldats levez exprès, & mis en Compagnies, pour être à l'appuy des Gendarmes dans un combat, comme faisoient les Estradiots.

Le Maréchal de Fleuranges dans ses memoires manuscrits qui sont à la Bibliotheque du Roy, nous dit que Loüis XII dans l'armée qu'il conduisit en Italie pour châtier la revolte de Genes, avoit deux mille de ces Estradiots commandez par le Capitaine Mercure. Il y en eut encore depuis dans les troupes de France, & jusqu'au Regne de Henry IV, ainsi que je l'ai remarqué ailleurs.

fol. 441. v°.

Je croi donc que Loüis XII forma deslors quelques Compagnies Françoises reglées de Cavalerie-legere ; mais peu: & c'est ce que donne assez à entendre Montluc dans ses Commentaires, où il dit, en parlant de M. de Fonterailles, qu'il *étoit General des douze* cents Chevaux-legers, dont la plûpart étoient Albanois.

Memoires du Bellay, p. 47. Ibid. p. 308. Cavalerie-legere commença à être nombreuse sous Henri II. Ordonnances de Henri II. de l'an 1549, 1553.

François I suivit le dessein de Loüis XII, & eut un Corps de Cavalerie-legere : j'en trouve dans son armée dès l'an 1523 ; mais il en augmenta le nombre dans la suite. Car en 1543 je vois M. de Brissac à la tête de quinze cents Chevaux-legers dans l'armée des Païs-bas, parmi lesquels il y avoit aussi des Estradiots ou Albanois sous le Capitaine Bedaigne de cette nation : mais il me paroît que ce fut principalement sous Henri II que cette Cavalerie commença à être assez nombreuse dans les armées. Ce Prince dans son expedition d'Al-

lemagne

DE LA MILICE FRANÇOISE. *Liv. XII.* 441

lemagne en 1552, avoit trois mille hommes de Cavalerie-legere dont toutes les Compagnies étoient commandées par les plus grands Seigneurs : (ce qu'on ne voit point sous ses prédecesseurs) sans parler de celles qu'il laissa dans les Places frontieres de France ; & elles commencerent à être mieux policées que jamais.

Etat de l'armée d'Allemagne en 1552.
Memoires de du Villars, t. I.

En effet c'est sous ce Regne que l'on commence à voir des Ordonnances qui la concernent ; on y regle leur solde, le nombre des soldats dont les Compagnies seront composées; on y distingue les vieilles & les nouvelles Compagnies. Ce qui fait entendre qu'il y en avoit déja eu quelques-unes instituées sous François I. Pour la solde, ils y sont mis sur le pied des Archers des Compagnies d'ordonnance : mais cela varia dans la suite.

Il y eut d'abord sous ce Regne des Compagnies de deux cents hommes, de cent, de cinquante. En 1553, celles de deux cents furent réduites à cent soixante ; celles de cent à quatre vingts, & celles de cinquante à quarante.

On voit dans cette Ordonnance de 1553, que deslors il y avoit un Colonel & un Mestre de Camp de la Cavalerie-legere ; & c'est effectivement & avec raison, que le Comte de Bussy-Rabutin place en ce tems-là ces Officiers dans la Cavalerie, & qu'il en commence la liste. C'est aussi une nouvelle confirmation de ce que j'ai dit ci-dessus, que ce fut proprement Henri II qui donna une forme à cette Milice, qui avec le tems est devenuë fort nombreuse dans les armées de France ; au lieu que la Gendarmerie y a au contraire beaucoup diminué pour le nombre.

Henri II donne la forme à la Cavalerie-legere.
Loc. cit.

Quant aux Allemands & aux Espagnols, Georges Basta fameux Capitaine dans les troupes de la Maison d'Autriche en Hongrie & aux Païs-bas, qui a le premier écrit sur la Cavalerie-legere, dit que dans ces tems-là de Henri II, leur Cavalerie-legere ne valoit rien, & que ce fut le Duc d'Albe, qui étant venu commander aux Païs-bas en 1567, mit cette Milice sur le bon pied.

George Basta dans sa Préface.
Le Duc d'Albe met la Cavalerie sur le bon pied aux Païs-bas.

La Cavalerie-legere se multiplia beaucoup plus encore en France sous Henri IV, par la raison que j'ai marquée en traitant de notre ancienne Gendarmerie. C'est que les guerres civiles avoient tellement épuisé le Royaume de grands che-

Cavalerie-legere multipliée sous Henri IV, & pourquoi.

Tome II. K k k

vaux, qu'on commença à abandonner les lances dont on ne pouvoit gueres se servir qu'avec des chevaux de bataille, & qu'avec un grand exercice d'Académie & de joutes & de tournois, à quoy la jeune Noblesse n'avoit plus le tems ni le moyen de s'exercer ; car la lance étoit l'arme ordinaire du Gendarme. La même chose arriva en Hollande dans le même tems ; & le Comte Maurice de Nassau y abolit aussi les lances pour les mêmes raisons, & encore pour une autre que j'ai rapportée ci-dessus. C'est que pour le combat des lances, il falloit des campagnes ouvertes & un terrein uni & non marécageux, afin que les Gendarmes pussent prendre carriere de loin pour aller assaillir l'ennemi. Or le païs où il faisoit la guerre étoit pour la plûpart un païs coupé & fourré, où cela ne se pouvoit pas faire commodément.

Loüis XIII eut aussi beaucoup de Cavalerie legere ; & enfin elle devint extrêmement nombreuse sous Loüis le Grand, non seulement par les grosses armées qu'il mit sur pied ; mais encore parce qu'à la Paix des Pyrenées, il supprima toutes les Compagnies d'ordonnance qu'avoient les Maréchaux de France & plusieurs autres Seigneurs, & la réduisit aux Compagnies des Princes, lesquelles subsistent encore aujourd'hui. Encore ces Compagnies ne sont plus Gendarmerie que de nom, n'ayant plus les armes tant défensives qu'offensives, qui faisoient avant ce tems la distinction de la Gendarmerie d'avec la Cavalerie-legere, & sur tout l'armure complete de pied en cap.

La Cavalerie-legere fut d'avord en Compagnies.

La Cavalerie legere ne fut d'abord composée que de Compagnies, comme l'étoit la Gendarmerie. Les Compagnies étoient communément plus fortes que celles d'aujourd'hui : elles formoient d'ordinaire chacune un Escadron, & étoient presque toutes commandées par des Gentils-hommes & des Seigneurs. On ne voïoit même gueres de Lieutenant & de Cornette de Cavalerie qui ne fût Gentil-homme. Elle demeu-

Et puis mise en Regiment en 1635.

ra ainsi partagée en simples Compagnies jusqu'en l'an 1635 qu'on la mit en Regimens : année fameuse par la declaration de la guerre que la France fit à l'Espagne au sujet de la prison de l'Electeur de Tréves, par la bataille d'Avein où les Maréchaux de Chastillon & de Brezé défirent les Espagnols que commandoit le Prince Thomas ; & enfin par l'inutilité de cette victoire.

Quand je dis que les Regimens de Cavalerie furent inſtituez en France l'an 1635, je ne parle que des Regimens François, & non pas des troupes étrangeres qui étoient alors au ſervice du Roy Loüis XIII. Car dès ce tems-là les Regimens de Cavalerie de Batilly, d'Egenfeld, de Heucourt, de Hums, de Rantzau, &c. étoient dans nos armées. Il y en avoit chez les Eſpagnols & chez les Allemands, & ce ne fut qu'à leur exemple qu'on reſolut d'enregimenter la Cavalerie Françoiſe.

L'époque de cette inſtitution en 1635 ſe prouve par notre Hiſtoire, où juſqu'à cette année, toutes les fois qu'on parle de Regimens François, c'eſt toûjours de l'Infanterie, & où la Cavalerie n'eſt jamais marquée que par Compagnies ou par Eſcadrons. On le voit encore par les deux volumes in folio des Memoires imprimez pour l'Hiſtoire du Cardinal de Richelieu, qui ne ſont pour la plûpart que des Lettres du Roy Loüis XIII, du Miniſtre, des Secretaires d'Etat, écrites aux Generaux d'armée & aux Ambaſſadeurs, &c. dans leſquelles commencent à paroître les Regimens de Cavalerie, dont il n'eſt point mention auparavant. *Memoires pour l'Hiſtoire du Cardinal de Richelieu, p. 471, 474, t. 1.*

On donna aux Chefs des Regimens de Cavalerie-legere le titre de Meſtre de Camp, ſur lequel j'ai fait mes reflexions dans l'endroit de cette Hiſtoire, où j'ai traité des diverſes Charges de l'armée, & ils l'ont gardé juſques à preſent. J'ai parlé auſſi au même endroit des Officiers ſubalternes. Il ne me reſte pour ce point qu'à traiter des Charges des Officiers Generaux de la Cavalerie, & c'eſt ce que je ferai après avoir fait quelques remarques hiſtoriques ſur tout le corps.

Fort peu de tems après l'inſtitution des Regimens de Cavalerie, on s'en dégoûta, & dès l'année ſuivante on penſa à les ſupprimer. C'eſt ce qui paroît par une Lettre de M. Des Noyers à M. de la Meilleraye, datée de Chaillot le 26 de Juillet 1636, & par une autre du même Secretaire d'Etat à M. le Comte de Soiſſons du 30 du même mois. *On penſa dès l'an 1636 à ſupprimer les Regimens de Cavalerie ; mais ce projet n'eut point de lieu.*

Dans la premiere il parle ainſi : *Le Roy met la Cavalerie en Eſcadrons au lieu de Regimens : Son Eminence n'a point de ſatisfaction de ſon Regiment ni du vôtre.* *Memoires pour l'Hiſtoire du Cardinal de Richelieu, t. 1, p. 664.*

HISTOIRE

p. 669. Dans la seconde: *Le Roy vous envoïe un ordre pour distribuer la Cavalerie par Escadrons de trois Compagnies, chacun selon le rang de leur ancienneté, n'aïant pas trouvé celui des Regimens bien convenable à l'humeur Françoise, & a à cet effet revoqué tous lesdits Regimens en toutes ses armées.*

Il est neanmoins constant par la suite & par une infinité de Lettres des Secretaires d'Etat, que cette revocation n'eut point de lieu, & que loin de supprimer les Regimens de Cavalerie, on les multiplia beaucoup.

Memoires pour servir à l'Histoire du Cardinal de Richelieu, t. 1. p. 556.
P. 538. Etat de l'Armée de 1643.
Memoires pour l'Histoire du Cardinal de Richelieu, p. 382, 389, t. 2.

Depuis qu'on eut mis la Cavalerie-legere en Regiment, on en fit de diverses especes. Il y avoit dès l'an 1635 un Regiment de Mousquetaires à cheval du sieur de Joüy, un de Fusiliers à cheval en 1640 du Cardinal de Richelieu, un en 1643 de Fusiliers du Roy. On mit dans la suite une Compagnie de Mousquetaires à cheval dans chaque Regiment. Les autres Cavaliers avoient les pistolets, l'épée & le mousqueton. Sous le Regne de Loüis le Grand on y mit des Carabiniers, comme je le dirai en traitant de cette espece de Cavalerie. Il y eut ainsi dans la suite divers petits changemens, dans le détail desquels il seroit assez inutile de descendre.

Differend entre les Mestres de Camp & les Capitaines des Chevaux legers d'ordonnance.

L'institution des Regimens de Cavalerie produisit des disputes pour le commandement entre les Mestres de Camp de ces Regimens, & les Capitaines de Chevaux-Legers des Compagnies d'ordonnance: ceux-cy ne voulant pas ceder aux Mestres de Camp. Dès l'année 1636 un peu avant la reprise de Corbie au Camp de Drouy en Picardie, Monsieur de Canillac Commandant un Regiment de Cavalerie, & un de ces Capitaines d'ordonnance n'aïant pas voulu lui obeïr, ils mirent l'épée à la main à la tête des troupes, & causerent de l'embarras à Monsieur le Comte de Soissons qui commandoit l'armée.

Memoires de Puysegur, p. 190.

p. 183. Selon un État de la France de 1651, il fut reglé que le Lieutenant d'une Compagnie d'ordonnance d'un Prince, ou d'un Maréchal de France, iroit de pair avec un Mestre de Camp de Cavalerie legere; & que dans l'occasion, s'il étoit plus ancien Officier, il le commanderoit. La suppression des Compagnies d'ordonnance que fit Loüis le Grand après la Paix des Pyrenées, excepté de celles des Princes de la Maison Royale

& de la Compagnie Ecoſſoiſe, coupa pied à la plûpart de ces diſputes très-préjudiciables au ſervice.

Nonobſtant l'inſtitution des Regimens de Cavalerie-legere, il y eut alors quantité de Compagnies franches, & il y en a toûjours eu pluſieurs depuis. Je vais maintenant traiter des Officiers Generaux de ce Corps.

Des Charges generales de la Cavalerie-legere.

J'Appelle Charges generales de la Cavalerie, celles qui donnent aux Officiers qui les poſſedent un commandement general dans tout le Corps : ces Charges ſont le Colonel General, le Meſtre de Camp General, le Commiſſaire General ; à quoy on ajoûtoit autrefois le Lieutenant Colonel General, & de plus celles qui ont quelque rapport à tout le Corps, comme celle de Maréchal General des logis de la Cavalerie, &c.

Du Colonel General de la Cavalerie-legere.

LA Charge de Colonel General de la Cavalerie-legere eſt une des plus conſiderables dans la Milice de France, elle donne par elle-même le Commandement General de la Cavalerie au Colonel dans une armée, quand il y eſt. Il en fait la revûë quand il lui plaît : il caſſe les Cavaliers qu'il ne juge pas propres pour le ſervice : il fait changer les chevaux quand il ne les trouve pas bons : il viſe toutes les Ordonnances qui regardent la Cavalerie, & on les lui adreſſe d'abord pour tenir la main à l'execution : il travaille avec le Roy pour tout ce qui concerne le détail, & c'eſt lui qui propoſe les ſujets pour remplir les emplois vacants, & pour les promotions, ſoit d'Officiers Generaux, ſoit de Brigadiers, de Meſtres de Camp, de Lieutenant Colonel, de Capitaines & de Lieutenans, & pour l'ordre de Saint Loüis. Nul Officier de Cavalerie ne peut quitter le Corps qu'il n'en ſoit averti. Toutes leurs Commiſſions doivent être viſées de lui, ſans en excepter les Capitaines-Lieutenans des Compagnies de Chevaux-Legers de la Gendarmerie ; & même tous ceux de ce Corps & de la Maiſon du Roy, à qui le Prince donne des Commiſſions de Meſtre de Camp.

Autorité & prérogatives du Colonel General.

Outre la garde que le Colonel General peut avoir dans le Camp, par exemple, en qualité de Lieutenant General, il y a une garde particuliere de Cavalerie, & deux vedettes à la porte de son logis le sabre à la main ; ce que n'ont pas même les Generaux d'armée. Cependant les Princes qui ont commandé la Cavalerie dans les armées pendant les dernieres guerres, ont eu les mêmes honneurs que le Colonel General. Il pourroit, s'il le vouloit, avoir un Escadron entier avec l'Etendart ; mais pour la commodité des troupes, cette garde se fait par détachement. De toutes les gardes qui se montent chaque jour, c'est celle du Colonel General qui est la premiere de la Cavalerie, & le plus ancien des Capitaines montant la garde, peut la choisir. Le Colonel General sortant de chez lui, toute cette garde monte à cheval. Il doit être averti de tous les détachemens de Cavalerie qui se font ou qui sortent du Camp, il a la liberté d'aller à la tête des détachemens, quand il le juge à propos : & les Officiers détachez viennent lui rendre compte de ce qu'ils ont fait ou appris dans leur expedition. Les Directeurs & les Inspecteurs de Cavalerie sont obligez d'envoyer au Colonel General un extrait de chacune de leurs revûës, afin que lui-même en rende compte au Roy : en un mot ce grand Officier a une autorité infiniment étenduë sur tout le Corps de la Cavalerie-legere, où tout se fait par ses ordres.

Garde du Colonel General à l'armée.

On peut faire remonter l'origine de cette Charge jusqu'au Regne de Loüis XII, qui selon Brantôme donna l'état de Colonel General des Albanois à Monsieur de Fonterailles. C'étoit l'unique, ou presque l'unique Cavalerie-legere reglée qu'il y eût alors en France : & cette Cavalerie selon les Memoires du Maréchal de Fleurange que j'ai déja citez, étoit de deux mille hommes.

Dans l'Eloge de M. de Fonterailles.

Je trouve dans l'Histoire de François I successeur de Loüis XII, Monsieur de Brissac avec ce même titre de Colonel de dix-huit cents Chevaux-Légers, qui étoit apparemment tout ce qu'il y avoit alors sur pied en France en deçà des Monts ; mais on commença à voir ce titre de Colonel de la Cavalerie, celui de Lieutenant Colonel & de Mestre de Camp dans l'Ordonnance de Henri II de l'an 1543, qui fut faite touchant les

Memoires de du Bellay sous l'an 1543.

DE LA MILICE FRANÇOISE. *Liv. XII.* 447
Chevaux-Legers, & par laquelle on voit que ce Prince avoit beaucoup multiplié cette Milice.

Le Comte de Buſſy-Rabutin dans ſon petit traité de la Cavalerie-legere qu'il a inſeré dans ſes Memoires, prétend que la Charge de Colonel de la Cavalerie & celle de Meſtre de Camp General n'étoient que des Commiſſions ſous le Regne de Henri II, que ce ne fut que ſous Charles IX qu'elles furent érigées en Charges, & qu'on ne donnoit avant ce tems-là au Commandant de la Cavalerie que cette qualité de Commandant, ou celle de General de la Cavalerie-legere.

Que ces titres de General de la Cavalerie & de Meſtre de Camp General ne fuſſent que des Commiſſions, & non des Charges, cela peut être; c'eſt un fait qui ne pourroit être éclairci que par le titre primordial de l'érection de cette Charge. Mais quoy qu'en diſe le Comte de Buſſy, il eſt conſtant par l'Ordonnance de 1553 que les titres de Colonel General, & de Meſtre de Camp de la Cavalerie étoient deſlors en uſage, & qu'ils étoient donnez à ces Commandans de la Cavalerie.

Ce que dit Monſieur de Buſſy touchant l'érection de la Charge de Colonel de la Cavalerie en titre d'Office, faite ſeulement ſous le Regne de Charles IX, me paroît fort vraiſemblable, & je me le perſuade par une reflexion que j'ai faite ſur les Regiſtres de l'Extraordinaire des guerres de ces tems-là.

Pour entendre ma penſée, il faut ſçavoir que depuis que la Charge de Colonel General de l'Infanterie fut érigée par François I, on obſervoit dans ces Regiſtres une formule en parlant des monſtres & des païemens des Bandes Françoiſes d'Infanterie, & cette formule étoit: *païé tant à une Compagnie de 300 hommes ſous la charge & conduite d'un tel leur Capitaine particulier, dont eſt Colonel M. d'Andelot ou M. de Strozzi, &c.* C'étoit là le ſtyle ordinaire. Or juſqu'à l'an 1567, cette formule ne ſe trouve point dans ces Regiſtres, quand il s'agit de la monſtre ou païemens des Compagnies de Cavalerie; mais on la voit cette année 1567 pour le Duc de Nemours Colonel General de la Cavalerie; & il y eſt dit: *à une Compagnie de quatrevingts hommes de Cavalerie-legere ſous la charge & conduite d'un tel leur Capitaine particulier, dont eſt Colonel Monſieur le Duc de*

Memoires de Buſſy, t. 1, p. 464.

Nemours. Et cela se dit encore ainsi dans la suite pendant quelque tems. Je n'en vois point de raison, sinon qu'alors l'Office de Colonel General de la Cavalerie commença à être sur le même pied que celle du Colonel General de l'Infanterie ; c'est-à-dire érigée en Charge, au lieu qu'auparavant ce n'étoit qu'une Commission.

Ce que dit Monsieur de Bussy est encore veritable, sçavoir que la Charge de Colonel General de la Cavalerie a été tantôt unique, & tantôt separée en deux ; que l'un des deux Colonels étoit Colonel de la Cavalerie en France, & l'autre en Piémont. La même chose avoit été faite diverses fois pour le Colonel General de l'Infanterie, ainsi que je l'ai dit ailleurs. Sous Charles IX, M. de Damville fut Colonel General de la Cavalerie-legere en Piémont : & cela est marqué dans les Registres de l'Extraordinaire des guerres de l'an 1562, tandis que le Duc de Nemours étoit Colonel General de la Cavalerie en deçà des Monts.

Cette separation des deux Charges ne passa pas le Regne de Henry III : car ce Prince aïant imprudemment cedé Pignerol & quelques autres places au Duc de Savoïe dès le commencement de son Regne, & ce Duc durant les guerres de la ligue s'étant emparé du Marquisat de Saluces, le Roy n'avoit plus de troupes au delà des Monts : mais sous le regne de Loüis XIII il y eut en France un double Colonel General de la Cavalerie d'une autre maniere.

Ce Prince aïant pris beaucoup de Cavalerie étrangere à son service, & sur tout bien des Allemans, créa une Charge de Colonel General de la Cavalerie Allemande, dont il pourvut le Colonel Streiff. Elle fut donnée en 1638 à M. d'Egenfeld. Cette Charge le rendoit entierement indépendant du Colonel General de la Cavalerie Françoise. Je trouve ce second fait marqué dans une lettre du Maréchal de Chastillon à M. Des Noyers Secretaire d'Etat de la guerre, datée du 1 de Juin 1638, en ces termes : » Monsieur, j'oubliois à vous dire que » j'ai recû la lettre du Roy sur le sujet de la Charge de Colo- » nel General de la Cavalerie Allemande qu'il a plû à Sa Ma- » jesté donner à M. d'Egenfeld. Pour l'interêt de M. de » Gassion, j'ai fait entendre audit Sieur d'Egenfeld qu'il falloit

qu'il

Memoires pour l'Histoire du Cardinal de Richelieu.

Lettres des Maréchaux de la Force & de Chastillon à M. Des Noyers, t. 2. p. 227.

M. d'Egenfeld Colonel General de la

» qu'il attendît que ledit sieur de Gassion fût à l'armée, pour *Cavalerie Allemande.*
» declarer s'il desire être au rang de la Cavalerie Allemande,
» pour en ce cas le reconnoître, ou de la Cavalerie Françoise,
» & être ainsi sous la charge de Monsieur le Marquis de Pras-
» lin. Il m'a témoigné recevoir de bonne part ce que je lui ai
» dit. Je suis très-satisfait de sa conduite, car il se porte fort
» judicieusement en tout ce qu'il fait.

On entendra ce qui est dit ici de l'interêt de Monsieur de Gassion au sujet dont il s'agit, par ce que je vais ajoûter. On sçait par nos Histoires que ce Gentil-homme s'étoit fort signalé dans les troupes du Grand Gustave Roy de Suede; qu'après que ce Prince eut été tué a la bataille de Lutzen, que les Suedois, nonobstant la mort de leur Roy, gagnerent sur les Imperiaux, il revint en France avec le Duc de Vei-mar; qu'il y amena son Regiment de Cavalerie composé partie de François, partie d'étrangers. C'étoit un des plus beaux & des plus nombreux de l'armée, étant de dix-huit cents chevaux en vingt Compagnies; que ce Regiment fut mis sur le pied d'étranger; qu'il avoit la païe des étrangers; que Gassion portoit le titre de Colonel, comme les Com-mandans des Regimens étrangers; qu'il avoit une justice particuliere, qu'il nommoit tous les Officiers du Regiment, & qu'enfin il ne reconnoissoit point pour son Superieur le Co-lonel General de la Cavalerie Françoise. *Regiment de Gassion.*

Quand Monsieur d'Egenfeld fut nommé Colonel Gene-ral de la Cavalerie Allemande, Gassion refusa de le recon-noître, sous prétexte qu'il y avoit beaucoup de François dans son Regiment; de sorte que disant son Regiment tantôt François, tantôt étranger, il refusoit de se soûmettre & au Colonel General de la Cavalerie Françoise, & au Colonel Ge-neral de la Cavalerie Allemande. *Differend de Gassion avec d'Egenfeld.*

Le Colonel d'Egenfeld après quelque tems, fit des instances auprès des Maréchaux de la Force & de Chastillon, pour être reconnu par M. de Gassion; & celui-cy refusant toûjours de le faire, il y avoit danger que la querelle n'aboutît à un duel, ou à faire quitter le service à un des deux. M. de Gassion soû-tenoit qu'il avoit une dispense particuliere du Roy par écrit pour ne se pas soûmettre au Colonel General de la Cavalerie *Ibid. Lettre du Roy aux Maréchaux de Chastillon & de la Force p. 219.*

Ibid. p. 227.

Tome II. L l l

Allemande, & M. d'Egenfeld prétendoit donner à sa Charge toute l'étenduë qu'elle devoit avoir. Ce different embarrassoit beaucoup les deux Maréchaux qui commandoient l'armée aux Païs-Bas. Enfin le Roy termina l'affaire en declarant le Regiment de Gassion Regiment François, & en lui ordonnant de reconnoître deformais le Colonel General & le Mestre de Camp General de la Cavalerie-legere Françoise.

Ibid. p. 229. Decidé par Loüis XIII.

Le Baron d'Egenfeld s'étant quelques années après retiré du service de France, il n'y eut plus dans la suite de Colonel General de la Cavalerie Allemande: il paroît que cette Charge étoit un démembrement de la Charge de Colonel General de la Cavalerie Françoise. Car avant le Baron d'Egenfeld le Colonel General de la Cavalerie Françoise se disoit aussi Colonel de la Cavalerie étrangere. Cela est constant par les Provisions du Comte d'Alais datées de 1620, où le Roy le qualifie de Colonel General de la Cavalerie *tant Françoise qu'étrangere*: le Duc d'Angoulême, & son pere & son predecesseur avoit aussi les mêmes titres dans ses Provisions, & tous ses successeurs dans cette Charge les ont toûjours portez.

Memoires de Bussy-Rabutin, l. 1, p. 474.

Le Colonel General du tems du Duc d'Angoulême choisissoit dans quelle armée il vouloit servir; le Mestre de Camp après luy, & le Lieutenant Colonel après eux : mais depuis la mort de ce Duc on n'a pas toûjours eu ces égards pour tous ses successeurs.

Memoires de Bussy-Rabutin, t. 1, p. 468. Restrictions mises par Loüis XIV à l'autorité du Colonel de la Cavalerie.

Le Colonel General par sa Charge avoit le droit de nommer tous les Officiers de sa Compagnie, & pourvoïoit à toutes celles de l'Etat Major : mais en 1675 lorsque le Comte d'Auvergne succeda dans cette Charge à Monsieur de Turenne, le Roy fit mettre dans ses Provisions les restrictions suivantes: » à l'exception toutefois qu'il ne pourra nommer ni presenter à » la Charge de Maréchal General des logis de ladite Cavalerie- » legere, ni à celle de Maréchaux des logis de ladite Cavalerie- » legere & leurs Aydes, ni commettre à l'exercice desdites » Charges dans nos armées, lorsqu'il n'y aura point de Titu- » laires pour en faire les fonctions, ausquelles Charges nous nous » reservons de pourvoir, & commettre ainsi que bon nous » semblera. A cela près les autres prérogatives de la Charge de Colonel General lui furent conservées.

DE LA MILICE FRANÇOISE. *Liv. XII.* 451

Comme les Dragons forment un corps tout-à-fait separé de celui de la Cavalerie-legere ; qu'ils ont un Colonel General, & un Meſtre de Camp General differens de ceux de la Cavalerie, que cependant leur ſervice eſt neceſſairement mêlé avec celui de la Cavalerie, il fallut le regler à cet égard pour obvier ou remedier à divers inconveniens. C'eſt ce qui fut fait par l'Ordonnance de 1689, dont les extraits ſont dans le Code Militaire en ces termes.

Reglemens pour les Dragons par rapport à la Cavalerie-legere.

» Sa Majeſté ordonne, veut & entend, que lorſque les Re-
» gimens de Cavalerie & ceux de Dragons ſe trouveront en-
» ſemble, leſdits Regimens de Cavalerie prennent toûjours
» la droite ſur ceux de Dragons, & que ceux-cy aïent la gauche,
» ſoit que les Meſtres de Camp deſdits Regimens de Cava-
» lerie ſoient plus ou moins anciens que les Meſtres de Camp
» deſdits Regimens de Dragons ; entendant neanmoins Sa
» Majeſté, que l'Officier qui ſe trouvera commander tout le
» Corps, puiſſe faire marcher les Dragons à la tête ou à la
» queuë, ou les mêler parmi les Troupes de Cavalerie, ainſi
» qu'il le jugera plus à propos, ſuivant l'occaſion, & que le
» bien du ſervice de Sa Majeſté le pourra requerir.

» Ordonne en outre Sa Majeſté que l'Officier qui ſera char-
» gé du détail des Dragons dans une armée, ou dans un
» Camp volant ou autre Corps ſeparé, ſoit qu'il n'y ait qu'un
» Regiment de Dragons, ou qu'il s'y en trouve pluſieurs,
» prendra dans l'armée la parole du Maréchal de Camp qui
» ſera de jour, & dans le Camp volant ou Corps ſeparé, de
» l'Officier General qui le commandera, ſoit que ledit Of-
» ficier General ſoit Lieutenant General, ſans avoir aucun
» Maréchal de Camp ſous lui, ou qu'il ſoit Maréchal de
» Camp, commandant ledit Camp volant ou Corps ſeparé.

Du 1. Decembre 1678, t. VII, p. 177.

» Que pour le détail du ſervice que le Corps des Dragons
» devra faire avec la Cavalerie, le Major General des Dra-
» gons en recevra le memoire du Maréchal des logis de la
» Cavalerie, qui lui fera ſçavoir verbalement ou par écrit,
» combien il ſera demandé d'Eſcadrons, ou ſeulement d'Of-
» ficiers & de Dragons commandez, & l'heure & le lieu où
» ils ſe devront trouver.

Du 20 Fevrier 1690, t. VII. p. 189 & 190.

» Et comme il eſt neceſſaire que ledit Maréchal des logis

L ll ij

452 HISTOIRE

» de la Cavalerie se trouve toûjours en état de faire passer
» promptement les ordres qu'il aura du General, pour les
» commandemens que ledit General voudra faire dans les
» Dragons dans le cours de la journée; le Major General
» des Dragons campera dans le quartier General, le plus près
» que faire se pourra du lieu où sera campé le Maréchal des
» logis de la Cavalerie, & il aura près de lui les Dragons
» de l'Ordonnance, afin qu'il puisse faire promptement porter
» les ordres du General, qui lui seront remis par ledit Maré-
» chal des logis de la Cavalerie.

Du 29 Février, t. VI, p. 191.

» Que s'il arrive que le Major General des Dragons soit
» campé dans un quartier éloigné du quartier General; en
» ce cas il sera obligé d'envoïer chez le Maréchal des logis
» de la Cavalerie, cinq ou six Dragons, pour lui apporter
» diligemment tous les ordres qu'il aura à recevoir pour les
» détachemens qui seront à faire; & à mesure qu'il lui sera
» arrivé un Dragon de la part dudit Maréchal des logis de
» la Cavalerie, il lui en renvoïera un autre: de maniere qu'il
» ne puisse arriver que ledit Maréchal des logis de la Cava-
» lerie se trouve sans avoir près de lui les Dragons dont il au-
» ra besoin, pour faire porter audit Major General des Dra-
» gons, les ordres du General.

Du 20 Février 1690, t. VII, p. 192.

» Que le détail du service des Dragons sera fait unique-
» ment par le Major General des Dragons, sous l'autorité
» de l'Officier de Dragons qui les commandera, soit dans
» une armée, soit dans un camp volant ou autre Corps separé
» commandé, soit par un Lieutenant General, sans aucun
» Maréchal de Camp sous lui, ou par un Maréchal de Camp,
» sans que le Maréchal des logis de la Cavalerie puisse y entrer
» en aucune maniere, si ce n'est seulement pour marquer
» le nombre d'Escadrons ou le nombre d'Officiers & de
» Dragons que l'on commandera, & l'heure & lieu où ils
» auront à se rendre; & lorsque les Dragons seront arrivez
» où ils se devront trouver, le Maréchal des logis de la Ca-
» valerie expliquera à celui qui se trouvera Commandant,
» soit qu'il soit Officier de Cavalerie, ou qu'il soit Officier de
» Dragons, les ordres du General, & ce qu'il devra execu-
» ter avec la troupe assemblée sous son commandement,

„ fans qu'en tout ce que deſſus le Commandant de la Ca-
„ valerie puiſſe prétendre aucune ſorte de droit ni de ju-
„ riſdiction particuliere ſur les Dragons, pour leſquels Sa
„ Majeſté a créé & établi des Officiers Generaux & Com-
„ mandans, entierement diſtincts de ceux de la Cavalerie.

Il y eut encore un point ſur lequel les Officiers de Dragons détachez faiſoient de la difficulté, qui étoit de rendre
compte de ce qui s'étoit paſſé dans le détachement au Colonel General ou Commandant de la Cavalerie, prétendant
n'être obligez de le rendre qu'au Commandant des Dragons. Cela étoit cauſe que le Commandant de la Cavalerie
ne ſe ſervoit point de Dragons dans les détachemens, & le
ſervice en ſouffroit. C'eſt pourquoi le Roy en 1708 fit un
Reglement par lequel les Officiers de Dragons détachez,
ſeroient obligez d'aller rendre compte au General de la Cavalerie, & enſuite au Commandant des Dragons. De ſorte que
pour le ſervice dans toutes les occaſions marquées cy-deſſus,
les Dragons ſont ſubordonnez au Colonel General, ou au
Commandant de la Cavalerie.

*Du 20 Fé-
vrier 1990,
t. VII, p.
193.*

*Reglement
de Loüis XIV
en faveur du
Colonel Gene-
ral de la Ca-
valerie par
rapport aux
Dragons.*

Le Colonel General de la Cavalerie-legere fait ſerment
entre les mains du Roy. Il porte pour marque de ſa dignité
ſix Cornettes derriere ſes armes.

*Marques de
ſa dignité.*

Liſte des Colonels Generaux de la Cavalerie-legere.

Cette liſte, ſuivant ce que j'ai dit, ne peut commencer
qu'au Regne de Loüis XII, qui le premier de nos Rois eut
un Corps reglé de Cavalerie-legere dans ſes troupes. Le
premier Commandant François de ce Corps, fut M. de Fonterailles, auquel Brantôme donne le nom de Colonel, quoique Loüis XII ne lui donne pas ce titre dans la Lettre
qu'il écrivit aux Capitaines de la Cavalerie-legere pour les
avertir du choix qu'il avoit fait de ce Gentil-homme, mais
celui de Capitaine General. Après cela je ſuivrai la liſte que
nous a donné le Comte de Buſſy-Rabutin, depuis Henri II,
quand je n'y trouverai rien de contraire à ce que j'aurai vû
dans nos Hiſtoires.

Monſieur de Fonterailles ſous le Regne de Loüis XII, qui
le fit Capitaine General de la Cavalerie Legere Albanoiſe,

*Brantôme
dans l'éloge*

L ll iij

laquelle fut jusqu'au nombre de deux mille hommes sous ce Regne.

de M. de Fonterailles.

Charles de Cossé, depuis appellé le Maréchal de Brissac, sous Henri II.

Memoires manuscrits du Maréchal de Fleurange.

M. d'Aumale, frere de François Duc de Guise, en 1551.

Le Duc d'Aumale aïant été défait & pris par Albert, Marquis de Brandebourg, en 1552, dans le tems que l'armée de Charles V investissoit la ville de Mets; Jacques de Savoye Duc de Nemours fut fait Colonel General de la Cavalerie. Le Comte de Bussy dit, qu'il ne le fut que jusqu'en 1553; c'est-à-dire qu'il ne garda pas cette Charge plus d'un an. Mais le Duc de Nevers, plus croïable que M. de Bussy, parce qu'il étoit contemporain & en place pour être instruit de ces choses, dit, que le Duc de Nemours *garda cette Charge fort long-tems, & jusques à ce qu'il la resignât à Henri Duc de Guise*.

Memoire de Nevers, t. 2, p. 182.

En effet dans les Registres de l'Extraordinaire des guerres de l'an 1558, M. de Nemours y est en plusieurs endroits qualifié de Colonel de la Cavalerie. Et je ne trouve Henri Duc de Guise, nommé Colonel General en deçà des Monts, que dans l'Extraordinaire des guerres de 1569.

Vol. 4. Picardie.
Vol. 3. Picardie.

M. de Damville, depuis Connétable, fut Colonel General au delà des Monts, & après lui M. de Thoré son frere, que M. de Bussy a omis, comme on le voit par les Registres de l'Extraordinaire des guerres de ce tems-là.

Henri Duc de Guise, garda la Charge de Colonel General assez long-tems; & il est marqué dans les Memoires de Nevers, que ce ne fut qu'*en ses dernieres années* qu'il la resigna à M. de Nemours son frere (uterin) & fils du Duc de Nemours dont j'ai parlé.

Loc. cit.

„ Après la mort de M. de Nemours (le pere, qui mourut
„ en 1585) M. d'Aumale, dit M. de Bussy, exerça la Charge de
„ Colonel deçà les Monts, & après lui M. de la Guiche, tous
„ deux jusqu'à ce que le jeune Duc de Nemours fut en âge.

„ Après la bataille de Coutras, selon le même Auteur,
„ c'est à-dire en 1587, les deux Charges de Colonel de la Ca-
„ valerie furent réünies en la personne du Duc de Nemours.

„ A la mort du Duc de Guise à Blois, laquelle arriva à
„ la fin de l'an 1588, le Duc de Nemours s'étant sauvé de

» prison, & joint au parti de la Ligue, Henri III donna la
» Charge par forfaiture à Charles de Valois, Duc d'Angou-
» lême, & rétablit un Colonel delà les Monts, en la per-
» sonne du Duc des Ursins.

Cette Charge de Colonel delà les Monts fut un titre sans exercice : car Henri III en ce tems-là n'avoit plus rien en Italie.

» Le Duc de Nemours, continuë M. de Bussy, étant mort
» (c'est-à-dire en 1595) le Roy Henri IV donna au Duc d'An-
» goulême * la Charge de Colonel en titre, qu'il n'avoit
» euë jusques-là que par Commission.

*Charles de Valois fils naturel de Charles IX : on l'appelloit alors le Comte d'Auvergne, & il ne fut Duc d'Angoulême que sous Loüis XIII.

Le Duc qui portoit alors le titre de Comte d'Auvergne, la posseda cinquante-six ans : mais il ne l'exerça pas pendant tout ce tems : car aïant été mis à la Bastille en 1604, pour des intrigues contre l'Etat, il fut condamné à avoir la tête tranchée, peine que le Roy commua en prison perpetuelle. Le Comte demeura à la Bastille jusqu'en 1616. Et pendant sa prison, le Duc de Nevers exerça la Charge de Colonel General par Commission.

En lisant les Registres de la Chambre des Comptes de Paris, de l'Extraordinaire des guerres de ce tems-là, je tombai sur une chose à cette occasion qui m'a paru digne d'être remarquée pour deux raisons. La premiere, parce qu'elle m'a paru nouvelle, & la seconde, parce qu'elle pourroit un jour donner lieu à la méprise dans l'Histoire.

Quand Henri IV fit mettre le Comte d'Auvergne à la Bastille, il conserva à sa femme Charlotte de Montmorenci, les appointemens de la Charge de Colonel General de la Cavalerie. Il y a dans le Registre de 1606 & dans ceux des années suivantes des articles touchant le païement fait à la Comtesse d'Auvergne, & il y est dit : tant ou telle somme *pour la veuve du Comte d'Auvergne*, comme si son mari eût été mort deslors. C'est sans doute qu'aïant été condamné à la mort, & la peine aïant été réduite à la prison perpetuelle, il étoit mort civilement, & les gens des Comptes ou les Tresoriers de la guerre, par cette raison, donnoient le nom de veuve à sa femme.

La Comtesse d'Auvergne appellée veuve du vivant de son mari.

Quand le Comte d'Auvergne sortit de prison en 1616, sa

Charge de Colonel General lui fut renduë. Il n'y eut plus de Colonel au-delà des Monts, parce que le Duc des Ursins, qui avoit ce titre, étoit mort.

Le Comte d'Auvergne, qui peu d'années après prit le titre de Duc d'Angoulême, donna avec l'agrément du Roy sa Charge de Colonel General à François de Valois, Comte d'Alais, son fils puîné ; mais ce jeune Seigneur n'étant pas encore en âge de servir dans une telle Charge, le Duc de Rohan la fit par Commission avec le consentement du Duc d'Angoulême.

Le Comte d'Alais étant mort au siege de Montpellier l'an 1622, le Duc d'Angoulême reprit la Charge, dont il avoit la survivance.

Quelques années après, le Roy trouva bon qu'il la donnât à son fils Loüis de Valois Comte d'Alais, aîné du précedent.

Le Comte d'Alais la garda long-tems ; il l'avoit encore en 1650, selon l'Etat de la France de cette année-là. Il s'en défit pour la mettre entre les mains du Duc de Joyeuse son gendre, qui l'exerça jusqu'en l'an 1654.

Le Duc de Joyeuse aïant été blessé à mort à l'attaque des lignes des Espagnols qui assiegeoient Arras cette même année, & qui leverent le siege, M. le Prince de Conti qui commandoit alors en Catalogne, écrivit au Cardinal Mazarin pour demander la Charge de Colonel General de la Cavalerie, supposé qu'elle vaquât par la mort du Duc de Joyeuse : le Cardinal lui répondit ; ,, que le Roy étoit engagé ,, au Maréchal de Turenne pour cette Charge, auquel en ,, effet il la donna ensuite, à condition, dit le Comte de Bussy, ,, de ne la pas faire, ni même de n'en point prendre le titre ,, tant que la guerre dureroit. Je ne sçai pas sous quel pré- ,, texte, continuë M. de Bussy ; mais je crois que la verita- ,, ble raison fut, que le Cardinal étoit bien-aise de le tenir ,, en haleine par une derniere grace, & de lui laisser quelque ,, chose à esperer.

Memoires de Bussy-Rabutin, t. 1, p. 550.

Le Roy n'attendit pas cependant jusqu'à la fin de la guerre à declarer M. de Turenne Colonel General de la Cavalerie ; car il lui en donna les Provisions dès l'an 1657, le 24 d'Avril, & reçut son serment deux jours après.

M. de

DE LA MILICE FRANÇOISE. *Liv. XII.* 457

M. de Turenne aïant été tué d'un coup de canon en Allemagne au mois de Juillet de l'an 1675, la Charge de Colonel General de la Cavalerie fut donnée à son neveu M. le Comte d'Auvergne. Ses Provisions furent expediées le 14 de Septembre de la même année : mais il ne fit le serment que le 4 de Decembre, parce qu'il étoit alors à l'armée.

M. le Comte d'Evreux, neveu de M. le Comte d'Auvergne, & fils de M. le Duc de Boüillon, succeda dans la Charge à son oncle l'an 1705, & il la possede encore aujourd'huy en 1721.

De la Charge de Mestre de Camp General de la Cavalerie.

J'Ai déja observé que dès l'an 1553, le titre de Mestre de Camp General étoit dans la Cavalerie-legere, que cette Charge étoit doublée quand celle de Colonel General l'étoit. Ce qui arrivoit lorsqu'il y avoit un Colonel General de la Cavalerie en deçà des Monts, & un Colonel General au delà des Monts. Je ne sçaurois dire précisément quand cet emploi fut érigé en titre de Charge.

Le Mestre de Camp General a toûjours commandé de droit la Cavalerie dans une armée, quand le Colonel n'y étoit point ; & il a en son absence la même autorité que lui. Il a à l'armée une garde de Cavalerie, commandée par un Lieutenant, & une vedette à l'entrée de son logis ; outre la garde d'Infanterie qui lui est dûë, s'il est Officier General, comme il l'est presque toûjours. Il disposoit autrefois des Charges de sa Compagnie.

Autorité & prérogatives du Mestre de Camp General.

Le Mestre de Camp General de la Cavalerie, pour marque de sa dignité, met quatre Cornettes derriere ses armes.

Marques de sa dignité à l'écu de ses armes.

Liste des Mestres de Camp Generaux de la Cavalerie.

Le Comte de Bussy-Rabutin assûre dans son traité de la Cavalerie-legere, que M. d'Esguilly fut Mestre de Camp General, sous le Duc d'Aumale l'an 1552 du tems de Henri II, qu'en 1555 M. de Sansac fut Mestre de Camp General dans l'armée de Champagne que commandoit M. le Duc de Nevers : que M. de la Guiche, depuis Grand-Maître de l'Artillerie, fut Meſtre de Camp General au delà des Monts, ſous Charles IX, après que ce Prince eut partagé la Charge de Colonel General en deux, que M. de la Valette pere du fameux Duc d'Epernon, fut Meſtre de Camp General en deçà des Monts. D'Avila ſous l'an 1568 lui donne fauſſement le titre de Colonel de la Cavalerie-legere.

D'Avila l. 4. Mépriſe de d'Avila.

M de Buſſy ajoûte que M. de Sagonne fut fait Meſtre de Camp General ſous le jeune Duc de Nemours en deçà des Monts : qu'après la bataille de Coutras les deux Charges de Colonel General aïant été réünies en la perſonne du Duc de Nemours, le même M. de Sagonne fut ſeul Meſtre de Camp General : que Sagonne * aïant ſuivi le parti de la Ligue, le Roy donna la Charge de Meſtre de Camp General à Anne d'Anglure, appellé le *Brave Givry* : que Givry aïant été tué au ſiege de Laon ſous le regne de Henri IV, M de Vitry eut ſa Charge : que M. de Vitry aïant été fait Capitaine des Gardes du Corps, M. de Montigni lui ſucceda dans ſa Charge de Meſtre de Camp General : que M. de Montigni aſſiegeant Nevers durant les guerres civiles ſous Loüis XIII, M. de la Rochefoucaut exerça par Commiſſion la Charge de Meſtre de Camp General.

* Sagonne fut tué à la journée d'Arques d'un coup de piſtolet, par le jeune Comte d'Auvergne, qui fut depuis Colonel General de la Cavalerie.

Qu'après la mort du Maréchal d'Ancre, Montigni aïant été fait Maréchal de France, il donna ſa Charge de Meſtre de Camp General à François de Beauvilliers, Comte de Saint Aignan ſon gendre. Que ce Comte s'étant jetté dans le parti de la Reine-Mere Marie de Medicis, à cauſe que le Duc de Luines Favori de Loüis XIII, ne l'avoit pas fait nommer Chevalier de l'Ordre ; il fut pris les armes à la main contre le Roy, & qu'il perdit ſa Charge ; qu'elle fut donnée à M. de la Curée ; que celui-cy la vendit au Duc de la Tremoüille en 1627 pendant le ſiege de la Rochelle ; que le Duc de la Tremoüille ayant été bleſſé en Piémont, la vendit au Marquis de Sourdis ; que le Marquis de Praſlin l'acheta du Marquis de Sourdis ; que M. de Praſlin aïant été tué à la bataille de Sedan, la Charge fut donnée au Colonel Gaſſion, qui fut depuis Maréchal de France.

Que ce Maréchal la vendit à Philippe de Clerembaut, Comte de Palluau, lequel aïant été fait Maréchal de France en 1653, la vendit quatre vingts dix mille écus au Comte de Bussy-Rabutin.

Le Comte de Bussy-Rabutin aïant été mis à la Bastille l'an 1665, il donna quelque tems après la démission de sa Charge, & le Duc de Coaslin en fut pourvû.

Ce Duc la vendit depuis au Chevalier de Fourille, qui possedoit cette Charge lorsqu'il fut tué au combat de Senef en 1674.

Le Marquis de Reynel l'eut après la mort du Chevalier de Fourille. Ce Marquis fut tué d'un coup de canon au siege de Cambrai en 1677.

Au Marquis de Reynel succeda le Baron de Monclars.

M. de Rosen....... depuis Maréchal de France.

Le Marquis de Montperoux.

Le Marquis de la Valiere.

Le Comte de Chastillon sur Marne.

De la Charge de Commissaire General de la Cavalerie.

CEtte Charge est la troisiéme de la Cavalerie-Legere; elle est recente, & M. de Bussy-Rabutin nous en apprend l'origine dans ses Memoires.

» Au commencement de 1654, dit-il, le Maréchal de T. 1, p. 489;
» Turenne voulant reconnoître le dévoüement d'Esclainvil- an. 1654.
» liers, & peut-être diminuer la consideration de ma Char-
» ge, avoit proposé en sa faveur à la Cour, comme un grand
» avantage au service, de faire un Commissaire General dans
» la Cavalerie, ainsi que cela se pratiquoit dans les armées
» d'Allemagne. Ce Maréchal qui commandoit une des ar-
» mées du Roy en Flandres, & qui prévoïoit que son em-
» ploi ne finiroit pas si-tôt, étoit bien-aise d'avoir une crea-
» ture aussi considerable que le Commissaire General dans le
» Corps de la Cavalerie, & auquel il prétendoit faire com-
» mander d'ordinaire celle de son armée.

» D'abord le Duc de Joyeuse Colonel de la Cavalerie
» par la mort du Duc d'Angoulême son beau-pere, à la fin
» de 1653 donna les mains au dessein d'Esclainvilliers. Pour
» moy que la chose interessoit davantage, je m'y opposai;

» je craignois que cette Charge (dont les fonctions parmi les étrangers étoit de commander non seulement la Cavalerie, mais encore d'en faire les revûës, & de donner les quartiers d'hyver) n'eût plus de consideration que la mienne, quoiqu'elle lui fût subalterne. Mon opposition empêchant l'établissement d'Esclainvilliers, il me vint faire tant de prieres, de ne pas ruiner sa fortune, m'assûra tant de sa reconnoissance & même de son attachement, en me disant qu'il m'apporteroit le projet de sa Commission pour y changer ce qui me choqueroit, que je consentis à ce qu'il voulut. Le desir que j'eus de faire à ce galant homme un grand plaisir qui ne me coutoit rien, & la crainte qu'en le lui refusant, cela ne me broüillât avec toute la Cavalerie dans laquelle il étoit fort aimé, m'obligerent à me laisser aller. Il m'apporta deux jours après un projet de sa Commission, dans laquelle j'ajoûtai quelques mots, qui étoient, qu'il n'auroit point en mon absence d'autre fonction que la mienne.

Ce ne fut d'abord qu'une Commission, mais l'année suivante 1655 elle fut érigée en Charge : c'est ce que nous apprend encore le même Auteur : » Dans ce tems-là, ajoûte-t-il, Esclainvilliers qui avoit pour moi une très-grande reconnoissance du consentement que j'avois donné à sa Commission de Commissaire General, & même un grand respect, me pria d'achever de contribuer à son établissement en donnant les mains que cette Commission fût érigée en Charge. Je ne m'en fis pas presser, & aïant été dire à M. le Tellier qu'il sembloit que le Roy ne pouvoit mieux faire que de créer en faveur d'Esclainvilliers, la Charge de Commissaire General de la Cavalerie, & de lui donner par là quelque chose de solide ; cela se fit huit jours après.

Le Commissaire General commande la Cavalerie dans l'armée en l'absence du Colonel General & du Mestre de Camp General. Il a une garde de Cavalerie & une vedette le sabre à la main devant son logis, comme le Mestre de Camp General. L'usage, m'a-t-on dit, est tel.

Il est rare que ces trois Officiers se trouvent ensemble dans la même armée. On a l'attention de les distribuer dans les differentes armées, quand il y en a plusieurs, & hors de ce cas de ne les pas faire tous servir.

Lorsqu'aucun de ces trois Officiers n'est dans une armée, c'est le plus ancien Brigadier de Cavalerie qui commande la Cavalerie. Il a les mêmes fonctions & la même autorité; mais il n'a point de garde de Cavalerie à son logis.

Le Commissaire General pour marque de sa dignité met deux Cornettes derriere ses armes.

Liste des Commissaires Generaux de la Cavalerie.

M. d'Esclainvilliers par Commission en 1654 : en Charge en 1655.

M. de la Cardonniere en 1656.

Le Marquis de Montrevel en 1677, depuis Maréchal de France. *Histoire des Grands Officiers de la Couronne.*

Le Marquis de Villars en 1688, depuis Maréchal de France.

Le Comte de Veruë tué à la bataille d'Hocstet, en 1704.

Le Marquis de la Valliere en 1704.

Le Comte de Chastillon sur Marne.

Le Comte de Clermont.

De la Charge de Lieutenant Colonel de la Cavalerie-Legere.

Cette Charge étoit autrefois la troisiéme de la Cavalerie-Legere; & celui qui en étoit pourvû, commandoit la Cavalerie en l'absence du Colonel General & du Mestre de Camp General : mais, comme le dit M. de Bussy-Rabutin, *cette Charge est devenuë particuliere de publique qu'elle étoit, & le Lieutenant ne commande que du jour de sa Commission de Mestre de Camp.* *Memoires de Bussy-Rabutin, T. 1, p. 474.*

Cet Officier étoit celui qui commandoit la Colonelle sous le Colonel General, comme on le voit par un differend qui arriva entre M. du Terrail, Lieutenant Colonel de la Cavalerie, & M. de la Curée, Lieutenant de la Compagnie des Chevaux-Legers du Roy Henry IV, avant que cette Compagnie fût érigée en Compagnie de Gardes du Roy, ainsi que je l'ai raconté en traitant de la Compagnie des Chevaux-Legers de la Garde. La raison qu'apportoit M. du Terrail pour appuyer sa prétention, étoit que la veritable Compagnie du Roy étoit celle du Colonel General ; & qu'une marque de cela étoit la Cornette blanche qu'elle avoit, laquelle donnoit le rang à toutes les autres Cornettes. La Curée répondoit qu'il étoit Lieutenant du Roy, & que le Terrail n'étoit que le Lieutenant du Duc d'Angoulême. M. du Terrail commandoit donc la Colonelle sous le Colonel General ; de même qu'en ce tems-là on donnoit le nom de Lieutenant Colonel d'un Regiment d'Infanterie, à celui qui commandoit la Colonelle sous le Colonel General à qui elle appartenoit ; mais outre cela son Commandement s'étendoit sur toute la Cavalerie après les deux premiers Officiers Generaux.

Ibid. p. 494.

Prérogatives du Lieutenant Colonel de la Cavalerie-legere.
Ibid. p. 474.

Non seulement le Lieutenant Colonel commandoit la Cavalerie en l'absence du Colonel & du Mestre de Camp General ; mais encore il choisissoit après eux le corps d'armée où il vouloit servir.

Nonobstant ces prérogatives dont le Lieutenant Colonel étoit en possession, il y eut sous le Regne de Loüis XIII, une dispute à Grenoble pour le Commandement, entre M. de Bouchavannes Lieutenant Colonel, & les Capitaines de Cavalerie plus anciens que luy. Car il n'y avoit point encore alors de Regiment de Cavalerie, ni par consequent de Mestre de Camp, excepté le Mestre de Camp General. Loüis XIII regla la chose en faveur de Bouchavannes ; & afin que si Sa Majesté prenoit le dessein de faire des Regimens, comme elle fit dans la suite, les Mestres de Camp ne fissent plus de nouvelles difficultez au Lieutenant Colonel de la Cavalerie ; il fit expedier à Bouchavannes la Commission de Mestre de Camp, comme le Roy son pere avoit fait donner à du Terrail Lieutenant Colonel une Commission de Capitaine.

Ibid. p. 471.

On voit par tout cela que cette Charge étoit alors très-considerable. Je ne sçay pas le tems où elle perdit ses prérogatives : mais il est fort vray-semblable que ce fut peu de tems après l'institution de la Charge de Commissaire General, qui prit dans le corps la troisiéme place qu'avoit le Lieutenant Colonel, & qui ne lui laissoit plus gueres de lieu au Commandement.

DE LA MILICE FRANÇOISE. *Liv. XII.* 463

L'Officier qui commande aujourd'huy la Colonelle, ne s'appelle plus Lieutenant Colonel, ni Colonel Lieutenant, mais Meftre de Camp du Regiment Colonel General; il commande toûjours le Regiment Colonel, & il a au-deſſous de lui un Officier qui porte le titre de Lieutenant Colonel.

Il ne paroît point d'Officier avec le titre de Lieutenant Colonel de la Cavalerie avant Charles IX. Il y en eut un alors au delà des Monts, ſelon le témoignage de M. de Buſſy-Rabutin, mais dont il a laiſſé le nom en blanc. Et c'eſt par celui-cy que je commencerai la liſte de ces Officiers, & de ceux qui ont commandé la Colonelle ſous le Colonel General.

Liſte des Lieutenans Colonels de la Cavalerie-Legere.

Monſieur *** Lieutenant Colonel de la Cavalerie delà les Monts ſous Charles IX. *Ibid. p. 466.*

Monſieur du May Lieutenant Colonel en deçà des Monts.

Monſieur de Neuvy Barrois ſeul Lieutenant Colonel de la Cavalerie ſous Henry III.

Monſieur de L'Hoſpital, Seigneur de Vitri, ſous Henry IV, depuis Maréchal de France.

Monſieur de *** premier Capitaine de Cavalerie.

Monſieur d'Aligre-Meliant, tué à l'attaque d'Yſſoire en 1560.

Le Comte de Chateau-neuf, qui fut appellé depuis le Marquis d'Urfé.

Monſieur du Terrail.

Monſieur de Blerancourt frere du Duc de Treſmes. Ce fut ſous Loüis XIII.

Monſieur d'Eſtampes de Valencé, ſous Loüis XIII.

Monſieur de Valencé fils du précedent. Il fut tué au ſiege de Privas l'an 1629.

Monſieur de Valencé pere du précedent.

Monſieur de Sainte Frique.

Monſieur de Bouchavannes.

Monſieur de Choiſeul frere du Maréchal du Pleſſis-Praſlin. Il fut tué en Italie à la journée de Cremone en 1648.

Monsieur de Ruvigni.
Monsieur de Vignaux.
Monsieur ***
Monsieur de Renty.
Monsieur de Cruſſol.......... tué dans la Campagne de 1674, proche de Saverne.
Monsieur de Bougi.
Monsieur de Coëtmadeuc.
Le Marquis de Dintiville.
Monsieur d'Elvémont.
Monsieur le Comte de Bioule.

De la Charge de Maréchal General des Logis de la Cavalerie.

Fonctions de cette Charge. Entre les Charges que j'ai appellé Generales, celle-cy eſt la plus conſiderable de la Cavalerie après celle de Colonel General, de Meſtre de Camp General & de Commiſſaire General. Il a dans ce corps à peu près les mêmes fonctions & les mêmes détails que le Major General dans l'Infanterie. Il va au campement, il diſtribuë le terrein pour camper la Cavalerie, ſous les ordres du Maréchal de Camp de jour. Il voit monter & deſcendre les gardes. Il prend l'ordre du Maréchal de Camp de jour, pour le donner aux Majors de Brigades. Il ordonne toutes les gardes de la Cavalerie, tous les détachemens & les partis. Il a chez lui un Cavalier d'ordonnance pour chaqe Brigade, afin d'y porter les ordres, quand il ſurvient quelque choſe d'imprévû. Cette Charge, ſelon le petit traité de la Cavalerie du Comte de Buſſy, ne paroît point avant le Regne de Charles IX, non plus que celle de Lieutenant Colonel de la Cavalerie; je ne trouve en effet l'une & l'autre dans les Regiſtres de l'Extraordinaire des guer.es qu'en ce tems-là. Et c'eſt de là que je commencerai la liſte de ceux qui l'ont poſſedée.

Liſte des Maréchaux Generaux des Logis de la Cavalerie.

Memoires de Buſſy-Rabutin, t. 1, p. 466. Le Capitaine Malateſta Italien fut Maréchal General des logis de la Cavalerie, ſous Charles IX delà les Monts.

DE LA MILICE FRANÇOISE. *Liv. XII.* 465

Le Sieur Pierre Paul Toufain auſſi Italien, le fut en deçà des Monts.

Le Sieur Jean Marc fut ſeul Maréchal des Logis de la Cavalerie. Il étoit Albanois, & fut tué à la journée d'Arques étant dans l'armée de la Ligue contre Henry IV.

M. du Pleſſis-Piquet ſous Henry IV.
M. de la Lionne.
M. de ſaint Eſtienne.
M. ***
M. de Riſante.
M. de la Becherelle.
M. de Clermont.
M. de la Broſſe.
M. de ***
M. d'Anglure.
M. de Saint Martin, qui exerçoit cette Charge en 1653.
M. de Lavié-Ruë ſucceda à M. de ſaint Martin, & M. de Lavié-Ruë le fils a ſuccedé à ſon pere.

Il y a deux autres Officiers qui portent le titre de Maréchal des logis de la Cavalerie; ils furent créez par le feu Roy pour faire leurs fonctions dans les divers corps d'armée, où le Maréchal General des logis ne pouvoit ſe trouver. Ils ont les mêmes honneurs & privileges, & des Aydes de même que luy. Ce ſont aujourd'huy les Sieurs de Bonval & des Bournais. Quand ces Officiers ne ſe trouvent pas à l'armée, on commet à leur place des perſonnes du corps de la Cavalerie gens entendus; & ordinairement ce ſont des Meſtres de Camp.

Des *Regimens de Cavalerie.*

J'Ai déja fait l'Hiſtoire, & marqué l'époque de l'inſtitution des Regimens de la Cavalerie, qui fut en 1635. Un Regiment de Cavalerie eſt compoſé de deux, de trois ou de quatre Eſcadrons. Chaque Eſcadron eſt de quatre Compagnies, & une Compagnie eſt depuis vingt-cinq Maîtres ou Cavaliers, juſqu'à cinquante, ſuivant le beſoin & l'augmentation ou reduction de ces Compagnies. On diſtingue

Regimens Royaux & Regimens de Gentils-hommes.

Tome II. Nnn

les Regimens de Cavalerie comme en deux claſſes, en Regimens Roïaux & en Regimens de Gentils-hommes.

Sous le nom de Roïaux ſont compris, non ſeulement ceux qui portent le nom *du Roi* ou de Royal ; mais encore ceux des Princes du Sang, ſelon le rang de leur dignité, celui de la Reine, ceux du Colonel General, du Meſtre de Camp General, & du Commiſſaire General : les voici ſelon leur rang, ſuivant le controle de 1714, un peu avant la fin du Regne du feu Roy.

Colonel General.
Meſtre de Camp General.
Commiſſaire General.
Royal.
Du Roy.
Royal Etranger.
Royal Cuiraſſiers.
Royal Cravattes.
Royal Rouſſillon.
Royal Piémont.
Royal Allemand.
Royal Carabiniers.
La Reine.
Dauphin.
Dauphin Etranger.
Bourgogne.
Anjou.
Berry.
Orleans.
Chartres.
Condé.
Bourbon.
Du Maine.
Touloufe.

Les Regimens de Gentils-hommes ſont tous les autres Regimens.

Les Regimens Royaux ont toûjours eu rang entre eux, ſans avoir égard à l'ancienneté de reception des Meſtres de Camp. La même choſe fut auſſi reglée pour les Régimens de

DE LA MILICE FRANÇOISE. *Liv. XII.* 467

Gentils-hommes par l'Ordonnance du 1. de May 1699. Avant cette Ordonnance, ces Regimens marchoient entre eux selon l'ancienneté des Commissions de leurs Mestres de Camp.

Quoique les Regimens aïent leur rang fixé, les Mestres de Camp marchent & commandent entre eux selon l'ancienneté de leur Commission, & les Capitaines aussi. Mais les Lieutenans suivent le rang des Corps & des Compagnies où ils servent. Je parlerai d'abord des Regimens Royaux, & ensuite des Regimens de Gentils-hommes.

Comme il n'y avoit point de Regimens de Cavalerie avant 1635, il n'y avoit point non plus de Mestres de Camp de Cavalerie avant cette année, excepté le Mestre de Camp General. Ainsi la plus ancienne liste qu'on en pourroit avoir, ne commenceroit point au-dessus de ce tems-là. Elle ne laisseroit pas d'être infiniment longue à cause de la multitude des Regimens, & sur tout des changemens des Mestres de Camp qui se sont faits dans chaque Regiment ; les Mestres de Camp passant d'un Regiment à un autre, & de celui-là quelquefois encore à d'autres. Je me bornerai donc, comme j'ay fait dans les Regimens d'Infanterie ; premierement, au dénombrement des Mestres de Camp qui ont été tuez au service, dont j'aurai eu connoissance, & de ceux qui seront parvenus au Bâton de Maréchal de France. Secondement, à la liste des Regimens qui étoient sur pied en 1714 à la fin de la derniere guerre ; je ne m'étendrai un peu au long que sur deux des Regimens, sçavoir sur le Regiment Colonel General, qui est le premier de tous, & par lequel je commencerai : & sur le Regiment des Carabiniers, qui a quelque chose de singulier, & sur lequel j'ai de bons & d'amples memoires, & c'est par lui que je finirai cet article de mon Histoire de la Cavalerie-legere.

Regiment Colonel General.

COmme le Comte d'Alais fils du Duc d'Angoulême, étoit Colonel General de la Cavalerie, lorsqu'elle fut mise en Regimens, on ne peut douter qu'un changement si important dans un corps aussi considerable que celui-là, ne se soit fait de concert avec lui, & que le Regiment Colonel n'ait été formé le premier de tous ; & ainsi ce Regiment est non seulement le premier de la Cavalerie de France par la dignité de son chef, mais encore par la date de son institution, ou du moins on peut assûrer qu'aucun n'a été mis sur pied avant lui.

Prérogatives du Regiment Colonel General. Ses prérogatives sont de camper toûjours à la droite de l'armée, & d'occuper les premiers postes, lorsque la Maison du Roy ne s'y trouve pas. Quand elle s'y trouve, il n'occupe que le second poste. Il est à l'avant-garde de l'armée dans la marche ou à l'arriere-garde, suivant la position des ennemis, & il suit dans tous les détachemens le même ordre.

Il a le droit aux livraisons de pain & de fourage sec, de couper en arrivant les brigades de Cavalerie, quoiqu'arrivées devant, observant cependant de laisser achever le Regiment que l'on aura commencé de fournir.

Dans les cantonnemens & tous autres logemens, où il se trouve plusieurs Regimens avec lui, après que les Majors ont fait les lots des logemens ou cazernes, le Regiment Colonel General a le droit de choisir, & les autres le tirent entre eux au sort.

Son Etendart blanc, qu'on appelle la Cornette blanche, ne saluë que le Roy, les Princes du Sang, le Colonel General, & les Generaux d'armée Maréchaux de France.

Lorsque l'armée est rangée pour marcher, & que le Regiment Colonel, se mettant en marche, passe devant la ligne de Cavalerie, les Regimens montent à cheval, & saluent de leurs étendars la Cornette blanche.

Toute la Compagnie Colonelle doit être montée sur des chevaux gris blancs, & elle a seule ce droit dans la Cavalerie.

Le Mestre de Camp du Regiment en est le Capitaine & le Lieutenant, & il en tire les appointemens.

Le Cornette que l'on nomme Cornette blanche, marche dans les détachemens comme Capitaine, sans en avoir la Commission. Cette Charge se vend dix mille écus, & tombe au casuel du Colonel General de la Cavalerie.

Dans cette Compagnie seule de la Cavalerie Françoise, il y a un Sous-Lieutenant qui obéït dans le corps au Cor-

DE LA MILICE FRANÇOISE. *Liv. XII.* 469

nette ; & s'ils se trouvent tous deux en détachement, c'est au Sous-Lieutenant à commander, parce qu'il a toûjours la Commission de Capitaine, & que l'autre ne la prend pas d'ordinaire : si cependant il arrivoit que l'un & l'autre l'eussent, ce seroit au plus ancien par sa Commission, à commander le détachement, comme il est usité dans toute la Cavalerie.

Le Maréchal des logis de cette Compagnie marche aussi de droit comme Cornette, quoiqu'il n'en ait pas le Brevet, & le premier Brigadier marche comme Maréchal des logis dans tous les détachemens.

Liste des Mestres de Camp de divers Regimens tuez au service, ou parvenus à la dignité de Maréchal de France.

Regiment Royal.

Après la mort du Cardinal de Richelieu, dit Monsieur de Bussy-Rabutin. (C'est-à-dire entre le 4 de Decembre de 1642, jour de la mort du Cardinal, & le 14 de May de 1643, que le Roy Loüis XIII mourut) " ce Prince fit du Regiment " de Cavalerie de ce premier Ministre, le Regiment Royal ; ce Regiment en vertu de son titre de *Royal* crut avoir droit de disputer le rang au Regiment Colonel ; & la chose parut assez serieuse pour que le Roy fit une Ordonnance, par laquelle il fut declaré que le Regiment Colonel & celui du Mestre de Camp General passeroient avant le Regiment Royal.

M. de Chesnoise Mestre de Camp de ce Regiment, tué au combat d'Althenheim en 1675.

Le Maréchal de Montrevel parvenu au Bâton de Maréchal de France.

Regiment du Roy.

Le Comte de Vivone, depuis Duc, devenu Maréchal de France.

Regiment Royal des Cravattes.

Je trouve dans une lettre des Maréchaux de Chaulne & de Chastillon, rapportée dans les memoires pour servir à l'histoire du Cardinal de Richelieu, qu'il y avoit en ce tems-là un Corps de Cravattes commandé par le General Forcas dans les troupes Espagnoles. Monsieur de Rantzau suivant les mêmes memoires, avoit dans notre armée quatre Compagnies de Cravattes en 1636. Monsieur de Gassion en avoit deux en 1640. Il en est parlé au sujet de la bataille de Rocroy en 1643.

Riancour hist. de la Monarchie Françoise. p. 131 132.

Dans l'état de nos armées de 1645, il est mention des Cravattes de M. le Maréchal d'Hoquincourt, & pareillement dans les memoires de Navailles au sujet de la bataille de S. Antoine. Il y eut encore un Regiment de Cravattes sous le Colonel Baltazar. Je ne crois pas que ce soit le Regiment des Cravattes d'aujourd'hui. Un homme de qualité qui a été Mestre de Camp de ce Regiment, m'a dit que le Comte de Vivone amena d'au-delà du Rhin un Regiment de Cravattes: mais comme apparemment on ne se mit pas en peine d'en faire les recruës de soldats étrangers, & que dans la suite la plûpart se trouverent François, le Comte de Vivone obtint qu'on lui donneroit rang parmi les Regimens Royaux sous le titre de Royal Cravates, & il eut son rang après les Cuirassiers. On m'a dit que Monsieur le Maréchal de Talard, qui en avoit été Mestre de Camp, lui fit l'honneur de se mettre à sa tête pour charger l'ennemi à la bataille de Spire qu'il gagna en 1703.

Le Comte de Vivone, depuis Duc, & le Comte de Talard devenus Maréchaux de France.

Royal Roussillon.

Le Marquis de Montfort tué à Nervinde en 1693.

Royal Allemand.

Ce Regiment fut levé en 1671. Il avoit deux Lieutenans Colonels. Il y avoit des Cadets dans ce Regiment au Camp de Compiegne en 1698.

M. Bohlen tué à Nervinde en 1693. Ce fut alors & après la mort de ce Colonel, que le Regiment fut nommé Royal Allemand.

Carabiniers.

Je ferai ailleurs l'Histoire particuliere de ce Regiment, dont Monsieur le Duc du Maine est Mestre de Camp Lieutenant.

Regiment de la Reine.

Le Marquis du Caila tué au combat de Castiglioné d'elle Stiveré dans le Mantouan en 1706.

Regiment Dauphin.

Le Marquis de Saint Gelais tué à l'attaque de Valcour en 1689.

Regiment de Bourgogne.

Le Marquis d'Auger tué au combat de Leuze en 1691.

Regiment d'Anjou.

Ce Regiment qui avoit porté le nom de divers Mestres de Camp, prit le nom d'Anjou en 1688, le Marquis de Blanchefort en étant Mestre de Camp.
M. de Baleroy tué en Allemagne en 1672.
M. de Courcelles tué à Senef en 1674.
Le Marquis de Villars, depuis Duc, devenu Maréchal de France.

Regiment de Berry.

Ce Regiment étoit encore nommé Roussillon en 1688, & étoit nommé Berry en 1691. On lui donna ce nom en 1690, la Province de Roussillon l'avoit levé.
Le Marquis de Villacerf fut tué d'un coup de Canon au siege de Furnes en Janvier 1693.

Regiment d'Orleans.

Le Marquis de Montrevel devenu Maréchal de France.

Regiment de Chartres.

Le Marquis de Fontanges-Caylus, tué à Fleurus en 1690.

Regiment de Condé.

Le Marquis de Toiras fut tué au combat de Leuze étant Capitaine-Lieutenant des Chevaux-Legers Dauphins en 1691.

Regiment de Bourbon.

Ce Regiment se nomma Anguien jusqu'à la mort du Grand Prince de Condé.

Le Comte de la Chapelle tué dans une escarmouche pendant le siege de Namur en 1692.

Regiment du Maine.

M. de Coulange tué au combat de Seintzeim en 1674.
M. de Culan tué au combat d'Ensheim en 1674.
Le Marquis du Bordage, tué en 1688 au siege de Philisbourg. Alors le Roy donna ce Regiment à M. le Duc du Maine.
M. de Chauvance tué à la bataille de Fleurus en 1690.

Regiment de Beringhen.

Il est à-present Conti, & a pris rang après Bourbon par une Ordonnance du 20 de Mars 1718.

Le Marquis de Tilladet Lieutenant General, tué à Steinkerque en 1692.

Regiment

Regiment de du Tronc.

Il est à present Villars. Monsieur de Bartillat tué à la bataille de Fleurus en 1690 Lieutenant General.

Regiment de Villeroy.

Le Maréchal Duc de Villeroy aujourd'hui Gouverneur du Roy, & fils du Maréchal de même nom, qui avoit eu le même employ auprès de Loüis XIV.
Le Chevalier de Villeroy fils du Maréchal, perdit la vie dans un combat des Galeres de Malthe contre les Turcs.

Regiment de S. Aignan.

Il est maintenant S. Simon fils du Duc.
Le Prince de Rohan fut tué aux Païs-Bas dans un combat de Partis.

Regiment de Gesvres.

M. Foucault Lieutenant General tué en Allemagne.

Regiment d'Aubusson.

Il est aujourd'hui Cayeux.
Le Comte du Plessis Beliere Lieutenant General, tué au combat de Castellamare au Royaume de Naples en 1654.

Regiment de Rennepont.

M. de Rennepont tué en Italie en 1706 à la bataille que gagna M. de Medavid.
M. du Robin tué à la bataille de la Marsaille en 1693.

Regiment de Vaudrey.

Le Marquis de Roquepine tué dans un parti en Italie à Castrevato en 1701.

HISTOIRE

Regiment Prince de Marsillac.

C'est à présent la Rocheguion.
M. de Bercour Brigadier blessé dans un combat après que M. le Duc de Vendôme eut pris Barcelone. Il mourut de ses blessures dans cette place en 1697.

Regiment de Saint Germain Beaupré.

M. de Gournay tué à Nervinde en 1693.
M. de Larard tué dans un parti proche de Castiglioné dans le Mantouan l'an ....

Regiment de Marsillac.

Il est à présent Montrevel.
M. de Sainte Liviere tué à la journée de la Marsaille en 1693.

Regiment de Monteil.

M. de Saint Rut Lieutenant General, tué en Irlande en commandant l'armée du Roy d'Angleterre en 1691.
Le Marquis de Gournay tué à la bataille de Fleurus étant Lieutenant General en 1690.

Regiment de Saint Pouanges.

Il est à présent Bougard. Le Comte de Besons devenu Maréchal de France.

Regiment de Germinon.

M. de Monbas tué à la journée de la Marsaille en 1693.

Regiment de Lenoncour.

Le Comte de Clermont d'Amboise mourut de ses blessures à Mantouë l'an 1702.

Regiment de Chepy.

M. d'Imecourt d'Alipont tué à la bataille de Ramilli en 1706, étant Lieutenant des Gardes du Corps de la Compagnie Ecossoise.

Regiment de Bousolz.

Il est aujourd'hui Brissac Duc.
Le Marquis de Saint Simon Brigadier tué à la bataille de Nervinde en 1693.

Regiment de Dupalais.

M. de Beauvezé tué au combat de Seintzem en 1674.

Regiment de Cappy.

Le Marquis de Vandeuil Lieutenant General. Il fut tué à la journée de Luzara en 1702.

Regiment de Caubous.

M. d'Espinchal tué en Italie en 1703.
Le Prince d'Elbœuf fils du Duc d'Elbœuf, tué en Italie en 1703.

Regiment de Valgrand.

M. de Muret tué à la bataille de Senef en 1674.
M. le Boux tué à la bataille d'Hocstet en 1704.

Regiment de Rottembourg.

M. de Rosen devenu Maréchal de France.

Regiment de Roye.

M. de Moiria tué à la bataille de Caffano l'an 1705.

Regiment de Melun.

M. de Beaufort tué au fiege de Nimegue en 1672.

Regiment de Cayeux.

Le Marquis de Boufflers, depuis Duc & Maréchal de France.

Regiment de Noailles.

Le Duc de Noailles devenu Maréchal de France.

Regiment de Choifeul.

Il fut créé fur le pied d'Etranger. Le Chevalier de Seve tué à la bataille de Fridlingue en 1702.

Regiment de Biron.

Le Marquis de Damas d'Anlefy tué en 1707 proche de Dourlac, quand on força le paffage du Wirtemberg.

Regiment de Dalzau.

Le Marquis de la Baume fils du Maréchal de Talard, mort des bleffures reçûës à la bataille d'Hocftet en 1704.

Regiment de Pardaillan.

M. de Fourquevaux mourut à Strafbourg des bleffures reçûës à la bataille d'Hocftet en 1704.

Regiment de Mallan.

M. de Fourilles Lieutenant General tué à Senef en 1674.

Regiment de S. Phal-Coulanges.

M. d'Albret devenu Maréchal de France.
M. d'Auriac en 1691. tué à la bataille de Spire en 1703.

Regiment d'Eſtagniol.

Le Chevalier de Biſſy tué à Hocſtet en 1704.

Regiment de Vaudremont.

Le Marquis de Meuſe tué à la bataille de Spie en 1703.

Regiment de Clermont.

Le Marquis de Joyeuſe devenu Maréchal de France.

Regiment de Putange.

Le Comte Charles de Schomberg devenu Maréchal de France.

Regiment de Tourotte.

M. de Luxbourg tué dans un combat donné par le Baron de Quinci près de Valenciennes l'an....

Noms de pluſieurs Meſtres de Camp morts au ſervice dont les Regimens étoient ſur pied en 1672 au commencement de la guerre contre la Hollande.

Le Marquis de Vins tué à un fourage auprès d'Utrecht en 1672.

Le Marquis de Refnel tué au fiege de Cambrai en 1677.

Monfieur de Saint Aouft tué dans un parti en Flandre en 1675.

Monfieur de Paumi tué à la bataille de Senef en 1674.

Le Marquis de Sanzay tué à la journée de Confarbrik en 1678.

M. de Chevrier tué à la bataille de Senef en 1674.

M. de Montgeorge tué en Allemagne dans un combat un peu avant la mort de M. de Turenne en 1675.

Le Chevalier d'Imecourt Meftre de Camp du Regiment de Montgommery, tué en 1705 à Afti en Italie Commandant une Brigade de Carabiniers.

Autre Lifte des Meftres de Camp de Cavalerie tuez au fervice tirée de divers Memoires.

M. de Montferrier tué à la bataille de Seintzeim en 1674.

M. de Cornas tué à la bataille d'Einsheim en 1674.

Monfieur Hennequin tué auprès de Mons l'année de la bataille de Saint Denis en 1678.

M. Vains tué au fiege de Saint Omer en 1677.

Monfieur de Saldagne tué à la bataille d'Ensheim en 1674.

Le Marquis de Culant tué en Allemagne en 1674.

Le Chevalier Jous Anglois, tué au fiege de Maeftric en 1673.

Monfieur de Litleton tué à la bataille d'Ensheim en 1674.

Monfieur de Cateux tué au combat d'Altenheim en 1675.

Le Prince Paul de Lorraine tué à Nervinde en 1693.

Monfieur Quoad tué à Nervinde en 1693.

Monfieur de Pracontal tué étant Lieutenant General à la bataille de Spire en 1703.

Monfieur de Rochebonne tué à la bataille de Malplaquet en 1709.

Je trouve encore dans un memoire Monfieur Marin Meftre de Camp d'un Regiment de Cavalerie, tué à la journée de la Marfaille en 1693.

DE LA MILICE FRANÇOISE. Liv. XII. 479

En faisant la liste des Regimens de Cavalerie, j'ai dit que je parlerois séparément & plus en détail du Regiment des Carabiniers ; c'est par l'Histoire de ce Corps un des plus considerables des troupes, que je finirai ce qui concerne les Regimens de Cavalerie.

Histoire du Regiment Royal des Carabiniers.

LE Regiment Royal des Carabiniers étoit le plus beau Regiment de Cavalerie qu'il y eût dans les troupes de France à la fin du dernier Regne. L'Histoire que j'en vais donner est faite sur des memoires de très-bonne main, & qui ne peuvent être plus sûrs ni plus exacts.

Le nom de Carabiniers vient de celui de l'arme principale dont ils se servent, qui est une carabine raïée.

Origine des Carabiniers.

Plusieurs années avant l'institution de ce Regiment, on avoit mis deux Carabiniers dans chaque Compagnie de Cavalerie, qu'on choisissoit parmi les plus habiles tireurs, & qu'on mettoit dans les combats à la tête des Escadrons, pour faire une décharge de loin sur ceux des ennemis.

Sur la fin de la campagne de 1690 le Roy ordonna que l'on formât par Regiment de Cavalerie une Compagnie de Carabiniers.

Cette Compagnie étoit de trente Maîtres, elle avoit un Capitaine, deux Lieutenans, un Cornette & un Maréchal des logis ; chaque Mestre de Camp dans son Regiment choisissoit les Officiers ; le Capitaine pour faire sa Compagnie, avoit le choix de donner 260 livres pour le Cavalier tout monté, ou 60 francs pour l'homme seul ; il choisissoit aussi par Compagnie un nombre égal dans chacune ; & il n'y avoit d'exclus pour lui que les deux Brigadiers & les deux Carabiniers, pour laisser toûjours des têtes aux Compagnies de Cavalerie.

Le Roy accorda des pensions à tous les Officiers, qu'il attribua à leurs Emplois. La Compagnie devoit toûjours suivre son Regiment, & cependant être toûjours prête à camper séparément ; elle étoit aussi recrutée dans le Regiment à tour de rôle de Compagnies, moyennant 50 francs par homme.

Tous les Meſtres de Camp ſe firent une idée différente de cette création, & ne s'accorderent que ſur la valeur qu'ils chercherent tous également dans les Officiers qu'il choiſirent. Quoiqu'une des conditions impoſées par Sa Majeſté fût qu'ils n'euſſent pas plus de 35 ans, on ne s'y arrêta pas beaucoup, & les Meſtres de Camp y placerent ou ceux qui s'accordoient le moins bien avec eux, ou les plus anciens, ou leurs parens, ou leurs amis, ou enfin ceux qui témoignoient avoir le plus d'envie d'y aller; ce qui compoſa un aſſemblage de très-braves gens, mais de complexions toutes différentes.

Toutes ces Compagnies étoient ſurnumeraires dans leurs Regimens, & furent en très-bon état pour la campagne de 1691. Le Roy ordonna que toutes les Compagnies de Carabiniers des armées campaſſent enſemble & compoſaſſent une Brigade, à laquelle on nommoit un Brigadier & deux Meſtres de Camp ſous lui, quand la Brigade étoit forte; la deſtination de ce Corps étoit d'aller en parti.

L'année 1692 les Carabiniers firent le même ſervice que la précedente; on étoit très-ſatisfait d'eux, mais on commença à trouver qu'étant la plûpart habillez de différentes couleurs, cela n'avoit point trop bon air, & que de plus, les Officiers ne ſe connoiſſoient point les uns les autres; ce qui fit prendre la reſolution à Sa Majeſté de compoſer un ſeul Regiment ſous le nom de Royal Carabiniers, de toutes ces Compagnies, exceptées celles des Regimens Allemans.

Le Roy qui affectionnoit fort ce Corps dont il étoit très-content, choiſit pour le commander Monſeigneur le Duc du Maine qu'il jugea très-propre pour le mettre en regle, & y donner l'eſprit qu'il vouloit qu'il prît, le deſtinant à un genre de ſervice tout particulier. Sa Majeſté prit la peine elle-même de donner par écrit des inſtructions ſur ce ſujet.

Les Compagnies Allemandes étant retranchées, il en reſta cent Françoiſes, qui furent diviſées en cinq Brigades de quatre Eſcadrons chacune, les Eſcadrons de cinq Compagnies.

Le Roy affecta à chaque Brigade un Meſtre de Camp, un Lieutenant Colonel, un Major & un Aydes-Major, avec des penſions attachées à leur Employ.

Les

DE LA MILICE FRANÇOISE. *Liv. XII.* 481

Les cinq Mestres de Camp eurent le titre de Chefs de Brigade, le premier étoit le Chevalier du Mesnil, le second le Chevalier du Rosel, le troisiéme le Sieur d'Achi, le quatriéme le Sieur de Resigni, le cinquiéme le Commandeur de Courcelles.

Tout le Regiment fut habillé de bleu. Au lieu de deux Lieutenans qu'il y avoit par Compagnie, il n'y en eut plus qu'un; le Roy donna deux Etendarts par Escadron, & ordonna un Timbalier par Brigade.

Tout le Regiment ayant été mis en état dans le commencement de l'année 1694, Sa Majesté voulut le voir à Compiegne au mois de Mars de la même année, & elle en fut contente.

Le Roy ayant dessein que ce Regiment ne fît pas un Corps à part dans la Cavalerie, Monsieur le Duc du Maine voulut bien prendre l'attache de Monsieur le Comte d'Auvergne Colonel General de la Cavalerie legere, quoique l'intention du Roy fût de l'en exempter, & se contenta du titre de Mestre de Camp Lieutenant.

Il prit pour sa Compagnie de Mestre de Camp celle qui avoit été tirée de son Regiment du Maine, & elle fut attachée à la premiere Brigade; de sorte que toutes les fois que les Brigades changent de rang, ce qui arrive par l'ancienneté ou la dignité de ceux qui les commandent, elle change aussi de Brigade, & c'est toûjours à la premiere. *M. le Duc du Maine Mestre de Camp Lieutenant.*

Le Corps des Carabiniers fut trouvé si bon & si nombreux, que Sa Majesté le partagea en differentes armées, ce qui s'est presque toûjours pratiqué depuis. Nul Corps ne l'a surpassé pour la discipline, pour la fermeté, & pour la vigueur dans toutes les occasions où il a été employé.

En 1698, la Paix étant faite, & le Roy aïant reformé une grande partie de ses troupes, il reforma soixante Compagnies de Carabiniers, sans pourtant diminuer le nombre des Brigades, ni leur Etat Major; elles furent seulement reduites chacune à huit Compagnies qui formerent deux Escadrons; & à la fin de l'année 1698 les Compagnies furent encore reduites à vingt Carabiniers; elles ne furent plus recrutées comme elles l'avoient été, chacune par les Regimens dont

Tome II. P pp

elles sortoient, mais tous les Regimens qui restoient sur pied, y fournissoient chacun à tour de Rôle le remplacement necessaire, auquel les Inspecteurs tenoient la main. Tous les Officiers des soixante Compagnies réformées demeurerent chacun à la suite de leur Brigade, separez par Compagnies, exceptez les Cornettes qui ne se trouverent pas dix ans de service dans le tems de leur réforme, & qui furent congediez absolument. Monsieur le Duc du Maine reçut ordre de remplacer tous les autres par rang d'ancienneté, à mesure qu'il vaqueroit des emplois qui leur seroient propres.

En 1694, le Chevalier du Mesnil étant mort, le Roy donna sa Brigade au Comte d'Aubeterre, & par là elle devint la derniere; ainsi la Compagnie de Monsieur le Duc du Maine passa à celle de du Rozel, qui devint la premiere; & cela s'est toûjours ainsi pratiqué à tous les changemens des Chefs de Brigade.

Sous quelque prétexte que ce puisse être, le Roy ne veut jamais qu'il soit permis de vendre les Compagnies de Carabiniers.

Pour conserver toûjours les Carabiniers sur un pied de distinction, le Roy permettoit de prendre quelquefois des Capitaines dans la Cavalerie, mais il ne consentoit pas qu'ils vendissent leurs Compagnies. Sa Majesté trouvoit bon aussi qu'on y prît des Chefs de Brigade, & l'on observoit assez de les prendre alternativement avec les Lieutenans Colonels du Corps.

On accordoit assez aisément aux Lieutenans Colonels de ce Corps des Commissions de Mestres de Camp.

On ne refusoit gueres aux Aydes-Majors & aux Lieutenans des Compagnies Mestres de Camp, des Commissions de Capitaines.

Augmentation de Carabiniers.

Les Compagnies des Carabiniers furent remises à trente Maîtres dans l'hyver de 1701 à 1702, qui est le tems que commença la guerre.

Intentions du Roy sur ce qui regarde son Regiment des Carabiniers, contenuës dans un écrit fait à la création du Regiment de 1693.

LE Regiment des Carabiniers du Roy est composé de cent Compagnies de Carabiniers de 30 Maîtres chacune, faisant en tout 3000 Carabiniers & 411 Officiers, y compris le Mestre de Camp en Chef, les cinq Mestres de Camp sous lui, les cinq Lieutenans Colonels, les cinq Majors & les cinq Aydes-Majors.

Ils feront vingt Escadrons de cinq Compagnies chacune, dont il y en aura deux de vieux Regimens & trois de nouveaux.

Le Mestre de Camp en Chef aura l'inspection sur tout le Regiment, & les autres l'auront seulement chacun sur vingt Compagnies, faisant quatre Escadrons ; & cela par police & pour la commodité du service ; car ils auront aussi autorité sur tout également selon leurs emplois & leur ancienneté aussi bien que les Lieutenans Colonels, les Majors & les Aydes-Majors.

Quand on separera le Regiment dans differentes armées, on mettra toûjours un Mestre de Camp pour commander les differens Corps, & les autres Officiers de l'état Major à proportion.

Le service se fera comme les Carabiniers l'ont fait jusqu'à present, tant pour les gardes que pour les détachemens.

Les Compagnies seront entretenuës par tous les Regimens de Cavalerie François, qui fourniront les recruës necessaires à tour de Rôle, tant pour les Officiers que pour les Cavaliers, à moins que le Roy n'en ordonnât autrement.

Le Regiment sera habillé de bleu doublé de rouge, les Cavaliers d'un bon drap tout uni, & les Officiers de même à la reserve des boutons d'argent sur les manches, & aux colets des manteaux qui seront bleus comme ceux des Cavaliers.

Le chapeau sera bordé d'argent d'un galon plus large que celui des Cavaliers.

P p p ij

Les houffes des Cavaliers feront bleuës toutes unies, bordées d'un galon de foye blanche, les bourfes des piftolets de même, leur ceinturon de buffle avec un bord de cuir blanc, & la bandouliere de même, des gands blancs & des cravates noires. Les Officiers en auront auffi, excepté que ce qui eft blanc au Cavalier, ils l'auront d'argent.

Les teftieres des chevaux propres & toutes unies, des boffettes dorées toutes unies auffi, des épées de même longueur & largeur, des carabines raïées pareilles, & tout ce qu'il faut pour les charger: obfervant d'avoir des balles de deux calibres, les unes pour entrer à force avec le marteau & la baguette de fer, & les autres plus petites pour recharger plus promptement fi l'on en a befoin.

Les piftolets les meilleurs que l'on pourra, & de quinze pouces de longueur.

Les chevaux tous de même taille à longue queuë,& l'aïant retrouffée de même fans ruban ni trouffequeuë.

Timbalier à la Compagnie de Meftre de Camp.

A chaque quatre Efcadrons, il y aura un Timbalier à la Compagnie Meftre de Camp, qui fera habillé des livrées du Roy fans or ni argent, auffi-bien que les trompettes de toutes les Compagnies.

Les tentes feront pareilles avec du bleu fur leur faîte.

Il y aura à chaque quatre Efcadrons un Aumônier, à qui on donnera une chapelle, & un Chirugien.

On aura grand foin de n'avoir que de bons chevaux, pour que la troupe foit toûjours bien en état d'entreprendre ce qu'on lui ordonnera.

Le Meftre de Camp en Chef, & les autres Meftres de Camp fous lui tiendront la main qu'il n'y ait aucun Officier mal monté, & qui ne foit fur un cheval de bonne taille.

Les Officiers auront le moins de bagage qu'il leur fera poffible, rien que des chevaux de bâts ou des mulets, & point du tout de chariots, de charettes ni de furtouts.

On fera les détachemens par chambrée, de maniere que le Cavalier qui fera commandé, ne porte que ce qui lui fera neceffaire, & laiffe les autres hardes à ceux de fa chambrée qui demeureront au Corps du Regiment.

Les Compagnies fans avoir égard aux Regimens dont elles

DE LA MILICE FRANÇOISE. *Liv. XII.* 485

fortent, prendront leur rang de l'ancienneté de leur Capitaine, à la reserve de celle des Mestres de Camp & des Lieutenans Colonels.

S'il y a des commissions du même jour & des rangs incertains, on entendra les raisons de chacun, qui se debiteront sans aigreur ni dispute pour en rendre compte au Roy, afin qu'il décide promptement.

L'intention du Roy est, que ce Regiment ne fasse jamais de difficultez en tout ce qui regardera le service, & que la discipline y soit observée fort regulierement; il ne doit point monter de gardes. *Le Regiment ne monte point de gardes.*

Il faut deux étendarts par Escadron avec une devise bien choisie, qui ait un Soleil pour corps d'un côté, & de l'autre des fleurs de lys parsemées comme la plûpart des autres Regimens du Roy. *Devise des Etendarts.*

Pour se servir des Carabiniers à pied, quand le besoin s'en presente, il faut qu'ils aïent des bottes de basse tige, mais de cuir fort, avec une petite genouïllere, échancrée à la mousquetaire, & de petits dessus d'éperons. *Carabiniers servent quelquefois à pied.*

Quand les Mestres de Camp de Cavalerie à qui ce sera à fournir les recruës, n'auront pas envoïé de bons sujets, on les leur renvoïera à leurs frais & dépens, & ils seront obligez d'en redonner d'autres, quand même il mesarriveroit desdits Cavaliers.

Les Mestres de Camp auront mille livres de pension.

Les Lieutenans Colonels auront huit cents livres de pension.

Les Majors auront six cents livres de pension.

Les Aydes-Majors auront trois cents livres de pension.

Les autres Officiers demeureront comme ils sont déja.

Les Carabines raïées auront trente pouces de canon.

Les épées auront trente-trois pouces de lame.

Il sera permis aux Officiers subalternes d'avoir de petites carabines, pourvû qu'elles soient bonnes.

Les cravates noires tant des Officiers que des Carabiniers, seront de floure de longueur de deux aulnes de Paris.

Les vestes des habits uniformes des Officiers seront de drap rouge bordées d'argent avec des boutons & des boutonnieres d'argent, & un galon d'argent pareil à celui du juste au corps sur l'amadis.

Les Officiers auront tous des plumets blancs. Le Roy permet que le Maréchal qu'il faut par Compagnie soit pris hors de la Cavalerie.

Autres Reglemens faits en l'année 1696.

Les regles des Carabiniers sont differentes en beaucoup de choses de celles du reste de la Cavalerie : leur unique principe est en tout uniquement le bien du service sans avoir égard à rien de particulier. C'est là le premier mobile, & il est tout singulier pour ce Corps qui a été créé dans cet esprit.

Il faut que dans les armées ils n'aïent qu'un Commandant, & qu'un même Major fasse le gros du détail.

Naturellement les Carabiniers ne doivent point rouler avec la Cavalerie pour les fatigues ; cependant après avoir représenté bien doucement & honnêtement leurs droits & leurs instituts, ils doivent faire sans replique tout ce qu'on demande d'eux.

Soit qu'on les emploïe à pied ou à cheval, il faut toûjours une même proportion d'Officiers, étant ce qui doit soûtenir la reputation du Corps ; observant tant qu'il se peut de fournir un Capitaine avec quarante Carabiniers.

Les cinq Brigades ne forment qu'un Regiment. Les cinq Brigades ne forment qu'un Regiment pour le rang dans la Cavalerie, & pour les premiers Capitaines qui peuvent indifferemment parvenir par leur ancienneté aux Lieutenances Colonelles. Car dans tout le reste les cinq Brigades ont leur détail à part ; & les Officiers des unes, excepté dans le cas marqué cy-dessus, ne peuvent prétendre de monter ni de passer dans les autres. Les Escadrons aïant été formez par le Roy pour les rendre égaux & point assortis par l'ancienneté des Capitaines ; il ne permet qu'ils soient changez qu'en cas que les Commandans des Escadrons viennent à manquer, auquel cas l'ancien après lui remplira sa place & de sa personne & de sa Compagnie : cela apportera donc quelque changement dans les Escadrons : mais pour le reparer on observera le même esprit que le Roy a eu dans leur premiere fondation, c'est-à-dire, de les composer tant qu'on pourra de deux Compagnies de vieux Regimens, & de trois de nouveaux, & l'on évitera les mouvemens dans la Brigade le plus qu'il sera possible.

Le Roy veut que les Cornettes des Carabiniers aïent passé par la Lieutenance avant que de monter aux Compagnies.

Quand il y aura plusieurs troupes de Carabiniers détachées ensemble, elles prendront entr'elles le rang des Brigades, sans avoir égard à l'ancienneté des Capitaines qui les commanderont, qui ne pourront cependant quitter leurs troupes qu'en cas que par des accidens imprévûs, ils ne vinssent à commander le tout en chef par leur ancienneté.

Quoique tous les Officiers des Carabiniers soient bons, ils ne doivent pourtant être ni fâchez ni surpris quand les Generaux ne les feront point marcher à tour de rôle, quand ce sera pour aller en parti.

Tous les Officiers generalement de ce corps marcheront avec autant & aussi peu de gens, aussi souvent & aussi rarement qu'il plaira aux Generaux: cependant à moins d'autres ordres plus particuliers, il sera observé dans ce corps de faire marcher un Lieutenant Colonel du moment que le détachement sera de cent cinquante Carabiniers & au delà jusqu'à trois & quatre cents, au-dessus duquel nombre on donnera un Chef de Brigade, à moins que quelque raison par rapport au détail de la Cavalerie, ou de celui auquel le General voudroit laisser le commandement du parti, n'en empêchât. *Détachement*

Quand il y aura six cents Carabiniers dans un détachement, & qu'on ne voudra point un chef de Brigade pour les commander, on envoïera deux Lieutenans Colonels, & toûjours un Major, comme si le Chef de Brigade marchoit.

Dans les Carabiniers les Majors marcheront à tour de rôle, & non point comme dans la Cavalerie avec leurs Mestres de Camp, tous les Carabiniers ne faisant qu'un Regiment, & n'étant pas à propos qu'à moins d'un hazard, le Major & le Chef de Brigade s'absentent en même tems.

Comme le Maréchal des logis de la Cavalerie demande d'ordinaire pour aller dehors cinquante Carabiniers, quoiqu'on ait marqué ailleurs qu'il feroit à fouhaiter qu'il y eût un Capitaine par quarante Maîtres, on n'envoïera pourtant alors qu'un Capitaine, mais on obfervera d'y mettre le double de fubalternes, à la referve du Maréchal des logis qu'il ne fera pas neceffaire de doubler fi l'on ne veut.

Quand les détachemens ne feront commandez que par un Lieutenant Colonel, on envoïera avec lui un Ayde-Major auffi à tour de rôle.

Quand il marchera un Major, il aura un Ayde-Major avec lui pour lui faciliter le détail.

Le Major ne roule point avec les autres Majors.

Le Major faifant tout le détail des Carabiniers comme Major de Brigade, ne roulera point avec les autres.

Quand il n'y aura dans une armée que deux Brigades de Carabiniers, un des Majors étant Major de Brigade, l'autre ne marchera que quand on le lui dira plus particulierement.

On ne fait point de châtimens ignominieux aux Carabiniers.

On ne fera point aux Carabiniers de châtimens ignominieux que quand on voudra les chaffer après: il faut pourtant les tenir dans une difcipline bien grande & bien exacte. Ce font là les points principaux marquez dans le Reglement de 1696.

Une lettre du 27 Janvier 1697, marque que le Roy ordonne que les Maréchaux des logis de Carabiniers qui deferteront, foient conduits dans la ville la plus prochaine du lieu où fera logée la Compagnie d'où ils auront deferté, pour y être mis en prifon, & y demeurer au pain & à l'eau pendant une année; que pour cela ils feront mis au confeil de guerre, qui les condamnera à la peine mentionnée ci-deffus. La lettre de M. de Barbefieux eft en original chez M. le Duc du Maine dans le porte-feuille des Carabiniers.

Lifte des Meftres de Camp du Regiment Royal des Carabiniers.

Meftre de Camp Lieutenant Monfeigneur le Duc du Maine, depuis la création de ce Regiment.

DE LA MILICE FRANÇOISE. *Liv. XII.* 489

Mestres de Camp Chefs de Brigade sous les ordres de M. le Duc du Maine.

Le Chevalier du Mesnil, en 1694.
Le Chevalier du Rosel, en 1694.
D'Achy, en 1694.
De Resigni, en 1694.
Le Commandeur de Courcelles, en 1694.
Le Comte d'Aubeterre, en 1694.
Le Chevalier d'Imecourt en 1701, mort des blessures reçûës en Italie en 1705, au combat d'Asti.
De Cloys, en 1701.
De l'Estang, en 1701.
De Rouvray ..... en 1705.
Le Chevalier de Pujols, en 1711. Ce Chevalier est en 1721 à la tête de la premiere Brigade. M. de Grieu à la tête de la seconde. M. Sanguin est à la troisiéme. M. De Pardaillan à la quatriéme, & M. de Parabere à la cinquiéme.

Le détail que je viens de faire donne, ce me semble, une parfaite connoissance de ce Corps.

A ce Traité de la Cavalerie-legere, je dois ajoûter la Milice du Ban & Arriere-ban, parce que depuis très-long-tems, le service ordinaire du Ban & Arriere-ban se fait en équipage de Chevaux-legers par ceux qui le composent, & cela suivant les Ordonnances de quelques-uns de nos Rois.

Du Ban & Arriere-ban.

EN traitant de notre ancienne Milice, & des troupes dont nos armées étoient alors composées, c'est à-dire, de celles que les Vassaux de la Couronne amenoient au service, j'ai donné une idée assez distincte de ce que c'étoit que l'ancien Ban & Arriere-ban. Il ne me reste plus qu'à faire ici quelques observations sur la différence qu'il y a entre notre Ban & Arriere-ban d'aujourd'hui, & le Ban & l'Arriere-ban d'autrefois.

Le mot de Ban dans notre ancien droit a plusieurs significations. La principale & qui seule regarde mon sujet, étoit de signifier la convocation des Vassaux du Roy au service.

Celui d'Arriere-ban me paroît avoir signifié premierement la convocation des Arrieres-Vassaux, comme le Ban signifioit la convocation des Vassaux relevant immediatement du Prince. Et comme ceux-ci en vertu du Ban fournissoient au service, selon l'obligation de leurs fiefs; de même en vertu de l'Arriereban les Arriere-Vassaux fournissoient au service selon l'obligation de leurs Arrieres-fiefs.

Secondement, le mot d'Arriere-ban selon quelques-uns signifioit un ban réiteré; c'est-à-dire une nouvelle semonce ou convocation que le Roy avoit droit de faire de ses Vassaux, qui avoient déja accompli le tems de leur service, mais qu'un besoin pressant de l'Etat obligeoit à y retourner de nouveau. Il semble que cette signification est donnée au mot d'Arriereban, en latin *Retrobannum* dans une Charte de Loüis Hutin, faite en faveur des hommes Fieffez de Normandie. Car voici comme ce Prince y parle: *Nobiles aut ignobiles qui nobis aut successoribus nostris in guerris & exercitibus certa debent servitia, ipsis persolutis liberi remaneant & immunes: nec ulterius per nos aut nostros successores possint cogi inviti ad alia servitia exercitûs nobis facienda, nisi in casu quo* RETROBANNUM *in causa imminenti fieri oporteret.* Or il paroît qu'en cet endroit *Retrobannum* l'Arriere-ban, ne signifie autre chose qu'une convocation réiterée, & même aussi une convocation generale de tous les Fiefs dans un danger éminent de l'Etat, où tous ceux qui pouvoient porter les armes étoient obligez de marcher.

Il y a plusieurs siecles que ces deux mots de *Ban* & d'*Arriere-ban* ont été ordinairement joints ensemble pour signifier la convocation des hommes Fieffez au service: mais ce fut du tems de Charles VII que les Bans & Arriere-bans commencerent à être differens de ce qu'ils avoient été autrefois. Car jusqu'au regne & jusques bien avant dans le regne de ce Prince, les Seigneurs, les Gentils-hommes, & les autres gens Fieffez marchoient au service en vertu de l'obligation de leurs Fiefs, & faisoient en cette qualité le gros & le fonds des armées. Mais depuis l'institution des quinze Compagnies d'ordonnance par Charles VII, une grande partie de la Noblesse n'y alloit plus sous ce titre. Les Seigneurs & Gentils-hommes y alloient en qualité de Capitaine, ou de Lieutenant, ou de Guidon de ces Compagnies, ou en qualité d'hommes d'armes ou d'Archer, &c : & d'autant que ces Compagnies formoient ensemble un corps de huit à neuf mille hommes, sans y comprendre quantité de Volontaires, ainsi que je l'ai expliqué plus haut tous ou presque tous Gentils-hommes, deslors le Ban & l'Arriere-ban qui avoit été jusques-là comme la milice ordinaire, commença à être une milice extraordinaire, ainsi qu'elle l'est aujourd'hui, & que l'on ne convoquoit plus gueres, que lorsque la Gendarmerie qui composoit les quinze Compagnies d'ordonnance jointe à l'Infanterie des francs Archers, ne suffisoit pas pour soûtenir la guerre.

L'Arriere-ban autrefois milice ordinaire, est depuis long-tems milice extraordinaire.

La premiere différence donc est que le Ban & l'Arriere-ban des anciens tems étoit la milice ordinaire, & que depuis Charles VII elle est devenuë une milice extraordinaire.

La seconde différence est qu'autrefois le tems du service du Ban & de l'Arriere-ban, n'étoit pas le même pour tous les Fieffez, ainsi qu'on l'a vû par les divers Rôles que j'ai citez en parlant des troupes dont les armées étoient alors composées ; au lieu que depuis ils ont été tous sur le même pied. François I fixa generalement pour tous le service à trois mois dans le Royaume, & à quarante jours hors du Royaume. Henri II retrancha même ce dernier service, excepté au cas qu'après une victoire il fût question de poursuivre les ennemis.

La troisiéme différence est dans l'équipage de ceux qui marchent dans l'Arriere-ban. Autrefois les uns y alloient avec l'équipage de Chevalier, les autres d'Ecuïer, les autres d'Archer, selon la qualité de leurs Fiefs. La chose s'observoit encore ainsi sous le Regne de François I, comme il paroît par son Ordonnance de l'an 1545. Mais Henri II par son Ordonnance de 1554, voulut que le service du Ban & Arriere-Ban se fît en une seule forme, qui fut celle de Chevau-leger. Cela a été ainsi observé depuis, & Loüis XIII l'an 1635 fit une pareille Declaration sur ce sujet.

A cette occasion, je ne dois pas omettre une chose singuliere qui se passa sous le Regne de François I. C'est que

Service de l'Arriere-ban à pied sous François I.

ce Prince fit dans une campagne servir à pied son Arriereban, & cela non par hazard, & au sujet de quelque conjoncture subite qui le demandât, comme il peut arriver; mais de dessein prémedité, & l'aïant ainsi marqué dans la convocation : car voici comme il parle dans son Ordonnance : » Et combien que le service que nous avons accoûtumé
» tirer du Ban & Arriere-ban de notre dit Royaume, nous

Ordonnance de François I de l'an 1545.

» soit de plus grand avantage & secours, le faisant venir à
» cheval, & ainsi qu'il a été fait ci-devant ; neanmoins aïant
» mis en consideration le peu de vivres pour les chevaux
» qu'il y a de present audit païs de Picardie, où nous en vou-
» lons servir, nous mandons en outre leur faire sçavoir que
» notre vouloir & intention est, afin d'autant plus les sou-
» lager, & éviter la perte de leurs chevaux & montures,
» nous servir d'eux à pied pour cette fois, sans tirer la chose
» à consequence, ne que sous couleur de ce, l'on puisse pré-
» tendre qu'ils soient tenus nous faire autre service, que ce-
» lui qu'ils ont accoûtumé, & à quoi la nature de leurs Fiefs
» les oblige ; & que neanmoins les Gentils hommes puissent,
» si bon leur semble, aller sur un courtaut jusqu'au lieu du
» service, pour là, s'offrant l'affaire, se mettre à pied, &c.
Il semble que ce Prince auroit été fort d'avis, qu'au moins une partie de l'Arriere-ban eût servi à pied : & même dans une Ordonnance de 1540 anterieure à celle dont je viens de faire l'extrait, il declare que ceux qui tiennent de petits Fiefs, comme de trois cents livres de rente & au dessous, serviront à pied. C'étoit contre l'ancien usage, & il se fit une Ordonnance contraire sous le Régne de Henri II son successeur.

La même chose se fit sous Loüis XIII.

Loüis XIII par l'Ordonnance du quatorziéme de May 1639, ordonna aussi que l'Arriere-ban serviroit à pied. Je ne crois pas que hors de ces deux occasions la chose se soit pratiquée ainsi.

Quatriémement, on n'exige plus comme on faisoit autrefois de plusieurs des plus riches Abbayes de France, des chariots, des charettes, des chevaux de bagage pour l'Arriere-ban. J'ai parlé de ces redevances dans l'Histoire de notre ancienne Milice. Il est fort vraisemblable que les subventions du Clergé, depuis qu'elles ont été en usage frequent, ont fait abolir ces sortes de redevances, ou qu'avant ce tems-là elles furent rachetées.

Depuis que Charles VII eut institué les Compagnies d'ordonnance, il ne convoqua plus, ou il ne convoqua que fort rarement l'Arriere ban. Loüis XI son successeur s'en servit fort frequemment, & dans les Etats qui furent tenus au commencement du Regne de Charles VIII son Fils, un des griefs contenus dans le cahier de la Noblesse étoit sur cet article. On s'y plaignoit de ce que le feu Roy par ses frequentes convocations du Ban & de l'Arriere-ban, avoit ruiné la plûpart des Gentils-hommes. On s'y plaignoit encore, de ce qu'on n'avoit pas eu soin de leur païer certains gages qui leur étoient dûs, lorsqu'ils marchoient en campagne; & enfin de ce que les Baillifs & Senéchaux Royaux en ces occasions obligeoient les gens Nobles ou autres tenans Fiefs, à servir le Roy ailleurs qu'en la Compagnie de leurs Seigneurs. Le jeune Roy promit de leur donner satisfaction sur tous ces chefs: & en effet, on ne voit pas que ce Prince ait souvent convoqué l'Arriere-ban.

Arriere-bans fort frequens sous Loüis XI.

Rares sous Charles VIII.

Du tems de Charles VII & long-tems depuis, il y eut une Charge en titre d'Office de Capitaine General de l'Arriereban. Le fameux Comte de Dunois, sous le Regne de ce Prince en étoit en possession, & prenoit parmi ses titres celui de *Chef des Arriere-bans de France*, ainsi qu'on l'a vû par un Acte que j'ai cité en parlant de la dignité de Porte-Oriflamme.

Capitaine General de l'Arriere ban.

Il faut remarquer que le Comte de Dunois n'eut cette Charge au plûtôt qu'en 1445. Car avant ce tems-là les armées de France n'étoient gueres composées que des Arriere-bans, qui étoient alors, comme je l'ai dit, la Milice ordinaire, & qui étoit commandée par le Roy ou par son Lieutenant General. Ce ne fut que cette année-là 1445, après l'institution des Compagnies d'ordonnance que l'Arriere-ban étant devenu milice extraordinaire; ce ne fut, dis-je, que cette même année au plûtôt, qu'on lui donna un Chef ou Capitaine General pour la commander, toutes les fois qu'on l'assembleroit.

Cette Charge de Chef ou Capitaine General fut supprimée

Cette Char-

494 HISTOIRE

ge supprimée par Henri III. par Henri III en 1576 aux Etats de Blois, comme on le voit par l'Article 317. Mais elle fut bien-tôt après rétablie, non-obstant l'Ordonnance de Blois : car on voit dans les discours Militaires de M. de la Nouë, M. de Sanzai, sous le même Roy Henri III Colonel General des Arriere-bans en 1587, c'est-à-dire, onze ans après les Etats de Blois ; & je trouve encore ce Gentil-homme marqué avec le même titre dans un Etat de la France manuscrit de 1598, sous Henri IV. Cette Charge n'est plus, & je n'ai vû nulle part qu'il en soit fait mention sous le Regne de Loüis XIII.

Discours XI.

Et enfin tout-à-fait supprimée.

Ordonnance de l'an 1551.

Autres Officiers de l'Arriere-ban.

Ordonnance de l'an 1554.

Henri II dans une de ses Ordonnances, nomme le Capitaine General, le Lieutenant General, le Mestre de Camp qui étoit le même Officier, le Capitaine particulier, le Lieutenant, l'Enseigne, le Guidon, le Maréchal des logis, le Fourrier. Et dans une autre posterieure, il veut que dans une Compagnie de cent Salades, il n'y ait *pour tous Chefs que le Capitaine & le Cornette.*

L'envie que nos Rois avoient de remettre en bon état ce Corps & ce secours extraordinaire du Royaume, dont on se servoit dans les besoins pressans, leur y firent faire une infinité de changemens, mais qui ne réüssirent gueres.

Cette Milice étoit encore assez bonne du tems de Loüis XI, parce qu'il s'en servoit souvent : mais dès le tems de Loüis XII & de François I, elle commença à dégenerer, comme le témoigne le livre de l'Art Militaire attribué à M. de Langey. Ce Prince imagina un moïen de redonner quelque vigueur à cette troupe, qui fut d'ordonner que tous les ans durant la guerre on en feroit la revûë, où chaque homme Fieffé devoit comparoître, *en l'état*, dit l'Ordonnance, *qu'il est obligé pour le devoir de son Fief.* Mais cet usage qui étoit fort à charge à la Noblesse, ne dura pas.

Fol. 53.

Ordonnance de 1633.

Décadence de l'Arriere-ban.

L'Arriere-ban étoit encore plus déchû du tems de Henri II, & acheva de se décrier, par ce qu'il lui arriva dans une rencontre. Les ennemis l'étant venu attaquer en Picardie où il étoit assemblé, tout s'enfuit sans rendre de combat, & abandonna son Colonel General qui étoit M. de la Jaille.

La Nouë, XI Discours Militaire.

M. de la Nouë, dit *que cela les rendit si vilipendez, que par tout on s'en mocquoit.* Il ne valut pas mieux dans la suite. Et le

DE LA MILICE FRANÇOISE. *Liv. XII.* 495

Cardinal de Richelieu dans son testament, dit qu'il ne faut point se servir de cette Milice, qui ne sert qu'à gâter les autres, & à ruiner le païs. On en a vû encore l'experience sous le Regne de Loüis le Grand ; aussi ce Prince ne s'en est-il gueres servi, même dans les plus pressans besoins de l'Etat. Voici les principales raisons de cette décadence.

La premiere & la principale est, que depuis le changement entier que Charles VII fit dans la Milice par l'institution des Compagnies d'ordonnance, & des Francs Archers, tout ce qu'il y avoit de Seigneurs & de Gentils-hommes qui vouloient se pousser dans les armes, s'enrôloient dans les Compagnies d'ordonnance, & par consequent les autres qui restoient chez eux, à parler en general, n'étoient pas des gens de cœur, ni qui se piquassent fort d'honneur & d'acquerir de la gloire.

Raisons de cette décadence.

Secondement, quand on les assembloit pour l'Arriere-ban, excepté quelques uns qui avoient servi pendant leur jeunesse, & s'étoient retirez dans leurs maisons, ils n'avoient nulle connoissance du métier de la guerre, n'étoient point accoûtumez au feu & à la fatigue, ni à l'exercice & à la discipline militaire. Ils étoient par ces raisons comme sont aujourd'huy des Regimens ou des Compagnies de nouvelle levée, & encore avec cette difference que ces Regimens & ces Compagnies de nouvelle levée se mettent ordinairement dans les garnisons, & se forment insensiblement au métier par l'exemple des vieilles troupes, & par l'exercice frequent qu'on leur fait faire, au lieu que l'Arriere-ban pendant un service de quelques mois n'a pas le loisir de se dresser.

Troisiémement, ceux qui étoient chargez de lever & d'assembler l'Arriere-ban, n'étoient pas assez exacts & assez desinteressez dans le choix des hommes. Ils dispensoient leurs amis & leurs parens du service, & d'autres pour de l'argent, & recevoient en leur place des gens de néant, sans honneur & sans courage ; & ainsi l'Arriere-ban qui dans sa premiere institution devoit être composé de Gentils-hommes, ou du moins de gens vivant noblement, depuis que les Fiefs avoient passé aux roturiers, se trouvoit n'être formé en grande partie que de très-mauvais sujets.

On n'a point assemblé l'Arriere-ban sous le Regne de Loüis

Arriere-ban assemblé pour la derniere fois en 1674.

le Grand depuis 1674. parce qu'on ne fut nullement content de cette milice. Ce que je trouve de particulier dans l'Ordonnance de cette derniere convocation, est que le tems du service y fut fixé à deux mois, depuis le jour que l'Arriere-ban se trouveroit assemblé sur la Meuse dans le corps d'armée que commandoit le Marquis de Rochefort, au lieu qu'auparavant le service étoit de trois mois. De plus la convocation ne fut pas generale; & le Roy se contenta de la moitié de ceux qu'il avoit droit de convoquer.

Les Senéchaux & Baillifs Commandans nez de l'Arriere-ban.

Les Baillifs ou les Senéchaux de Robe-courte sont les Conducteurs & les Commandans nez des troupes de l'Arriere-ban de leur district; que s'ils ne sont pas en état de s'acquitter de cette fonction, les Gouverneurs de Province choisissent un Gentil-homme du païs en leur place pour cette fonction. Ce droit des Senéchaux & des Baillifs est de tems immemorial. Parce que ces titres n'étoient portez que par des Seigneurs & des Gentils-hommes les plus distinguez, & qu'un Senéchal ou un Bailli étoit regardé comme le Chef de la Noblesse d'une Province.

Histoire des Dragons.

Faux préjugez sur l'institution des Dragons.

JE vois un préjugé parmi nos Officiers de guerre, que les premiers Dragons François qui aïent été dans nos armées, ont été ceux du feu Maréchal de la Ferté. Cela vient de ce qu'il y avoit en effet peu d'autres Dragons dans les armées de France un peu avant la Paix des Pyrenées, & de ce que ceux de la Ferté firent beaucoup parler d'eux, & se signalerent en diverses occasions sur la fin des guerres qui furent terminées par le mariage du Roy Loüis XIV : mais on verra que ce préjugé est très-faux par plusieurs choses que je vais dire sur ce sujet.

Les Dragons sont une espece particuliere de Milice dans les armées distinguée de la Gendarmerie, de la Cavalerie legere & de l'Infanterie. C'est, ainsi qu'il plaît à quelques-uns de s'exprimer, une Infanterie à cheval : ou, si l'on veut, ce sont des Cavaliers qui marchent d'ordinaire à cheval, & qui combattent souvent à pied, & c'est pour cela qu'ils n'ont que

Dragon a Cheval.

des bottines, ils ne portent qu'un piſtolet à l'arçon de la ſelle d'un côté, & de l'autre une hache, ou quelque inſtrument propre à remuer la terre. Ils ont auſſi un fuſil & une bayonnette. Leur coeffure eſt une eſpece de chaperon à longue queuë tel à peu près qu'on le portoit autrefois avant l'uſage des chapeaux.

Le nom de Dragon, ſelon Monſieur Ménage dans ſes Etymologies, paroît venir de ceux qu'on appelloit *Draconarii* dans les armées Romaines, qui portoient des figures de Dragons au haut d'une longue lance. D'autres le dérivent du mot Allemand *Tragen*, ou *Draghen* qui ſignifie, diſent-ils, Infanterie portée, parce que les Dragons appartiennent à l'Infanterie & qu'ils ſont portez à cheval. Ménage refute cette étymologie, parce, dit-il, *que Draghen ne ſignifie rien en Alleman, & Tragen qui eſt un mot Allemand, ne ſignifie point Infanterie portée, mais ſeulement porter.*

J'ajoûterai pour appuyer cette refutation que les Dragons étant une Milice qui a pris naiſſance dans les armées de France, comme je le vais montrer, il n'eſt gueres vrai-ſemblable que les François leur ayent donné un nom Allemand. Ce ſeroit autre choſe ſi elle nous étoit venuë d'Allemagne ; car en ce cas il ſeroit fort naturel qu'elle eût gardé ſon ancien nom.

Je ſuis encore moins content de l'étymologie de Monſieur Ménage ; car enfin ces ſoldats n'ont point de Dragons dans leurs drapeaux, & ils n'ont nulle reſſemblance & nul rapport aux *Draconarii*, dont parle Vegece & quelques anciens Auteurs qui ont traité de la Milice Romaine ; car ces *Draconarii* des anciens étoient des Officiers qui portoient la figure d'un Dragon dans les Cohortes, dont les ſoldats ne s'appelloient pas pour cela *Dracones*, & leurs fonctions n'avoient nul rapport à celles de nos Dragons.

Il me paroît beaucoup plus vrai-ſemblable que ce nom fut donné d'abord à nos Dragons comme une injure par les ennemis chez leſquels ils alloient porter le ravage, & qu'il leur demeura. Ils le prirent volontiers comme un nom terrible qui les rendoit redoutables, & qui marquoit leur activité & leur valeur. Il ſe pourroit faire encore que le Maréchal de Briſſac qui imagina cette eſpece de Milice, leur donna lui-même ce nom par de pareilles raisons.

Le Maréchal de Brissac Auteur de cette Milice.

Je dis que ce fut Charles de Cossé Maréchal de Brissac qui imagina, ou du moins qui leva cette espece de Milice, lorsqu'il étoit à la tête des armées de France dans le Piémont. Et je le dis sur le témoignage du Cavalier Melzo qui imprima en 1611 son ouvrage intitulé *Regole militari sopra il governo della Cavalleria*. C'étoit un Chevalier de Malthe & un Officier considerable dans les troupes du Roy d'Espagne. Les Arquebusiers à cheval, dit il, furent une invention des François dans les dernieres guerres de Piémont; & eux-mêmes leur donnerent le nom de Dragons qui leur est toûjours demeuré depuis. *L'uso dé gli Archibugieri a Cavallo fu inventato da Francesi n'elle ultime guerre di Piemonte, & da esse furono chiamati dragoni il qual nomé tuttavia ritengono appresso di loro.* Les Espagnols en mirent aussi dans leurs armées : & quand le Duc d'Albe vint commander en Piémont, il leva, dit le même Auteur, quelques Compagnies de cette Milice qu'il trouva fort utile au service.

Il marque encore les usages à quoy l'on emploïoit les Dragons de ce tems-là qui étoient à peu près les mêmes qu'en ce tems-cy ; on s'en servoit pour escorter les convois, pour battre l'estrade, pour harceler l'ennemi dans une retraite, pour occuper promptement un poste, où l'on ne pouvoit pas faire marcher assez tôt de l'Infanterie : & c'est là proprement leur destination ; ils combattoient tantôt à pied, tantôt à cheval, mais le plus souvent à pied ; & dans un combat on les plaçoit quelquefois dans les vuides des bataillons.

Leur maniere de combattre.

On ne les faisoit point combattre en escadron ou en bataillon serré ; mais on les rangeoit sur plusieurs lignes éloignées les unes des autres, qui après avoir fait leurs décharges, alloient à la queuë pour recharger leurs mousquets ou arquebuses, à moins qu'ils ne fussent pressez par l'ennemi, & obligez de mettre l'épée à la main.

Le même Auteur montre l'utilité de cette espece de Milice par l'experience en diverses rencontres où l'on s'en étoit servi avec succés. Il rapporte entre autres preuves ce qui arriva dans l'expedition de François Duc d'Alençon frere des Rois Charles IX & Henri III, lorsqu'étant appellé par les Etats revoltez des Païs-Bas, il vint faire lever le blocus de Cambrai que le Marquis de Roubais avoit formé par les ordres d'Alexandre de Parme Gouverneur des Païs-Bas pour Philippe II Roy d'Espagne.

Alexandre de Parme un des grands Capitaines qu'il y eût alors en Europe, s'avança de Valenciennes vers Cambrai pour faciliter la retraite aux troupes du Marquis de Roubais. Il faisoit semblant de vouloir livrer bataille au Duc d'Alençon; mais ce n'étoit nullement son intention, lui étant beaucoup inferieur en forces; il envoya le Capitaine la Biche se saisir du village de Paluez sur la petite riviere de Senset, où le Duc d'Alençon avoit fait jetter un pont à dessein d'aller combattre l'armée d'Espagne. Le Capitaine la Biche marcha promptement au village avec ses Dragons; il leur fit mettre pied à terre, se retrancha en cet endroit & défendit le passage pendant quatre heures; ce qui donna le tems au Duc de Parme d'attendre les troupes du blocus, & de se retirer sans desordre jusqu'à Valenciennes.

Il y avoit encore des Dragons en France sous le Regne de Henri IV dans l'armée de M. d'Aumont immediatement après la mort de Henri III. *Il y avoit*, dit Monsieur d'Angoulême dans ses Memoires, *trois Compagnies d'Arquebusiers à cheval qu'on nommoit Dragons.* Un Historien de ce tems là qui nous a laissé de très-bons Memoires du Regne de Henri IV, parle ainsi de sa retraite d'Aumale où il courut un grand risque. » Le Roy, dit-il, qui se vit si près de son ennemi avec » forces du tout inégales sans aucune Infanterie, sans canons, » fit mettre pied à terre à deux cents Arquebusiers à cheval » *que l'on appelloit*, dit-il, *en ce tems-là Dragons*, pour l'amuser » tandis qu'il feroit passer ses troupes au delà d'une petite ri- » viere qu'il desiroit mettre entre deux. Cependant que la Ca- » valerie Royale passoit sur un pont, le Roy faisoit lui-même » la retraite, le Duc de Parme avec toute l'armée étant en » bataille, ne voulant rien faire dont on le dût accuser de te- » merité, & ne croyant point que le Roy se fût là ache- » miné avec si peu de forces, faisoit ferme, & sans y penser » donna au Roy ce benefice du tems pour la retraite qu'il » faisoit: mais l'aïant reconnu un peu tard, il fit faire une

p. 38.

Victor Caïet Chronologie novennaire, t. 2.

» charge si rude *aux Dragons* qui avoient mis pied à terre, que
» peu se sauverent : le Roy même en cette charge reçut un
» coup d'arquebuse au défaut de la cuirasse qui lui brûla sa
» chemise, & lui meurtrit un peu la chair sur les reins.

<small>Mercure François sous l'an 1622. p. 781.</small>

Je trouve encore les Dragons du Sieur des Adjous l'an 1622 dans le Corps d'armée avec lequel le Comte de Soissons commença à bloquer la Rochelle : mais il paroît que cette espece de Milice fut supprimée tout à fait peu de tems après le siege de la Rochelle dans les troupes Françoises. Je dis dans les troupes Françoises, car dans les étrangeres qui étoient au service du Roy, il y en avoit encore, cela se voit par les memoires pour l'histoire du Cardinal de Richelieu, dans les lettres de ce Ministre & des Secretaires d'Etat. Il y en avoit dans les troupes que commandoient les Colonels Batilli, Egenfeld, Heucourt, Hebron.

Mais pour revenir à ce que je dis que les Dragons furent abolis peu de tems après le siege de la Rochelle, la chose me paroît certaine; premierement, parce que les Auteurs qui ont parlé des troupes Françoises en ce tems-là ne font point mention de Dragons. Secondement, par une lettre de Monsieur de Servien au Cardinal de la Valette du mois de Juin de l'an 1635, qui fut celle où l'on rétablit les Dragons : voici ce que dit Monsieur de Servien dans sa lettre : *la chaleur s'étant mise à faire des Dragons que l'on avoit toûjours rejettez, les Commissions ont été toutes délivrées en trois jours ; & maintenant il n'y en a plus à donner.* Ces paroles marquent clairement qu'il y avoit du tems qu'on ne se servoit plus de Dragons dans les troupes Françoises, & que ce fut alors, c'est à dire en 1635 qu'on les remit sur pied.

<small>Memoires pour l'Histoire du Cardinal Richelieu, p. 484, t. 1.</small>

En effet on voit aussi tôt après dans les lettres des Secretaires d'Etat rapportées dans le même livre, le Regiment de Dragons du Cardinal de Richelieu de douze cents hommes, celui de Monsieur d'Allegre & plusieurs autres.

Il me paroît que depuis ce tems là il y a toûjours eu des Dragons dans nos armées: il y en avoit encore l'an 1640 ; car dans une lettre de Monsieur des Noyers Secretaire d'Etat, écrite cette année le 15 de Juillet aux Maréchaux de Chaulnes, de Chastillon & de la Meilleraye, il est dit : » le Roy

» aïant veu que Monſieur de la Meilleraye fait état d'amener
» quatre pieces de canon, eſtime qu'étant legeres ...... ce
» ſera choſe avantageuſe amenant des Fuſiliers *& des Dragons*
» *ramaſſez* de l'armée.

Il y en avoit encore à la bataille de Rocroy. Je trouve dans un Rôle de 1648 un Regiment de Dragons du Cardinal Mazarin. Il eſt fait auſſi mention de Dragons en divers memoires durant les guerres civiles de la fronde. Ce qui eſt certain, c'eſt qu'il y eut beaucoup moins de Dragons François en ce tems-là qu'il n'y en avoit ſur la fin du miniſtere du Cardinal de Richelieu. Tout ceci prouve au moins clairement que les Dragons du Maréchal de la Ferté n'ont pas été les premiers Dragons qu'on ait vûs dans les troupes Françoiſes.

<small>Relation des campagnes de Rocroy, &c. p. 12.</small>

Mais avant que de deſcendre dans un plus grand détail de ce qui regarde les Dragons depuis leur nouvelle multiplication dans les troupes de France, je vais dire encore quelque choſe ſur leur premiere inſtitution.

Outre le Cavalier Melzo, j'ai trouvé encore un Auteur homme de guerre du même tems, qui a parlé de la Milice des Dragons tels qu'ils étoient dans les armées où il avoit ſervi. C'eſt Jean Jacques Walhauſen qui s'intitule principal Capitaine des Gardes & Capitaine de la louable ville de Dantzic: il compoſa ſon ouvrage en Allemand, & il fut depuis traduit en François. Cette traduction fut imprimée à Oppenheim l'an 1615. L'Auteur paroît avoir ſervi dans les troupes de Hollande contre les Eſpagnols : car il fait de tems en tems l'éloge du Comte Maurice Prince d'Orange, & appuïe quelquefois de l'autorité de ce Prince les regles qu'il donne de l'art Militaire. Voici ce qu'il dit des Dragons qu'il appelle Drageons.» C'eſt, dit-il, une lourde & ridicule arma-
» ture ; mais cependant en ſon lieu fort convenable, propre &
» utile partie de la Cavalerie, inventée, afin que conſiderant
» qu'il y a pluſieurs exploits Militaires qui ne peuvent être
» effectuez par la Cavalerie ſeule, l'Infanterie ou partie d'i-
» celle monte à cheval avec ſes armes requiſes, ſecondât
» promptement & ſubitement la Cavalerie. Or en voici l'é-
» quipage.
» Pour Drageons tu choiſiras la moitié des Muſquetiers,

" & l'autre de Piquiers, chacun armé de ses armes propres,
" comme il est montré en l'art Militaire de l'Infanterie, des-
" quelles ils useront à la maniere d'infants ; comme aussi ils
" sont plus dépendans de l'Infanterie que de la Cavalerie :
" mais d'autant qu'ils sont toûjours à cheval, & logez même
" aux quartiers de la Cavalerie, j'en ai voulu faire mention
" en ce lieu.

" Ses armes donc sont le musquet ou la pique .... il a le
" moindre cheval qu'on peut avoir, dont aussi n'est de trop
" grand prix ; de sorte que s'il est question de mettre pied à
" terre & le quitter, la perte n'en est trop grande..... il ne se
" chargera de bottes & esperons ; car elles lui seroient plûtôt
" dommageables que profitables, quand il sera besoin de
" mettre pied à terre.... en son harnois il aura au côté dex-
" tre deux petits pertuis par lesquels il y attachera un petit
" crochet pour y suspendre sa pique en cheminant à cheval.
" Quand les Drageons vont attaquer l'ennemi, après avoir,
" comme il est dit, mis pied à terre, ils jettent la bride de
" leurs chevaux sur le col de celui de leurs voisins, ainsi qu'ils
" demeurent toûjours joints de file comme ils avoient mar-
" ché ; de sorte que les chevaux se tiennent ainsi accouplez
" par les brides, ne se pouvant enfuïr, entre tant que les Maî-
" tres sont en terre ; on y ordonne quelques-uns qui les gar-
" dent .... cette sorte de Cavalerie vient aussi bien à pro-
" pos en batailles rangées : car étant en pleine bataille con-
" tre l'Ennemi, l'avant-garde se trouvera fort bien, ordon-
" nant que les Drageons s'avancent subitement contre les or-
" donnances és troupes contraires soit aux flancs ou à la
" queuë, &c.

L'Auteur décrit ici sans doute l'équipage des Dragons tel qu'il étoit d'abord en Allemagne & en Hollande. Il leur fait porter des piques & des mousquets à cheval ; & il les represente ainsi dans ses estampes. Ces Piquiers à cheval n'avoient pas une fort bonne figure ; & je ne m'étonne point de ce que l'Auteur dont je viens de faire l'extrait, traite les Dragons en cet équipage *d'une lourde & ridicule armature*. Mais je ne crois pas qu'en France & dans les troupes d'Espagne ils ayent porté des piques à cheval. Le Cavalier Melzo dit qu'on

DE LA MILICE FRANÇOISE. *Liv. XII.* 503

leur donna premierement des mousquets : mais comme la méche les embarrassoit à cheval, on les arma d'arquebuses à rouet dans les troupes des deux nations.

Je reviens aux Dragons de notre tems tels qu'ils sont en France.

A la Paix des Pyrenées, il y avoit deux Regimens François de Dragons sur pied, & je crois qu'il n'y en avoit point d'autres. L'un étoit le Regiment de Dragons du Roy, & l'autre le Regiment de la Ferté.

Celui-ci, suivant quelques memoires qu'on m'a fournis, fut levé par le Marquis de la Ferté dans son Gouvernement de Lorraine, & formé des Compagnies franches du Sieur des Fourneaux Officier distingué de ce tems-là, & je trouve dans un livre intitulé, Genealogie de la Maison de Seneterre, qu'il fut levé en 1645, qu'il étoit de quarante Compagnies, & qu'il servit au siege & à la prise de Mardik en 1646. L'Auteur ajoûte contre la verité, & suivant le préjugé ordinaire, que ce fut le premier Regiment de Dragons qui ait paru en France.

Le Regiment de Dragons du Roy fut créé l'an 1657, & en voici l'occasion. Le Comte de Montecuculli mécontent de la Cour Imperiale, traita avec le Roy, il s'engagea à lever pour le service de Sa Majesté deux Regimens Allemands, l'un de Cavalerie & l'autre de Dragons : on lui fit toucher l'argent necessaire pour cette levée, il commença par les Dragons & en avoit levé quatre Compagnie, lorsque les Ministres Autrichiens trouverent moyen de le regagner. Comme il étoit aussi honnête homme que grand General, il envoya au Roy les quatre Compagnies de Dragons qu'il avoit déja levées, & ce qui lui restoit de l'argent qu'on lui avoit fait toucher. A ces quatre Compagnies on en ajoûta quelques autres qu'on forma de soldats choisis dans quelques Regimens d'Infanterie, & l'on en composa un Regiment dont M. le Comte de Peguilin aujourd'hui Duc de Lauzun fut fait Colonel-Lieutenant. Son Regiment étoit alors de huit Compagnies. Je trouve qu'en 1660 le Roy entretenoit une Compagnie de Dragons sous le nom de Dragons de Bourgogne, qui avoient servi sous M. le Prince avant son retour en France, & dont le Capitaine étoit M. de Rochefort.

En 1668, le Roy créa en faveur de M. de Lauzun la Charge de Colonel General des Dragons, & de son Regiment en fit deux, dont l'un fut nommé le Regiment Colonel General, & l'autre le Regiment Royal. Il n'y avoit point d'autres Regimens de Dragons sur pied; mais on projettoit deslors d'en augmenter le nombre.

En 1669 au mois de May, le Roy publia la création du Colonel General & fit dresser un état Major pour les Dragons, comme on le voit par l'Edit de création.

Le Roy en differens tems augmenta cette Milice, & regla le nombre de ces Regimens à quatorze, qui ont toûjours été conservez à toutes les réformes, & que l'on nomme les quatorze vieux.

En l'an 1688, le Roy au sujet de la Ligue d'Ausbourg augmenta ses troupes & créa douze autres Regimens de Dragons.

En Janvier 1689, M. le Cardinal de Furstemberg en leva deux & les donna au Roy.

Au mois d'Octobre de la même année, le Roy en créa sept, & un an après en créa encore huit. Ainsi au mois d'Octobre de l'an 1690, Sa Majesté avoit quarante-trois Regimens de Dragons sur pied.

En 1698, après la paix de Riswick les vingt-huit derniers Regimens de Dragons furent réformez.

En l'année 1701, lorsque la guerre pour la couronne d'Espagne commença, le Roy fit donner des commissions pour lever soixante & douze Compagnies de Dragons, dont il forma six Regimens qu'il donna à des Mestres de Camp réformez.

En l'année 1702, le Roy permit à plusieurs Officiers de lever des Regimens de Dragons à leurs dépens; & il y en eut dix de levez. Ainsi au mois de May 1704, Sa Majesté eut trente Regimens de Dragons sur pied de douze Compagnies chacun, & de trente-cinq Maîtres par chaque Compagnie. Le second Regiment de Languedoc levé l'an 1703, est compris dans ce nombre. Le Roy en 1704 le 26 de Novembre rétablit les quatre Regimens de Dragons qui avoient été pris à Hocstet, en fournissant les hommes, les chevaux & les armes, & y mit

des

des Officiers réformez. On leva encore quatre Regimens de Dragons en 1705, & un en 1710.

Au commencement de 1718, le Roy mit sur pied un Regiment de Dragons sous le nom d'Orleans, & qui par une Ordonnance du 23 d'Avril prit son rang après le Regiment Dauphin : à sa création il eut pour Colonel M. de la Fare-Tournac ; & cet Officier aïant été fait Maréchal de Camp au retour de la campagne d'Espagne, ce Regiment passa à M. de Trenel.

Des Officiers Generaux des Dragons.

LE feu Roy, comme on l'a vû, créa un Colonel General de Dragons. Il créa aussi plusieurs années après un Mestre de Camp General comme dans la Cavalerie-legere.

On voit par la teneur de l'Edit, qu'on attribua au Colonel General des Dragons, les mêmes prérogatives dans le Corps des Dragons, que celles dont joüissoit alors le Colonel General de la Cavalerie dans ce Corps ; & sur tout que c'étoit sur sa nomination que le Roy pourvoïoit à tout l'état Major.

Le Colonel General des Dragons pour marque de sa dignité, met derriere ses armes six Etendarts. Voici la liste des Colonels Generaux des Dragons depuis l'institution de cette Charge.

Liste des Colonels Generaux des Dragons.

Le Duc de Lauzun en 1668, quoique l'Edit de création n'ait été publié qu'en 1669.

M. d'Argouges, Marquis de Rannes, Lieutenant General, tué d'un coup de canon le 6 de Juillet en 1678, dans un combat où le Maréchal de Crequi battit les Allemans à la tête du Pont de Rhinfeld.

Le Marquis de Boufflers l'an 1679, depuis Duc & Pair, Maréchal de France, &c.

Le Comte de Tessé en 1692, depuis Maréchal de France.

Le Duc de Guiche, en 1703.

Le Comte de Coignie, en 1704. Il l'est encore en 1721.

La seconde Charge dans la Milice des Dragons, est celle de Mestre de Camp General; elle fut instituée en 1684 en faveur de M. le Comte de Tessé; il étoit alors Mestre de Camp d'un Regiment de Dragons qui avoit été créé pour lui, & levé en 1674. Ce Seigneur, avant que de prendre le titre de Mestre de Camp General, acheta du Comte de Quincé la Charge de General des Carabins que le Roy supprima en créant, & en lui conferant celle de Mestre de Camp General de Dragons. Cet Officier pour marque de sa dignité porte quatre Etendarts derriere ses armes.

Liste des Mestres de Camp Generaux des Dragons.

Le Comte de Tessé en 1684., fut Mestre de Camp General à la création de la Charge.
Le Comte de Mailli, en 1692.
Le Duc de Guiche, en 1696.
Le Marquis de Haute-Feüille, en 1703.
Le Comte de Belle-isle, en 1710.

Des Colonels de Dragons, & du rang des divers Regimens entr'eux.

APrès le Colonel General & le Mestre de Camp General des Dragons, les plus considerables Officiers du Corps sont les Colonels ou Mestres de Camp : car je vois que dans l'usage de l'armée, on leur donne indifferemment ces deux titres. On les peut distinguer comme en deux ordres, de même que les Mestres de Camp de Cavalerie ; sçavoir les Mestres de Camp des Regimens Royaux, & les Mestres de Camp des Regimens de Gentils-hommes. On appelle Regimens Royaux, ceux qui portent le nom du Roy, des Officiers Generaux du Corps, ou de la Reine, ou des Princes du Sang. On appelle Regimens de Gentils-hommes ceux qui ont pour Chefs d'autres personnes que des Princes, ou les Officiers Generaux de Dragons.

Le Regiment Colonel General & le Regiment Mestre de Camp General sont toûjours les premiers pour le rang. Après ces deux Regimens suivent les Regimens Royaux. Le premier des Royaux, après ceux des Officiers Generaux est celui qui porte le titre de Regiment Royal. Suivent le Regiment de la Reine, & le Regiment Dauphin, qui furent créez en 1673 ; & après ceux-cy suivent les Regimens de Gentilshommes.

Regiment Royal.

Le Comte de Saint Florentin fut tué en 1692, à la journée de Steinkerque.

M. de saint Mars en 1692, fut tué à la bataille de Nervinde en 1693.

Regiment de la Reine.

Le Chevalier de Murcé en 1685, fut tué en 1692, à la journée de Steinkerque.

Regiment Dauphin.

Le Marquis de Sauvebœuf fut tué en 1675, à la bataille de Consarbrik, proche de Tréves.

Le Marquis de Wartigni en 1700, fut tué à Verüe en Italie, étant Maréchal de Camp.

Regiment de Listenois.

Le Marquis de Listenois tué à la bataille d'Ensheim en 1674.

Le Marquis de Listenois fut tué à la défense d'Aire dans une sortie, l'an 1710.

Regiment de Bonnelles.

Le Chevalier de Fimarcon. Il fut tué en 1678, à la journée de saint Denis proche de Mons.

Liste des Mestres de Camp de Dragons, morts au service, ou devenus Maréchaux de France.

HISTOIRE

Regiment d'Espinay.

M. de Sainsandoux, fut tué aux Païs-Bas en......

Le Chevalier d'Albert en 1700, fut tué à Carpi en Italie, l'an 1701.

M. du Heron en 1702. Il fut tué à la journée de Calcinata en Italie, en 1706.

Regiment de Lautrec.

Le Comte de Lautrec, mort des blessures reçûës dans un combat en Italie, l'an 1705.

Regiment de Sommery.

Le Comte d'Asfeld eut ce Regiment en 1676. Il défendit Bonn avec beaucoup de valeur l'an 1689, & il y reçut une grande blessure dont il mourut. Il capitula par ordre du Roy: il étoit Maréchal de Camp.

Regiment de Goësbrian.

Le Marquis de Fimarcon, appellé aussi le Marquis de Narbonne, mort des blessures reçûës à la bataille de Steinkerque, en 1692.

Le Marquis de Tilladet tué à Steinkerque en 1692, étant Lieutenant General.

Regiment premier Languedoc.

Le Marquis de Caylus, tué à la défense de Namur, en 1694.

Regiment de Rivaroles.

Le Marquis du Cambout fut tué à Carpi en Italie en 1701.

Regiment de Coetmain.

M. de Coetmain, tué à l'attaque d'un Camp des ennemis, proche de Doüay en 1711.

Regiment de Granville.

Le Comte d'Aubigné fut tué à la bataille de Ramilli en 1706.

Regiment de Guyenne.

Il a eu pour Mestre de Camp M. le Maréchal de Montrevel qui commandoit dans cette Province.

Regiment de Catinat.

Il a eu pour Mestre de Camp M. de Catinat, depuis Maréchal de France.

Regiment d'Averne.

Le Comte d'Averne Messinois, fut tué en Allemagne en 1694, près de Visélok.

M. des Bareaus fut tué à la défense de Namur en 1695.

M. des Zedes fut tué étant Brigadier à Licteneau en Allemagne, en 1707.

Regiment de l'Ausier-saint-Pierre.

M. de l'Ausier-saint-Pierre, fut tué à Kochein sur la Moselle, lorsque M. de Boufflers prit cette place l'épée à la main en 1689.

Regiment de Bretagne.

Le Marquis du Cambout, tué au combat de Carpi en Italie en 1701.

Le Marquis de Tournemine tué à la bataille de Malplaquet en 1709.

Regiment de Furstemberg.

M. de la Salle fut tué au passage du Ter en Catalogne en 1694, étant Brigadier.

Regiment de Wartigni.

Le Marquis de Wartigni, tué au siege de Verue, en 1702.

Regiment de du Breüil.

M. du Breüil mourut d'une blessure reçûë au siege de Barcelone, en 1697.

Regiment de du Heron.

M. du Heron, fut tué étant Brigadier à la journée de Munderkingen, où commandoit M. Legal, qui y défit les Allemans en 1703.

Regiment d'Hanvoille.

M. de Bragelogne, fut blessé à la bataille de Luzara en 1702, & mourut de ses blessures.

Regiment de Silli.

M. de Goufier fut blessé à la bataille d'Hocstec en 1704, & mourut de ses blessures.

Regiment de Veruë.

M. le Comte de Veruë fut tué à la bataille d'Hocstet en 1704.

Regiment de Dragons à pied du Roy d'Angleterre.

M. Maxuel tué à la bataille de la Marsaille en 1693.
Milord Kilmaloc tué à la journée de Chiari en 1701, étant Colonel réformé dans le Regiment de Dillon.

Dragons à pied de la Reine d'Angleterre, Colonels.

M. Carol l'aîné, tué à la bataille de Stafarde en 1690.
Milord Clare, Maréchal de Camp, tué à la bataille de Ramilli en 1706.
M. Boulain, tué à la journée de la Marsaille en 1693.
Je trouve encore dans quelques Memoires M. Yacop, Colonel d'un Regiment de Dragons Anglois, tué à la bataille de la Marsaille en 1693, & M. Ferdin aussi Anglois dans la même occasion.

Des autres Officiers des Regimens & des Compagnies de Dragons.

Dans chaque Regiment, outre le Mestre de Camp, il y a un Lieutenant Colonel, un Major & un Ayde Major : il y a de plus quelques Compagnies franches de Dragons. Dans ces Compagnies aussi bien que dans celles qui sont enregimentées, il y a un Capitaine, un Lieutenant, un Cornette en tems de guerre, & en tems de paix un Lieutenant réformé, un Maréchal des logis, deux Brigadiers, un tambour, quelques-uns ont des hautbois.

Les Officiers de Dragons roulent avec les Officiers de Cavalerie selon leur rang, en sorte neanmoins que si les Commissions de l'Officier de Cavalerie, & de l'Officier de Dragons sont de même jour, l'Officier de Cavalerie aura la préséance. Il en étoit de même autrefois pour l'Officier d'Infanterie & l'Officier de Dragons, mais cet usage a changé, & il dépend du General de leur donner rang entr'eux, selon que le bien du service le demande. Dans les dernieres guerres, on a mis plusieurs fois les Dragons en Brigade avec l'Infanterie ; & en ce cas, le Regiment de Dragons formoit un Bataillon, dont il tiroit une Compagnie de Grenadiers : il prenoit alors la gauche de l'Infanterie avec laquelle il étoit de Brigade, laquelle portoit le nom du premier Regiment de la Brigade : mais les Officiers de Dragons avoient le commandement, si leur Regiment étoit de plus ancienne date. Ce cas est arrivé plus ordinairement dans les sieges. M. le Maréchal de Boufflers en usa ainsi à la défense de Lisle, & M. de Goësbrian à la défense d'Aire, comme je l'ai appris d'un Officier intelligent qui s'est trouvé au siege de Lisle.

Quand les armées s'assemblent, il y a un Major General pour les Dragons, comme dans l'Infanterie, au dessus des Majors des Regimens qui doivent prendre les ordres de lui ; & cet Officier reçoit l'ordre du Maréchal General des logis de la Cavalerie.

Du service des Dragons.

EN parlant du premier service des premiers Dragons, selon le Cavalier Melzo, j'ai fait observer qu'il étoit à peu près le même que celui où cette Milice est aujourd'hui employée, qu'on s'en servoit pour battre l'estrade, pour escorter des convois, pour harceler l'ennemi dans une marche ou une retraite, pour occuper promptement un poste où l'Infanterie ne pouvoit pas se transporter assez tôt, pour combattre tantôt à pied tantôt à cheval. J'ajoûte à tout cela que dans un Camp, ils sont toûjours postez sur les aîles, ou dans des postes avancez, à quelque passage de rivieres, à quelques défilez, à la tête d'un pont ; qu'on s'en sert souvent pour couvrir le quartier general ; que dans les marches, ils sont toûjours à la tête & à la queuë des colomnes, &c. Il est cependant arrivé que dans les dernieres guerres ils ont combattu en ligne ; & quoique leurs chevaux fussent d'une taille

beaucoup

beaucoup moindre que ceux de la Cavalerie, ils ont acquis beaucoup de reputation, & ont fait parfaitement leur devoir. La vivacité dont ils chargent l'ennemi, & la vîtesse avec laquelle ils se portent où l'on a besoin d'eux, les rend excellens pour un corps de reserve, & l'on peut dire que c'est là leur veritable poste un jour de bataille. On peut s'en servir pour tourner une aîle des ennemis, & la revenir prendre ou en flanc ou en queuë, pour percer entre un corps d'Infanterie & sa Cavalerie qui s'en seroit trop éloignée ; pour le charger en queuë dans le moment que l'Infanterie s'ébranle pour l'attaquer, laquelle doit se mettre en mouvement, lorsque les Dragons partent pour penetrer.

Aux sieges on en commande des détachemens que l'on place dans les boïaux près de la tête de sape, pour tirer sur tout ce qui se montre pendant le jour sur le rempart, dans les ouvrages détachez, & dans le chemin couvert : en un mot ils suppléent à la Cavalerie & sur tout à l'Infanterie, en une infinité de rencontres.

J'ajoûterai à tout ceci quelques autres choses qui regardent encore les Dragons. Comme ils sont Cavalerie & Infanterie, ils imitent l'une & l'autre en certains points. Ils ont des tambours, mais beaucoup plus petits que ceux de l'Infanterie ; ils en battent même étant à cheval, & ont une maniere de battre toute differente. Ils n'ont point de tymbales, excepté le Regiment de Lautrec, où l'usage en fut introduit quand M. de la Bretêche alors leur Mestre de Camp en prit deux sur les ennemis. Quelques autres Regimens qui avoient pris des tymbales aux ennemis, ne se sont pas mis en peine de les conserver.

Les Dragons, comme je l'ai dit, ont une espece de bonnet à queuë, ou plûtôt de chaperon, tel que les hommes le portoient autrefois communément en France.

Ils s'en servent dans les revûës qu'ils font devant le Roy & devant les Princes, & quand le General l'ordonne. Lorsqu'ils passent devant les Inspecteurs, ils attachent leurs chaperons sur la tête de leurs chevaux, ils s'en servent aussi au fourage pour ne pas gâter leurs chapeaux : le Colonel General ne le met que dans les revûës qui se font devant le Roy.

Leurs drapeaux & leurs étendarts sont differens de ceux de la Cavalerie & de l'Infanterie. Leurs drapeaux sont bien plus petits que les drapeaux de l'Infanterie, & leurs étendarts plus longs que les étendarts de la Cavalerie : on leur donne le nom de guidon. C'est une espece de banderole fenduë par le bout beaucoup plus longue que large.

Quant à l'exercice qu'on leur fait faire, on les forme à tous les mouvemens à cheval de la Cavalerie, & à pied à tous ceux de l'Infanterie, à la reserve qu'au lieu que la Cavalerie pour l'ordinaire aux revûës, & lorsqu'elle passe dans un quartier, met l'épée à la main, les Dragons mettent le fusil haut. Ils ont encore dans leur exercice à pied, une maniere differente de l'Infanterie pour presenter les armes : car au lieu de laisser tomber le fusil sur la main gauche, la crosse basse, ils portent le pied droit plus loin, & laissent tomber le fusil couché le long du bras gauche tout à plat. Du reste ils font toutes les évolutions comme l'Infanterie.

Quand les Dragons mettent pied à terre pour attaquer un poste, & que pour cela ils quittent leurs chevaux, ils leur mettent une petite longe attachée au bas de la testiere de la bride du côté du montoir : au bout de cette longe, il y a un petit fer pour servir de crochet, qu'ils passent à un anneau ; en sorte que le cheval est attaché à celui qui est à sa droite, & ainsi de l'un à l'autre. Outre cela on laisse un Dragon à la droite & à la gauche de chaque rang, & un Officier subalterne par Regiment. On prend ordinairement le dernier, parce que cette garde est regardée comme une garde de fatigue.

Liste des Regimens de Dragons qui étoient sur pied sur la fin de la derniere guerre, suivant le contrôle de l'an 1714.

Colonel General, Colonel Lieutenant, M. de Berville.
Mestre de Camp General, le Marquis de Belle isle.
Royal, le Comte de Crevilly.
La Reine, le Marquis d'Orival.
Dauphin, le Marquis de Vatteville.
Listenois.
Bonnelle.

D'Espinay.
Caylus.
Lautrec.
Bellabre.
Sommery.
Goësbrian.
Premier Languedoc, M. de la Baume S. Amour.
Rouvroy.
Rivaroles.
Bouville.
Saint Chaumont.
Chevalier de Rohan.
Coetmain.
Bretagne.
Saint Sernin.
Bozelli.
Vitri.
La Cour.
Granville.
La Lande.
D'Aufseville.
Sernon.
Second Languedoc, M. de la Fare.
Guyenne, M. Desgranges.
Chevalier de Belle-isle.
Chevalier d'Houtetot.
Le Coigneux.
Parpaille.

Il me reste à traiter d'une autre espece de Cavalerie, qui est dans les Troupes de France depuis environ trente ans; ce sont les Hussarts.

Des Hussarts.

LEs Hussarts sont une espece de Milice à cheval en Hongrie & en Pologne, qu'on oppose à la Cavalerie Ottomane; ils sont connus dans les troupes de France depuis 1692: ce fut à l'occasion que je vais dire.

Commencement des Hussarts en France sous ce nom.

Plusieurs de ces Hussarts, la plûpart deserteurs de l'armée Imperiale, étant passez en France vers ce tems-là, & s'étant mis au service de quelques Officiers François, les suivirent à l'armée.

Monsieur le Maréchal de Luxembourg les voyant la plûpart d'assez bonne mine, d'un air fier & un peu feroce, & équipez d'une maniere extraordinaire, crut qu'il en pourroit tirer quelque service. Il les assembla, les envoïa en parti, où ils réüssirent assez bien. Cela le fit penser à en former quelques Compagnies; & il envoïa deux de ces Hussarts à la Cour qui étoit alors à Fontainebleau.

Ils se trouverent dans le même cabaret où étoit le Baron de Corneberg. Ce Baron étoit un bâtard de la Maison de Corneberg. Il avoit été Lieutenant dans les troupes de l'Empereur; & le Cercle de Soüabe aïant resolu de mettre quelques troupes sur pied, Corneberg y alla pour lever une Compagnie. On lui donna de l'argent, & lui avec son argent vint en France pendant le siege de Namur.

Le Baron de Corneberg premier Colonel des Hussarts.

Madame le prit sous sa protection, & on lui promit de l'emploi. Ce fut durant qu'il le sollicitoit, qu'il trouva à Fontainebleau les deux Hussarts qui devoient lever des Compagnies. Et il proposa d'en faire un Regiment. Ils parurent à Versailles devant le Roy habillez, armez & montez en Hussarts.

On lui donna de l'argent pour aller à Strasbourg travailler à la levée de son Regiment. Il joüa, & perdit une partie de son argent, & leva trois mauvaises Compagnies, où il y avoit beaucoup d'Allemands. Ce Regiment servit quand feu Monseigneur alla en Allemagne sur la Necre en 1693. Mais on en fut malcontent. Corneberg en fut Colonel 7 mois, & avoit eu une pension de deux mille livres. Il la joüa, & ne sçachant plus que faire, il alla trouver l'Ambassadeur de Venise, & lui proposa de faire passer le Regiment des Hussarts au service de la Republique. On le sçut, & qu'outre cela il tenoit de mauvais discours; c'est pourquoi il fut mis à la Bastille, & y demeura jusqu'à la Paix de Riswick, après laquelle il fut mis en liberté; ensuite on le conduisit jusques sur la frontiere, avec ordre de sortir du Royaume & de n'y jamais rentrer.

Ce Regiment fut donné à M. Mortani ou Mortagne, qui

avoit servi sous le Prince Administrateur de Virtemberg, & avoit été Lieutenant Colonel d'un Regiment de 800 chevaux dont ce Prince voulut le faire Colonel. Mais le Sieur de Mortagne voïant l'Administration du Duc finie, se mit au service du Roy, & donna de bons conseils à M. le Dauphin, par la connoissance qu'il avoit du Duché de Virtemberg. Monseigneur le fit venir à Paris & on lui donna le Regiment des Hussarts en 1693.

Ce Regiment a eu jusqu'à six Compagnies, il fut réformé à la Paix, & les meilleurs Officiers incorporez dans les Regimens étrangers.

Il paroît par tout ce que je viens de dire que la premiere institution de la Milice des Hussarts a été sous le Regne de Loüis le Grand en 1692 : elle est cependant plus ancienne, & je trouve qu'il y avoit de la Cavalerie Hongroise dans les troupes de France sous le Regne de Louis XIII.

Dans les Memoires pour l'histoire du Cardinal de Richelieu, il y a une lettre de ce Ministre au Cardinal de la Valette où il dit : » Nous allons maintenant faire deux mille chevaux de la » nouvelle Cavalerie dont vous m'avez écrit, qui n'aura qu'une » cuirasse & une bourguignotte qui couvre les deux joües, & » une barre sur le nez, une carabine & un pistolet. Je crois, » ajoûte-t-il, qu'on appellera cette Cavalerie, Cavalerie Hon- » groise, si ce n'est que M. Hebron nous voulût mander un nom » qui fût plus idoine, pour parler selon son langage ordinaire. Or les Hussarts ne sont autre chose que de la Cavalerie Hongroise, qui n'avoit point encore pris en France le nom qu'on lui donne dans son païs. Cette lettre du Cardinal de Richelieu est de l'onziéme d'Août 1635. *T. 1, p. 511.*

Cavalerie Hongroise en France dès le tems de Loüis XIII.

La chose fut mise en execution : car au siege de Landreci qui se fit l'an 1637, dans la revûë de l'armée qui assiegea & prit cette place, on compte parmi la Cavalerie cinq Compagnies Hongroises qui avoient Monsieur d'Espenan pour Commandant. Ainsi la Cavalerie Hongroise dans les armées de France est plus ancienne que le nom de Hussarts qu'on lui donne aujourd'huy. Mais il me paroît assez vrai-semblable qu'elle étoit équipée à peu près comme les autres troupes de Cavalerie, & qu'elle n'avoit point cet habillement particulier propre du *Relation du siege de Landreci, p. 6.*

païs d'où elle vient, & que depuis on a jugé à propos de lui faire prendre pour la montre & la terreur des Ennemis, ou plûtôt des gens de la campagne, que la figure & l'équipage auſſi-bien que le nom de Huſſarts épouventent.

Quoy qu'il en ſoit, depuis la création du Regiment de Mo-tagne, le Maréchal de Villars fit un nouveau Regiment qui fut donné à M. de Verſeils. M. le Duc de Baviere en amena un autre au ſervice du Roy, qui fut donné à M. de Raſchi Hon-grois de nation. Après la Paix, le Regiment de Verſeils fut joint à celui de Raſchi qui ſubſiſte encore aujourd'huy.

Armes des Huſſarts. Les armes des Huſſarts ſont un grand ſabre recourbé, ou un autre tout droit & fort large attaché à la ceinture, avec des anneaux & des courroïes : c'eſt pour ſabrer à droit & à gauche, & pour frapper de haut en bas. Quelques-uns outre leur ſabre ont une épée longue & menuë qu'ils ne portent pas à leur côté. Ils la mettent le long du cheval depuis le poitrail juſqu'à la croupe au défaut de la ſelle, & en piquant panchez ſur la tête du cheval, ils s'en ſervent pour embrocher les ennemis. Je me ſers de ce terme, parce que cette épée eſt une eſpece de bro-che, quand ils en uſent ils l'appuïent ſur le genoüil. Ils ont en-core des piſtolets & une carabine & de très-grandes gibecieres en bandouliere en forme de havreſac. Ils ne ſe ſervent pas ſi communément en France de cette broche ; mais c'eſt une de leurs armes dans les troupes de l'Empereur : on appelle cette arme panſeretèſche ou palache, elle a cinq pieds de long. Leur maniere la plus ordinaire de combattre eſt d'envelopper un Eſcadron ennemi, de l'effraïer par leurs cris, & par diffe-rens mouvemens. Comme ils ſont fort adroits à manier leurs

Leur maniere de combattre. chevaux qui ſont de petite taille, qu'ils ont les étriers fort courts, & les éperons près des flancs du cheval, ils les forcent à courir plus vîte que la groſſe Cavalerie, ils ſe levent au deſſus de leurs ſelles, & ſont dangereux ſur tout contre les fuyards. Ils ſe rallient très-facilement, & paſſent un défilé avec beau-coup de vîteſſe. Ce qui rend encore leurs chevaux plus vîtes, c'eſt que n'aïant que des bridons, ils en ont la reſpiration plus libre, & pâturent à la moindre alte ſans débrider ; quand ils font alte après quelque vive courſe, ils tirent les oreilles & la queuë à leurs chevaux pour les délaſſer.

Hussart.

Leurs felles font d'un bois fort leger & courtes avec deux arçons également relevez devant & derriere. Au lieu de panneaux ce font des treffes de groffe ficelle. Elles font pofées fur de bonnes couvertures en plufieurs doubles, qui leur fervent pour fe coucher, & couvrir leurs chevaux. Le deffus des felles font de peaux avec leur poil, qui couvrent leurs piftolets auffi-bien que leurs houffes. Ces peaux vont depuis le poitrail du cheval jufqu'à la queuë & aux jarrets, & tombent en pointe fur les cuiffes. *Selles de leurs chevaux.*

Leurs trompettes font fort petites, & n'ont gueres plus de fon que les cors des poftillons, leurs étendarts font en pointe, & dans les armées de France ils font d'ordinaire femez de fleurs de lys. Leurs houffes font de même, & pour être moins connus dans le païs ennemi, ils les roulent fur la croupe de leurs chevaux, & plient leurs étendarts. Leur maniere de camper n'eft pas reguliere. Ils s'attachent à la commodité, & s'embarraffent peu du fourage, parce qu'ils ne reftent gueres dans le Camp; ils ont très peu d'équipage, parce que leurs chevaux font petits & fouvent en courfe. *Leurs trompettes & leurs étendarts.*

Leur difcipline eft exacte, la fubordination grande, & les châtimens rudes, le plus ordinaire eft la baftonnade fur le dos & fur le derriere d'un nombre de coups marquez. On fe fert utilement de cette Milice dans les partis, pour aller à la découverte à l'avant-garde & à l'arriere-garde, pour couvrir un fourage, parce que c'eft une troupe fort legere pour les courfes: mais ils ne peuvent tenir contre des Efcadrons en ordre de bataille. *Leur difcipline. A quoi cette Milice eft deftinée.*

L'habillement des Huffarts eft tout different de celui des autres troupes. Ils ont une efpece de pourpoint ou de vefte qui ne va que jufqu'à la ceinture: les manches en font fort étroites, & fe retrouffent avec un bouton. Ils ont une grande culote en pantalon, c'eft-à-dire qu'elle tient aux bas de chauffes. Ils ont des bottines jufqu'au genoüil fans genoüillieres, & qui tiennent aux fouliers qui font arrondis avec de petits talons, il y en a qui ont des talons de fer. Les chemifes des foldats font fort courtes; & ils en changent très-rarement: c'eft pourquoy plufieurs en ont de toile de coton bleuë, leurs manteaux ne font gueres plus longs que leurs pourpoints: ils les mettent du côté que *Leur habillement.*

vient la pluïe. Leurs bonnets font longs, & ils les bordent de peaux ; la plus grande partie a la tête rafée, & ils ne laiffent qu'un petit toupet de cheveux fur le côté droit.

Les Officiers font plus proprement habillez, chacun felon fon goût & fa dignité. Ils font même magnifiques en habillemens, en harnois, en armes, en peaux ou fourures. Ils ornent leur bonnets de belles aigrettes. Il y en a qui ont quelques lames de vermillon d'argent qui fe plaquent du côté droit pour marquer par là le nombre des combats où ils fe font trouvez, & une boule d'argent fur la poitrine quand ils font à cheval pour marque de nobleffe.

Les Officiers des Huffarts font le Colonel, le Lieutenant Colonel, les Capitaines, & à peu près comme dans le refte de la Cavalerie.

Jufqu'à-prefent j'ai traité de toutes les efpeces de troupes, foit de celles qui ont compofé autrefois les armées Françoifes, foit de celles dont elles font formées aujourd'huy. J'ai fait l'hiftoire de tous les divers Corps en particulier, & je croi n'avoir rien omis d'important fur ce fujet. Je fuis même entré quelquefois dans quelques minuties ; mais que je n'ai pas regardées comme telles, parce qu'elles m'ont femblé utiles pour donner certaines connoiffances que beaucoup de gens n'ont pas ; car bien que cet ouvrage regarde principalement les gens de guerre, il n'eft pas pour eux feuls. Je vais maintenant traiter une autre matiere, c'eft de l'Artillerie qui fait une partie effentielle de mon Hiftoire de la Milice Françoife.

LIVRE XIII.

De l'Artillerie & de quelques autres matieres qui concernent la Milice Françoise.

LE Corps Militaire de l'Artillerie avec toutes ses dépendances est comme l'instrument general de la guerre. Sans lui rien ne s'y peut faire. L'attaque des places est impossible; on ne peut les défendre contre l'ennemi; & une armée en campagne qui seroit dépourvûë d'artillerie, ne pourroit gueres tenir contre une autre qui en seroit bien fournie. C'est pourquoy de tout tems les Souverains ont eu soin d'avoir des Officiers préposez pour gouverner & entretenir cette partie essentielle de la Milice, de leur fournir des subalternes pour les ayder dans cette direction, des troupes specialement destinées pour l'execution & l'usage de l'artillerie, des Artisans pour faire & pour raccommoder les machines de guerre, des endroits particuliers pour les construire ou les forger, d'autres pour les y conserver, & des fonds pour les grandes dépenses dont on ne peut se dispenser à cet égard, sans mettre un Etat en danger.

On voit dans la Notice de l'Empire quantité de lieux marquez tant en Orient qu'en Occident, pour la fabrique des armes sous l'autorité d'un des principaux Officiers du Prince qu'on appelloit *le Maître des Offices*: & nous avons beaucoup d'Ordonnances de nos Rois, sur tout depuis François I, touchant l'état de l'artillerie. J'ai déja parlé assez au long des fonctions du grand Maître des Arbalêtriers, de l'étenduë de son autorité, & de ceux qu'il avoit sous ses ordres. C'étoit le grand Maître de l'artillerie de ce tems-là.

HISTOIRE

C'est sur l'exemple des anciens Empereurs dont les Ordonnances défendoient de faire des armes ailleurs que dans les lieux qu'ils avoient destinez à cet usage, & qu'on appelloit du nom de *fabriques*; c'est, dis-je, sur leur exemple que nos Rois ont regardé comme un droit de Souverain d'avoir des magazins d'armes, & de n'en laisser aux particuliers tant d'offensives que de défensives qu'autant qu'ils le jugeroient à propos, de faire construire des machines de guerre, de faire fondre des canons depuis que cette machine est en usage; & Charles IX fit à Blois au mois de Mars de l'an 1572 de severes défenses là-dessus conformément aux Ordonnances de ses Prédecesseurs. Il fit aussi de pareils Reglemens pour empêcher le transport des canons d'un lieu à un autre sans prendre ses ordres, & sans l'attache du grand Maître de l'artillerie; il défendit de faire des amas de salpêtre & de poudres, & de faire de celles-cy sans sa permission & autorité. La licence des Princes & des Seigneurs revoltez durant les guerres de Religion, furent la principale occasion du renouvellement de ces Reglemens.

Il ne fut même jamais permis aux particuliers d'avoir des canons dans leurs châteaux sans une concession speciale du Souverain. On l'a quelquefois donnée, soit parce que ces châteaux étoient sur la frontiere, & qu'ils pouvoient servir à couvrir le reste du pays, soit comme une marque d'honneur & de distinction: de quoy nous avons un exemple sous Henri IV, après la victoire que Henri Vicomte de Turenne Duc de Boüillon Maréchal de France, remporta sur l'armée du Duc de Lorraine devant la ville de Beaumont en Argonne en 1592. Le Roy écrivit à Monsieur de la Guiche grand Maître de l'artillerie pour lui faire sçavoir, qu'afin de marquer l'estime qu'il faisoit du Duc de Boüillon & la satisfaction qu'il avoit de ses services, il lui a accordé quatre pieces de canon de celles qui avoient été prises dans ce combat, *pour en faire & disposer comme bon lui semblera*.

Nous avons vû encore un exemple recent d'une grace pareille, lorsque le Roy après la victoire de Denain & la conquête des places qui la suivit, donna à Monsieur le Maréchal de Villars six canons pour mettre à sa terre de Vaux, en

Nous avons des Capitulaires de Charlemagne sur ce sujet.

DE LA MILICE FRANÇOISE. *Liv. XIII.* 523
recompense de ses grands succès dans cette heureuse campagne qui fut le salut de la France.

Je ne prétends pas descendre ici dans le détail de la pratique de l'artillerie. Nous avons sur ce sujet quantité d'ouvrages d'Officiers de guerre François, Anglois, Italiens & d'autres Nations. Je me borne suivant mon dessein à ce qu'il y a d'historique en cette matiere ; c'est-à-dire à parler des principales Charges de l'artillerie & de leur institution, des diverses especes de troupes qui y servent sous l'autorité du grand Maître, de la police qu'on y observe. L'histoire du canon & des divers feux d'artifices pourroit avoir eu ici sa place ; mais j'en ai déja suffisamment traité par rapport à mon sujet en parlant des armes en usage en divers tems, & en traitant des sieges & de la défense des villes de guerre.

De la Charge de grand Maître de l'Artillerie.

EN traitant de la Charge de grand Maître des Arbalêtriers, j'ai fait diverses observations qui ont du rapport à celle dont je vais parler.

La premiere, que la Charge de grand Maître des Arbalêtriers étoit en beaucoup de choses fort semblable à celle de grand Maître de l'artillerie d'aujourd'hui. Je crois avoir bien appuyé cette observation par un Memoire contenant les droits du grand Maître des Arbalêtriers, où il est dit que cet Officier avoit autorité *sur tous les Archers, les Arbalêtriers, les Maîtres d'engins, Canoniers, Charpentiers, Fossoyers & de toute l'artillerie de l'ost.... que se ville, ou forteresse, ou château est pris, à lui appartient toute l'artillerie quelle que ce soit qui trouvée y est.* Rien n'est plus semblable aux droits & aux fonctions du grand Maître de l'artillerie d'aujourd'hui.

Rapporté dans la nouvelle histoire des Grands Officiers de la Couronne, t. 2, p. 1058.

La seconde, que c'est à tort que du Tillet & quelques autres sur son autorité, se sont imaginez que la Charge de Colonel General de l'Infanterie avoit succedé à celle de grand Maître des Arbalêtriers. Il me semble que j'ai solidement refuté cette opinion, d'où j'ai conclu aussi-bien que par d'autres raisons que j'ai rapportées au même endroit, que le grand Maître des Arbalêtriers étoit en même-tems le grand

Vuu ij

Maître de l'artillerie, quoiqu'il ne portât pas ce titre ; & que cela a été ainsi, au moins jusqu'au tems que l'usage frequent des armes à feu fut introduit en France.

Je dis au moins jusqu'au tems que l'usage frequent des armes à feu fut introduit en France, c'est la restriction que j'ai aussi mise en traitant de la Charge de grand Maître des Arbalêtriers ; car il y a lieu de croire, que quand nos Rois eurent des équipages d'artillerie, c'est-à-dire de canon & d'autres semblables armes, on créa une nouvelle Charge, ou bien une nouvelle Commission qui donnoit l'Intendance en particulier sur cette espece d'artillerie. En effet dès l'an 1397 sous le Regne de Charles VI, on trouve Jean de Soisi Ecuyer avec le titre de *Maître general & Visiteur des artilleries de France*. Or il y avoit encore en ce tems-là un grand Maître des Arbalêtriers : c'étoit alors Renaud de Trie, & non Jean de Soisi : ces deux Charges étoient donc deslors differentes : mais il se pourroit faire que ce Maître general & Visiteur des artilleries de France fut un subalterne du grand Maître des Arbalêtriers, bien que son titre de *Maître general* pût faire croire que c'étoit un Officier en Chef. Ce qui me persuade cependant que c'étoit un subalterne, c'est que dans un procès qu'il y eut en 1411 entre le grand Maître des Arbalêtriers & les Maréchaux de France, duquel parle du Tillet, il est marqué que les Canoniers étoient encore sous la jurisdiction du grand Maître des Arbalêtriers.

Quoy qu'il en soit, je crois que les deux Charges furent separées au plus tard sous le Regne de Loüis XI, & je crois l'avoir assez bien prouvé par deux raisons que je repete ici. La premiere, que le titre & la Charge de grand Maître des Arbalêtriers cessa alors ; que Jean Sire & Ber d'Auxi fut le dernier qui la posseda, & que cette Charge demeura vacante fort long-tems & jusqu'au Regne de François I, qui en resuscita le titre en faveur d'Aymar de Prie en 1523, après lequel il n'y en eut plus. Ce fut apparemment pour donner un titre & des appointemens à ce Seigneur, puisqu'alors il n'y avoit plus d'Officiers préposez aux machines de guerre, dont on se servoit autrefois ; car elles n'étoient plus en usage dans les sieges, quoiqu'il y eût encore des Archers & des Arbalêtriers sur pied, ainsi que je l'ai remarqué ailleurs.

La seconde raison que j'ai apportée est que dans cet intervalle dont je viens de parler, on commence à voir les Maîtres d'artillerie, gens distinguez par leur naissance, & des Seigneurs ou Gentils-hommes qui avoient de la reputation dans les armes.

Il est donc fort vrai-semblable que Loüis XI sepera ces deux Charges, supposé qu'elles n'eussent pas encore été separées, & que quand le Seigneur d'Auxi grand Maître des Arbalêtriers fut mort, il ne remplit point cette Charge qui n'avoit plus gueres de fonctions, parce qu'alors on ne se servoit plus gueres des anciennes machines de guerre sur lesquelles le grand Maître des Arbalêtriers avoit intendance. Ce Prince crut qu'il suffisoit de l'Officier auquel il avoit déja attribué le commandement sur la nouvelle artillerie, avec les prérogatives à peu près semblables à celles qu'avoient eu les grands Maîtres des Arbalêtriers.

Dans l'histoire des grands Officiers de la Couronne sous le titre des grands Maîtres de l'artillerie, on voit une longue liste de Maîtres de l'artillerie qui commence dès l'an 1291; mais ce ne furent pendant plusieurs années que des Maîtres particuliers qui avoient leur département dans une ville, comme à Paris, à Roüen, à Melun, &c. ainsi qu'il est marqué, & qui étoient sans doute sous la jurisdiction du grand Maître des Arbalêtriers. *T. 2.*

Ce n'est qu'en 1397 que l'on voit Jean de Soisi Ecuyer avec le titre de *Maître general de l'artillerie, & Visiteur de toutes les artilleries de France.* Ses successeurs prirent pour la plûpart le même titre ou quelque autre équivalent, comme celui de Gouverneur ou de Capitaine General de l'artillerie.

En 1477, c'est-à-dire, dans les dernieres années de Loüis XI, qu'il n'y eut plus de grand Maître des Arbalêtriers, la Charge de Maître d'artillerie fut partagée en trois; & il y eut trois Maîtres de l'artillerie, qui avoient chacun leur bande, c'est-à-dire, un certain nombre d'Officiers subalternes, de soldats, d'artisans, d'ouvriers sous leur autorité dans le département qu'on leur avoit assigné. Jean Cholet Chevalier Seigneur de la Choletiere, de Dangeau, de Pommeraye eut la premiere bande qu'on appelloit la grande. Jacques Galiot *Ibid p. 1073.*

avoit la seconde, & Perceval de Dreux Chevalier avoit la troisiéme. Il y avoit même alors un Maître d'artillerie pour la Normandie distingué de ceux-cy. Ce partage dura quelques années ; & ces quatre Maîtres eurent chacun leurs successeurs. Il paroît que cette Charge fut possedée uniquement & totalement par Guy de Lausieres en 1493 sous Loüis XII.

Autorité & prérogatives de la Charge de grand Maître de l'artillerie.

ON ne peut mieux connoître les prérogatives de cette grande Charge que par les Provisions mêmes du grand Maître de l'artillerie, où elles sont contenuës en détail.

Ce détail, qui en est fait dans ses Provisions, peut se réduire premierement à l'étenduë de sa Surintendance qu'il exerce tant en deçà qu'au delà des Monts, dans le Royaume & hors du Royaume, & generalement dans tous les pays & les terres qui sont sous l'obéissance ou sous la protection du Roy en deçà & au delà de la mer.

Secondement, à la nomination des Officiers, qui sont en très-grand nombre.

Troisiémement, à ce qu'il ne se fait aucuns mouvemens de munitions d'artillerie dans le Royaume que par les ordres du grand Maître, ou par ceux de ses Lieutenans ou Officiers, à qui il donne des Commissions particulieres pour cet effet, ensuite des ordres qu'il a reçû du Roy.

Quatriémement, à ce que tous les marchez se font en son nom stipulant pour Sa Majesté. Il arrête le compte general de l'artillerie que le Tresorier rend à la Chambre des Comptes, où le grand Maître doit être reçû comme Ordonnateur de tous les fonds qui ont rapport à la dépense de l'artillerie, de quelque nature qu'elle soit.

Le grand Maître a encore un privilege dont il n'est point fait mention dans ses Provisions ; c'est que quand une ville ou forteresse a laissé tirer le canon, les cloches des Eglises, les utensiles de cuivre & autre métail luy appartiennent, & doivent être rachetées d'une somme d'argent par les habitans, à moins que dans la capitulation on ne convienne du contraire.

DE LA MILICE FRANÇOISE. Liv. XIII.

Ce droit pourroit bien avoir été accordé au grand Maître de l'artillerie en dédommagement d'un autre qu'avoit le grand Maître des Arbalêtriers, auquel a succedé le grand Maître de l'artillerie, & qui est ainsi exprimé dans un ancien Registre que j'ai cité ailleurs. *Que se ville, forteresse ou château est pris, à lui appartient toute l'artillerie quelle que soit qui trouvée y est.* Car aujourd'hui l'artillerie d'une place prise appartient au Roy, & non au grand Maître de l'artillerie.

Il a encore le droit en entrant dans une place où il y a de l'artillerie, ou quand il en sort, d'être salué de cinq volées de grosses pièces de canon, sans préjudice d'un plus grand nombre auquel il auroit droit par quelque autre qualité qu'il pourroit avoir.

Il seroit difficile de déterminer le tems où le titre de *grand* a été donné au Maître de l'artillerie. Il est certain qu'il lui a été donné au moins quelquefois, même dans des actes authentiques, long-tems avant que cette dignité fût érigée en Charge de la Couronne. Henri III, Charles IX, Henri II le lui donnoient dans leurs Ordonnances. L'usage en étoit dès le Regne de François I, comme on le voit dans une Ordonnance de ce Prince donnée à Saint Germain en Laye au mois de Février de l'an 1546, où il est dit qu'après la reduction des Officiers d'artillerie à un certain nombre, *il en sera fait un Rôle par le grand Maître & Capitaine General d'icelle artillerie qu'il signera de sa main, lequel état le dit grand Maître nous presentera.* Ce titre est repeté dans plusieurs autres articles de cette Ordonnance. Je ne me souviens point de l'avoir vû usité avant le Regne de ce Prince.

Le grand Maître de l'artillerie fait serment entre les mains du Roy. C'est l'usage, au moins depuis que cette Charge a été érigée en Charge de la Couronne. Car avant ce tems-là il paroît qu'il n'étoit pas tel. Armand de Biron sous le Regne de Charles IX, prêta son serment non pas entre les mains de ce Prince, mais entre les mains de Henri Duc d'Anjou, qui fut depuis Roy de France troisiéme du nom. Et ce serment fut fait le 3 de Février de l'an 1570.

Mais ce qui a ajouté le plus de splendeur à cette haute dignité, est le relief qu'y donna Henry IV en l'érigeant en

La Charge érigée en Char-

ge de la Couronne par Henri IV.

Charge de la Couronne, en faveur de Maximilien de Bethune, Marquis de Rosni, & depuis Duc de Sully. Cette érection se fit en 1601 au mois de Janvier.

Le grand Maître de l'artillerie a un grand nombre d'Officiers, & même des corps de troupes sous sa jurisdiction & dans sa dépendance, aux Offices desquels il pourvoit, & donne à la plûpart leurs Provisions en vertu de sa Charge.

Il n'y en a jamais tant eu que sous le Regne de Loüis le Grand, parce que jamais l'artillerie n'a été plus nombreuse, si bien entretenuë & si bien servie.

Nombre des Officiers de l'Artillerie.

Il y avoit environ mille Officiers pour servir dans les places ou dans les équipages qui sont à la suite des armées, sans y comprendre ceux du Regiment Royal-Artillerie, du Regiment Royal des Bombardiers, ceux de la Compagnie des Mineurs, les Officiers de Justice, & quelques-uns pour le dedans de l'Arsenal: & l'on compte plus de deux cents quarante places fortes dans le Royaume où l'Artillerie de terre a ses Officiers. De sorte que cette partie de la Milice Françoise n'a jamais été à un si haut point.

Marque de sa dignité aux armoiries du grand Maître.

Le grand Maître pour marque de sa dignité met au-dessous de l'écu de ses armes deux canons sur leurs affuts, des caques de poudres, des boulets, des gabions. Il y a eu long-tems sous lui un Lieutenant General de l'artillerie. Je vais parler de cette Charge.

De la Charge de Lieutenant General de l'Artillerie, & des autres Officiers qui ont des fonctions militaires.

La Charge de Lieutenant General quand elle subsistoit, étoit la seconde de l'artillerie: celui qui l'exerçoit, comme son titre le marque, commandoit l'artillerie en l'absence du grand Maître, & elle fut toûjours remplie par des personnes de naissance.

Il est certain que de tout tems il y a eu des Lieutenans du grand Maître dans les divers départemens: mais il seroit difficile de marquer précisément en quel tems on a commencé de voir un Lieutenant General de l'artillerie. Cet Officier est nommé dans l'Ordonnance de François I de l'an 1546 de laquelle

quelle j'ai déja fait mention : & je trouve dans l'Histoire des Grands Officiers de la Couronne Jean Barrabin, Ecuïer Seigneur de Beauregard avec ce titre dès le tems de Loüis XI, mais je ne crois pas qu'il y en ait eu avant ce Regne.

T. 2, p. 1076.

C'étoit le grand Maître qui nommoit à cette Charge: car je trouve dans un ancien compte de l'Artillerie, que Jean d'Estrées qui fut Maître de l'Artillerie sous Henry II & sous les deux Regnes suivans, nomma pour son Lieutenant General Jean Babou sieur de la Bourdaisiere, lequel fut depuis son successeur dans la Charge de grand Maître. Je trouve en 1637 le Marquis de la Barre, au siege de Landreci portant ce titre. Le Marquis de la Freseliere le porta en dernier lieu : mais il n'avoit pas pour cela l'Intendance Generale sur toute l'Artillerie sous le grand Maître. Son titre fut supprimé en 1703, & on ne lui redonna par l'Edit que celui de premier Lieutenant General de l'Artillerie en Alsace qui étoit son département.

On lui donna ce titre de premier Lieutenant General, lorsque l'on créa d'autres Lieutenans Generaux, comme pour le dédommager de ce qu'on lui donnoit des camarades. Il eut la prérogative, lorsque deux équipages d'Artillerie se joignoient, de prendre le Commandement de l'un & de l'autre en attendant les ordres du grand Maître, qui pouvoit envoïer la Commission à qui il jugeroit à propos ; d'ailleurs ce premier Lieutenant General n'avoit nulle inspection sur les autres départemens.

Par cet Edit de 1703 on supprima tous les Offices ou Commissions d'Artillerie avec tous leurs droits & privileges, à la reserve des Tresoriers & des Controlleurs Generaux. En un mot tous les Offices qui avoient été créez en 1536, en 1552, en 1572, en 1573, en 1582, & en 1634, furent supprimez ; & on en créa d'autres. De là vient que la liste des Officiers d'Artillerie que nous avons avant 1703 est fort differente de celle qu'on a faite depuis.

Par cet Edit furent créez sept Lieutenans Generaux, outre celui d'Alsace, sçavoir un en Flandre, un sur la Moselle, un en Roussillon, un pour l'Isle de France, un pour le Dauphiné, un pour les côtes Orientales, un pour les côtes Occidentales.

Tome II. Xxx

En 1704, on en créa un pour la Bretagne, & un pour la Picardie & l'Artois en 1706. Il en fut créé un autre pour le Lionnois, le Forez, & le Beaujolois; un autre fut encore créé depuis pour l'Anjou & la Touraine : & enfin en 1714, on en créa un pour la Champagne.

Il faut observer que la création des Offices qui se fit en 1703, n'empêche point que M. le grand Maître ne donne ses Commissions & les Titres qu'il lui plaît aux anciens Officiers de l'Artillerie Commissionnaires, & aux nouveaux Sujets qu'il juge à propos de mettre dans le Corps, lesquels reçoivent quand ils sont emploïez, les appointemens ordinaires que touchoient les Titulaires avant la création des nouveaux Offices.

Les Titulaires de ces nouveaux Offices ne peuvent pareillement être emploïez en campagne, sans les Commissions particulieres du grand Maître, qui les emploïe selon le rang qu'il juge à propos de leur accorder, & non suivant la qualité de leurs Charges qui ne leur donne point de rang à l'armée. Ils reçoivent des appointemens extraordinaires, & montent à tous les degrez en servant dans les troupes. Ils ont d'autres privileges considerables en vertu du nouvel Edit, où l'on les peut voir : mais le grand Maître n'emploïe de ces Titulaires que ceux qui ont des dispositions & de la capacité pour bien faire le service.

Commandans des équipages d'Artillerie. Comme dans tous les Corps d'armée il y a des équipages d'Artillerie, il y faut un Commandant ; c'est pour l'ordinaire un des Lieutenans Generaux qui a ce Commandement, & plusieurs par cette route sont montez à tous les grades de la Milice, c'est-à-dire, de Brigadier, de Maréchal de Camp, de Lieutenant General d'armée, & cela avec justice : car le Commandement de l'Artillerie est un des plus importans & en même-tems un des plus dangereux & des plus laborieux de la guerre, & qui demande le plus d'habileté, d'application & d'experience.

Après les Lieutenans Generaux, ceux des Officiers de l'Artillerie emploïez aux fonctions Militaires, sont les Com- *Commissaires.* missaires Provinciaux, les Commissaires ordinaires & les extraordinaires. Ils servent aussi dans les équipages : les plus

DE LA MILICE FRANÇOISE. *Liv. XIII.* 531

anciens Provinciaux y commandent les Brigades, & le plus ancien de tous commande tout l'équipage en l'absence du Lieutenant.

Il y a un Maréchal General des logis qui a son service particulier : c'est celui qui assigne les logemens aux Officiers de l'équipage, & qui marque l'endroit où doit être établi le parc de l'artillerie. Le grand Maître donne ce titre à qui il lui plaît, avec tels appointemens & privileges qu'il juge à propos. *Maréchal General des logis.*

Il y a d'autres Maréchaux des logis, on en met un dans chaque équipage à qui l'on donne le nom de Major : quand le Roy ne fait point de fonds exprès pour un Maréchal des logis, on prend celui des Commissaires qui paroît le plus entendu pour faire cette fonction.

Il y a des Capitaines du charroy qui font aussi le service. Le Capitaine General du charroy doit être un homme d'experience, à cause des grands détails qui regardent son emploi. Il commande tout le charroy de l'Artillerie, & doit faire en sorte que les autres Capitaines du charroy soient alerte, & toûjours prêts à executer les ordres qu'il reçoit. Il doit visiter les chemins, & les faire mettre en tel état que l'équipage puisse passer par tout commodément. Les autres Capitaines du charroy lui obéïssent, & ils ont pour la plûpart des chevaux dans l'équipage païez par le Roy. *Capitaines du charroy.*

Il y a d'autres Officiers sous le titre de Conducteurs, dont une des fonctions est de faire en sorte qu'il n'y ait point de confusion dans les marches. *Conducteurs.*

Enfin il y a des Officiers Pointeurs, dont le nom marque la fonction qui est de pointer le Canon, quand il est mis en batterie. *Pointeurs.*

Comme dans tous les corps qui composent une armée, il y a un Major pour faire le détail du corps, il y en a aussi un avec ce titre dans chaque armée pour l'Artillerie. Il n'y en a aucun dont le détail qui le regarde soit plus grand, où il y ait plus de menus soins, & qui fasse voir combien il faut de choses, d'hommes de toute espece, d'Officiers, d'ouvriers, combien il faut d'application, de methode, d'adresse, de fatigue, de valeur pour faire agir utilement un si grand Corps. *Major de l'Artillerie.*

Voyez les Memoires d'Artillerie du sieur de Saint Remi. T. 2, p. 331.

X x x ij

HISTOIRE

Outre ces Officiers & leur subalternes qui sont tous aux ordres du grand Maître, il y a des corps de troupes attachez à l'artillerie qui sont pareillement de la dépendance de ce grand Officier de la Couronne : ces corps de troupes sont,

Le Regiment de Fusiliers, dit aujourd'hui Royal Artillerie.

Le Regiment de Bombardiers.

Les Compagnies de Mineurs.

Les Compagnies de Canoniers.

Je vais traiter de ces differens Corps.

Du Regiment Royal Artillerie.

L'Artillerie autrefois à la garde des Suisses.

Autrefois c'étoit un usage en France que les Suisses eussent dans les armées la garde de l'Artillerie ; & à leur défaut on la confioit aux Lansquenets. La raison de cet usage fut qu'il étoit de la derniere importance que l'Artillerie fût bien gardée, & qu'alors la meilleure Infanterie d'Europe étoit celle des Suisses, & après les Suisses celle des Lansquenets. Ce que je dis ici, se prouve par nos Histoires.

Il me paroît que ce fut Charles VIII qui le premier de nos Rois chargea les Suisses de la garde de l'Artillerie, & que cette distinction fut une des recompenses du grand service qu'ils avoient rendu à ce Prince à son retour de Naples, lorsque dans les Montagnes de l'Apennin, ils traînerent eux-mêmes le canon dans tous les endroits où les chevaux ne pouvoient pas être attellez pour le traîner.

Belcarius ad ann. 1513.

Lansquenets succedent aux Suisses pour la garde de l'Artillerie.

Ils en demeurerent en possession sous le Regne de Loüis XII jusqu'à ce que ce Prince se fut broüillé avec eux, & qu'ils devinrent ses plus grands ennemis. Alors les Lansquenets prirent leur place pour la garde de l'Artillerie. Ils faisoient cette fonction à la journée de Novare où l'armée de France commandée par le Seigneur de la Trimoüille fut battuë par les Suisses. Les Lansquenets étoient encore à la garde de l'Artillerie à la sanglante bataille de Marignan, où les Suisses furent défaits par François I. En ces deux occasions, les Suisses, comme il y avoit alors une furieuse antipathie entre eux & les Lansquenets, se proposerent de se rendre Maîtres de l'Artillerie

DE LA MILICE FRANÇOISE. *Liv. XIII.* 533

Françoise, pour faire connoître qu'il n'y avoit qu'eux qui fussent capables de la bien garder. Ils réüssirent parfaitement dans leur deſſein à Novare ; & il en feroit arrivé de même à Marignan où ils ſe ſaiſirent d'abord de quatre pieces de canon, ſi le Roy François I lui-même ne ſe fût mis à pied une pique à la main, à la tête des Lanſquenets, qui à la vûë de cette intrepidité du Prince reprirent courage, & animez par ſon exemple repouſſerent ces opiniâtres Ennemis.

Les Suiſſes s'étant reconciliez avec la France, ſe remirent en poſſeſſion de garder l'Artillerie dans les armées. Elle étoit ordinairement placée dans les camps au quartier des Suiſſes. Du Haillan qui écrivoit ſous Henry III ſon livre de l'état des affaires de France, dit qu'encore en ce tems-là les Suiſſes avoient la charge de conduire l'Artillerie ; mais cette conduite ou garde de l'Artillerie ne ſe faiſoit que par détachemens de quelques troupes Suiſſes, & il n'y avoit point de corps qui y fût ſpecialement deſtiné. *La garde de l'Artillerie tendüe aux Suiſſes. Fol. 305.*

Dans les comptes de l'Artillerie de 1480, c'eſt-à-dire ſous Loüis XI qui s'appliqua beaucoup à policer cette partie de la Milice, je trouve un corps de Pionniers & de Travailleurs qui avoit ſes Capitaines, ſes Lieutenans, ſes Enſeignes & d'autres Officiers : mais ce n'étoient pas proprement des troupes. On voit la même choſe dans les comptes du Regne de François I.

Dans les comptes de 1641 on voit un Commiſſaire d'Artillerie avec le titre de Colonel des Pionniers : mais depuis l'inſtitution des Regimens, je n'en ai point vû de deſtinez particulierement & attachez au corps de l'Artillerie juſqu'à la création du Regiment des Fuſiliers, appellé depuis Royal Artillerie dont je traite maintenant.

L'origine du Regiment des Fuſiliers fut en l'an 1671. Il fut attaché deſlors au ſervice de l'Artillerie ; on donna des fuſils aux ſoldats au lieu de mouſquets, qui étoient alors l'arme commune preſque à tous les corps d'Infanterie : outre l'épée on les arma d'une bayonnette ; & c'eſt le premier corps dont les ſoldats aïent été ainſi armez. *Création du Regiment des Fuſiliers pour l'Artillerie. Armez de bayonnettes.*

Ce Regiment commença par être compoſé de quatre Compagnies chacune de cent hommes, que l'on tira des autres

X x x iij

troupes, les Officiers furent pris dans le Regiment du Roy. M. de Marans fut fait Lieutenant-Colonel de ces quatre Compagnies.

Compagnie de Canoniers.
Ordonnance de Novembre 1695.

La premiere s'appelloit la Compagnie des Canoniers du grand Maître; elle étoit en effet composée de Canoniers: mais par une Ordonnance de Loüis le Grand elle fut composée de soldats travailleurs, comme les trois autres. Elle étoit commandée par le Commandant du second Bataillon.

Compagnie de Sapeurs.

Une autre de ces Compagnies étoit composée uniquement de Sapeurs, c'est-à-dire de gens propres aux travaux des tranchées. On y mettoit aussi autant qu'on pouvoit des tailleurs de pierres, des maçons & d'autres capables de travailler aux mines. Elle étoit commandée par le Lieutenant-Colonel du Regiment, & principalement emploïée aux travaux de la sape.

Compagnies d'ouvriers en bois & en fer.

Les deux autres furent mises dans la suite à la tête du troisiéme & du quatriéme Bataillon, & étoient composées d'ouvriers en bois & en fer. On s'en servoit pour faire les ponts, & autres travaux de cette espece. Ce corps composé d'abord de ces quatre Compagnies en 1671, fut augmenté en 1672

Le corps augmenté de 22 Compagnies ordinaires.

avant la guerre de Hollande de vingt-deux autres Compagnies ordinaires, on en tira deux de Grenadiers. De toutes ces Compagnies, on fit un Regiment de deux Bataillons, qu'on nomma le Regiment des Fusiliers.

Autre augmentation.

En 1677, on fit à ce Regiment une seconde augmentation de quatre Bataillons, chacun de quinze Compagnies, lesquelles furent tirées des derniers Bataillons des vieux Regimens. Ces quatre Bataillons prirent la queuë des deux premiers, & le rang entr'eux par l'ancienneté des Regimens d'où ils avoient été tirez.

Réforme.

En 1679, après la Paix de Nimegue, on réforma le sixiéme de ces Bataillons.

Six Compagnies de Canoniers.

Peu de tems après & la même année, on forma six Compagnies de Canoniers, dont les soldats furent tirez des troupes. Quatre de ces Compagnies furent données à quatre anciens Capitaines des deux premiers Bataillons; les deux dernieres furent données aux deux plus anciens Capitaines des quatre derniers Bataillons.

En 1689, on fit une augmentation de six autres Compagnies de Canoniers, lesquelles furent aussi tirées des troupes, & les Officiers tirez du Regiment ; de sorte qu'il y avoit douze Compagnies de Canoniers qui n'étoient point enbataillonnées.

Autre augmentation.

Cette même année, le troisiéme & le quatriéme Bataillon furent augmentez chacun d'une Compagnie de Grenadiers.

Autre augmentation.

En 1691, le Roy aïant mis les Bataillons de toute l'Infanterie à treize Compagnies au lieu de seize, on prit les trois dernieres Compagnies de chacun des trois derniers Bataillons de ce Regiment, ausquelles on ajoûta trois autres Compagnies tirées des troupes ; ce qui fit douze Compagnies. Ces douze Compagnies en fournirent une de Grenadiers ; & de tout cela on en fit un Bataillon, qui prit le rang de troisiéme Bataillon, conformément au Reglement du Roy, parce que le Sieur de Bouvincourt qui fut choisi pour le commander, se trouva le troisiéme Capitaine du Regiment.

En 1693, le Roy ordonna que le Regiment seroit deformais appellé *Regiment Royal de l'Artillerie*. Les Commissions des Officiers sont du Roy ; mais elles sont adressées au grand Maître de l'Artillerie, comme au Colonel Lieutenant du Regiment.

Ce Regiment nommé Regiment Royal d'Artillerie.

Je ne m'engagerai point dans le détail des changemens sans nombre & en toutes manieres qui se firent les années suivantes dans ce Regiment, le plus bigarré qu'il y ait jamais eu par les diverses especes de troupes qui le compoioient, tout cela m'a paru difficile à développer & à faire comprendre. Je me contenterai d'exposer l'état où il est aujourd'hui, par l'Ordonnance du Roy du 5 de Février 1721, qui lui a donné une nouvelle forme.

En 1695.

Etat present du Regiment Royal Artillerie en 1721.

LE Roy aïant fait assembler les 4 Bataillons du Regiment à Vienne en Dauphiné, avec toutes les Compagnies de Canoniers, donna ordre au Regiment des Bombardiers de s'y rendre pour être incorporez dans le Regiment Royal Artillerie. Les quatre Compagnies de Mineurs qui étoient pour lors commandez par Messieurs de Valieres, Dabin, de Lorme, & de Walin, reçurent le même ordre, ainsi que la

Compagnie des Canoniers de la Roche-Aymon qui avoit été formée par M. Ferrand Lieutenant d'Artillerie, & qui n'avoit jamais été attaché au Regiment. Le Roy fit venir aussi à Vienne trois ouvriers que chaque Bataillon de l'Infanterie avoit reçû ordre de fournir pour être incorporez dans le Regiment Royal Artillerie.

M. le Marquis de Broglie Lieutenant General des armées du Roy & Directeur General de l'Infanterie, qui étoit chargé de l'execution de l'Ordonnance du Roy, du 5 de Février 1720 pour ces incorporations & pour la refonte entiere de ces Corps que je viens de nommer, arriva à Vienne en Dauphiné le 23 Février accompagné de M. Des Touches & de Valieres, Maréchaux de Camp, & Lieutenans d'Artillerie, de laquelle le premier étoit nommé Directeur, & le second Inspecteur des Ecoles qui se devoient établir dans chaque Bataillon du Regiment Royal Artillerie. Le 24, Monsieur de Broglie fit la revûë des Troupes nommées cy-dessus : ensuite, il fit assembler les Commandans des Corps, & leur dit que l'intention du Roy étoit de former cinq Bataillons de huit Compagnies de 100 hommes, qui auroient chacun un Etat Major, composé d'un Lieutenant-Colonel, d'un Major, d'un Ayde-Major, d'un Aumônier, d'un Chirurgien Major : les Etats Majors furent nommez dans le moment ; les Lieutenans Colonels suivant leur ancienneté, sçavoir, Messieurs Pijart, de Certemont, de Thorigny, de Proisi & de Romillié. Les Majors ne furent point faits par ancienneté de Commission, mais ils furent choisis par M. de Broglie de concert avec Messieurs les Lieutenans Colonels.

M. de Brecande fut nommé pour le Bataillon de Pijart, M. Parfait pour celui de Certemont, M. d'Artigue, pour celui de Thorigny, M. de la Borry, pour celui de Proisi, M. de la Perelle, pour celui de Romillié. Les anciens Officiers qui se voulurent retirer, donnerent leurs memoires, & on leur accorda de grosses pensions en forme d'appointemens en consideration de la distinction avec laquelle ils avoient tous servi.

On prit ensuite l'ancienneté de tous Messieurs les Officiers que l'on plaça dans les cinq Bataillons, selon leur rang ; sçavoir, le premier Capitaine au premier Bataillon, le second

au

DE LA MILICE FRANÇOISE. *Liv. XIII.* 537

au second Bataillon, le troisiéme au troisiéme, le quatriéme au quatriéme, le cinquiéme au cinquiéme, & tous les autres Officiers de même, en recommençant toûjours par la tête.

Le lendemain 25, on fit mettre toutes ces differentes troupes en bataille, & l'on en composa 40 lots les plus égaux qu'il fut possible, lesquels furent tirez au sort par les 40 Capitaines, qui composoient les cinq Bataillons. Chaque Compagnie est composée d'un Capitaine en premier, d'un Capitaine en second, de deux Lieutenans, de deux Sous-Lieutenans, de quatre Sergens, de quatre Caporaux, de quatre Anspessades, de deux Cadets, de deux Tambours, & de quatre vingts quatre Soldats; chaque Compagnie est divisée en trois Escouades.

La premiére qui est double, est composée de vingt-quatre Canoniers ou Bombardiers, dans le nombre desquels il y a deux Sergens, deux Caporaux, deux Anspessades de la même profession, & de vingt-quatre soldats apprentifs. *Premiere Escouade.*

La seconde est composée de douze Mineurs ou Sapeurs, dans le nombre desquels il y a un Sergent, un Caporal & un Anspessade, de la même profession, & douze apprentifs. *Seconde Escouade.*

La troisiéme est composée de douze Ouvriers en fer & en bois, & autres propres à l'usage de l'artillerie; dans ce nombre il y a un Sergent, un Caporal & un Anspessade de même métier, & douze apprentifs. *Troisiéme Escouade.*

Le Regiment a conservé son rang & ses drapeaux, il y a un drapeau blanc dans chaque Bataillon, l'on a changé l'habillement du Regiment, & au lieu qu'il étoit habillé de blanc, avec des paremens bleus, il a à present des habits bleus avec des paremens, vestes, culottes & bas rouges, & des boutons de cuivre.

Les Bataillons sont indépendans les uns des autres; les Officiers de differens Bataillons ne roulent point ensemble pour les emplois, chacun monte à ceux de son Bataillon.

Les Bataillons prennent leur rang entr'eux, suivant l'ancienneté du Lieutenant Colonel; les Officiers dans les détachemens commandent entr'eux, selon l'ancienneté de leurs Commissions, & avec les autres Regimens, suivant le rang du Regiment. Lorsque les Bataillons seront ensemble, le

Tome II. Y y y

plus ancien Lieutenant Colonel commandera ; s'il n'y étoit pas, le Lieutenant Colonel du Bataillon moins ancien commanderoit, & le plus ancien Bataillon conferveroit toûjours fon rang : le plus ancien Major fera la Charge de Major de Brigade, quand il feroit du Bataillon moins ancien : chaque Lieutenant Colonel commande fon Bataillon, fous l'autorité du Colonel-Lieutenant dudit Regiment, & envoïe directement à celui qui eft chargé du détail de l'Infanterie, fon memoire pour propofer aux emplois vacans : les Directeurs & Infpecteurs Generaux de l'Infanterie font la revûë de ces Bataillons, comme du refte de l'Infanterie.

Lorfque ces cinq Bataillons furent formez, M. de Broglie fit tirer les Garnifons qui leur étoient deftinées, par les cinq Lieutenans Colonels, fuivant leur ancienneté. Le fort plaça Pijart premier Bataillon, à Metz.

Certemont fecond Bataillon, à Strafbourg.

Thorigny troifiéme Bataillon, à Grenoble.

Proifi quatriéme Bataillon, à Perpignan.

Romillié cinquiéme Bataillon, à la Fere.

Ecoles. Dans chacune de ces Places le Roy a établi des Ecoles de Theorie & de Pratique, lefquelles font commandées par des Lieutenans d'Artillerie, qui doivent agir de concert avec les Lieutenans Colonels des Bataillons.

L'Ecole de Pratique fe tient trois jours la femaine de deux jour l'un, les détachemens que l'on fait pour ces Ecoles eft d'un quart du Bataillon, tant en Officiers qu'en Soldats. Les uns & les autres y font inftruits de ce qui regarde le fervice du canon & des mortiers, de la façon de faire les differentes batteries, de conduire les fappes & les mines, de faigner des foffez, de détourner les rivieres & d'y faire des ponts ; en un mot, de tout ce qui concerne l'attaque & la défenfe des places & le fervice de campagne.

L'Ecole de Theorie fe tient les trois jours de la femaine, qu'il n'y a point d'Ecole de Pratique. Cette Ecole eft conduite par un Maître de Mathematique à qui le Roy donne mille écus d'appointement. Meffieurs les Officiers, à commencer par les Capitaines en fecond, Lieutenans, Sous-Lieutenans & Cadets font obligez de s'y trouver. Lorfqu'il y a des Sergens ou Soldats qui ont des dispositions pour profiter des leçons qu'on y donne, on leur permet d'y entrer ; l'on commande tous les jours un Capitaine en premier pour présider à ces leçons & y mantenir le bon ordre, afin que chacun s'applique.

Messieurs Des Touches & de Valieres, Directeurs de ces Ecoles, doivent faire des tournées tous les ans dans les lieux où elles se tiennent, pour reconnoître les progrès que les Officiers y font.

Les Officiers seront examinez, pour voir s'ils se trouveront capables de monter dans les emplois qui seront vacans.

Suivant l'Ordonnance du Roy du 5 Février 1720, il ne peut être mis à la tête des Bataillons du Regiment, soit pour Lieutenant Colonel, Major ou Capitaine, que des gens élevez dans le Corps. Les Majors & Aydes-Majors des Bataillons commanderont les differentes manœuvres des Ecoles.

Les Bataillons du Regiment se trouvant dans des places, ils feront le service comme toute l'Infanterie, mais ils ne seront comptez que pour un demi-Bataillon, n'y aïant que les Capitaines en second, & Officiers Subalternes qui monteront la garde & feront le service dans la place, Sa Majesté en aïant dispensé les Capitaines en premier, & les Canoniers, Bombardiers, Mineurs, Sapeurs & Ouvriers.

Ceux qui voudront s'instruire davantage de ce qui concerne les Ecoles, n'ont qu'à lire l'Instruction que Messieurs Des Touches & de Valieres en ont dressé par ordre du Roy ; elle est du 23 Juin 1720, signée par Monseigneur le Regent.

Lorsque le Regiment sera en campagne, il campera au parc de l'Artillerie ; & dans les sieges, il ne montera point la tranchée en corps, y étant emploïé tous les jours par les differens détachemens, tant pour les batteries de canons & de mortiers, que pour la conduite des sapes, des mines & descentes de fossez.

L'on peut dire que ce Regiment est le principal nerf de la guerre. Il ne suffit pas que les Officiers & Soldats qui le composent, aïent au suprême degré cette bravoure si naturelle à la Nation ; il faut encore qu'ils se rendent dignes par une étude & une application particuliere, & capables de la conduite des travaux importans dont ils sont journellement chargez, & dont ils se sont toûjours acquittez avec distinction ; c'est en cette consideration & par la connoissance que le Roy a des pertes considerables, ausquelles les Officiers

Y y y ij

de ces Bataillons sont sans cesse exposez dans les differens services où ils sont emploïez, que Sa Majesté a accordé une païe differente à ce Regiment, & plus considerable qu'aux autres.

Les Officiers de ce Regiment, quoique pourvûs par le Roy, sont obligez de prendre Commission du grand Maître, pour avoir un rang dans le corps de l'Artillerie, suivant les differens titres de leurs Charges, du jour que chacun d'eux a été pourvû par Sa Majesté.

Le Roy est Colonel de ce Regiment. M. le Duc du Maine en est Colonel-Lieutenant, & il a sous lui un Lieutenant Colonel.

Drapeaux. Il y a des drapeaux dans les Bataillons comme dans les autres troupes. Le drapeau au premier & quatriéme canton est aurore & vert changeant, au second & troisiéme aurore & rouge changeant, la croix blanche au milieu semée de fleurs de lys d'or.

Liste des Lieutenans Colonels du Regiment Royal Artillerie.

M. de Marans.
M. de Montigni.
M. de la Harteloire.
M. de Maisoncelle.
M. de la Deveze.

Liste des Lieutenans Colonels & des Majors de chaque Bataillon suivant l'état present.

Premier Bataillon. Lieutenant Colonel, M. Pijart. Major, M. de Brecande.

Second Bataillon. Lieutenant Colonel, M. de Certemont. Major, M. Parfait.

Troisiéme Bataillon. Lieutenant Colonel, M. Thorigny. Major, M. d'Artigue.

Quatriéme Bataillon. Lieutenant Colonel, M. de Proisi. Major, M. de la Borry.

Cinquiéme Bataillon. Lieutenant Colonel, M. de Romillié. Major, M. de la Perelle.

Du Regiment Royal des Bombardiers.

C'Eſt un ſecond Regiment attaché à l'Artillerie. Comme le précedent commença par quatre Compagnies, celui-cy eut pour origine deux Compagnies ſurnommées de leurs Capitaines, celle de Vigni & celle de Camelin.

Origine du Regiment des Bombardiers.

En 1684, le Roy à ces deux Compagnies en ajoûta dix tirées des Regimens de Piémont, de Navarre, de Champagne, de la Marine & des Fuſiliers, & forma le Regiment de Bombardiers de douze Compagnies, dont M. le Duc du Lude fut fait Colonel Lieutenant ſans Compagnie, & M. de Vigni Lieutenant Colonel & Capitaine de la premiere Compagnie. Deux ans après le Roy y en ajoûta trois autres, de ſorte que ce Regiment fut de quinze Compagnies.

Augmenta-tions du Regi-ment.

En 1688, M. de Vigni eut une Commiſſion pour tenir rang de Colonel d'Infanterie ; & en 1691, M. de Fontenailles premier Capitaine eut Commiſſion de ſecond Lieutenant Colonel pour commander ce Regiment en l'abſence de M. de Vigni, qui eut le Commandement de l'Artillerie en Flandre par la mort de M. du Metz.

Depuis M. de Vigni s'étant retiré du ſervice, le Commandement du Regiment fut donné à M. le Chevalier des Touches Brigadier d'armée & Lieutenant General d'Artillerie.

En 1706 au mois de Février, le Roy créa un ſecond Bataillon de treize Compagnies, qui furent données à lever par préference à ceux des anciens Lieutenans du premier Bataillon qui en voulurent, & qu'on y jugea propres.

Autre au-gmentation.

La Compagnie du Lieutenant Colonel du Regiment, qui étoit autrefois de cent cinq hommes, fut réduite à la Paix de Riſwik à quatre vingt dix, & reſta ſur ce pied-là dont il y avoit quarante Cadets Bombardiers à haute païe, & dix ouvriers.

Réforme.

Cadets Bombardiers.

La ſeconde Compagnie, qui fut depuis attachée au premier Capitaine auquel le Roy a accordé le titre de ſecond

Lieutenant Colonel, étoit autrefois de 70 hommes ; elle fut réduite à la Paix de Riſwik à 60, dont il y avoit dix Cadets Bombardiers. Les autres Compagnies tant du premier que du ſecond Bataillon, qui étoient de 30 hommes, furent réduites à quarante.

Fonctions du Regiment.

Ce Regiment eſt deſtiné particulierement pour executer les mortiers ; mais il ſert à l'Artillerie, & uniquement auſſi-bien que le Regiment Royal Artillerie.

Les Officiers du Regiment des Bombardiers prennent pareillement des Commiſſions du grand Maître, pour avoir rang dans le corps de l'Artillerie ſuivant les differens titres des Charges qu'ils ont dans le Regiment.

Le grand Maître donne la Commiſſion de Capitaine General des Bombardiers à celui qui commande ſous lui le Regiment.

Le Roy eſt Colonel du Regiment Royal des Bombardiers comme de celui du Royal Artillerie. Le grand Maître en eſt toûjours Colonel-Lieutenant, & celui qui commande ſous lui, Lieutenant Colonel.

On mit pour Officiers dans la premiere Compagnie du premier Bataillon un Capitaine, deux Lieutenans, deux Sous-Lieutenans, un Enſeigne, &c. & ſous ces Officiers, des Cadets Bombardiers, des Ouvriers, des Fuſiliers. On mit dans la ſeconde un Lieutenant, un Sous-Lieutenant, &c. des Bombardiers & des Fuſiliers. La premiere Compagnie du ſecond Bataillon eut un Capitaine, un Lieutenant, un Enſeigne au lieu d'un Sous-Lieutenant, &c. & des Soldats Fuſiliers. Dans les autres, il y eut un Capitaine, un Lieutenant, un Sous-Lieutenant, &c. & des Fuſiliers.

L'Enſeigne eſt tranchée & emmanchée de bleu & de rouge, la croix blanche au milieu chargée de fleurs de lys d'or.

Liſte des Lieutenans Colonels du Regiment Royal des Bombardiers.

M. de Vigni.
Le Chevalier des Touches.
Ce Regiment de Bombardiers n'eſt plus. Il a été incorporé

dans le Regiment Royal Artillerie par l'Ordonnance du Roy, dont je viens de parler en traitant du Regiment Royal Artillerie.

De la Compagnie franche des Canoniers des côtes de l'Ocean, & des Compagnies des Mineurs.

LA Compagnie des Canoniers du Sieur Ferrand de Cossay fut levée en 1702, elle ne fut d'abord que de cent hommes : mais le besoin qu'on eut de Canoniers dans les armées, la fit augmenter de cent autres, & elle fut mise sur le pied de deux cents hommes sans les Officiers.

Elle fut composée d'un Capitaine, de quatre Lieutenans, dont le premier eut rang de Capitaine, de trois Sous-Lieutenans, d'un Enseigne, de huit Sergens, de douze Brigadiers, de seize Sous-Brigadiers, de trois Hautbois & de trois Tambours.

Cette Compagnie pouvoit fournir tous les Ouvriers necessaires pour une expedition, parce qu'il s'y trouvoit des Bombardiers, des Artificiers, des Corroyeurs, des Bateliers, des Charpentiers, des Charrons, des Forgeurs, des Serruriers, des Armuriers, & de diverses autres especes d'Artisans ; quoique pourtant leur paye ne fût que sur le pied ordinaire des autres Canoniers, à l'exception des quatre premiers Ouvriers destinez pour le service des pontons nouvellement inventez par M. Ferrand Capitaine de cette Compagnie.

Le feu Roy donna un drapeau blanc à cette Compagnie, dont la devise fut un canon sur son affust qui tire. Au dessus furent ajoûtées les armes de Monsieur le Duc du Maine ; & l'ame de la devise furent ces paroles : *Tonantis imago.*

Les Mineurs sont aussi sous la jurisdiction du grand Maître de l'artillerie. Le Roy en fit des Compagnies, & leur donna des Capitaines & d'autres Officiers pour les commander comme dans les Compagnies ordinaires, excepté qu'il n'y eut point d'Enseigne.

La premiere Compagnie de Mineurs fut formée après la Paix de Nimegue en 1679. Le Sieur Goulon Ingenieur en fut le premier Capitaine, & prit Commission du grand Maître pour la commander.

La seconde fut levée en 1695, & le commandement en fut donné au Sieur Esprit Ingenieur. Il reçut ses Provisions du Roy, de même que les Officiers subalternes : mais en 1697 le Roy assûra M. le Duc du Maine que le grand Maître nommeroit delormais aux emplois de cette Compagnie.

La troisiéme Compagnie avoit été levée sur le pied de Compagnie franche dès l'an 1673, pour travailler aux contremines de la Citadelle de Tournay. On lui donna deslors le nom de Compagnie de Mineurs. On en fit dans la suite divers détachemens, qui servirent comme les Mineurs des autres Compagnies : ainsi eu égard au tems de sa création elle devoit être la premiere. Cependant elle n'est placée que la troisiéme dans l'Ordonnance, & elle n'eut que la paye de l'Infanterie Françoise.

La quatriéme fut levée au mois de May de l'an 1706 pour servir en Piémont. Ces Compagnies aussi-bien que celle des Canoniers dont je viens de parler, ont été incorporées dans le Regiment Royal Artillerie.

De la police de l'Artillerie.

J'Appelle du nom de Police certains établissemens faits en vûë de maintenir l'ordre dans le Corps de l'artillerie & de former des sujets pour le service, certains Reglemens, certains usages qui doivent être observez pour la même fin, soit en tems de guerre, soit en tems de paix, soit en campagne, soit dans les garnisons.

Sans parler du Bailliage & de la Prevôté, & des Officiers de ces deux Jurisdictions instituées pour le Corps de l'artillerie, ce qui n'est point de mon sujet, je dirai seulement qu'on tient en certaines occasions des Conseils de guerre. Autrefois quand on les assembloit, ils étoient composez indifferemment des Officiers de l'artillerie & des Officiers d'autres troupes : mais M. le Duc du Maine obtint du Roy, que ces sortes de Conseils ne seroient plus composez que des seuls Officiers d'artillerie ; & cela s'est ainsi pratiqué depuis.

Ces Charges tombent toutes sans exception dans le casuel du grand Maître.

DE LA MILICE FRANÇOISE. *Liv. XIII.* 545

Le siege de cette Justice se tenoit autrefois au Louvre, & fut ensuite transferé à l'Arcenal.

Le Roy en 1679, établit à Douay une Ecole pour y instruire de jeunes gens de tout ce qui regarde l'artillerie ; cette Ecole fut depuis transportée à Metz, & de là à Strasbourg. On la multiplia quelque tems après, & on en fixa une à Douay & une à Strasbourg ; on en établit même une en Italie. Celles de Douay & de Strasbourg subsistent, parce que ce sont les lieux où les Bataillons de l'artillerie sont ordinairement en garnison, & qu'ils sont propres à tenir ces Ecoles.

Le fonds pour les entretenir fut d'abord de 9000 livres : mais l'utilité de ces Ecoles aïant été reconnuë, le feu Roy voulut bien accorder à la disposition de Monsieur le Duc du Maine 15000 livres de fonds d'augmentation, c'est-à-dire, 24000 livres en tout.

Ce fonds est employé à l'instruction & à la subsistance des jeunes & nouveaux Officiers que Monsieur le Duc du Maine fait envoyer aux Ecoles ; & elle est proportionnée au rang qu'ils ont dans le Corps.

Les Ecoliers font ordinairement quatre classes, c'est-à-dire, quatre ordres, sçavoir de Commissaires ordinaires, d'extraordinaires ; d'Officiers Pointeurs, & d'Aydes du Parc. Le Commandant de l'Ecole en fait des Brigades, lesquelles l'une après l'autre vont à l'Arcenal aux exercices & instructions particulieres. Tous vont ensemble aux batteries de canon & aux mortiers.

Il y a toûjours une somme employée pour donner des prix à ceux qui emportent les blancs, & elle se donne en argent aux soldats ou autrement au gré du Commandant.

Quand on institua l'Ecole, le Sieur de Saint Remi dressa par ordre un memoire qu'il presenta au grand Maître, & qui avoit pour titre : *Reglement pour l'exercice des Cadets d'artillerie.* Il l'a imprimé dans le premier volume de ses memoires d'artillerie. Il y descend dans un grand détail de tout ce qui convient d'apprendre à ces jeunes gens.

P. 414

Les Officiers d'artillerie, sçavoir les Lieutenans, les Commissaires des trois classes differentes, & les Garde-magazins servent dans les places, les uns toute l'année, les autres pen-

Tome II. Z z z

dant l'hyver, & les autres pendant l'été, avec des appointemens differens ; & ces places font diftribuées fous plufieurs départemens, à la tête defquels commandent des Lieutenans ou des Commiffaires Provinciaux.

Pendant la campagne l'on met fur pied autant d'équipages d'artillerie qu'il y a d'armées, ces équipages font compofez de toutes fortes d'Officiers & d'ouvriers.

On leve auffi un grand nombre de chevaux, de mules & de mulets d'artillerie, pour fervir dans ces équipages : ces chevaux, mules & mulets font païez fur les revûës qui s'en font par les Lieutenans choifis par le grand Maître, ou en l'abfence des Lieutenans, par les Commiffaires qui commandent ces équipages, en prefence du Controlleur General ou de fes Commis.

Toute la difference qu'il y a dans l'artillerie entre le tems de paix & le tems de guerre, c'eft qu'en tems de paix il n'y a point d'équipage fur pied, & que l'on ne double point les Commiffaires en certaines places, comme on fait en tems de guerre.

Arcenal de Paris bâti par H.nri II. Il y a des magazins & des arcenaux dans toutes les villes de guerre. Il y en a auffi un à Paris, qui felon l'extrait d'un compte d'artillerie fut bâti par Henri II. Plufieurs Officiers font deftinez pour la garde, pour l'entretien de ces arcenaux & magazins, & pour que les munitions y foient bien rangées, bien foignées & bien conservées.

Le Garde General eft Officier du Roy, à qui il répond feul de toutes les pieces de canon & munitions qui dépendent de l'artillerie de terre ; & il donne fes recepiffez pour les munitions achetées qui fe payent par le Treforier General de l'artillerie.

Il y a des Gardes Provinciaux & des Gardes particuliers. On ne connoît plus de Gardes Provinciaux pourvûs par le Roy, que le Garde Provincial pour l'Arcenal de Paris, pour ceux de Metz, de Châlons, de Lion, d'Amiens, de Narbonne, de Calais. Leur fonction eft de prendre foin des munitions des places où ils fervent. Dans le magazin de Paris qui eft à la Baftille, il y a des armes qui appartiennent au Roy qu'on y conferve. Les autres appartiennent à celui qui s'eft engagé à fournir des armes aux troupes pour les armées.

Les Gardes particuliers sont tous pourvûs de la Commission du grand Maître. Leurs appointemens sont differens à proportion du détail des places où ils servent ; ils y ont leur logement, & joüissent de quelques exemtions. Leur soin est de veiller à la conservation des munitions dont ils se chargent par inventaire. Ils en comptent au Garde General à qui ils donnent caution avant que d'entrer en possession des magazins.

Ils envoyent tous les ans des inventaires au grand Maître, au Controlleur General, & au Garde General ; comme aussi à la fin de tous les quartiers, des états des consommations & des remises qui se sont faites dans leurs magazins : & ils doivent donner de pareils états à tous les Officiers qui ont caractere pour les leur demander.

L'on joint quelquefois à leur emploi l'entretenement des armes qui sont dans leurs magazins, ce qui leur produit encore un petit avantage.

Ils obéissent aux Commissaires ; quelques-uns ont la qualité de Commissaire avec celle de Garde, & en l'absence du Commissaire de résidence, on leur apporte l'ordre comme Commissaires. Cela n'empêche pas qu'ils ne soient subordonnez au Commissaire de la place, avec lequel ils ne peuvent rouler ni pour le rang ni pour l'ancienneté.

C'est là tout ce que j'ai crû devoir faire entrer dans le détail historique de l'artillerie, ayant déja fait en un autre endroit l'histoire des armes tant anciennes que modernes, & celle de la maniere de faire les sieges, les mines, &c. en differens tems. Je vais ajouter la liste des grands Maîtres avec certaines choses remarquables qui regardent quelques-uns de ces Officiers, & qui meritent d'être transmises à la posterité.

Liste des Maîtres & grands Maîtres de l'Artillerie.

Comme il paroît qu'avant le Regne de Loüis XI, l'artillerie & tous les Officiers qui en avoient l'administration, étoient sous la jurisdiction du grand Maître des Arbalêtriers, il me semble qu'on ne devroit commencer la liste des Maîtres de l'artillerie que lorsqu'ils furent Officiers en Chef, ainsi qu'ils le furent après la mort de Jean Sire & Ber d'Auxi, dernier des grands Maîtres des Arbalêtriers de France sous le Regne de Loüis XI, qui ne remplit point cette Charge. Cependant dans le dénombrement que je vais faire des Maîtres de l'artillerie, j'ai jugé à propos de commencer par ceux qui porterent le titre de Maître General, de Visiteur General, de Capitaine General de l'artillerie; ces titres, quoique ceux qui les porterent jusques à un certain tems fussent peut-être encore subalternes, les rendant très-considerables, & leur donnant une grande autorité : car pour les autres qui les précederent, ils n'avoient, ainsi que je l'ai dit, que des départemens dans quelque ville, ou quelque canton du Royaume, & n'avoient point d'Intendance generale sur l'artillerie.

Milet du Lion Sergent d'armes du Roy, pourvû de la Charge de Maître General & Visiteur de l'artillerie du Roy en 1378.

Jean de Soisi Ecuyer, institué Maître General de l'artillerie & Visiteur de toutes les artilleries de France au mois de Février 1397.

Matthieu de Beauvais dit *God?*, fut pourvû de l'Office de Maître de l'artillerie du Louvre & Visiteur General de toutes les artilleries de France en 1407. Il en fut dépossedé en 1411, & puis rétabli. Il en joüit jusqu'en 1415.

Jean Gaude est nommé Maître de l'artillerie sous Charles VI : il fut tué dans Paris par ceux du parti Bourguignon, & ses biens furent pillez, quand le Dauphin qui fut depuis le Roy Charles VII, fut obligé d'en sortir en 1418.

Nicolas de Manteville Ecuyer, Sieur d'Aunoy. Il semble par les dates qu'il ait eu la Charge en même-tems que le précedent : mais peut-être que celui-cy n'étoit que son subalterne : car on ne lui donne que le titre de Maître de l'artillerie du Roy, & à Manteville celui de Maître General & Visiteur des artilleries du Roy.

Jean Petit Ecuyer, General, Maître & Visiteur des artilleries de France. Il eut cette Charge par la déposition de Manteville en 1418 : c'est-à-dire, que le Duc de Bourgogne dont il étoit Capitaine des Gardes, le fit Maître de l'artillerie de France quand il se fut rendu Maître de Paris.

Philbert de Molans Ecuyer. Il fut commis au Gouvernement de l'artillerie en 1420 sur la fin du Regne de Charles VI. Ce fut le Roy d'Angleterre Henri V, lequel prenoit alors le titre d'heritier & de Regent de France qui le fit élever à cette Charge.

Pierre Beſſonneau Ecuyer, inſtitué General, Maître & Viſiteur de l'artillerie du Roy en 1420, c'eſt-à-dire, en même-tems que le précedent : mais c'étoit le Dauphin Charles s'intitulant alors Regent du Royaume, qui lui donna ce titre, tandis que l'autre le poſſedoit par la faveur du Roy d'Angleterre ſur les Lettres du Roy Charles VI, qui étoit entre les mains de ce Prince & incapable de gouverner.

Pierre Careſme. Il n'étoit Maître de l'artillerie que pour le Languedoc & pour la Guyenne : encore étoit ce ſous les ordres de Charles de Bourbon l'an 1421, par Lettres de Charles Dauphin.

Raymond Marc & Guillaume de Troye, tous deux Bourgeois de Paris, exercerent la Charge quelque tems l'un après l'autre, tandis que les Anglois étoient Maîtres de cette Capitale.

Triſtan l'Hermite Chevalier Seigneur de Moulins & du Bouchet, fut Maître de l'artillerie en 1436.

Jean Bureau Seigneur de Montglas de la Houſſaye, &c. exerça d'abord la Charge par Commiſſion, & puis par Lettres Patentes en 1440.

Jaſpard ou Gaſpard Bureau frere du précedent, en 1444. Ces deux freres étoient très-habiles dans l'artillerie pour ce tems là, & ſervirent très-utilement le Roy Charles VII, principalement contre les Anglois.

Helion le Groing Ecuyer Seigneur de la Mote au Groing, vers 1470.

Loüis de Cruſſol, de Beaudiſner, de Levi & de Florenſac, exerça deux fois par Commiſſion la Charge de Maître de l'artillerie, en 1469 & 1472.

Gobert Cadiot Ecuyer, en 1472.

Guillaume Bournel Ecuyer Seigneur de Lambercour, en 1473. J'ai vû les Lettres Patentes de ce Gentil-homme où Loüis XI lui donne une autorité très-ample ſur l'artillerie.

Après lui la Charge fut partagée en trois, comme je l'ai déja dit, qui furent Jean Cholet, Bertrand de Samand, & Perceval de Dreux, outre Geraud de Samand qui étoit Maître de l'artillerie de Normandie en 1477.

A ces trois succederent Guillaume Picard Seigneur d'Eſtellan Capitaine de Roüen, Jacques Ricard de Genoillac dit Galiot, & Helion de Montmenard en 1479, &c. Genoillac est dit Maître Visiteur & General *Reformateur* de l'artillerie, titre qui fut donné à quelques-uns de ses successeurs.

Guy de Lausieres, en 1493.

Jean de la Grange Seigneur de Vieilchastel, &c. fit la fonction de Maître de l'artillerie à la journée de Fornoüe en 1495, & y fut tué.

Jacques de Silly Seigneur de Longrai, &c. fit la même fonction au siege de Capoüe l'an 1501.

Paul de Busserade Chevalier Seigneur de Cepi, en 1504. Il fut tué au siege de Ravennes d'une volée de canon en 1512.

Jacques de Genoillac neveu de celui que j'ai déja nommé, fut Maître de l'artillerie après la mort de Busserade. Il se distingua beaucoup dans cette Charge. Il se trouva à la bataille de Fornoüe sous Charles VIII, à celle d'Aignadel sous Loüis XII, à celles de Marignan & de Pavie sous François I, & au ravitaillement de Mezieres. Il fut grand Ecuyer & Gouverneur de Languedoc.

Antoine de la Fayete, Chevalier Seigneur de Pontgibaut, fut institué par Loüis XII Maître de l'artillerie au-delà des Monts. Cela suppose qu'il y en avoit un autre pour l'artillerie en deçà des Monts: & c'étoit M. de Taix, comme je le dirai bien-tôt. Les conquêtes de nos Rois en Italie, & les nombreuses troupes qu'ils furent obligez d'y entretenir, furent cause de ces doublemens des grands Officiers.

Jean de Pommereul, Chevalier Seigneur du Plessis-Brion, fut fait Maître de l'artillerie au Duché de Milan & delà les Monts sur la démission du Seigneur de la Fayete en 1515 sous François I, après la conquête du Milanés qui fut la suite de la victoire de Marignan. Il fut tué l'an 1524 devant la ville d'Aronne sur le lac majeur.

Jean Seigneur de Taix. Il avoit déja succedé à la Charge

de Maître de l'artillerie en deçà des Monts au Seigneur de Genoillac, & après la mort de Jean de Pommereul, il fut Maître de l'artillerie tant au-deçà qu'au-delà des Monts.

C'étoit un homme d'un merite singulier, soit pour la guerre, soit pour les negociations. J'ai remarqué au même endroit qu'il fut disgracié pour avoir parlé trop librement de la Duchesse de Valentinois & du Maréchal de Brissac. Il fut tué dans la tranchée au siege de Hesdin en l'an 1553.

Charles de Cossé Comte de Brissac, depuis Maréchal de France, succeda à M. de Taix dans la Charge de Maître de l'artillerie en 1547. Ce fut un des plus vaillans hommes & un des plus grands Capitaines de son tems.

Jean d'Estrées, Seigneur de Cœuvres, Chevalier de l'Ordre, fut le successeur du Comte de Brissac en 1550, dans la Charge de Maître de l'artillerie, lorsque ce Seigneur fut fait Maréchal de France. Voici l'éloge que Brantôme fait de Jean d'Estrées. » M. d'Estrées, dit-il, a été l'un des dignes hommes
» de son état, depuis qu'il ait été possible jamais, sans faire
» tort aux autres, & le plus assûré dans ses tranchées & bat-
» teries : car il y alloit tête levée, comme si ce fût été dans
» les champs à la chasse, & la plûpart du tems y alloit à
» cheval monté sur une grande haquenée Allezande, qui avoit
» plus de vingt ans qui étoit aussi assûrée que le Maître ; car
» pour quelques canonades & arquebusades qui se tirassent
» dans la tranchée, ni l'un ni l'autre ne baissoient jamais la
» tête, & si se montroit par dessus la tranchée la moitié du
» corps, car il étoit grand, & elle aussi. C'étoit l'homme du
» monde qui connoissoit le mieux les endroits pour faire une
» batterie de place, & qui l'ordonnoit le mieux. Aussi étoit-
» ce l'un des confidens que M. de Guise souhaitoit auprès de
» lui pour faire conquêtes & prendre villes, comme il fit à
» Calais. Ç'a été lui qui le premier nous a donné ces belles
» fontes d'artillerie que nous avons aujourd'hui... La batte-
» rie qui fut faite devant Yvoy, comme j'ai oüi dire à M.
» de Guise, fut la plus belle & la plus prompte qu'il avoit
» veuë ni oüi dire, & en loüoit fort M. d'Estrées qui avoit
» ordinairement son fait & son attirail si lestes quand il mar-
» choit, que jamais rien ne manquoit, tant il étoit provident

» & bien expert dans fa Charge; fur tout il avoit de très-bons
» canoniers & bien juftes, & les y dreffoit & leur monftroit
» . . . c'étoit un fort grand homme, & beau & venerable vieil-
» lard avec une grande barbe qui lui defcendoit très-bas, &
» fentoit bien fon vieux avanturier de guerre du tems paffé
» dont il avoit fait profeffion.

A cela j'ajoûterai un mot que Henri IV dit de ce Seigneur dans l'érection du Comté de Beaufort en Duché : *qu'il a été même entre les Etrangers tenu pour le plus grand Perfonnage & le plus intelligent qui ait manié cette Charge.*

Jean Babou, Seigneur de la Bourdaifiere, Baron de Sagonne fut fait Maître General de l'artillerie en 1567 à la mort de Jean d'Eftrées.

Armand de Gontaut de Biron, depuis Maréchal de France, fut mis en poffeffion de cette Charge en 1569. Il fut tué d'un coup de canon à l'attaque d'Efpernai en 1592. C'étoit un grand homme de guerre qui rendit de fignalez fervices à Henri IV, & qui contribua beaucoup au gain de la bataille d'Yvri, où il commandoit le Corps de referve. Il le mit diverfes fois en mouvement très-à-propos & avec une habileté qui le fit admirer de tous les gens du métier.

Philbert de la Guiche, Chevalier des Ordres, entra dans la Charge en 1578 par la démiffion du Maréchal de Biron, & fut en grande eftime fous les Rois Henri III & Henri IV. Il en donna fa démiffion en 1596.

Il eut pour fucceffeur François d'Efpinai de S. Luc, Chevalier des Ordres du Roy. Ce Seigneur fut tué un an après au fiege d'Amiens d'une arquebufade dans la tête. Ce fut un des plus accomplis Seigneurs de fon tems. Une action par laquelle il fe fignala à la bataille de Coutras, lui fit grand honneur, en faifant connoître en même-tems fa valeur & fa prefence d'efprit. La bataille étoit perduë pour les Catholiques ; il rencontra le Prince de Condé qui pourfuivoit les fuyards, & étant affûré que s'il tomboit entre fes mains, il lui feroit un mauvais parti, parce qu'il le haïffoit fort. Il piqua à lui la lance en arrêt, le renverfa de fon cheval du coup qu'il lui porta dans fa cuiraffe ; & en même-tems fautant de deffus le fien, lui prefenta la main pour le relever, & le gantelet, en

lui

lui difant: *Monseigneur, je me fais votre prisonnier*: à quoy le Prince en l'embraffant répondit avec beaucoup d'honnêteté, & le fit mettre en fûreté.

Antoine d'Eftrées Marquis de Cœuvres fut pourvû de la Charge cette même année, & en donna fa démiffion en 1599. Brantôme dit de lui, qu'on lui avoit fait tort en ne lui donnant pas cette Charge à la mort de Jean d'Eftrées fon pere, parce que deflors il la meritoit.

Maximilien de Bethune Marquis de Rofni, & depuis Duc de Suily & Maréchal de France, fut honoré de la Charge de grand Maître immediatement après M. d'Eftrées. Ce fut en fa faveur que le Roy Henri IV l'érigea en Charge de la Couronne en 1601. Ce fut un des grands hommes d'Etat & de guerre de fon tems. Le changement du Gouvernement après la funefte mort de Henri IV ruina la fortune de ce Seigneur. Il avoit donné fa démiffion de grand Maître de l'artillerie en 1610 en faveur de Maximilien fon fils, qui s'engagea dans le parti de la Reine mere Marie de Medicis. Comme il étoit en difgrace, on fit exercer fa Charge par Commiffion; & étant mort en 1634, on en dédommagea fon fils par de l'argent & par quelques autres avantages.

Maximilien de Bethune II du nom fils du précedent, eut cette Charge en 1619, & mourut en 1634, comme je viens de le dire.

Henri de Schomberg, Comte de Nanteuil, Maréchal de France, exerça la Charge de grand Maître de l'artillerie par Commiffion en 1621 & 1622.

Antoine Rufé, Marquis Deffiat, Maréchal de France, l'exerça auffi par Commiffion en 1629 durant la difgrace du Marquis de Rofni.

Charles de la Porte, Duc de la Meilleraye, Maréchal de France, fut pourvû de la Charge après la mort du Marquis de Rofni en 1634.

Armand Charles de la Porte, Duc de Mazarin, fut revêtu de la Charge du vivant de fon pere, & s'en démit entre les mains de Monfieur le Comte du Lude en 1669.

Henri de Daillon Comte, & depuis Duc du Lude, Chevalier des Ordres du Roy & premier Gentil-homme de la Chambre, fut fait grand Maître de l'artillerie en 1669. Il a servi dans les guerres depuis l'an 1667 jusqu'en 1685, qu'il mourut sans laisser de posterité étant Lieutenant General des armées du Roy.

Loüis de Crevant, Duc d'Humieres, Maréchal de France, succeda au Duc du Lude en 1685.

Loüis-Auguste de Bourbon, Duc du Maine, fut pourvû de cette Charge après la mort du Maréchal d'Humieres en 1694.

Loüis-Charles de Bourbon, Comte d'Eu, second fils de M. le Duc du Maine, fut reçû en survivance de la Charge de grand Maître d'artillerie l'an 1710.

J'ai traité jusqu'à present de toutes les differentes especes de Milice qui ont composé autrefois, ou qui composent actuellement les armées Françoises, de la maniere dont ces armées ont été formées & rangées, soit dans les combats, soit dans les campemens, soit dans les marches, de leur maniere differente de combattre selon les usages des divers tems, de l'attaque & de la défense des places, de leurs fortifications, des differentes especes d'armes tant offensives que défensives, des Charges Militaires, &c. Il y a quelques autres points qui ont rapport à la Milice, & qui n'ont pu trouver leur place dans tous ces divers traitez. Je vais les mettre à la fin de celui-cy de la Milice Françoise sur la terre ; & je commencerai par l'article des recompenses & des châtimens Militaires.

Des recompenses & des châtimens Militaires.

C'Est une maxime fondée sur la nature du cœur humain & sur une experience de tous les tems, que les recompenses & les châtimens sont necessaires dans toute espece de Gouvernement ; les recompenses animent la vertu, & les châtimens maintiennent l'ordre. L'usage des uns & des autres convient d'autant plus à la guerre que les perils y sont plus grands, & les occasions de se licentier plus frequentes. Je traiterai d'abord des recompenses, & puis des châtimens Militaires.

Parmi les recompenses il y en a & il y en a toûjours eu de reglées, & d'arbitraires. Les premieres ont été plus en usage dans les Republiques que dans les Etats Monarchiques. Polybe & les autres Ecrivains de l'Histoire Romaine nous marquent ces usages. Par exemple, quand un Officier ou un soldat s'étoit signalé par quelque action éclatante, le General d'armée assembloit les troupes, & ayant auprès de lui celui ou ceux qui s'étoient ainsi distinguez, il faisoit leur éloge, leur donnoit ou une lance ou un drapeau, ou des bracelets, ou un colier, ou quelque autre chose semblable. Celui qui avoit monté le premier sur la muraille dans l'assaut d'une ville, recevoit de la main du General la couronne murale. Celui qui avoit sauvé la vie à un Citoyen Romain en le retirant des mains des ennemis, étoit couronné de la couronne civique : c'étoit le Citoyen qu'il avoit sauvé qui lui mettoit lui-même la couronne sur la tête, & qui dans la suite s'attachoit à lui comme le fils à son pere. De tels honneurs étoient reglez par les loix de la Republique. Il en étoit de même de l'honneur du triomphe & de l'ovation par rapport au General d'armée après une victoire, &c.

C'étoit aussi la coûtume chez les Romains de permettre qu'on décorât les maisons des marques de quelque victoire remportée ou sur la terre ou sur la mer, qu'on parût dans les jeux publics avec les bracelets, les anneaux d'or & d'autres pareilles distinctions qu'on avoit meritées.

On ne trouve gueres dans notre histoire de ces recompenses établies par les Loix ou par les Ordonnances de nos Rois. Je ne me souviens que d'une dont j'ai parlé en traitant de l'institution des Legions par François I, & qui fut renouvellée par l'article 290 des Etats de Blois, où il fut ordonné de donner à un soldat qui se seroit distingué par quelque action extraordinaire un anneau d'or, qu'il auroit droit de porter au doigt pour marque de sa valeur. Mais je n'ai remarqué qu'un seul exemple de cette espece de recompense, & que j'ai rapporté au même endroit. Ce fut lorsque l'Amiral de Chabot deux ans après l'Ordonnance de François I touchant les Legions, étant campé à Chivas, voulut passer la grande Doire en presence de l'armée ennemie. Un Legionnaire traversa la riviere à la nage pour aller enlever un bateau qui étoit de l'autre côté, & l'amena au milieu d'une grêle d'arquebusades

A a a a ij

qu'on lui tira sans qu'il en fût bleſſé. L'Amiral lui fit donner en preſence de l'armée un anneau d'or ſuivant l'Ordonnance. Mais depuis je n'ai rien rencontré de ſemblable dans l'hiſtoire. Ainſi les recompenſes Militaires ont preſque toûjours été arbitraires en France & dépendantes du Souverain ou du General ſous le bon plaiſir du Souverain.

On peut diſtinguer ces recompenſes qui ſe donnoient ou qui ſe donnent, comme en deux eſpeces; celles dont on recompenſe la Nobleſſe ou les Officiers, & celles dont on recompenſe les ſoldats.

Celles de la premiere eſpece furent de tout tems les Charges Militaires où quelque commandement étoit attaché, & auſquelles on montoit comme aujourd'hui, par degrez: chemin qui fut toûjours plus court pour ceux qui à la valeur & au merite Militaire joignoient une haute naiſſance ou la faveur du Prince.

La qualité de Chevalier, & ſur tout celle de Chevalier Banneret qui donnoit un très-grand rang dans les troupes du tems de Philippe-Auguſte & un peu avant lui, étoit auſſi la recompenſe du ſervice.

On voit ſous la premiere Race quelques exemples de gens de baſſe naiſſance qui étoient parvenus par leur valeur à la dignité de Comte & même de Duc, leſquelles donnoient alors par elles-mêmes du Commandement dans les armées: mais depuis que la Charge de Connétable & de Maréchal de France furent devenuës Militaires ſous Philippe-Auguſte, je n'ai remarqué perſonne qui fût honoré de ces dignitez qui ne fût Gentil-homme: & dans ces derniers tems, on n'en voit point, que je ſçache, dont le grand merite ait ſupplée au défaut de la naiſſance à cet égard, excepté le Maréchal de Fabert: diſtinction beaucoup plus glorieuſe pour ce Seigneur que celle d'une noble origine. Les Gouvernemens, quelque Commandement dans les Provinces ou dans les Villes, quelques Charges de la Cour, des penſions ont auſſi de tout tems tenu lieu de recompenſe des ſervices Militaires des Officiers.

Recompenſe par l'ennobliſſement & L'ennobliſſement & les armoiries accordées par le Prince après quelques belles actions, ont été le prix de la valeur

DE LA MILICE FRANÇOISE. Liv. XIII.

de plusieurs braves hommes; & j'en ai rapporté quelques exemples dans mon Histoire de France : l'ennoblissement de Jeanne d'Arc dite la Pucelle d'Orleans & de ceux de sa Maison tant en ligne masculine qu'en ligne feminine, est un des plus memorables. Il y a une tradition que la Maison d'Estain porte dans son Ecusson les armes de France, & a droit de faire porter à ses domestiques les livrées du Souverain, en memoire de ce qu'un Seigneur de cette Maison releva & remonta Philippe-Auguste, qui avoit été renversé de son cheval à la bataille de Bouvines. Il paroît certain que des droits aussi extraordinaires & aussi honorables supposent quelque grande action de cette nature : mais il n'est pas également constant que ce soit ce fait particulier. Je fais dans la nouvelle édition de mon Histoire de France à laquelle on travaille actuellement, une note critique qui rend la chose fort vrai-semblable.

les armoiries.

La Pucelle d'Orleans.

Armoiries & livrées du Roy dans la Maison d'Estain.

Quelquefois nos Rois aïant été témoins eux-mêmes d'une action de valeur, la recompensoient sur le champ, en donnant quelque marque singuliere d'estime à celui qui l'avoit faite. C'est ainsi que Loüis XI aïant vû Raoul de Lannoy jeune Gentil-homme faire des merveilles à l'assaut d'une ville, le fit venir après que la place eut été emportée, & lui dit en le recevant : *Pâque Dieu mon ami,* (c'étoit son jurement ordinaire) *vous êtes trop furieux en un combat, il faut vous enchaîner, car je ne vous veux point perdre, desirant me servir de vous plus que d'une fois :* & en disant cela il lui jetta au col une chaîne d'or de cinq cents écus. C'est ainsi qu'après la bataille de Renti Henry II, rencontrant le Vicomte de Tavannes qui s'y étoit beaucoup distingué, le fit sur le champ Chevalier de l'Ordre sans autre ceremonie, en lui jettant sur le col le Colier qu'il portoit lui-même. Comme les Rois ont mille moïens d'honorer leurs sujets en ces rencontres, ils emploïent tantôt les uns, & tantôt les autres.

Loüis XI à l'égard de Raoul de Lannoy.

Henri II à l'égard du Vicomte de Tavannes.

Si nous remontons jusqu'aux siecles les plus reculez de notre histoire, nous trouverons la premiere recompense donnée aux soldats dans le tems que la Monarchie Françoise fut fixée dans les Gaules par le Grand Clovis. Elle consista dans la distribution des terres conquises, à ses soldats, laquelle, comme je l'ai remarqué & prouvé dans mon Histoire de Fran-

A a a a iij

Recompense des soldats par Clovis, après ses conquêtes dans les Gaules.

ce, se fit des deux parties du païs conquis, en laissant la troisiéme aux habitans subjuguez. Chaque soldat eut une portion de terre à proportion du rang qu'il tenoit dans l'armée conquerante; cette terre n'étoit chargée d'aucune obligation que de celle du service en tems de guerre.

Une autre recompense des soldats étoit la part qu'ils avoient au butin après les conquêtes & les victoires ; & dans ce butin étoient compris les prisonniers faits à la guerre, desquels ils recevoient la rançon, ou qu'ils gardoient en qualité de serfs, dont les enfans demeuroient attachez en la même qualité à la famille du maître ; ce qui lui étoit d'un très-grand profit & à ses heritiers. Outre cela ils recevoient quelquefois des graces, soit du Prince, soit des Seigneurs sous les étendarts desquels ils combattoient.

Plusieurs de ces usages dureront sous la premiére & sous la seconde Race, & même bien avant sous la troisiéme. Dans la suite comme la principale force des armées consistoit dans la Noblesse qui composoit la Gendarmerie, les recompenses qu'on donnoit à ceux qui se signaloient, étoient convenables à leur qualité. C'étoient des Charges & d'autres faveurs du Prince. Pour les simples soldats, on les recompensoit après quelque action signalée de quelque argent, on les mettoit au nombre des appointez qui avoient une solde un peu plus grosse que leurs camarades ; on leur donnoit le grade d'Anspessade, de Caporal, la Hallebarde de Sergent. Rarement les élevoit-on à quelque Charge plus considerable, soit qu'ils n'eussent pas les mœurs ou l'éducation necessaire pour le Commandement, soit qu'ils n'eussent pas dequoy en soûtenir la dépense : & c'est ainsi que l'on en use encore communément de notre tems.

Distinction accordée à des Corps entiers.

On recompense quelquefois des Corps entiers par certaines distinctions ; parce que tout le Corps a eu part à l'expedition qui les lui a méritées. Par exemple, les Tymbales qui avoient été autrefois en usage sous le nom de Nacaires, ainsi que je l'ai dit en parlant de cet instrument militaire, furent d'abord données par distinction à quelques Regimens par Loüis le Grand qui les a remises dans les troupes de France. Avant ce tems-là il n'y en avoit point, mais les Allemans s'en servoient. Le Roy les accorda comme une marque d'honneur aux Regimens de Cavalerie Françoise, & même à quelques Regimens de Dragons qui en auroient pris sur les Allemans ; & ensuite on en a mis dans tous les Regimens de Cavalerie. Je ne repete point ce que j'ai dit cy-dessus des distinctions du Regiment de Navarre, du Regiment du Maine & de quelques autres.

J'ai déja parlé ailleurs de l'honneur que fit le Roy l'an 1705 aux Maréchaux de France qui vivoient alors, de les créer Chevaliers de ses Ordres: mais sans s'obliger à élever à cette dignité ceux qui dans la suite seroient honorez du Bâton de Maréchal. Il avoit institué quelques années auparavant un nouvel Ordre de Chevalerie en faveur de quantité d'Officiers pour recompenser leurs longs services; c'est l'Ordre Militaire de saint Loüis. Je vais traiter en particulier de cette nouvelle recompense des Officiers d'armée, & ensuite je parlerai de l'établissement des Invalides qui regarde les soldats & les Officiers.

Le cordon bleu donné à tous les Maréchaux de France par Loüis XIV.

De l'Ordre Militaire de saint Loüis.

CEt Ordre est un Ordre purement Militaire, c'est-à-dire, qu'il ne se donne qu'à ceux qui ont servi dans les troupes sur la terre ou sur la mer. Au lieu que les autres Ordres de Chevalerie ne supposent pas necessairement par leur institution le service Militaire, & que le défaut de cette condition ne donne pas l'exclusion. Le Roy l'institua en 1693, & l'Edit de création fut enregistré au Parlement le 10 d'Avril de cette année. L'Edit contient tout ce qui regarde cet Ordre Militaire, & je vais le mettre ici.

Edit du Roy portant création & institution d'un Ordre Militaire sous le nom de saint Loüis.

LOüis par la grace de Dieu Roy de France & de Navarre, à tous presens & à venir, Salut. Les Officiers de nos troupes se sont signalez par tant d'actions considerables de valeur & de courage dans les victoires & les conquêtes dont il a plû à Dieu de benir la justice de nos armes, que les recompenses ordinaires ne suffisant pas à notre affection & à la reconnoissance que nous avons de leurs services, nous avons cru devoir chercher de nouveaux moyens pour recompenser leur zele & leur fidelité. C'est dans cette vûë que nous nous sommes proposé d'établir un nouvel Ordre purement Militaire, auquel, outre les marques d'honneur extérieures qui y seront attachées, nous assûrerons en faveur de ceux qui y seront admis, des revenus & des pensions qui augmenteront à proportion qu'ils s'en rendront dignes par leur conduite. Nous avons encore resolu qu'il ne sera reçû dans cet Ordre que des Officiers de nos troupes, & que la vertu, le merite & les services rendus avec distinction dans nos armées, seront les seuls titres pour y entrer. Nous apporterons même dans la suite une application particuliere à augmenter les avantages de cet Ordre, en sorte que nous aurons la satisfaction d'être toûjours en état de faire des graces aux Officiers, & que de leur côté voyant des recompenses assûrées à la valeur, ils se porteront de jour en jour avec une nouvelle ardeur à tâcher de les meriter par leurs actions. A ces causes de l'avis de notre Conseil, & de notre certaine science, pleine puissance & autorité Royale, nous avons créé, institué & érigé, créons, instituons & érigeons par ces presentes un Ordre Militaire sous le nom de saint Loüis, & sous la forme, statuts, ordonnances & reglemens qui ensuivent.

Article I.

Le Roy grand Maitre de l'Ordre.

Nous nous declarons Chef Souverain, Grand Maître & Fondateur dudit Ordre. Voulons que ladite Grande Maîtrise soit unie & incorporée, comme de fait l'unissons & incorporons par ces presentes à notre Couronne, sans qu'elle en puisse jamais être separée par nous ni par les Rois nos successeurs, pour quelque cause & occasion que ce puisse être.

Article II.

De quoy l'Ordre doit être composé.

L'Ordre de saint Loüis sera composé de nous & de nos successeurs en qualité de Grand Maître, de notre très-cher &

DE LA MILICE FRANÇOISE. *Liv. XIII.* 561

& très-aimé Fils le Dauphin : & sous les Rois nos successeurs, du Dauphin ou du Prince qui sera heritier présomptif de la Couronne, de huit Grands-Croix, de vingt-quatre Commandeurs, du nombre des Chevaliers que nous jugerons à propos d'y admettre, & des Officiers cy-après établis.

ARTICLE III.

Voulons que tous ceux qui composeront ledit Ordre de S. Loüis portent une Croix d'or sur laquelle il y aura l'image de S. Loüis, avec cette difference, que les Grands-Croix la porteront attachée à un ruban large couleur de feu qu'ils mettront en écharpe, & auront encore une croix en broderie d'or sur le juste-au-corps & sur le manteau. Les Commandeurs porteront seulement le ruban en écharpe avec la Croix qui sera attachée, sans qu'ils puissent porter la Croix en broderie d'or sur le juste-au-corps, ni sur le manteau ; & les simples Chevaliers ne pourront porter le ruban en écharpe, mais seulement la Croix d'or attachée sur l'estomac avec un petit ruban couleur de feu.

Distinction des Grands-Croix, Commandeurs & Chevaliers.

ARTICLE IV.

Notre intention étant d'honorer le plus qu'il nous est possible ledit Ordre, nous declarons que Nous, notre très-cher & bien aimé Fils le Dauphin, les Rois nos successeurs, & tous eux, les Dauphins ou heritiers présomptifs de la Couronne porteront la Croix dudit Ordre de S. Loüis avec la Croix du S. Esprit.

Le Roy & le Dauphin portent la Croix de l'Ordre.

ARTICLE V.

Nous entendons aussi décorer dudit Ordre de S. Loüis les Maréchaux de France, comme principaux Officiers de nos Armées de terre, l'Amiral de France, comme principal Officier de la Marine, & le General de nos Galeres, comme principal Officier des Galeres, & ceux qui leur succederont esdites Charges.

Les Maréchaux de France & autres grands Officiers Militaires la portent aussi.

Tome II. Bbbb

Article VI.

L'Ordre compatible avec celui du saint Esprit, &c.

Declarons les Ordres de S. Michel & du S. Esprit & celui de S. Loüis compatibles dans une même personne, sans que l'un puisse servir d'exclusion à l'autre, ni les deux au troisiéme.

Article VII.

Le Roy se reserve la nomination des sujets.

Nous nous reservons à Nous seul, & aux Rois nos successeurs en qualité de Chefs & Grands-Maitres dudit Ordre de S. Loüis, le choix & la nomination tant des premiers Grands-Croix, Commandeurs & Chevaliers, que de ceux qui seront admis à l'avenir en chacun de ces rangs; en sorte neanmoins

Grands Croix tirez des Commandeurs, & les Commandeurs des Chevaliers.

que les Grands-Croix ne pourront être tirez que du nombre des Commandeurs, ni les Commandeurs que du nombre des Chevaliers, le tout par choix, & ainsi que nous & nos successeurs le jugerons à propos, sans être obligé d'observer l'ordre d'ancienneté.

Article VIII.

Tous les sujets tirez des Officiers d'armée, tant de mer que de terre.

Les Grands-Croix, les Commandeurs & les Chevaliers seront toûjours & à perpetuité tirez du nombre des Officiers servans dans nos troupes de terre & de mer. En sorte neanmoins qu'il y ait toûjours un des Grands-Croix, trois desdits Commandeurs, & le huitiéme du nombre des Chevaliers emploiez ès Etats des revenus & pensions cy-après specifiées, qui seront tirez du nombre des Officiers de la Marine & des Galeres, &c.

Les articles suivans reglent les rangs des diverses personnes admises dans l'Ordre, les conditions requises pour y être reçû, & en particulier celle de faire profession de la Religion Catholique, Apostolique & Romaine, le serment des Chevaliers, les ceremonies de la reception, les cas où les Chevaliers seroient privez de l'Ordre, les Officiers de l'Ordre & leurs fonctions, le tems des assemblées, les Presidens des assemblées en l'absence du Roy, les revenus attachez à l'Ordre & leur distribution.

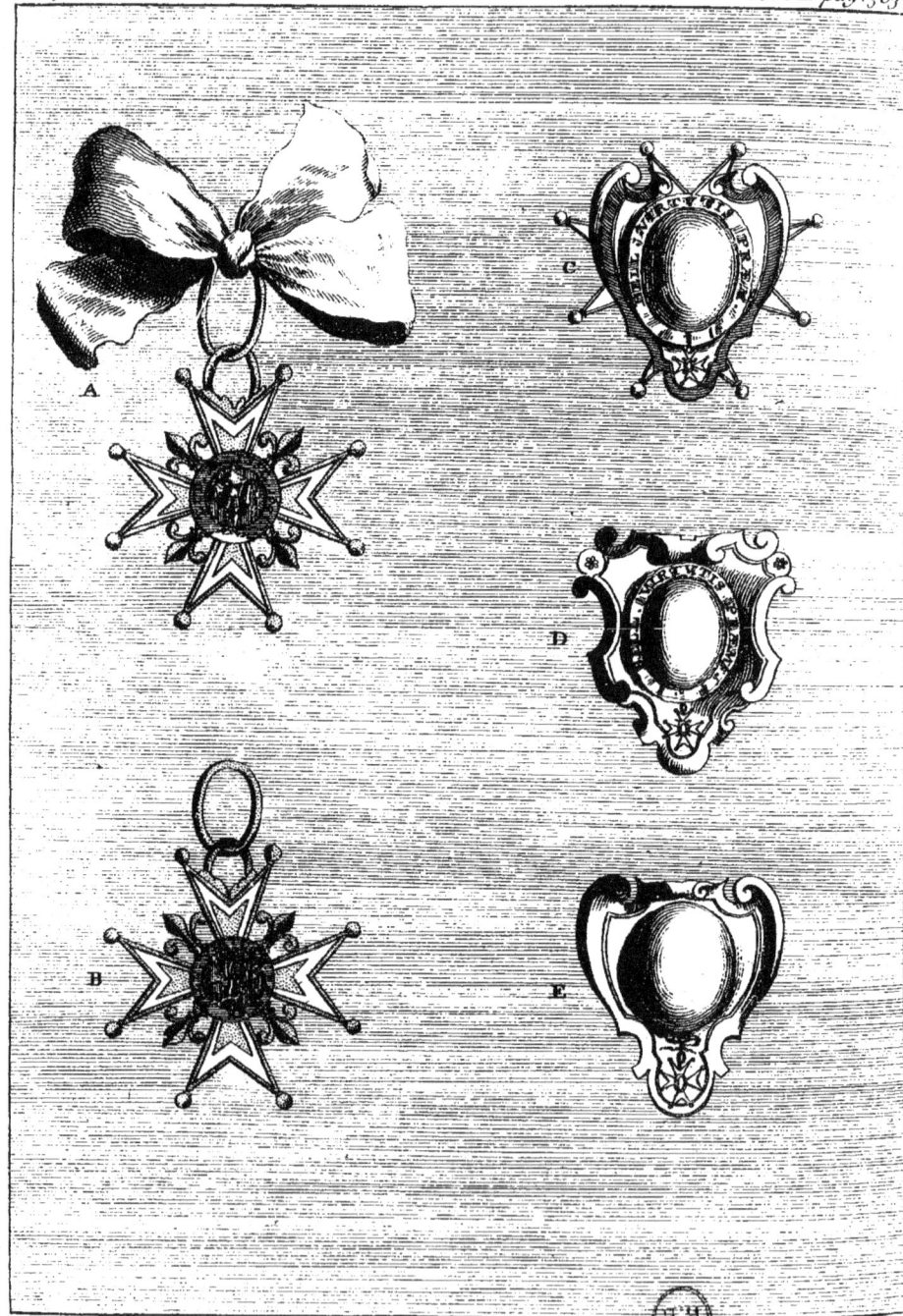

A. Institution de l'ordre. B. Revers de la Croix. C. Armoiries des grands [...]. D. Armoiries des Commandeurs. E. Armoiries des Simples Chevaliers.

En 1694, le Roy publia un autre Edit concernant certains droits honorifiques qu'il attachoit à la Chevalerie de l'Ordre de saint Loüis, ainsi exprimez dans l'Edit.

Loüis par la grace de Dieu, &c. A ces causes de notre grace speciale, pleine puissance & autorité Royale, nous avons permis & octroïé, permettons & octroïons par ces presentes signées de notre main, à tous ceux qui seront admis audit Ordre, de faire peindre ou graver dans leurs armoiries avec leurs timbres & couronnes qu'ils ont droit de porter, les ornemens cy-après exprimez; sçavoir les Grands-Croix, l'Ecusson accolé sur une Croix d'or à huit pointes boutonnées par les bouts, & un ruban large couleur de feu autour dudit Ecusson, avec ces mots: *Bellicæ virtutis præmium*, écrit sur ledit ruban auquel sera attachée la Croix dudit Ordre. Les Commandeurs de même, à la reserve de la Croix sous l'Ecusson; & quant aux simples Chevaliers, nous leur permettons de faire peindre ou graver au bas de leur Ecusson une Croix dudit Ordre attachée à un petit ruban noüé aussi couleur de feu: desquels ornemens ci-dessus specifiez les modeles sont ci joints sous le contre-scel de notre Chancellerie. Si donnons en mandement à nos amez & feaux Conseillers, les Gens tenans notre Cour de Parlement à Paris, &c.

Marques de l'Ordre ajoûtées aux armoiries des Grands-Croix Commandeurs & Chevaliers.

Voici le nom des Grands-Croix & des Commandeurs de la premiere promotion qui se fit en 1693 le 10 de May jour de la Pentecôte.

Grands-Croix.

Le Marquis de la Rabliere.
Le Marquis de Rivarol.
Le Comte de Montchevreüil.
M. de Vauban, depuis Maréchal de France.
M. de Rosen, depuis Maréchal de France.
Le Marquis de la Feüillée.
M. de Polastron, tous Officiers des armées de terre, & le Comte de Chasteau Renaud pour la Marine, depuis Maréchal de France.

Grands-Croix de la premiera promotion.

Les Commandeurs à quatre mille livres de pension, fu-

Comman-

eurs de la premiere promotion.

rent le Marquis de Vateville, M. de Saint Sylveſtre, le Comte d'Avejan, Meſſieurs Maſſot, de la Grange, de l'Aubanie, de Chanlay, & le Sieur Pannetier Chef d'Eſcadre pour la Marine.

Les ſeize Commandeurs à trois mille livres, furent Meſſieurs d'Amblimont Chef d'Eſcadre, le Comte du Luc, Capitaine de Galere & quatorze autres, dont je n'ai pas trouvé les noms. Il y eut auſſi pluſieurs Chevaliers qui à cette premiere promotion furent gratifiez de penſions au deſſous de 3000 liv. Ces penſions ajoûtent l'utile à la décoration de pluſieurs Chevaliers : mais le plus grand nombre n'a que l'honneur de la Croix.

Quelque noble que ſoit l'idée de cet établiſſement, Loüis le Grand en avoit déja imaginé & mis en execution un autre beaucoup plus conſiderable, tant pour les Soldats que pour les Officiers qui voudroient y avoir part : c'eſt celui de l'Hôtel des Invalides dont je vais parler.

De l'établiſſement des Invalides.

QUoiqu'on ait déja publié l'Hiſtoire de ce magnifique établiſſement, le ſujet que je traite m'oblige à en faire au moins le précis. C'eſt, ce me ſemble, le plus illuſtre monument, & ce ſera, je crois, le plus durable de tous ceux qui tranſmettront à la poſterité la gloire du Regne de Loüis le Grand. Les ſiecles les plus reculez y verront des marques ſubſiſtantes de ſa liberalité, de ſa magnificence, de ſa juſtice & de ſa pieté.

Il paroît aſſez ſurprenant que l'antiquité Grecque & Romaine, dont on nous fait ordinairement tant d'éloges en tout genre, ne nous fourniſſe point d'exemple pareil en cette matiere : car dans les Republiques dont la Grece étoit compoſée & dans celle de Rome, on eut toûjours grande attention au bien public ; & on n'omettoit rien de ce qui pouvoit animer le courage des Citoïens à s'expoſer & à ſe ſacrifier pour le ſalut de la Patrie. Or rien n'auroit été plus capable d'engager le peuple au ſervice Militaire, que d'avoir devant les yeux un édifice public où il auroit vû logez, honnêtement habillez & bien entretenus jusqu'à la fin de leur vie, ceux que leurs blessures auroient rendu incapables de se procurer ces soulagemens.

 A la verité on trouve dans ce qu'on appelle les Loix Attiques, que les Atheniens nourrissoient aux dépens du Public ceux qui avoient été estropiez à la guerre ; mais il n'y est point parlé de maison publique où ils fussent logez, nourris & entretenus. Pour les Romains, ils donnoient quelques recompenses à ceux qui avoient rempli le tems du service, lequel étoit fort long : mais ce qu'on leur donnoit étoit peu de chose, & ne suffisoit pas pour un entretien commode le reste de leur vie, excepté quelques-uns à qui l'on assignoit des terres à cultiver dans des Colonies où l'on les envoïoit. On voit sur les Medailles des Empereurs Romains de ces Colonies marquées. On y voit des portes construites, des temples érigez, des cirques, &c. mais on n'y trouve point d'établissement pareil à celui dont il s'agit.

 Philippe-Auguste forma le projet de bâtir & de fonder une maison pour servir de retraite à ceux qui auroient vieilli dans le service. On apprend cette particularité du Regne de ce Prince par la Lettre que le Pape Innocent III lui écrivit en réponse à celle qu'il lui avoit écrite pour lui demander que cette maison ne fût point sous la jurisdiction de l'Evêque: mais apparemment ce projet ne fut point executé. Du moins je ne me souviens point d'avoir vû aucune mention de cette fondation dans nos Histoires. Nos Rois dans plusieurs Monasteres de fondation Royale, s'étoient reservé le droit d'y placer un soldat estropié qui avoit une portion monacale, & qui étoit en même-tems obligé d'y rendre de certains services, comme de balaïer l'Eglise & de sonner les cloches : c'est ce qu'on appelle *Moine Lay* ou *Oblat* ; quoique ce second terme en ce genre eût autrefois une toute autre signification : mais cette mince fortune qui avilissoit même le soldat, étoit une petite ressource pour le grand nombre de ceux que la guerre mettoit par leurs blessures hors d'état de subsister.

 Loüis le Grand a executé le projet de Philippe-Auguste, mais d'une maniere assûrément toute autre que ce Prince ne l'avoit imaginé : car on n'avoit pas alors les idées aussi nobles

Projet de Philippe-Auguste, pour un édifice destiné aux Invalides.
L. XI epist. Innoc. III. epist. 65.

Non executé.

Institution des Moines Lays.

Loüis le Grand à executé le projet de Philip-

u-Auguste. qu'on les a aujourd'hui pour ces sortes d'établissemens, ni les mêmes moïens de les mettre en execution.

But du Roy dans cet établissement. La fin que le Roy se proposa dans cet établissement fut d'assûrer une retraite aux soldats, & à plusieurs Officiers qui auroient vieilli dans le service, ou auroient été mis par leurs blessures dans l'impuissance de le continuer & de se procurer leur subsistance. Son intention fut de leur y fournir un entretien honnête, soit pour la nourriture, soit pour le logement, soit pour les vêtemens, jusqu'à la fin de leur vie, & en mêmetems tous les secours & tous les moïens necessaires pour vivre chrétiennement, & travailler en repos à leur salut.

Mesures prises pour l'execution. Afin de rendre la chose stable & obvier à tous les inconveniens qui pouvoient en empêcher la durée dans les tems à venir, il y avoit bien des mesures à prendre ; & on les prit.

Fonds de ces établissemens sans charger le peuple. Il falloit d'abord trouver des fonds pour bâtir & meubler un Hôtel destiné à loger des milliers d'hommes, & pour fournir à leur subsistance. Le Roy ne vouloit point que cela se fît aux dépens des peuples : on chercha & on trouva ces fonds ailleurs.

Premierement, le Roy y attacha les fonds des pensions de tous les Moines Lais, dont les Abbaïes de fondation Royale étoient chargées ; & en second lieu, il y affecta le fonds de deux deniers pour livre de tous les païemens qui seroient faits par les Tresoriers generaux de l'ordinaire & de l'extraordinaire des guerres, & par ceux de la Cavalerie legere & de l'Artillerie. Ces fonds se trouverent très-suffisans pour la construction & l'ameublement de l'Hôtel, & ensuite pour l'entretien des Soldats & Officiers qu'on y logeroit. Cela fut ainsi reglé par l'Edit du mois d'Avril de l'an 1674. Le Roy est le Protecteur & le conservateur immediat de l'Hôtel, sans qu'il dépende d'aucun de ses Officiers, & ne veut point qu'il soit sujet à la visite & à la jurisdiction du grand Aumônier ni d'aucun autre.

Secretaire d'Etat de la guerre, Directeur & Administrateur de l'Hôtel. Celui des Secretaires d'Etat & des commandemens qui a & aura le département de la guerre, aura la qualité de Directeur & Administrateur general dudit Hôtel, & le pouvoir de faire executer tout ce qu'il estimera necessaire & à propos pour le maintien de la discipline & de son regime en icelui.

DE LA MILICE FRANÇOISE. *Liv. XIII.* 567

A l'effet de quoy chaque mois il fera tenu une assemblée dans ledit Hôtel par ledit Directeur & Administrateur General, en laquelle pourront assister le Colonel du Regiment des Gardes Françoises, le Lieutenant Colonel, le Sergent Major d'icelui & les Colonels des six vieux Corps d'Infanterie ; comme aussi le Colonel General de la Cavalerie-legere, le Mestre de Camp General, & le Commissaire General d'icelle, & le Colonel General des Dragons pour tenir un Conseil, & en icelui voir & aviser aux Statuts, Reglemens & Ordonnances qu'il sera à propos de faire tant pour la jurisdiction, police, discipline, correction & châtiment de ceux qui tomberont en faute, que pour la bonne administration & gouvernement dudit Hôtel.

Conseil tous les mois, & ceux qui le doivent composer.

Tous les ans il se tiendra un Conseil où le Receveur de l'Hôtel rendra ses comptes ; & à cette assemblée outre les susnommez qui ont droit de se trouver audit Hôtel chacun mois, tous les Colonels, Mestres de Camp & les Lieutenans Colonels des Regimens, tant d'Infanterie que de Cavalerie & de Dragons qui se trouveront pour lors à Paris, pourront assister.

Conseil tous les ans plus nombreux, & ceux qui ont droit d'y assister.

Ledit Hôtel joüira du droit de franc-salé, comme aussi de l'exemption & affranchissement de tous droits d'entrées, &c. le tout sur les certificats dudit Directeur & Administrateur General.

Franc-salé, exemption de droits d'entrée, &c.

On commença cet Hôtel Royal en 1671 : c'est un des plus superbes édifices qu'il y ait en France ; & il n'y en a aucun en Europe destiné à de tels ou de semblables usages de charité qui en approche. Il fait un des plus beaux ornemens de la capitale du Royaume. Il est situé au bout du Fauxbourg saint Germain, presque au milieu de la plaine de Grenelle en bel & bon air, peu éloigné de la riviere de Seine, les vûës en sont très-étenduës, & il figure en quelque façon avec le Palais des Tuilleries qui est de l'autre côté de la riviere. Une magnifique Eglise qui s'eleve par un vaste Dome bien au-dessus des bâtimens de l'Hôtel, en augmente infiniment la beauté. Tout ce que l'architecture a de beau, de grand, de majestueux, y a été emploïé soit au dedans, soit au dehors. L'or, le marbre, les peintures exquises, ce que la sculpture, la menuiserie, & ce que tous les autres arts peuvent contribuer à l'ornement

L'Hôtel commencé à bâtir en 1671.

Magnificence de cet Hôtel.

Magnificence de l'Eglise.

d'un édifice ; rien de tout cela n'y a été épargné : mais outre ce noble & magnifique extérieur qui frappe les yeux & qui surprend tant dans l'Eglise que dans l'Hôtel des Invalides, on a eu soin dans celui-cy d'y ménager toutes les commoditez, soit pour les malades, soit pour ceux qui sont en santé, & cela avec une attention merveilleuse, & à laquelle rien n'a échappé, non plus que pour l'ordre, le nombre des Officiers, soit pour le Commandement, soit pour l'execution, le Gouvernement & la discipline.

Commoditez de l'Hôtel.

Gouvernement & discipline de l'Hôtel.

Outre l'Administrateur General qui est, comme je l'ai dit, le Secretaire d'Etat de la guerre, il y a dans l'Hôtel des Invalides un Etat Major comme dans les villes de guerre, parce qu'effectivement les soldats & les Officiers y font la plûpart des fonctions que les soldats & les Officiers ont coûtume de faire dans les Places frontieres.

Il y a un Esta: Major. On y fait les fonctions militaires pour la garde.

Il y a un Gouverneur que la valeur éprouvée, la sagesse, l'experience, les longs services ont rendu digne de commander à un aussi grand nombre d'Officiers & de soldats.

Le Gouvernement.

Il a sous lui un Lieutenant de Roy qu'on choisit aussi parmi les Officiers les plus distinguez, qui en l'absence du Gouverneur a le Commandement & toute l'autorité comme dans les Villes de guerre.

Le Lieutenant de Roy.

Après le Gouverneur & le Lieutenant de Roy, il y a un Major dont la Charge est une de celles qui a le plus d'exercice dans cet Hôtel. Cet Officier est obligé à veiller sur la conduite, sur la vie & sur les mœurs de tous en general & de chacun en particulier. Il a deux Aydes-Majors pour le soulager.

Le Major.

Le Major doit tous les jours prendre l'ordre du Gouverneur ou du Lieutenant de Roy en son absence, & le donner aux Sergens commandans, en les faisant à cet effet ranger tous en cercle dans la grande cour proche le corps de garde. Le Major & les Ayde-Majors se doivent trouver tous les jours aux Refectoires durant le repas des soldats, pour empêcher les desordres & faire tenir chacun en sa place jusqu'à ce que le Commissaire les ait comptez, & que la cloche ait sonné pour les laisser sortir. A l'égard des Officiers, ils mangent après le repas des soldats dans leurs Refectoires separez.

Le Major prend tous les jours le mot ou l'ordre du Gouverneur.

Discipline observée pour le Refectoire.

Le Major & les Ayde-Majors mettent des sentinelles après soupez

DE LA MILICE FRANÇOISE. *Liv. XIII.* 569

souper dans tous les passages, pour observer si les soldats qui *Pour la priere.* ne sont point de la Religion prétenduë réformée, vont à la priere qui se fait immediatement après le souper.

Enfin le Major est obligé de faire observer exactement les Ordonnances publiées dans l'Hôtel, & faire son rapport contre les contrevenans au Gouverneur ou au Lieutenant de Roy en son absence.

Il y a un Controlleur, & un Secretaire dont une des fonctions est de faire un extrait des passeports & des certificats de service de ceux qui se presentent pour être admis aux Invalides. Il rapporte cet extrait au premier jour de Conseil qui est le samedi de chaque Semaine, auquel il fait tout haut la lecture de ceux qui demandent à être reçûs ; & le Conseil aïant examiné les certificats, le Directeur écrit à côté de chaque extrait, reçû ou refusé. *Secretaire du Major & ses fonctions.*

Comme les soldats ont congé de sortir trois fois la semaine, & quelques-uns tous les jours ; pour cet effet le Secretaire leur donne une carte ou un billet signé du Gouverneur où leur nom est écrit & les jours qu'ils peuvent sortir : sans cela les Portiers les arrêteroient, quand ils se presenteroient à la porte. Il livre pareillement des congez & passeports faits sous le nom du Gouverneur, aux soldats qui demandent permission d'aller en Province pour leurs affaires particulieres ; à ceux qui renoncent ou qui ne veulent plus rester dans la maison, à ceux qui étant gueris, demandent à rentrer dans le service, dont il tient regiftre ; comme de ceux qui ont deserté ou sorti sans permission ; de ceux qui ont été chassez pour quelque crime ; & enfin de ceux qui sont decedez. *Les soldats ne sortent que par billet.*

On y a créé un Prevôt & cinq archers à cheval, dont un lui sert de Greffier ; tous lesquels Officiers sont choisis parmi les moins invalides. Le Prevôt se promene dans l'Hôtel avec ses archers aux jours de Dimanche & de Fête, pour observer si tous les Catholiques Romains vont à l'Eglise pour assister au service divin & aux prieres publiques. Il est present à tous les repas, pour appaiser tous les desordres & les querelles qui y pourroient survenir. Il visite les lieux publics, comme les manufactures & les atteliers où travaillent les Invalides, pour empêcher les disputes qui y pourroient arriver. Il monte à *Prevôt & ses fonctions.*

Tome II. Cccc

cheval pendant la journée & visite les avenuës, les grands chemins & toutes les dépendances de l'Hôtel, observe la conduite des soldats & arrête ceux qui causeroient quelques desordres. Enfin quand il surprend quelqu'un en faute notable, il le fait mettre dans les prisons de l'Hôtel à la requête du Major, en informe le Gouverneur & en dresse son procès verbal, en instruit le Conseil de guerre qui se tient en l'appartement du Gouverneur, fait rapport du procès en la presence des Juges & de l'accusé, & fait executer la sentence sur le champ.

Prisons.

Conseil de guerre.

Il faut pour être admis dans cet Hôtel en qualité d'Officier Invalide par vieillesse, avoir servi dix ans de suite en cette qualité, ou aïant pareil nombre d'années comme simple Cavalier, avoir fait quatre campagnes dans les Gardes du Corps, ou avoir été estropié dans le service. Pour les soldats on ne fait aucune difficulté de les recevoir, quand ils ont été estropiez dans quelque occasion, & qu'ils en rendent bon compte, sans avoir égard au tems qu'ils ont servi. Mais s'ils n'ont autre incommodité que la vieillesse, il faut qu'ils aïent au moins dix années de service moderne & consecutives, & qu'ils rendent compte de toutes les occasions où ils se sont trouvez : sinon on les renvoïe avec quelque argent pour leur donner le moïen duë de se retirer chez eux.

Soldats d'abord instruits par les Missionnaires.

Les nouveaux venus sont obligez de demeurer six semaines dans l'Hôtel sans sortir, afin que les Missionnaires qui y sont établis aïent le loisir de les instruire, & qu'eux mêmes puissent mieux s'accoûtumer à tous les exercices de la maison. Il est permis aux Officiers tant Invalides que domestiques, de porter leurs épées en tout tems, & en tout lieu, soit dedans, soit dehors la maison. Il est expressément défendu à tous Sergens, Cavaliers & soldats Invalides d'entrer dans l'Hôtel avec leurs épées, ni aucunes autres armes, non plus que d'en avoir dans leurs chambres, sur peine de confiscation pour la premiere fois, & de prison en cas de recidive. Quant aux soldats des Compagnies, il leur est permis de porter leurs épées dans toute l'étende l'Hôtel, pendant qu'ils sont de garde.

Officiers portent leurs épées dans l'Hôtel & au dehors.

Il est expressément défendu de jurer & blasphemer le saint nom de Dieu. Et comme ce crime est le plus detestable, il est le plus rigoureusement puni, & quiconque le commet, est mis à la gruë trois jours de suite avec un écriteau honteux pour la premiere fois ; si l'on recommence ces blasphêmes, on y est mis pour beaucoup plus long-tems, & si l'on y retombe jusqu'à trois fois, on a la langue percée; on est dépoüillé du juste-au-corps, ensuite chassé pour toûjours. *Jurement & blasphême défendus, & rigoureusement punis.*

Il est défendu de s'enyvrer & de découcher de la maison, sur peine d'être mis en prison pendant huit jours, & ensuite vingt-deux jours à la table des buveurs d'eau, sans avoir de vin, duquel les archers profitent. Il est pareillement défendu de faire des menaces, de donner des démentis, de quereller, de se battre, de dire des insolences sur peine de la prison ou du cachot, comme aussi de frequenter ou d'introduire dans la maison des filles de débauche, sur peine d'être mis avec celle qui aura été surprise, sur un chevalet de bois qui est dans l'avant-cour, à la vûë de tous ceux de la maison & des passans. Il y a défenses à qui que ce soit de l'Hôtel de vendre du vin, de l'eau de vie, du tabac ou autre chose pareille, soit en dedans, soit en dehors: de faire aucune chose contre la propreté de la maison, & il n'est pas permis de fumer dans d'autres lieux que ceux qui sont destinez à cet usage. Il est défendu de joüer à quelque jeu & en quelque lieu que ce puisse être, les Dimanches & les Fêtes pendant le Service, sur peine d'être mis en prison & nourri au pain & à l'eau pendant huit jours. *Severe punition pour ceux qui s'enyvrent, &c.*

Défense du jeu pendant le Service divin les jours de Fêtes.

Il est expressément défendu aux Soldats qui ont la permission de sortir, de mendier dans la ville, dans les maisons ou en quelque autre lieu, ou sous quelque prétexte que ce soit, d'avoir aucun commerce avec des filles abandonnées, des filoux, des joüeurs & autres gens de mauvaise vie, d'aller dans les tabacs & autres lieux de desordre, sur peine d'être mis à l'Hôpital General, ainsi qu'il est porté par l'Ordonnance de Sa Majesté du 28 Janvier 1676, où il est dit, que les Soldats Invalides qui ne veulent point se réduire à vivre dans l'ordre & dans la discipline qu'on observe dans l'Hôtel, ou qui sont pris demandant l'aumône dans la ville & banlieuë de Paris, seront renfermez dans l'Hôpital General. *Défense aux Soldats de mendier.*

D'avoir de mauvais commerce.

Punition des contrevenans.

Il est aussi défendu à tous Invalides qui sont habituez dans l'Hôtel, de suivre sous quelque prétexte que ce puisse être,

Cccc ij

les personnes de dehors qui sont attirées par la curiosité à venir voir l'Hôtel & s'y promener, & de leur demander quelque chose à peine d'un mois de prison. Et afin que ce Reglement soit mieux observé, il est enjoint au Prevôt d'aller avec ses archers de tems en tems dans tous les lieux de l'Hôtel pour remarquer ceux qui y contreviennent, & les mettre en prison au même instant.

Défense de rien recevoir de ceux qui viennent voir l'Hôtel, sous peine de prison.

Comme le Roy a eu en vûë le salut des Invalides aussi-bien que leur entretien commode & honnête, il a pour le gouvernement spirituel confié cet Hôtel à Messieurs de la Congregation de saint Lazare. Ils y exercent les mêmes fonctions & y celebrent les mêmes Offices que les Curez font dans leurs Paroisses. Outre cela l'on fait tous les mois un service pour les Officiers & les soldats decedez tant dans cet Hôtel que dans les armées; & l'on dira tous les ans à perpetuité un service pour le Roy qui est Fondateur de cette maison. Quand quelqu'un de cet Hôtel est mort, si c'est un Officier, six Ecclesiastiques assistent à son enterrement, & quatre seulement si c'est un soldat.

Congregation de S. Lazare, chargée du gouvernement spirituel.

Il y a tous les jours dans chaque salle des Infirmeries un Prêtre destiné à la visite & à la consolation des malades, afin de les consoler & exhorter à supporter patiemment leurs maux, & faire bon usage des infirmitez & maladies que la Providence leur envoïe. Si la maladie est dangereuse, deux de ces Messieurs ont soin de leur faire recevoir le saint Viatique avec beaucoup de devotion, & plusieurs personnes s'y trouvent pour accompagner le saint Sacrement. Pendant tout le danger de la maladie, ces Messieurs les visitent très-souvent pour les assister & leur rendre tout le soulagement qui leur est necessaire.

Toutes les Fêtes & les Dimanches depuis la veille jusques au lendemain, les Confessionnaux sont remplis de Prêtres pour reconcilier les penitens avec Dieu. Il y a aussi parmi eux des Ecclesiastiques destinez à recevoir les Invalides Catholiques qui sont nouveaux venus en cette maison, pour les instruire & pour les disposer à faire une Confession generale. Ils ne manquent pas aussi de faire des exhortations & des lectures spirituelles quelques jours de la semaine dans les Infirmeries, dans les salles, & dans les manufactures, afin de les

Fonctions Apostoliques des Prêtres de S. Lazare dans l'Hôtel.

entretenir toûjours dans la devotion; comme pareillement de rendre plusieurs visites aux soldats qui sont dans les prisons pour quelque faute, afin qu'ils fassent bon usage de leur châtiment. Enfin ces Messieurs les Prêtres de la Mission pratiquent avec beaucoup de zele & d'exactitude tout ce que la charité peut leur inspirer pour le salut des ames qui leur sont commises; & l'on voit de grands changemens dans les mœurs des soldats. *Grands fruits de leur application.*

On fait tous les jours la priere soir & matin à laquelle tout le monde doit se trouver, excepté ceux de la Religion prétenduë réformée. Quoiqu'on n'oblige de frequenter les Sacremens qu'aux quatre principales Fêtes de l'année, mais sur tout par un devoir indispensable au tems de Pâques; neanmoins la plûpart des Invalides s'en approchent tous les mois, plusieurs tous les quinze jours, quelques-uns même toutes les semaines. On fait tous les huit jours des conferences sur l'Oraison mentale, sur la vocale, ou sur quelque autre sujet de pieté le plus propre à l'instruction & à la portée de ceux qui y assistent. Enfin on cultive en ce lieu une pieté qui n'a pas assez d'austerité pour rebuter l'humeur indocile des soldats, & qui a cependant toute l'exactitude necessaire à un veritable Chrétien. *Exercices de pieté.*

A l'égard des exercices militaires, ils se font aussi regulierement dans cet Hôtel que dans les places de guerre. On a choisi les moins invalides d'entr'eux pour en fournir quarante-cinq Compagnies, dont chacune est composée de vingt-cinq soldats, dans lesquelles il y a deux Sergens commandans, deux Caporaux pour poser les sentinelles, deux pour leur aider, & deux pour faire la ronde toutes les nuits, suivant les postes de chaque Compagnie, & les dix-sept restans sont les factionnaires. On détache tous les jours ouvrables cinq de ces Compagnies à une heure & demie pour monter la garde, & les Fêtes & Dimanches à une heure & un quart, pour leur donner le tems d'assister à l'Office Divin, & relever les cinq autres qui doivent la déscendre. De ces cinq il y en a une qui est commandée au Corps de garde de l'avant-cour sur le grand chemin, & les quatre autres sont dans le Corps de garde de la Porte-Royale; & ils reçoivent tous l'ordre du Major. *Exercices militaires.*

Détachemens d'Invalides pour les garnisons en tems de guerre.

Durant les dernieres guerres on a fait des détachemens de ceux des Invalides qui n'étoient pas tout-à-fait hors de combat, pour les envoïer en garnison dans les places frontieres, & par égard pour leurs infirmitez, on leur épargnoit quelques-unes des fonctions les plus penibles où les soldats ont coûtume d'être emploïez.

Ceux qui le peuvent & qui le veulent, sont occupez à divers ouvrages.

Pour bannir l'oisiveté de l'Hôtel des Invalides autant qu'il est possible, on en a engagé quantité à s'occuper aux arts pour lesquels ils se trouvoient de la disposition. Dès que les manufactures y furent établies, on fit plusieurs revûës & examens de tous les soldats; & après avoir connu la force, l'adresse, l'inclination & la profession de chacun d'eux, on leur donna toutes les choses necessaires, & on les plaça dans les lieux les plus commodes aux arts qui leur étoient propres.

Ils en tirent un très-grand profit.

Les Invalides ont profité de ces avantages avec tant de succès, que le Roy voulut pour seconder leur zele qu'on se servît d'eux pour tous les ouvrages de la maison, en les païant comme des ouvriers externes, & qu'ils pussent débiter librement leurs ouvrages dans Paris; de façon que ces soldats tirent des profits très-considerables de leur travail; qu'ils ont fait plusieurs balots d'habits, de linges & de chaussures pour l'armée; que les marchands mêmes de Paris remplissent à-present leurs boutiques de leurs marchandises. Sa Majesté n'a pas dédaigné toutes les fois qu'elle est entrée dans cet Hôtel, de leur donner son approbation; & elle a commandé à quelques-uns de faire certains ouvrages, comme aux Tapissiers de continuer le dessein d'une tapisserie façon de Levant, où l'on voit plusieurs trophées d'armes élevez à la gloire de Loüis le Grand, qui est destinée pour la salle du Conseil de l'Hôtel. Et même la derniere fois qu'elle y est venuë, on lui fit voir des livres d'Eglise travaillez par des Invalides manchots. Elle les trouva si beaux, qu'elle voulut qu'ils en fissent de semblables pour sa Chapelle de Versailles.

Il n'y a rien dans l'Hôtel qui sente la crasse des Hôpitaux.

Au reste en ce qui regarde l'entretien, la nourriture, le logement, les habits des soldats & des Officiers, tout est honnête: & l'on ne voit rien en tout cela qui sente la crasse des Hôpitaux.

Enfin quiconque lira tout du long la description generale de l'Hôtel des Invalides, de laquelle j'ai tiré tout ce que je viens d'en dire ici, regardera comme un chef-d'œuvre le systême de conduite qu'on a pris pour le Gouvernement de cet Hôtel, l'ordre qu'on y a établi, les moïens qu'on a emploïez pour l'y maintenir, les prodigieux détails où l'on est entré pour n'y laisser rien de défectueux, & pour en éloigner tout ce qui pourroit en causer la décadence.

Des châtimens Militaires.

IL y a long-tems que Valere Maxime suivant le sentiment & la pratique des plus grands Capitaines, a dit, que pour *maintenir la discipline Militaire, il faut de la severité & user d'une prompte justice.* Il en apporte plusieurs exemples tirez de l'Histoire Romaine & de l'Histoire Grecque. Cette severité & cette justice ne s'exerçoit pas seulement contre les simples soldats, mais encore contre les plus hauts Officiers de l'armée, sur tout quand il s'agissoit de l'obéïssance & de la subordination, ou de quelque mauvais succès causé par la lâcheté ou par la negligence du Commandant. Le Dictateur Posthume selon cet Auteur, fit executer à mort son propre fils, après un combat où il avoit défait les Ennemis, parce qu'il avoit quitté son poste sans attendre ses ordres. Les ordres de Manlius passerent en proverbe à Rome: *Imperia Manliana,* parce qu'il avoit traité de même son fils, qui sans son congé avoit accepté le combat singulier contre Metius General des troupes de Tusculum, quoiqu'il fût revenu vainqueur du combat. Le Dictateur Papyrius fit battre de verges par les Licteurs Quintus Fabius Rullianus General de la Cavalerie en presence des troupes, parce que sans attendre ses ordres, il avoit fait marcher l'armée contre les Samnites qu'il avoit cependant taillé en pieces. Enfin le même Historien rapporte l'ignominie dont Calpurnius Pison Consul qui commandoit l'armée Romaine en Sicile, punit Caïus Titius General de la Cavalerie, qui s'étant laissé envelopper par les Ennemis, leur rendit ses armes & se laissa prendre avec quelques Cavaliers. Il le fit revêtir d'un habit tout déchiré sans ceinture, & le condamna

Aspero & abscisso castigationis genere militaris disciplina indiget. Valer. Maxim. l. 2. ubi de disciplina militari.

Severité des Romains pour l'obéïssance militaire.

pour tout le reste de la campagne à monter tous les jours la garde nuds pieds, à n'en point sortir jusqu'à ce qu'on la relevât, lui défendit l'usage du bain & d'avoir communication avec personne. Il cassa la troupe de Cavalerie que Titius commandoit en cette occasion, ôta les chevaux à tous les Cavaliers & les enrôla parmi les soldats qui combattoient avec la fronde, & qui étoient une des moins considerables troupes de l'armée.

Pour ce qui est des soldats, les Historiens Romains rapportent diverses especes de châtimens dont on les punissoit : c'étoient les bastonnades, la lapidation, les verges & la mort en certains cas. La mort étoit le châtiment d'une sentinelle qui avoit abandonné son poste, & celui d'un soldat qui avoit abandonné ses armes dans le combat.

L. 3. de fortitudine.

Le même Valere Maxime rapporte sur cela l'exemple memorable d'un simple soldat Romain nommé Sceva, lorsque Jules Cesar passa dans la grande Bretagne ; un soldat ayant été mis en faction sur un rocher dans la mer proche du rivage ; & la marée étant descenduë, il y fut attaqué par plusieurs des ennemis. Il s'y défendit long-tems seul, en tua plusieurs : mais son casque ayant été brisé à coups de pierres, son bouclier mis en pieces par les fleches, & étant blessé en plusieurs endroits, il se jetta à la mer & gagna la terre où il fut reçû par ses compagnons qui avoient été témoins de sa valeur, sans pouvoir le secourir. Quand il parut devant Cesar, il se prosterna à ses pieds & lui demanda pardon d'avoir abandonné son bouclier. Cesar loüa son courage, le respect qu'il avoit pour les Loix Militaires, & le recompensa d'une Charge de Centurion.

Quand il arrivoit qu'un Corps entier, par exemple une Cohorte avoit abandonné son poste, c'étoit selon Polybe, un châtiment assez ordinaire de la décimer par le sort, de faire donner la bastonnade à ceux sur qui le malheur étoit tombé. Le reste étoit puni d'une autre maniere : car premierement, au lieu de bled, on ne leur distribuoit que de l'orge pour leur provision de vivres ; & secondement, on les obligeoit à loger hors du Camp exposez aux insultes des ennemis, contre lesquels c'étoit à eux à se défendre comme ils pourroient. On
faisoit

DE LA MILICE FRANÇOISE. *Liv. XIII.* 577
faisoit la même punition à une Cohorte qui avoit laissé prendre son Etendart.

Si les Auteurs de notre ancienne Histoire avoient été aussi attentifs & aussi exacts à marquer ces sortes de particularitez, que l'ont été les Ecrivains de l'Histoire Romaine à l'égard des usages Romains, j'aurois dequoy fournir davantage le sujet que je traite ; mais ils n'ont pensé à rien moins, & ce n'est que par hazard qu'on y trouve certains faits qui peuvent nous donner quelques lumieres là-dessus. J'en rapporterai quelques-uns qui se sont presentez à moi en composant mon Histoire de France.

Sous la premiere Race au tems du grand Clovis, quand on faisoit la revûë pour marcher à quelque expedition, le General ou le Prince lui-même examinoit attentivement les armes de chaque soldat, pour s'assûrer si elles étoient bien entretenuës. Il paroît par la punition d'un soldat que Clovis fit de sa propre main, en le tuant pour ce sujet, qu'il y alloit de la vie si les armes n'étoient pas bien en ordre.

Un autre exemple montre que quelque barbares que fussent encore les François sous le Regne de ce même Prince, il y avoit de la discipline parmi eux. S'étant mis en marche pour aller combattre Alaric Roy des Visigots, il fit défense sous peine de la vie de rien prendre sans payer, excepté l'eau & l'herbe en passant sur le territoire de l'Eglise de saint Martin. Un soldat ayant enlevé par force du foin à un païsan, sous prétexte que du foin, disoit-il par une mauvaise plaisanterie, n'étoit que de l'herbe, Clovis le fit punir de mort sur le champ, & toute l'armée passa sans faire en cet endroit le moindre desordre. *Ibid. cap. 37.*

Je trouve encore que la lapidation fut en ces tems-là un supplice en usage pour les soldats parmi les François aussi-bien que parmi les Romains. Sigebert petit-fils de Clovis étant sur le point de forcer le Roi Chilperic son frere dans son Camp, ce Prince lui envoya demander la paix qu'il lui accorda. Les troupes qu'il avoit amenées de Germanie qui avoient compté sur le pillage du Camp de Chilperic, se mutinerent ; Sigebert monta aussi-tôt à cheval & alla aux mutins que sa presence déconcerta : il fit prendre les plus insolens & les fit lapider à la vûë de l'armée. *Lib. 4. chap.*

Tome II.   D ddd

Les monumens historiques de la seconde Race de nos Rois nous fournissent un peu plus de détail touchant les châtimens Militaires ; & l'on trouve diverses choses sur cette matiere dans les Capitulaires de Charlemagne. J'en ai déja fait mention dans l'Histoire de la Milice Françoise sous la seconde Race.

<small>L. 1. Capitul. cap. 67. Just. Lipf. l. 5. de Milit. Rom. dial. 19.</small>

Si un homme qui devoit marcher au service manquoit de s'y rendre, il étoit condamné à l'amende de soixante sols d'or ; & s'il n'avoit pas moyen de la payer, il devenoit serf du Prince, & demeuroit en servitude jusqu'à ce qu'il eût satisfait. Juste-Lipse cite un fragment de Polybe par où l'on voit que cette peine de la servitude étoit en usage parmi les Romains pour les soldats coupables de certaines fautes.

<small>L. 1. Capitul. cap. 69.</small>

Quand un Officier de la Maison du Prince ou qui tenoit de lui quelque terre en benefice, manquoit à se rendre à l'armée au tems marqué, il étoit condamné à faire abstinence de viande & de vin autant de jours qu'il avoit manqué à se rendre à son devoir.

<small>Ibid cap. 14. & l. 3. cap. 66.</small>

S'il se faisoit quelque desordre ou quelque violence durant la marche, celui qui l'avoit fait, étoit condamné à restituer le triple ; & si c'étoit un serf, on y ajoûtoit une punition corporelle. Si le Commandant n'avoit eu soin de faire justice sur le champ, il étoit cassé.

<small>Ibid. cap. 72.</small>

Si quelqu'un s'enyvroit dans le Camp, il étoit condamné à ne boire que de l'eau pendant un tems.

<small>Cap. 70.</small>

Quiconque se retiroit de l'armée sans la permission du Prince, étoit condamné à la mort.

<small>L. 6. c. 253.</small>

Celui qui dans le combat fuïoit mal-à-propos ou qui refusoit de marcher à l'ennemi, quand il étoit commandé, non seulement perdoit sa Charge s'il en avoit, mais encore il étoit declaré infame ; jusques-là que son témoignage n'étoit point reçû en justice.

Ces Ordonnances & quelques autres semblables furent renouvellées pour la plûpart par Loüis le Debonnaire & par Charles le Chauve : mais sous ces Regnes arriva le relâchement de la discipline par les guerres civiles & au sujet des descentes des Normands qui desolerent la France ; & la licence des gens de guerre devint extrême.

Pour ce qui est de la troisiéme Race, je ne me souviens point d'avoir rien rencontré qui pût nous instruire sur ce sujet jusqu'à Philippe-Auguste septiéme Roy de cette lignée, qui, ainsi que le témoigne Mathieu Paris sous l'an 1213, ordonna à tous ceux qui possedoient des Fiefs, de se rendre au service, quand ils y seroient appellez, sous peine de crime de Leze-Majesté & de Felonie, & par consequent de confiscation de leurs Fiefs. Je ne crois pas que cette Ordonnance fût un Reglement perpetuel: mais apparemment ce Prince la fit si severe & sous de si griéves peines, parce qu'alors il étoit averti de la grande ligue de l'Empereur Othon avec Ferrand Comte de Flandres & quelques autres rebelles, qu'il défit dans la campagne de l'année suivante à la bataille de Bovines.

En effet Philippe III dit le Hardi fils de Saint Loüis, punit d'une peine infiniment moindre ceux qui ne s'étoient pas rendus au service dans son expedition contre le Comte de Foix, lequel s'étoit revolté; car il se contenta de les condamner à payer à son épargne autant d'argent qu'il en auroit dépensé lui-même pour leur solde, tant pour leur voyage à l'armée que pour le tems du service & leur retour, outre une amende proportionnée à leur qualité, soit de Baron, soit de Banneret, soit de simple Chevalier, &c.

A la verité depuis ce tems-là Charles VI par une Ordonnance privoit & dégradoit de noblesse *les possedans Fiefs par le défaut de service*: mais c'étoit par des raisons semblables à celles de Philippe-Auguste & par des besoins pressans à cause des guerres civiles & des factions qui étoient dans son Royaume. Il arrivoit quelquefois qu'on saisissoit le Fief; mais on n'en venoit gueres jusqu'à la dégradation. Cette punition supposoit toûjours quelque grand crime, comme la revolte, ou la trahison, ou quelque lâcheté insigne commise au préjudice du Prince & de l'Etat.

Ordonnance de Charles VI en 1392.

Elle s'executoit d'une maniere particuliere pour ceux qui avoient été honorez de la qualité de Chevalier. On les faisoit botter & prendre leurs éperons dorez, & on les leur cassoit sur les talons à coups de hache. Le Roman de Garin manuscrit est cité par du Cange sur ce sujet.

Li éperons li soit copé parmi
Près del talon au branc acier forbi.

Dans les tems posterieurs à ceux où la Chevalerie étoit en grand honneur, nous avons dans nos histoires des exemples de dégradations comme punitions Militaires exercées sur des Commandans qui avoient mal servi l'Etat. Une des plus memorables est celle du Capitaine Frauget Commandant de Fontarabie l'an 1523 sous le Regne de François I. Ce Gentilhomme ayant été honoré du commandement de cette place, y fut assiegé par l'armée de Charles V ; rien ne lui manquoit pour une vigoureuse défense dans une ville que Monsieur du Lude avoit défendue quelque tems auparavant pendant un an, & en avoit fait lever le siege aux Espagnols par sa constance & par sa resolution, presque tous ses vivres & toutes ses munitions étant épuisées, & n'ayant pas de quoy vêtir ses soldats. Frauget rendit la place au bout d'un mois de siege par la défiance qu'il eut des soldats Navarrois qui faisoient une partie de sa garnison, & dont il soupçonna le Capitaine d'intelligence avec les Espagnols.

<small>Memoires de Martin du Bellay. l. 2.</small>

On arrêta Frauget après la prise de la place ; il fut conduit à Lion & mis au Conseil de guerre ; on le fit monter sur un échafaut où l'on le dégrada de noblesse, il fut declaré roturier lui & tous ses descendans avec les ceremonies les plus infamantes.

Nous avons vû de nôtre tems un pareil exemple pour une cause semblable dans la personne du Gouverneur de Naerden en Hollande l'an 1673. C'étoit un homme qui avoit fait preuve de valeur en bien des occasions ; mais il en manqua à la défense de sa place. Il obtint l'année d'après la permission de servir dans Grave assiegé par le Prince d'Orange, il y fit de belles actions qui reparerent sa reputation & y fut tué. Tant il est vrai qu'il en coûte souvent moins à être constamment brave, qu'à rétablir son honneur, quand on a une seule fois manqué sur un point si delicat.

Quant à ce qui regarde les simples soldats ou les particuliers des divers Corps, nous avons plusieurs Ordonnances de nos Rois depuis le Roy Charles V, qui marquent les diverses punitions, soit des Gendarmes, soit des Chevaux-Legers, soit de l'Infanterie & des autres especes de troupes, lorsqu'ils tomboient en de certaines fautes. Celles du Prince que je viens de nommer sont moins severes. Nous n'avons que l'Ordonnance qu'il fit en 1373 pour la Gendarmerie. Ce Corps n'étoit composé alors que de Gentils-hommes qu'on ménageoit par cette raison, & qu'on ne punissoit gueres de peines infamantes : outre que ce Prince eut besoin de tems pour rétablir l'autorité Royale extrêmement affoiblie par les imprudences de son prédecesseur le Roy Jean & par sa prison, & par les revoltes & les guerres civiles qui en furent les suites; les peines marquées dans cette Ordonnance se réduisent à être privé de la solde, à perdre ses chevaux & son harnois, à dédommager ceux ausquels ils auroient fait tort dans les marches ; & s'ils n'avoient pas dequoy satisfaire, la reparation du tort tomboit sur les Capitaines.

Les Ordonnances les plus rigoureuses de celles qui nous restent que j'aye vûës, sont celles de François I, de Henri II & de leurs successeurs. Par ces Ordonnances le rançonnement des bourgs ou des villages & le vol étoit puni par la potence, à l'égard même des Gendarmes. Le tort étoit reparé par les Capitaines, s'il ne pouvoit l'être autrement ; & pour cette raison il étoit ordonné aux Gendarmes & aux Archers de Gendarmerie de ne jamais aller en campagne sans le hoqueton à la devise du Capitaine, afin qu'on reconnût de quelle Compagnie étoient ceux qui avoient fait la violence. S'ils y manquoient, ils étoient cassez ; & s'ils l'avoient fait en vûë de quelque méchante action, ils étoient arrêtez comme vagabonds & punis dans la rigueur de la justice, même de mort selon la qualité du crime.

Les Passevolans qui étoient reconnus pour tels dans les montres, étoient pendus. Le Capitaine qui en avoit mis dans sa Compagnie étoit cassé ; & l'Homme d'Armes qui en auroit substitué un en sa place, étoit chassé de la Compagnie d'ordonnance & puni du bannissement.

Monsieur de Montgommery de Corboson dans son traité de l'Ordre de la Cavalerie, dit une chose remarquable touchant l'ancienne Gendarmerie de France, sçavoir qu'un Gendarme qui auroit fui ou qui se feroit rendu aïant le bras droit entier & son cheval en vie, étoit puni de mort. Il y avoit apparemment plusieurs exceptions à cette regle. Les Ordonnances dont je viens de parler étoient à plus forte raison aussi severement executées dans la Cavalerie legere, dans l'Infanterie & dans les autres Corps.

Dans l'Ordonnance de François I de l'an 1534 pour l'institution des Legions, un soldat qui auroit blasphemé, étoit attaché au carcan pendant six heures; & en cas de rechûte pour la troisiéme fois, il devoit être condamné à avoir la langue percée d'un fer chaud, & chassé pour jamais de la Legion. Cette Ordonnance a été renouvellée par Loüis le Grand.

La desertion pour se jetter du côté de l'Ennemi étoit punie comme crime de Leze-Majesté; & si on ne pouvoit prendre le deserteur, il étoit écartelé en effigie dans le Camp; mais il n'y avoit point de peine de mort statuée contre celui qui desertoit pour retourner en son païs: & s'il étoit pris, il étoit seulement dit que le Prevôt le puniroit ainsi qu'il aura merité & desservi.

Le vol, & sur tout le pillage des Eglises, étoient punis de mort.

Les tromperies dans le jeu étoient punies du foüet pour la premiere fois; & pour la seconde outre la peine du foüet, les trompeurs étoient bannis pour dix ans, & outre cela essorillez, c'est-à-dire qu'on leur coupoit les oreilles.

La punition des querelles & des suites des querelles étoit remise à la discretion du Prevôt qui l'ordonnoit selon la qualité du cas. Il n'est point ici mention de duels, parce que cette maniere de se venger n'étoit gueres encore alors en usage dans les troupes. Ce ne fut que sous Charles IX durant les guerres civiles, que cette fureur des combats singuliers devint très-frequente parmi les gens de guerre.

La discipline militaire sur l'article du châtiment des soldats devint beaucoup plus severe sous Henri II. On voit par l'Ordonnance de ce Prince de l'an 1550, que non seulement le vol, le meurtre, la revolte étoient punis de mort; mais en-

Ordonnance de Henri II de l'an 1550.

core que la defertion, quand même le foldat ne fe jettoit pas du côté des Ennemis, étoit punie de même du dernier fupplice, qu'il y alloit de la vie pour le foldat, quand il manquoit à fa faction, qu'il ne fe rendoit pas à fon pofte en cas d'allarme, qu'il quittoit celui où le Sergent l'avoit placé, qu'il ne fuivoit pas l'enfeigne dans la marche, qu'il mettoit l'épée à la main contre fon Sergent, qu'il injurioit le Major ou le Prevôt, qu'il ne s'arrêtoit pas en fe battant l'épée à la main contre un autre à l'arrivée du Capitaine ou du Sergent qui furviendroient pour les feparer, &c.

Ce fut le Seigneur de Chaftillon plus connu depuis fous le nom d'Amiral de Coligni, qui dreffa cette Ordonnance, & qui la fit exactement obferver en qualité de Colonel General de l'Infanterie. On fut redevable à fon application & à fa feverité du bon état où l'Infanterie fut mife alors en France. Il étoit extrêmement redouté du foldat. Et quelque tems après les Ordonnances publiées, Henri II allant à fon expedition d'Allemagne, Brantôme dit que l'on voïoit fur les chemins plus de foldats *pendus aux branches des arbres que d'oifeaux* par les ordres de M. de Chaftillon Colonel General, qui par ce moïen mit en peu de tems l'ordre dans l'Infanterie. C'eft de ces executions que vint le proverbe des foldats : *Dieu nous garde du curedent de l'Amiral & de la patenoftre du Connétable*; parce que le premier en fe curant les dents, & l'autre en difant fon chapelet, donnoient quelquefois des ordres très-feveres durant les marches des armées.

Severité de l'Amiral Coligni.

Dans l'éloge de l'Amiral de Coligni. Et du Connétable Anne de Montmorenci paffez en proverbe.

Les guerres civiles qui fuivirent la mort de Henri II, eurent bien-tôt ramené le déreglement dans les troupes par l'inexecution des Ordonnances : & l'on peut dire que depuis Henri II jufqu'au tems que Loüis le Grand commença à gouverner par lui-même, on n'avoit point vû dans les troupes de France la difcipline militaire dans toute fa vigueur. On peut même ajoûter fans exageration que depuis l'établiffement de la Monarchie, on n'avoit jamais vû les troupes de France mieux difciplinées, qu'elles le furent depuis 1667 jufqu'aux dernieres guerres.

Relâchement de la difcipline par les guerres civiles.

Loüis le Grand fit des Ordonnances où fe voïent en détail tous les cas qu'on pouvoit prévoir, foit pour l'obéïffance & la

Ordonnance de Loüis le Grand fur la

discipline Militaire.

Jamais les troupes n'ont été mieux disciplinées.

subordination des troupes, soit pour empêcher la desertion & les abus des montres, soit pour la conservation des places de guerre & des frontieres, soit pour les querelles tant entre les soldats qu'entre les Officiers ; & on y interesse les uns & les autres, soit par les punitions, soit par les recompenses, à contribuer au maintien de l'ordre établi. L'execution suivit avec une admirable exactitude, non seulement pour les points dont je viens de parler, mais encore pour les moindres vols & les moindres violences. Les peuples en étoient charmez ; & pendant cinq ans que je demeurai sur la frontiere entre 1669 & 1675, je fus témoin avec plaisir de cette admirable & exacte discipline. La sûreté dans les villes de guerre & dans les chemins sur la frontiere étoit aussi grande que dans le milieu du Royaume. Les duels étoient une chose presque inoüie, les querelles rares entre les Officiers & presque-aussi-tôt assoupies. On n'en voïoit gueres parmi les soldats qui allassent aux voyes de fait, & en ce cas la punition suivoit de près.

Bons effets de cette discipline.

Il faut avoüer que dans les dernieres guerres il y eut du relâchement : il provenoit des excessives dépenses que le Roy étoit obligé de faire, aïant en même-tems un si grand nombre d'Ennemis sur les bras & des alliez à soûtenir & à défendre. La disette du bled survint en même-tems, la cherté des vivres, des provisions, des munitions dont il falloit pourvoir les magasins ; cela fit que les soldats & les Officiers ne furent point exactement payez ; & de là vint la necessité de ne pas contraindre si fort les soldats. Ce sont de ces inconveniens que certaines conjonctures rendent inévitables.

Le châtiment le plus ordinaire pour la desertion & pour le défaut d'obeïssance & de subordination, comme on le voit par les Ordonnances de François I & de Henri II, a été depuis long-tems d'être passé par les armes. Avant le Regne de Loüis le Grand les Piquiers étoient passez par les piques, les Arquebusiers & les Mousquetaires étoient tuez à coups de mousquets ou d'arquebuses. Il me semble que depuis très-long-tems, ç'a été toûjours par le mousquet, & ensuite par le fusil que la punition a été faite, sans distinction soit pour les Piquiers, soit pour les Mousquetaires. Des plus anciens Officiers des troupes m'ont assûré que depuis qu'ils sont dans le service, ils n'ont jamais

DE LA MILICE FRANÇOISE. Liv. XIII.

mais vû passer par les piques aucun soldat.

Quand la desertion se fait du côté de l'Ennemi, le soldat est condamné à la potence, mais il est dégradé par le Major avant l'execution : ce qui se fait de cette maniere. Le Major lui fait mettre un fusil sur l'épaule, un ceinturon & une épée ; il les lui fait ôter aussi-tôt par un Sergent qui lui dit : *Te trouvant indigne de porter les armes, nous t'en dégradons.* On lui ôte le fusil par derriere, & on lui fait passer le ceinturon par les pieds, & le Sergent finit la ceremonie en luy donnant un coup de pelle sur le derriere ; après quoy on remet le criminel entre les mains de l'Executeur de la justice.

Ceremonie de la degradation d'un soldat.

Il y a une Ordonnance du mois de Decembre 1684, par laquelle tout deserteur étoit condamné à avoir le nez & les oreilles coupées, à être marqué de la fleur de lys aux deux joües, & ensuite envoyé aux galeres. Cette punition qui, ce semble, a quelque chose de plus rude que la mort même, a été quelquefois mise en execution ; & l'usage n'en a pas duré.

Il y a des crimes pour lesquels on condamne les soldats au foüet ou à l'estrapade : pour ce qui est des fautes moins considerables, une des punitions les plus usitées est de mettre un soldat sur le cheval de bois ; c'est ainsi qu'on appelle deux planches mises en dos d'âne terminées par la figure d'une tête de cheval, élevées sur deux treteaux dans une place publique, où il est comme à cheval avec beaucoup d'incommodité exposé à la vûë & à la derision du peuple ; on lui pend quelquefois des mousquets aux jambes pour l'incommoder encore davantage par ce poids.

C'est encore un châtiment usité que celui des baguettes. Le soldat a les épaules nuës : & on le fait passer entre deux hayes de soldats qui le frappent avec des baguettes. Ce châtiment est infamant, & l'on n'y condamne les soldats que pour de vilaines actions, quelquefois on les casse & on les chasse de la Compagnie après ce supplice.

Dans le Reglement general du Roy, fait en 1691 pour le Regiment des Gardes, on voit une punition particuliere pour les soldats de ce Regiment. Il est dit dans l'Article LXXVI, que les Compagnies de garde étant arrivées à Versailles, si l'on s'apperçoit que quelques soldats se soient évadez pour retourner à Paris, on envoïera sur le champ un Sergent pour les arrêter, *lesquels on mettra en prison d'une garde à l'autre, observant de les ramener en garde attachez avec dix mousquets sur le corps.*

Art. 131. Il est encore marqué que tout soldat des Gardes qui sera arrêté dans quelque desordre lequel sera avec un autre habit que celui de soldat, soit envoïé aux galeres..... n'étant permis qu'à ceux qui vont travailler de changer d'habit.

Art. 82. Il est dit encore que jamais un Sergent ne battra un Caporal ni un Aspessade du Regiment des Gardes, sur peine à lui d'être mis en prison : mais lorsqu'il trouvera un Caporal ou un Anspessade en faute, il le mettra en prison, & en avertira le Major & son Capitaine.

Il y a de certains Corps où l'on ne punit jamais les particuliers de peines infamantes : par exemple, parmi les Reglemens que le Roy a fait dresser pour le Regiment Royal des Carabiniers que M. le Duc du Maine commande, il y en a un où il est dit qu'on ne fera point aux Carabiniers de châtimens ignominieux, excepté quand on voudra les casser ensuite & les chasser de la Compagnie.

Cela s'observe à plus forte raison à l'égard des Corps de Cavalerie qui composent la maison du Roy. Ainsi par exemple on châtie un Garde du Corps par le retranchement de quelque solde ; le Major le trouvant en faute le fait quelquefois désarmer sur le champ, en attendant que le Capitaine le punisse autrement selon la qualité de la faute. Quand un Brigadier ou Sous-Brigadier trouve quelque Garde en faute, il le peut punir soit en lui faisant faire une sentinelle extraordinaire, soit en le désarmant & le mettant aux arrêts, mais il faut qu'il en avertisse aussi-tôt le Major & le Capitaine. La prison n'est point regardée comme une peine infamante. Que si un Garde du Corps ou un Gendarme, ou un Chevau-leger, ou un Mousquetaire est reconnu pour libertin, pour yvrogne, pour débauché, on le casse.

Comme chez les Romains, de même en France, on punit quelquefois les Corps entiers quand la faute a été commune.

Ainsi en 1673 un Regiment d'Infanterie qui s'étoit comporté lâchement à la défense de Naërden, fut cassé; mais le Comte de la Mothe qui en étoit Colonel & qui avoit fait son devoir, fut mis à la tête d'un autre Regiment. *Punition de Corps entiers.*

Le crime de la sentinelle abandonnant son poste a toûjours été capital chez presque toutes les nations; mais aussi le soldat étant en sentinelle est regardé comme une personne publique, qu'il n'est pas permis à qui que ce soit d'outrager tandis qu'il est en faction. Par un des articles de l'Ordonnance de Henri II de l'an 1550, *le soldat qui outragera un autre, ou dégainera sur lui étant en guet, ordonnance ou faction, sera passé par les piques.* Et la sentinelle peut tuer impunément quiconque l'insulteroit dans cette conjoncture, & même le doit selon les loix de la guerre, au moins si nous en jugeons par un cas qui arriva en 1622 au siege de Montpellier du tems de Loüis XIII, rapporté dans les memoires de Puisegur. *Sentinelle abandonnant son poste punie de mort.*

« Le Conseil étant fini, dit-il, & Monsieur de Marillac sortant à cheval par la porte du logis du Roy, son cheval en reculant marcha sur le pied de la sentinelle, laquelle frappa de la fourchette sur la croupe de ce cheval; ce qui donna une secousse à Monsieur de Marillac, qui se tourna & battit la sentinelle. Ce soldat étoit de la Compagnie de Monsieur de Goas, qui l'aïant sçû, le fit relever & arrêter prisonnier, & s'en alla au logis de Monsieur de Marillac en resolution de lui faire mettre l'épée à la main. Le Roy le sçut & envoïa chercher Monsieur de Goas & querir Monsieur de Marillac auquel il fit grande reprimande, lui disant que la sentinelle le devoit avoir tué, & que de six jours il ne feroit aucune fonction de sa Charge de Maréchal de Camp, & qu'il ne commanderoit point dans l'attaque que feroient les Gardes. Le soldat qui avoit été arrêté prisonnier fut mis au Conseil de Guerre, & condamné d'être dégradé des armes à la tête du Regiment & à l'estrapade pour n'avoir pas tué Monsieur de Marillac. Sa Majesté lui fit grace de tout; neanmoins Monsieur de Goas ne s'en voulut plus servir dans sa Compagnie. Je remarque ceci pour faire connoître combien de respect on doit avoir pour les sentinelles, & qu'il n'est pas même permis aux Capitaines des Compagnies de battre la senti- *Exemple remarquable d'une sentinelle maltraitée.*

Eeee ij

» nelle, & qu'il la faut relever auparavant que de lui faire au-
» cun châtiment.

Je finirai cet article en touchant quelque chose d'un châtiment militaire qui étoit en usage du tems de Charles IX
pour certaines fautes où pouvoient tomber les soldats, lorsqu'ils étoient en sentinelle ou de garde. Ce châtiment s'appelloit le Morion & les Honneurs. Il en est fait mention dans
un petit livret imprimé en 1617, intitulé Alphabet Militaire,
& composé par un Officier d'armée appellé Montgeon sieur
du haut Puy de Fleac, qui avoit servi sous Charles IX.

Instruction pour donner le Morion aux soldats manquant à leur devoir étant en garde, avec les causes pour lesquelles ils le doivent avoir.

Premierement, pour un démenti au Corps de Garde l'on doit donner à un soldat le Morion de dix en bas.

Qui mettra l'épée à la main plus proche du Corps de Garde que la longueur d'une pique, l'aura aussi de dix en bas.

Qui tirera son arquebuse sans congé de son Caporal, ou qui entrera en garde sans munitions de balles & poudre, & tiendra son arquebuse non chargée & esmorchée, aura aussi les honneurs.

Qui fera quelques indignitez aux armes, ou maniera celles de son compagnon sans le congé de son Caporal, aura aussi les honneurs.

S'ensuit la forme qu'on tient pour donner le Morion.

Premierement, celui auquel on veut donner le Morion, doit élire son parrain tel que bon lui semblera, pourveu qu'il soit de l'escouade.

Le parrain doit désarmer celui auquel il doit donner le Morion, & lui mettre une hallebarde en la main, & sur la pointe d'icelle mettre le chapeau de celui qui doit avoir le

Morion, puis prendra une arquebuse, & l'aïant à la main dira fort haut : *Messieurs, l'on vous fait à sçavoir que le Morion se va donner :* & après avoir quitté son chapeau & avoir éveillé tous les soldats qui dorment, si aucuns sont, commencera en cette forme.

Premierement, fera le signe de la Croix sur la crosse de l'arquebuse, puis la baisera & fera baiser à celui qui doit avoir le Morion, & commencera en cette forme à frapper sur le derriere d'icelui pour chaque parole un coup : *honneur à Dieu, service au Roy, salut aux armes, passe Morion, Morion passera.*

Le reste est conçu en termes si impertinens que la bienseance ne me permet pas de les transcrire. Ce châtiment avoit été sans doute institué par autorité : mais je m'imagine qu'on en avoit laissé dresser la formule par quelque Sergent, qui l'avoit composée en style de Corps de Garde.

Du changement des armes dans l'Infanterie sous le Regne de Loüis le Grand.

JE ne parle point ici des armes défensives, c'est à dire, du corcellet & du casque, qui étoient encore en usage au commencement du Regne de Loüis XIV, au moins dans une partie de l'Infanterie, principalement pour les Piquiers. On a vû encore les Gardes Suisses il y a peu d'années se servir de ces armes, & monter même la garde à Versailles avec le corcelet. Il s'agit seulement des armes offensives qui avoient été regardées depuis plusieurs siecles comme absolument necessaires aux Fantassins, sçavoir la pique & le mousquet. On a substitué dans ces derniers tems à la pique la bayonnette au bout du fusil, & le fusil au mousquet.

Quant à la pique, on la peut regarder comme une des plus anciennes armes dont on se soit servi depuis que la guerre a été reduite en art : car les sarisses des Grecs faisoient toute la force de leur fameuse Phalange ; & ces sarisses étoient comme nos piques, mais beaucoup plus longues, & leur usage étoit de défendre l'Infanterie contre la Cavalerie : c'étoit aussi l'usage principal de nos piques.

l'Auteur de l'Art Militaire attribué à Monsieur de Langei du tems de François I, Machiavel, le Seigneur de la Nouë dans ses discours politiques & militaires, & les autres qui ont traité en ces tems-là & depuis de la Milice, ont tous regardé comme une chose indispensable, d'avoir dans une Infanterie au moins le tiers de Piquiers, pour les mettre dans un combat au front de chaque Bataillon. On choisissoit les plus forts & les plus vigoureux soldats pour les armer de la pique, & la coutume étoit qu'ils avoient une solde un peu plus grosse que les Arquebusiers & les Mousquetaires.

Les Suisses & les Allemans étoient ceux de toutes les Nations qui se servoient le mieux de la pique ; & c'est une des raisons pour lesquelles l'Infanterie de ces pays passa pendant long-tems pour la meilleure qu'il y eût en Europe. Monsieur de la Nouë se plaint souvent de ce que les François ne pouvoient s'accommoder de cette arme, prétendant qu'il ne manquoit que cela à notre Infanterie pour égaler celle des Suisses & des Lansquenets, & pour se pouvoir passer de ces deux Nations dans nos guerres ; où leurs caprices furent souvent la cause de nos déroutes, sur tout dans les guerres d'Italie. L'experience a prouvé depuis la verité de ce que disoit ce fameux Capitaine.

L'idée de la necessité des Piquiers dans un Bataillon a toûjours été la même jusqu'à ces derniers tems, & voici ce qui donna occasion de changer de sentiment là-dessus.

Feu Monsieur le Baron d'Asfeld me raconta en 1715 peu de tems avant sa mort qu'en 1689, étant revenu de Hongrie, où il avoit commandé un Corps de deux mille hommes envoyez par le Roy de Suede au secours de l'Empereur contre les Turcs, Monsieur de Louvois le questionna fort sur la maniere dont la guerre se faisoit en ce pays-là ; qu'à cette occasion il dit entre autres choses à Monsieur de Louvois que l'Empereur avoit ôté les piques à ses troupes, & avoit donné des mousquets à toute l'Infanterie ; que ce qui avoit déterminé ce Prince à ce changement, étoit que les Turcs sçavoient bien mieux manier le sabre que les Chrétiens, qu'ils s'en servoient avec succès contre les piques, & que d'ailleurs ils appréhendoient beaucoup le feu ; que sur cette reflexion l'Empereur avoit pris son parti ; qu'il avoit aboli les piques pour augmenter le nombre des Mousquetaires, & par consequent multiplier le feu ; que par la même raison dans les combats, on serroit plus qu'auparavant les Bataillons & les Escadrons, & qu'on laissoit entre eux moins d'intervalle pour empêcher que les Turcs ne pussent les prendre si aisément en flanc quand on se mêloit.

Il m'ajoûta que Monsieur de Louvois avoit fort goûté ces raisons, & quelques autres qu'il lui apporta contre l'usage des piques ; que ce Ministre en parla au Roy ; qu'il en fut ébranlé, mais qu'il ne put se resoudre à faire un changement de cette consequence, & que Monsieur de Louvois n'insista pas davantage, n'osant se charger des évenemens, au cas qu'il arrivât quelque malheur de cette nouvelle disposition ; qu'une chose qui arriva à la bataille de Fleurus en 1690 reveilla cette pensée ; c'est qu'on eut beaucoup moins de peine à venir à bout de quelques Bataillons Hollandois qui avoient des piques, que de quelques Bataillons Allemans qui n'en avoient point, & cela à cause de leur grand feu.

La chose en demeura là pour lors. Voici ce que j'ai sçu d'ailleurs & d'aussi bonne part : Monsieur le Maréchal de Catinat faisant la guerre dans les Alpes aux Barbets, ôta les piques à ses soldats, parce qu'elles étoient moins propres pour ces combats de montagnes, & que le grand feu y étoit beaucoup plus utile ; que l'on continua à en user de même dans les guerres d'Italie, parce que le pays qui est fort coupé, ne permettoit pas de s'étendre beaucoup en plaine ; qu'enfin le Roy dans la suite ayant consulté plusieurs Generaux d'armée, qui ne furent pas tous d'un même avis, & ayant pesé les raisons de part & d'autre, il s'en tint au sentiment de Monsieur le Maréchal de Vauban, qui étoit d'abolir les piques, contre celui de Monsieur d'Artagnan depuis Maréchal de France sous le nom de Montesquiou, & alors Major des Gardes Françoises. Qu'en consequence l'an 1703, ce Prince fit une Ordonnance par laquelle toutes les piques furent abolies dans l'Infanterie, & qu'on y substitua des fusils. C'est là l'époque de ce changement general, & un des plus considerables qui se soit fait depuis long-tems dans la Milice Françoise.

On a cru pouvoir suppléer au défaut des piques par la bayonnette au bout du fusil. Cette arme est très moderne dans les troupes. Je croi que le premier Corps qui en ait été armé, est le Regiment des Fusiliers créé en 1671, & appellé depuis Regiment Royal-Artillerie. Les soldats de ce Regiment portoient la bayonnette dans un petit fourreau à côté de l'épée. On en a donné depuis aux autres Regimens pour le même usage, c'est à-dire, pour la mettre au bout du fusil dans les occasions.

Quoique l'usage ordinaire de la bayonnette au bout du fusil soit aussi recent que je viens de le dire, l'idée en étoit venuë long-tems auparavant à quelques Officiers d'armée qui l'avoient mise en pratique. Ainsi avoit fait autrefois Monsieur de Puisegur dans le département où il commandoit en Flandre. *p. 612.* » Pour moy, dit-il dans ses memoires, quand je » commandois dans Bergue, dans Ypres, Dixmude, & la » Quenoque, tous les Partis que j'envoyois passoient les ca- » naux de cette façon. Il est vrai que les soldats ne portoient » point d'épée : mais ils avoient des bayonnettes qui avoient » des manches d'un pied de long, & les lames des bayonnet- » tes étoient aussi longues que les manches, dont les bouts » étoient propres à mettre dans les canons des fusils pour se » défendre quand quelqu'un vouloit venir à eux après qu'ils » avoient tiré.

On voit encore ce que je dis dans le livre de l'Ingenieur Mallet imprimé en 1684, sous le titre de *Travaux de Mars*, & ce que j'en vais rapporter est d'autant plus remarquable, qu'au sujet de l'utilité de la bayonnette au bout du fusil, il fait la prédiction de l'abolition des piques, qui n'arriva que plusieurs années après.

T. 3. p. 6. » On remarque aussi, dit-il, qu'excepté dans les occasions » que je viens de dire, (c'est-à-dire dans les combats de cam- » pagne) les Piquiers sont par tout ailleurs fort inutiles, ne » pouvant être employez pour factionnaires dans les postes » avancez, où pour avertir il faut faire du bruit. Ils ne peu- » vent aussi servir dans les attaques & les assauts des places, » où il faut avoir des armes aisées à manier, & qui fassent » beaucoup de bruit pour intimider ceux qu'on attaque. Ces

raisons

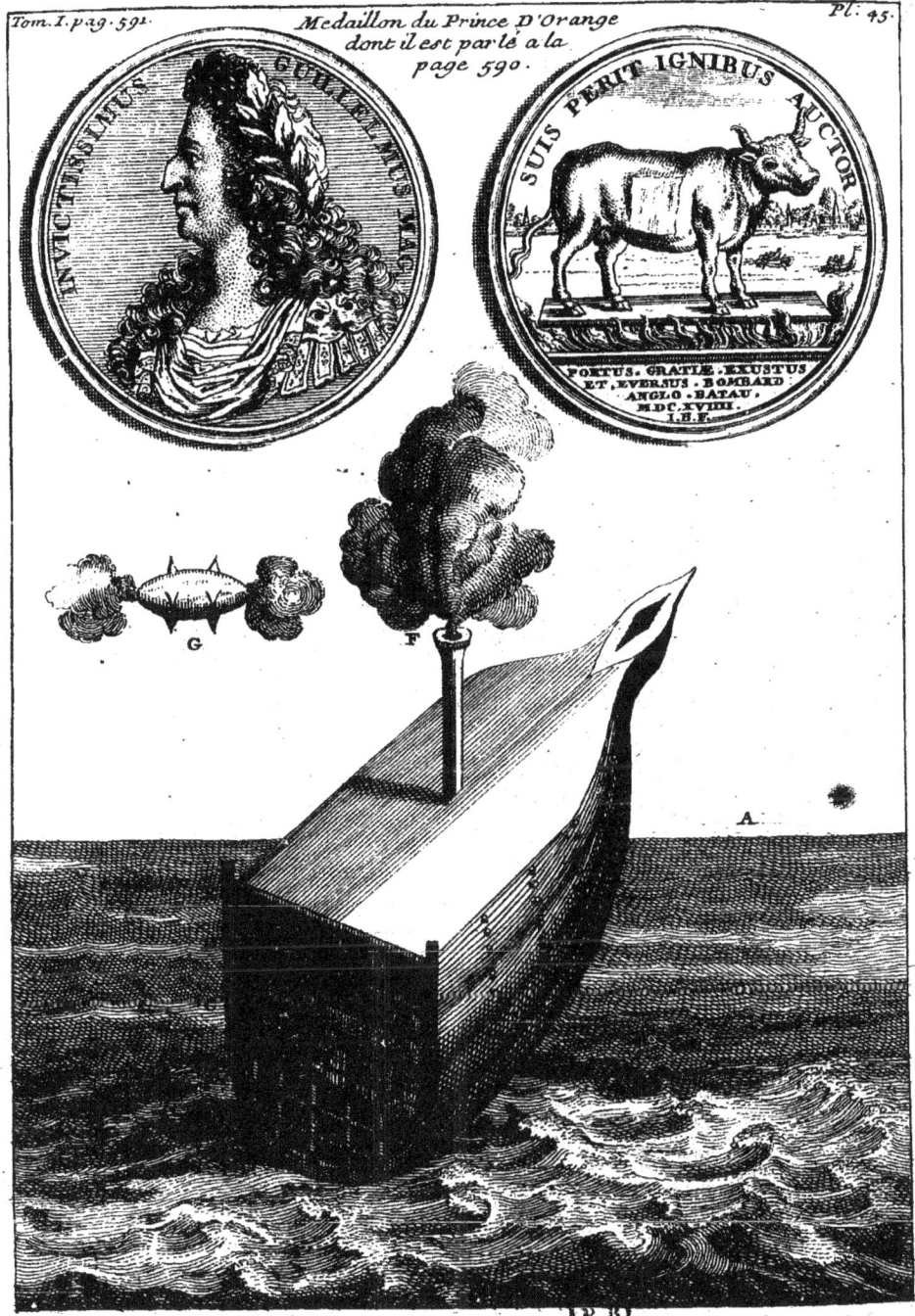

DE LA MILICE FRANÇOISE. *Liv. XIII.* 593

„ raisons & plusieurs autres ont donné lieu cette année de
„ donner à quelques Mousquetaires des bayonnettes pour
„ mettre dans leurs canons, quand ils seront attaquez de la
„ Cavalerie, & faire l'effet des piques, dont peut-être, a-
„ joûte-t-il, l'usage sera ainsi rejetté. Nous voyons que
cette prédiction a été verifiée.

Comme presque toutes les nouvelles inventions se perfec-
tionnent avec le tems, il en a été de même de celle-ci. Quand
il arrivoit que l'on mettoit quelquefois la bayonnette dans le
canon du fusil ou du mousquet, le coup avoit été tiré, ou s'il
ne l'étoit pas encore, on ne pouvoit plus le faire dès là que la
bayonnette bouchoit le canon. C'étoit perdre un grand avantage, c'est-à-dire, celui du feu du mousquet ou du fusil en cas de
besoin, car pour faire feu, il falloit bien du tems pour ôter la
bayonnette du fusil, la remettre dans son fourreau, & ensuite
coucher en joüe. On a suppléé à cet inconvenient par le moïen
de la doüille. C'est une espece de petit canal de fer qui tient
au manche de la bayonnette, dans lequel le bout du canon du
fusi passe & s'emboëte d'une maniere très-fixe, de sorte que
la bayonnette n'est point dans le canon, mais immediatement
au dessous, toute la lame étant au-delà. De cette maniere on a
la liberté de tirer le fusil, comme si la bayonnette n'y étoit
pas attachée.

De là il s'ensuit qu'un Bataillon attaqué par un Escadron de
Cavalerie, a tout son feu pour tirer sur cet Escadron, & outre cela une arme assez longue pour arrêter la Cavalerie qui
voudroit enfoncer le Bataillon, beaucoup plus aisée à manier,
& capable de faire de bien plus grandes blessures que la pique, le
fer de la bayonnette étant fort long, fort aigu, & fort tranchant.

C'est ainsi que les piques ont été abolies. On ne s'en sert
même plus pour les factions dans les villes de guerre, où l'on
n'employoit que des Piquiers, par exemple à la porte d'un magazin à poudre, & où l'on ne plaçoit jamais de Mousquetaire en sentinelle par la crainte du feu, mais un Piquier. Les
Sentinelles en ces endroits n'ont aujourd'hui ni fusil ni pique,
mais seulement l'épée à la main.

Les mousquets ont été aussi ôtez à l'Infanterie, & ont fait

place aux fufils. Le mousquet avoit ses avantages. Il étoit d'un plus gros calibre & plus long, & par conséquent plus meurtrier. Il ne manquoit jamais à faire son feu, parce que la méche allumée ajustée sur le serpentin donnoit immediatement sur la poudre dans le bassinet. Le fusil au contraire manque quelquefois à faire feu par le défaut de la pierre ou par l'humidité du tems.

Mais d'ailleurs le mousquet avoit aussi ses inconveniens : il étoit plus pesant que le fusil, plus embarrassant pour le soldat, on ne pouvoit pas le tirer si promptement. De plus il est arrivé plusieurs fois que des embuscades & des surprises que l'on préparoit la nuit aux Ennemis, ont été découvertes par le feu des méches. C'est par toutes ces raisons que le fusil a paru plus avantageux pour la guerre de campagne, & qu'on l'a substitué au mousquet.

Ce fut en 1699 & en 1700 que ce changement fut fait quatre ans avant qu'on eût retranché entierement les piques. Les premieres armes à feu portatives dont l'Infanterie se servit d'abord dans nos armées furent les arquebuses ; car je n'ai pu trouver dans nos Histoires d'espece d'arme à feu portative plus ancienne que celle-là. Ensuite vinrent les mousquets, qui depuis quelques siecles étoient l'arme ordinaire, & enfin on s'est déterminé à ne plus se servir que de fusils.

Comparaison de l'Art Militaire d'autrefois & de l'ancienne Milice avec l'Art Militaire & la Milice de notre tems.

CEtte comparaison ne sera pas entre l'Art Militaire de la maniere dont il étoit pratiqué dans les commencemens & dans les progrès de la Monarchie Françoise, & l'Art Militaire de la maniere dont on le pratique aujourd'hui. Il est trop visible qu'il est maintenant plus parfait qu'il n'étoit alors dans presque toutes ses parties. Mais la comparaison se fera entre l'Art Militaire tel qu'il est de notre tems chez les principales Nations de l'Europe, & l'Art Militaire tel qu'il étoit autrefois chez les peuples les plus belliqueux & qui faisoient la guerre avec le plus de regularité, je veux dire chez les Grecs & chez les Romains.

La Comparaison se peut reduire à certains points capitaux : & on la peut faire 1°, Sur l'arrangement des armées. 2°, Sur la qualité & l'exercice des troupes. 3°, Sur la discipline. 4°, Sur la maniere de camper. 5°, Sur l'attaque des places. 6°, Sur la défense des places. 7°, Sur les especes d'armes offensives & défensives. 8°, Sur les machines de guerre. Je ne prétends pas m'étendre beaucoup sur tous ces points en particulier, parce que je les ai touchez pour la plûpart avec quelque détail dans la suite de cet Ouvrage, & je me contenterai de certaines reflexions generales sur ce sujet.

Il y a bien des gens qui donnent sans hesiter sur tout cela l'avantage à notre tems. Il y en a quelques autres qui sont d'un avis contraire, & en particulier Juste-Lipse dans son sçavant & elegant traité de la Milice Romaine. Je crois qu'il y a là-dessus un milieu à prendre, & je tâcherai de rendre dans mes reflexions justice aux anciens & aux modernes. *Justus Lipsius l. 3. de Militiâ Romanâ Dialogo 20.*

Il faut convenir d'abord que ce sont les Grecs & les Romains qui ont reduit la guerre en Art, & qu'avant eux les Assyriens, les Medes, les Israëlites n'avoient dans la guerre que de certaines regles generales, pour la conservation de leur vie, de leur liberté, de leurs biens, ou que l'ambition & la passion des conquêtes leur inspiroient, comme d'avoir de plus nombreuses armées que leurs ennemis, & quand ils ne pouvoient pas en avoir d'égales, de se saisir des hauteurs & des défilez pour leur empêcher l'entrée de leur pays, de leur couper les vivres, de se retirer dans des lieux de difficile accès, de partager leurs armées en divers Corps, de leur assigner des Chefs sous les ordres d'un Commandant General, d'user d'armes offensives & défensives les plus simples, comme de Casques, de Cuirasses, de bouclier, d'arc & de fleches, de frondes, d'épées, de bâtons ferrez, d'employer les stratagêmes, les embuscades, les surprises, les escalades, de couper les eaux aux villes qu'ils ne pouvoient prendre à force ouverte, & diverses autres choses, qui ne demandent pas beaucoup de meditation, d'étude, d'adresse & de dépense.

Ensuite on s'avisa d'élever bien haut les murailles des villes, de leur donner beaucoup d'épaisseur, de les entourer de fossez, & puis de les flanquer de tours, comme les Princes, dont il est parlé dans l'Ecriture qui regnoient à Ecbatanes & à Ninive firent à ces Capitales de leur Empire qu'ils regardoient comme imprenables.

La valeur, la force du corps, la bonté des armes tant offensives que défensives, le nombre des troupes, & sur tout de la Cavalerie decidoient alors d'ordinaire du sort des batailles. On inventa quelques machines pour ébranler & pour abbattre les murailles des villes. La necessité en fit imaginer d'autres pour les défendre. Quelques Capitaines plus éclairez, plus experimentez, plus appliquez que les autres firent diverses reflexions sur ce qui donnoit l'avantage dans un combat, & sur ce qui causoit le plus ordinairement les déroutes. Ils mirent l'un en pratique, & se précautionnerent contre l'autre. Ces experiences & ces observations furent le commencement & l'origine de l'Art Militaire, comme il est arrivé à tous les autres Arts, qui ne sont point en effet autre chose que des reflexions fondées d'abord sur l'experience desquelles on a examiné la solidité qu'on a reduite à des principes, dont ensuite on a tiré diverses consequences. De là il a resulté un composé de connoissances qu'on a arrangées avec methode, & ensuite mis en pratique. C'est cet arrangement, cette methode, cette pratique dans la matiere, de laquelle il s'agit, dont on fait avec raison honneur aux Grecs & aux Romains, qui s'adonnerent presque en même-tems à cultiver & à perfectionner cet Art. On peut encore y joindre les Carthaginois.

Origine de l'Art Militaire.

La Grece estoit composée d'une infinité de petites Republiques, de celles des Atheniens, des Lacedemoniens, des Thebains, &c. Elles étoient jalouses les unes des autres; la science & l'esprit y regnoient, l'amour de la patrie, de leur liberté, de la gloire les animoit. Dans les frequentes guerres qu'elles eurent entre elles, il se trouva des Capitaines dont l'esprit égala la valeur, & ce fut par eux que l'Art Militaire se forma & se perfectionna. Elles s'unirent quelquefois contre leurs ennemis communs & sur tout contre les Perses, & ce fut dans ces occasions, où l'on vit par la science Militaire, de petites armées triompher des plus nombreuses, & une poignée

Progrès de l'Art Militaire dans la Grece.

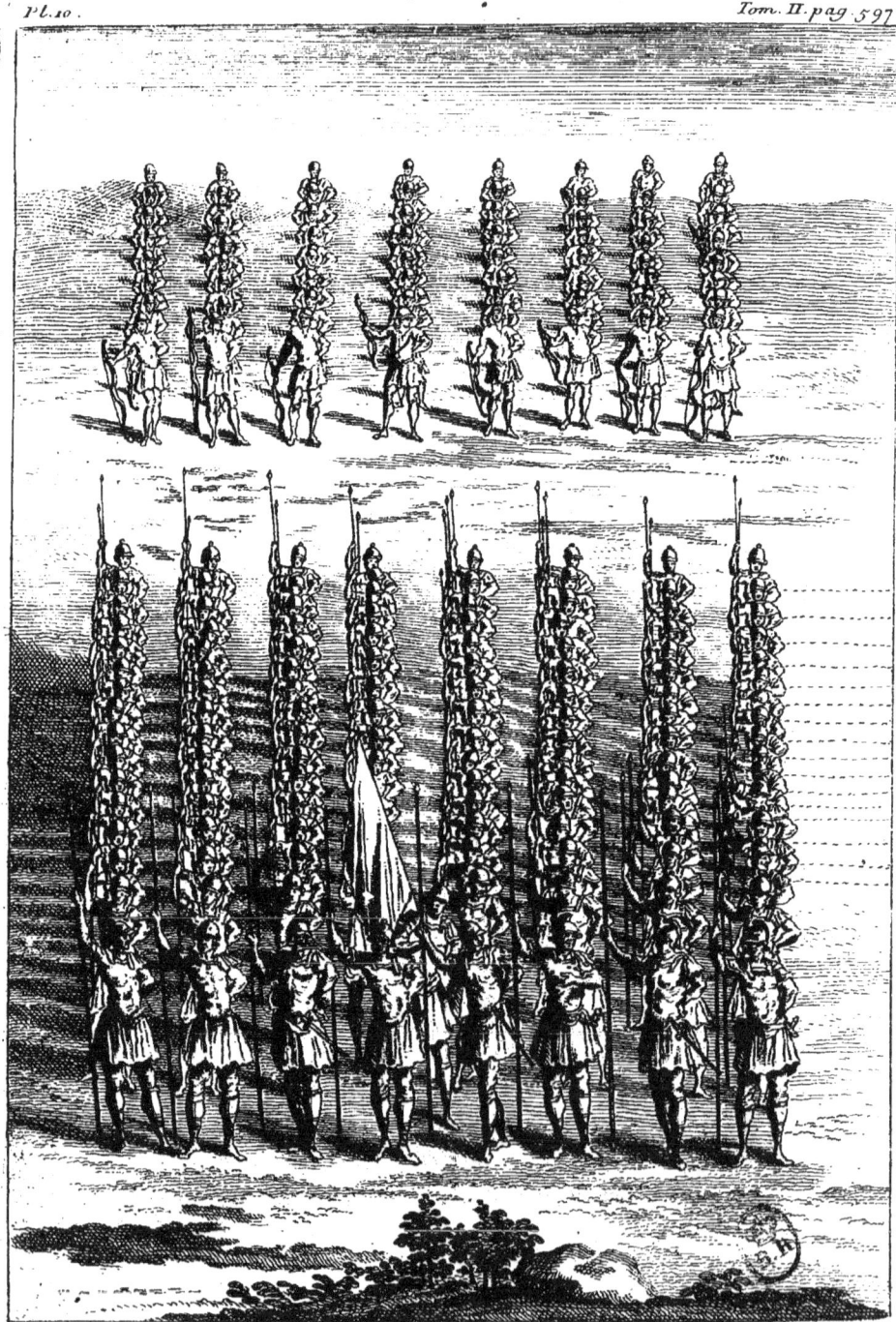

Hauteur de la phalange des Grecs.

DE LA MILICE FRANÇOISE. *Liv. XIII.* 597

de Grecs répandre la terreur, & élever des Trophées dans l'Asie. Leurs divisions & leurs jalousies les perdirent, & Philippe Roy de Macedoine en profita pour les subjuguer. Alexandre fils de ce Prince passa en Asie avec des troupes mediocrement nombreuses, en conquit la plus grande partie, & défit des armées infiniment plus fortes que la sienne. C'est dans l'Histoire de ces Republiques & de ces deux Princes & dans celles des successeurs d'Alexandre qu'on voit la Guerre reduite en Art.

Leur arrangement dans les batailles consistoit en general à mettre leur Infanterie dans le centre & la Cavalerie aux deux aîles. Leur Infanterie étoit composée de deux especes de troupes, dont les unes étoient armées de toutes pieces. Les soldats ainsi armez s'appelloient *Oplitæ* ou *Cataphracti*, les autres étoient armez plus legerement. *Arrangemens des batailles chez les Grecs.*

Cette Infanterie étoit ordinairement divisée en quatre corps ausquels ils donnoient le nom de Phalange: la Phalange étoit composée de soldats armez de toutes pieces, d'un bouclier, & d'une sarisse, arme encore plus longue que nos piques. Chaque file n'étoit jamais de plus de seize soldats, & elle faisoit la hauteur ou la profondeur du Bataillon. On multiplioit ces files de seize soldats à côté l'un de l'autre jusqu'au nombre de deux cents cinquante-six files, ainsi leur front étoit de deux cents cinquante-six soldats, & ce corps avec cette hauteur de seize soldats & avec ce front de deux cents cinquante-six soldats, étoit ce qu'on appelloit proprement Phalange. Chaque file avoit son Chef qui étoit à la tête & que nous nommons encore aujourd'hui dans nos Bataillons Chef de file, il y en avoit un à la queuë que nous appellons serre-file, & un au milieu que nous appellons Chef de demie-file. Ils mettoient le plus vaillant pour Chef de file, & le plus prudent pour le serre-file. *Phalange des Grecs.* *Comment elle se formoit.*

Ce corps se formoit par divisions qui avoient chacune leurs noms. La premiere division étoit de deux files qui se joignoient à côté l'une de l'autre, & faisoient trente-deux soldats. A ces deux files s'en joignoient deux autres qui avec elles faisoient soixante & quatre soldats, & ainsi du reste en doublant toûjours. Chaque division avoit son Commandant, & tous ces *Phalange formée par divisions.*

F fff iij

Commandans étoient subordonnez les uns aux autres selon la grandeur de la division, de sorte que le Chef de la premiere file étoit subalterne à l'égard du Chef des deux files, le Chef des deux files au Chef des quatre files, & ainsi du reste jusqu'au Commandant de toute la Phalange. Le Porte-enseigne se mettoit au milieu du premier rang. Et toute la Phalange se trouvoit formée de quatre mille quatre vingt seize soldats.

Nombre des soldats de la Phalange.

On multiplioit les Phalanges selon la puissance de la Republique : mais l'armée étoit censée complete pour l'Infanterie quand elle étoit composée de quatre corps ou Phalanges, qui faisoient seize mille trois cents quatre vingt quatre soldats.

A ces Phalanges composées de soldats armez de toutes pieces on en joignoit la moitié moins qui étoient legerement armez. Ils se mettoient en bataille derriere la Phalange faisant un front égal : mais ces files n'étoient que de huit de hauteur dans le même ordre & avec de pareils Officiers.

Soldats armez à la legere, joüez à la Phalange.

Leurs fonctions.

Quand il falloit commencer la bataille, ceux-cy s'avançoient par les intervalles des Phalanges, & venoient faire leurs décharges de fleches & de pierres avec l'arc & la fronde, comme les *Velites* des Romains, puis ils se retiroient par les mêmes intervalles derriere les Phalanges, & quand celles-cy en étoient venuës aux mains, ils tiroient des fleches par dessus ces Phalanges sur les ennemis. Lorsqu'ils étoient rejoints par derriere à la Phalange, elle avoit alors vingt-quatre hommes de hauteur.

Cavalerie sur les flancs.

La Cavalerie, ainsi que je l'ai déja dit, étoit sur les flancs partagée en Escadrons, ou en simples rangs. C'étoit là l'arrangement ordinaire des Grecs : mais le terrein obligeoit quelquefois les Generaux à changer l'ordre, à diminuer le front & augmenter la hauteur, ou à diminuer la hauteur, & à augmenter le front. Ils formoient quelquefois leur Phalange ou une partie de leur Phalange en rond, en triangle, en croissant selon la disposition de l'armée ennemie, ou du champ de bataille, & selon les diverses vûës du Commandant General.

Exercices des soldats.

Il y avoit dans ces Republiques de la Grece, comme des Ecoles publiques de la guerre, où l'on exerçoit les jeunes gens, & soit en tems de paix, soit en tems de guerre, on faisoit faire l'exercice aux foldats, comme nous faifons aujourd'hui pour les accoûtumer aux divers mouvemens qu'il falloit faire dans l'arrangement d'une armée & dans le combat.

Tandis que l'Art Militaire fe perfectionnoit ainfi dans les Republiques de la Grece, il faifoit de grands progrès parmi les Romains. Je ne m'étendrai point fur ce que j'ai dit ailleurs que l'armée Romaine fe rangeoit fur trois lignes, l'Infanterie au milieu & la Cavalerie fur les flancs, les legions Romaines au centre de chacune des trois lignes, flanquées des troupes auxiliaires. J'obferverai feulement une différence effentielle entre l'ordonnance des Romains & celle des Grecs. C'eft que les Romains ne combattoient point en Phalanges, c'eft-à-dire en gros bataillons, tels que je viens de les décrire en parlant de la Milice Grecque ; mais en bataillons plus petits qu'ils appelloient *Manipuli*. Ces Bataillons étoient de fix vingts hommes, de dix rangs & de douze files. Les nôtres font plus nombreux. Ils ont été autrefois jufqu'à mille hommes: on les fit depuis d'environ 600 hommes ; on les mettoit communément à fix hommes de hauteur & puis on les a mis à cinq, & depuis quelques années à quatre. On y ajoûte des aîles. Les Grenadiers font mis fur la droite, & cinquante Fufiliers fur la gauche qu'on appelle le Piquet. Il en eft de même des Efcadrons, où l'on met 20 Maîtres fur les aîles. On voit par ce que je viens de dire que nos Bataillons font un beaucoup plus grand front que ceux des Romains.

Ils obfervoient comme nous que les intervalles des Bataillons de la premiere ligne, ne répondiffent pas aux intervalles des Bataillons de la feconde & de la troifiéme, & ne fiffent pas comme des ruës toutes droites qui traverfaffent d'un bout de l'armée à l'autre : mais vis-à-vis de l'intervalle de deux Bataillons de la premiere ligne, fe prefentoit un Bataillon de la feconde, & vis-à-vis de l'intervalle de deux Bataillons de la feconde ligne fe prefentoit un Bataillon de la troifiéme ; de forte que le vuide de la feconde ligne répondoit au plein de la premiere, & le vuide de la premiere au plein de la feconde.

Polibe en parlant de la bataille de Zama en Afrique, où Annibal fut défait, remarque que Scipion changea cet arran-

L'Art Militaire chez les Romains.

Arrangement des armées Romaines.

Différence entre l'arrangement des Romains & celui des Grecs.

Bataillons Romains.

Arrangement de Scipion à la Bataille de

Zama contre Annibal.

gement, & laissa les intervalles des Bataillons des trois lignes tous droits, & la raison pour laquelle Scipion en usa ainsi, fut pour ouvrir un libre passage aux Elephans des Ennemis, qui sans cela ayant passé dans les intervalles de la premiere ligne seroient venus tomber sur les Bataillons opposez à ces intervalles, au lieu qu'ayant le chemin droit & libre, ils l'enfilerent sans venir rompre les Bataillons.

La Cavalerie des Romains qui étoit beaucoup moins nombreuse que l'Infanterie, se partageoit en petites troupes qu'on appelloit du nom de turme *turma* ; elles étoient chacune de trente Cavaliers, dont trois Officiers appellez Decurions commandoient chaque dixaine sous le Commandant de la turme ou Escadron. Si toutefois ils se rangeoient en Escadron entendant par ce terme ce qu'il signifie aujourd'huy, c'est-à dire trois rangs, qui sont comme un même corps, car peut-être ces trois dixaines n'étoient-elles pas aussi serrées entre elles que les trois rangs de nos Escadrons : & cette disposition d'une plus grande distance entre les rangs paroît avoir été plus propre à faire usage du javelot qui étoit une de leurs armes, dont ils se servoient tantôt comme depuis on a fait des lances, en joignant l'ennemi pour les percer, & tantôt les lançoient contre lui lorsqu'il approchoit.

Ceci suffit pour faire comprendre ce que j'ai avancé, & de quoi tous ceux qui ont lû les anciennes Histoires conviennent, que ce sont les Grecs & les Romains qui ont reduit la Guerre en Art. Les Ecrivains qui ont traité de la Milice Grecque & de la Milice Romaine en rapportant toutes ces diverses dispositions de troupes dans les batailles, en déduisent les raisons qui en démontrent l'utilité ; & c'est, comme je l'ai dit, ce qui a fait meriter à l'Art Militaire ce nom d'Art.

Les Grecs & les Romains ont la gloire de l'invention de l'Art Militaire.

De là s'ensuit un avantage que les Grecs & les Romains ont sur nous, qui est d'avoir été les inventeurs de l'Art Militaire, & nous voyons par la ressemblance de l'arrangement de nos armées avec celui des Romains, que non seulement il nous a paru bon, mais encore que leur systême a prévalu sur celui des Grecs, soit qu'en effet il ait semblé meilleur, soit que les Romains s'étant rendus maîtres des Gaules, de l'Espagne, d'une partie de la Germanie, & de la Grande-Bretagne, y

aïent

Fardeaux des Soldats Romains marchant à la Guerre.

aïent introduit leurs usages, ausquels ces Nations subjuguées se sont conformées; car j'ai déja fait remarquer diverses fois, que les François en particulier depuis qu'ils furent établis dans les Gaules, suivirent, quoique pendant long-tems très-imparfaitement, les regles de la Milice Romaine; & encore aujourd'huy, l'ordonnance de nos batailles est pour l'essentiel la même que celle des Romains.

Les Nations d'en-deçà des Alpes ont préferé l'arrangement des Romains à celui des Grecs.

Nous ne sçaurions encore refuser aux Romains un second avantage sur nous par rapport à la Milice; c'est que leurs soldats devoient necessairement être beaucoup meilleurs que les nôtres, & cela non seulement par l'exercice continuel qu'ils faisoient faire à ceux qui étoient déja enrôlez, mais encore à tous les jeunes gens qu'ils destinoient à la guerre. On les exerçoit sans cesse à lancer le javelot, à la course, à nager, à sauter sur un cheval & à en descendre tantôt armez, & tantôt sans armes, à porter de pesants fardeaux. Et pour ce qui est de ceux qui étoient actuellement dans le service, on leur faisoit faire même en tems de paix des marches forcées. Ils étoient chargez de tous les travaux des campemens, de tous ces prodigieux remuëmens de terre, qu'ils avoient coûtume de faire pour la construction & pour la sûreté de leurs camps. Il n'y avoit point alors de Pionniers distinguez des soldats. C'étoient eux qui faisoient non seulement les travaux pour les approches, mais encore les circonvallations, les contrevallations, qui faisoient les fossez, les remparts, les parapets du camp. Ils portoient leurs bagages, leurs provisions pour plusieurs jours, un certain nombre de pieux pour palissader les camps; Et nous avons peine à comprendre comment ils pouvoient marcher, & faire de très-longues journées chargez comme ils étoient. C'est ce qui fit donner par les Espagnols, selon Plutarque, le nom de mulets aux soldats de Marius.

Les soldats Romains devoient être meilleurs que les nôtres, & pourquoy.

Plutarchus in Mario.

Au lieu qu'aujourd'huy, excepté la mediocre fatigue de l'Académie, où passent les jeunes gens de condition, & qui consiste à s'accoûtumer à manier un cheval, à en souffrir les secousses, à faire des armes & à quelques autres exercices, les soldats soit Cavaliers, soit Fantassins, sont pour la plûpart des faineans, que l'aversion pour le travail, & l'appas de la licence engagent au service, dont plusieurs y perissent soit par la foiblesse de leur temperament, soit parce qu'ils sont déja usez de débauche. Ils ne portent pour la plûpart que leurs armes beaucoup plus legeres que celles des anciens, qui outre les offensives en avoient de défensives, c'est à dire des casques, des cuirasses, des boucliers. Ils n'apprennent à s'en servir que quand ils sont enrôlez. Dans les campemens, & dans les sieges, où ils n'ont gueres que le travail des tranchées, ils demeurent oisifs la plûpart du tems. Les plus gros travaux s'y font par des paysans qu'on fait venir des villages circonvoisins. Je ne parle point ici des Officiers dont plusieurs se piquent autant de luxe, de delicatesse, de bonne chere que de valeur & d'application aux fonctions de leurs Charges, & de l'étude du métier de la guerre. Quelle difference tout cela doit-il mettre entre nos troupes & celles de ces anciens Romains?

Ajoûtez que chez les Romains les années de service étoient comptées pour faire son chemin par les divers grades de la Milice, & quoique principalement sur le déclin de la Republique, la naissance suppleât quelquefois au nombre des campagnes, cependant la regle d'ancienneté pour avancer dans les dignitez Militaires, quand le merite s'y trouvoit joint, étoit beaucoup plus observée qu'elle ne l'est aujourd'huy.

Nous ne cedons en rien aux Romains pour l'exercice des soldats.

Pour l'exercice particulier des soldats quand une fois ils ont été enrôlez, je crois que nous ne le cedons en rien aux Romains, sur tout depuis le Regne de Loüis le Grand, sous lequel la discipline Militaire a été dans toute sa vigueur, tandis que les soldats & les Officiers ont été bien payez: car sans cela il est impossible de la maintenir.

Et pour la discipline depuis le Regne de Loüis le Grand.

L'ordre que l'on tient dans les campemens, soit en campagne, soit dans les sieges, soit dans les campemens pendant les marches, soit dans les campemens où l'on sejourne long-tems; l'ordre, dis-je, est aussi beau & aussi exact que du tems des Romains. Nous avons vû de notre tems, soit chez nous, soit chez nos ennemis d'aussi belles choses en cette matiere, qu'on en voit dans les Commentaires de Cesar. Le Camp du Prince Loüis de Bade à Heilbron, où il arrêta l'armée Françoise; celui du Maréchal de Villars sur la Sare, où il rompit toutes les mesures du Duc Malbouroug, & plusieurs autres semblables, montrent que sur cet article l'habileté & la prévoïance des Generaux de ce tems, ne cedent en rien à celles des anciens Capitaines les plus fameux.

On ne peut gueres comparer l'attaque & la défense des places de guerre d'aujourd'huy avec les sieges d'autrefois, tant les armes & les machines qu'on y employe sont differentes: mais l'habileté des Ingenieurs de notre tems, les ruses & les chicanes des assiegez & des assiegeans, les précautions que l'on prend pour attaquer & pour défendre une place, n'ont jamais été plus grandes. Jamais les travaux n'ont été mieux conduits en plusieurs sieges, & je crois qu'à proportion nous avons surpassé en cela les Romains.

Nos Ingenieurs ont surpassé l'habileté des Ingenieurs Romains.

Nous les égalons encore en la police Militaire dans les garnisons, pour la sûreté des places & des frontieres. Une marque évidente de cela, c'est que la surprise d'une place de guerre est aujourd'huy une chose presque inoüie, tant on prend de précautions éloignées & prochaines contre tous les artifices & tous les stratagêmes, dont on pourroit se servir pour executer de pareils desseins.

Nous les égalons dans la police des garnisons.

Mais pour parler de la discipline en general, ceux qui ont fait de ces sortes de comparaisons entre l'ancienne discipline Militaire & celle de ces derniers tems, ne m'ont pas paru pour la plûpart assez équitables sur ce point. Ils ont comparé la discipline des Grecs & des Romains telle qu'elle est décrite dans les Auteurs de ces tems-là, avec celle du nôtre telle qu'elle est dans la pratique, où ils ont remarqué beaucoup de desordres, & par cette raison, ils ont donné sans déliberer l'avantage à l'ancienne discipline sur la moderne.

Regle pour bien juger de la discipline des Romains comparée avec la nôtre.

Pour faire la comparaison juste, il faut comparer Reglement avec Reglement, & pratique avec pratique. Or je suis persuadé qu'en suivant cette regle, ces auteurs auroient bien pû changer de sentiment. Car comme de notre tems nous avons vû des Generaux exacts & severes pour l'observation de la discipline, & d'autres relâchez là-dessus, de même on cite plusieurs exemples de Capitaines Grecs & de Capitaines Romains, dont les uns faisoient exactement observer la discipline dans leurs armées, & les autres la negligeoient. Il faut de plus distinguer les tems & les conjonctures, car ces anciens Capitaines tout severes qu'ils étoient, se trouvoient obligez quelquefois malgré eux à user de condescendance & de ménagement envers leurs soldats, & à fermer les yeux à bien des desordres.

Je dis donc qu'en supposant la verité incontestable de ces reflexions, la discipline Militaire en France sous le Regne de Loüis le Grand n'a été en rien inferieure à celle des Grecs & des Romains. Je soûtiens que les Ordonnances de ce Prince pour la guerre comprennent tout ce qu'on admire le plus dans la discipline ancienne de ces deux nations, qu'on y trouve des vûës plus étendües, qu'on y descend dans de plus grands détails, qu'on y prévoit plus les inconveniens, & qu'on y prend des mesures plus certaines pour l'execution.

Quant à la pratique comparée avec la pratique, nous pouvons dire que depuis l'an 1667 jusqu'aux dernieres guerres du feu Roy, l'execution des Ordonnances a été aussi exacte qu'elle l'étoit chez les Grecs & chez les Romains, que les violences des soldats étoient très-rares, & jamais impunies, que la sureté dans les chemins sur les frontieres, & jusques dans les environs des camps, étoit aussi grande que dans les villes; que dans les places de guerre les bourgeois n'avoient rien à souffrir de la soldatesque ; que les habitans de la campagne ne craignoient gueres le passage des soldats, & qu'en un mot à peine alors entendoit on parler de quelque desordre causé par les troupes : d'où je conclus que la discipline moderne, dont nous avons été témoins dans ces tems-là, étoit encore plus parfaite que l'ancienne, & que si depuis il y a eu quelque relâchement, ce sont de certaines conjonctures fâcheuses & inévitables qui y ont donné lieu.

Comparaison des armes anciennes & des modernes.

Faisons maintenant la comparaison des armes de ce tems avec celles dont se servoient les Grecs & les Romains. Ce point demande bien des discussions & des distinctions pour en raisonner juste.

Premierement, en ce qui regarde les armes défensives, qui sont presqu'entierement abolies dans les armées, peut-on en nier l'utilité pour la conservation de la vie des soldats & des Officiers? On sçait bien qu'elles sont inutiles contre le canon, contre les gros mousquets, contre les carabines rayées ; mais

Les Romains plus sages que nous, en se le seroient-elles contre l'épée, la pique, la bayonnette au bout du fusil, contre les pistolets, si elles étoient de bonne trempe?

DE LA MILICE FRANÇOISE. *Liv. XIII.* 605

Et n'est-ce pas contre ces sortes d'armes les plus meurtrieres *servant d'ar-*
de toutes qu'on devroit le plus se précautionner ? *mes défensi-*
ves.

Qu'a-t-on à opposer à cela sinon qu'un Officier & un soldat sans armes défensives est plus dispos, plus déchargé, se remuë avec plus de facilité que s'il étoit chargé d'un casque & d'une cuirasse ? Mais cet avantage est-il préferable à ceux que produisent ces armes défensives ? A la verité les armes défensives de notre ancienne Gendarmerie avoient de grands inconveniens par leur pesanteur, aussi les Romains ne se servoient-ils pas d'armes si pesantes : mais une chose est très-certaine, que si nos Officiers & nos soldats s'étoient accoutumez au casque & à la cuirasse, & aux simples manches de maille, ils ne seroient gueres moins en état de faire leurs mouvemens ; c'est la seule habitude de s'en servir qui leur manque, & s'ils l'avoient contractée par l'usage, ils n'en seroient gueres plus embarrassez que de leurs juste-au-corps. Je crois que si l'on en juge par la pure raison, on trouvera que les Romains étoient sur ce point infiniment plus sages que nous, & que de cent coups qui portent & ôtent la vie, il y en auroit plus des deux tiers qui seroient sans effet.

Secondement, on peut comparer en general les armes offensives d'aujourd'huy avec celles d'autrefois ; je veux *Comparaison*
dire les armes à feu, avec les arcs les arbalêtes, les *des armes of-*
frondes, les javelots ; & pour en faire une juste comparaison, *fensives d'au-*
on peut examiner si les anciennes étoient aussi meurtrieres que *modernes.*
les nôtres, si elles portoient aussi loin, si l'usage en étoit aussi *Regle pour*
prompt, si elles étoient plus ou moins embarrassantes, & enfin *cette compa-*
si elles étoient d'une plus grande dépense. *raison.*

Certainement les armes dont on se servoit autrefois étoient *Armes an-*
plus meurtrieres que celles dont nous nous servons. Une mar- *ciennes plus*
que évidente de cela, c'est que nous voïons par les anciennes *meurtrieres*
histoires, qu'il perissoit beaucoup plus de monde dans les *que les nôtres.*
batailles, que dans celles qui se donnent aujourd'huy.

Mais pour dire quelque chose plus en détail, il est certain que le canon soit dans un siege, soit dans une bataille, tuë ordinairement très-peu de monde ; de sorte qu'il y a une espece de Proverbe dans les armées, que les coups de canon ne sont que pour les malheureux. Il est arrivé quelquefois dans une

Gggg iij

bataille qu'une artillerie bien placée & bien servie a beaucoup contribué à la faire gagner, mais pour l'ordinaire ce n'est pas par là qu'on la gagne.

Il est encore certain que de mille coups de mousquets ou de fusils qu'on tire d'une tranchée, ou contre une tranchée, il n'y en a pas cent qui portent, & l'on compte pour beaucoup quand il y a quarante ou cinquante soldats tuez ; & autant de blessez durant une nuit de tranchée nonobstant le feu continuel des assiegez. Dans une bataille même, il y a une infinité plus de coups perdus, qu'il n'y en a qui tuent. Au contraire les fleches faisoient perir beaucoup plus d'ennemis; & la raison, ce me semble de cette difference, est que les coups de mousquet ou de fusil ne blessent que par la ligne de mire, ou par hazard quand la balle donne contre quelque pierre qui la fait reflechir. Au lieu que les fleches blessoient, ou tuoient non seulement étant décochées par la ligne de mire, mais encore par la ligne parabolique en tombant de haut en bas.

Pourquoy les fleches tuoient plus de monde.

Quoique les Chrétiens eussent défait les Turcs à la bataille de Lepante, cependant on remarqua que ceux-cy avoient tué beaucoup plus de Chrétiens avec leurs fleches que les Chrétiens n'avoient tué de Turcs avec leurs arquebuses : & je dois remettre icy ce que j'ai rapporté ailleurs du livre de la discipline Militaire attribué au Seigneur du Bellay, au sujet du siege de Turin dont M. d'Annebaut étoit Gouverneur, que le seul Arbalêtrier qui étoit dans la place, *occit, ou blessa plus de nos ennemis en cinq ou six escarmouches, où il se trouva, que les meilleurs Arquebusiers qui fussent en la ville, ne firent durant tout le tems du siege.*

Exemple de la bataille de Lepante.
Patrizzi Parangone, &c.
Autre exemple d'un Arbalêtrier au siege de Turin.

Les fleches d'ailleurs portoient plus loin que nos fusils ne portent, & je pourrois apporter des témoignages d'anciens Auteurs qui disent qu'elles alloient jusqu'à quatre & jusqu'à six cents pas.

Les fleches portoient plus loin que les fusils.

Mais on regardera sans doute comme un paradoxe de faire entrer en comparaison les frondes avec nos fusils. Une troupe de Frondeurs rangez en haye oseroit-elle seulement paroître en pleine campagne devant une troupe de Fusiliers rangez de même ? Mais il ne convient pas plus de se préoccuper en cette matiere qu'en aucune autre. Voyons ce que nous disent les anciens sur ce sujet.

Paradoxe de l'avantage des frondes sur fusils.

Les Frondeurs se servoient tantôt de pierres, tantôt de boulettes de plomb.

Balearica plumbum
Funda jacit.

dit Ovide. Pour les pierres, elles étoient aussi rondes pour la plûpart, & ils en faisoient provision de quantité de cette figure, parce que c'est la plus propre pour porter loin & adresser plus juste.

Ils jettoient les boulettes de plomb avec une telle violence que le mouvement amollissoit le plomb en l'air,*dit Seneque; & ainsi ce ne sont point des exagerations que ce que nous voïons souvent dit par les Poëtes sur ce sujet. *Rapidité du mouvement produit par la fronde.*

Non secus exarsit quam cum balearica plumbum
Funda jacit. Volat illud & incandescit eundo,
Et quos non habuit sub nubibus invenit ignes.

Ovidius.

Diodore de Sicile en parlant des habitans des Isles Baleares, qu'on appelle aujourd'huy Majorque & Minorque, qui étoient les plus fameux Frondeurs de l'Europe, dit qu'il n'y avoit ni casque, ni bouclier, ni cuirasse qui fussent à l'épreuve des pierres & des bales de plomb que jettoient ces Frondeurs. *Et scuta & galeas & omne armorum tegumentum perfringunt.* *Force de la fronde.*

Diodor. Siculus.

La portée de la fronde étoit jusqu'à cinq & six cents pas, & par consequent beaucoup plus longue que celle de nos fusils. C'est ce que nous apprennons de Vegece lorsqu'il parle de l'exercice de l'arc & de la fronde: » Les Sagittaires, dit-il, & » les Frondeurs prennent pour but une espece de fascine (apparemment suspenduë en l'air) ils s'en éloignent de six cents » pas, & il arrive souvent qu'ils la frappent avec la fleche, & » avec les pierres lancées par la fronde. *Portée de la fronde.*

Vegetius l. 11. cap. 23.

Mais étoit il possible de donner si juste dans le but avec la fronde? Vegece vient de nous assûrer qu'ils le faisoient sou- *Justesse des Frondeurs.*

* Aëra motus extenuat, & extenuatio accendit: sic liquescit excussa glans funda, & attritu aëris velut igne distillat, *Seneca Nat. Quæst.* II. Cap. 56.

vent même de six cents pas, mais dans un combat ils ne jettoient pas de si loin leurs pierres & leurs boulettes de plomb; & je réponds à cette question sur la justesse, par deux exemples tirez de l'Ecriture sainte. Le premier est celui de David qui avec la pierre de sa fronde donna droit dans le milieu du front de Goliat.

L'autre est pris du livre des Juges, où il est écrit que dans la ville * de Gabaa il y avoit sept cents Frondeurs qui tiroient si juste, qu'ils auroient pû sans manquer toucher un cheveu.

Tout cela nous paroît fort surprenant parce que nous ne faisons plus usage de cette arme. La portée de la fronde supposoit des gens très-forts que l'on choisissoit pour s'en servir, & la justesse venoit de l'exercice continuel qu'ils en faisoient. Mais la verité de tous ces faits étant supposée, la comparaison de la fronde avec nos fusils ne doit point paroître absurde ni chimerique.

Preuves de la verité du Paraloxe proposé.

Rangeons donc cent Frondeurs en rase campagne & les opposons à cent Fusiliers. Les premiers auront un avantage. C'est que la fronde portant plus loin que le fusil, ils pourront faire une premiere décharge avant que les Fusiliers puissent faire la leur, & en abbattront plusieurs d'abord. Ils auront un second avantage, c'est qu'après avoir essuyé le premier feu, ils pourront faire deux ou trois nouvelles décharges avant que les Fusiliers aïent rechargé leurs fusils. Car il faut du tems pour recharger le fusil, & il ne faut qu'un moment à un Frondeur pour prendre la boulette de plomb, ou la pierre dans sa trousse, & la jetter. Que si les cent Fusiliers se mettoient en Bataillon, les Frondeurs se partageant, par exemple, en quatre troupes, les envelopperoient de loin, & hors la portée du fusil, & les massacreroient avec leurs boulettes & leurs pierres; d'où il s'ensuit évidemment, ce me semble, que les cent Frondeurs déferoient les cent Fusiliers. Comparons maintenant le javelot avec le pistolet.

* Habitatores Gabaa qui septingenti erant viri fortissimi..... sic fundis lapides ad certum jacientes, ut capillum quoque possent percute-re, & nequaquam in alteram partem ictus lapidis deferretur. L. Jud. Cap. 20.

DE LA MILICE FRANÇOISE. *Liv. XIII.* 609

Le piſtolet dans le tems qu'on ſe ſervoit de cuiraſſes, comme on s'en ſervoit encore du tems de Henri IV, & même de Loüis XIII, ne tuoit & ne bleſſoit qu'étant tiré à bout portant, d'où vient que M. de Montgommeri dans ſon traité de la Cavalerie ſous Henri IV. parlant de la maniere dont les hommes d'armes devoient charger, „ Et lors, dit-il, chargeront à toute „ bride le piſtolet à la main, lequel ils ne tireront point qu'ap-„ puyé dans le ventre de l'adverſaire, au deſſous du bord de la „ cuiraſſe dans la premiere, ou ſeconde lame de la taſſette, s'il „ eſt poſſible. Que ſi quelqu'un ſe défie de ne pouvoir faire „ fauſſée, (c'eſt-à-dire de trouver le défaut de la cuiraſſe) qu'il „ donne à l'épaule du cheval.

Comparaiſon du javelot avec le piſtolet.

P. 137.

Je compare le javelot avec le piſtolet, parce que comme le piſtolet a la portée courte, de même on ne lançoit le javelot que d'aſſez près ſur l'ennemi. Or cette arme étoit certainement plus dangereuſe que le piſtolet, & quand elle étoit lancée par un homme vigoureux, il n'y avoit gueres de cuiraſſes qu'elle ne perçât.

Le même avantage que j'ai remarqué pour la fronde ſe rencontroit encore dans le javelot & dans les fleches des Romains. C'étoit le prompt uſage. Le Sagittaire n'avoit qu'à prendre ſa fleche dans ſa trouſſe. Le ſoldat qui ſe ſervoit du javelot avoit ſept coups à tirer, car il portoit à la main ſept javelots qu'il lançoit l'un après l'autre ſelon le beſoin. Ce qui ſe doit entendre des javelots legers auſquels proprement convenoit le nom de *jaculum*. Car les javelots à qui l'on donnoit le nom de *Pilum*, étoient beaucoup plus peſants, ceux qui s'en ſervoient n'en portoient que deux, & l'on ne les lançoit pas.

Jaculum à jaciendo.

Il ne falloit donc point perdre de tems pour mettre ces ſortes d'armes en œuvre, au lieu qu'il en faut un conſiderable pour recharger un mouſquet, un fuſil, un piſtolet, & que dans la précipitation d'une mêlée, on les recharge ſouvent très-mal.

Que ſi l'on a égard à la dépenſe, elle eſt infinie pour les armes à feu en comparaiſon de celle qu'on faiſoit pour les anciennes armes. Que de pieces differentes entrent dans la compoſition du mouſquet, du fuſil, du piſtolet, & quelle adreſſe ne faut-il pas pour les travailler, & pour les bien aſſortir ? Ces

Tome II. H h h h

armes se gâtent aisément, ou par la negligence de ceux qui les gouvernent, ou par l'usage trop frequent qu'on en fait. Il faut des milliers de mousquets pour soûtenir un siege. La plûpart à la fin sont hors d'état de servir, & il faut en remplir les magazins qu'on en a vuidez.

Quelle dépense pour la matiere & pour la fonte des canons? combien de moules, d'instrumens, de travaux pour les faire, pour les polir au dedans & au dehors, pour y garder les proportions de longueur, d'épaisseur & dans toutes leurs parties?

Quelle quantité prodigieuse de poudre, de boulets & de bales de plomb? mais tout cela n'est rien en comparaison des frais qu'il faut faire pour entretenir l'Artillerie dans un Royaume. Combien de manufactures differentes, quel nombre d'Officiers ne faut-il point entretenir, & quand elle marche, combien d'Ouvriers, de Forgeurs, de Charons, de Maréchaux à sa suite, combien de chevaux pour la traîner, combien de Pionniers pour raccommoder les chemins? Combien d'hommes pour executer une seule piece de batterie? On feroit presque un petit Corps d'armée du nombre d'hommes employez à la seule Artillerie.

Je conviens qu'il falloit aussi du monde & du travail pour les machines, dont on se servoit autrefois pour assieger les places : mais il y a en cela une difference infinie. Toutes ces machines étoient pour la plûpart de bois avec quelques armures de fer : mais on en trouvoit souvent presque tous les materiaux sur les lieux. On les pouvoit preparer de telle sorte qu'il n'y eût plus qu'à les monter, & les pieces se portoient dans des charrettes. Voilà bien des avantages du côté des armes & des machines des anciens par comparaison avec les nôtres.

On pourroit faire ici trois questions. La premiere, si une armée rangée en bataille ne se servant que des armes & des machines des anciens, pourroit resister à une armée égale qui auroit des canons & d'autres armes à feu. La seconde, si une armée assiegeant avec le canon & la mousqueterie une place, où il n'y auroit que des armes & des machines anciennes, en viendroit aisément à bout. La troisiéme, si une place, où il y auroit du canon & d'autres armes à feu, pourroit être aisément prise avec les armes & les machines des anciens.

La premiere question ne se peut & ne se doit resoudre qu'en mettant une condition, sçavoir que les soldats que l'on suppose devoir combattre en bataille avec l'équipage & les armes des anciens Romains, ont été parfaitement exercez à l'usage & au maniment de ces sortes d'armes : car si on opposoit aujourd'huy une armée de François armez partie de frondes, partie de javelots, avec des boucliers, des casques, des cuirasses; si on les opposoit, dis-je, à une armée d'Allemans, ou d'Anglois bien armez de mousquets, ayant une bonne Artillerie, il est clair que cette armée de François ne tiendroit pas un moment devant eux, & que leurs armes tant défensives qu'offensives à l'usage desquelles ils ne seroient nullement exercez, les embarrasseroient tellement qu'ils ne pourroient pas faire la moindre resistance.

Il faudroit encore supposer en second lieu, que ces François que nous metamorphosons en soldats Romains, connoîtroient la force & les effets des armes de leurs ennemis, qu'ils ne seroient point plus épouvantez du feu & du bruit effroïable du canon & de la mousqueterie, que le sont nos soldats aujourd'huy. Car ce seul tonnerre épouvanta tellement autrefois les Ameriquains & les autres Indiens les premieres fois qu'ils l'entendirent, voyant tomber leurs gens sans voir ce qui les foudroyoit, qu'une poignée de Portugais ou d'Espagnols suffisoit pour mettre en desordre des milliers de ces Barbares.

Il faudroit supposer en troisiéme lieu que le General de ces François auroit eu le loisir de faire ses reflexions pour se précautionner autant qu'il est possible contre le canon & contre le mousquet, & qu'il auroit rêvé sur la maniere de combattre ses ennemis, comme Scipion avoit prévû avant que de combattre Annibal en Afrique, ce qu'il lui conviendroit de faire quand les Carthaginois feroient marcher leurs élephans contre l'armée Romaine.

Tout cela supposé, je dis que ce ne seroit pas une chose si certaine qu'il le paroît d'abord, que les François combattans avec les armes des Romains dussent être défaits par les Anglois ou par les Allemans, qui se serviroient d'armes à feu.

Hhhh ij

Les reflexions que j'ai faites en comparant les frondes avec les fusils & les javelots avec les pistolets, donnent lieu d'en douter, & pourvû qu'ils prissent les précautions qu'on prend ordinairement pour empêcher l'effet du canon ennemi, soit par la situation des postes dont on se saisit dans un champ de bataille, soit par les mouvemens qu'on fait faire aux troupes pour les en préserver autant qu'il est possible, ils pourroient très-bien se défendre, sur tout contre des gens qui n'auroient point d'armes défensives. Ils essuyeroient comme on fait aujourd'huy, quelques décharges, & en feroient de leur côté à leur maniere, & d'aussi sûres avec les fleches & les frondes, & puis viendroient avec le javelot & les armes courtes enfoncer l'ennemi.

Pour la seconde question, sçavoir si une armée assiegeant avec le canon & la mousqueterie une place, où il n'y auroit que des armes & des machines anciennes, en viendroit aisément à bout: Je réponds premierement, que les machines des anciens qui jettoient des pierres d'un poids énorme pourroient beaucoup incommoder les batteries des assiegeans. Secondement, qu'avec leurs fleches, ils leur tueroient dans les approches beaucoup plus de monde qu'on n'en tuë avec le mousquet par les raisons que j'ai alleguées auparavant.

Je réponds en troisiéme lieu, qu'avec les ballistes & les catapultes & les autres machines anciennes, on ne pourroit pas tenir contre le canon pour deux ou trois raisons. La premiere parce qu'elles ne pourroient pas en être à couvert, comme le sont aujourd'huy les canons sur les murailles d'une ville assiegée par le moyen des embrasûres, qui ne laissent voir que la bouche de la piece, au lieu que ces machines anciennes étoient pour la plûpart hautes & élevées, & par consequent découvertes aux assiegeans. La seconde raison, c'est que ces machines étoient fort composées faites de bois de charpente assemblez, qu'on les faisoit joüer par le moyen des leviers, ou de pareils instrumens, qu'un seul boulet de canon donnant dans la machine la briseroit & la rendroit inutile, qu'il faudroit beaucoup de tems pour la raccommoder, au lieu qu'on remedie aisément à une batterie de canon démontée, y ayant des affuts de rechange tout prêts pour remettre à la place de ceux qui seroient brisez.

La troisiéme raison est que les pierres lancées de ces machines n'étoient pas ordinairement poussées de but en blanc comme un boulet de canon, mais comme nos bombes, & nos paniers pleins de pierres qu'on jette avec les mortiers ; & ainsi elles n'auroient leur effet sur une batterie des assiegeans qu'en y tombant comme une bombe y tombe quelquefois, ce qui étoit très-difficile ; car il paroît par la construction de ces machines que leur jet n'étoit pas à beaucoup près si juste que celui de nos mortiers à bombes.

Enfin les assiegez dans le cas dont il s'agit, manqueroient du moyen le plus propre & le plus efficace pour retarder les approches des assiegeans, qui sont les mines, les fourneaux, les fougades, tandis que ceux-ci se serviroient de tous ces avantages pour avancer promptement leurs travaux ; d'où il s'ensuit qu'une place défenduë par les seules armes & machines anciennes, & attaquée par les armes & les machines de ce tems, ne pourroit gueres resister à l'attaque & seroit bientôt prise.

La troisiéme question est de sçavoir si une place, où il y auroit du canon & d'autres armes à feu, pourroit être aisément prise avec les armes & les machines des anciens. Cette question me paroît encore plus aisée à resoudre que la precedente : & je crois qu'une place bien fournie & bien défenduë par les armes de ce tems ne pourroit être prise par les anciennes machines.

Premierement, les approches des anciens ne se faisoient point par tranchées, mais par les élevations de terre, dont les assiegeans se couvroient. Ces travaux par eux-mêmes étoient immenses : mais ils le seroient infiniment plus dans la supposition dont il s'agit. Il faudroit les commencer de beaucoup plus loin & hors de la portée du canon. Dès qu'ils en approcheroient, une batterie de grosses pieces ruineroit plus de terres remuées que les assiegeans n'en pourroient élever, les bombes, les grenades, ne leur permettroient pas de travailler. Ces travaux dès qu'ils seroient à peu de distance de la ville, seroient bien-tôt renversez par les mines.

Secondement, les ballistes, les catapultes, les mangonnaux seroient bien-tôt mis en pieces par le canon.

Troisiémement, on ne forçoit autrefois les places que de trois manieres quand les murailles étoient bonnes, ou hautes. La premiere étoit, de renverser la muraille par le moyen du bellier. La seconde, en les sappant & en les soûtenant avec des bois debout, où l'on mettoit ensuite le feu, qui ayant consumé les soûtiens, la muraille ou la tour s'écrouloient. La troisiéme étoit en faisant avancer ces grandes tours ambulatoires jusqu'au pied des murailles, & faisant tomber un pont qui s'y appuyoit, & donnoit entrée aux assaillans. Or le canon rend ce dernier moyen inutile: car ces tours de bois seroient bien-tôt fracassées. Pour le premier moyen il seroit également impraticable ; car le bellier n'étoit avancé jusqu'au pied de la muraille qu'à la faveur des galeries sous lesquelles on le conduisoit: or quelles galeries pourroient être assez fortes pour resister au canon? Le second moyen qui consistoit à sapper la muraille, suppose qu'on pût en approcher à la faveur de ces mêmes galeries, ce qui est impossible, car le canon les mettroit en pieces: mais supposé qu'on pût gagner le pied des murailles, ou cet endroit seroit flanqué, ou il ne le seroit pas. S'il l'étoit, le canon auroit bien-tôt fracassé le bellier & la galerie qui le couvriroit. S'il ne l'étoit pas, qui empêcheroit les assiegez pour y suppléer, de faire des caponieres & d'autres semblables travaux dans le fossé, pour foudroyer le bellier, & les Mineurs à l'endroit où ils travailleroient? Enfin on ruineroit toutes ces attaques par les fourneaux avec lesquels on feroit tout sauter en l'air.

On pourroit faire une quatriéme question, sçavoir si une place attaquée par les anciennes machines, & défenduë par les mêmes machines devoit durer plus long-tems à prendre qu'une place attaquée aujourd'huy avec le canon, & défenduë pareillement par le canon. A cela je réponds, qu'en supposant les circonstances égales du côté des assiegeans & des assiegez, pour la valeur, pour l'habileté à attaquer & à défendre, l'armée assiegeante & la place assiegée également bien fournies des choses necessaires pour un siege; je réponds, dis-je, qu'en ce cas, une place assiegée & défenduë avec le canon doit être plûtôt prise qu'une place qui seroit assiegée

DE LA MILICE FRANÇOISE. Liv. XIII.

& défenduë avec les anciennes machines. Car il ne reste plus qu'une regle pour décider la question, qui est premierement, la grandeur des travaux qu'il falloit faire autrefois, & de ceux qu'on fait aujourd'huy pour l'attaque d'une place, & secondement la facilité de remuer les machines de guerre employées à l'attaque. Or il est certain que les travaux des anciens pour l'attaque d'une place étoient incomparablement plus grands que ceux d'aujourd'huy, & que leurs grandes machines étoient bien plus difficiles à remuer que nos canons du plus gros calibre, & sujettes à beaucoup plus d'inconveniens. On devoit donc employer beaucoup plus de tems à prendre une place qu'on n'en employe aujourd'huy.

Il s'ensuit de tout cela que les machines de guerre de ces derniers tems valent incomparablement mieux pour les sieges, soit pour la défense, soit pour l'attaque des places, & qu'il n'y a que pour les batailles, où la chose pourroit avec raison paroître problematique.

Je termine ici l'Histoire de la Milice Françoise sur la terre, & je crois n'y avoir rien omis d'important en ce qui concerne l'historique dans cette matiere, à quoy je me suis borné en proposant le plan de cet Ouvrage. Je vais dans ce dernier Livre renfermer l'Histoire de la Marine, ou l'Histoire de la Milice Françoise sur la mer.

LIVRE XIV.

Histoire de la Milice Françoise sur la mer depuis l'établissement de la Monarchie Françoise dans les Gaules.

AMAIS aucuns peuples de ceux que les Romains appelloient Barbares, ne se sont plus signalez ni rendus plus redoutables sur la mer que les anciens François. Je parle de ces François dont il est fait de tems en tems mention dans l'Histoire Romaine sous les Regnes des Empereurs Probus, Diocletien, Maximien & Constantin. On les y voit désoler tantôt les côtes des Gaules, tantôt celles d'Espagne, tantôt celles d'Afrique, tantôt celles de Sicile. Je me contenterai de rapporter sur ce sujet ce qu'Eumenius dit d'eux dans le Panegyrique de Constantius Cesar: ” On se ” ressouvenoit, dit-il, de ce qui arriva sous l'Empire de Pro- ” bus, lorsqu'une petite troupe de prisonniers François (que ” ce Prince avoit transportez au Pont en Asie) se saisit de ” quelques vaisseaux, & s'étant mis en mer, alla avec une ” hardiesse incroyable ravager la Grece & l'Asie, fit descen- ” te en Libye qui en souffrit à son tour, prit Syracuse, cette ” ville autrefois si fameuse par ses victoires navales; & après ” ces expeditions étant rentrée dans l'Ocean, fit connoître ” qu'il n'y avoit nul lieu assûré contre la temerité de ces Pi- ” rates, dès là que leurs navires pouvoient y aborder.

Mais ce n'est pas de ces premiers François dont on ne peut faire l'Histoire par des memoires suivis, que je me propose de parler dans ce traité de la Marine. Je me borne au tems que renferme mon Histoire, qui commence à l'année que la

Ammian. Marcellin. l. 27. Nazarius in panegyrico Constantini. Mammertin. In Panegyrico Maximian. Eumenius in Panegyrico Constantio Cæsari.

Nation

DE LA MILICE FRANÇOISE. *Liv. XIV.*

Nation Françoife fe fit une demeure ftable dans les Gaules près de deux fiecles après ceux dont Eumenius raconte les proüeffes. On doit feulement obferver que ces François qui s'établirent dans les Gaules fous la conduite de Clovis, n'avoient pas fans doute oublié l'art de naviger & de combattre fur la mer qui avoit rendu leurs prédeceffeurs fi redoutables fur cet élement.

De plus les François avant que de fixer leur domination dans les Gaules, habitoient les bords de la mer au-delà du Rhin, & le long du bas Rhin. D'où il s'enfuit que ces peuples qui n'avoient gueres en vûë que le butin dans les excurfions frequentes qu'ils faifoient fur l'Empire Romain, n'avoient pas negligé le métier de Pirates que leurs Ancêtres avoient fait de tout tems : car dès le tems de Corneille Tacite on parloit des navires des Chauces * qui étoient un canton des François.

* Apud Chaucos levia navigia. *Tacit.*

Enfin il eft conftant que jufqu'au tems de Clovis les peuples maritimes de Germanie, non feulement entendoient l'art de la Navigation, mais encore qu'il étoit très-dangereux d'avoir à faire à eux fur la mer, & qu'ils s'y battoient avec beaucoup de valeur & d'adreffe. C'eft ce que nous apprenons de Sidoine Apollinaire qui vivoit peu d'années avant l'entrée de Clovis dans les Gaules, & qui dans une de fes Lettres, dit ce qui fuit des Saxons.

» Dans le tems que je vous écris, j'apprends des côtes de
» Xaintonge que vous avez donné le fignal à la Flotte, &
» que vous êtes actuellement en mer contre les vaiffeaux re-
» courbez des Saxons.

Enfuite il confeille à Naamatius à qui il écrit d'être bien fur fes gardes. » Autant qu'il y a, dit-il, de Rameurs parmi
» eux, ce font autant de Chefs de Pirates. Ils commandent,
» ils obéïffent à leur tour, ils s'inftruifent les uns les autres
» ..... c'eft de tous les ennemis le plus redoutable. Il atta-
» que, lorfqu'on s'y attend le moins. Quand il eft découvert,
» il échappe. Il ne fait nul quartier à ceux qu'il furprend ; &
» fa fierté lui fait méprifer ceux qui lui refiftent. Il a l'a-
» dreffe d'échapper à ceux qui le pourfuivent, & ceux qu'il
» pourfuit, ne lui échappent gueres. Les naufrages au lieu de
» les étonner, les aguerriffent, ils fe familiarifent avec les dan-

Tome II.

» gers, & connoissent la mer à merveille. Ils prennent le tems
» de la tempête pour surprendre leurs ennemis ; & l'esperan-
» ce du bon succès leur fait compter pour rien les dangers
» où ils s'exposent au milieu des flots & des rochers.

Ce détail que nous fait Apollinaire nous apprend comment ces Germains maritimes, tels qu'étoient nos François, étoient habiles & experimentez dans la navigation & dans les combats de mer.

Quoique les François s'étant une fois établis dans les Gaules, se soient toûjours beaucoup plus signalez sur la terre que sur la mer ; cependant la situation de la France entre deux mers ne leur permit pas de negliger entierement la Marine. Mais l'Histoire de la premiere & de la seconde Race est encore plus sterile sur ce sujet que sur tout le reste. Je dirai en peu de mots ce que j'y ay trouvé là-dessus ; & je m'étendrai davantage sur la matiere sous la troisiéme Race.

CHAPITRE I.

De la Marine sous la premiere & la seconde Race.

L'Histoire de la premiere Race ne me fournit que deux ou trois faits sur cette matiere. L'un est la victoire de Theodebert I sur Cochiliac Roy des Danois.

Celui-ci étoit venu avec une Flotte faire descente dans les Etats de Thierry I Roy de la France Austrasienne fils de Clovis. Ce Prince envoya contre lui Theodebert son fils qui attaqua le Roy de Dannemarc, au moment du rembarquement, le défit & le tua, tandis que la Flotte de France qui arriva en même-tems, mettoit en déroute la Flotte Danoise, à laquelle on enleva tout le butin qu'elle avoit fait.

L'autre expedition maritime se fit par les François sous le Regne de Gontran Roy de Bourgogne petit-fils du grand Clovis. Ce Prince étant en guerre avec Leuvigilde Roy des Visigots d'Espagne, envoya en même-tems contre lui une armée en Septimanie, c'est-à-dire en Languedoc, & une Flotte pour ravager les côtes de Galice. Cette Flotte fut attaquée & entierement défaite par celle de Leuvigilde : de sorte qu'il n'é s'en échappa que quelques chaloupes qui vinrent apporter la nouvelle de la défaite. Enfin Fredegaire & Aimoin parlent encore d'une expedition par mer que Charles Martel fit sur les Frisons avec sa valeur & son bonheur ordinaire.

Fredeguar. Aimoin.

Nous n'apprenons rien autre chose par ces faits, sinon que nos Rois François dès le commencement de la Monarchie dans les Gaules, équipoient des Flottes sur l'Ocean. Il paroît encore par un endroit de l'Historien Procope qu'ils en avoient aussi sur la mer Mediterranée : car après avoir parlé du traité par lequel l'Empereur Justinien leur ceda la Provence, pour les détacher de la Ligue qu'ils avoient faite contre lui avec Vitigez Roy des Ostrogots d'Italie, il ajoûte ces paroles : Depuis ce tems-là les François furent absolument Maîtres de Marseille Colonie des Phocenses, *& en possession de cette mer*.

La seconde Race ne me fournit une gueres plus grande matiere de reflexions sur la Marine de ces tems-là ; quoique par nos Histoires il soit constant que Charlemagne fut fort puissant sur la mer. La vaste étenduë de son Empire bordé d'un côté par l'Ocean, & de l'autre par la Mediterranée, l'obligeoit à se rendre redoutable sur cet élement aussi-bien que sur la terre. La jalousie des Empereurs Grecs contre lui depuis qu'il eut pris le titre d'Empereur d'Occident, les differens qu'il avoit souvent avec eux ; les Flottes des Sarrasins d'Espagne & d'Afrique, & celles des Normands qui dès lors couroient toutes les mers, le mirent dans la necessité d'équiper un très-grand nombre de vaisseaux pour garantir ses côtes des attaques de tant de formidables ennemis.

Les Sarrasins firent de tems en tems des descentes en Sardaigne & dans l'Isle de Corse. Cela donna lieu à des combats sur mer où les Sarrasins furent ordinairement battus.

Les Normands dès-lors parurent diverses fois sur les costes de l'Empire François. Charlemagne qui connoissoit par experience la bravoure de ces hommes du Nord, prévit ce qu'il en devoit craindre pour ses successeurs. Et un des auteurs de son Histoire raconte que ce Prince étant un jour dans une ville maritime du Languedoc, vit pendant son dîner de son appartement qui avoit vûë sur la mer, paroître quelques

Monachus Sangallensis. l. 2. c. 22.

vaisseaux qui envoïoient leurs chaloupes à terre en divers endroits. Chacun disoit ses pensées sur ces vaisseaux, les uns les prenoient pour des vaisseaux Marchands d'Afrique, les autres pour des Marchands Anglois, les autres pour des Juifs. L'Empereur seul connut à la structure des Navires & à l'adresse de la manœuvre que c'étoient des Pirates Normands, & dit que ces Navires étoient plus remplis d'ennemis que de marchandises. On en fut assûré par quelques barques qu'on détacha pour les reconnoître. Les Normands voïant tant de mouvement sur le rivage, & quantité de troupes qui se répandoient de tous côtez, jugerent que l'Empereur étoit là, & au lieu de faire descente, prirent le large. Ce Prince étant toûjours à la fenêtre pour les considerer, laissa couler quelques larmes dont ses Courtisans furent surpris, sans qu'ils osassent lui en demander la cause. Il la leur découvrit luimême: Si ces gens-là, leur dit-il en soûpirant, osent menacer les côtes de France de mon vivant, que feront-ils après ma mort? Sa prédiction ne fut que trop veritable, comme on le voit par la suite de l'Histoire.

Prédiction trop veritable de Charlemagne.

Ce Prince pour prévenir les malheurs qu'il apprehendoit de ces Pirates, des Grecs & des Sarrasins, avoit depuis l'embouchure du Tybre jusqu'à l'extrémité de la Germanie, c'està-dire jusqu'en Dannemarc, excepté une grande partie de l'Espagne dont il n'étoit pas maître; il avoit, dis-je, dans tout ce grand espace des vaisseaux armez à l'embouchure de toutes les Rivieres par où les ennemis pouvoient penetrer dans les terres de l'Empire François, & outre cela dans tous les endroits exposez aux descentes. Les Comtes avoient ordre d'être toûjours sur leurs gardes, & d'assembler leurs Milices, dès qu'il paroissoit des vaisseaux étrangers sur les côtes: & la Garde étoit faite par tout avec tant de soin, qu'il arriva très-rarement que les Normands & les autres fissent impunément quelque descente.

Précaution de Charlemagne, & le nombre prodigieux de ses vaisseaux.

Eginard. in vita Caroli Magni.

L. 4. c. 5. Edit. Pithocana & cap. 36.

Parmi les Capitulaires on en voit quelques-uns qui regardoient cet article, & les Seigneurs avoient ordre en ces occasions de servir en personne comme dans les armées de terre.

Ce Prince prenoit ces précautions sur l'exemple des anciens

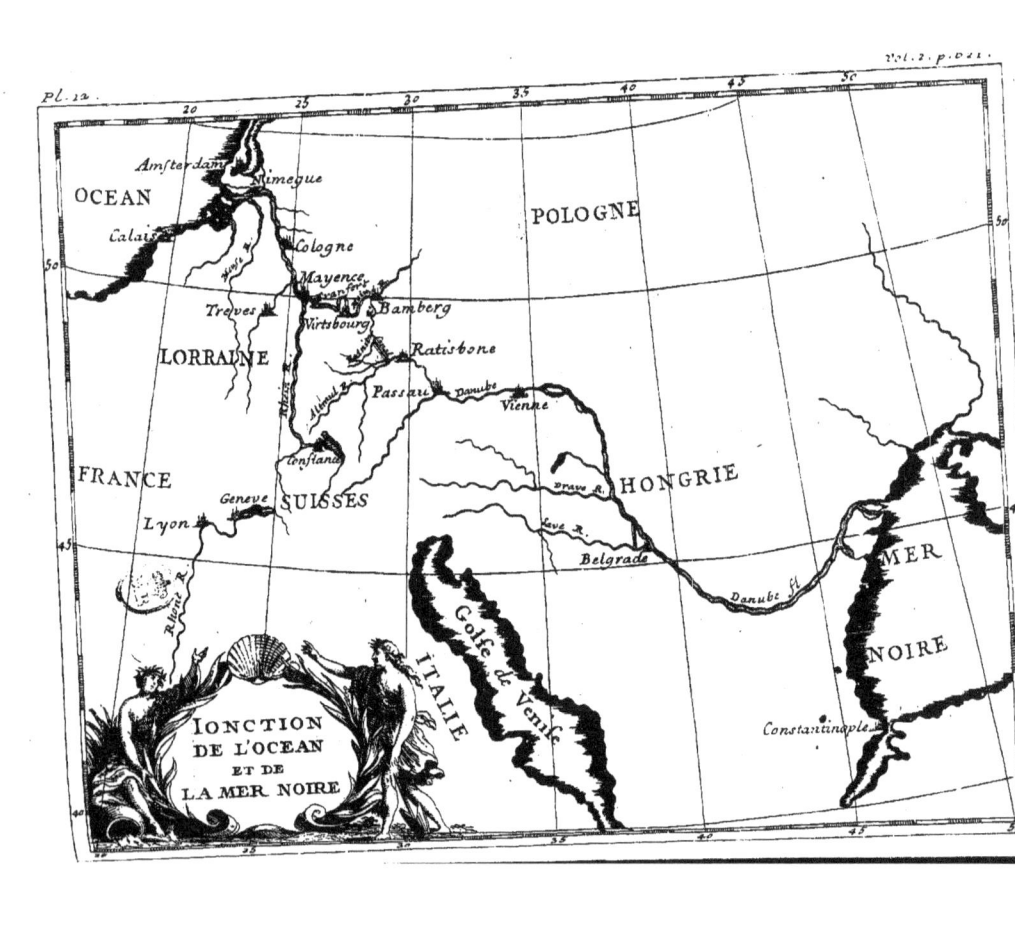

DE LA MILICE FRANÇOISE. Liv. XIV. 621

Romains, qui pour la fûreté de leur Empire avoient des Flottes en Italie, à Ravennes & à Misene, au Port de Frejus dans les Gaules, aux embouchures du Rhin, sur le Danube, & au Pont en Asie.

Mais ces beaux ordres de Charlemagne furent negligez sous Loüis le Debonnaire son succeffeur, & encore plus sous Charles le Chauve, qui les renouvella cependant dans l'Assemblée de Tousi en l'an 865. alors, & sous les Roïs suivans se firent les inondations des Normands en France qui la ravagerent par tout.

Cap. 14.

On n'a point d'autre détail dans l'Histoire touchant cette police, ni de la maniere dont les vaiffeaux étoient construits, ni de la discipline qui s'observoit dans les Flottes : j'ajoûterai seulement encore une chose qui a du rapport à ce sujet. C'est l'entreprise que fit Charlemagne de la jonction de l'Ocean avec la Mer Noire autrefois nommée le Pont Euxin. Le dessein qu'il avoit de subjuguer les Abares qui ne purent convenir avec lui des limites de leurs Etats & des siens après qu'il eut réduit la Baviere en Province, & l'envie qu'il avoit de pousser ses conquêtes jusqu'aux extrémitez du Danube, lui firent venir cette pensée. Il n'étoit question pour cela que de joindre le Rhin avec le Danube : car on eût monté de l'Ocean par le Rhin, & du Rhin par un canal & d'autres rivieres, on fût entré dans le Danube, & par le Danube on fût descendu dans la Mer Noire où ce fleuve a son embouchure.

Projet de Charlemagne de joindre l'Ocean avec la Mer Noire.

Charlemagne étoit maître de tout le pays depuis l'embouchure du Rhin jusqu'au Danube, & d'une grande partie de cette seconde riviere où ses troupes, ses munitions, ses bagages, & tout l'attirail de guerre auroit été commodément conduit & sans beaucoup de dépense.

Le projet fut de tirer un canal depuis la riviere de Rednitz dont la source est vers Veiffembourg dans l'Evêché d'Aicstet, jusqu'à la riviere d'Altmul. La riviere de Rednitz se jette dans le Moein au-dessus de Bamberg, & le Moein dans le Rhin à Mayence : la riviere d'Altmul se jette dans le Danube au-dessus de Ratisbonne. Le dessein donc étoit de faire un canal de communication de la riviere de Rednitz avec la riviere d'Altmul, & par ce moyen faire paffer les vaiffeaux du Rhin

Eginard. in Annal. ad an. 793.

Iiii iij

dans le Danube, & du Danube dans la Mer Noire où il se jette ; on prétendoit donner à ce canal trois cents pieds de largeur.

On sonda le terrein, on n'y trouva que peu de roc, & le canal fut poussé jusqu'à deux mille pas : mais c'étoit par tout une terre si molle & si marécageuse qu'il étoit difficile d'y donner de la consistance : on y travailla, mais le tems étant alors fort pluvieux, tous les travaux que l'on faisoit pendant le jour, s'affaissoient & s'ébouloient pendant la nuit. On n'avoit pas en ce tems-là plusieurs inventions que nous avons aujourd'huy pour vuider & faire écouler les eaux, & soûtenir les terres. Ainsi l'on abandonna l'ouvrage, par le desespoir d'y réüssir. Peut-être le reprendroit-on un jour, si jamais contre toute apparence, un même Prince étoit maître du Rhin & du Danube, au lieu que maintenant ces rivieres coulent dans les Etats d'une infinité de divers Souverains, qu'on auroit peine à faire concourir à un si beau dessein.

CHAPITRE II.

De la Marine sous la troisiéme Race.

Depuis Hugues Capet jusques à Philippe-Auguste il n'est point fait mention d'armées Françoises sur la mer, excepté celles des deux premieres Croisades, où il y avoit un grand nombre de François & plusieurs vaisseaux armez dans les Ports de Normandie & de quelques autres Provinces du Royaume. Mais je parle seulement ici d'armées Royales composées de vaisseaux François ou armez aux dépens des François, sous les ordres du Roy de France, & pour son service. Il y a diverses raisons pourquoi nos Rois n'avoient point alors d'armées de mer. La premiere est que ces premiers Rois de la troisiéme Race avoient très peu de Ports en leur puissance, parce que la plûpart des Provinces maritimes du Royaume, comme la Normandie, la Bretagne, la Guyenne, le Languedoc, étoient sous la domination des grands Vassaux, qui durant la seconde Race s'étoient érigez en Souverains.

Nos Rois n'avoient point alors d'armées Navales, & pourquoy.

DE LA MILICE FRANÇOISE. Liv. XIV. 613

La seconde raison est que depuis que les Normands furent établis dans la Province à laquelle ils ont donné leur nom, on ne vit plus gueres de Flottes des pays du Nord venir infester les côtes de France, & que d'ailleurs les Sarrasins d'Espagne, qui avoient été long-tems redoutables sur la mer, étoient assez occupez à se défendre chez eux contre les Princes Chrétiens du pays, dont la puissance s'étoit accruë peu à peu ; & contre les secours que les autres Princes Chrétiens envoïoient de tems en tems à ceux-cy.

La troisiéme raison est que les Anglois ne s'étoient pas encore rendus extrêmement formidables à la France : car quoiqu'ils fussent maîtres de la Normandie, depuis que sous Philippe I, Guillaume le Conquerant se fut emparé de la Couronne d'Angleterre ; cependant les guerres civiles dont ils furent continuellement agitez après la mort de ce Prince, ne leur permettoient pas de faire de grands armemens sur la mer ; & même les Chefs des divers partis s'estimoient heureux d'être appuyez par les Rois de France. Ainsi les François ne se trouvoient pas encore obligez à se précautionner beaucoup de ce côté-là.

Mais nonobstant toutes ces guerres civiles, les Anglois devinrent maîtres de la Guyenne & du Poitou par l'imprudent divorce que Loüis VII pere de Philippe-Auguste fit avec Eleonor heritiere de ces Provinces. Les Anglois par d'autres alliances s'impatroniserent de la Bretagne, de l'Anjou & du Maine, & augmenterent par là infiniment leur puissance aux dépens de celle de la Monarchie Françoise. C'étoit là l'état où étoient les choses, lorsque Philippe-Auguste monta sur le trône : & ce fut alors que les Anglois obligez de transporter souvent des troupes en France, pour la conservation de leurs domaines, penserent plus que jamais à s'assûrer l'empire de la mer.

Les Anglois deviennent puissans sur la mer.

Cela mit Philippe-Auguste dans la necessité de se fournir aussi de vaisseaux. Il en étoit si peu pourvû, lorsqu'il prit la resolution d'aller au secours des Chrétiens de la Palestine, qu'il fut contraint de faire son armement & ses magasins à Gennes ; *& paucis evolutis diebus,* dit son Historien, *Januam venit, ubi naves & ea quæ erant victui necessaria cum armamentis diligentissime parari fecit.*

Philippe-Auguste d'abord n'avoit point de vaisseaux.

Rigord. p. 186.

Mais étant revenu de cette expedition, il voulut se rendre indépendant des étrangers pour la Marine ; & c'est là l'époque du rétablissement de la puissance des François sur la mer.

Philippe-Auguste restaurateur de la puissance de nos Rois sur la mer.

En traitant de la Milice Françoise sur la terre, j'ai dit que Philippe-Auguste en fut en quelque façon le restaurateur par le rétablissement de l'Art Militaire, sur tout dans la maniere de faire les sieges où il remit en pratique les usages des anciens Romains ; & cela par le moyen de quantité de bons Ingenieurs qu'il entretenoit, & qui lui furent d'une grande utilité dans la conquête de la Normandie sur les Anglois. Mais on doit encore le regarder comme le restaurateur de la puissance du Royaume sur la mer.

Ce Prince après avoir conquis presque toute la Normandie, & fait d'autres conquêtes en Bretagne, en Poitou & ailleurs sur le Roy Jean d'Angleterre, forma le projet de porter la guerre chez son ennemi. Il fit travailler par tout à construire des vaisseaux, & enfin il se trouva en état de mettre sur pied une Flotte de dix-sept cents voiles. La plus grande partie de cette nombreuse Flotte fut mise dens le Port de Dam auprès de Bruges, & le reste demeura en rade ou le long de la côte. Mais ce premier coup d'essai des François sur la mer ne réüssit pas par la negligence de ceux qui devoient veiller à la garde de ces vaisseaux restez en pleine mer ; car ils furent surpris

Ibid. p. 212. Ruine entiere de la Flotte de Philippe-Auguste.

par Ferrand Comte de Flandres ligué contre la France avec Jean Roy d'Angleterre & l'Empereur Othon. Ce Comte en prit plus de trois cents, en fit échoüer une centaine le long des côtes, & dissipa le reste. Il vint ensuite bloquer le Port de Dam avec la Flotte Angloise ; & le Roy desesperant de sauver la sienne qui étoit enfermée dans ce Port, en fit retirer les vivres, les machines & tout ce qui étoit dessus, & la fit brûler lui-même pour l'empêcher de tomber sous la puissance des Ennemis. Ce fut une prodigieuse perte & la plus grande que ce Prince eût faite pendant tout son Regne. Il la repara par le gain de la bataille de Bovines : mais ce malheur fit échoüer entierement l'expedition d'Angleterre.

Cependant de son vivant Loüis son fils y passa appellé par les Anglois mêmes & y fut proclamé Roy ; mais ce ne fût pas pour

DE LA MILICE FRANÇOISE. *Liv. XIV.* 625

pour long-tems. Philippe-Auguste nonobstant la perte qu'il avoit faite à Dam, trouva encore assez de vaisseaux pour composer une Flotte qui alla au secours de son fils resserré dans Londres. Cette Flotte fut encore défaite ; & il fallut que le Prince capitulât pour son retour en France. *Autre Flotte défaite.*

Il n'est point marqué dans l'Histoire que ce jeune Prince dont le Regne fut fort court, eût pensé à rétablir les forces maritimes du Royaume, qui avoient été presque entierement ruinées dans les deux rencontres dont je viens de parler. Mais S. Louis son fils & son successeur se trouva en état quelques années après de mettre en mer quatre-vingt vaisseaux pour défendre les côtes de Poitou contre la Flotte de Henri III Roy d'Angleterre, & quatre ans après il en équipa une nombreuse pour son expedition d'outre-mer. Alphonse Comte de Poitiers l'alla joindre l'année d'après avec une autre Flotte. Charles Comte d'Anjou autre frere du même Roy en mit une en mer de vingt galeres & de quelques autres vaisseaux jusqu'au nombre de quatre-vingt voiles pour la conquête de Naples: mais toutes ces Flottes ne furent rien en comparaison de celle que S. Loüis assembla à Aigues-mortes sur la fin de son Regne pour l'expedition d'Afrique où il mourut. Il falloit qu'elle fût bien nombreuse, si ce que dit un Historien est veritable, qu'il y avoit dessus soixante mille hommes. Il est vrai qu'il emprunta plusieurs vaisseaux des Venitiens & des Genois pour de l'argent: mais la plus grande partie de la Flotte étoit de navires François: & quant à sa premiere expedition d'outre-mer, Joinville dit qu'au départ de Chypre pour la conquête de Damiete, *il y avoit dix-huit cents vaisseaux tant grands que petits.* *S. Loüis rétablit la marine. Matthæus Paris ad ann. 1242. Additiones ad Lambert. Schafnab. Joinville. p. 27.*

La puissance des François n'étoit gueres alors inferieure à celle d'Angleterre sur la mer: & elle se maintint ainsi jusqu'à la prise du Roy Jean. Car Philippe III, dit le Hardi, Fils de saint Loüis étant en guerre avec Pierre III Roy d'Arragon, envoya en Catalogne une flotte de six-vingt, tant galeres qu'autres gros vaisseaux. Philippe le Bel son Fils, s'étant broüillé avec Edoüard I Roy d'Angleterre, fit passer une armée en Angleterre sous les ordres de Jean de Harcour, & de Matthieu de Montmorency, qui prirent la *Philippe III puissant sur la mer. Mariana l. 14 c. 9. Annales de France.*

Tome II. Kkkk

ville de Douvre & la faccagerent. Philippe de Valois fit une pareille expedition contre Edoüard III ; & fon armée pilla & brûla la ville de Soutampton.

Puiſſance de Philippe le Bel & de Philippe de Valois ſur la mer.

Sa flotte qui fut défaite par les Anglois à la bataille de l'Ecluſe, étoit de ſix vingt gros vaiſſeaux & d'un grand nombre de plus petits. L'Hiſtoire marque encore ſous le même Regne un combat naval & une grande victoire remportée ſur les Flamans devant Ziriczée en Zelande en 1304, & un autre aſſez conſiderable auprés de l'Iſle de Greneſay, où la flotte Françoiſe étoit de trente-ſix gros vaiſſeaux, & l'Angloiſe de quarante-ſix.

Froiſſart vol. 1. chap. 36.
Ibid. chap. 51.

Ibid. chap. 92.

Il ne fut plus mention de flotte en France ſous le Roy Jean, ſur tout depuis ſa priſon à la journée de Poitiers. Charles V ſon Succeſſeur aïant par ſa ſage conduite rétabli l'ordre dans le Royaume, aſſembla une très-nombreuſe flotte à Harfleur l'an 1369, à deſſein de porter la guerre en Angleterre : mais le Duc de Lancaſtre le prévint ; & aïant fait paſſer une armée à Calais, obligea Charles à déſarmer, pour employer à la défenſe de la Picardie les troupes qui montoient la flotte. Celle qu'il mit en mer trois ans aprés en 1372, réüſſit mieux & remporta une grande victoire ſur les Anglois devant la Rochelle. Le Comte de Pembrok qui commandoit la flotte Angloiſe fut fait priſonnier, & preſque tous ſes vaiſſeaux pris ou coulez à fond.

La marine aneantie en France ſous le Roy Jean.

Idib. chap. 267.
Rétablie par le Roy Charles V.

Ses victoires navales ſur les Anglois.
Ibid. chap. 304.

Le même Roy fit encore un grand armement ſur mer l'an 1377. Jean de Vienne, Amiral de France qui la commandoit, prit & brûla la Rye, pilla l'Iſle de Wigt & quelques villes d'Angleterre le long de la Manche. Ce fut durant cette expedition qu'il apprit la mort d'Edoüard III, qui ſous les deux Regnes précedens, avoit mis le Royaume de France à deux doigts de ſa perte, & qui aprés un trés-glorieux Regne mourut avec le chagrin de ſe voir inſulté juſques dans ſon Royaume, & ſur le point de perdre tous les Etats qu'il poſſedoit au-delà de la mer.

Ibid. chap. 327.

Charles VI Succeſſeur de Charles V ſon pere ſur le Trône de France, aprés un commencement de Regne troublé par les factions de ſes trois Oncles, les Ducs de Bourgogne, d'Anjou & de Berri, ayant pris en main le gouvernement

Charles VI puiſſant ſur la mer.

DE LA MILICE FRANÇOISE. *Liv. XIV.* 627

de l'Etat, se rendit sur la mer aussi redoutable que ses Predecesseurs. Et ayant formé le dessein de faire en Angleterre autant de mal & de ravages que les Anglois en avoient fait dans son Royaume, il acheta des Etrangers une infinité de vaisseaux qui joints avec ceux de France, composerent une flotte de mille deux cents quatre vingt sept voiles. De sorte qu'il y en avoit assez, dit l'Auteur de l'Histoire de Charles VI, pour faire un pont depuis Calais jusqu'à Douvres: mais la jalousie du Duc de Berri contre le Duc de Bourgogne son frere, fit avorter ce dessein, & rendit inutiles les excessives dépenses qu'on avoit faites pour l'execution. L'entreprise ne fut pas cependant entierement abandonnée; on fit de nouveaux préparatifs pour le mois de May de l'année suivante; & l'on n'attendoit plus que le Connétable de Clisson, qui devoit commander l'armée en Angleterre après la descente, lorsque le Duc de Bretagne surprit ce Seigneur qu'il regardoit comme son ennemi, & le mit en prison. Cet incident déconcerta tout; & ce fut un grand problême en ce tems-là, sçavoir si le Duc de Bretagne fit par sa trahison plus de bien à l'Angleterre, en empêchant le ravage dont elle étoit menacée, qu'il n'en fit à la France, en faisant échouër cette expedition que mille accidens pouvoient empêcher de réüssir, & en laquelle, si le succès en eût été malheureux, la plus grande partie de la Noblesse Françoise auroit peri.

Histoire de Charles VI sous l'an 1385. Froissart vol. 3. chap. 25.

Depuis ce tems là, il se fit encore quelques autres armemens moins considerables, sous le Regne de ce Prince même, depuis l'étrange accident qui lui arriva & qui le rendit incapable par l'égarement de son esprit, de gouverner par lui-même: & puis survinrent les guerres civiles, dont les Anglois profiterent pour s'emparer d'une grande partie de la France. Charles VII son Successeur ne fut de long-tems en état de rétablir ses forces maritimes. Je trouve seulement que l'an 1451 le Comte de Dunois faisant le siege de Bayonne qu'il prit, avoit sur la mer pour l'investir de ce côté-là, douze vaisseaux Biscains appellez Espinaces, & que l'an 1457 Pierre de Brezé Comte de Maulevrier, Senéchal de Normandie, fit une descente en Angleterre avec une flotte sur laquelle il y avoit quatre mille soldats, & força la ville de Sandwic qui

Histoire de Charles VII 466. Pag. 475.

Quelques expeditions de

K k k k ij

mer sous Char- fut pillée : mais ces expeditions réüssirent par la foiblesse des
les VII. Anglois, occupez de leurs guerres civiles, plûtôt que par les
forces de la France qui n'étoient alors que mediocres sur la
mer.

Il ne paroît pas que Loüis XI Successeur de Charles VII
Loüis XI se fût beaucoup appliqué à augmenter sa puissance dans la
s'occupa peu marine ; & il ne se donna de son tems aucun combat naval
de la marine. considerable. Je trouve seulement que le Comte de Varwik qui se revolta contre Edoüard IV, en faveur de Henri
VI prisonnier dans la tour de Londres, étant passé en France,
le Roy ordonna au bâtard de Bourbon alors Amiral, de rassembler quelques vaisseaux pour joindre à ceux du Comte de
Comines l. 3. Varwik, contre la flotte de Charles Duc de Bourgogne, qui
Chap. 5. étoit très-nombreuse ; & qu'ensuite la plûpart des navires
qui étoient dans les ports de France sur l'Ocean, s'étant
assemblez par les ordres du même Roy, ils escorterent le
Comte de Varwik, lorsqu'il repassa en Angleterre où il rétablit Henri sur le Trône.

Loüis XI se contenta d'entretenir trois galeaces, quelques
Memoires galées & caravelles legeres, pour escorter ses sujets qui fai-
manuscrits de soient commerce au Levant. Le peu de dépense qu'il faisoit
Bethune vol. sur la mer l'exposa aux insultes des Corsaires de Barbarie,
coté 8448. qui faisoient des descentes en Languedoc, & en amenoient
pag. 47. des habitans en esclavage.

Charles VIII étant monté sur le Trône, n'eut pas assez
de ses seuls vaisseaux pour la conquête de Naples, & fut
obligé de faire une grande partie de son armement de mer
Forces de à Gennes, dont Ludovic Sforce surnommé le More, qui
Charles VIII l'avoit engagé à cette entreprise, étoit le Maître. *Et furent*
sur la mer. *prêtes*, dit Comines, *jusques à quatorze navires Genevois, &*
L. 7. ch. 5. *plusieurs galées & galions...... car ladite Cité étoit sous l'Etat*
de Milan que gouvernoit le Seigneur Ludovic........ La dé-
pense de ces navires étoit fort grande, ajoûte-il, *& suis d'avis*
qu'elle coûta trois cens mille francs.

Le Duc d'Orleans nommé pour commander la flotte,
y arriva, dit le même Auteur, *avec quelques naves, & bon*
nombre de galées, & une grosse galeace qui étoit mienne que pa-
tronisoit Messire Albert Mely.

DE LA MILICE FRANÇOISE. Liv. XIV. 629

Charles VIII à son retour de Naples, mit en mer une nouvelle flotte pour le secours des châteaux de cette Ville, assiegez par Ferdinand d'Arragon. Mais cette flotte étant arrivée à Ligourne, tout l'équipage deserta, & les châteaux faute de secours furent pris.

On voit par tout ceci qu'il y avoit beaucoup de différence entre les armemens de mer que l'on faisoit alors en France, & ceux que Philippe-Auguste, & même Charles VI avoit fait autrefois.

Loüis XII plus occupé à attaquer ses ennemis & à se défendre sur la terre que sur la mer, fit encore moins de dépense que ses Prédecesseurs pour ses flottes ; & la plus grande qu'il ait mise en mer, n'étoit que de vingt-deux galeres l'an 1510. Elle alla se presenter à la hauteur de Porto-Veneré devant celle du Pape Jules II & des Venitiens ; & après quelques canonnades les deux flottes se separerent.

Loüis XII ne mit pas de grandes forces en mer.
Belcarius l. 12. n. 12.

François I attaqué en même tems par l'Empereur Charles V, & par Henri VIII Roy d'Angleterre, ne put se dispenser d'augmenter ses forces maritimes. Il fit venir dans l'Ocean les galeres qu'il avoit sur la Mediterranée au nombre de vingt-cinq. Elles étoient commandées par le Capitaine Polin, depuis plus connu sous le nom de Baron de la Garde. Et c'est la premiere fois, comme l'observe Peguillon de Beaucaire Evêque de Metz, qu'une armée navale de galeres ait fait le trajet de Marseille jusques dans nos ports de l'Ocean, excepté que sous Loüis XII, le Capitaine Pregent de Bidoux y avoit passé avec quatre galeres, & avoit combattu avec avantage contre plusieurs vaisseaux Anglois devant Brest. Cet essay qui avoit réüssi, fit que François I se hazarda à faire entrer toutes ses galeres dans cette mer. C'est sur ce trajet seulement que tombe la remarque de l'Evêque de Metz, & il n'a pas prétendu dire que ce fut la premiere fois qu'il eût parû une armée de nos galeres sur l'Ocean, comme quelques-uns l'ont interpreté mal à propos. Car il est constant par nos Histoires que depuis long-tems nos Rois y avoient eu des armées de galeres : mais elles avoient été faites dans nos ports d'en deçà du détroit de Gibraltar.

François I obligé d'être fort sur la mer.
Ibid. l. 24. n. 10.
C'est le premier qui ait fait passer une armée Françoise de galeres de la Mediterranée dans l'Ocean.
Memoires du Bellay, l. 10.

Le Roy joignit à ces vingt cinq galeres dix navires que les

K k k k iij

Genois lui fournirent ; & avec ceux qu'il avoit dans ses ports, il composa une flotte de cent cinquante navires ronds. (C'est ainsi qu'on appelloit les gros vaisseaux de ce tems-là,) & de soixante autres moindres.

L'Amiral d'Annebaut commandoit cette Flotte : il fit voile vers l'Angleterre, fit descente dans l'Isle de Wigt & en quelques autres endroits de la côte qu'il ravagea à la vûë de la Flotte Angloise qui n'osa jamais s'engager à un combat general. C'est la plus grosse Flotte que François I ait euë, car celle qu'il joignit aux vaisseaux du fameux Barberousse pour le siege de Nice en Provence, n'étoit que de vingt-deux Galeres & de dix-huit navires.

Henri II, quoiqu'il ait été quelque tems en guerre avec les Anglois, ne fit pas de si grandes dépenses que son Prédecesseur pour la Marine. Il se contenta d'entretenir ce qu'il avoit trouvé de vaisseaux à son avenement à la Couronne, & n'en fit pas construire beaucoup de nouveaux. Il ne laissa pas de se rendre redoutable à ses voisins sur la mer, & il s'y fit sous son Regne quelques expeditions assez considerables.

Elizabeth Reine d'Angleterre se rend maitresse de la mer.

La guerre civile qui s'alluma en France sous le Regne des fils de ce Prince, ne leur permit gueres de se faire craindre sur la mer, & dans cette conjoncture Elizabeth Reine d'Angleterre aïant fait construire un grand nombre de vaisseaux, assûra en quelque façon l'Empire de cet element à sa nation. C'est un des plus beaux endroits du Regne de cette Princesse.

Effort de la Reine Catherine de Medicis sans succès.

La Reine Catherine de Medicis fit un effort pour soûtenir les prétentions qu'elle avoit sur le Royaume de Portugal après la mort du Cardinal Roy, qui avoit succedé à Dom Sebastien tué dans sa malheureuse expedition d'Afrique : & pour maintenir le parti que le Prince Dom Antoine bâtard de Portugal avoit dans les Açores, elle mit en mer soixante vaisseaux & six mille soldats sur ces vaisseaux sous les ordres de Philippe Strozzi & du Comte Charles de Brissac : mais cette Flotte fut défaite par le Marquis de Sainte Croix.

La marine aneantie en France durant les guer-

On peut fixer dans le tems de ces guerres civiles des Huguenots la décadence entiere de la Marine en France. Elle fut telle que lorsque Henri IV fut parvenu à la Couronne, il se trouva exposé sur la mer aux insultes des Princes ses voisins. On sçait comment le Baron de Rosni fut traité par le Vice-Amiral d'Angleterre, qui vint le prendre à Calais pour le conduire à cette Cour en qualité d'Ambassadeur de France, & comment le sieur de Vic qui l'accompagna quelques lieuës en mer fut obligé de baisser le pavillon devant le vice-Amiral Anglois, qui le menaca de le couler à fond s'il ne le faisoit. Le Cardinal de Richelieu dans son Testament politique n'a pas oublié cette insulte faite à la France, en representant à Loüis XIII la necessité d'augmenter les forces de France sur la mer. Il n'y eut pas jusqu'au Duc de Toscane qui s'étant saisi de l'Isle & du château d'If en Provence durant les troubles de ce pays, sous prétexte d'empêcher que cette Isle & le château ne tombassent sous la puissance des Huguenots, refusa au Roy Henri IV de les lui rendre, même après que ce Prince eut eu l'absolution du Saint Siege, & il s'y maintint assez longtems par le moyen de quatre galeres qu'il y avoit envoyées, parce que le Roy n'en avoit point à y opposer: & ce ne fut que par un traité que l'Isle d'If & le château lui furent rendus. Quelque tems après la Grand Duc ayant pris des liaisons avec l'Espagne, & M. d'Alincourt lui en faisant des reproches de la part du Roy, il lui répondit ; *Si le Roy eût eu quarante galeres au Port de Marseille, je n'eusse pas fait ce que j'ai fait.*

Le Cardinal Ubaldini alors Nonce en France, dans une de ses lettres, * blâmoit fort ce Prince de sa negligence à cet égard, & en attribuoit la faute à M. de Sully qui, disoit-il, empêchoit le Roy en faveur des Huguenots de suivre en cela les conseils de ses autres Ministres Catholiques; parce que si on avoit eu en France trente galeres armées comme autrefois, il auroit été aisé de contenir les Rochelois qui étoient la ressource des Huguenots, & de leur empêcher les secours dont l'assûrance les entretenoit toûjours dans l'esprit de revolte. Ce Prince neanmoins parut depuis penser serieusement à rétablir la Milice de mer, comme il avoit fait celle de terre: mais sa mort prématurée l'en empêcha, & il laissa l'honneur de ce rétablissement à son Successeur. Je ferai l'Histoire de ce rétablissement, & ensuite celle de la perfection où la Marine fut portée sous Loüis le Grand, quand j'aurai traité divers

res de Religion.
Henri IV sans force sur la mer.

Insulte du Vice-Amiral Anglois faite à la France.
Pag. 346.

Autre insulte faite par le Grand Duc de Toscane.

Testament du Card. de Richelieu, p. 357.

* Datée du 13 d'Octobre 1609.

points qui regardent l'ancienne Marine fort differente de la Marine moderne, telle qu'elle a été sous les deux derniers Rois de France.

CHAPITRE III.

Des diverses especes de vaisseaux dont on s'est servi dans les Flottes sous la troisiéme Race.

Auteurs de l'Art Militaire sur la mer.

LEs Grecs, les Romains & les Carthaginois sont regardez comme les Auteurs de l'Art Militaire sur la terre : & l'on peut aussi leur faire honneur d'avoir porté bien loin l'Art Militaire sur la mer, sans en exclure quelques Republiques maritimes de l'Asie, & entr'autres celle de Tyr dont la reputation fut toûjours grande dans la Marine. Les anciennes Histoires nous disent des choses admirables de l'habileté de toutes ces nations dans la construction de leurs vaisseaux de guerre, de leur adresse à les manier dans les combats, de leur maniere de les armer, & de les ranger en bataille.

L. 5. Dipnosophiston.
Vaisseau de Philopator.

La description que les Auteurs nous font de quelques-uns de leurs vaisseaux de guerre, nous donne quelque idée de leur structure ; mais il y en a plusieurs autres dont on ne comprend pas comment ils pouvoient s'en servir : par exemple Athenée parlant d'un vaisseau de Philopator, dit qu'il avoit deux cents quatre vingt coudées de longueur sur trente-huit de largeur, & que les rames du plus haut étage étoient de trente-huit coudées. Quelle devoit être la grosseur de ces rames à proportion de la longueur, & quelle force devoit être celle des rameurs pour les remuer ? cela est difficile à concevoir. Il n'est pas de mon sujet d'entrer dans l'examen de ces difficultez. Il me suffit de conclure que la Marine des anciens, & sur tout des Grecs & des Villes maritimes d'Asie, fut portée à un point de perfection tout autre que celui où elle fut depuis la fondation de la Monarchie Françoise dans les Gaules pendant plusieurs siecles, & que pour la qualité & les especes de vaisseaux, il ne s'en conserva presque rien, même par les Romains, que ce qu'il y avoit de

DE LA MILICE FRANÇOISE. *Liv. XIV.* 633
de plus aifé pour la conftruction & pour la manœuvre ; tels que furent depuis les vaiffeaux à rames femblables pour ce point aux galeres de notre tems, & fans ces divers étages de rameurs les uns plus élevez que les autres.

Quoique les vaiffeaux dont on compofoit alors les flottes, fuffent pour la plûpart, comme je le dirai dans la fuite, ceux-là mêmes dont les Marchands fe fervoient pour leurs voyages & pour leur commerce ; cependant quand on les armoit pour une flotte, on les appelloit vaiffeaux de guerre. C'eft ainfi que s'exprime Guillaume le Breton, dès le tems de Philippe-Augufte, en parlant de la flotte Angloife qui vint attaquer celle de ce Prince fur les côtes de Flandres, dont j'ai déja fait mention.

Hefternum, Rex, ante diem Salebericus heros
Boloniufque Comes cum gentis millibus Anglæ
BELLIGERIS fubito RATIBVS longifque galeis
Applicuere fimul prope nos.

L. 9. Philippid.

Les galées qui font nommées dans un des vers que je viens de citer, étoient les plus grands vaiffeaux de guerre de ces premiers tems de la troifiéme Race, & encore long-tems depuis. C'eft ce que marque ce vers, cité par Mathieu Paris.

Galées.

Mathieu Paris ad an. 1243.

In terris galeas, in aquis formido galeias,

c'eft-à-dire, je crains les cafques fur la terre, & les galées fur la mer.

Quelques-uns prétendent que ce mot de Galée vient du latin *Galea* qui fignifie un cafque : parce que c'étoit autrefois la coûtume de reprefenter un cafque fur ces fortes de vaiffeaux. Cela peut-être ; mais nos Hiftoriens me paroiffent avoir pris ce nom immediatement des Grecs du bas Empire. L'Empereur Leon s'en fert dans fon Traité de la guerre, & la Princeffe Anne Comnene dans fon Alexiade. Nos Auteurs François ne s'en fervent point avant le tems des Croifades, dont il eft parlé dans l'Alexiade, & tous s'en fervent depuis ce tems-là.

Lilius Giraldus lib. de navigatione c. 12.
Scefferus de milit. navali l. 3. cap. 1.
Origine de ce nom.
Leo in Tacticis.
Anna Comnena l. 6.

Ces galées étoient des vaiffeaux à rames & à voiles, comme

Tome II. LIII

l'avoient été anciennement tous ou presque tous les vaisseaux de guerre.

On donnoit aussi aux galées le nom de longs vaisseaux *naves longæ*, parce qu'elles étoient fort longues en comparaison des autres. On les appelloit encore *naves rostratæ*, Navires à bec : j'en dirai plus bas la raison.

Ces deux noms étoient aussi donnez par les Anciens à leurs navires de guerre, comme on le voit par les Commentaires de Cesar, & par l'Histoire de Polybe.

Le nom de Galée fut depuis changé en celui de Galere. Les Italiens ont retenu l'ancien nom de *Galea*. On se servoit encore de ce terme du tems de Charles VIII, comme on le voit par l'Histoire de Comines. Le mot de galere devint en usage en France sous Loüis XII. Car Martin du Bellay qui commence ses Memoires par la fin du Regne de ce Prince, se sert toûjours du mot de galere. Nonobstant la nouveauté de l'usage de ce mot de galere, je m'en servirai desormais, même en parlant des anciens tems, puisque la galée & la galere sont la même espece de vaisseau, & qu'on est accoûtumé à celui de galere.

De galée est encore venu le mot de galion qui signifioit autrefois une petite galée, autre vaisseau de guerre. L'Auteur de l'Histoire de Jerusalem semble restraindre ce nom à la galée qui n'avoit qu'un rang de rames, & dont le corps étoit moins long. Nos Auteurs François lui donnent aussi le nom de Galiot.

L'Amiraut en un Galiot
Fait entrer ô li sans attente
Arbaletriers encore quarante,

Mais les vaisseaux ausquels on donne aujourd'huy le nom de galion, sont beaucoup plus grands & d'une toute autre structure que les galeres; ce sont des vaisseaux de haut bord, & ne different de nos grands vaisseaux de guerre que par leur pesanteur.

Les Galeides *Galeidæ* étoient les mêmes que les galions de ces tems-là, comme on le voit par la maniere dont les Auteurs en parlent.

Ce que c'étoit que ces galées.
Erant in præfato exercitu naves longæ... quæ vulgo galeæ dicuntur. Guillel. Tyrius. l. 20. c. 34.
Navium rostratarum quæ vulgo dicuntur galeæ. Ibid. l. 10. c. 28.
L. 4.
Polybius l. 6.
Le nom de galée changé en celui de galere, & depuis quand.

Galions.
Galiones vero uno ordine Remorū contenti, brevitate mobiles & facilius flectuntur & levius discurrunt, & ignibus jaculandis aptiores existunt. p. 1167.
Guiart manuscrit sous l'an 1304.

Albert. Aquensis l. 9. c. 9. & 23.

DE LA MILICE FRANÇOISE. *Liv. XIV.* 635

De Galée est encore venu *Galeasse* qui est une espece de vaisseau en usage sur la Mediterranée, ainsi appellé selon la maniere des Italiens, parce qu'il est beaucoup plus grand qu'une galere : *Navilio simile alla Galea ma assai maggiore*, dit le Vocabulaire de la Crusca. Les forçats y sont à couvert sous une espece de plancher, sur lequel il y a du canon.

V. Galeazza Hydrographie Fournier l. 1. c. 26. *Galeasso.*

Strada dit que ce furent les Venitiens qui se servirent les premiers de cette espece de vaisseau, & que ce fut à la bataille de Lepante qu'ils en firent d'abord usage : mais j'ai remarqué ailleurs que dès le tems de Charles VIII, il y en avoit une dans la flotte du Duc d'Orleans armée de gros canon, & par le moyen de laquelle ce Prince battit les ennemis à Rapallo à quelques lieuës de Gennes. Loüis XI même en avoit trois, ainsi que je l'ai dit aussi plus haut.

Dec. 2. l. 3.

Dans un Traité manuscrit de l'Office des Herauts, cité par M. du Cange, il est fait mention de quelques autres especes de vaisseaux de guerre de ces anciens tems en ces termes. » Ledit Amiral doit avoir de tous vaisseaux appartenant à la guerre l'administration, comme Barges ; Galées, » & Horquées, & Ballenjers & autres.

V. Balingaria.

Le mot de Barges en Latin *Bargia* se trouve souvent avec la même signification que celui de *Barca* une barque, qui n'étoit qu'un grand bateau, ou la chaloupe d'un plus grand vaisseau. Cependant dans une Charte de l'an 1080, il est parlé de la barge comme d'un grand vaisseau, & il en est fait presque toûjours mention dans nos Auteurs, lorsqu'il s'agit d'expeditions navales,

Barges. Navem magnam quam Bargam vocant, apud Miræum, in diplom. Belg. p. 295.

Se vont entre eux el port ferir
*Qui mult orent lors né, * & Barges,*

* Nefs navires.

dit Guillaume Guiart sous l'an 1395, & Ville-Hardoüin *cil qui de Constantinople leur venoient aidier en barges.*

n. 83.

Je croy après tout que ces Barges n'étoient point autre chose que de grandes barques armées, telles apparemment que celles dont on se sert encore aujourd'huy pour faire des descentes.

Les Ballinjers dont il est fait mention dans le Manuscrit que je viens de citer, étoient aussi mis au nombre des vais-

Ballingers.

LLll ij

feaux de guerre. *Les ennemis*, dit Walsingam dans l'Histoire du Regne de Richard II Roy d'Angleterre, *avoient armé cinq vaisseaux de guerre de ceux qu'on appelle Balingers*. Et Froissart parlant du grand armement que fit Charles VI pour aller faire descente en Angleterre. » En ce tems-là, dit il, » les apparences de plante de navires, de galées, de vais- » seaux & de balangers pour passer en Angleterre le Roy de » France & ses gens, étoient si grandes, que le plus vieil » homme qui vivoit, n'avoit point veu n'ouy parler de chose » pareille.

Hostes arma-verunt quin-que vasa bel-lica, qualia balingarias appellamus.
Froissart vol. 3. c. 41.

Il est aussi fait mention de brigantins dans ces tems-là : c'étoit, dit Froissart, *une maniere de vaisseaux courans*, c'est-à-dire, à ce que je croi, des vaisseaux legers ; on en voit à la tête de la descente que les François & les Genois firent en Afrique, sous le Regne de Charles VI. L'Auteur ajoûte qu'il y avoit des canons sur ces brigantins ; mais ce n'étoit apparemment que de fort petits canons, car on n'en mettoit pas encore alors de bien gros sur les vaisseaux.

Froissart vol. 4, c. 18.
Brigantins.

Après tout, il me paroît que les galeres étoient proprement en ce tems-là les vaisseaux de guerre, c'est-à-dire les plus grands, les plus armez, où il y avoit plus d'équipage & qui faisoient la principale force des armées navales. Les autres étoient à proportion comme sont de nos tems les petites fregates, les flutes armées & les autres moindres vaisseaux qui ne combattent point en ligne. Mais vers ce tems-là, c'est-à-dire sous le Regne de Charles VI, on commence à parler d'une autre espece de vaisseau qu'on appelloit caraque & des plus grands que l'on fit alors, » & fit-on tellement, » dit l'Auteur de l'Histoire de Charles VI sous l'an 1416, que » grands navires venoient tant d'Espagne que de Gennes, & » y avoit de grands vaisseaux nommez caraques. Les navires » Anglois n'osoient presque paroître devant ceux-là.

Les galeres étoient proprement les vais-seaux de guerre.

Carraques.

Les Ramberges étoient en usage chez les Anglois du tems de François I, & y étoient encore du tems de Henri IV. » Il » y a une espece de navires particuliers, dit M. du Bellay » dans ses memoires, dont usoient nos ennemis (les An- » glois) en forme plus longue que ronde, & plus étroite » beaucoup que les galeres, pour mieux se regir & comman-

Ramberges.

L. 10.

» der aux courantes qui sont ordinaires en cette mer : à quoy
» les hommes sont si duits, qu'avec ces vaisseaux ils conten-
» dent de vîtesse avec les galeres, & les nomment ramberges.
On sçait d'ailleurs que les ramberges étoient à voiles & à
rames, on s'en servoit quelquefois en France. Il en est parlé
dans les Registres de l'Extraordinaire des guerres.

 Il est fait mention dans nos Histoires de trois vaisseaux fa-   *Vaisseau*
meux entre tous les autres. Le premier nommé la Charente *nommé la Cha-*
du tems de Louis XII, lequel selon un Auteur qui a fait l'Hi- *rente.*
stoire de ce Prince, portoit douze cents soldats sans les matelots, D'Auton. c.
& deux cents canons, mais dont il n'y en avoit que quatorze de 45.
gros. Le reste étoit de fort petites pieces & qui n'étoient pas
plus grosses que nos petits fauconneaux. D'Aubigné dans son T. 1. l. 4. c.
Histoire parle aussi d'un vaisseau Suedois nommé le Makelos 21. p. 353.
qui portoit deux cents canons.

 Le second s'appelloit la Cordeliere sous le même Regne de *Vaisseau*
Louis XII : il avoit été construit & équipé aux frais de la Reine *nommé la Cor-*
Anne de Bretagne. Voici ce que dit M. du Bellay dans ses *deliere.*
memoires au sujet d'un combat où ce navire perit. » Derechef, L. 1.
» dit-il, devant saint Mahié en Bretagne, le jour de saint Lau-
» rent fut combattu par quatre-vingt navires Anglois contre
» vingt Bretonnes & Normandes, & étant le vent pour nous &
» contraire aux Anglois, fut combattu en pareille force : &
» entr'autres le Capitaine Primauguet Breton Capitaine de la
» Cordeliere, navire surpassant les autres en grandeur, que
» la Reine Anne avoit fait construire & équiper, se voyant
» investi de dix ou douze navires d'Angleterre, & ne voyant
» moyen de se développer, voulut vendre sa mort : car ayant
» attaché la Regente d'Angleterre qui étoit la principale nef
» des Anglois, jetta feu : de sorte que la Cordeliere & la Re-
» gente furent brûlées & tous les hommes perdus tant d'une
» part que d'autre.

 Le troisiéme fut le grand navire de François I, appellé le *Le Caracon*
Caracon. Si nous en croyons le même M. du Bellay, c'étoit *de François I.*
un vaisseau de cent grosses pieces de canon de bronze. L'Evê- L. 10.
que de Metz dans son Histoire dit plus vraisemblablement Belcarius l.
que de cette Artillerie il n'y en avoit qu'une partie de grosse, 24. n. 10.
& le reste de moyenne grosseur. Mais je suis persuadé que ces

gros canons, & ces canons de moyenne groffeur étoient tels par rapport au tems dont parle du Bellay, & qu'ils étoient beaucoup moins gros que ceux qu'on appelle aujourd'huy gros canons, & canons de moyenne groffeur : car felon tous les connoiffeurs s'il y avoit eu des canons de 36 & de 24 aux batteries hautes, elles auroient tellement tourmenté le vaiffeau qu'il fe feroit brifé, outre que felon l'Auteur, il n'étoit que de huit cents tonneaux, c'eft-à-dire plus petit de plus de la moitié que les plus grands vaiffeaux de notre tems. Ce qui eft certain, c'eft que c'étoit le plus beau vaiffeau du Ponant & le meilleur voilier qu'il y eût. Un Auteur de ce tems-là qui a écrit fur la Marine, & qui dédia fon livre à François I, lui dit dans fon Epître dedicatoire en parlant de ce navire, qu'il étoit dans une Flotte comme une citadelle entre les autres vaiffeaux, & qu'il n'y avoit à craindre pour lui fur la mer que le feu & les rochers.

Baïf de re navali.

Le fort de ce navire fut encore plus malheureux que celui de la Cordeliere, car celui-ci fut brûlé en combattant & fit perir avec lui l'Amiral d'Angleterre. Le Caracon de François I fut auffi confumé par le feu, mais d'une maniere moins glorieufe. Ce vaiffeau étoit à la rade du Havre prêt à faire voile à la tête d'une groffe Flotte commandée par l'Amiral d'Annebaut, & deftinée à faire defcente en Angleterre. Le Roy avant qu'elle mît à la voile, voulut regaler les Dames de la Cour dans le Caracon : mais dans le tems qu'on preparoit le feftin, le feu y prit, fans qu'on pût jamais l'éteindre, & il brûla à la vûë du Roy & de toute la Cour.

Malheureux fort de ce navire.

Henri VIII Roy d'Angleterre avoit fait vers le même tems bâtir un grand vaiffeau femblable, auquel par émulation il donna auffi le nom de Caracon. Celui qui le conftruifit ne réüffit pas. On s'en apperçut dès qu'on le mit en mer. Il ne pouvoit gouverner, & il rouloit fans ceffe. Après un feul voyage il fut ramené par l'Amiral Hamilton à Briftol, il y fut défarmé, & on l'y laiffa pourrir.

Le Caracon de Henri VIII Roy d'Angleterre.

Il devint inutile par fa mauvaife conftruction.

L'Auteur du livre de la Marine dont j'ai déja parlé, fait encore dans fon Epître dedicatoire à François I, l'éloge des Galions que ce Prince avoit fait bâtir dans les Ports de Bretagne d'une maniere nouvelle, qui alloient à voile & à rames,

& qui étoient si forts qu'ils pouvoient s'exposer aux tempêtes de l'Ocean. Je crois que c'étoient des galeres, & que la maniere nouvelle dont l'Auteur parle, ne consistoit qu'en ce que le corps de ces vaisseaux étoit plus fort & plus capable de resister à la mer que les Galeres qu'on avoit faites jusqu'alors. Il ajoûte que ce Prince faisoit faire encore un de ces vaisseaux qu'on appelloit *quinqueremis*, & dont on admiroit déja les proportions : c'étoit une galere plus grande que les autres qu'on nomma la Royale : mais je suis persuadé qu'elle n'étoit nullement semblable à celle que les anciens appelloient *quinqueremis*. C'est là tout ce que j'ai pû remarquer de plus considerable sur les navires de guerre sous la troisieme Race de nos Rois, jusqu'à la décadence de la Marine durant les guerres civiles après la mort de Henri II.

Des navires de charge.

Pour ce qui est des navires de charge dont on se servoit autrefois dans nos Flottes, les differentes especes & grandeurs en étoient en bien plus grand nombre que celles des vaisseaux de guerre : mais une entre autres me paroît digne de remarque. C'étoit une sorte de vaisseaux qu'on appelloit vissiers, & dans la latinité de ce tems-là *huisseria*, *usseria*, *usaria*. On s'en servoit pour le transport des chevaux dans les expeditions maritimes,

Vaisseaux Huissiers pour le transport des chevaux.

Et mil vissiers par leurs consaus
Pour passer armes & chevaux.

dit Philippe Mouske en la vie de Loüis VIII. L'Histoire du Maréchal de Boucicaut les appelle *Galies huissieres*. Ces sortes de vaisseaux étoient fort grands, puisque selon Godefroy Moine de saint Pantaleon de Cologne, * cinquante suffisoient pour transporter deux mille Chevaliers avec leurs destriers, c'est-

Leur grandeur.

* Hoc etiam inter cætera intimantes quod Dominus Imperator ad succursum Terræ Sanctæ quinquaginta naves fecerit fabricari, quæ usseriæ nuncupantur, quarum magnitudo tantæ capacitatis erat, ut duo millia militum cum dextrariis suis, & omnium armorum suorum pertinentia, & præterea decem millia aliorum hominum valentium ad pugnam & ad bella cum armis suis in eisdem usseriis valeant transferri. *Godefridus ad an.* 1224.

à dire leurs chevaux de bataille, & dix mille autres soldats avec leurs armes.

On appelloit ces vaisseaux huissiers du mot d'huis ou d'us qui signifioit & signifie encore en quelques Provinces une porte. C'est qu'il y avoit une porte à ces navires pour y faire entrer les chevaux, & cette porte étoit sous l'eau, quand le vaisseau avoit sa charge. Cela est expressément marqué dans l'Histoire de Joinville où ce Seigneur parle ainsi.

Joinville. p. 24.

» Nous entrâmes au mois d'Aoust celui an, en la nef à la
» Roche de Marseille, & fut ouverte LA PORTE DE LA
» NEF, pour faire entrer nos chevaux, ceux que devions
» mener outre mer. Et quand tous furent entrez, la porte
» fut recloufe & estouppée, ainsi comme on voudroit faire un
» tonnel de vin, parce que quand la nef est en la grand mer,
toute la porte EST EN EAU.

Ils avoient une porte sous l'eau.

C'est cet endroit de Joinville qui a donné lieu à M. du Cange dans ses observations sur l'Histoire de cet Auteur & dans ses observations sur Ville-Hardoüin, de découvrir cette étymologie des vaisseaux huissiers sur laquelle Vossius, Somner & Freher avoient fait des conjectures plus ingenieuses & plus sçavantes que solides.

Au reste une chose suffit seule pour nous convaincre que les plus grands vaisseaux de guerre de ces tems-là n'égaloient point en grandeur nos grands navires d'aujourd'hui ; c'est que les armemens se faisoient dans des ports où les mediocres vaisseaux de ce tems-ci ne peuvent aborder, parce qu'il n'y a pas assez d'eau. Harfleur étoit le plus considerable, & maintenant les moutons paissent où les vaisseaux étoient à l'ancre, la mer s'en étant retirée d'une grande lieuë. Et l'on voit bien que l'endroit où elle étoit, n'étoit pas fort profond. Le port du Havre de Grace après que François I eut fait bâtir cette Ville, fut le plus fameux rendez-vous des Flottes. On n'armoit gueres au port de Brest, parce que ce port étoit trop éloigné, ni au port Loüis qui n'étoit point alors en l'état où il est aujourd'hui, non plus qu'à celui de Rochefort, & ce sont cependant les seuls de l'Ocean dont on se serve, où nos grands vaisseaux puissent être à flot.

Comparaison des vaisseaux anciens pour leur hauteur, avec ceux d'aujourd'hui.

CHAPITRE

CHAPITRE IV.
De la maniere dont se formerent les Flottes sous la troisiéme Race.

IL n'est point ici question des Flottes qui furent mises en mer dans les premieres Croisades. La premiere Croisade où il y eut à la verité quantité de Princes & de Seigneurs François & de Vassaux du Roy de France, ne se fit point au nom du Roy qui étoit alors Philippe I & qui ne s'en mêla gueres. La plus grande partie des Croisez allerent par terre jusqu'à Constantinople, & quelques autres troupes qui allerent par mer n'étoient point des troupes de France, mais elles étoient seulement composées de quelques François & de soldats d'autres nations.

Dans la seconde Croisade qui se fit par Loüis le jeune, la plûpart des troupes Françoises sous les ordres de ce Prince firent aussi le voyage par terre, & l'on n'arma point de Flotte Royale pour cette expedition.

Pour la troisiéme Croisade de François qui eut à sa tête Philippe-Auguste, l'expedition se fit à la verité par mer : mais l'armement se prepara à Gennes, & fut composé pour la plûpart des vaisseaux de cette Republique que ce Prince avoit achetez ou louez & équipez à ses dépens. La question donc que je fais sur la maniere dont les Flottes se formoient en France ne regarde d'abord que celles que le même Prince mit en mer plusieurs années après son retour de son expedition du Levant, pour se défendre contre ses voisins ou pour les attaquer, & celles que ses successeurs armerent par des motifs semblables.

Cette Flotte de Philippe-Auguste étoit de dix-sept cents voiles, comme nous en assûre l'Historiographe de ce Prince, sans nous dire cependant d'où on avoit tiré ce nombre prodigieux de vaisseaux, & ce n'est que par quelque reflexion que je vais faire, qu'on peut éclaircir une chose qui paroît d'abord incroyable.

Rigord. sub anno 1213.

Reflexions sur la grande Flotte de Philippe-Auguste.

Premierement, Philippe-Auguste ne pensa point à porter

la guerre en Angleterre pour y attaquer le Roy Jean surnommé *Sans-terre*, qu'après qu'il eut chaſſé les Anglois de Normandie, de Bretagne, du Poitou & d'une partie de la Guyenne dont pluſieurs Seigneurs étoient dans ſon armée. Juſques-là la guerre s'étoit toûjours faite en France ſur la terre, & dans les Provinces que les Anglois y poſſedoient.

Secondement, il ne faut pas s'imaginer que la plus grande partie de ces vaiſſeaux fuſſent des vaiſſeaux de guerre. Les trois quarts, & peut-être plus encore n'étoient que des barques, des bateaux plats, & d'autres petits de toutes les façons pour porter les vivres, les munitions, les machines, les bagages, l'Infanterie dans un fort petit trajet, c'eſt-à-dire depuis Bologne où la Flotte s'aſſembla, juſqu'en Angleterre. Je croi que c'étoit beaucoup ſi dans ce grand nombre il y en avoit une centaine de ceux qu'on appelloit alors vaiſſeaux de guerre.

Cela ſuppoſé, on demande d'où Philippe-Auguſte avoit tiré tous ces vaiſſeaux. Je réponds que pour les vaiſſeaux plats & pluſieurs dont on ſe ſervoit pour les deſcentes, & qui ne ſe trouvoient point dans les ports, parce que les Marchands ne les emploïoient point pour leur commerce, il les fit faire, ſoit dans ces ports, ſoit dans les rivieres qui ont leur embouchûre dans la mer : ce qu'il put faire executer en peu de tems & à aſſez peu de frais, excepté les vaiſſeaux huiſſiers dont j'ai parlé, qui ſervoient au tranſport des chevaux, & qui étoient plus grands & demandoient plus de dépenſe. Ces vaiſſeaux n'alloient qu'à la voile auſſi-bien que la plûpart des autres vaiſſeaux de charge, parce qu'il n'y avoit pas d'eſpace pour placer commodément les rameurs. C'étoit la maniere des Romains, comme on le voit par Tite-Live, qui oppoſe les vaiſſeaux de charge à ceux qui alloient à rames. Car parlant de l'aſſaut que Quintus Fabius ſe preparoit à donner à Tarente, il dit qu'il s'y ſervit non ſeulement des vaiſſeaux à rames, mais encore des navires de charge, *onerarias quoque non eas ſolum quæ remis agerentur*. Quand le vent manquoit ou qu'il étoit contraire, les vaiſſeaux à voiles ſans rames étoient remorquez par les vaiſſeaux à rames. *Per aliquot dies celeribus navibus remulco trahebant militares pontones.*

Quant à ce qui regarde les vaiſſeaux de guerre de Philippe-

Tite-Liv. l. 27. Les vaiſſeaux de charge n'alloient qu'à la voile pour la plûpart.
Diodorus l. 20.

DE LA MILICE FRANÇOISE. *Liv. XIV.* 643

Auguste, il les prit dans les ports de Normandie, de Poitou, de Bretagne, de Picardie. C'étoient des vaisseaux dont se servoient les Marchands pour leur commerce, & qu'on armoit en guerre de la maniere que je dirai en parlant des combats de ces tems-là sur la mer.

Celui qui commandoit les vaisseaux de Normandie & de Poitou pour cette expedition d'Angleterre, étoit un nommé Savari fameux Pirate.

<small>Guillel. Bri l. 9. Philippi dos.</small>

Classem
Præcipit ut properet Savaricus ducere Danum*
Pictonesque sui quibus ars piratica nota est.

<small>* Danorum seu Normannorum.</small>

Nos Histoires sont pleines d'exemples qui montrent que les navires dont on se servoit dans les combats de mer, étoient fournis par les ports qui étoient cottisez pour les armer, ou qui faisoient l'armement aux frais des Rois lesquels n'en avoient point, ou en avoient peu en propre.

<small>*Les navires de guerre n'étoient que des vaisseaux marchands que l'on armoit.*</small>

Dans un rouleau manuscrit de la maison de Montmorenci écrit du tems de Philippe le Bel, cité par le Pere Fournier dans son Hydrographie, il est dit: »Et li dessus dit Comte d'Aumale, » & li Sire de Montmorenci étoient Maîtres ordonneours de » faire armer toutes les nez en Flandre, & les nez & Galies de » Normandie, & faisoient payer les Gendarmes pour toute » cete grant armée, qui cousta avec le coust des Galies & » la garde de la Marine plus de six cens mille livres tour» nois.

<small>L. 6. c. 9.</small>

Froissart nous apprend la même chose en divers endroits de son Histoire. » Le Roy Edoüard d'Angleterre, »dit-il, avoit grans armées établies sur la mer contre *les* » *Genevois, les Normands, les Bretons, les Picards & les Es* » *pagnols*, que le Roy de France Philippe (de Valois) faisoit » nager & tenir sur la mer à ses gages, pour entrer en An» gleterre sitôt que la guerre seroit ouverte.

<small>Froissart, vol. 1. c. 36.</small>

Et au chapitre suivant: » Ils vindrent à un Dimanche ma» tin au Havre de Hantonne tandis que les gens furent à la » Messe ; & entrerent *iceux Normands, Picards, Espagnols* » en la ville, & la pillerent entierement.

Un memorial de la Chambre des Comptes de Paris du

Mmmm ij

tems de Philippe de Valois descend dans un plus grand détail, dont voici l'extrait.

„ C'est l'estimation que l'armée d'Ecosse se puet monter,
„ ce qu'elle puet coûter, & des vivres & autres choses qui à
„ ce sont necessaires.

„ 28 Grosses nefs seront prises ez Bailliages de Costentin &
„ de Caën.

„ Dieppe 28 nefs.

„ Depuis Fescamp jusqu'à Calais 16 nefs.

„ En Flandre 106 nefs.

„ Le Bailli de Caën, de Caux, de Rouën fourniront les
„ provisions, &c.

On voit suffisamment par cet état comment les Flottes de France se formoient en ces tems-là, & que c'étoit des villes & des pays maritimes qu'on les tiroit.

Mais quand les guerres des Anglois contre les François devinrent plus vives qu'elles n'avoient encore été ; ce qui arriva sous le Regne de Philippe de Valois, alors on eut recours aux étrangers pour former les armées Royales. Philippe le Bel l'avoit déja fait, comme on le voit par les traitez dont j'ai parlé ailleurs, que ce Prince fit avec les Communes de Fontarabie & de Saint Sebastien & avec le Roy de Norvege pour un nombre de vaisseaux qu'ils devoient lui fournir. Mais ce fut, dis-je, principalement sous le Regne de Philippe de Valois que les Espagnols & les Genois servirent très-frequemment & très-utilement dans les Flottes de France: les extraits que j'ai fait ci-dessus de Froissart & plusieurs autres endroits que je pourrois encore citer de cet Historien, prouvent ce que je dis.

Dans le même volume des Memoriaux de la Chambre des Comptes de Paris dont je viens de rapporter l'extrait, on voit un traité avec Charles Grimaud de Gennes pour un armement de mer, & un autre avec Ayton Doria pour le même sujet.

Pour ce qui est des Espagnols, ils fournissoient des navires à Philippe de Valois en vertu de l'alliance que ce Prince avoit renouvellée entre les deux nations avec Alfonse XI Roy de Castille. Elle fut encore plus étroite entre Charles

V Roy de France & les Espagnols, après que ce Prince eut mis le Comte de Transtamare sur le Trône de Castille à la place de Pierre le Cruel. Depuis pendant long-tems il y eut toûjours dans les flottes de France beaucoup de navires & de troupes d'Espagne.

La France tira ces secours d'Espagne, tandis que nos Rois furent en état de donner de gros appointemens aux Commandans qui les amenoient ; c'est à-dire, jusqu'aux guerres civiles qui s'allumerent dans le Royaume sous Charles VI après que ce Prince fut tombé en démence ; & nous voyons encore que sous Charles VII en l'an 1451 lorsqu'il assiegea Bayonne, douze vaisseaux de Biscaye à sa solde bloquoient cette place par mer.

Mais l'union des François & des Espagnols commença à s'alterer sous le Regne de Ferdinand Roy d'Arragon dit le Catholique, & d'Isabelle Heritiere de Castille que ce Prince épousa. Il y avoit eu des semences de division dès le tems de Loüis XI entre les deux Etats à l'occasion du Roussillon & de la Cerdagne qui avoient été engagez à ce Prince. La conquête du Royaume de Naples sous Charles VIII causa de la jalousie à Ferdinand. On en vint jusqu'à la guerre ouverte sous Loüis XII : & enfin l'alliance que la Maison d'Autriche prit dans la Maison de Castille, rendit les interêts des Espagnols entierement opposez à ceux de la France, & produisit les grandes guerres qui n'ont fini que de notre tems entre les deux Nations. Ainsi depuis le Regne de Charles VII la France ne fut plus aidée des Espagnols sur la mer, ni des Genois depuis François I, parce que sous le Regne de ce Prince la Republique de Gennes fut obligée d'accepter la protection de la Maison d'Autriche. La France deslors ne put gueres compter en matiere de Marine que sur ses propres forces ; elle n'eut plus gueres de vaisseaux étrangers à son service ; excepté que la Republique de Hollande fournit quelque secours de navires à Henri IV durant la Ligue, & en particulier au siege de Roüen l'an 1592.

Quoique nos Histoires des Regnes de Philippe-Auguste, de Philippe le Bel, de Philippe de Valois, & jusqu'au Regne de Charles VIII, en parlant des Flottes que ces Princes mettoient en mer, difent qu'elles étoient compofées de vaiffeaux Normands, Picards, Poitevins, Efpagnols, Genois, je ne croi pas qu'il s'enfuive de là que nos Rois n'euffent pas deflors quelques vaiffeaux en propre. Il n'eft point vray-femblable qu'ils n'en fiffent conftruire aucuns à leurs frais : mais ils en avoient peu.

Ce fut François I qui commença à avoir une Flotte reglée & affez nombreufe de galeres fur la Mediterranée. Il fit même conftruire quelques vaiffeaux fur l'Ocean : mais il étoit encore aidé par les villes maritimes de ce côté-là.

C'étoit encore la même chofe à cet égard en Angleterre : car felon un Hiftorien Anglois Henri VIII avoit fi peu de vaiffeaux, que pour fe faire une Flotte, il en faifoit venir de Venife, de Gennes, de Lubek, de Hambourg, de Dantzik, & ce ne fut que la Reine Elifabeth fa fille qui fe délivra de cette dépendance, en faifant bâtir quantité de vaiffeaux à fes frais & aux frais de l'Etat.

<small>Camden hift. Elifabeth. part. 1.</small>

Outre les vaiffeaux qui appartenoient immediatement au Roy, & ceux que les villes maritimes fourniffoient en tems de guerre, il y avoit des particuliers qui n'étant point marchands, ou qui après l'avoir été ne l'étoient plus, en avoient à eux. Il étoit permis à qui le vouloit, d'en faire conftruire ; & les Princes ne fe rendoient pas difficiles à accorder cette permiffion. Les particuliers en tiroient du profit en loüant leurs vaiffeaux à des marchands, & en faifant des prifes fur les ennemis. C'étoit encore un avantage pour l'Etat par un autre endroit ; car plus il y avoit de vaiffeaux dans le Royaume, & plus le Prince en cas de guerre en trouvoit pour fortifier fa Flotte : mais cela devint un grand mal durant les guerres civiles des Huguenots & de la Ligue. Les Revoltez de Marfeille & de la Rochelle en furent de funeftes exemples. Loüis XIII rétablit l'ordre & la fubordination à cet égard, & fur tout depuis qu'il eut dompté & châtié les Rochelois, il eut grand foin de tenir tous les ports en dépendance, de fe rendre maître de tous les magazins & de toute l'artillerie, & d'empêcher que nul n'armât aucun vaiffeau fans fa permiffion.

J'appuye ce que je dis de cette tolerance ou liberté que les particuliers avoient autrefois de bâtir & d'entretenir des vaisseaux sur deux exemples que l'histoire me fournit. Le premier est du fameux Jacques Cœur sous le Regne de Charles VII : il étoit natif de Bourges, & par son habileté dans le Commerce *il gagnoit chacun an tout seul*, dit Matthieu de Coucy, *plus que ne faisoient ensemble tous les autres marchands du Royaume*. Ce fut lui qui encouragea Charles VII à entreprendre la conquête de la Normandie où il réüssit par le secours de grosses sommes que lui prêta ce marchand. Il en fut bien recompensé : car le Roy ayant connu son habileté & son grand genie, le fit venir à la Cour, le mit dans son Conseil & le fit son Argentier, ainsi que l'on parloit alors, c'est-à-dire son Surintendant des Finances. De trois fils qu'il avoit, l'un fut fait Archevêque de Bourges, l'autre Ecuyer Tranchant du Roy, & le troisiéme eut la Charge d'Echanson. Sa famille fut ennoblie ; il fut envoyé en ambassade à Gennes & à Rome du tems du Pape Nicolas V. La Flotte qui l'y porta étoit d'onze vaisseaux qu'il avoit armez à ses dépens. Il s'en servit dans ce voyage pour ravitailler par mer Final que les Genois assiegeoient, & contribua par là à la levée du siege. Et dans la magnifique entrée que Charles VII fit à Roüen l'an 1449, il eut son rang dans la marche parmi les plus grands Seigneurs du Royaume. La jalousie & la haine de ses ennemis soûtenuës par le credit d'Antoine de Chabannes, le fit disgracier en 1453. Ses biens furent confisquez, & il fut banni hors du Royaume. Mais Loüis XI rétablit sa memoire & sa famille dans l'honneur dix ans après. On en voit les Lettres dans les Registres du Parlement sous l'an 1463.

Remarques sur l'Hist. de Charles VII, p. 859.

Or pour revenir au sujet qui m'a donné lieu de parler de cet homme si renommé en ce tems-là, il est dit qu'en vertu de l'Arrêt qui le condamna au bannissement, on saisit sa maison de Marseille ; *& qu'on arrêta de même tems* (ce sont les termes de la saisie) *ses galeres, galeasses, galions & navires*.

Ce qui prouve ce que j'ai dit, que l'on donnoit permission à des particuliers d'avoir des vaisseaux à eux.

L'autre endroit de l'Histoire qui paroît prouver la même chose, est de Philippe de Comines qui en parlant de l'expedition de Charles VIII pour la conquête de Naples, & racontant la victoire que le Duc d'Orleans qui fut depuis Roy Loüis XII du nom, dit ces paroles: le Duc d'Orleans *y arriva avec quelques naves, & bon nombre de galées, & une grosse galeace qui étoit MIENNE que patronisoit Messire Albert Mely.* Or Philippe de Comines qui ne servit jamais sur la mer & qui n'étoit pas sur la Flotte du Duc d'Orleans, n'avoit point cette galeace à lui en qualité de Capitaine de vaisseau; mais il l'avoit fait faire à ses dépens, la prêtoit aux marchands pendant la paix, & au Roy pendant la guerre.

Sous Loüis XII, ce fameux vaisseau dont j'ai parlé, nommé la Cordeliere, appartenoit à la Reine Anne de Bretagne, & elle le prêtoit au Roy en tems de guerre. De tout cela il s'ensuit ce que j'ai dit, que jusqu'au tems de François I, on ne voit point que nos Rois eussent des Flottes reglées comme aujourd'hui, c'est à-dire, formées ou en tout ou en plus grande partie de vaisseaux qu'ils eussent fait construire uniquement pour la guerre. Ainsi leurs Flottes étoient composées de leurs propres vaisseaux qui n'étoient pas en grand nombre, & des vaisseaux de leurs sujets qui en faisoient la plus grosse partie.

Après avoir donné quelque idée des diverses especes de vaisseaux dont on se servoit autrefois dans les combats de mer, & comment se formoient alors les Flottes, je vais traiter de leur maniere de combattre.

CHAPITRE IV.

De la maniere de combattre sur la mer sous la troisiéme Race.

POur mieux comprendre la maniere dont ces combats se donnoient sur la mer, il faut avant toutes choses exposer comment les vaisseaux de guerre étoient armez, tant pour l'attaque que pour la défense.

Outre les fleches & les autres armes offensives dont les combattans se servoient, il y en avoit une attachée au vaisseau même

DE LA MILICE FRANÇOISE. *Liv. XIV.* 649
me que les Latins appelloient *Rostrum*, c'eſt-à-dire, un bec, apparemment parce que comme le bec eſt une des armes offenſives des oiſeaux, de même cet inſtrument étoit celle des vaiſſeaux de guerre.

Ce *Rostrum* étoit une poutre à trois pointes, & quelquefois trois poutres pointuës, armées d'airain ou de fer par le bout, qui ſortoient en avant de la quille ſous la prouë, & pour l'ordinaire à fleur d'eau : car c'eſt comme en parlent les anciens Auteurs ; & on les voit ainſi figurées & placées dans pluſieurs medailles. On s'en ſervoit dans le combat pour crever le vaiſſeau ennemi & pour le couler bas. Car le trou fait par le *Rostrum* étant à fleur d'eau, & quelquefois encore plus bas, comme quand la prouë du navire attaqué s'élevoit par une vague, il étoit difficile de le boucher.

Les vaiſſeaux de guerre ſous la troiſiéme Race étoient encore armez de ce *Rostrum*, & Guillaume de Tyr & Guillaume le Breton qui ont écrit en Latin dans ces tems-là, appellent les vaiſſeaux de guerre *Naves Rostratæ*, & l'un des deux le dit expreſſément des galées ou gaieres.

Guillelm. Tyrius. l. 10. c. 28.

Quand on eut commencé à bâtir les galées avec un bois plus fort & plus épais & à l'épreuve du *Rostrum*, on ceſſa de ſe ſervir de cet inſtrument, & on ſe contenta de l'éperon qui eſt une poutre qui ſort en avant non pas à fleur d'eau, mais au haut de la prouë, & qui n'eſt point pour percer, mais pour fracaſſer le vaiſſeau ennemi, en pouſſant la galere à force de rames.

Les anciens élevoient ſur leurs vaiſſeaux des tours ou des châteaux de bois, appellez ainſi non pas à cauſe de leur hauteur ; car s'ils avoient été fort hauts, ils auroient donné trop de priſe au vent qui auroit renverſé le navire : mais on les nommoit ainſi à cauſe de leur figure ronde ou quarrée, & parce qu'on y mettoit des ſoldats pour tirer de haut en bas ſur les vaiſſeaux ennemis. On portoit de quoy faire cès tours ; & pour l'ordinaire on ne les élevoit que quand on étoit prêt de combattre, comme le remarque l'ancien Commentateur de Virgile * ſur ce vers :

Tantâ mole viri turritis puppibus inſtant.

De tabulis ſubito eriguntur

Tome II.

650 HISTOIRE

simul ac ventum est in præ-lium turres hostibus improvisæ. Ita Servius.

C'étoit sur la prouë & sur la poupe qu'on les élevoit; & quand l'armée étoit en déroute, une des premieres choses que faisoient les fuyards, étoit d'abbattre leurs tours & de les jetter dans la mer pour rendre le vaisseau plus leger. C'est ce que témoigne Dion en racontant la bataille d'*Actium* où Auguste vainquit Antoine & Cleopatre.

Tout cela se pratiquoit encore sous la troisiéme Race: & dans la bataille navale qui se donna auprès de Ziriczée en Zelande sous Philippe le Bel le jour de Saint Laurent l'an 1304, entre la Flotte de ce Prince & celle du jeune Guy Comte de Flandre; il y avoit dans celle de ce Comte quatre vingts vaisseaux avec des tours.

Les tours n'étoient pas seulement sur la prouë & sur la poupe, mais encore à la hune; ou plûtôt la hune comme aujourd'huy, avoit la forme d'une tour où ils mettoient des soldats avec les armes & les choses dont ils devoient se servir dans le combat. Guillaume Guyart parle ainsi de la même expedition:

* Hommes nuls.

Les veissiaux sont si bel menez
Que je croi que miex ordenez
Ne vit homs nuz en un tas tel*
Au bout des mats sont li châtel
Bien crenelez à quatre quieres
Garnis de quarriaux & de pierres
Que l'on l'a endroit aüna
Quatre bons Sergeans en chacun a.

Outre ces tours ou châteaux qui servoient à l'attaque & à la défense, les vaisseaux de guerre avoient des creneaux à proportion comme les murailles des villes pour couvrir les combattans. Vegece les appelle du nom de *propugnacula*.

Guillaume Guyart dans l'Histoire de Saint Loüis, nomme en effet ces sortes de vaisseaux crenelez.

A de gent merveilleuse foule
Serréement amoncelez
En divers veissiaux crenelez.

Et sous l'an 1304.

La ne furent mie nacelles,
Mais vingt-huit nez grans & belles
Et de tous côtez crenelées.

Au défaut de ces creneaux derriere lesquels tiroient les Archers, les Gendarmes faisoient tout à l'entour sur le plancher du vaisseau, quand ce vaisseau étoit couvert, une espece de pavesade, de la maniere à proportion qu'elle se faisoit alors sur le bord d'un fossé pour tirer contre ceux qui défendoient la muraille.

Ceux qui étoient employez à soûtenir cette pavesade, tant aux sieges des villes que dans les vaisseaux, s'appelloient Pavescheurs. » Or, dit Froissart, étoient-ils en nombre d'envi- » ron trois cents galées, toutes garnies & pourvûës de Gen- » darmes, d'Arbalêtriers, & de Pavescheurs. *Vol. 4. c. 131.*

Il y avoit des Ballistes, des Perriers & d'autres machines sur le pont, des grapins pour accrocher les vaisseaux & aller à l'abordage, comme on le verra dans la Relation que je ferai de quelques batailles navales. Ils se servoient aussi de petits bateaux pour brûlots; ainsi que le dit Guillaume Guyart en parlant de la bataille de Ziriczée en 1304.

Flamens font emplir deux nacelles
De pois, de sain & de bûche
Leur geu, feu, & huile embûche
Cil qui en c'est sens les attirent
A mont le rivage les tirent
Au dessous du vent à l'escourre
Les font vers les quatre nez courre.

Enfin quand on se preparoit au combat, toutes les Bannieres des Chevaliers étoient déploïées, les unes à la hune, les autres à la poupe & à la prouë, & en divers autres endroits. C'est ce que nous dit encore Guillaume Guyart dans la même occasion.

Targes, Bannieres, Penonceaux

Selonc ce que les nez brandelent
En mille partis, i fretellent,
De loin les voit-on ondoyer
Aux creneaux font li foudoyer
Qui or ne penfe pas à dance
Garnis d'épée & de lances.

Voilà à peu près l'état où se trouvoient autrefois les vaisseaux d'une armée navale, sur le point de commencer un combat. Voyons maintenant comment on se gouvernoit dans l'action même.

De tout tems on a eu pour principe de gagner le vent, & même d'avoir le soleil derriere quand on pouvoit avec cela avoir l'avantage du vent, car cet avantage étoit toûjours le capital.

Les armées se rangeoient tantôt en croissant, tantôt en triangle, tantôt d'une autre maniere, tantôt toute la Flotte étoit en un seul Corps, tantôt elle combattoit par divisions & par escadres. Je pourrois rapporter des exemples de tout ceci tirez des Historiens Grecs & des Historiens Romains : mais je me borne à ce qui regarde la France, pour ne me point écarter de mon sujet ; & je ne puis mieux faire comprendre ce que j'ai à dire en cette matiere que par les Relations de quelques batailles navales que je trouve dans nos anciens Historiens, sur lesquelles, quoique assez confusément rapportées & peu circonstanciées, je ferai quelques reflexions.

Relation de la bataille navale devant l'Ecluse en Flandre l'an 1340, *tirée du premier volume de Froissart, chap.* 51.

NOus nous trairons à parler du Duc de Normandie & du Comte de Haynaut, & dirons du Roy d'Angleterre qui s'étoit mis en mer pour arriver en Flandres, & puis venir en Haynaut pour guerroyer les François. Ce fut le jour de Saint Jean Baptiste l'an 1340. Si s'étoit toute sa nave par-

DE LA MILICE FRANÇOISE. Liv. XIV.

tie du havre de la Tamise, & s'en venoit droitement à l'Escluse : & a donc se tenoit entre Blanqueberque & l'Escluse, sur la mer, Messire Huë Kyriel, Messire Pierre Bahuchet, & Barbenoire & plus de six vingts gros vaisseaux, sans les Hanquebos* : & étoient bien Normands, Bidaux, Genevois & Picars, environ quarante mille : & étoient là entrez & arrêtez du commandement du Roy de France, pour attendre la revenuë du Roy d'Angleterre, si luy vouloient défendre le passage. Le Roy d'Angleterre & les siens qui venoient singlant, veirent devant l'Escluse si grande quantité de vaisseaux, que des maz sembloit droitement un bois. Si demanda le Roy au patron de sa nave quelles gens ce pouvoient être : & il répondit qu'il cuidoit que ce fût l'armée des Normands que le Roy de France tenoit sur mer, qui plusieurs fois luy avoient fait moult grand dommage, & ars la bonne ville de Hantonne & conquis Christophe son grand vaissel. Lors répondit le Roy ; J'ai de long-tems desiré que je les peusse combattre, si les combattrons, s'il plaist à Dieu & à saint George : car vrayment, s'ils m'ont fait tant de contrarietez, que j'en vueil prendre la vengeance, se j'y puis advenir. Lors fit le Roy ordonner tous ses vaisseaux, & meit tous les plus forts devant, & meit frontiere à tous les côtez de ses Archers : & entre deux nefs de ses Archers en avoit une de Gens-d'armes : & encores fit-il une autre bataille sur costiere toute pleine d'Archers, pour reconforter les plus lassez, se mestier en étoit. Là avoit grand foison de Comtesses, de Baronnesses, Chevaleresses & de Bourgeoises : qui venoient veoir la Royne d'Angleterre à Gand. Ces Dames fit le Roy d'Angleterre songneusement garder à trois cens hommes d'armes & cinq cens Archers. Quand le Roy d'Angleterre & ses Maréchaux eurent ordonné leurs batailles & leurs navires sagement, ils firent tendre leurs voiles contremont : & vindrent au vent de quartier, pour avoir l'avantage du soleil : qui en venant leur venoit au visage. Si s'adviserent que ce leur pouvoit & pourroit trop nuire, si se detirerent un petit, & tournerent tant qu'ils eurent le vent à la volonté. Les Normands (qui les veoient bien tourner) s'esmerveillerent pourquoi ils le faisoient : & disoient qu'ils ressoignoient à reculer : car ils ne

* D'autres les nomment Hotrobos ; d'autres les appellent Hocquebos.

font pas gens pour nous. Bien veoient entre eux Normands par les bannieres, que le Roy d'Angleterre y étoit perſonnellement, ſi meirent les vaiſſeaux en bon état : car ils étoient ſages en mer & bons combattans, & ordonnerent Chriſtofle le grand Vaiſſel (que conquis avoient ſur les Anglois l'année de devant) & grand foiſon de trompettes & d'autres inſtrumens : & s'en vindrent requerre leurs ennemis. Là commença la bataille dure & fiere des deux côtez. Archers & Arbaleſtriers commencerent à traire roidement l'un contre l'autre : & Gens d'armes approcherent & combattirent main à main aſprement : & pour mieux advenir les uns aux autres, ils avoient gros croqs & havets de fer, tenans à chaînes ; ſi les gettoient és nefs l'un dedans l'autre & les attachoient enſemble. Là eut mainte appertiſe d'armes faite, & mainte luite, prinſe & reſcouſſe. Là fuſt Chriſtofle le grand vaiſſeau, forment, du commencement, reconquis des Anglois, & tous ceux morts ou prins qui le gardoient, & lors y eut grand huée & noiſe, & approchérent moult fort les Anglois, qui pourveurent incontinent Chriſtofle d'Archers : qui firent paſſer tout devant & combattoit aux Genevois. Cette bataille dont je vous parle, fut moult felonne, & très-horrible : car les batailles & aſſauts ſur mer ſont plus durs & plus forts que par terre ; car là on ne peut reculer ne fuïr ; ains ſe faut vendre & combattre, & attendre l'aventure, & chacun endroit ſoy, monſtrer ſon hardement & ſa proueſſe. Bien eſt vray que Meſſire Huë Kyriel étoit bon & hardi, & auſſi Meſſire Bahuchet & Barbenoire. Si dura la bataille & peſtilence depuis prime juſques à none ; & convint les Anglois endurer grand peine, car leurs ennemis étoient quatre contre un, & toutes gens de fait & de mer. Là fut le Roy Anglois de ſa main bon Chevalier, (car il étoit en la fleur de ſa jeuneſſe) & auſſi furent le Comte d'Erby & de Pennebroth, de Herford, & Meſſire Robert d'Artois (qui s'appelloit le Comte de Richemont, & étoit delez le Roy en bonne étoffe) & pluſieurs autres Barons & Chevaliers : qui ſi vaillamment s'y porterent, parmi un ſecours de Bruges & du pays voiſin, qui leur ſurvint, qu'ils obtindrent la place & l'eaue : & furent les Normands & tous les autres François, déconfits, morts & noyez :

DE LA MILICE FRANÇOISE. Liv. XIV. 655
& oncques pié n'en échappa, que tous ne fuſſent mis à mort. Quand cette victoire fut ainſi advenuë au Roy Anglois, il demeura toute celle-nuit (qui fut la Vigile ſaint Jehan Baptiſte) ſur mer, en ſes naves, devant l'Eſcluſe, en grand bruit & noiſe de trompettes, & d'autres manieres d'inſtrumens.

Reflexions ſur cette bataille.

La premiere reflexion que l'on peut faire ſur ce combat, c'eſt qu'il n'eſt fait ici mention ni du *Roſtrum* qui étoit autrefois la principale arme offenſive du vaiſſeau, ni de vaiſſeaux à rames, ni de rameurs, ni de la manœuvre par laquelle un Commandant de vaiſſeau tâchoit de rompre les rames de l'ennemi, pour le mettre hors d'état d'être gouverné, ce qui ſe faiſoit en cette maniere. Un vaiſſeau s'approchoit de celui dont on vouloit rompre les rames, ce qui s'appelloit en latin *remos detergere*, & s'étant mis le plus près qu'il étoit poſſible ſur la ligne parallele au vaiſſeau ennemi, le Commandant faiſoit faire force de ſes rames, leſquels on levoit ou retiroit dans le moment, & raſant avec rapidité le vaiſſeau qu'il attaquoit, en briſoit les rames avec le corps du ſien, & revenoit enſuite l'attaquer avec le *Roſtrum*, ou y donnoit l'aſſaut.

Il n'y avoit plus alors de Roſtrum.

De là il s'enſuit qu'on avoit quitté en France & en Angleterre, non ſeulement la maniere des Grecs & des Romains qui ne ſe battoient gueres ſur la mer qu'en ſe ſervant des rames, mais même qu'on ne ſe ſervoit plus des vaiſſeaux à bec, *naves roſtrata*, qui étoient encore en uſage du tems de Philippe-Auguſte, comme je l'ai prouvé cy-deſſus. En effet on ne pouvoit gueres mettre en œuvre le *Roſtrum*, ni l'éperon qui ſucceda au *Roſtrum*, que par le moyen des rameurs.

Il paroît donc par cette bataille de l'Ecluſe qu'on ſe ſervoit alors de vaiſſeaux que l'on pouvoit appeller de haut bord par comparaiſon avec les galeres qui étoient beaucoup plus baſſes. Ce qui n'empêchoit pas que ces vaiſſeaux de haut bord n'allaſſent auſſi à voiles & à rames ; mais alors dans les combats, à en juger par celui-cy, ils ſe ſervoient moins de leurs rames, que de leurs voiles pour faire leurs mouvemens.

On ſe ſervit dans cette bataille de vaiſſeaux de haut bord. Les mouvemens s'y firent plus par la voile que par les rames.

Comme les Flottes en ce tems là étoient compoſées de

toutes sortes d'especes de vaisseaux ramassez de tous les ports, il s'y trouvoit encore quelquefois des galées, mais en moindre nombre qu'autrefois. Car dans le combat de Grenesai qui se donna un an ou deux après celui de l'Ecluse, le même Froissart dit que Loüis d'Espagne qui commandoit la Flotte de France composée de trente-deux gros vaisseaux, en avoit neuf plus grands que tous les autres, du nombre desquels étoient trois galées. Les autres étoient ces vaisseaux de haut bord dont je parle, qui dans le combat se servoient moins de leurs rames que de la voile.

De plus quand je dis que dans les combats on ne se servoit pas alors ordinairement de rames, cela se doit entendre des vaisseaux sur la mer du Ponant, où les combats se donnoient entre les François & les Anglois, & non pas de ceux de la Mediterranée, où l'on s'est servi de tout tems de vaisseaux à rames & de ceux-cy plus que d'autres, même dans les derniers tems, soit qu'ils combattissent sur cette mer, ou que par occasion ils vinssent combattre sur l'Ocean.

Quand donc du tems de Philippe le Bel, & de Philippe de Valois, on parle des vaisseaux de guerre de France, de ceux d'Angleterre, & même de ceux d'Espagne qui venoient sur l'Ocean, il ne s'agit gueres que de cette espece de vaisseaux qui dans le combat ne faisoient leurs mouvemens que par le moyen de la voile & du vent, excepté dans la fuite ou pour gagner le vent.

Arrangement de la Flotte d'Angleterre.

La seconde reflexion que l'on peut faire sur la Relation de Froissart, regarde l'arrangement que le Roy d'Angleterre donna à ses vaisseaux pour la bataille. Car cet Auteur toûjours grand partisan des Anglois, ne dit rien de l'ordonnance des vaisseaux de la Flotte de France : mais il est vray-semblable que les Generaux les arrangerent à peu près de même.

On voit 1°, que le Roy d'Angleterre *mit tous ses plus forts vaisseaux devant* : ce qui suppose qu'il en fit au moins deux lignes. 2°, *Qu'il mit frontiere à tous les côtez de ses Archers* : c'est-à-dire, que les vaisseaux des deux extrémitez de la premiere ligne étoient remplis d'Archers pour tirer incessamment des fleches sur les François, & que les vaisseaux du centre étoient remplis de Gendarmes, & qu'outre cela *entre deux nefs d'Archers*

A. La Ville de Lecluse. B. L'armée Françoise. C. L'armée Angloise. D. Corps de reserve de L'armée Angloise.

chers en avoit une de Gens-d'armes, & encores fit-il une autre bataille sur costiere toute pleine d'Archers pour reconforter les plus lassez, se mestier en estoit, c'est-à-dire, qu'il avoit une escadre qui faisoit un corps de reserve pour en détacher des vaisseaux, & secourir ceux qui seroient le plus fortement attaquez.

Un corps de reserve.

Ce qui est dit icy des rangs ou lignes doublées des vaisseaux Anglois, confirme ce que j'ay avancé auparavant : sçavoir que le gros de l'armée étoit de vaisseaux de haut bord, & non de galées : car les galées qu'on a depuis appellées galeres, se rangeoient pour l'ordinaire sur une seule ligne courbe ou en croissant, dont les cornes étoient tournées vers l'ennemi, & les prouës des deux Flottes étoient opposées les unes aux autres ; d'autant que comme aujourd'hui dans nos galeres, le coursier & d'autres canons sont sur la prouë ; de même les machines & les principales défenses des galées étoient aussi sur la prouë ; au contraire les Archers, les Frondeurs, les Ballistes étoient sur le pont des vaisseaux de haut bord, qui devoient, par consequent prêter le flanc dans le combat, soit pour l'attaque, soit pour la défense, comme aujourd'hui.

La troisiéme reflexion est qu'en ce tems-là après la décharge des fleches, on alloit plus souvent à l'abordage qu'en ce tems-ci, & qu'on se meloit sans trop s'embarrasser de rompre la ligne ; mais comme la Flotte étoit rangée sur plusieurs lignes, il y a beaucoup d'apparence que les navires de la seconde se tenoient toûjours en bataille, tandis que ceux de la premiere abordoient les ennemis & les accrochoient avec les grapins.

Il y a encore une relation dans Froissart d'une autre bataille navale, qui se donna entre la Flotte de France & celle d'Angleterre, devant la Rochelle en 1372, sous le Regne de Charles V dit le Sage.

Vol. 1, c. 302, 303 & 304.

Cette relation ne nous apprend rien autre chose, sinon que la Flotte d'Espagne qui étoit au service de France, étoit composée de vaisseaux, tels que j'ay dit dans ma premiere reflexion sur la bataille de l'Ecluse : c'est-à-dire de vaisseaux de haut bord. De plus, que sur ces vaisseaux il y avoit des Ballistes & d'autres especes de machines qui déchargeoient sur les Anglois, *gros barreaux de fer & grosses pierres pour effondrer les*

Tome II.   Oooo

nefs Anglesches; qu'on s'y servoit de frondes, & qu'ils avoient aussi des canons.

Fol. 340. v°. *Relation de trois combats sur la mer, tirée des Memoires de Martin du Bellay, du tems de François I, sous l'an 1545.*

PLus on approche du siecle où nous vivons, & plus voit-on dans l'Histoire la Marine ressembler à celle de notre tems. C'est ce qu'on appercevra dans la relation que je vais transcrire des Memoires du Seigneur Martin du Bellay, touchant un combat, ou plûtôt trois combats que l'Amiral d'Annebaut livra à la Flotte Angloise, & la descente qu'il fit dans l'Isle de Vuigt.

Le nombre des navires ordonnez, dit Monsieur du Bellay, pour l'armée montoit à cent cinquante gros vaisseaux ronds, sans compter soixante flouins & vingt-cinq galleres, lesquels tous ensemble s'éleverent ledit sixiéme jour de Juillet, tant du Havre de Grace, que de la Fosse d'Eüre, Honfleu, Harfleu & Dieppe, & prindrent la volte, pour tirer vers l'Isle de Huicht, & le havre de Portemuth en Angleterre, auquel lieu de Portemuth estoient les forces de mer du Roy d'Angleterre, lesquelles nostre armée cherchoit à combattre.

*C'est-à-dire, envoyà.

Le 18 jour dudit mois de Juillet 1545, estant arrivé Monsieur l'Amiral près l'Isle d'Huicht, manda * le Baron de la Garde avecques quatre galleres, tant pour recognoistre l'Isle jusques à la pointe de sainte Helene, que pour considerer la contenance des ennemis. Cette pointe est par où l'on entre dedans le canal qui fait la separation de l'Isle d'Huicht & d'Angleterre ; regardant vis-à-vis de Portemuth. L'armée des ennemis estoit de soixante navires élevez & très-bien ordonnez en la guerre, quatorze desquels à la faveur du vent de terre sortirent de Portemuth d'une grande promptitude, & en si bel ordre, que l'on eust dit qu'ils attendoient de pied coy nostre armée pour la combattre. Mais Monsieur l'Amiral allant contre eux avec le reste des galleres, sortit aussi le reste de leur armée hors du havre au-devant de luy, où après avoir long-tems combattu à coups de canon, les en-

Pl. 15.   Tom. II pag. 634.

A Portsmouth. B Flotte angloise. CCC Galeres Françoises. DD Flotte Françoise.

nemis commencerent à se couler à main senestre au couvert de la terre, en lieu où ils estoient deffendus par quelques forteresses qui estoient sur la falaize, & de l'autre costé de bancs & de rochers couverts d'eaue, lesquels sont assis au travers du chemin, laissans seulement une entrée étroite & oblique, pour passer peu de navires de front. Cette retraitte & la nuict qui approchoit, meirent fin au combat de ce jour, sans que en tant de coups de canon & d'autre artillerie qui furent tirez, eussions reçu perte notable...

Monsieur l'Amiral disposa de l'ordre des batailles pour le lendemain. L'ordre fut que le navire qu'il avoit éleu pour sa personne, seroit au front accompagné de trente navires qu'il avoit éleus: le Seigneur de Boutieres costoyant ce bataillon sur la corne droitte, accompagné d'autres trente-six navires: le Baron de Curton seroit la corne senestre, armé de pareil nombre de navires: & consideré l'avantage du lieu où se tenoient les ennemis, fut ordonné que dez le matin les galleres les yroient trouver à l'ancre, pour les escarmoucher à coups de canon le plus furieusement qu'ils pourroient, & en combattant se retireroient vers nos batailles, pour y attirer (s'il estoit possible) nos ennemis pour les avoir au large au combat, & les tirer hors du destroit. Cette Ordonnance fut très-hardiment executée, mais le tems feit par son changement telle commutation de danger, qu'on n'eust sceu juger en si peu d'espace de tems, auquel fortune se monstroit plus favorable à eux ou à nous: car au matin à la faveur de la mer qui estoit calme sans vent ne fureur de courante, nos galleres se pouvoient regir & manier à leur plaisir & au dommage des ennemis, lesquels n'ayans pouvoir de se mouvoir par faulte de vent, demeuroient appertement exposez à l'injure de nostre artillerie, qui avoit plus grande prinse sur leurs navires, que les navires sur elles, d'autant qu'ils sont plus éminens & plus corporus, & que par l'usage des rames nos galleres pouvoient fouir & décliner le danger & gaingner l'avantage.

Fortune entretint nostre armée en cette sorte plus d'une heure: durant lequel tems, entre autres dommages, qu'en receurent les ennemis, la Marirose l'un de leurs principaux navires à coups de canon fut mis au fonds, & de cinq ou six cents hommes qui estoient dedans, ne s'en sauva que trente-cinq. Le Grand-Henry qui portoit leur Amiral fut tellement affligé, que s'il n'eust esté soustenu & secouru des prochaines navires, il faisoit une mesme fin : autres plus memorables pertes eussent-ils fait, si le temps ne se fust tourné en leur faveur, qui non seulement les exempta de ce peril, mais fut propice à nous courir sus, en se levant seulement un vent de terre, lequel avecques la courante, les apportoit à plaine voille sur nos galleres. Et fut cette mutation si soudaine, que nos gens à peine eurent loysir ne la commodité de girer les prouës : car au temps de la bonasse que vous avez oüy, & à la chaleur du combat, les galleres estoient si fort approchées, venans si soudain les navires sur elles de telle impetuosité, que sans aucun remede leur passoient par dessus le corps, & les mettoient en fons, si par une grande asseurance des Chefs, adresse & experience des mariniers & de la chiorme, on n'eust donné force & celerité extrême à tourner les galleres. Et par ces moyens ayans nos gens giré les prouës, avecques l'agilité des rames & faveur des voilles, s'esloignerent en peu d'heures à la portée d'un canon, & commencerent à elargir la vogue, & alentir leurs cours pour attirer les ennemis, ainsi que leur estoit ordonné, hors des bans & des difficultez des lieux cy-dessus exposez.

Il y a une espece de navires particulieres, dont usoient nos ennemis, en forme plus longue que ronde, & plus étroite beaucoup que les galleres, pour mieux se regir & commander aux courantes, qui sont ordinaires en cette mer : à quoy les hommes sont si duits, qu'avec ces vaisseaux ils contendent de vîtesse avec les galleres, & les nomment Ramberges. Il s'en trouva quelques-unes à cette retraitte, qui d'une incroyable velocité suivoient nos galleres en pouppe, & les molestoient de leur artillerie très-instamment : de quoy elles ne se pouvoient deffendre n'ayans artillerie en pouppe : par quoy eust fallu qu'elles eussent retourné sur eux, & ce faisant, se fussent mises en évidente perdition : car girant pour les combattre, les ennemis avoient temps de les aborder à plaine voille, & par ainsi les tresbucher. Toutefois le Prieur de Capouë frere du Seigneur Pierre Stroſſe, ne pouvant plus comporter cette indignité, ſe confiant en l'agilité de ſa gallere, commença à tourner ſur un, lequel ayant devancé les autres, tenoit preſque une de nos galleres par pouppe: mais ce navire pour eſtre plus court, tourna pluſtoſt & redreſſa ſon chemin devers ſon corps de bataille: & depuis ne luy, ni les autres ſe meirent à ſuivre. Cependant Monſieur l'Amiral eſtoit dedans ſon navire, ayant fait mettre les autres en armes, ſelon l'Ordonnance cy-deſſus exprimée, & ja eſtoit pour donner le ſigne du combat, s'il n'euſt veu les ennemis eux retirer de leur chaſſe, & reprendre le chemin de leur fort: à quoy il cogneut ſeurement qu'ils attendoient, qu'à la confiance de nos forces, nous vinſſions temerairement à les trouver à noſtre deſavantage, & que leur intention eſtoit ne ſuyvre nos galleres en tant qu'ils le pourroient faire ſans rien hazarder, eſperans nous attirer ſur les bans & battures. En ce conflict nous feiſmes pertes de quelques forſats & de quelques ſoldats privez, d'hommes de nom il ne s'en perdit pas un........

Le jour enſuivant, ledit Seigneur Amiral ayant veu que par nul moyen ſe pouvoient attirer les ennemis au combat, deliberera les aller aſſaillir au lieu où ils eſtoient, & ſur cette deliberation aſſembla en public tous les pilots, Capitaines & mariniers, pour mieux entendre la nature & qualité du lieu, & le remede que l'on pourroit prendre contre la difficulté des bans cy-deſſus mentionnée: leur remonſtrant combien nous eſtions ſuperieurs, tant de nombre de navires, que de valeur d'hommes, & quel proffit porteroit au Roy & au Royaume une telle victoire, laquelle il tenoit certaine qui pourroit aller juſques à eux. Les hommes tant Capitaines que ſoldats ſe trouverent prompts de vouloir aller au combat, mais l'incommodité du lieu leur apportoit tant de hazarts, que les Capitaines de marine & pilots aſſeuroient n'eſtre poſſible d'y aller ſans évidente perte. Et les raiſons qui les mouvoient eſtoient telles, qu'il falloit entrer par un canal par lequel ne pourroient arriver que quatre navires de front, ce qu'aiſément les ennemis pouvoient deffendre, preſentant pareil nombre de navires en teſte: avec ce on n'y pouvoit aller qu'en faveur de la courante

& du vent, & quand les quatre premiers navires feroient empefchez, laditte courante porteroit fur eux les autres qui les fuivoient & les fracafferoient : & outre cela qu'ils avoient à combattre près de leur terre, de laquelle à coups de canon ils feroient favorifez à noftre préjudice : ce qu'encore n'eftant receu en confideration, il devoit eftre certein, que fi les navires s'abordoient & accrochoient, la force de la courante les jetteroit en terre les uns fur les autres. En cet endroit fut parlé de combattre à l'ancre, à quoi répondirent les pilots, que les cables fe pourroient couper, & là où ils ne fe couperoient, que le danger n'en feroit moindre, car la courante eft de telle nature, qu'elle fait toûjours girer la proüe des navires devers foy, & en ce faifant fe monftreroit la pouppe de nos navires à nos ennemis, en lieu de leur prefenter la proüe ou le cofté. A ces raifons en ajoufterent une autre : qu'ayant jetté l'ancre les navires ne s'arrefteroient pas tout court, car ils vont de telle force que les contraingnant, ils trefbucheroient ou romperoient l'ancre ou cable, & partant il faut filer & couler les cables peu à peu, pour par cette mefme forte arrefter les navires : & venans à ce faire, ils pourroient aller jufques à toucher la terre, & s'ouvrir & perdre.

Ces raifons fe trouverent fi apparentes, que l'on n'y pouvoit contredire, mais Monfieur l'Amiral & autres Capitaines, craingnans que les pilots (combien qu'ils fuffent tous conformes à leur dire) ne feïffent par coüardife les chofes plus difficiles qu'elles n'eftoient, ne fe voulut fatisfaire, qu'il n'euft envoyé fonder le fons du canal, mefmes fa largeur, & confiderer l'avantage que le dedans du goulphe portoit aux ennemis, & pour ce faire donna commiffion à trois pilots accompagnez d'autant de Capitaines, pour la nuict fonder tout à loifir, & vaquer à ceft affaire. Le matin à leur retour, ils feïrent rapport tout conforme à ce que vous avez ouy, & dirent davantage, que l'entrée du canal n'eftoit droitte, mais finueufe & tirant vers les ennemis, deforte qu'un navire étranger y pourroit à peine entrer fans pilotte, & y allaft-il fans foufpeçon ne doute du combat. Le rapport fait en la prefence des Capitaines, l'on meit la déliberation ce qui feroit plus expedient pour le fervice du Roy......

Cependant les Galeres se refreschirent d'eaue, pour le soir survenu faire voile vers Douvres, cottoyant la ditte Isle d'Huicht, pour de là traverser à Boulogne..... Sur le soir M. l'Amiral se retira, & le lendemain feit partir ses navires, demeurant à l'arriere garde avec les galleres pour soustenir les ennemis où ils feroient quelque saillie. Sur le partement de nos navires le vent fut si à propos qu'ils arriverent à Valsau loing d'Huicht quatorze lieuës, avant que les galleres les pussent atteindre. Cependant les vents d'aval se meirent à souffler partant de devant Boulongne, desorte que nostre armée de mer pour se mettre en lieu de seureté, fut contrainte de relascher pour chercher le couvert vers Angleterre : où estant venus en un lieu appellé les Perrais, & là detenus par la force du vent & d'une grosse mer, sembla au Roy d'Angleterre s'estre presenté à luy l'occasion de desfaire nostre armée. Par quoy ne voulant perdre cette occasion, en toute diligence feit mettre en mer son armée, qui montoit à cent bons navires, pour nous venir trouver à la faveur de ce temps, qui les apportoit par la pouppe & à plaine voille sur nous. Entre autres raisons qui lui donnoient esperance de victoire, estoit que la violence des vents & la commotion de la mer, nous osteroient l'usage & le service de nos galleres, & que son armée se presentant devant la nostre, la contraindroit sans combattre ou de donner en terre & se perdre, ou de passer le destroit de Calais, chose qui ne se pouvoit faire sans desordre & grand danger.

L'un & l'autre parti luy sembloit aisé, car si nous attendions à nous lever jusques à ce que les eussions en teste, & si alors nous venions à desancrer, la courante & les vents qui les apportoient sur nous, par force nous jetteroient en terre : au contraire si nous attendions, ils nous trouvoient escartez les uns des autres, & ne nous estoit possible pour la crainte du mauvais temps, de nous tenir serrez : & eux nous abordans en si grand avantage, nous forceroient & nous jetteroient à travers. Outre plus, & si pour obvier à ces inconveniens, voulions prévenir à la dicte arrivée, & nous lever de bonne heure, la mer & le vent nous forceroient d'aller en Flandres où nous aurions à passer le destroit, qui nous seroit au retour empesché

& deffendu : avec ce il feroit poffible que le temps contraire nous retiendroit là fi longuement, que nous y pourrions avoir faulte de vivres, & cependant les ennemis qui pour nous attendre au paffage, viendroient à Boulongne, pourroient deftourber les forts que le Roy avoit deliberé d'y faire. A quoy Monfieur l'Amiral vouloit par tous les moyens du monde remedier : ces chofes requeroient auffi prompt & foudain remede que les dangers que vous avez ouys eftoient grands, car un Flament qui la nuict précedente s'eftoit enfuy d'avec eux, affeuroit que le jour mefmes ou le lendemain matin ils fe pourroient trouver fur noftre armée.

Monfieur l'Amiral ayant toutes ces confiderations, par l'advis des Capitaines conclud, qu'au changement du flux, fi auffi le vent venoit à changer ou calmer, qu'on fe leveroit pour fe jetter en haulte mer, dreffant tousjours le chemin vers l'ennemi, afin de le pouvoir combattre au large, & gaingner le vent, & là où le temps le forceroit de demourer, il ordonna que les galleres iroient fouls une poincte approchant d'eux qui les couvroit du vent, & là où ils étoient, fe tiendroient les vaiffeaux les pouppes vers la terre, & les grands navires fe mettroient en bataille un peu au deffous tant ferrez que le temps le permettroit, afin que l'armée des ennemis venant à executer fon entreprinfe, & voulant aborder nos navires, euft à paffer pardevant les galleres qui leur demoureroient par ce moyen au deffus du vent. Et là où par crainte de ceft inconvenient les ennemis voudroient arriver de bonne heure pour combattre les galleres, ils ne le pourroient faire eftant en fi peu d'eaue, mefme que leurs petits navires n'en pourroient approcher fans toucher en terre, avec & pour le peu d'intervalle qui feroit entre les galleres & les navires, il pourroit advenir que non feulement les ennemis pafferoient outre les galleres, mais la courante eftoit telle qu'elle les pourroit jetter delà nos navires.

La chofe ainfi refoluë, on attendit le changement du flux à l'ancre, pour veoir ce que le temps nous apporteroit ; mais nous trouvafmes que le temps perfevera en fa fureur tout ce jour, dont fufmes forcez d'attendre la marée le lendemain, qui nous fut tant favorable en bonaffe avecques changement de vent, que nous penfafmes partir & dreffer le chemin là par où

avions

avions nouvelles de trouver les ennemis. La bonasse augmenta tellement peu à peu, que sur le midy nous ne souhaittions rien plus que de rencontrer ceux qui bravoient de nous venir trouver. Et sur ce point descouvrant quelques voiles, soudain nos galleres feirent diligence de les aller recognoistre. Les ayant approchez, se trouva qu'ils estoient Flamens, & par eux s'entendit que l'armée de l'ennemy n'estoit pas loing de là. Monsieur l'Amiral l'ayant entendu, alla au navire rond qu'il avoit choisi pour combattre l'Amiral d'Angleterre, & manda les galeres donner plus avant pour en sçavoir plus certeines nouvelles, lesquelles au poinct du jour vindrent à la veuë des ennemis. Monsieur l'Amiral les suivit avecques l'armée en toute diligence, mais le temps estoit si calme qu'il ne pouvoit avancer chemin, qu'autant qu'il estoit porté par les courantes. Les ennemis ayant la veuë de nos galeres, pour ne demourer entre icelles & nostre armée par ce temps calme, faisoient grande diligence de gaingner le dessus du vent, ce que nos galleres à toutes forces vouloient avoir, en quoy les armées voguerent presque tout le jour costoyant l'un l'autre, de si près que aisément l'on pouvoit compter les navires & juger de leur grandeur.

En cette navigation les ennemis portoient tousjours les prouës devers la mer, faisant contenance de vouloir combattre, sans toutesfois qu'ils perdissent la veuë de leur terres : mais enfin ayant veu nostre armée au-dessus du vent, & suivre en bonne ordonnance, sans plus dissimuler, meirent les voiles & dresserent leur chemin en pouppe vers l'Isle d'Huicht : dont s'estant advisé le Baron de la Garde, pour les retarder & donner le temps à nostre armée d'approcher, print opinion de donner en queuë sur quelques navires, qui pour estre pesants, estoient demourez assez loing des autres, & par ce moyen le reste de l'armée alentiroit sa retraitte : mais sur le champ le vent se refreschit, sans toutesfois commotion ne tourmente de la mer, qui fut cause qu'ils se retirerent sans desordre ; si est-ce qu'on eut loisir d'estre plus de deux heures au combat avecques eux, & de si près qu'à peine pouvoit-on descharger nostre artillerie. Il n'y a faute qu'ils n'espargnoient les nostres, mais nos galeres pour estre plus basses, estoient moins exposées à la fureur de leur artillerie. L'escarmouche fut bien chaude ; car le matin il fut veu en mer plusieurs corps morts & forces pieces de bois, & ne fut pas tiré moins de trois cents coups d'artillerie tant d'un costé que d'autre. En combattant la courante & le vent portoit les ennemis tout droit vers leur port, & la nuict vint qui meit fin au combat. Le matin quand on les alla recognoistre, on les trouva en lieu de seureté : par quoy Monsieur l'Amiral print son chemin vers le Havre de Grace, pour refreschir son armée, & descendre grand nombre de malades qui estoient sur nos navires : les gros vaisseaux vindrent descendre au Havre de Grace. Monsieur l'Amiral estant adverti que le Roy estoit à Arques, alla sur une galere descendre à Dieppe deux lieuës près dudit lieu d'Arques, qui fut le lendemain de la my-Aoust.

Reflexions sur ce combat Naval.

On voit d'abord icy un ordre de bataille plus net & plus développé que dans les autres relations, & l'attaque bien concertée. L'armée étoit divisée en trois Escadres. L'Amiral avec trente vaisseaux étoit dans le centre. Le Seigneur de Boutieres avoit l'Escadre de la droite, & le Baron de Curton celle de la gauche.

Arrangement de la Flotte plus regulier qu'autrefois.

L'attaque se fait d'abord par quatre galeres détachées à la faveur d'un calme, & si heureusement que la Marie-Rose un des principaux navires de la Flotte Angloise, est coulée à fond avec perte de près de six cents hommes, & le Grand-Henri monté par l'Amiral Anglois étoit sur le point d'avoir le même sort, s'il n'eût été promptement secouru.

Attaque bien concertée.

Ensuite le vent s'étant élevé, les galeres Françoises se trouvent en danger, les navires Anglois fondant sur elles à pleines voiles, danger qu'elles n'éviterent que par l'habileté & l'experience de ceux qui les commandoient, & par l'intrepidité du Prieur de Capouë, qui exposa sa galere avec une valeur extrême, & se sauva du peril avec une adresse pareille. Les galeres regagnent la Flotte qui attendoit en bataille celle des ennemis, lesquels revirerent pour éviter le combat, ou plûtôt pour attirer celle de France dans un dangereux détroit dans

DE LA MILICE FRANÇOISE. Liv. XIV. 667

lequel elle auroit infailliblement peri. Suivent les divers mouvemens des deux Flottes qui paroissent assez bien compassez, & le retour de la Flotte Françoise preparé & fait avec beaucoup de prudence.

On voit en second lieu que deslors c'étoit une chose commune & ordinaire, que les vaisseaux de guerre avoient des sabords, & étoient percez dans les côtez pour les batteries de canon; car cet usage n'étoit pas encore fort ancien. Il est certain qu'il avoit commencé au plus tard sous Loüis XII Prédecesseur de François I. Cela se prouve par l'exemple du vaisseau la Charente qui portoit un très-grand nombre de canons, ce qui ne se pouvoit faire sans sabords : mais je ne croy pas qu'avant Loüis XII ou Charles VIII son Prédecesseur, on eût encore imaginé cette maniere d'armer les vaisseaux. On plaçoit alors quelques canons sur le pont ou plancher des vaisseaux qui en avoient, ou sur la proüe & sur la pouppe, comme on fait encore aujourd'hui sur les galeasses, ou sur la proüe d'une galere, & l'on ne s'en servoit point autrement.

Sabords aux vaisseaux.

Ce qui marque après tout que les navires tant François qu'Anglois, dans le combat dont je viens de parler, n'étoient pas fort chargez de canon, c'est que les deux Flottes s'étant rencontrées une seconde fois, & s'étant canonnées pendant deux heures de fort près, Monsieur du Bellay remarque comme une chose extraordinaire *qu'il ne fut pas tiré moins de trois cents coups d'artillerie tant d'un costé que d'autre.* Ce qui aujourd'hui seroit regardé comme rien dans un combat de deux heures entre deux Flottes, dont l'une, c'est-à-dire la Françoise étoit de plus de quatre-vingt dix vaisseaux, & celle d'Angleterre de cent.

Ces vaisseaux n'étoient pas fort chargez de canon.

C'est là tout ce qui m'a paru de plus digne de remarque sur notre ancienne marine, c'est-à-dire jusqu'au rétablissement qui s'en fit durant le Regne de Loüis XIII sous le ministere du Cardinal de Richelieu. Je vais en faire l'Histoire.

CHAPITRE V.

Du rétablissement de la Marine en France sous le Regne de Loüis XIII.

Extrait du Testament politique du Cardinal de Richelieu. 2 part. c. 9. Section 5. de la puissance sur la mer.

JE ne puis mieux commencer l'Histoire du rétablissement de la Marine sous Loüis XIII, que par les belles & judicieuses reflexions du grand Ministre qui fut chargé de l'execution d'un si beau projet, & dont le succès lui fit tant d'honneur. Je vais en faire l'extrait.

La puissance en armes requiert non seulement que le Roy soit fort sur la terre, mais aussi qu'il soit puissant sur la mer.

Lorsqu'Antoine Perez fut reçû en France par le feu Roy votre Pere, & que pour lui faire passer sa misere avec douceur, il lui eut assûré un bon appointement, cet étranger devant reconnoître l'obligation qu'il avoit à ce grand Roy, & faire voir que s'il étoit malheureux, il n'étoit pas ingrat, donna en trois mots trois conseils qui ne sont pas de petite consideration, *Roma*, *Consejo*, *Pielago*.

L'avis de ce vieux Espagnol consommé dans les affaires d'Etat, ne doit pas tant être consideré par l'autorité de celui qui le donne, que par son propre poids.

Nous avons déja parlé du soin que l'on doit avoir d'être pourvû d'un bon conseil & autorisé à Rome. Reste à representer l'interêt que le Roy a d'être puissant sur la mer.

La mer est celui de tous les heritages sur lequel tous les Souverains prétendent plus de part, & cependant c'est celui sur lequel les droits d'un chacun sont moins éclaircis.

L'Empire de cet élement ne fut jamais bien assûré à personne. Il a été sujet à divers changemens selon l'inconstance de sa nature..... Les vieux titres de cette domination sont la force, & non la raison; il faut être puissant pour prétendre à cet heritage.

Pour agir avec ordre & methode en ce point, il faut considerer l'Ocean & la Mediterranée separément, & faire distinction des vaisseaux ronds, utiles en ces deux mers, & des galeres dont l'usage n'est bon qu'en celle que la nature semble avoir resserrée expressément entre les terres, pour l'exposer à moins de tempêtes, & lui donner plus d'abri.

Jamais un grand Etat ne doit être en état de recevoir une injure sans pouvoir en prendre revanche. Et partant l'Angleterre étant située comme elle est, si la France n'étoit puissante en vaisseaux, elle pourroit entreprendre à son préjudice ce que bon lui sembleroit, sans crainte du retour.

Elle pourroit empêcher nos pêches, troubler notre commerce, & faire, en gardant l'embouchûre de nos grandes rivieres, payer tel droit que bon lui sembleroit aux marchands. Elle pourroit descendre impunément dans nos Isles, & même dans nos Côtes.

Enfin la situation du pays natal de cette Nation . . . . . . lui ôtant tout lieu de craindre les plus grandes puissances de la terre, l'ancienne envie qu'elle a contre ce Royaume lui donneroit apparemment lieu de tout oser, lorsque notre foiblesse nous ôteroit tout moyen de rien entreprendre à son préjudice.

Ce qu'elle fit du tems du feu Roy au Duc de Sully, oblige à se mettre en état de n'en plus souffrir. Ce Duc choisi par Henri le Grand pour faire une ambassade extraordinaire en Angleterre, s'étant embarqué à Calais dans un vaisseau François qui portoit le pavillon François au grand mât, ne fut pas plûtôt dans le canal, que rencontrant une Ramberge qui étoit pour le recevoir, celui qui la commandoit fit commandement au vaisseau François de mettre le pavillon bas.

Ce Duc croyant que sa qualité le garantiroit d'un tel affront, le refusa avec audace: mais ce refus étant suivi de trois coups de canon à boulets, lui perçant le vaisseau, percerent le cœur aux bons François, la force le contraignit à ce dont la raison le devoit défendre, & quelque plainte qu'il pût faire, il n'eut jamais d'autre raison du Capitaine Anglois, sinon que comme son devoir l'obligeoit à honorer sa qualité d'Ambassadeur, il l'obligeoit aussi à faire rendre au pavillon de son Maître l'honneur qui étoit dû au Souverain de la mer.

Si les paroles du Roy Jacques furent plus civiles, elles n'eurent pourtant pas autre effet que d'obliger le Duc à tirer satisfaction de sa prudence, feignant être gueri, lorsque son mal étoit plus cuisant, & que sa plaïe étoit incurable.

Il fallut que le Roy votre pere usât de dissimulation en cette occasion ; mais avec cette resolution une autre fois de soûtenir le droit de sa Couronne par la force, que le tems lui donneroit moyen d'acquerir sur la mer. Je me represente ce grand Prince, projettant en cette occurrence, ce que votre Majesté doit executer maintenant.

La raison veut qu'on prenne un expedient, qui sans interesser aucune des Couronnes, donne lieu à la conservation de la bonne intelligence qui est desirable entre tous les Princes de la Chrétienté.

L'utilité que les Espagnols, qui font gloire d'être nos ennemis presens, tirent des Indes, les oblige d'être forts à la mer Oceane. La raison d'une bonne politique ne nous permet pas d'y être foibles ; mais elle veut que nous soyons en état de nous opposer aux desseins qu'ils pourroient avoir contre nous, & de traverser leurs entreprises.

Si votre Majesté est puissante à la mer, la juste apprehension qu'aura l'Espagne de voir attaquer ses forces, unique source de sa subsistance : qu'on descende dans ses Côtes, qui ont plus de six cents lieuës d'étenduë, qu'on surprenne quelques-unes de ses places, toute foibles, qui sont en grand nombre : cette apprehension, dis-je, l'obligera à être si puissante sur la mer, & à tenir ses Garnisons si fortes, que la plus grande part du revenu des Indes se consommera en frais, pour avoir le tout, & si ce qui lui restera suffit pour conserver ses Etats, au moins aura-t-on cet avantage qu'il ne lui donnera plus moyen de troubler ceux de ses voisins, comme elle a fait jusqu'à-present.

* *Combat de Gattari.*
* Si votre Majesté eût été aussi foible que ses Prédecesseurs, elle n'eût pas réduit en cendres au milieu des eaux, toutes les forces que l'Espagne put ramasser en 1638 sur l'Ocean.

Cette superbe & altiere Nation n'eût pas été contrainte de souffrir l'abbaissement de son orgueïl, aux yeux non seulement de toute l'Italie, mais aussi de toute la Chrétienté.

DE LA MILICE FRANÇOISE. *Liv. XIV.* 671

qui voyant arracher de ses mains par pure force les Isles de Sainte Marguerite & de Saint Honorat, dont elle ne s'étoit renduë maîtresse que par surprise, a vû en même instant & d'un même œil, la honte de cette Nation,...... & la gloire & la reputation de la vôtre.

Elle n'eût pas enfin, sur les mers de Genes, donné ce celebre combat de galeres, qui donnant de la terreur à ses ennemis, a augmenté l'amour & l'estime de ses Alliez, & imprimé tant de reverence aux indifferens, que le poids du respect les tira tout-à fait de son côté. *En 1638.*

Votre Majesté ayant des Alliez si éloignez de ce Royaume, qu'on ne peut avoir communication avec eux que par la mer, s'ils voyoient la France dénuée des moyens necessaires pour les secourir en certaines occasions, il seroit aisé aux envieux du bonheur des uns & des autres, de mettre la même division entre les esprits, qu'il y a entre les Etats ; au lieu que si vos forces maritimes sont considerables, quoique divisées quant au lieu, ils demeureront étroitement unis de cœur & d'affection à cet Etat.

Il semble que la nature ait voulu offrir l'Empire de la mer à la France pour l'avantageuse situation de ses deux côtes, également pourvûës d'excellens ports aux deux mers, Oceane & Mediterranée.

La seule Bretagne contient les plus beaux qui soient dans l'Ocean ; & la Provence, qui n'est que de huit vingts milles d'étenduë, en a beaucoup plus de grands & d'assûrez que l'Espagne & l'Italie toute ensemble.

La separation des Etats qui forment le Corps de la Monarchie Espagnole, en rend la conservation si mal-aisée, que pour leur donner quelque liaison, l'unique moyen qu'ait l'Espagne, est l'entretenement de grand nombre de vaisseaux en l'Ocean, & de Galeres en la Mediterranée, qui par leur trajet continuel réünissent en quelque façon les membres à leur Chef ; portent & rapportent les choses necessaires à leur subsistance, comme les ordres de ce qui doit être entrepris, les Chefs pour commander, les soldats pour executer, l'argent qui est non seulement le nerf de la guerre, mais aussi la graisse de la paix ; d'où il s'ensuit, que si l'on empêche la liberté de tels trajets, ces Etats qui ne peuvent subsister d'eux-mêmes, ne sçauroient éviter la confusion, la foiblesse & toutes les desolations dont Dieu menace un Royaume divisé.

Or comme la Côte de Ponant de ce Royaume separe l'Espagne de tous les Etats possedez en Italie par leur Roy; ainsi il semble que la providence de Dieu qui veut tenir les choses en balance, a voulu que la situation de la France separât les Etats d'Espagne pour les affoiblir en les divisant.

Si votre Majesté a toûjours dans ses Ports quarante bons vaisseaux bien outillez, bien équipez, prêts à mettre en mer aux premieres occasions qui se presenteront, elle en aura suffisamment pour se garantir de toute injure, & se faire craindre dans toutes les mers par ceux qui jusqu'à-present y ont méprisé ses forces.

Comme les vaisseaux ronds sont necessaires à cette fin dans la mer Oceane, les Galeres, vaisseaux legers qui à force de rames font de grandes courses dans les calmes, plus ordinaires dans la Mediterranée qu'ailleurs, le sont autant dans la mer de Levant.

Avec trente Galeres votre Majesté ne balancera pas seulement la puissance d'Espagne, qui peut par l'assistance de ses Alliez en mettre cinquante en Corps; mais elle la surmontera par la raison de l'union, qui redouble la puissance des forces qu'elle unit.

Vos Galeres pouvant demeurer en Corps, soit à Marseille, soit à Toulon, elles seront toûjours en état de s'opposer à la jonction de celles d'Espagne tellement separées par la situation de ce Royaume, qu'elles ne peuvent s'assembler sans passer à la vûë des Ports & des Rades de Provence, & même sans y moüiller quelquefois, à cause des tempêtes qui les surprennent à demi canal; & que ces vaisseaux legers ne peuvent supporter sans grand hazard, dans un trajet fâcheux où elles sont assez frequentes.

Le Golfe de Leon est le plus perilleux trajet qui soit en toutes les mers de Levant; l'inconstance & la contrarieté des vents, qui y regnent d'ordinaire, font qu'il est difficile d'en trouver le passage asseuré, en quelque façon qu'on puisse l'entreprendre. Tout tems forcé y est très-dangereux, & si nos Côtes ne
sont

font point favorables à ceux qui les paffent, rarement font-ils le trajet fans peril.

La vraye raifon du hazard qui fe trouve en ce paffage, vient de la contrarieté des vents caufée par divers afpects des Côtes.

Plus une Côte eft montueufe & élevée, plus jette-t-elle de vents, lorfque la chaleur de la terre eft combattuë par la froideur & par l'humidité de l'eau ou de la neige, dont elle eft couverte.

De là vient que les Côtes de Provence, qui font de cette nature, étant toûjours pendant l'hyver abbreuvées de la pluïe, ou des neiges, ne font jamais fans vents, qui venans de la terre, font toûjours contraires à ceux qui veulent les aborder.

Or comme ces vents font contraires à l'abord des vaiffeaux, auffi ne font-ils pas affez puiffans pour les reporter jufques aux lieux dont ils font partis, parce qu'il fe trouve d'ordinaire d'autres vents de terre qui les en chaffent; d'où il arrive que par la contrarieté des vents de nos Côtes & de celles d'Efpagne, les vaiffeaux font jettez dans le Golfe, où le plus fouvent par un tems forcé leur perte eft inévitable.

Pour venir d'Efpagne en Italie, les vaiffeaux & les Galeres font toûjours leur partance du Cap de Quiers & du Golfe de Rofe, & attendent d'ordinaire le Ponant & Maiftral pour arriver heureufement à la Côte de Gennes ou à Morgues, qui eft le premier abord qu'ils font: mais bien qu'ils partent avec un vent favorable, ils ne font jamais arrivez au Golfe, qu'il ne fe trouve changé.

Si les vents fautent au Labêche ou Mijour de Labêche, il faut de neceffité qu'ils relâchent dans les Côtes de Provence, ou s'ils paffent au Siroch & Levant, il eft impoffible aux galeres & vaiffeaux qui fe trouvent près de nos Côtes, ni d'achever leur voyage en Italie, ni de regagner l'Efpagne, & en tems forcé, c'eft un miracle fi elles ne fe perdent fur les digues de nos Côtes.

D'autre part les vaiffeaux qui vont d'Italie en Efpagne, partent d'ordinaire de Morgues, qui eft le dernier Port d'Italie.

Pour faire bon voyage ils attendent le Maiſtral & Tramontane ; mais jamais ils ne ſont à my-Golfe ſans changement de tems & ſans peril tout enſemble ; parce qu'un Siroch, ou une tempête de Mi-jour, rend leur perte inévitable, ſi nos Ports ne leur ſont ouverts.

Ainſi ſi la France eſt forte en galeres & en gallions tout enſemble, ils ne peuvent faire aucun trajet aſſûré, étant certain qu'ils ne ſçauroient entreprendre de faire canal pendant l'hyver, ſans ſe mettre en hazard de ſe perdre, ou dans nos Côtes, ou dans la Barbarie, ſi les vents paſſent tout-à-fait au Nord.

Et quand même le Grec & Tramontane les font courre vers Majorque & Minorque, le Maiſtral & Tramontane les portent en Corſe & Sardaigne ; le plus ſouvent la violence des tempêtes les briſe & les perd, devant que de gagner l'abri des Iſles qui leur ſont favorables.

Et ſi pour ſe garantir de ce peril, ils ſe reſolvent à attendre les vents favorables pour raſer nos terres ; encore n'arrivera t-il pas que de vingt trajets qu'ils tenteront, ils puiſſent paſſer une fois ſeulement, ſans qu'un ſi mauvais tems ne les faſſe donner à travers à notre vûë.

Et quand même ils pourroient être ſervis d'un vent ſi favorable, qu'ils n'auroient rien à craindre de la mer, le moindre avis que nous aurons de leur paſſage nous donnera lieu de le traverſer, d'autant plus aſſurément, que nous pouvons toûjours nous mettre à la mer quand bon nous ſemble, & nous retirer ſans peril, quand le tems nous menace à cauſe du voiſinage de nos Ports qu'ils n'oſent aborder.

Trente galeres donneront cet avantage à votre Majeſté ; & ſi à un tel Corps elle ajoûte dix gallions, vrayes Citadelles de la mer, redoutables aux galeres, quand ils ont un vent favorable, à cauſe que leur corps n'a point de proportion avec la foibleſſe de ces vaiſſeaux legers, & qu'ils ne les craignent point dans les plus grands calmes, parce qu'étant pourvûs d'auſſi bons canons que leurs Courſiers, ils ſont en état de leur faire beaucoup de mal, s'ils s'en approchent de trop près.

Quand le Roy d'Eſpagne augmenteroit de moitié ſes forces

en cette mer, ce qu'il ne peut faire sans une grande dépense, il ne seroit pas en état de reparer le mal que nous lui pourrions faire, à cause de l'union de nos forces & de la division des siennes.

Il n'y a rien qu'un tel Corps ne puisse entreprendre ; il peut aller attaquer les armées d'Espagne dans leurs Ports, lorsqu'elles s'y assemblent ; l'experience nous ayant fait voir dans la reprise des Isles de Sainte Marguerite & de Saint Honorat, que les Forteresses flottantes prévalent aux plus assûrées de la mer, lorsqu'on sçait s'en servir hardiment.

Par ce moïen votre Majesté conservera la liberté aux Princes d'Italie qui ont été jusqu'à present comme esclaves du Roy d'Espagne. Elle redonnera le cœur à ceux qui ont voulu secoüer le joug de cette tyrannie, qu'ils ne supportent que parce qu'ils ne peuvent s'en délivrer, & fomentera la faction de ceux qui ont le cœur François.

Le feu Roy votre pere ayant donné charge à Monsieur d'Alincourt de faire reproche au grand Duc Ferdinand, de ce qu'après l'alliance qu'il avoit contractée avec lui, par le mariage de la Reine votre mere, il n'avoit pas laissé de prendre une nouvelle liaison avec l'Espagne. Le grand Duc après avoir oüi patiemment ce qu'il lui dit sur ce sujet, fit une réponse qui signifie beaucoup en peu de mots, & qui doit être consideréé par votre Majesté & par ses Successeurs, *si le Roy eût eu quarante galeres à Marseille, je n'eusse pas fait ce que j'ai fait.*

La porte que donne Pignerol à votre Majesté dans l'Italie étant bien conservée, si elle s'en ouvre une autre par la mer, le tems & la fermeté qu'on verra dans vos Conseils, dont on apprehende le changement, à cause de la legereté de notre Nation, changeront les cœurs de beaucoup d'Italiens, ou pour mieux dire, donneront le moïen de faire connoître quels ils ont toûjours été.

L'Italie est considerée comme le cœur du monde, & à dire le vray, c'est ce que les Espagnols ont de plus grand dans leur Empire ; c'est le lieu où ils craignent le plus d'être attaquez & troublez, & celui auquel il est plus facile d'emporter sur eux de notables avantages, pourvû qu'on s'y prenne comme il faut.

Et par consequent quand même on n'auroit pas dessein de leur faire du mal, au moins faut-il être en état de leur donner un contre-coup si près du cœur, quand ils voudront faire quelques entreprises sur la France, que leurs Etats n'ayent plus assez de force pour intenter de malicieux desseins contre elle.

Cette force ne tiendra pas seulement l'Espagne en bride; mais elle fera que le grand Seigneur & ses Sujets, qui ne mesurent la puissance des Rois éloignez, que par celle qu'ils ont à la mer, seront plus soigneux qu'ils n'ont été jusqu'à-present, d'entretenir les traitez faits avec eux. Alger, Thunis & toute la côte de Barbarie respecteront & craindront votre puissance; au lieu que jusqu'à-present ils l'ont méprisée avec une infidelité incroyable. En ce cas ou les Barbares vivront volontairement en paix avec les sujets de votre Majesté; ou s'ils ne sont pas assez sages pour venir à ce point, on les contraindra par la force à ce à quoy ils n'ont pas voulu condescendre par la raison.

Au lieu qu'à-present que nous pensons n'avoir pas la guerre avec eux, nous en recevons tous les maux, & nous ne jouissons pas de la paix, ni de la moisson qu'elle nous devroit causer; nous trouverons le calme & la sûreté dans la guerre, très-avantageuse avec des gens dont l'infidelité naturelle est si grande, qu'on ne peut s'en garantir que par la force.

Il reste à voir de combien peut être la dépense necessaire à l'entretien du nombre des vaisseaux projettez ci-dessus, laquelle pour grande qu'elle soit, doit être estimée petite, en comparaison des avantages que nous en recevrons. Cependant elle peut être faite avec tant d'avantage & de ménage, qu'on pourra la soûtenir avec deux millions cinq cents mille livres, selon que les états qui seront inserez à la fin de cet ouvrage, le verifient.

C'est ainsi que pensoit & raisonnoit en cette matiere le Cardinal de Richelieu; & il ne manqua pas d'engager le Roy son Maître à suivre par l'execution les solides maximes d'une si importante politique. Il connoissoit le genie François capable de tout; & l'experience lui avoit appris par divers essais que la Nation pouvoit signaler sa valeur sur la mer aussi-bien que sur la terre.

Les Rochelois ayant levé l'étendart de la revolte, quelques vaiſſeaux marchands qu'on avoit armez en guerre furent envoyez contre eux dès l'an 1621. Ceux qui les commandoient, s'éprouverent diverſes fois avec ces Rebelles, & s'acquitterent dignement de leur emploi. L'année ſuivante on fit venir quelques galeres de la Mediterranée ; on y joignit pluſieurs vaiſſeaux tirez des Ports & ſix galions de Malthe. Le Duc de Guiſe commanda cette Flotte & battit les Rochelois.

L'an 1626, le Duc de Montmorenci Amiral de France gagna une autre victoire ſur ces mêmes ennemis, & enſuite remit la charge d'Amiral entre les mains du Roy qui la ſupprima, & créa celle de *Grand-Maître, Chef & Surintendant General de la Navigation & Commerce de France*, dont il pourvut le Cardinal de Richelieu. Cette Charge lui mettoit en main toute l'autorité ſur la Marine, & laiſſoit au Roy la liberté de faire commander ſes Flottes par qui bon lui ſembleroit, n'y ayant plus d'Amiral de France en titre d'Office. C'eſt par là qu'il jugea à propos de commencer pour pouvoir travailler ſans embarras au rétabliſſement de la Marine.

Dès l'année ſuivante le Cardinal eut permiſſion du Roy de faire bâtir des vaiſſeaux ; il établit à Broüages & au Havre de Grace des fontes du canon deſtiné pour les armer. On en établit depuis une autre à Marſeille ; & pour accoûtumer les François à la mer, on fit des Compagnies de Commerce pour les Iſles de l'Amerique & pour le Canada. La priſe de la Rochelle en 1628, ôta au Roy un grand ſujet d'inquietude pour ſon Etat, & lui donna moyen de pourſuivre ſes deſſeins pour la Marine ; on nettoya les Ports ; on en fortifia quelques-uns, on y fit des magazins; défenſes furent faites à tous Pilotes, Calfateurs, Canoniers, Charpentiers, Matelots, Pêcheurs & à tous autres ſervans à la conſtruction des navires, confection de cordages, &c. d'aller ſervir hors du Royaume chez les Princes étrangers: on établit des Ecoles d'Hydrographie, & l'on fit d'autres ſemblables Ordonnances & établiſſemens par rapport à la Marine, & l'execution ſuivit.

Meſures priſes par Loüis XIII pour le rétabliſſement de la Marine.

On vit bien-tôt l'utilité de ce grand projet qui ſe trouvoit fort avancé en l'an 1635, lorſque la guerre s'alluma entre la France & l'Eſpagne au ſujet de l'Electeur de Treves que les

Espagnols avoient surpris dans sa Capitale, & qu'ils mirent en prison.

Il se fit dès les premieres années de cette guerre plusieurs actions memorables sur la mer: huit nouvelles galeres & plusieurs navires de guerre que le Roy avoit fait construire, y furent emploïez avec succès.

La premiere action fut à Gattari en Biscaïe où Monsieur de Sourdis Archevêque de Bordeaux commandant l'armée navale de France, défit & brûla celle des Espagnols l'an 1638.

La seconde se passa huit ou dix jours après dans la Mediterranée, où le Marquis de Pont-Courlay commandant quinze galeres, combattit un pareil nombre de galeres Espagnoles & remporta la victoire.

Il se donna encore quelques autres combats où les ennemis furent pareillement battus jusqu'en l'an 1642, que mourut le Cardinal de Richelieu, qui eut avant que de mourir la satisfaction de voir les avantages & la gloire que la France tira des soins qu'il avoit donnez au rétablissement de la Marine.

Parmi les vaisseaux qu'il fit construire, il n'y en avoit point de la grandeur de plusieurs de ceux que nous avons vûs sous le Regne de Loüis le Grand, de quatre vingt & de cent canons; mais on en construisit deslors d'une grandeur qui en approchoit.

Le vaisseau la Couronne.

Le plus fameux de ce tems-là fut le vaisseau nommé la Couronne. Il étoit de soixante douze pieces de canons, très-fort de bois; il avoit 200 pieds de longueur & 46 de largeur, & étoit très bon voilier. Il passa pour être le plus accompli vaisseau qui fût alors sur la mer. Les Anglois, les Hollandois & les autres étrangers habiles dans la Marine venoient le voir par curiosité, y admiroient la proportion qui étoit dans toutes ses parties, & ce qui en resultoit, sçavoir sa facilité ou mouvement & sa vîtesse à la voile.

Si l'on avoit continué de suivre le plan & les vûës du Cardinal de Richelieu, la France auroit été bien-tôt redoutable sur la mer à ses plus puissans voisins: car avant la mort de ce Ministre, le Roy selon un état de la France avoit trente-cinq galeres & soixante vaisseaux ronds. Ce nombre diminua beau-

Etat de la France de 1656.

DE LA MILICE FRANÇOISE. *Liv. XIV.* 679

coup sous la minorité de Loüis XIV. Cependant avant les guerres civiles de l'an 1649, il y avoit encore vingt-cinq galeres & trente vaisseaux de haut bord : mais ces guerres jointes aux étrangeres causerent une nouvelle décadence de la Marine dans ce Royaume : & le Roy Loüis XIV pensa à la rétablir.

Décadence de la Marine sous la minorité de Loüis XIV.

Ce grand Prince après son mariage & la mort du Cardinal Mazarin, s'étant appliqué à gouverner son Etat par luimême, regarda ce rétablissement comme l'objet d'un de ses principaux soins : il en vint à bout d'une maniere à n'y laisser rien à desirer ; & l'on peut dire que sous son Regne la Marine fut portée à la plus haute perfection où elle pût arriver : c'est ce que je vais exposer avec quelque détail.

Nous avons en France des navires de guerre & des galeres : ces deux sortes de vaisseaux composent comme deux armées de differentes especes. On a vû quelquefois les galeres jointes aux navires : mais cela est rare principalement sur l'Ocean. Je traiterai d'abord de la Marine qui regarde les navires de guerre, & puis de celle qui concerne les galeres.

CHAPITRE VI.

Du rétablissement de la Marine sous le Regne de Loüis le Grand.

Quand ce Prince prit en main les rennes du Gouvernement, la Marine de France étoit peu de chose. Non seulement il n'y avoit point de ces grands vaisseaux que nous avons vûs depuis & qu'on a appellez du premier & du second rang ; mais même il y en avoit peu de ceux des rangs inferieurs : & parmi ceux-là il n'y en avoit gueres qui fussent en état de servir : de sorte que Monsieur Colbert en fit dépecer quelques-uns, en vendit quelques autres ; & de tout ce qu'il y en avoit en 1661, il ne s'en trouvoit plus que huit de service en 1671, trois du troisiéme rang, quatre du quatriéme rang, & un du cinquiéme rang. Ceux du troisiéme rang étoient

La Reine.
Le S. Loüis.
Le Cesar.
Du quatriéme rang,
Le Mazarin.
L'Hercule.
Le Soleil.
La Françoise.
Du cinquiéme rang,
Le Dragon.

Pour ce qui est de l'Artillerie de mer, elle étoit reduite à cinq cents soixante & dix pieces de canon de fonte, & à quatre cents soixante & quinze de fer, tant grosses que petites depuis trente-six jusqu'à deux de calibre; ainsi que je l'ai vû dans un memoire touchant ces vaisseaux & cette artillerie, qui m'a été communiqué par un Officier General.

En 1664 pour l'expedition de Gigeri, on ne mit en mer que quinze ou seize vaisseaux, ausquels se joignirent des vaisseaux de Malthe & de Hollande. Tous ces vaisseaux mêmes n'avoient pas été construits en France: car avant 1661 on en achetoit des pays étrangers, où l'on en loüoit quelques-uns pour un tems; & quant à ceux qu'on bâtissoit en France, on faisoit un état de tout ce qui étoit necessaire pour la construction. On envoïoit cet état en Hollande à un Marchand qui achetoit le tout, & l'envoïoit en France au lieu où le Roy avoit resolu de bâtir le vaisseau. On voit par tout cela combien la France étoit alors peu puissante sur la mer.

Comment alors on se fournissoit de vaisseaux en France.

Les choses changerent beaucoup dès que Monsieur Colbert eut été chargé de la Marine. Un de ses premiers soins fut d'etablir des manufactures dans le Royaume pour les fournitures qu'on étoit obligé de tirer des pays étrangers, & par ce moïen on se passa d'eux pour la construction des vaisseaux, & l'on en bâtit plusieurs.

Grand changement dans la marine dès que M. Colbert en eut été chargé.
Etablissement de manufactures.

En 1665 on commença de faire un enrôlement de Matelots. Le Duc de Beaufort Grand-Maître, Chef & sur-Intendant General de la Navigation & commerce de France eut ordre de faire fermer les Ports dans les Provinces de Poitou & de Xaintonge, au pays d'Aunix, à Broüage & à la Rochelle,

Ordonnance de 1665 du 17 Decembre.
Enrôlement de Matelots.

pour

Vaisseau du premier rang portant pavillon d'Amiral

pour qu'il n'en fortît nul vaiſſeau ni autre bâtiment ſous aucun prétexte, juſqu'à ce que la revûë eût été faite de tous les mariniers & matelots. Monſieur Colbert du Terron Intendant de la Marine en Ponant, fit faire les rôles & détermina la ſolde de tous ceux qui ſeroient enrôlez, pour ſe ſervir d'eux dans le beſoin.

Il ſe fit depuis d'autres Ordonnances pour empêcher les Officiers, ſoldats, mariniers & matelots de s'habituer dans les pays étrangers, & pour faire revenir ceux qui s'y trouveroient établis. *Officiers, ſoldats & mariniers rappellez dans le Royaume.*

En 1667, qui fut l'année que le Roy alla aux Pays-Bas, pour ſe ſaiſir des places ſur leſquelles il avoit des prétentions fondées ſur les droits de la Reine Marie-Thereſe d'Auſtriche, il ſe fit un armement conſidérable à Breſt ; la flotte devoit être de ſoixante vaiſſeaux, dont l'Amiral étoit de quatre vingt canons. C'étoit l'unique de cette grandeur. Il y en avoit un de 66 canons, & le reſte pour la plûpart au deſſous. C'eſt ainſi qu'en parlent les nouvelles publiques imprimées en ce tems-là. *Armement à Breſt en 1667.*

En 1668 après la paix d'Aix-la-Chapelle, on s'appliqua plus que jamais au rétabliſſement de la navigation & de toute la marine, & il ſe fit un enrôlement general des matelots par claſſes, comme on avoit déja fait dans les Gouvernemens de la Rochelle, de Broüage, &c. On en fit trois claſſes, l'une deſquelles ſeroit tenuë & cenſée engagée dès le premier jour de l'année ſous la caution des communautez, pour ſervir ſur les vaiſſeaux du Roy, & les deux années ſuivantes ſur les vaiſſeaux Marchands, de ſorte que les trois claſſes auroient à rouler & à ſervir alternativement ſur les vaiſſeaux de guerre du Roy & ſur les vaiſſeaux des Negocians. On fit dans la ſuite cinq claſſes en Bretagne au lieu de trois pour la commodité du pays, & les matelots ne devoient ſervir que de cinq ans en cinq ans ſur les vaiſſeaux du Roy, & les quatre autres années ſur les vaiſſeaux Marchands à leur volonté. *Ordonnance de 1668, 22 de Septembre.* *Claſſes de matelots.*

Ces ordres ainſi executez faciliterent beaucoup les armemens des flottes de guerre, ſans qu'on fût contraint d'interrompre le commerce, & fermer les Ports, comme on étoit obligé de faire avant l'établiſſement des claſſes. Et en 1681 il

60000 matelots enrôlez en 1681. se trouva soixante mille matelots enrôlez & divisez par classes dans les Provinces maritimes du Royaume.

Conseil de construction dans les Ports. On établit un Conseil de construction dans les Ports pour deliberer touchant les proportions & le Gabarit des vaisseaux qu'on mettoit sur le chantier, & que l'on construisoit dans les arsenaux de marine, & touchant le radoub de ceux qui en avoient besoin. Ceux qui avoient droit de Seance dans ce Conseil étoient l'Amiral, les Vice-Amiraux, & les Lieutenans Generaux, les Intendans & Commissaires Generaux, les Chefs d'Escadres & les Capitaines des Ports. Les Capitaines étoient obligez de s'instruire sur ces matieres, les Lieutenans, les Sous-Lieutenans, les Gardes marines avoient la même obligation. On continua de construire quantité de vaisseaux, & les plus forts qu'on eût encore vûs sur la mer, dont plusieurs portoient quatre-vingt dix, & jusqu'à plus de cent pieces de canon.

Cent vaisseaux de ligne en France. Le nombre augmenta toûjours dans la suite, & le feu Roy eut près de cent vaisseaux de ligne outre quantité de fregates legeres, de brulots, de galiotes à bombes, de flutes & d'autres bâtimens de suite.

Etablissement des Arsenaux de marine. On fit cinq principaux arsenaux de Marine pour armer ces vaisseaux, sçavoir Brest, Rochefort, Toulon, Dunkerque & le Havre.

Jusqu'au tems de ce rétablissement de la marine, la nation Françoise avoit toûjours conservé sa reputation de valeur, dont elle avoit donné de grandes & frequentes marques dans les sieges & dans les batailles sur la terre : mais on ne croyoit pas dans les pays étrangers qu'elle dût également briller sur la mer. On en fut détrompé depuis que Loüis le Grand eut animé la Noblesse de son Royaume à s'appliquer à la guerre de mer ; les premieres preuves qu'elle avoit données de son courage & de son habileté dans cette espece de guerre, avoient été contre les Pirates Mahometans d'Afrique, & sur tout contre les Algeriens.

Le Duc de Beaufort commença en 1665 contre ceux-cy, il leur prit & coula à fond beaucoup de vaisseaux, & après une infinité de pertes qu'on leur causa en diverses rencontres, on nettoya la mer de ces pirates, on les contraignit à respecter les vaisseaux de France, & à demander humblement la paix au Roy.

DE LA MILICE FRANÇOISE. *Liv. XIV.* 683

Dès l'an 1672, Loüis XIV se trouva si fort sur la mer, qu'il fut en état de joindre trente vaisseaux de ligne à la Flotte de Charles II Roy d'Angleterre, pour attaquer la Flotte Hollandoise, commandée par le fameux Ruiter. Jacques Duc d'York, depuis Roy d'Angleterre, étoit à la tête de la Flotte Angloise, composée de cinquante à soixante vaisseaux: le Comte d'Etrées Vice-Amiral, & depuis Maréchal de France, commandoit la Flotte Françoise.

Bataille navale en 1672.

On se battit le septiéme de Juin, & l'on s'attribua la victoire de part & d'autre, les Anglois & les François, parce qu'ils demeurerent maîtres du Champ de bataille, & qu'ils allerent ensuite chercher les ennemis sur leurs côtes. Les Hollandois, parce qu'ils avoient brûlé un des Amiraux d'Angleterre, & deux autres vaisseaux Anglois. Mais les François y firent éclater leur valeur, le Comte d'Etrées avec neuf vaisseaux, ayant vigoureusement soûtenu le feu de l'Escadre de Flessingue plus nombreuse de la moitié que la sienne. Le sieur des Rabinieres Chef d'Escadre, le Commandeur de Verdille, les Chevaliers de Tourville, de Seppeville, de Sourdis, de Blenac, & le sieur Pannetier se signalerent dans cette action; & les François apprirent alors ce qu'ils ne sçavoient pas encore, à ranger en bataille une grande armée navale. Je sçay cette particularité d'un des premiers, des plus anciens & des plus habiles Officiers que nous ayons dans la Marine.

Il se donna encore trois batailles navales en 1673. On fit des feux de joye en France, en Angleterre & en Hollande pour la victoire : on fit valoir ses avantages des deux côtez : mais dans la verité tout fut assez égal. On prétendit que le Prince Robert qui commandoit la Flotte Angloise, agit mollement dans ces batailles, parce que la Ligue entre la France & l'Angleterre n'étoit pas de son goût. Tous ces combats dont je viens de parler se donnoient contre les Hollandois, par les François joints aux Anglois. Mais ceux-cy ayant abandonné le parti de la France, il convint aux François de se soûtenir par leurs seules forces; & l'on vit dans les batailles qui suivirent combien l'experience, jointe à la valeur de la Nation, luy avoit donné de superiorité sur ses ennemis, tout re-

Trois batailles navales en 1673.

R r r r ij

doutables qu'ils avoient été jusqu'alors sur la mer.

Bataille sur la Mediterranée.

En 1675, le Duc de Vivonne ayant eu ordre de conduire des troupes & des munitions à Messine qui s'étoit soumise au Roy, s'avança jusqu'à l'entrée du canal, avec deux de ses divisions, dont la seconde étoit commandée par le sieur du Quesne Lieutenant General. Les galeres d'Espagne & plusieurs vaisseaux Hollandois s'avancerent pour leur disputer le passage ; la Flotte de France, quoique beaucoup plus foible que celle des ennemis, essuïa avec une extrême fermeté le feu de leurs vaisseaux & de leurs galeres pendant plusieurs heures : mais la troisiéme division conduite par le Marquis de Preüilli, Chef d'Escadre, qui étoit joint à l'Escadre du Chevalier de Valbelle, étant survenuë, le combat devint plus égal, & peu de tems après la Flotte ennemie ne pensa plus qu'à la fuite. Le Duc de Vivonne s'étant ouvert le chemin par sa victoire, entra dans Messine avec son convoi.

En 1676, M. du Quesne étant parti de Toulon avec vingt vaisseaux de guerre pour conduire un nouveau convoi à Messine, rencontra à la vûë de Stremboli, Isle de la côte de Sicile, un pareil nombre de vaisseaux, commandez par le Lieutenant Amiral Ruiter qu'il attaqua avec l'avantage du vent. Ce combat commença à deux heures après midi, & dura jusqu'à la nuit. Le corps de bataille des ennemis plia ; & l'avant-garde de l'Escadre de France, commandée par le Marquis de Preüilli, chargea si vivement celle des Hollandois, qu'elle mit plusieurs de leurs vaisseaux en desordre. Après quoy le convoi fut conduit à Messine.

La même année il se donna encore un grand combat dans les mers de Sicile. M. du Quesne sortit du Port de Messine avec trente vaisseaux pour aller combattre l'armée des Hollandois & des Espagnols. L'Amiral Ruiter avoit vingt-neuf vaisseaux & neuf galeres. Il vint au-devant de la nôtre vers Agouste, ayant l'avantage du vent. Il chargea avec son avant-garde celle de l'armée du Roy, commandée par M. d'Almeras Lieutenant General. Ce combat fut fort opiniâtre, & M. d'Almeras y fut tué. Le Chevalier de Valbelle ayant pris le commandement de l'Escadre, se battit avec une égale valeur ; quatre vaisseaux des ennemis furent mis hors

DE LA MILICE FRANÇOISE. *Liv. XIV.* 685
de combat, & retirez hors de la ligne par les galeres. Cette avant-garde affoiblie par la retraite de ces quatre navires, & consternée par la blessure de Ruiter, dont il mourut, ne pouvant s'élever au vent, & ayant essuyé une partie du feu de notre corps de bataille, auroit été entierement perduë, si la nuit n'eût fini le combat. Le lendemain on retourna contre les ennemis qui prirent la fuite, & furent poursuivis jusqu'à l'entrée de la rade de Syracuse où ils se refugierent, abandonnant le champ de bataille & l'honneur de la victoire à l'armée du Roy.

Peu de temps après la journée d'Agouste où les Hollandois dans la personne de Ruiter, perdirent le plus grand General qu'ils eussent sur la mer, le Duc de Vivonne alla chercher l'armée d'Espagne & de Hollande dans la rade de Palerme où elle s'étoit retirée. Il se presenta à la vûë de cette Ville avec trente vaisseaux, vingt-cinq galeres & plusieurs brulots. L'armée ennemie étoit composée de vingt-neuf vaisseaux, dix-neuf galeres, & quatre brulots formant un croissant. Elle avoit les batteries du mole à sa gauche, le fort de Castellamare derriere, & à sa droite les batteries des bastions de la Ville qui regardent la mer.

Dix vaisseaux de l'armée du Roy avec quelques brulots furent détachez, sous les ordres du Marquis de Preüilli, pour attaquer les vaisseaux d'une des cornes ou têtes. Ceux-cy après quelques décharges, aïant coupé leurs cables, prirent la fuite, & s'échoüerent sous la place. Tout le reste de leur armée voïant la nôtre tomber sur elle en fit de même. L'Amiral & le Vice-Amiral d'Espagne, le Contre-Amiral de Hollande, & cinq autres vaisseaux furent brûlez. Les débris de l'Amiral d'Espagne qui sauta en l'air, abymerent la galere Reale & quelques autres.

Cette victoire fut une des plus glorieuses & des plus entieres qu'on ait vû depuis long-tems sur la mer. Les Marquis de Preüilli, d'Amfreville, de la Porte, les sieurs de Beaulieu de la Motte, les Chevaliers de Lheri de Coetlogon, de Seppeville, contribuerent principalement au gain de cette bataille, aïant commencé l'attaque, & mis en desordre une partie considerable de la Flotte ennemie : le Chevalier de Tour-

Rrrr iij

ville, Chef d'Escadre commandoit le vaisseau Amiral, sous les ordres du Duc de Vivonne.

Vaisseaux brûlez à Tabago.

En 1677, le Comte d'Etrées brûla quatorze vaisseaux Hollandois dans le Port de Tabago. On ne vit jamais une action plus hardie & plus heureusement executée.

En 1689, le Comte de Chateau-Renaud, Lieutenant General des Armées Navales, commandant une Escadre de vingt-quatre vaisseaux, & conduisant un convoi en Irlande,

Bataille de Bantrie.

fut attaqué dans la Baye de Bantrie, par l'Amiral Herbert à la tête d'une armée Angloise de pareil nombre de vaisseaux. Le Comte de Chateau Renaud le battit, luy donna la chasse, & fit entrer son convoi en Irlande. Les sieurs des Nots, de la Harteloire, de saint Hermine, de Belle-Fontaine, de Coetlogon se distinguerent en cette occasion, comme en plusieurs autres. Ce dernier ayant eu le derriere de son vaisseau & sa pouppe enlevez, par l'accident d'un barril de poudre où un coup de canon avoit mis le feu, ne discontinua point de combattre, & le feu aïant été éteint, il revint prendre son poste passant entre les ennemis, & une partie de l'Escadre de France.

En 1690, le Roy aïant pris en main les interêts du Roy Jacques d'Angleterre, fit un grand armement naval, & confia la conduite de son armée au Comte de Tourville, Vice-Amiral de France. Ce General alla chercher les ennemis sur leurs côtes. Ils vinrent l'attaquer avec l'avantage du vent à

Bataille de Bevezieres dans la Manche.

la hauteur de Bevezieres. L'avant-garde composée de vaisseaux de Hollande vint fondre sur l'avant-garde de France, commandée par le Comte de Chateau-Renaud, qui la mit en desordre, en aïant désemparé & démâté une grande partie. Elle ne fut sauvée d'une perte entiere aussi bien que le reste de leur armée, que par la marée dont elle sçut profiter. Un des principaux navires de Hollande fut pris par le Marquis de Nesmond. Le corps de bataille composé d'Anglois combattit avec plus de précaution & moins de vigueur le corps de bataille de l'armée de France. Une partie de leur arriere-garde chargea les derniers vaisseaux de la nôtre, commandée par le Comte d'Etrées qui la reçut avec valeur, les ennemis retinrent le vent & s'éloignerent.

DE LA MILICE FRANÇOISE. Liv. XIV. 687

Le Comte de Tourville continua dès que la marée le lui permit de suivre les ennemis, qui n'obfervant plus aucun ordre, fuyoient à toutes voiles. Il y en eut dix-fept qui étant démâtez, s'échoüerent contre la côte, & fe brûlerent. Le gros de l'armée paffa le Pas de Calais, & rentra dans les bancs de Hollande, & dans la Tamife où l'armée du Roy ne put les fuivre faute de pilotes, qui connuffent affez cette riviere & cette mer. Une telle victoire rendit l'armée du Roy maîtreffe de la mer pour le refte de la campagne, & caufa de grandes pertes aux ennemis, par l'interruption de leur commerce.

L'unique occafion où les François aïent eu du deffous dans une action generale, fe paffa en 1692, lorfque M. le Comte de Tourville combattit contre les Anglois & les Hollandois, qui avoient quatre-vingt dix vaiffeaux, ce Comte n'en aïant que quarante-quatre. Les ennemis admirerent eux-mêmes le courage & la prudence du General, qui avec une auffi grande inégalité de force, foûtint l'honneur de la nation, & feroit forti du combat fans defavantage, fi la marée ne lui eût pas manqué dans le tems d'une très-belle retraite. Cet accident caufa la perte de quatorze vaiffeaux qui furent brûlez à Cherbourg & à la Hougue.

Défaite de la Hougue en 1692.

Le combat fut terrible entre les deux corps de bataille. Le Comte de Tourville fit plier celui des ennemis, quoique bien plus nombreux que le fien, & foûtint le feu de plufieurs vaiffeaux qui attaquoient fon vaiffeau en même-tems, fe débarraffa de divers brulots. Les fieurs du Magnou, d'Infreville, de Villette, de Beaujeu & de Chateau Morand, qui étoient le plus proche de lui, le feconderent avec toute la valeur poffible. L'avant-garde commandée par le Marquis d'Infreville & l'arriere-garde, fous les ordres du fieur Gabaret, arriverent moins que le corps de bataille fur les ennemis; on murmura fort dans le monde contre le fieur Gabaret: mais je fçai d'un des plus habiles Officiers de mer, que cette manœuvre fut fort judicieufe dans les conjonctures.

Je ne dois pas oublier ici une action de M. de Coetlogon Chef d'Efcadre, qui fut fort loüée. Il étoit Contre-Amiral dans l'Efcadre du fieur Gabaret, & voïant que fa prefence feroit inutile dans cette arriere-garde, qui n'étoit plus en situation de combattre, il s'en détacha, passa au travers de plusieurs vaisseaux ennemis, & vint joindre le Comte de Tourville son General & son ami qu'il sçavoit être dans un extrême peril, soit par le grand feu des navires qui l'attaquoient, soit par les brulots que l'on détachoit sur lui, & combattit avec sa valeur ordinaire. Il merita depuis par plusieurs autres belles actions d'être honoré de la dignité de Vice-Amiral de France.

Le Roy nonobstant la perte des vaisseaux qui furent brûlez à la Hougue & à Cherbourg, fut si charmé de la belle resistance du Comte de Tourville, qu'il la jugea digne de la plus grande recompense, & luy donna le Bâton de Maréchal.

La Flotte de Smyrne enlevée.

Pour reprendre la suite des victoires des François sur la mer, le Maréchal de Tourville en 1693 eut ordre de tâcher d'enlever la riche Flotte des ennemis qui venoit de Smyrne. Il se porta avec soixante vaisseaux aux côtes de Portugal, & aïant eu avis que la Flotte marchande approchoit escortée de vingt-deux vaisseaux de guerre, il détacha les vingt meilleurs voiliers de son armée, qui eurent ordre d'attaquer celle des ennemis. Ils le firent avec succès, on leur prit d'abord deux vaisseaux de guerre, & vingt-sept navires marchands, une grande partie s'échoüa à la côte, le reste se sauva à saint Lucar, à Cadix & à Gibraltar. Monsieur de Coetlogon Chef d'Escadre en brûla quatre richement chargez à Gibraltar, quoique défendus par les batteries de la Place, & par une estacade, & en enleva treize autres.

Bataille de Malgue.

L'an 1704, Monseigneur le Comte de Toulouse commandant l'armée de France sur la Mediterranée, les ennemis vinrent l'attaquer à la hauteur de Malgue. On se battit, & après le combat, les ennemis s'éloignerent, & laisserent le Prince maître du champ de bataille. Tant de victoires marquent la grande superiorité que les François avoient pris sur des ennemis, qui étoient persuadez que la France n'oseroit & ne pourroit jamais leur disputer l'empire de la mer.

C'est

DE LA MILICE FRANÇOISE. Liv. XIV.

C'est encore une chose très-remarquable que presque dans tous les combats particuliers de vaisseau à vaisseau, ou entre de petites Escadres, les François ont toûjours eu l'avantage non seulement sur les Espagnols, mais encore sur les Anglois & sur les Hollandois. *François ordinairement vainqueurs dans les combats de vaisseau à vaisseau.*

Il s'est vû en ce genre des especes de prodiges. En 1664 les Chevaliers d'Hoquincourt & de Tourville montant un vaisseau armé en course, se battirent contre trente-trois galeres Turques, & les mirent en fuite. Chose pareille arriva en 1684 à Monsieur de Relingue Commandant le Bon. Il fut attaqué par trente-cinq galeres ennemies qu'il obligea à faire retraite, & puis il poursuivit sa route. On sçait les prodigieuses actions du Capitaine Jean Bart contre les Hollandois, où avec l'inégalité du nombre & de la grandeur des vaisseaux il les défit à diverses reprises. Les Chevaliers de S. Paul, de Fourbin & de Tourouvre se sont aussi signalez par de pareilles expeditions. *Belle action des Chevaliers d'Hocquincourt & de Tourville en 1664. De M. de Relingue en 1684. Du Capitaine Jean Bart.*

Je ne dis rien d'une infinité d'actions particulieres de nos Armateurs, & sur tout de ceux de S. Malo, qui durant ces longues guerres se maintinrent en possession de battre les ennemis en toutes rencontres. *Valeur des Capitaines Malouins.*

Tel fut l'effet de l'émulation & du grand ordre que Loüis le Grand mit dans la marine en la rétablissant. Je parlerai plus bas de cet ordre, après que j'aurai traité d'un autre point: car comme en faisant l'Histoire de la milice de terre de ces derniers tems, j'ay commencé par faire la liste & à donner l'idée des dignitez & des Charges qui étoient dans les armées sous le Regne de Loüis le Grand, je suivrai la même methode dans ce traité de la milice de mer : la connoissance de ces Charges étant un des principaux points de l'Histoire de cette milice. Je commencerai par la dignité d'Amiral qui est la premiere de toutes.

CHAPITRE VII.

De la dignité d'Amiral de France & des autres Charges de la Marine.

Du nom d'A-miral.

LE nom d'Amiral, quoy qu'en ayent dit quelques Auteurs qui aiment à raffiner sur les etymologies, nous est venu certainement d'outremer & de chez les Mahometans, où il signifioit un Chef, un Gouverneur, un Commandant, & en particulier celui qui commandoit sur la mer. Il ne se trouve point dans nos Histoires avant le tems des Croisades, si ce n'est pour signifier des Commandans Sarrasins. Emir, Amer, Admiral, Amiral n'étoient autrefois que diverses prononciations ou terminaisons du même mot.

En quel sens il y a toûjours eu des Amiraux en France.

En entendant par ce terme d'Amiral un Commandant General dans une armée de mer, on peut dire qu'il y en a presque toûjours eu en France; car pour ne parler que de la troisiéme Race à compter depuis Philippe-Auguste, on trouve peu de nos Rois qui n'ayent pas eu quelque armée sur la mer, les unes plus, les autres moins nombreuses, & par consequent des Commandans de ces armées, soit que cet emploi fût une Charge, soit que ce fût une simple commission.

Mais il seroit principalement question de sçavoir quand la dignité d'Amiral a été érigée en titre d'Office dans ce Royaume; car quoiqu'on trouve dans notre Histoire les noms de plusieurs tant François qu'Etrangers, qui ont commandé les Flottes que nos Rois mettoient en mer, & ausquels l'Histoire donne quelquefois pour cela le nom d'Amiral, on ne peut dire de plusieurs avec certitude qu'ils eussent ce titre & ce Commandement en qualité d'Amiraux de France constituez en Charge & dans cette dignité. Fournier dans son Hydrographie assûre qu'après avoir fait les plus exactes recherches, il n'a trouvé aucunes provisions pour la Charge d'Amiral de France que sous Charles IV l'an 1327. Le Seigneur qui fut honoré de cette Charge en 1327, s'appelloit Pierre le Megue ou Miege.

Fournier. l. 7. chap. 3.

Il faut donc convenir que la création de cette Charge fut faite au plus tard sous le Regne de Charles le Bel, mais sans décider si elle ne le fut pas plûtôt.

La dignité d'Amiral de France depuis même qu'elle fut érigée en titre d'Office, ne fut pas toûjours aussi considerable qu'elle l'est aujourd'huy ; la raison est, comme je l'ai déja remarqué, qu'autrefois les grands Vassaux étoient maîtres de la plûpart des pays maritimes, & que le Roy de France pendant long-tems n'avoit que quelques Ports en Picardie, & puis en Normandie, après que Philippe-Auguste l'eut conquise sur les Anglois. Avant ce tems-là & depuis ce tems-là, le Comte de Provence, le Duc de Guyenne, le Duc de Bretagne avoient leurs Amirautez & leurs Amiraux particuliers.

La dignité d'Amiral ne fut pas toûjours aussi considerable qu'elle l'est aujourd'huy.

Quoique ces pays dans la suite des tems eussent été réünis à la Couronne, cependant les Amirautez leur demeurerent avec les anciennes bornes. L'Amirauté de Guyenne s'étendoit depuis la riviere d'Andaye jusqu'au Ras de saint Mahé. Celle de Bretagne, depuis le Ras de saint Mahé jusqu'au Mont saint Michel, & celle de Normandie & de Picardie qui étoit dite l'Amirauté de France, se prenoit depuis le Mont saint Michel jusqu'au Pas de Calais : la Provence avoit aussi son Amirauté depuis la riviere de Gennes jusqu'en Roussillon, qu'on appelloit l'Amirauté du Levant.

Bornes des differentes Amirautez.

Il y avoit alors autant d'Amiraux que d'Amirautez, & c'étoit ordinairement les Gouverneurs des Provinces de Guyenne, de Bretagne, de Provence qui étoient en possession de cette dignité : de sorte que l'autorité & le district de l'Amiral de France avoit les mêmes bornes que son Amirauté, c'est-à-dire qu'elle étoit bornée au Pas de Calais d'une part, & de l'autre au Mont saint Michel. Les autres Amiraux avoient comme eux leurs provisions, & étoient marquez avec ce titre dans les Etats de la France. J'ai un de ces Etats manuscrit de l'an 1598 sous Henri IV, où l'on trouve cette liste.

Charles de Montmorenci Sieur de Damville, Amiral de France.

Henri de Coligni Comte de Coligni, Amiral de Guyenne.

Albert de Gondy Duc de Raiz, Amiral du Levant.

Le Commandeur de Chattes Chevalier de Malthe, Vice-Amiral de Normandie.

Ce dernier n'étoit que Vice-Amiral, parce que la Normandie étoit de l'Amirauté de France & sous l'Amiral de France.

Ces autres Amiraux avoient aussi leurs Vice-Amiraux à qui on expedioit pareillement des provisions comme pour d'autres Charges. Mais nos Rois, au moins depuis François I, pour donner en tems de guerre toute autorité à l'Amiral de France, le declaroient toûjours dans ses provisions leur Lieutenant General sur la mer : ainsi en quelque endroit de l'Ocean ou de la Mediterranée que l'Amiral de France se trouvât, il avoit par ce titre le droit du Commandement General de la Flotte. C'est ce qu'on voit dans les provisions données par François I à l'Amiral d'Annebaut, dans celles d'Anne Duc de Joyeuse sous Henri III, &c.

On a joint aussi quelquefois la Charge d'Amiral de Bretagne à celle d'Amiral de France. Charles IX entr'autres le fit en faveur d'Honoré de Savoye Marquis de Villars. Il en a été quelquefois de même de l'Amirauté de Guyenne, de quoy il se rencontre plusieurs exemples dans notre Histoire.

On a vû même toutes les Amirautez sous un seul Amiral; mais je n'en ai trouvé qu'un exemple avant le Regne de Loüis XIII du tems de François I. « Autrefois, dit Chassanée, il y » avoit trois Amiraux, un en Guyenne, un en Bretagne, & » un Amiral General en France : mais aujourd'huy ces trois » Charges sont possedées par l'illustre Seigneur Philippe » Chabot Seigneur de Brion, Gouverneur & Lieutenant Ge-» neral de Bourgogne pour notre très-Chrétien Roy Fran-» çois.

Chassaneus Catalog. gloriæ mundi 19 considerat. 9, part. fol. 7.

Il ne fut plus question de ces divers Amiraux, excepté celui de Bretagne, depuis l'érection de la Charge de Grand Maître, Chef & Sur-Intendant General de la navigation & commerce de France en faveur du Cardinal de Richelieu, & après l'Edit du mois de Janvier 1627, par lequel Loüis XIII supprima la Charge d'Amiral de France, Henri Duc de Montmorenci ayant donné sa démission de cette Charge.

Il y eut à ce sujet de grands differens entre le Duc de Guise & le Cardinal de Richelieu ; le Duc prétendant être Amiral du Levant en vertu de son Gouvernement de Provence. Il y en eut aussi dans la suite entre les Gouverneurs de Bretagne & ceux qui succederent au Cardinal de Richelieu dans la Charge de Grand-Maître de la navigation & commerce de France. Les principales pieces de ce procès sont imprimées dans les additions faites par le Sieur Godefroy au livre de le Feron sur les Amiraux & sur quelques autres Grands Officiers.

Toutes ces contestations finirent entierement par la suppression de la Charge de Grand-Maître, Chef & Sur-Intendant General de la navigation & commerce de France, & par le rétablissement de la dignité d'Amiral de France qui se fit en 1669 en faveur de M. le Comte de Vermandois. Il y est declaré que cette Charge est de nouveau créée *pour estre*, dit le Roy Loüis XIV, *exercée dans toute l'étenduë de nostre Royaume, pays, terres & Seigneuries de nostre obeïssance, à l'exception de nostre Province & Duché de Bretagne*, avec le titre & dignité d'Officier de la Couronne. Elle est aujourd'huy remplie par Monsieur le Comte de Toulouse, qui est en même-tems Gouverneur de Bretagne, & qui a ainsi l'Amirauté de cette Province jointe à celle de France. *Rétablissement de la Charge d'Amiral de France.*

Des prérogatives de l'Amiral de France.

Parmi ces prérogatives il y en a qui ont toûjours été & qui subsistent encore aujourd'huy. Il y en a qui ont été abolies, ou dont l'usage a été interrompu. Il y en a d'honorifiques, & il y en a d'utiles. Il y en a pour le tems de la guerre, & d'autres dont il joüit soit en tems de guerre, soit en tems de paix.

L'Amiral de France a toûjours été en vertu de sa Charge le Commandant né des Flottes Royales au moins dans son district : car il paroît que les Amiraux du Levant prétendoient avoir le commandement sur la Mediterranée.

François I donna à l'Amiral d'Annebaut pouvoir de commettre, d'instituer des Vice-Amiraux, & de nommer à toutes les Charges de l'Amirauté. *Ordonnance de 1543 art. 3. Autorité de*

l'Amiral tantôt plus, tantôt moins étenduë.
Henri II ôta ces pouvoirs à l'Amiral par son Ordonnance de 1554 donnée à Fontainebleau.

Reglement sur le fait de la Marine de l'an 1582.
Henri III les rétablit en faveur d'Anne Duc de Joyeuse Amiral de France, en dérogeant à l'Ordonnance de Henri II son pere.

Edit sur le fait de l'Amirauté l'an 1548.

Lettres Patentes de 1594.
Henri IV confirma les mêmes privileges à André de Brancas Sieur de Villars, lorsqu'il luy donna la Charge d'Amiral de France par la démission du Baron de Biron. Ce fut une des conditions ausquelles Monsieur de Villars qui avoit pris le parti de la Ligue, luy remit Roüen entre les mains.

Loüis XIII ayant supprimé la Charge d'Amiral en 1627, il ne fut plus question des prérogatives attribuées à cette dignité.

Nul voyage de long cours ne se fait sans la permission de l'Amiral.
De tout tems nul particulier n'a pû armer aucun vaisseau, ni même faire de voyage de long cours pour le Commerce sans la permission de l'Amiral, sans avoir fait serment de fidelité, ni sous un autre pavillon que le pavillon de France. Je trouve même sous le Regne de Charles IX dans une Lettre que ce Prince écrivit à Monsieur de Sarlabous Gouverneur du Havre, que ces permissions ne s'accordoient à personne que sur une bonne attestation qu'il étoit Catholique, Apostolique

Elle ne s'accordoit qu'aux Catholiques du tems de Charles IX.

Occasion de cette précaution.
& Romain. Cet usage s'étoit apparemment introduit au sujet de ce que l'Amiral de Coligni avoit fait dans les dernieres années de Henri II, lorsqu'il envoya le Chevalier de Villegagnon avec quelques Ministres Heretiques à l'Amerique, pour y établir l'Heresie de Calvin: mais ces Ministres ne s'accommoderent pas de la vie dure qu'il faut necessairement mener avec les Barbares pour les convertir à la Foy, ni des dangers qu'il y a à courir; ils se broüillerent avec Villegagnon qui étoit habile, qui entreprit même de refuter leurs erreurs, & qui étant Catholique dans le fond, n'avoit eu cette complaisance pour l'Amiral que par reconnoissance d'un bon office qu'il luy avoit rendu. Ni la Mission, ni l'établissement ne réüssirent, & les Predicans aussi-bien que luy revinrent en France.

Le dixiéme sur les prises sur quoy fondé.
Le droit de l'Amiral de prendre le dixiéme sur toutes les prises qui se font sur les ennemis, me paroît aussi très-ancien: c'étoit, dit du Tillet, un droit du Roy qui a été cedé à l'Amiral. Ce droit semble être fondé sur ce que l'Amiral contri-

buoit de quelque chose à l'armement : mais dès le tems de François I, cette contribution alloit à peu. Car il est spécifié dans l'Ordonnance de ce Prince, qu'il devoit fournir une livre de poudre par tonneau, un pavois & une lance à feu pour trois tonneaux.

Ordonnance de François I de l'an 1443.

Le droit de bris & de naufrage appartenoit de tems immemorial au Roy, & par concession à l'Amiral. C'étoit la confiscation de ce qui restoit d'un vaisseau qui avoit fait naufrage & qui s'étoit brisé contre les côtes. Ce droit fut regardé autrefois comme une barbare injustice chez les Romains, & les loix défendoient d'en user : mais dans la suite il fut autorisé dans l'Empire & dans presque tous les pays. Il en est fort parlé dans les Histoires & dans les Coûtumes de Bretagne : mais le Roy Loüis XIV l'abolit entierement dans tous les pays de son obeïssance par son Ordonnance de 1681, & fit même des Reglemens pour obliger les Paroisses voisines de la mer à aider ceux qui avoient fait naufrage sur leurs côtes, à sauver ce qu'ils pourroient de leurs marchandises & de tout ce qui pouvoit leur appartenir, & à le conserver aux proprietaires. Ces Reglemens étoient dignes de ce grand Roy. Il est glorieux à un Prince de rétablir un droit naturel comme celui-là, contre lequel l'usage & les loix positives ne peuvent jamais prescrire.

Droit de bris & de naufrage.

Aboli par Loüis le Grand.

L'Amiral de France a & a toûjours eu des Sieges dans le Royaume sous le nom d'Amirautez qui luy sont subordonnées, où se jugent les procès & tous les differens qui concernent la Marine. Je ne m'étendrai point sur les droits particuliers que cette prérogative renferme, qui sont & ont été attribuez à la dignité d'Amiral, ce détail me meneroit loin, ne seroit pas fort agreable, & n'est point de mon sujet. Il suffit de dire que dans cette Justice tout se fait au nom de l'Amiral, & qu'il pourvoit de plein droit aux Charges & Offices de cette Jurisdiction ; mais le Roy en rétablissant la Charge & les droits de l'Amiral, se reserva le choix & Provision de tous les Officiers de guerre & de finances, qui ont employ & fonction dans la Marine ; sçavoir les Vice Amiraux, Lieutenans Generaux, Chefs d'Escadre, Capitaines de Vaisseaux, Brulots, Fregates, Lieutenans, Enseignes, Pilotes, Capitaines & Officiers des Ports & Gardes-Côtes, Inten-

L'Amirauté.

Reglement de 1669.

dans, Commissaires & Contrôleurs Generaux & particuliers, Gardes-magazins, & generalement tous autres Officiers de la qualité cy-dessus; ensemble tout ce qui peut concerner les constructions & radoub des vaisseaux, & les achats de toutes sortes de marchandises & de munitions pour les magazins & armemens de Marine, & l'arrêté des états de toutes les dépenses faites par les Tresoriers de la Marine.

Outre les prérogatives contenuës dans les Provisions de l'Amiral & dans les Reglemens de 1669, on luy rend certains honneurs dans la Marine. On bat aux champs dans les Corps de Gardes posez sur les vaisseaux & dans le Port lorsqu'il passe; pareillement quand il entre dans un vaisseau on bat aux champs, les soldats prennent les armes & se mettent en haye sur le pont. Quand il passe sur la mer auprès des vaisseaux, l'équipage le saluë de cinq cris de *vive le Roy*, & luy ne rend aucun salut.

Quand on arbore le pavillon Amiral, il est salué de cinq cris de *vive le Roy* par l'équipage du vaisseau où l'on l'arbore, & les autres vaisseaux le saluent en pliant leur pavillon sans tirer le canon.

Le seul vaisseau Amiral, lorsque l'Amiral en personne sera embarqué, a droit de porter le pavillon quarré blanc au grand mât.

Marque de sa dignité.

L'Amiral a pour marque de sa dignité deux ancres d'or passées en sautoir derriere l'écu de ses armes pendantes & attachées chacune à un cable. Je vais ajoûter ici la liste des Amiraux de France. Quelques-uns de nos Auteurs qui ont fait de ces sortes de listes, y ont mis tous ceux qu'ils ont trouvé dans nos Histoires avoir commandé des armées navales, même avant que le titre d'Amiral fût en usage en France, c'est-à-dire avant le tems des Croisades : pour moy, je ne la commencerai pas de si loin, mais seulement depuis le tems que l'on voit les Amiraux posseder cette dignité en titre d'Office, c'est-à-dire depuis le Regne du Roy Charles IV dit le Bel, au-delà duquel on ne voit point de Provisions pour la Charge d'Amiral ; sans prétendre cependant que ce soient les premieres qui eussent été données.

Liste

DE LA MILICE FRANÇOISE. Liv. XIV. 697

Liste des Amiraux en titre d'Office.

Pierre le Megue sous Charles IV l'an 1327. C'est le premier des Provisions duquel on ait connoissance pour la Charge d'Amiral.

Huë Quieret l'an 1339. Il fut tué à la bataille navale de l'an 1340, c'est celle qui se donna à la hauteur de l'Ecluse en Flandre, où Edoüard III Roy d'Angleterre défit la Flotte de France du tems de Philippe de Valois.

Othon de Hornes l'an 1341.

Loüis d'Espagne Comte de Talmont, en 1341 sous le Regne de Philippe de Valois.

Pierre Flotte en 1345 sous Philippe de Valois. Le Roy le créa Amiral de France par Lettres du 28 de Mars 1345, & il exerça cette Charge jusqu'au 19 d'Octobre 1347 qu'il s'en démit. C'étoit encore sous Philippe de Valois. *Hist. des grands Officiers de la Couronne, sous le titre d'Amiral.*

Jean de Nanteüil.

Enguerrand Quieret est dit Amiral dans le Journal du Thresor des Chartes du mois d'Octobre 1357 du tems du Roy Jean.

Enguerrand de Mentenay fut commis pour exercer l'Office d'Amiral de France par Lettres de Monsieur le Regent, qui fut depuis le Roy Charles V, du 29 d'Avril 1359 durant la prison du Roy Jean, & en fit le serment le 25 de May suivant, jusqu'à ce qu'il y eût été pourvû.

Robert d'Anneval de la Heuse dit le Borgne, en 1368 sous le Roy Charles V.

François le Perilleux en 1368 sous le même Roy.

Amauri Vicomte de Narbonne, pourvû le 28 de Decembre 1369 sous le même Roy.

Jean de Vienne Sire de Coucy, l'an 1377. Le Sieur du Fourni dit que ce fut dès l'an 1373 sous le même Roy. Il fut tué à la bataille de Nicopoli commandant l'avant-garde de l'armée Françoise qui alla au secours du Roy de Hongrie contre le Turc en 1396. *Hist. des grands Officiers de la Couronne.*

Jean de Vienne fils du précedent, pourvû de la Charge d'Amiral de France en 1382. Le Sieur Denis Godefroy l'appelle

Tome II. Tttt

Pierre. Il pouvoit avoir les deux noms. Ce fut sous le Regne de Charles VI.

Renaud de Trie l'an 1397. Il fut dépossedé l'an 1405 durant les guerres civiles sous Charles VI.

Pierre de Breban surnommé Clignet, en 1405 sous le même Roy. Il fut déposé l'an 1408 durant les guerres civiles.

Jacques de Chastillon sous le même Roy en 1408. Son prédecesseur luy disputa toûjours la Charge, jusqu'à ce qu'en 1414 le Roy Charles VI ordonna que ni l'un ni l'autre n'en feroit l'exercice, & qu'elle seroit exercée par un Lieutenant nommé de Lesmée.

Robert de Braquemont. Ses Provisions sont datées du 22 d'Avril 1417. Il fut dépossedé l'année suivante par la faction Bourguignonne, & se retira en Espagne sous le Regne de Charles VI.

Janet de Poix. Quoique le Roy Charles VI l'eût pourvû de la Charge en 1418, il ne l'exerça jamais.

Charles de Lens Sieur de Chastiniers, en 1418 pourvû de la Charge, nonobstant les Provisions que le même Roy en avoit données à Janet de Poix. Les guerres civiles étoient cause de tous ces changemens.

George de Chastelus grand Partisan du Duc de Bourgogne, en 1420 sous le même Roy.

Hist. des grands Officiers de la Couronne sous le titre d'Amiral.

Loüis de Culant étoit Amiral de France en 1423 sous Charles VII.

André de Laval de Loheac est ici placé par quelques-uns qui disent qu'il fut Amiral de France après Loüis de Culant ; mais qu'il se démit de cette dignité en 1439 pour prendre celle de Maréchal de France. Le Sieur du Fourni dit des choses si particulieres là-dessus, qu'il semble avoir parlé sur de bons Memoires, en faisant ce Seigneur Amiral de France en 1439.

Pregent de Coetivy en 1439. Il fut tué d'un coup de canon au siege de Cherbourg dont la prise acheva la conquête que Charles VII fit de la Normandie en 1450.

Jean Sire de Buëil Comte de Sancerre, en 1450. Il y a beaucoup de diversité touchant les Amiraux de ce tems-là dans les Auteurs qui ont écrit de cette matiere. Il y en a qui mettent Charles Comte d'Anjou Amiral en 1439 : mais il ne paroît par aucun monument bien sûr que Charles d'Anjou ait jamais été Amiral. D'autres remettent André de Laval Amiral en 1442. Il s'en trouve qui font Amiral de France Loüis de Trie en 1447, & Gilles de Bretagne Seigneur de Raiz, en 1450. D'autres ne reconnoissent point ces deux Seigneurs pour Amiraux, non plus que Jean bâtard d'Armagnac.

Jean de Rohan Baron ou Sire de Montauban, en 1461 sous Loüis XI.

Loüis bâtard de Bourbon Comte de Roussillon en Dauphiné, en 1466 sous le même Roy.

André de Laval de Loheac dont j'ai parlé cy-dessus, est remis par quelques-uns après le bâtard de Bourbon, comme ayant été rétabli dans la Charge par Loüis XI.

Loüis Malet Sire de Graville, en 1486 sous Charles VIII.

Charles d'Amboise, en 1508 sous le Regne de Loüis XII.

Guillaume Goufier Sieur de Bonnivet, en 1517 sous François I. Il fut tué à la bataille de Pavie en 1524.

Philippe Chabot Seigneur de Brion, le 23 de Mars de l'an 1525 sous le même Roy.

Claude d'Annebaut Maréchal de France, fut fait Amiral de France en 1543 sous le même Roy.

Gaspard de Coligni, en 1552 sous Henri II. Il fut depuis Chef des Huguenots en France, & tué au massacre de la S. Barthelemi l'an 1572.

Henri de Montmorenci Seigneur de Damville, depuis Maréchal & Connétable de France, l'an 1562. Je crois qu'il ne fut Amiral que par Commission durant la revolte de l'Amiral de Coligni sous Charles IX; du moins après la paix, Coligni eut toûjours le titre d'Amiral : & apparemment il fut rétabli par le traité de paix dans sa Charge.

Honoré de Savoye Marquis de Villars, Comte de Tende, Maréchal de France. Il fut fait Amiral en 1572 sous le même Roy.

Charles de Lorraine Duc de Mayenne, en 1578 sous le Regne de Henri III.

Anne Duc de Joyeuse, en 1582 sous le Regne du même Roy. Il fut tué à la bataille de Coutras où il commandoit l'armée Royale l'an 1587.

Jean-Loüis de Nogaret de la Valette Duc d'Espernon, l'an 1587.

Bernard de la Valette frere aîné du précedent, en 1588 par la démiſſion de ſon frere. Il fut tué au ſiege de Roquebrune en Provence l'an 1592.

Antoine de Brichanteau Marquis de Nangis, en 1589 prêta le ſerment, mais il n'exerça point la Charge.

Charles de Gontaut Duc de Biron, Maréchal de France. Il fut Amiral en 1592 du tems de Henri IV, & donna ſa démiſſion en 1594.

André de Brancas eut cette Charge par la démiſſion du Maréchal de Biron. Il fut un des plus redoutables Partiſans de la Ligue. Il fut fait Amiral en 1594. Ce fut une des conditions ſous leſquelles il remit Roüen entre les mains de Henri IV. Ce Seigneur ayant été fait priſonnier par les Eſpagnols dans un combat auprès de Dourlens qu'ils aſſiegeoient, fut tué de ſang froid par l'ordre d'un Officier Eſpagnol en 1595.

Charles de Meru de Montmorenci & Duc de Damville, troiſiéme fils d'Anne de Montmorenci Connétable de France, fut fait Amiral de France par Henri IV en 1596. Il fut auſſi Colonel General des Suiſſes.

Henri de Montmorenci neveu du précedent, Maréchal de France fut fait Amiral en 1612 ſous le Regne de Loüis XIII. Il donna ſa démiſſion de cette Charge en 1626. Alors Loüis XIII ſupprima la Charge d'Amiral, & créa celle de Grand-Maître, Chef & Sur-Intendant General de la Navigation & Commerce de France. Par les Lettres de cette érection, le Roy ſe reſervoit de nommer quiconque il jugeroit à propos pour commander ſes armées de mer: mais à cela près le Grand-Maître & Sur-Intendant General avoit un pouvoir infiniment étendu ſur toute la Marine. Le Cardinal de Richelieu fut pourvû de cette Charge.

Liſte des Grands-Maîtres, Chefs & Sur-Intendans Generaux de la Navigation & Commerce de France.

Armand Jean du Pleſſis Cardinal de Richelieu, en 1626.

Armand de Maillé de Brezé fils du Maréchal de Brezé & neveu du Cardinal de Richelieu par ſa mere, fut fait Grand-

Maître & Sur-Intendant, &c. en 1643. Il fut tué sur la mer d'un coup de canon au siege d'Orbitelle l'an 1646.

Anne d'Autriche Reine Regente du Royaume, fut établie par le Roy Loüis XIV son fils Sur-Intendante des mers, &c. l'an 1646.

Cesar Duc de Vendôme fut fait Grand-Maître, Sur-Intendant General, &c. en 1650 par la démission de la Reine mere.

François de Vendôme Duc de Beaufort, qui avoit été reçû avec son pere en survivance, fut installé dans la Charge ayant l'épée au côté en 1651. Il fut tué au siege de Candie dans un combat en 1669.

Après sa mort le Roy Loüis XIV supprima cette Charge, & rétablit celle d'Amiral.

Liste des derniers Amiraux.

Loüis de Bourbon Comte de Vermandois, fut créé Amiral de France en 1669.

Loüis Alexandre de Bourbon Comte de Toulouse, fut créé Amiral de France au mois de Novembre 1683 après la mort de M. le Comte de Vermandois. Il l'est encore aujourd'huy en 1721.

Des Vice-Amiraux.

Lorsque Loüis XIV rétablit en 1669 la dignité d'Amiral pour Monsieur le Comte de Vermandois, il créa deux Charges de Vice-Amiral, dont il détermina le district ; l'un fut pour la Mediterranée qui fut appellé Vice-Amiral du Levant, & l'autre pour l'Ocean qui fut nommé Vice-Amiral du Ponant. C'est la seconde dignité de la Marine, & ces Charges sont très-considerables, comme on le va voir par le détail de leurs fonctions. *Charge de Vice-Amiral.*

Les Vice-Amiraux commandent les armées navales sous l'autorité & en l'absence de l'Amiral. Le Vice-Amiral du Ponant dans l'Ocean, & celui du Levant dans la mer Mediterranée. *Leurs fonctions & prérogatives.*

Le Vice-Amiral commande & donne les ordres en l'absence de l'Amiral dans tous les Ports de son département.

Les Commandans des Escadres ou des vaisseaux particuliers qui rencontrent le Vice-Amiral à la mer, viennent à son bord, lui montrent leurs instructions, & examinent avec lui ce qu'il y a à faire de plus avantageux pour le service du Roy.

Tous Commandans & Capitaines particuliers moüillant dans les Ports & Rades, soit pour aller en mer, soit au retour des voyages, envoyent tous les jours, lorsque le tems & la distance le permettent, recevoir les ordres & le mot du Vice-Amiral, l'informent & lui rendent-compte de tout ce qui se passe sur leurs vaisseaux, jusqu'à ce qu'ils mettent à la voile, ou qu'ils ayent reçû les ordres du Roy pour désarmer.

Tous les ordres qui regardent les actions militaires, sont adressez au Vice-Amiral lorsqu'il est dans le Port.

Aucun Officier ne sort du Port pour faire des levées de soldats, ou pour quelque autre service que ce soit, sans en avertir le Vice-Amiral.

Les honneurs militaires qu'on lui rend en l'absence de l'Amiral, sont à peu près les mêmes que ceux qu'on rend à ce premier Officier. On bat aux champs, & on prend les armes dans les corps de garde, quand il passe dans le Port. Il en est de même quand il entre dans le vaisseau qu'il commande ou dans quelque autre de son armée, & les soldats se mettent en haye sur le pont.

Quand il passe auprès des vaisseaux, il est salué seulement de trois cris de *Vive le Roy*, & de cinq comme l'Amiral, s'il est Pair ou Maréchal de France. Il peut faire rendre le salut d'un seul cri, & seulement par l'équipage de sa chaloupe.

LISTE DES VICE-AMIRAUX.

Vice-Amiraux du Ponant.

Jean Comte d'Estrées, en 1670, depuis Maréchal de France.

Victor-Marie Comte d'Eſtrées, aujourd'huy Maréchal de France, fils du précedent, fut reçû en ſurvivance de la Charge de Vice-Amiral en 1684.

Vice-Amiraux du Levant.

Le Comte de Tourville en 1690, depuis Maréchal de France.

Le Comte de Chaſteau-Renaud en 1701, depuis Maréchal de France.

Le Marquis de Coetlogon en 1716.

Après les Vice-Amiraux le plus haut grade dans la Milice de la marine eſt celui de Lieutenant General : car nous n'avons point de Contre-Amiral en France en titre d'Office. C'eſt une qualité qu'on donne au plus ancien des Chefs d'Eſcadre dans un armement conſiderable où les Officiers Generaux ſont employez. Alors ce Chef d'Eſcadre porte le titre de Contre-Amiral, & arbore le pavillon de Contre-Amiral, qui eſt blanc de figure quarrée, & ſe met à l'Artimon.

Il n'y a point de Contre-Amiral en France en titre.

Du Lieutenant General dans les armées navales.

Le Lieutenant General eſt le troiſiéme des Officiers militaires de la Marine. Cette Charge eu égard au rang & au commandement qu'elle donne aujourd'huy, eſt de l'inſtitution de Loüis le Grand. Ce titre autrefois n'étoit donné qu'à l'Amiral ou au Commandant en Chef d'une Flotte; de même qu'on ne le donnoit autrefois dans la Milice de terre, qu'aux Maréchaux de France, ou à ceux qui commandoient l'armée en Chef. C'étoit par la raiſon que j'ai apportée ailleurs, ſçavoir, que le Roy eſt le General né de toutes ſes armées tant de terre que de mer; que qui que ce ſoit qui les commande n'eſt que ſon Lieutenant. Ainſi nous voyons que nos Rois dans les proviſions, par leſquelles ils inſtituoient les Amiraux de France, les declaroient toûjours leurs Lieutenans Generaux ſur la mer. Depuis le rétabliſſement de la marine par Loüis XIII, on ne trouve point ſous le Regne de ce Prince dans les armées navales d'autre Lieutenant General que le Commandant de la Flotte.

Dans le Reglement de 1647 durant la minorité de Loüis XIV, je trouve un Lieutenant General sous le Commandant en Chef de la Flotte ; c'étoit le Grand Prieur des Goutes pour les vaisseaux, & le Duc de Richelieu pour les galeres. Ce Lieutenant commandoit en l'absence du Commandant General ; & celui qui portoit le pavillon de Vice-Amiral, aussi-bien que celui qui portoit le pavillon de Contre-Amiral, ne commandoient qu'à son défaut ; parce qu'alors il n'y avoit point de Vice-Amiraux en titre d'Office. Monsieur de Martel fut fait Lieutenant General en 1656, & Monsieur du Quesne en 1667. Depuis on a fait des créations de plusieurs Lieutenans Generaux de mer, comme on en a fait de Lieutenans Generaux pour les armées de terre. C'est un nouveau grade, où l'on monte après avoir passé par celui de Chef d'Escadre.

L. 1. des Ordonnances tit. 3.
Ses principales fonctions.

Le Lieutenant General commande, & donne les ordres en l'absence de l'Amiral & du Vice-Amiral, dans les ports & à la mer. Les Commandans des Escadres ou des vaisseaux particuliers qu'il rencontre à la mer, viennent à son bord, & lui montrent leurs instructions, afin d'examiner ensemble ce qu'il y aura à faire de plus avantageux pour le service. Aucun Officier ne sort du Port, soit pour faire des levées de soldats, ou pour quelque autre service que ce soit, sans en avertir le Lieutenant General, lorsqu'il y commande. Il a inspection sur tout ce qui regarde la conservation, la sûreté, l'armement & le désarmement des vaisseaux, &c. Il assiste à tous les Conseils de construction, & signe les déliberations qui s'y prennent, tant pour les vaisseaux à bâtir, que pour les radoubs à faire.

Honneurs militaires.

Quant aux honneurs militaires, le Lieutenant General passant dans le Port, les soldats des corps de garde des vaisseaux se mettent sous les armes, & le tambour appelle de deux ou trois coups de baguette. Quand il passe en mer devant les vaisseaux qu'il commande, il est salué de trois cris de *Vive le Roy*. Ces honneurs ne se rendent qu'au Lieutenant General, qui commande en Chef dans le port ou à la mer, & non aux autres Lieutenans Generaux qui se trouveroient presens présens sans avoir le commandement.

Du Chef d'Escadre.

Ce terme d'Escadre qu'on donnoit autrefois à une troupe de soldats des armées de terre, & sur tout de soldats à pied encore du tems de François I, & qu'on appelle aujourd'huy Ecoüade : ce terme, dis-je, est devenu propre de la milice de mer. On appelle Escadre un détachement ou une division de vaisseaux. Le Chef d'Escadre est l'Officier qui la commande. Je trouve que sous le Regne de Loüis XIII, on donnoit ce nom de Chef d'Escadre au Commandant General de l'armée navale, quand il n'étoit point Amiral. *Hydrographie de Fournier. l. 3. c. 1.*

Il y avoit avant 1647 quatre Chefs d'Escadre, dont les Escadres portoient chacune le nom d'une Province. Il y avoit celle de Bretagne, que commandoit M. de Launay-Rasilli ; celle de Normandie, commandée par Monsieur de Montigni ; celle de Guyenne, par M. du Mé ; celle de Provence, par le Chevalier Garnier. Loüis XIV cette même année créa un Chef d'Escadre de Catalogne, qui fut M. de Montade, & un Chef d'Escadre de Dunkerque, qui fut M. du Quesne. Ils portoient chacun une cornette au mât d'Artimon aux armes de la Province dont étoit l'Escadre, pour distinguer leurs vaisseaux de ceux des Capitaines particuliers, lorsque les pavillons de Vice-Amiral & de Contre-Amiral étoient portez par les deux plus anciens Chefs d'Escadre. Quand ce même Prince jugea à propos dans la suite de faire un nouvel état de marine, le nombre des Chefs d'Escadre ne fut point fixé. Le Chef d'Escadre commandant en l'absence du Lieutenant General a les mêmes fonctions dans le port & sur la mer. Quand le Chef d'Escadre commandant le port y passe, la sentinelle avertit seulement le corps de garde, & les soldats prennent les armes & se mettent en haye; mais ni on ne bat aux champs, ni on n'appelle. Quand il entre dans son vaisseau ou dans quelqu'autre de son Escadre, on bat aux champs, les soldats prennent les armes & se mettent en haye sur le pont. Quand il passe auprès des vaisseaux de son commandement, il est salué de trois cris de *Vive le Roy*. *Reglement de 1647. Quatre Chefs d'Escadre. Et puis six. Le nombre n'en fut plus fixé. Honneurs Militaires.*

Le Chef d'Escadre est du Conseil de guerre, comme les autres Officiers Generaux, & lorsqu'il commande dans le port ou à la mer, il préside au Conseil ; & en ce cas l'Intendant de l'armée navale n'a seance qu'après lui : cela s'entend, quand dans le Conseil il s'agit d'affaires de guerre: car quand il s'agit seulement de justice, de police, de finances, de la punition de quelques deserteurs ; le Chef d'Escadre même commandant l'armée ou l'Escadre, n'a seance qu'après l'Intendant. Ce Reglement fut fait en 1668 au sujet d'un differend qui arriva entre M. d'Infreville Intendant de l'armée navale, & M. d'Almeras Chef d'Escadre.

Rang entre les Chefs d'Escadre.

Les Officiers Generaux, chacun selon la qualité de leur Charge prennent rang entre eux, suivant leur ancienneté. Cependant par l'Ordonnance du 3 d'Août 1674, un Chef d'Escadre portant le titre de quelqu'une des Provinces où sont situez les arsenaux de Marine, & étant dans le port de son département, y commande, lors même qu'il s'y en trouve un autre plus ancien que lui.

Du Capitaine de vaisseau.

La Charge de Capitaine de vaisseau de Roy est très considerable. L'équipage nombreux, la multitude des canons dont les vaisseaux sont armez, la quantité de provisions dont on les fournit, peuvent les faire regarder comme des citadelles flottantes, dont le Souverain confie la garde & la défense aux Capitaines qui les montent.

Fonctions du Capitaine de vaisseau.

On voit les principales fonctions du Capitaine dans ce qui lui est enjoint & commandé dans les Ordonnances, lesquelles tendent toutes à l'observation de la discipline, au bien du service, & à rendre cet Officier de plus en plus habile dans son emploi. Comme de faire observer ponctuellement dans son vaisseau la justice & la police que Sa Majesté a ordonnées, de faire étant dans le Port soigneusement ses gardes suivant les ordres du Commandant, de s'instruire sur le fait des constructions, & pour cet effet il a des conferences avec les maîtres Charpentiers, &c.

L. 1. titre VII. des Ordonnances imprimées en 1689.

Il ne quitte point le Port de son département sans congé de Sa Majesté.

DE LA MILICE FRANÇOISE. Liv. XIV. 707

Lorſqu'il ſera nommé pour commander un vaiſſeau, il en fera une viſite exacte avec ſes principaux Officiers & ceux du Port pour examiner ce qu'il y aura à faire. Il ſera toûjours preſent au radoub & carene de ſon vaiſſeau.

Il ſe fera informer des bonnes & des mauvaiſes qualitez de ſon vaiſſeau par ceux qui l'auront monté dans les voyages précedens, & comment il doit être gouverné : & ſi c'eſt un vaiſſeau neuf, il conſultera ſur cela le maître Charpentier qui l'aura conſtruit, &c. En un mot il eſt chargé de pourvoir à la ſûreté de ſon vaiſſeau, au bon ordre qui y doit être obſervé, & dans l'occaſion de ſoûtenir par ſa valeur l'honneur de la Nation.

L'obſervation de quelques-uns des reglemens faits ſur ce ſujet, eſt recommandée au Capitaine ſous peine d'interdiction ou de caſſation : mais il y en a trois ou quatre autres qui vont juſqu'à la peine de mort. Ils ſont conçus en ces termes.

Fait défenſes Sa Majeſté à tout Capitaine & autre Officier de marine commandant l'un de ſes **vaiſſeaux de guerre**, de ſe rendre jamais à ſes ennemis pour quelque raiſon que ce puiſſe être, voulant qu'il ſe défende juſqu'à l'extrémité, & qu'il ſe laiſſe forcer l'épée à la main, même brûler. Celui qui ſera le contraire, ſera jugé au Conſeil de guerre, & puni de mort ſelon les circonſtances de l'action. *L. 4. titre 2, art. 36, 37 & 38. Le Capitaine ſous peine de la vie ne ſe peut rendre.*

Tout Officier qui aura abandonné ſon vaiſſeau, ſera puni de mort comme deſerteur.

Celui qui ſera chargé de l'eſcorte ou convoi de vaiſſeaux Marchands, & qui les abandonnera, ſera puni de même; que ſi le Capitaine du vaiſſeau Marchand qui ſera mis ſous l'eſcorte, s'en ſepare ſans raiſon legitime, il ſera condamné aux galeres.

Le Capitaine fait le détail du vaiſſeau lors même qu'il monte un vaiſſeau Pavillon, c'eſt-à-dire un vaiſſeau monté par un Officier General.

Outre les Capitaines commandans par Office les vaiſſeaux, il y a des Capitaines en ſecond : leurs fonctions ſont avec ſubordination les mêmes que celles du Capitaine en pied. *Capitaines en ſecond.*

Un Capitaine ſe trouvant commandant dans le Port, les

Vuuu ij

Honneurs militaires. soldats quand il paroîtra se mettront en haye seulement avec leur épée. S'il commande une Escadre, il sera fait seulement un appel, lorsqu'il entrera dans un vaisseau de l'Escadre, & les soldats se mettront en haye & sous les armes.

Du Major & des Aydes-Majors.

Il y a dans la Marine des Majors & des Aydes-Majors comme dans les troupes de terre, & la plûpart de leurs fonctions sont à proportion semblables.

Peu de tems après que Monsieur de Pont-Chartrain, depuis Chancelier de France, eut été chargé de la marine, on y créa un Major General: Monsieur de Remondi fut pourvû de cette Charge en 1691, en vertu de laquelle il entroit dans les Conseils de Guerre, & avoit intendance avec ses Aydes-Majors sur cent Compagnies ordinaires de la marine, lesquelles furent levées & mises à la place de plusieurs autres qu'on appelloit à la demie solde. Monsieur de Remondi n'eut point de successeur.

Major General institué dans la marine. Cette Charge n'est plus.

Les Majors de la marine ont rang de Capitaine du jour & date de leurs Commissions, sans pouvoir prétendre d'autre fonction que celle de Major: il leur sera seulement permis dans les Ports de quitter leur fonction de Major, & de la faire faire par l'Ayde-Major, pour prendre leur rang de Capitaine, & commander s'ils se trouvent plus anciens. La même option leur sera permise à la mer, s'ils s'y trouvent naturellement commandant une Escadre par mort ou absence des Officiers Generaux & Capitaines plus anciens. Mais si la separation des Commandans ne se fait que par la tempête ou autres accidens qui peuvent causer des détachemens involontaires, en ce cas le Major ne fera que sa fonction de Major, quoiqu'il s'y trouve plus ancien Capitaine.

Rang des Majors de la marine.

Les Aydes-Majors ont rang de Lieutenant de marine du jour & date de leur brevet, & commandent aux Lieutenans moins anciens qu'eux en l'absence du Major: ils ont les mêmes fonctions que lui.

Rang des Aydes-Majors,

Du Lieutenant & de l'Enseigne.

Le Lieutenant, comme son titre le marque, commande le vaisseau au défaut du Capitaine en pied & du Capitaine en second; ses fonctions sont marquées au titre IX du premier livre des Ordonnances, & se reduisent à la subordination qu'il doit avoir à l'egard de son Capitaine, à une grande application pour tout ce qui peut le rendre capable dans la marine, à l'exactitude aux fonctions de sa Charge qui lui sont marquées, soit quand il est en mer, soit quand il est dans le Port; & en particulier il sera obligé de tenir un journal de sa navigation, & d'embarquer à cet effet les instrumens necessaires, sçavoir une carte plate, une carte reduite, un quartier de reduction, une arbalêtrille, des compas, un livre de Tables de Sinus & des declinaisons; & à son retour il rapportera le même journal pour être examiné par ceux qui seront établis à cet effet.

Pour ce qui est de l'Enseigne, il a avec subordination & en l'absence du Lieutenant les mêmes fonctions que lui.

Les Officiers dont je viens de parler sont ceux des vaisseaux qu'on appelle simplement du nom de vaisseaux. Il y a d'autres Officiers qui ont les mêmes titres dans d'autres especes de navires. Il y a des Capitaines & des Lieutenans de fregates legeres, de brulots, de galiottes à bombes. Ils sont sujets à proportion aux mêmes reglemens pour le commandement de leurs bâtimens que les Officiers de vaisseau. Il y a quelques reglemens pour le rang entre les Officiers subalternes de vaisseau d'une part, & les Officiers de ces autres vaisseaux de l'autre: comme il y en a aussi pour regler le rang entre ceux-cy.

Les Capitaines de Fregates legeres commandent aux Lieutenans de vaisseau & aux Capitaines de brulot, & les Lieutenans de vaisseau commandent aux Capitaines de brulot dans le Port & à la mer en cas de détachement.

Les Capitaines de brulot commandent aux Lieutenans de fregate legere & aux Enseignes de vaisseau, & les Enseignes de vaisseau aux Lieutenans de fregate legere.

Les Capitaines de galiotte servant à jetter des bombes ont

rang avant les Capitaines de fregate legere, le Lieutenant devant les Lieutenans, & les Enseignes de galiotte après les derniers Enseignes de vaisseau.

Inspecteurs Generaux.

Il y a aussi trois Inspecteurs Generaux des troupes de la marine, comme il y en a pour les troupes de terre.

Ce sont là toutes les Charges proprement militaires de la marine, sans y comprendre celles de l'Artillerie dont je parlerai ailleurs. Il y a aussi des reglemens faits par le feu Roy pour les rangs des Officiers des armées de terre, & des Officiers des armées de mer, lorsqu'ils se rencontrent ensemble pour le service. Ces reglemens sont contenus au livre sixiéme du Code militaire titre sixiéme en ces termes.

I.

L. 6. du Code militaire tit. VI Reglement pour les Officiers de marine, & les Officiers de terre quand ils servent ensemble.

Sa Majesté ordonne qu'à l'avenir tous les Officiers de ses armées & de ses troupes, & les Officiers de la marine & de ses galeres, lorsque ceux-cy seront à terre, & que les uns & les autres se trouveront ensemble employez pour son service, marcheront entre eux dans le rang que leurs Charges leur donneront, comme il sera cy-après marqué, & suivant les dates des pouvoirs, provisions, commissions ou brevets de ceux de même qualité ou qui seront de pareil degré.

II.

Les Lieutenans Generaux des armées de sa Majesté marcheront avec les Lieutenans Generaux de la marine & le Lieutenant General des galeres.

III.

Les Maréchaux des camps & armées avec les Chefs d'Escadre tant de la marine que des galeres.

IV.

Les Colonels d'Infanterie marcheront avec les Capitaines de vaisseau & de galere, les Capitaines des Ports, les Commissaires Generaux de l'Artillerie de la marine, les Capitaines des Gardes de la marine, le Capitaine des Gardes de l'Etendart des galeres, les Inspecteurs des Compagnies franches de la marine, & des Majors de marine & des galeres.

V.

Les Lieutenans Colonels d'Infanterie avec les Capitaines de galiotte & d'artillerie, les Capitaines de fregate legere & les Capitaines Lieutenans de galere.

VI.

Les Capitaines d'Infanterie avec les Lieutenans de vaiſſeau, les Lieutenans de galere, les Lieutenans des Ports de la marine & de galere, les Lieutenans des Gardes de la marine, le Lieutenant des Gardes de l'Etendart des galeres, les Aydes-Majors de la marine & des galeres, les Lieutenans de galiotte & d'artillerie, les Capitaines de brulot & les Sous-Lieutenans de la Reale.

VII.

Les Lieutenans d'Infanterie avec les Enſeignes de vaiſſeaux, les Sous-Lieutenans de galere, les Enſeignes de la Reale & des autres galeres, les Enſeignes des Ports de la marine & du Port des galeres, les Enſeignes des Gardes de la marine, l'Enſeigne des Gardes de l'Etendart des galeres, les Sous-Lieutenans de galiotte & d'artillerie, les Lieutenans de fregate legere, & les Capitaines de flute.

VIII.

Les Enſeignes d'Infanterie tiendront rang & marcheront avec les Aydes d'artillerie, les Chefs de Brigades, les Brigadiers & Sous-Brigadiers des Gardes de la marine, & le Maréchal des Logis, les Brigadiers & Sous-Brigadiers de la Compagnie des Gardes de l'Etendart des galeres.

IX.

Entend Sa Majeſté que les Commandans des bataillons qui pourront être formez des Compagnies franches de la marine & des galeres, n'aïent point d'autre rang que celui qu'ils auront en qualité d'Officiers dans la marine ou dans les galeres.

X.

Ordonne Sa Majesté que les Officiers Generaux de la marine & des galeres ne pourront servir ni commander à terre, ni dans les Places, sans Lettres de service, lesquelles leur seront expediées par le Secretaire d'Etat ayant le département de la guerre, sur la requisition qui lui en sera faite par le Secretaire d'Etat de la marine, ensuite de l'ordre qu'il en aura reçû de Sa Majesté. Quant aux autres Officiers de marine & des galeres, le Secretaire d'Etat de la marine expediera à l'ordinaire les ordres qui leur seront donnez.

CHAPITRE VIII.

Des troupes de la Marine.

DEs que les Princes ont des vaisseaux dont ils veulent se servir pour la guerre, c'est une necessité pour eux de destiner des troupes pour les monter, afin qu'ils soient en état de combattre leurs ennemis. Autrefois comme les armées navales n'étoient composées que de vaisseaux Marchands qu'on prenoit dans les Ports, & qu'on armoit en guerre dans le besoin, il n'y avoit point de troupes attachées particulierement à la marine, mais on prenoit de celles des armées de terre. Cela se voit dans toute notre Histoire. Mais depuis le rétablissement de la marine sous le ministere du Cardinal de Richelieu, il y a toûjours eu des troupes affectées particulierement au service de la mer.

Soldats à la demie solde. Il y eut des troupes à la demie solde ainsi nommées, parce qu'elles n'avoient qu'une demie solde, lorsqu'elles n'étoient point en mer. C'étoient des Compagnies composées de gens de métier : car on n'y recevoit aucun soldat qui ne sçût un métier utile à la marine. Ils demeuroient dans leurs maisons, quand ils ne montoient pas sur les vaisseaux, & avoient la solde entiere, quand ils servoient sur la mer. C'étoit un Capitaine de vaisseau qui en étoit Colonel dans chaque département.

Ces

Ces troupes furent caſſées quand Monſieur de Pont-Chartrain depuis Chancelier de France, eut l'adminiſtration de la marine. On créa en leur place cent Compagnies ordinaires de la marine à la ſolde entiere. La Charge de Colonel des troupes à la demie ſolde fut auſſi caſſée. On donna des Capitaines à chacune des cent Compagnies, qui furent d'anciens Lieutenans de vaiſſeau. Les Lieutenans furent d'anciens Enſeignes de vaiſſeau, & les Enſeignes furent données à de nouveaux Enſeignes de vaiſſeau. *Cent Compagnies ordinaires de la marine.*

Outre les ſoldats dont je viens de parler, Loüis XIV inſtitua en 1682 des Académies de Gardes-marines. Il y avoit avant ce tems-là une Compagnie qui portoit le nom de Gardes-marines. Elle fut levée en 1670, & étoit de deux cents hommes: il y en avoit à Breſt, à Rochefort, & à Toulon. Monſieur de Gacé fut nommé Commandant de ceux de Breſt, & Monſieur de Cazac de ceux de Rochefort & de Toulon. On les reforma depuis, & il en reſta peu. Il n'y en avoit preſque plus, lorſque le feu Roy en 1682 créa les nouveaux Gardes-marines. Je n'ai pû ſçavoir pourquoi on leur a donné ce titre de Gardes-marines. Quelqu'un m'a dit qu'ils prétendoient en vertu de ce nom faire la Garde de l'Amiral, quand il ſe trouvoit dans le Port. Le deſſein que le Roy ſe propoſa dans l'inſtitution des nouveaux Gardes-marines étoit de former de braves & d'habiles Officiers de marine. C'eſt pourquoi il fit de nouveaux reglemens qui ſont contenus au livre ſeptiéme Titre premier des Ordonnances. *Gardes-marines. Anciens Gardes-marines. Nouveaux Gardes-marines.*

Ils devoient être tous Gentils-hommes: mais on y reçut depuis de jeunes gens d'honnête condition, & vivant noblement. Ils furent départis & entretenus dans les Ports de Toulon, de Rochefort & de Breſt.

Les Capitaines & Lieutenans prépoſez pour avoir ſoin des Gardes de la marine en chaque Port, doivent rendre compte tous les mois de leur conduite au Commandant dans le Port, afin d'en informer enſuite chacun de ſon côté le Secretaire d'Etat ayant le département de la marine.

Le Roy leur donne des maîtres à écrire, à deſſiner, de Mathematique, de Fortification & d'Hydrographie, des maîtres à danſer, des maîtres d'eſcrime & pour l'exercice de la pique.

Tome II. Xxxx

Leur temps est partagé pour ces exercices & pour quelques autres.

Ils se trouvent à une heure après midi au lieu marqué dans l'Arsenal, pour faire l'exercice du mousquet & apprendre les évolutions militaires.

Après avoir quitté leurs armes, ils vont dans la Salle des Constructions, où le Maître Charpentier du Port & les plus habiles Officiers leur expliquent par regle la maniere de construire les vaisseaux,& les proportions de toutes les pieces qui les composent: de là ils sont conduits à l'école du canon pour y faire l'exercice.

Leur service sur les vaisseaux. Les Gardes embarquez sur les vaisseaux y servent comme soldats, & en font toutes les fonctions sans aucune distinction, comme faisant partie des Compagnies des soldats.

Pour entretenir & cultiver pendant qu'ils sont à la mer, les connoissances qu'ils auront prises dans les Ports, leur Commandant de concert avec le Capitaine de vaisseau, marque quatre heures destinées à leurs differens exercices.

Leurs exercices sur les vaisseaux. La premiere, pour le pilotage & l'Hydrographie qui leur sera enseignée par le pilote embarqué sur le vaisseau. La seconde est destinée pour le service du mousquet & les évolutions militaires, & cet exercice est commandé par l'Officier commandant les Gardes. La troisiéme est employée à l'exercice du canon: la quatriéme pour l'exercice de la manœuvre quand le tems le permet. En cas de descente, ils seront toûjours commandez par leurs Officiers, à l'exclusion de ceux du vaisseau qui seront plus anciens.

Il se fait au retour de chaque campagne une liste des Gardes qui auront servi, à côté de laquelle est marquée la conduite que chacun d'eux aura eüe, le progrès qu'ils auront fait, & l'application qu'ils auront apportée à s'instruire, & cette liste sera signée & certifiée par le Commandant de l'Escadre, par les Capitaines de chaque vaisseau,& par les Officiers préposez pour avoir soin de leur conduite.

Leurs Officiers. Ils ont un Commandant, un Lieutenant & un Enseigne pour les gouverner. Ils sont partagez en brigades, & ont des Chefs de brigades, des Brigadiers & des Sous-Brigadiers tirez du corps des Gardes-marines. Tel est l'état & les fonctions des Gardes-

DE LA MILICE FRANÇOISE. *Liv. XIV.* 715

marines, qui font maintenant en nombre beaucoup moindre qu'ils ne furent d'abord : car il y en a eu jufqu'à mille.

Il y eut auffi des Bombardiers entretenus, que l'on tiroit du nombre des matelots enrôlez fur les claffes, & l'on prenoit ceux qui étoient les plus propres à cette fonction de l'avis de l'Officier qui les commandoit. *Bombardiers entretenus.*

Dans les occafions de détachement, on les employoit fur le pied de Grenadiers, & ils en faifoient les fonctions. Ils faifoient auffi celles de Canonniers dans le befoin : c'eft pourquoi on les inftruifoit une fois la femaine dans ces exercices, & ils fe trouvoient une fois le mois à ceux des foldats entretenus dans les Ports.

CHAPITRE IX.
De la police fur les vaiffeaux, de la juftice de guerre, de la garde fur les vaiffeaux.

LEs Ordonnances du feu Roy entrent dans de très-grands détails fur tous ces articles. Je n'en marquerai que quelques-uns en particulier, d'autant plus que plufieurs des reglemens faits pour les Officiers, & fur tout pour les Capitaines, que j'ai déja tranfcrits, comprennent quantité de points de cette police.

La police eft exercée fur les vaiffeaux par les Capitaines qui les commandent, fous l'autorité du General ou Commandant des armées Navales ou Efcadres.

On y dit la Meffe tous les Dimanches & toutes les Fêtes, à moins que le mauvais tems ne le permette pas : on la dit auffi les autres jours autant qu'il eft poffible.

Les Prieres fe font le matin & le foir aux lieux & aux heures accoûtumées. Les Aumôniers les prononcent à haute voix, & l'équipage à genoux y répond.

L'Aumônier fait le Catechifme les Dimanches & les Fêtes, après en avoir pris l'ordre du Capitaine qui détermine le lieu, l'heure & le nombre de perfonnes qui y doivent affifter. Il y a des peines pour les matelots & les foldats qui manqueront de se trouver à la Messe, aux Prieres & au Catechisme sans cause legitime, contre ceux qui y commettroient des actions indecentes, contre ceux qui manqueroient de se mettre à genoux quand on porte le Saint Sacrement aux malades, contre les blasphemateurs, contre ceux qui s'enyvreroient. Ces reglemens qui sont à la tête de l'Ordonnance, marquoient la pieté du Grand Prince qui les avoit faits.

Le seul Capitaine ou autre Officier commandant dans le vaisseau, peut donner congé aux gens de l'équipage ou aux Officiers d'aller à terre.

Le Capitaine allant à terre ne peut en même-tems donner congé au Capitaine en second & au Lieutenant d'y aller, & il est ordonné qu'il y ait toûjours à bord du vaisseau lorsqu'il est armé, au moins la moitié des Officiers.

Il est défendu aux Officiers des vaisseaux & aux gens de l'équipage, de mener des femmes à bord pour y passer la nuit, & pour plus long-tems que pour une visite ordinaire, à peine d'un mois de suspension pour les Officiers, & pour les gens de l'équipage d'être mis quinze jours aux fers.

Testament de ceux qui meurent.

Si quelqu'un des Officiers ou gens de l'équipage étant à la mer veut faire son testament, ses dernieres volontez pourront être reçûës & écrites par l'Ecrivain sur son registre, & signées par l'Officier principal du quart, & seront executées en cas de mort comme si le testament avoit été fait dans les formes prescrites, & qui s'observent dans les Villes du Royaume.

Les autres reglemens regardent les vols, la propreté & la netteté du vaisseau, sa sûreté contre le feu, la subordination au Commandant, l'exactitude des particuliers à s'acquitter chacun de son emploi & de ses fonctions. Il y a d'autres reglemens pour les querelles qui peuvent arriver, pour la desertion, pour ceux qui manqueront à leur Garde, ou quitteront le poste qui leur a été assigné, &c.

Le Conseil de guerre.

Le Conseil de guerre qui se tiendra pour les crimes, sera composé de l'Amiral, du Vice-Amiral, des Lieutenans Generaux, de l'Intendant, des Chefs d'Escadres: les Capitaines & les autres Officiers y assisteront, lorsqu'on les y appellera.

Il est défendu à tous Commandans & autres Officiers de marine de surseoir l'execution d'un Jugement rendu contre un deserteur pour quelque cause ou occasion que ce soit.

La connoissance des crimes & des délits commis contre les habitans par les Officiers, matelots & soldats, appartiendra aux Juges des lieux: & les Officiers de marine ne connoîtront que de ceux qui seront commis entre les Officiers, matelots & soldats: même en ce cas, si aucuns des coupables sont emprisonnez de l'autorité des Juges, le Roy défend de les tirer, ou faire retirer de prison. Ils pourront seulement requerir les Juges de les leur remettre, & en cas de refus, ils se pourvoiront pardevers Sa Majesté.

Cas qui concernent les Juges des lieux.

Les deserteurs & les passe-volans seront condamnez aux galeres perpetuelles; & pour le reste à cet égard, il y a à peu près la même police & les mêmes procedures dans la marine que dans la milice de terre.

Punition des deserteurs.

Le cas du duel est renvoyé au Parlement dans le ressort duquel sera le Port où il se fera fait: & un soldat qui aura découvert & deferé un autre soldat sur cet article à l'Intendant ou aux Officiers de marine, aura pour recompense cent cinquante livres & son congé.

Le cas du duel renvoyé au Parlement.

Pour ce qui est de la garde, elle se fait avec la même exactitude dans les Ports que dans les Villes de guerre des frontieres, mais d'une maniere differente.

Maniere de faire la garde.

A l'entrée de chaque Port il y a une patache, qui sert de premiere garde, pour arrêter de jour & de nuit tous les vaisseaux & bâtimens qui voudroient y aborder. L'Officier les va reconnoître, & avertit pendant la nuit le Commandant de la garde, & le jour, après avoir pris l'ordre du Capitaine du Port, il les laisse passer.

Outre cette patache il y a une chaloupe de garde armée, dont l'Officier va faire les reconnoissances, les découvertes & les autres services suivant les ordres qui lui en sont donnez.

Le Canonnier Royal entretenu fait tous les matins la visite des batteries de canons qui défendent l'entrée du Port, pour les entretenir chargez & prêts à tirer.

La Garde des vaisseaux & Arsenaux est établie sur le vais-

Xxxx iij

feau portant pavillon Amiral dans chaque port ; & elle y est commandée par le Capitaine détaché sous les ordres de celui qui commande dans le port ; elle est montée tous les jours à trois heures de relevée ; la garde étant posée, la chaîne du port se ferme à l'entrée de la nuit en presence du Capitaine commandant la garde, qui fait porter les clefs sur l'Amiral, excepté à Toulon où elles sont portées chez le Commandant de la place.

Lorsque la chaîne aura été fermée, elle ne peut être ouverte pendant la nuit que par l'ordre de l'Officier qui commandera dans le port. Elle s'ouvre tous les matins par le Capitaine commandant la garde, qui porte ensuite lui même les clefs chez le Commandant, où l'on va les prendre le soir à l'heure accoûtumée.

On fait les rondes, & il y a trois chaloupes équipées de sept hommes chacune pour les faire, excepté à Rochefort où elles se font par terre. La sentinelle du vaisseau de garde est obligée de sonner la cloche à toutes les heures & à toutes les demies heures.

Il y a un Sergent détaché avec six soldats de la garde pour faire la patroüille toute la nuit sur les quays, avenuës & autour des magasins, dans les Arsenaux, pour arrêter tous ceux qu'ils rencontrent après la retraite, & les conduire au vaisseau de Garde.

Outre la Garde établie sur le vaisseau portant pavillon, il a été ordonné que sur chacun des vaisseaux des trois premiers rangs, il soit toûjours entretenu quatre Officiers Mariniers* principaux, sçavoir un Maître, un premier Pilote, un Maître Canonnier, & un Maître Charpentier ; & sur ceux du quatriéme & cinquiéme rang deux de ces Officiers seulement. Il sera aussi entretenu des Matelots Gardiens, sur les vaisseaux du premier rang huit, sur ceux du second rang six, & ainsi du reste à proportion du rang & de la qualité des vaisseaux.

Les Officiers Mariniers couchent alternativement à bord

* Il ne faut pas ici confondre les Officiers Mariniers avec les Officiers de marine. Ceux-cy sont les Capitaines, les Lieutenans, les Enseignes, &c. les autres sont le premier Pilote, le Maître Canonnier, &c.

des vaisseaux ; de sorte qu'il y en a toûjours deux. Les Matelots Gardiens couchent aussi à bord par tour. Les vaisseaux du premier rang pendant le jour auront au moins trois Gardiens : ceux du second & du troisiéme deux, & les autres un.

Les Officiers Mariniers & Gardiens de chaque vaisseau seront divisez par les deux quarts de la nuit, desquels il y aura toûjours une sentinelle sur le plus haut des dunettes pour répondre aux rondes & visites qui seront faites par les Majors & les autres Officiers. On prend ainsi toutes les précautions necessaires pour la défense & préservation des vaisseaux & de toutes les dépendances des Arsenaux, pour empêcher les surprises, les attaques, les incendies, & pour obvier aux démarages & aux accidens du mauvais tems.

L'espace de tems qu'une partie des gens de l'équipage employe à faire la manœuvre, la garde & leurs fonctions, s'appelle du nom de quart. Le quart est toûjours mesuré par les horloges, c'est-à-dire par demies heures. En France sur les vaisseaux du Roy le quart est ordinairement de huit horloges : dans les autres vaisseaux on ne garde pas toûjours la même mesure : mais il n'est pas moins de six horloges. A chaque fois que l'on commence ou qu'on leve le quart, on sonne la cloche pour avertir l'équipage.

CHAPITRE X.

Des differentes especes de vaisseaux dont on se sert dans la guerre de mer.

LA force d'une armée de terre consiste dans le nombre & dans la qualité des Bataillons & des Escadrons bien disciplinez & bien armez, & celle d'une armée navale dans le nombre & dans la qualité des vaisseaux dont elle est composée & que l'on suppose bien équipez. Il y en a de plusieurs especes : les plus considerables sont ceux qu'on appelle vaisseaux de Roy ou vaisseaux de ligne, c'est à-dire qui sont assez forts pour combattre en ligne dans une bataille navale.

Vaisseaux de Roy ou Vaisseaux de ligne.

Cette premiere espece de vaisseaux se distingue en cinq rangs. Ceux du premier rang sont depuis 70 canons jusqu'à 120. Ils ont trois ponts entiers & non coupez. Ceux du second rang sont depuis 56 jusqu'à 70 pieces de canon. Ils ont aussi trois ponts entiers ou le troisiéme coupé. Ceux du troisiéme rang sont depuis 40 à 50 pieces de canon, & n'ont que deux ponts. Ceux du quatriéme rang sont de 30 à 40 pieces de canon, & ont aussi deux ponts. Ceux du cinquiéme rang sont de 18 à 28 pieces de canon, & ont pareillement deux ponts. Ces distinctions de rang furent déterminées par une Ordonnance du feu Roy de l'an 1670.

Cinq differens rangs de vaisseaux de Roy.

Les autres especes de vaisseaux d'usage dans la guerre de mer sont des fregates legeres, des galiottes à bombes, des brulots, des flutes, des corvettes, des chaloupes, des canots. La fregate legere est un petit vaisseau de guerre bon voilier qui n'a qu'un pont, & qui d'ordinaire n'est monté que depuis seize pieces de canon jusqu'à vingt-cinq.

Fregates legeres.

La galiotte est une petite galere fort legere & propre par cette raison pour aller en course; elle ne porte qu'un arbre ou mât, n'est montée que de deux ou trois Pierriers, elle n'a que quinze ou vingt bancs de chaque côté, & qu'un homme sur chaque rame; elle est sans couverte ou tillac: mais la galiotte à bombes en a un sur lequel on ajuste des mortiers pour tirer des bombes. C'est une invention pour tirer des bombes sur la mer, & qu'on a mise en pratique depuis vingt à trente ans.

Galiotte.

Galiotte à bombes.

Le brulot est pour l'ordinaire un vieux vaisseau qui n'est plus en état de servir, qu'on remplit de feux d'artifice. Il a des grapins à ses vergues pour s'accrocher au vaisseau ennemi sur lequel il tombe, ayant pris le vent sur lui. Dès qu'il est accroché, on met le feu à une méche qui a communication avec l'artifice, laquelle dure assez pour donner le tems au Capitaine & au peu d'hommes qui l'accompagnent de se retirer dans la chaloupe par une espece de porte qui est pratiquée à côté de l'arriere, & de s'éloigner pour se mettre en sûreté.

Le brulot.

Maniere de s'en servir.

La flute est un bâtiment de charge appareillé comme les autres vaisseaux, aussi rond à l'arriere qu'à l'avant & d'un ventre

La flute.

DE LA MILICE FRANÇOISE. Liv. XIV.

tre très-gros. Ce qui le rend de très-difficile abordage dans un combat. On donne aussi le nom de flute ou de vaisseau armé en flute à tous les bâtimens qu'on fait servir de magasin ou d'hôpital à l'armée navale, ou qui sont employez au transport des troupes, quoiqu'ils soient bâtis à pouppes carrées. Les flutes à cause de leurs figures ne sont pas d'ordinaire bonnes voilieres.

La corvette est une espece de barque longue qui n'a qu'un mât & un petit trinquer ou mât d'avant. Elle va à voile & à rames. On s'en sert dans les armées navales pour aller à la découverte & pour porter des nouvelles & des ordres, parce qu'elles sont très-vîtes.

La chaloupe est un petit bâtiment propre à de petites traversées, & destiné au service & à la communication des grands vaisseaux entre eux.

Le canot est encore plus petit ; ce n'est qu'un esquif ou petit bateau pour le service d'un grand bâtiment. Je vais maintenant traiter de l'artillerie dont on arme les diverses especes de vaisseaux desquels je viens de parler.

Le canot.

De l'artillerie de la Marine.

L'Artillerie de la Marine n'a point de rapport au Grand-Maître de l'artillerie, ni aucune dépendance de luy; c'est un district tout separé, quoique ce soit un objet presque tout semblable, au moins en ce qui regarde ce qu'on appelle artillerie, & les Officiers d'artillerie.

L'artillerie de la Marine indépendante du Grand-Maitre de l'artillerie.

Il y a un Officier préposé à l'artillerie de la Marine qu'on appelle Commissaire General de l'artillerie de la Marine, qui sous les ordres des Intendans de Marine de chaque Port, a inspection sur les fontes & épreuves des canons & des mortiers & sur toutes les autres armes, sur les poudres, munitions, instrumens & outils qui servent à la guerre.

Le Commissaire General de l'artillerie.

Il est chargé de faire faire les batteries de mortiers sur les galiottes, de les faire executer; & dans les descentes, il fait débarquer les affûts & les pieces de campagne, les outils, les munitions necessaires : il fait dresser les batteries, & en a le

Tome II. Yyyy

commandement; & en ces occasions il préside à tout ce qui concerne l'artillerie.

Dans les rades il fait faire l'exercice du canon aux Canonniers; dans les désarmemens il a soin que les canons, les mortiers, les bombes, les grenades, les artifices, les outils & les autres ustensiles soient remis dans les magasins chacun à leur place, que les armuriers tiennent toûjours les armes nettes & en bon état, &c.

Il a le commandement des Cannoniers & des Bombardiers entretenus dans le Port, qui sont divisez par Escoüades commandées sous luy par des Lieutenans de Marine ou de galiottes à mortiers, nommez à ce commandement par le Roy. Toutes ses fonctions luy sont marquées dans les Ordonnances.

Commissaire ordinaire & autres Officiers.

Outre le Commissaire General de l'artillerie de la Marine, il y a un Commissaire ordinaire ou particulier en chacun des Arsenaux de Toulon, de Rochefort & de Brest, qui en l'absence du Commissaire General a les mêmes fonctions que luy. Au-dessous de ces Officiers sont les Capitaines, les Lieutenans, les Sous-Lieutenans de l'artillerie; Offices exercez par les Capitaines, les Lieutenans & les Sous-Lieutenans de galiottes. Il y a encore des Aydes d'artillerie.

Distribution des canons sur les vaisseaux.

Quant à la distribution des canons dans les vaisseaux, lorsqu'on les arme, la maniere en est prescrite aux Commissaires dans les Ordonnances selon la qualité & la grandeur des vaisseaux. Il y eut là-dessus un Reglement du premier de Decembre 1669; mais on y changea quelque chose depuis: & voici comme la distribution s'en faisoit selon les Ordonnances imprimées en 1689.

Tous les vaisseaux du premier rang par quelques Officiers qu'ils soient commandez, seront armez de canon de fonte, sans mélange d'aucune piece de fer.

Ceux du second rang commandez par l'Amiral, Vice-Amiral, ou par un Lieutenant General, auront aussi tous leurs canons de fonte; & s'ils sont commandez par un Chef d'Escadre ou par un Capitaine, ils n'auront que les deux tiers de canons de fonte & un tiers de canons de fer.

Ceux du troisiéme rang commandez par l'Amiral, Vice-

Amiral, ou par un Lieutenant General, auront pareillement tous leurs canons de fonte ; par un Chef d'Escadre les deux tiers de fonte, & le tiers de fer : mais s'ils sont commandez par un Capitaine, ils n'auront que la moitié des canons de fonte, & la moitié de canons de fer.

Les vaisseaux du quatriéme rang auront un tiers de canons de fonte, & les deux tiers de canons de fer.

Ceux du cinquiéme rang seront armez de trois quarts de canons de fer, & d'un quart de canon de fonte; les fregates legeres & tous les autres bâtimens n'auront que du canon de fer.

Les Commissaires distribuent à proportion les autres armes & de toutes sortes d'espèces & les munitions de guerre, comme la poudre & les boulets. Outre les boulets ordinaires, on se sert sur la mer de boulets à tête & de boulets à chaîne. Les boulets à tête sont deux boulets joints l'un à l'autre à quelque distance par une petite verge de fer ; les boulets à chaîne sont deux demis boulets joints avec une chaîne. L'usage principal de ces boulets est pour couper les mâts, les manœuvres & les voiles du vaisseau contre lequel on se bat. On se sert aussi de paquets de fer, c'est-à dire de morceaux de ferrailles enveloppées, & de lanternes de mitrailles, c'est pour tirer à cartouches.

Distribution des autres armes.

On distribue aussi des pierriers, mais ce n'est gueres que sur les chaloupes & sur les petits bâtimens. Les bombes ne se distribuent pour l'ordinaire que sur les galiottes à bombes. Cependant feu Monsieur Des Chiens, homme celebre dans la marine & dans l'artillerie par ses inventions & son adresse, avoit inventé le moyen de tirer des bombes avec du canon, non point en les jettant paraboliquement comme l'on fait en les tirant des mortiers, mais horizontalement comme un boulet. Ce secret luy fut d'un grand usage dans une occasion. Il alloit de Brest à Toulon sur son vaisseau, & se trouva investi de quatre vaisseaux Anglois plus forts que le sien. Il avoit deux de ces canons à bombes, il les tira sur deux des vaisseaux Anglois où le feu prit, & il fallut s'occuper à l'éteindre. Les Anglois surpris de cette nouvelle invention, & apprehendant le feu pour leurs vaisseaux, s'écarterent, & laisserent passer le sien.

Pierriers. Bombes.

Invention de M. Des Chiens pour tirer des bombes avec le canon.

Il s'en est servi fort à propos.

Il y a sept calibres pour les canons des vaisseaux du Roy, sçavoir de 36, de 24, de 18, de 12, de 8, de 6, & de 4. Il s'en est vû de plus gros calibre sur quelques-uns de nos vaisseaux ; & je sçai d'un témoin digne de foy qu'il en avoit vû de 64 sur un de nos navires de guerre ; mais il y a long-tems qu'on se regle sur les calibres que je viens de marquer. De plus grosses pieces tourmenteroient trop le vaisseau : & c'est par cette raison que dans les plus forts navires il n'y a que dans le bas rang des sabords que l'on met des pieces de 36. Le calibre est moindre dans les sabords du second rang, & encore moindre dans les plus hauts sabords.

Affûts de marine. Les canons des vaisseaux sont montez sur des affûts semblables à ceux des mortiers : ces affûts ont quatre petites roües qui n'ont point de rayes & qui sont chacune d'une piece. La drague & le palan qui sont une espece de gros cordage, servent à affoiblir le recul des canons & à les remettre en batterie. Les canons des vaisseaux sont plus pesans de metail que ceux de terre, à cause de l'effort que reçoivent les pieces par la necessité qu'il y a de leur donner quelquefois une plus grosse charge, comme quand on y met des doubles boulets ou des boulets à deux têtes, &c.

On voit par tout ce que je viens de dire que, quoique notre artillerie de mer ait été toûjours très-nombreuse sous le Regne de Loüis le Grand, neanmoins il y a une infinité moins d'Officiers dans ce district que dans l'artillerie de terre; parce que celle-cy demande des Officiers & des Ouvriers de toutes sortes d'especes, dont plusieurs ne sont pas necessaires dans l'artillerie de mer.

DE LA MILICE FRANÇOISE. *Liv. XIV.* 725

CHAPITRE XI.

Des saluts, des signaux & des pavillons.

LE salut est une déference & un honneur qui se doit rendre sur mer, non seulement entre les vaisseaux de differentes Nations, mais encore entre ceux d'une même Nation, lorsqu'ils sont distinguez par le rang des Officiers qui les montent, & qui les commandent.

Ces respects consistent à se mettre sous le vent, à amener le pavillon, à l'embrasser, à faire les premieres & les plus nombreuses décharges d'artillerie pour la salve, à ferler quelques voiles, & particulierement le grand hunier, à envoyer quelque Officier à bord du plus puissant, & à venir moüiller sous son pavillon, selon que la diversité des occasions exige quelques-unes de ces ceremonies.

Diverses manieres de salut.

La delicatesse des Princes sur le point d'honneur a toûjours été très-grande ; & elle est loüable, pourvû qu'elle se contienne dans de certaines bornes. On les passe quelquefois, & il n'en faut pas davantage pour donner naissance à de sanglantes guerres. Les ceremoniaux ont été de tout tems peu reglez en ce qui concerne la mer, où chaque nation à d'ordinaire suivi la loy du plus fort, pour s'y attribuer la préseance ou la prééminence.

Ceremoniaux autrefois peu reglez sur la mer.

Les Officiers François de la marine se trouvoient souvent embarrassez en cette matiere, & se gouvernoient selon que leur prudence, & quelquefois selon que leur valeur leur inspiroit. C'est pourquoi le feu Roy, dès qu'il eut commencé le rétablissement de la marine dans son Royaume, leur prescrivit des Reglemens, pour rendre leur conduite uniforme à cet égard, & y en ajoûta d'autres pour regler les saluts des vaisseaux entre ses propres sujets, & les distinctions qui convenoient à ces vaisseaux. Il y eut des negociations sur ce sujet en Angleterre dès l'an 1662, & puis en 1665, & les suivantes jusqu'en 1673, où sans toucher au fond des prétentions

Les usages rendus uniformes par Loüis le Grand.

Yyyy iij

de Loüis XIV & de Charles II, qui étoient fort unis, on trouva des expediens pour empêcher ce qui pouvoit broüiller les deux Nations sur cet article. Il en fut de même quand le Roy prit en main les interêts du Roy Jacques II. Enfin le Roy fit publier des Reglemens pour les saluts, qui sont contenus aux premiers titres du livre III des Ordonnances de la marine, imprimées en 1689, dont voicy la teneur.

I.

Les vaisseaux de Sa Majesté portant pavillon d'Amiral, de Vice-Amiral & de Contre-Amiral, Cornettes & flames, salueront les premiers les places maritimes, & principales forteresses des Rois; & le salut sera rendu coup pour coup à l'Amiral, & au Vice Amiral, & aux autres par un moindre nombre de coups, suivant la marque de commandement.

II.

Les places de Corfou, Zante & Cephalonie appartenantes à la Republique de Venise; celles de Nice & de Villefranche appartenantes au Duc de Savoye, seront saluées les premieres par le Vice-Amiral, qui se fera rendre le salut coup pour coup.

III.

Les autres places & principales forteresses de tous autres Princes & Republiques, salueront les premieres l'Amiral & le Vice-Amiral, & le salut leur sera rendu; sçavoir par l'Amiral d'un moindre nombre de coups, & par le Vice-Amiral coup pour coup. Les autres pavillons inferieurs salueront les premiers, ainsi qu'il est dit cy-dessus.

IV.

Défend Sa Majesté aux Commandans & Capitaines de ses vaisseaux & autres de ses bâtimens armez en guerre, de saluer aucune place maritime & forteresse étrangere, qu'ils ne soient assûrez que le salut leur sera rendu conformément à ce qui est prescrit cy-dessus.

V.

Lorsque les vaisseaux de Sa Majesté portant pavillon, rencontreront ceux des autres Rois portant des pavillons égaux aux leurs, ils se feront saluer les premiers en quelques mers & côtes que se fasse la rencontre.

VI.

Comme aussi dans les rencontres de vaisseau à vaisseau, ceux de Sa Majesté se feront saluer les premiers par les autres, & les y contraindront par la force, s'ils en faisoient difficulté.

VII.

Le Vice Amiral & Contre-Amiral de France rencontrant le Pavillon Amiral de quelque autre Roy, ou l'Etendart Royal des galeres d'Espagne, ils ne feront aucune difficulté de les saluer les premiers.

VIII.

Le vaisseau portant Pavillon Amiral, rencontrant en mer les galeres d'Espagne, se fera saluer le premier par celle qui portera l'Etendart Royal.

IX.

Les Escadres des galeres de Naples, Sicile, Sardaigne & autres appartenantes au Roy d'Espagne, ne seront traitées que comme galeres patrones, quoiqu'elles portent l'Etendart Royal, & seront seulement saluées par le Contre-Amiral de France, & salueront les premieres le Vice-Amiral qui les y contraindra en cas de refus. Sa Majesté se reservant de donner des ordres particuliers pour ce qu'elle jugera à propos de changer au present Article.

X.

La même chose aura lieu pour les galeres portant le premier Etendart de Malte, & de tous autres Princes & Republiques.

XI.

Tous les vaisseaux de guerre de Sa Majesté se feront saluer les premiers par la galere patrone de Gennes.

XII.

Les vaisseaux de Sa Majesté portant Cornettes & flames, salueront sans difficulté les pavillons d'Amiral, Vice-Amiral, & Contre-Amiral des autres Rois, & se contenteront qu'il leur soit répondu par un moindre nombre de coups.

XIII.

Les vaisseaux des moindres Etats portant pavillon Amiral rencontrant celui de France, plieront leur pavillon, & salueront de 21 coups de canon : & ensuite celui de France ayant rendu le salut seulement de treize, les autres remettront leur pavillon.

XIV.

Le Vice-Amiral & Contre-Amiral de France, seront saluez de la même maniere, par le Vice-Amiral & Contre-Amiral des moindres Etats.

XV.

Leur Amiral saluera pareillement le premier le Vice-Amiral & Contre-Amiral de France : mais il ne pliera son pavillon que pour l'Amiral : leur Vice-Amiral que pour l'Amiral & Vice-Amiral, & ainsi du Contre-Amiral : en sorte que cette déference de plier le pavillon ne sera renduë par les moindres Etats, qu'aux pavillons égaux ou superieurs.

XVI.

Les vaisseaux du Roy portant cornette, salueront l'Amiral des moindres Etats, & se feront saluer par tous les autres pavillons.

XVII.

Ordre du salut des vais- L'Etendart Royal des galeres de France saluera le premier

mier le pavillon Amiral qui rendra coup pour coup ; & l'E- *feaux de France entre eux.*
tendart fera falué le premier par le Vice-Amiral.

XVIII.

Le Vice-Amiral fera falué par la Patrone des galeres, à laquelle il répondra coup pour coup, & elle fera faluée par le Contre-Amiral, auquel elle répondra de même.

XIX.

Lorfqu'il y aura plufieurs vaiffeaux de guerre enfemble, il n'y aura que le feul Commandant qui falue.

XX.

Lorfqu'on arborera le pavillon Amiral, foit dans les ports ou à la mer, il fera falué par l'équipage du vaiffeau fur lequel il fera arboré, de cinq cris de *Vive le Roy* ; & les autres vaiffeaux le falueront en pliant leur pavillon fans tirer du canon.

XXI.

Le pavillon de Vice-Amiral fera feulement falué par trois cris de tout fon équipage, le Contre-Amiral & les Cornettes par un cri; & à l'égard des flammes, elles ne feront pas faluées.

XXII.

Les vaiffeaux du Roy portant pavillon de Vice-Amiral & de Contre-Amiral, rencontrant en mer le pavillon Amiral, le falueront de la voix, plieront leurs pavillons, & abbaifferont leurs hautes voiles.

XXIII.

Le Contre-Amiral, Cornettes & autres vaiffeaux de guerre abordant le Vice-Amiral, le falueront feulement de la voix, en paffant à l'arriere, pour arriver fous le vent.

XXIV.

Les vaiffeaux de Sa Majefté qui ne porteront ni pavillon, ni cornettes, fe rencontrant à la mer, ne fe demanderont aucun falut.

XXV.

Défend Sa Majesté à tous Commandans & Capitaines de ses vaisseaux, de saluer les places des Ports & rades de son Royaume, où ils entrent & moüillent ordinairement.

XXVI.

Comme aussi de faire tirer du canon dans les occasions de revûës & des visites particulieres qui leur pourroient être faites sur leurs bords.

XXVII.

Seront seulement saluez du canon, l'Amiral, Vice-Amiral, le Gouverneur de la Province, faisant leur premiere entrée dans le Port.

XXVIII.

Le vaisseau portant pavillon Amiral dans un Port rendra le salut.

XXIX.

Sa Majesté se trouvant en personne dans ses Ports ou sur ses vaisseaux, sera saluée de trois salves de toute l'Artillerie, dont la premiere se ferà à boulet.

Reglemens entre les vaisseaux & les galeres de France.

Il y a eu aussi quelques Reglemens par rapport aux vaisseaux & aux galeres en cas de jonction en corps d'armée. Je les rapporterai en traitant des galeres.

Amener le Pavillon, c'est-à-dire le mettre bas par respect, est la plus grande soumission qu'un vaisseau puisse rendre à un autre. Les vaisseaux des Officiers Generaux qui sont obligez d'amener le Pavillon, abbaissent celui qui marque leur rang. Les autres vaisseaux tant de guerre que marchands, amenent celui qui est arboré à leur arriere. On dit encore,

Ce que c'est qu'embrasser le Pavillon.

embrasser le Pavillon; c'est lorsqu'un matelot fait du Pavillon une espece de fagot, en le ramassant par une embrassade, quand il est déployé. Cet usage a été introduit de notre tems parmi quelques nations du Nord, au sujet de la chicane sur les saluts de mer, comme un temperamment entre amener le Pavillon & le tenir arboré.

Des Signaux.

Pour faire marcher une armée, pour la faire combattre, & lui donner une infinité de divers mouvemens, selon les occurrences, on n'a point comme dans une armée de terre, des Aydes de Camp ; & les corvettes dont on se sert en certaines occasions, ne suffisent pas pour cet effet. Il a fallu donc imaginer quelque moyen pour suppléer à ce défaut. Ce moyen a esté celui des signaux. Ces signaux sont pour tous les cas & toutes les conjonctures qu'on a pû prévoir. C'est-à-dire qu'il y en a pour toute l'armée, pour chaque Escadre, pour chaque division, pour chaque vaisseau ; qu'on s'en sert dans un combat, dans une marche, dans une retraite, dans une chasse, lorsqu'on est à l'ancre, &c. qu'il y en a pour le jour, pour la nuit, pour une brume, &c. Le General en fait, & on en fait au General. Ils se font avec les pavillons, les flammes, les cornettes, les voiles, avec le canon, la mousqueterie, les feux, avec les tambours, avec la cloche. *Usage des signaux.*

L'Escadre, la division, le vaisseau connoissent les signaux qui les regardent ; & pour faire sçavoir qu'ils l'ont compris, ils doivent le repeter eux-mêmes : ils doivent par exemple arborer la même flamme, tirer autant de coups de canon, soit coup sur coup, soit avec intervalle, selon le signal que lui aura fait le General. *Diversité infinie des signaux.*

Monsieur le Comte de Tourville fit imprimer une liste de ces divers Signaux en 1694 ; & on y a depuis ajoûté un supplément. Cette liste suppose une infinité de reflexions sur toutes les circonstances où l'on se peut trouver, & une grande quantité de diverses combinaisons. Mais chaque Officier apprend par là les signaux qui le regardent, & la pratique lui en est aisée. Comme il y a plusieurs de ces signaux dont il n'est pas à propos que les ennemis connoissent la signification, on est obligé de les changer de tems en tems, & alors les Officiers en sont avertis.

Quand on veut faire des signaux, on commence par un signal d'avertissement, soit à un vaisseau, soit à une division, soit à une Escadre, soit à toute l'armée, pour avertir ceux à qui on doit faire quelque commandement : & puis ensuite on fait le signal du commandement particulier qu'on veut donner. C'est tout ce qu'on peut dire en general sur les signaux. Je ne rapporterai qu'un exemple particulier, pour donner quelque idée de la chose. Il est tiré d'un projet de Signaux proposé dans le livre des évolutions navales, imprimé à Lion en 1697.

Pag. 423.

Signaux de chasse & de combat.	Pavillon dessous le bâton de Misaine.
Se rallier.	Blanc & rouge.
Donner chasse à une armée qui fuit.	Blanc & bleu.
Donner chasse à des vaisseaux qu'on veut reconnoître.	Rouge & bleu.
Aller à l'abordage.	Blanc facié de rouge.
Doubler les ennemis.	Blanc facié de bleu.
Apprêter les brulots.	Rouge facié de blanc.
Envoyer les brulots aux ennemis.	Rouge facié de bleu.
Commencer le combat.	Trois coups de canon précipitez.
Finir le combat.	Le General amene son Pavillon & son Enseigne.
Finir la chasse.	Le General amene son Pavillon, avec un coup de canon.

On comprendra assez par cet exemple comment se font les autres signaux pour une infinité d'autres choses, lesquels s'executent aussi aisément parce que chacun des Officiers sçait ceux qui le regardent.

Des Pavillons.

Ce que c'est que le Pavillon.

Le Pavillon est une banniere ordinairement d'étamine qu'on arbore à la pointe d'un des grands mâts, & qui est coupée de diverses façons & chargée d'armes & de couleurs particulieres, tant pour le discernement des Nations, que pour la distinction des Officiers Generaux d'une armée navale.

Le Roy par un reglement de l'année 1670, ordonna que quand l'Amiral seroit en personne dans l'armée navale, lui seul porteroit le Pavillon quarré blanc au grand mât, le Vice-Amiral le Pavillon quarré blanc au mât d'avant, le Contre-Amiral ou Lieutenant General ou Chef d'Escadre qui fera la fonction de Contre-Amiral, le Pavillon quarré blanc au mât d'Artimon. En cas d'absence de l'Amiral par mort, par maladie ou autrement, le Pavillon quarré demeurera toûjours au grand mât pendant la campagne, sous le commandement du Vice-Amiral ou autre Officier General qui commandera l'armée, & la même chose sera observée pour les autres Pavillons. *Diverses sortes de Pavillons, & leur place.*

Le Pavillon quarré a toujours un quart de battant plus que de guindant. On appelle le battant du Pavillon cette longueur qui voltige en l'air, & le guindant la hauteur ou la largeur par où il est attaché au bâton.

Il fut encore ordonné que les Chefs d'Escadre porteroient une Cornette blanche avec l'écusson particulier de leur département au mât d'Artimon, lorsqu'ils seroient en corps d'armée ; mais qu'ils la porteroient au grand mât, s'ils étoient separez & qu'ils commandassent en Chef. *Cornette des Chefs d'Escadre.*

Les Pavillons d'Amiral, de Vice-Amiral, de Contre-Amiral, & les Cornettes ne seront portez que lorsqu'ils seront accompagnez, sçavoir l'Amiral de vingt vaisseaux de guerre, le Vice-Amiral & Contre-Amiral de douze, dont le moindre soit de trente-six pieces de canon, & les Cornettes de cinq. *Quand se portent les Pavillons & les Cornettes.*

Les Vice-Amiraux, les Lieutenans Generaux, les Chefs d'Escadre qui commanderont un moindre nombre de vaisseaux, porteront une simple flamme, à moins qu'ils n'ayent une permission par écrit de Sa Majesté, de porter un Pavillon ou Cornette. La flamme ou pendant est une longue banderolle ordinairement d'étamine que l'on met au grand mât ou vaisseau du Commandant. *Flammes.*

Par une Ordonnance de l'année 1670, le Roy voulut que les Capitaines de vaisseaux de guerre qui commandent quelques vaisseaux separez, portassent au grand mât une flamme blanche, qui eût de guindant la moitié de la Cornette, & dont le battant fût au moins de dix aunes. Les vaisseaux qui ne sont point montez par un Commandant, ne peuvent porter de flammes blanches.

Pavillon blanc.

On ne peut arborer sur les vaisseaux de Sa Majesté d'Enseigne de pouppe que de couleur blanche, soit pendant la navigation, soit dans les combats, excepté pour les signaux. L'Officier General Commandant en Chef, pourra porter tant dans les Ports & rades qu'à la mer, une Enseigne blanche à l'avant de sa chaloupe pour se distinguer des autres Officiers qui la portent à la pouppe. Quand un vaisseau est seul, il ne porte qu'une girouette au grand mât de hune.

Pavillon François de vaisseaux Marchands.

La marque des vaisseaux Marchands de la Nation Françoise est un étendart bleu chargé d'une Croix blanche, ou facé de blanc & de bleu : il ne peut être tout blanc : Loüis XIV par une Ordonnance de 1661, défendit à tous les vaisseaux des particuliers de porter le Pavillon blanc qui est affecté à ses vaisseaux.

Tout ce que je viens d'exposer sur l'article de la marine a dû preceder ce que je vais dire touchant l'arrangement des armées navales, & leur maniere de combattre.

CHAPITRE XII.

De l'arrangement des armées navales dans une bataille, dans les marches, &c.

Quand j'ay parlé ailleurs en passant de la maniere dont on rangeoit autrefois les armées navales, je n'ay pas seulement entendu parler de la maniere dont se servoient les Grecs & les Romains avant plusieurs siecles, mais encore de celle dont on les rangeoit du tems de Loüis XIII. Jusques-là la maniere de ranger ces vaisseaux, étoit de les mettre en croissant, & celle d'aujourd'hui qui a commencé en France sous Loüis le Grand, est de les ranger en ligne droite parallele à celle des vaisseaux ennemis qui se rangent aussi sur une même ligne.

Boussole ou Rose marine.

En disant que l'ancienne maniere a duré jusques sous le Regne de Loüis XIII, j'ai un bon garand de ce que j'avance. C'est Fournier dans son Hydrographie, qui outre l'habileté qu'il fait paroître dans son livre en cette matiere, avoit été de plusieurs expeditions qui se firent sous le Regne de ce Prince. C'est le premier qui ait fait un ouvrage considerable sur le détail de la marine en un in folio, & que Monsieur Colbert fit réimprimer, quand le Roy Loüis XIV en fit le rétablissement. Voicy ce qu'il dit sur ce sujet.

L. 3. p. 120. 1. édition.

„ S'il faut, dit-il, donner combat, le General ne sera pas
„ beaucoup en peine de la figure qu'il donnera à son armée,
„ n'y en ayant presque qu'une pratiquée sur mer, sçavoir en demie
„ lune. Il apporte diverses raisons de cet arrangement, & l'on voit manifestement par ce peu de paroles, que jusqu'alors on ne se rangeoit point en ligne. D'où vient que le terme de *vaisseaux de ligne* n'étoit point encore en usage comme il y a été depuis, pour signifier un vaisseau assez grand & assez fort pour combattre en ligne. Ce ne fut que depuis les puissans armemens que la France, l'Angleterre, & la Hollande firent sur mer sous le dernier Regne, que cet arrangement en ligne des armées Navales s'introduisit comme de concert entre les trois Nations.

Arrangement des armées navales du tems de Loüis XIII.

L'arrangement se fait aujourd'huy des deux côtez en lignes paralleles.

Nous l'avons pris des Anglois & des Hollandois : car dès l'an 1665 tel fut l'arrangement des Flottes Angloise & Hollandoise dans la fameuse bataille du Texel, où le Duc d'York que nous avons vû depuis Roy d'Angleterre, remporta une victoire complete sur les Hollandois, leur ayant pris ou brûlé vingt-deux vaisseaux de guerre, & n'en ayant perdu qu'un seul.

Cet arrangement a été inventé par les Hollandois & les Anglois.

Outre cet arrangement en lignes droites & paralleles, on a encore ordinairement observé une autre circonstance, c'est que ces deux lignes portassent des deux côtez au plus près du vent. Ce terme doit être expliqué, & il est besoin d'une figure pour l'entendre.

L'arrangement sur deux lignes au plus près du vent.

Soit donc representé 1°, le vent V. 2°, Les divers Rumbs. On appelle Rumb une des trente-deux pointes de la boussole ou Rose marine, & l'on dit par exemple qu'il y a six Rumbs ou six pointes depuis la pointe A. de la boussole jusqu'à la pointe H.

3°, On appelle le lit du vent la ligne par laquelle le vent souffle. Telle est la ligne A, B.

4°, On conçoit sans peine que le vent V. peut pousser le vaisseau C le long de la ligne C. B. & qu'il ne peut pas le pousser le long de la ligne C. A. car C. B. est le lit du vent, & C. A. est la ligne directement opposée au lit du vent.

On comprend aussi que le vent V. peut faire aller le vaisseau C. par la ligne C. F. & même par la ligne C.G. mais on auroit peine à croire que le vent V pût faire aller le vaisseau C. par la ligne C. H. Cependant l'experience, sans parler des raisons qu'on en apporte, le montre tous les jours.

Ce que c'est que la ligne du plus près du vent.

5°, Ce qu'on appelle la ligne *du plus près* est celle par laquelle le vaisseau est poussé le plus près qu'il se peut contre le vent. Ainsi la ligne C. H. est la ligne du plus près par rapport au vent V. parce que le vent V. ne peut pas pousser le vaisseau C. par une ligne qui le porte plus contre le vent que la ligne C. H.

Stribord, bas-bord.

6°, Il y a deux lignes du plus près, une à la droite du vent qu'on appelle *la ligne du plus près stribord*, & l'autre à la gauche du vent qu'on appelle *la ligne du plus prés bas-bord*.

La maniere donc de ranger les deux armées opposées l'une à l'autre, est de les mettre toutes deux sur une des deux lignes du plus près, de sorte que les voiles des vaisseaux soient tellement disposées que tous portent *au plus près* & soient sur la ligne du plus près.

Ainsi les armées A. B. C. D. qui combattent, sont rangées sur la ligne *du plus près bas-bord* ; & tous les vaisseaux vont à petites voiles *au plus près bas-bord* à la gauche du vent. Tel fut l'arrangement des Flottes Angloise & Hollandoise à la bataille du Texel en 1665.

Il y a plusieurs raisons de l'arrangement sur deux lignes paralleles, & au plus près du vent. Elles demanderoient beaucoup d'étendüe pour se faire comprendre par ceux qui ne sont pas faits au langage & aux termes de la marine. On les peut voir dans le livre des évolutions navales du P. Hotte imprimé en 1697; il me suffit suivant mon dessein de marquer historiquement cet usage qui a été introduit sous le Regne de Loüis le Grand dans les batailles navales.

Il

Deux armées prestes a combattre rangées sur la ligne du plus près.

DE LA MILICE FRANÇOISE. *Liv. XIV.*

Il y en a encore un autre qui a été de tous les tems, sçavoir de ranger, si cela se peut, la flotte au vent & de mettre l'ennemi sous le vent, c'est-à-dire d'avoir l'avantage du vent sur lui. La Flotte qui a cet avantage peut approcher de la Flotte ennemie plus facilement quand elle veut, & autant qu'elle le veut. De sorte que l'armée qui est au vent peut en quelque façon regler le tems & la distance du combat de la maniere qui lui est la plus avantageuse. Si l'armée qui est au vent est plus nombreuse que l'autre, elle peut faire un détachement qui venant fondre sur la queuë des ennemis, les met infailliblement en desordre. Il en est tout au contraire de la Flotte qui est sous le vent, fut-elle plus nombreuse, car sa queuë ne pouvant aller aux ennemis qui sont au vent, elle demeure comme inutile, si elle ne peut venir à bout de gagner le vent.

L'avantage du vent.

De plus si quelques vaisseaux de l'armée qui est sous le vent, sont désemparez ou à la tête, ou à la queuë, ou même au milieu, l'armée qui est au vent leur envoye plus aisément des brulots, & fait plus facilement des détachemens pour courir sur les fuyards.

Il y a encore d'autres avantages, comme celui d'être exemt des incommoditez que cause la fumée dans un vaisseau qui est sous le vent. Car le vent repoussant la fumée des canons dans le vaisseau, elle étouffe les Canonniers, leur ôte quelque tems la vûë de l'ennemi & empêche les matelots de manœuvrer.

Cependant l'armée qui est sous le vent a aussi ses avantages, car ses vaisseaux peuvent toûjours se servir de leurs batteries basses, sans craindre qu'une risée, c'est-à-dire une bouffée de vent violent qui survient quelquefois tout à coup, leur fasse prendre l'eau par leurs sabords: ce qui au contraire est à craindre pour la Flotte qui est au vent : car on ne sçauroit exprimer l'embarras & la confusion où se trouvent les gens d'une batterie basse, lorsque les risées de vent mettant de tems en tems le vaisseau à la bande, c'est-à-dire le faisant beaucoup pencher sur le côté, les obligent de fermer les sabords pour se défendre des vagues qui inondent les ponts & déconcertent les équipages les mieux reglez.

Avantages de l'armée sous le vent.

Tome II.   AAaa

738　　　　　　HISTOIRE

En second lieu, l'armée qui est sous le vent met plus aisément à couvert ses vaisseaux désemparez : car ils n'auront qu'à se laisser tomber sous le vent pour se tirer de la mêlée, & pour travailler hors du feu de l'ennemi à se raccommoder : ce qui n'est pas si aisé à un vaisseau désemparé de l'armée qui est au vent.

En troisiéme lieu, l'armée qui est sous le vent peut plus facilement se retirer du combat, en cas qu'elle y soit contrainte : car elle n'aura qu'à faire vent arriere avec certaines précautions, & tenant certains ordres de retraite dont l'habileté d'un General sçait user à propos, sur tout si la nuit approche, si le vent fraîchit & que la mer se grossisse.

Ces avantages d'une Flotte sous le vent ont fait juger à quelques Officiers de Marine qu'il étoit assez indifférent que la Flotte fût au vent ou sous le vent : mais le sentiment le plus commun & que l'on suit dans la pratique, est que l'avantage du vent est le plus grand qu'une armée navale puisse avoir dans un combat.

On observe encore une chose dans l'arrangement des armées pour un combat, c'est que les vaisseaux soient éloignez d'un cable les uns des autres, c'est-à-dire de cent toises, pour éviter le danger de s'aborder, & qu'un vaisseau venant à être démâté, tombât sur son voisin.

Arrangement dans la marche.

Les Commandans de deux Flottes ennemies étant déterminez de part & d'autre à se ranger au plus près en cas de combat, prennent leurs mesures du plus loin qu'ils peuvent pour se ranger au plus près stribord, ou au plus près bas-bord selon qu'il leur convient le mieux, & lorsqu'ils prévoyent qu'ils rencontreront l'ennemi, ils rangent leurs vaisseaux dans la marche d'une maniere, qui leur facilitera le plus leur arrangement en bataille au plus près du vent : mais quand l'ennemi est fort loin, le General range diversement ses vaisseaux dans la marche, selon les differentes circonstances ; la maniere le plus en usage est de marcher sur trois colomnes qui soient paralleles à une des lignes du plus près.

Arrangement dans une retraite.

Quand il s'agit d'une retraite devant l'ennemi, l'arrangement de la marche dépend d'une infinité de circonstances. Celui que je vois le plus approuvé est de ranger l'armée sur un angle

Arrangement d'une Armée faisant retraite.

obtus dont l'Amiral fait la pointe, les brulots & les bâtimens de charge étant devant au dedans de l'angle : car dans cette difposition les vaiſſeaux ennemis qui pourſuivent, ne peuvent s'approcher de ceux qui ſe retirent ſans ſe mettre ſous le feu des vaiſſeaux qui ſont plus au vent, par exemple ſous le feu de l'Amiral & de ſes matelots, c'eſt à dire des vaiſſeaux qui ſont comme pour ſa garde. L'armée faiſant retraite E. A E. le General A. vaiſſeaux ennemis pourſuivans DD. vaiſſeaux de charge renfermez dans l'angle ou demie lune FF.

C'eſt ainſi que l'Amiral Tromp au combat de Porland de l'an 1653 fit ſa retraite devant les Anglois, foudroyant à droit & à gauche tous les vaiſſeaux ennemis qui s'approchoient pour inſulter ſes aîles. Que ſi on apprehendoit que dans cet ordre l'armée ne fût trop étenduë, on pourroit replier un peu ſes aîles, & lui donner la figure d'une demie lune, au milieu de laquelle les brulots & les bâtimens de charge & un convoi ſeroient en ſûreté.

Arrangement dans une pourſuite.

Quand on pourſuit une armée qui fait retraite, on commence par détacher les meilleurs voiliers pour la ſuivre, & enlever les vaiſſeaux ennemis qui reſtent de l'arrierre, ou pour engager le combat avec les fuyards. Le reſte de l'armée victorieuſe doit à peu près ſe ranger dans le même ordre que l'ennemi, afin de ſe pouvoir mettre en bataille, s'il étoit neceſſaire. Cela s'entend, lorſque l'armée qu'on pourſuit, n'eſt pas ſi inferieure, qu'elle ne puiſſe hazarder le combat ; car ſi l'armée qui fuit, n'avoit nulle proportion avec l'armée victorieuſe, il faudroit que celle-cy fondît ſur elle ſans beaucoup d'ordre, à-peu-près comme une armée de terre donne dans un camp ennemi qu'elle a forcé, parce que ſi l'armée victorieuſe s'amuſoit à ſe ranger, elle donneroit lieu à l'ennemi de s'échapper.

Une armée navale eſt toûjours compoſée de trois Corps auſquels on donne le nom d'Eſcadre, de même qu'on diviſe une armée de terre en avant-garde, en Corps de bataille, & en arriere garde. Chaque Eſcadre a ſon Commandant. Le Commandant de la premiere Eſcadre ſe nomme Amiral, & il porte ſon pavillon au grand mât ; & c'eſt le General de l'armée. Le ſecond ſe nomme Vice-Amiral, & il porte ſon pavillon au mât de Mifaine. Le troifiéme s'appelle Contre-Amiral, & il porte son pavillon au mât d'Artimon. Quand l'armée est nombreuse, chaque Escadre a trois divisions, & alors l'Escadre a son Amiral à la tête de la premiere division, son Vice-Amiral à la tête de la seconde, & son Contre-Amiral à la tête de la troisiéme.

Couleur & place des pavillons pour les Escadres & les divisions.

Chaque Escadre a sa couleur, la premiere en France a la couleur blanche, la seconde la couleur blanche & bleuë, & la troisiéme la couleur bleuë. C'est-à-dire que l'Amiral de l'Escadre blanche porte le pavillon blanc à son grand mât. L'Amiral de l'Escadre blanche & bleuë porte le pavillon blanc & bleu à son grand mât : & l'Amiral de l'Escadre bleuë porte le pavillon bleu à son grand mât.

Comme chaque Escadre se reconnoît par la couleur du pavillon que l'Amiral de cette Escadre porte au grand mât; de même les divisions de chaque Escadre se reconnoissent par le mât où est placé le pavillon de l'Escadre. L'Amiral de l'Escadre qui commande immediatement la premiere division a le pavillon de l'Escadre au grand mât : le Vice-Amiral, qui commande la seconde division, a le pavillon de l'Escadre à la Mifaine; & le Contre-Amiral de l'Escadre a le pavillon de l'Escadre à l'Artimon.

Pour les vaisseaux particuliers de chaque division, on les reconnoît en ce qu'ils portent des flammes de la couleur de leur Escadre & au mât de leur division. Ainsi un vaisseau de la derniere division de l'Escadre bleuë porte une flamme bleuë à l'Artimon, parce que le Contre-Amiral de l'Escadre qui commande cette division porte son pavillon bleu à l'Artimon. Le rang naturel des Escadres est que l'Escadre blanche commandée immediatement par le General soit au milieu au Corps de bataille, que l'Escadre blanche & bleuë soit à la droite, & l'Escadre bleuë soit à la gauche : mais des raisons & des conjonctures particulieres font quelquefois changer cet ordre, sur tout dans les marches.

Place des brulots & des bâtimens de charge.

L'armée étant rangée en ligne parallele à celle de l'ennemi pour commencer la bataille, les brulots & les bâtimens de charge sont à l'écart derriere l'armée à une distance qui permette de les faire venir au besoin. Chaque vaisseau de

DE LA MILICE FRANÇOISE. *Liv. XIV.* 741

ligne est prêt au combat, & les postes des Officiers, des soldats & de l'équipage y sont distribuez.

Les voiles des vaisseaux sont ferlées ou mises en fagot; & il n'y a que les huniers qui soient tendus. On a tendu tout à l'entour au-dessus des bords du vaisseau des cordages ou garde-corps sur lesquelles on jette les couffes, les branles, les matelas, &c. On ajoûte un pavois qui est une espece de drap bleu parsemé de fleurs de lys jaunes bordées de deux grandes bandes blanches, qui regne aussi tout à l'entour. Tout cela forme une espece de parapet contre le feu de l'ennemi, & empêche qu'il ne voye ce qui se passe sur le pont: on seme sur le pont de la cendre & du sable pour s'empêcher de glisser pendant le combat. On met aussi un pavois & des gardes-corps à l'entour des hunes.

Place du Capitaine durant le combat & des autres Officiers.

Le Capitaine durant le combat est à l'étage le plus élevé de la pouppe, pour voir ce qui se passe dans son vaisseau & dans celui contre lequel il se bat, & dans toute l'armée pour donner ses ordres. Il en descend selon le besoin pour faire agir les soldats & les matelots. Les Lieutenans & les Enseignes sont distribuez dans les batteries pour faire servir le canon, & le Capitaine en second, s'il y en a, est sur le Château de l'avant.

Place du Maître.

Le Maître est sur la dunette pour entendre les ordres du Capitaine, & les faire executer par ceux qui doivent agir pour la manœuvre. Le Contre-Maître est au Château d'avant pour faire la même chose.

Fonctions des soldats & des matelots.

Les soldats & les matelots sont en partie distribuez aux canons, pour chaque canon sept, ou neuf, ou onze, selon le calibre, toûjours avec un Chef de piece qui commande aux autres. Quand il y a quelque manœuvre à faire, les matelots qui sont sur les ponts d'enhaut, manœuvrent sur les cordages. Ceux qui sont entre deux ponts virent sur les Cabestans pour hausser ou baisser les vergues s'il en est besoin.

Il y a des demi muids défoncez pleins les uns de boulets, les autres d'eau d'espace en espace sur le milieu de la largeur des ponts, & aussi des cuirs verds & humides pour éteindre le feu.

Les Maîtres Charpentiers & les Calfats sont dans le fond

de cale pour remedier aux voyes d'eau qu'auroit fait le canon ennemi. On a des pelottons de suif dans lesquels on met du charbon pilé dont on se sert pour boucher le trou que le canon auroit fait ; ensuite si cela se peut, un Maître Calfat se met à la mer pour cloüer une plaque de plomb à l'endroit de la voye d'eau. Cette commission est très-dangereuse.

Feu de la mousqueterie. Le feu de la mousqueterie ou des fusils se fait principalement de dessus le pont d'enhaut, où sont la plûpart des soldats derriere les pavois ; & ils tirent sur tout ce qui paroît sur le vaisseau ennemi, particulierement sur la dunette & aux sabords.

Usage des brulots. Comment on se défend des brulots. On détache les brulots principalement sur les vaisseaux désemparez des ennemis. On se défend des brulots en tâchant de les couler à fond à coups de canon avant qu'ils ayent joint le vaisseau ; ou en détachant sur eux des chaloupes pour les écarter ; ou en remorquant avec des chaloupes & des canots le navire désemparé. On tâche aussi de couper l'amarre de la chaloupe du brulot : car le Capitaine & ses gens n'ayant plus leur chaloupe, il faut qu'ils perissent eux-mêmes par le feu de leur brulot.

Recompenses des Capitaines de brulot. Comme l'emploi de Capitaine de brulot est très-dangereux, le feu Roy par une Ordonnance de 1673 proposa de grandes recompenses à ceux qui y réüssiroient, à proportion des vaisseaux où ils mettroient le feu. Un Capitaine de brulot qui auroit brûlé l'Amiral de la Flotte des Hollandois avec lesquels on étoit alors en guerre, devoit être recompensé d'une Charge de Capitaine de vaisseau du Roy, & de 20000 livres de gratification. Celui qui brûleroit un autre vaisseau portant pavillon d'Amiral, devoit avoir 15000 livres de gratification. Il y en avoit une de 10000 livres pour celui qui brûleroit un vaisseau portant pavillon de Vice-Amiral ou de Contre-Amiral, & une de 6000 pour celui qui brûleroit un autre vaisseau de guerre. Mais d'ailleurs il y avoit défense à *Obligation du Capitaine de brulot.* tout Capitaine de mettre le feu à son brulot avant que d'avoir abordé le vaisseau ennemi, à moins qu'il n'eût été obligé de l'abandonner par des accidens imprévûs qui peuvent arriver dans un combat. Et en ce cas il devoit en rendre compte dans le Conseil de guerre.

Depuis qu'on a pris l'ufage de combattre en ligne, il eft rare que dans une bataille on en vienne à l'abordage, parce qu'il eft dangereux de quitter la ligne, en s'expofant à être défemparé par le feu de plufieurs navires; auffi cela n'eft gueres arrivé que lorfque par quelque conjoncture extraordinaire les vaiffeaux fe font mêlez. Ainfi toute l'execution fe fait communément par le canon & par les brulots.

Au contraire dans les combats particuliers de vaiffeau à vaiffeau l'abordage eft très-ordinaire, & après plufieurs bordées de canon, fouvent on s'accroche par le moyen des grapins qu'on jette aux haubans & au bord du vaiffeau ennemi. On y donne auffi l'affaut avec les chaloupes & les canots des deux côtez, lorfqu'on a un plus fort équipage. C'eft au Lieutenant en pied à fauter le premier fur le vaiffeau attaqué, & les affaillans y entrent armez d'épées, de piftolets, d'efpontons, de poignards, de haches d'armes, & de fufils. Ceux du vaiffeau attaqué & emporté ou fe rendent, ou fe défendent comme dans un retranchement forcé, & il eft rare qu'ils ne fuccombent pas. On tâche d'éviter l'abordage avec des boutehors qui font comme de longues perches ferrées avec lefquelles on repouffe le vaiffeau affaillant, ou en donnant quelque coup de gouvernail à propos, ou en manœuvrant d'une maniere convenable pour éviter l'approche. Il feroit dangereux de tenter l'abordage dans un gros tems, où l'on n'eft pas affez maître du vaiffeau qui pourroit fe fracaffer en abordant celui qu'il attaque, auffi ne le fait-on pas.

Maniere d'aborder & de fe défendre de l'abordage.

Il y a encore une autre efpece de combat qui fe donne fur la mer; c'eft quand une Flotte eft envoyée pour faire defcente dans le pays ennemi. Elle fe fait par le moyen des chaloupes qu'on remplit de foldats, ou avec des bateaux plats, fi le pays où fe doit faire la defcente, n'eft pas éloigné. Les chaloupes font foûtenuës du feu des vaiffeaux, d'où l'on tire fans ceffe contre les ennemis qui s'oppofent à la defcente.

Les defcentes.

Quand les troupes font defcenduës, ce font les Capitaines en premier & en fecond qui les commandent tour à tour fous les ordres du Commandant General de la defcente, fuppofé qu'il n'y ait rien à craindre des ennemis du côté de la mer, ou à executer de la part des vaiffeaux. Car en ces cas

Ceux qui les commandent.

les Capitaines en premier demeurent à leur bord, & l'on fait descendre les Capitaines en second. Si après la descente il est question de faire des retranchemens, des batteries, ou un siege, tout cela s'execute par les Officiers de marine avec la même methode à proportion, que dans la Milice de terre.

Difficulté des descentes.

On se défend des descentes par le nombre & la valeur des troupes qu'on y oppose, & par l'habileté des Chefs qui les commandent, par des retranchemens, par le feu du canon & de la mousqueterie. On n'en a vû gueres réüssir dans les endroits où l'on étoit preparé à recevoir ceux qui auroient pû entreprendre de les faire. Quelque puissans que fussent nos ennemis sur la mer dans les dernieres guerres, ils ne firent jamais qu'une tentative considerable en ce genre. Ce fut à Camaret proche de Brest, où ils furent battus & repoussez. La dépense est infinie si l'entreprise est importante, telle que seroit de s'emparer d'un Port & d'une Ville maritime fortifiée; mille accidens peuvent la faire échoüer, & la prudence défend de hazarder beaucoup plus qu'on ne peut esperer d'avantages. Quelques-unes se sont faites avec succès au-delà des mers par la surprise, ou par le peu d'habileté, ou par la lacheté des défenseurs, comme celle de Carthagene où les richesses qu'on en enleva dédommagerent des frais de l'armement. Il est vrai que la France est fort exposée aux descentes à cause des deux mers qui la bordent : mais les milices nombreuses qu'on employe pour la garder dans tous les lieux par où elle pourroit être attaquée, & les précautions & le bel ordre que Loüis le Grand établit par tout à cet égard, la rendirent inaccessible aux ennemis.

Précaution contre les descentes.

On se précautionne non seulement contre ces nombreuses descentes des ennemis par lesquelles ils pourroient trouver moyen de s'establir dans un Port & dans une Ville, pour courir de là dans le Royaume, & y faire des conquêtes, mais encore contre les descentes où un ou deux vaisseaux ennemis, ou des Corsaires pourroient jetter des troupes à terre pour ravager quelque endroit de la Côte. C'est ce qui se fait par le moyen de quelques vaisseaux de guerre qui croisent sur les Côtes, & qu'on appelle pour cela Gardes-Côtes, & dont on se sert

DE LA MILICE FRANÇOISE. *Liv. XIV.* 745

fert aussi pour les faire aller de conserve avec les bâtimens Marchands.

C'est un usage qui a été en France de tous les tems, je l'ai remarqué en traitant de notre ancienne marine dès le tems de Charlemagne. Outre que quand il y a lieu d'apprehender de semblables descentes, les Villages voisins sont obligez de faire le guet ; sur quoy nous avons diverses Ordonnances de nos Rois, & en particulier celle de François premier de l'an 1517.

Il y a pour cet effet diverses Capitaineries Gardes-Côtes, *Les Gardes-* établies dans le Royaume ; chacune a un Capitaine, un Lieu- *Côtes.* tenant & un Enseigne destinez à veiller à la garde & conservation de son district. Il y a trente-sept Capitaineries Gardes-Côtes en Normandie, quatre en Poitou, deux en Guyenne, deux en Languedoc, & six dans la Flandre Françoise, la Picardie, le Boulonnois, & pays conquis & reconquis ; il y en a aussi en Provence & en Bretagne. C'étoit l'Amiral, & depuis le Grand-Maître, Chef & Sur-Intendant General de la Navigation & du commerce du Royaume, qui leur donnoit leurs provisions.

Mais après la mort du Duc de Beaufort qui avoit possedé cette Charge, le feu Roy par son Ordonnance du mois d'Octobre de l'an 1672, declara toutes ses provisions nulles, & ordonna que tous les pourvûs des Charges de Capitaine, de Lieutenant & d'Enseigne Gardes-Côtes eussent à se pourvoir pardevers Sa Majesté, pour obtenir de nouvelles provisions, ainsi qu'elle aviseroit bon être. En 1676 ce Prince se fit representer la division des Côtes maritimes qui ont été soumises de tout tems aux Capitaines & aux autres Officiers établis pour leur garde, & fit de nouveaux reglemens par lesquels le district de chacun de ces Officiers fut marqué avec un grand détail.

Ces Charges de Capitaine, de Lieutenant de Gardes-Côtes étoient autrefois des Commissions : mais par un Edit de 1705 elles furent érigées en titre d'Office. C'étoient les Capitaines Gardes-Côtes qui faisoient les revûës & les montres des habitans des Paroisses sujettes au guet de la mer : mais comme depuis il y a eu des Commissaires aux montres & revûës en

Tome II. BBbbb

titre d'Office, ces fonctions les regardent, & non point les Capitaines Gardes-Côtes. Je passe à la marines des Galeres.

CHAPITRE XIII.
De la Marine des Galeres.

EN faisant l'Histoire de la Milice Françoise sur la mer jusques vers le tems de Philippe de Valois, j'ai fait l'Histoire de la marine des Galeres, parce que ces especes de vaisseaux avoient été jusqu'alors les principaux vaisseaux de guerre sous le nom de Galées. Je les ai pareillement comprises dans l'exposition que j'ai faite de la décadence & des divers rétablissemens de la marine en France, parce que cette décadence & ces divers rétablissemens les regardoient aussi bien que les vaisseaux de haut bord. De même les Ordonnances de nos Rois sur la marine, & en particulier celles de Loüis le Grand qui ont fait le fonds d'une grande partie de cette Histoire, étoient communes pour la plûpart à la marine des Galeres, & elles ont servi de regles à proportion pour les Officiers des Galeres & pour ceux des vaisseaux. Ces Officiers sont presque les mêmes dans les uns & dans les autres. C'est la même subordination & à peu près la même police. Il n'y a gueres de difference que pour quelques bas Officiers par rapport aux Esclaves & aux forçats des galeres, & pour les noms de quelques autres qui ne sont pas les mêmes dans le Levant que dans le Ponant. Ainsi je me contenterai d'ajoûter ici quelques courtes remarques sur tous ces articles.

Sur celui des Officiers je remarquerai d'abord que les titres de Lieutenant General, de Chef d'Escadre, de Capitaine, de Lieutenant & d'Enseigne, de Major, d'Ayde-Major sont sur les galeres comme sur les vaisseaux. Il n'y a quelque chose de particulier que pour le titre de Lieutenant General. On parvient aux premieres Charges sur les vaisseaux à proportion comme dans les troupes de terre en passant par divers grades. Il y a plusieurs Lieutenans Generaux sur les vaisseaux comme dans les armées de terre, mais pour les galeres il n'y a qu'un Lieutenant General. C'eſt une Charge unique où l'on ne monte point préciſément en vertu des autres grades. Elle s'achete, le Lieutenant General eſt le Commandant né des galeres en l'abſence du General ; & quoiqu'il dépende du Roy de l'employer au Commandement ou de ne l'y employer pas, il n'a pas beſoin de Lettres de ſervice particulieres pour exercer ſes fonctions de Lieutenant General. Le Roy Louis XV a créé depuis peu une ſeconde Charge de Lieutenant General des Galeres, & en a gratifié Monſieur le Chevalier de Rancé : on y montera par le ſervice comme aux autres Emplois.

Il n'y a qu'un Lieutenant General des galeres.

En ſecond lieu, touchant l'article du rétabliſſement de la marine des galeres, j'obſerverai que nos Rois, depuis qu'ils ont eu leurs Flottes compoſées de vaiſſeaux & de Galeres qui leur appartenoient, c'eſt-à-dire qui ne leur étoient point fournies par les Ports & par les Marchands, nul Roy de France n'en a eu en ſi grand nombre ſur pied que Loüis XIV : il en avoit quarante qu'il pouvoit armer, quand il le jugeoit à propos.

Le Roy Loüis le Grand avoit 40 galeres.

En troiſiéme lieu, pour la décadence de la marine ſous la minorité de ce Prince, elle fut encore plus grande à l'égard des Galeres qu'à l'égard des vaiſſeaux de haut bord : car dans le voyage qu'il fit à Marſeille l'an 1660., il n'y trouva que deux Galeres, l'une Commandée par Monſieur de Barras pere de celui qui eſt aujourd'huy Chef d'Eſcadre, & l'autre par M. de Fourbin. Le rétabliſſement s'en fit peu d'années après. Je trouve par une lettre du Roy du 26 de Février 1661 au Comte d'Eſtrades ſon Ambaſſadeur en Angleterre, qu'il prenoit deſlors des meſures pour lever des chiourmes dont il devoit fournir ſes Galeres. Il n'y avoit jamais eu dans cette partie de la marine plus d'ordre, plus de regle, plus de police, plus de braves & d'habiles Officiers qu'il y en eut ſous le Regne de ce Grand Prince : mais dans les dernieres années de ſon Regne étant attaqué de tous côtez, il ne put pas donner les mêmes ſoins, ni faire les mêmes dépenſes pour l'entretien des Galeres. Il en reforma dix durant la derniere guerre, & après ſa mort pluſieurs ne ſe trouverent plus en état de ſervir, d'autres avoient beſoin d'un grand radoud, les chiourmes n'étoient pas assez fournies, & on a été obligé d'en diminuer beaucoup le nombre.

Ce qui me reste à faire ici, est premierement de traiter de la Charge de General des Galeres, & de faire la liste des Generaux depuis qu'il y en a eu en France en titre d'Office, distinguez des Amiraux. Secondement, de toucher quelque chose de la forme & de la distinction des Galeres entre elles, de leur équipage, de leurs armes. Troisiémement, de la maniere dont se font les combats de Galeres.

De la Charge de General des Galeres.

Le General des Galeres est un des Grands Officiers de la Couronne. Il est le Chef de cette partie de la marine à proportion comme l'Amiral l'est des Flottes & de tous les vaisseaux de haut bord.

Le Roy dans ses provisions lui donne le titre de *notre Lieutenant General ès mers du Levant.* Il fait serment entre les mains de Sa Majesté. Quand Loüis le Grand fit des Ordonnances touchant les saluts en mer, soit à l'égard des vaisseaux Etrangers, soit à l'égard des vaisseaux François entre eux, il regla aussi les saluts des deux corps de la marine, c'est-à-dire des vaisseaux & des Galeres respectivement l'un à l'autre. J'en ai fait l'extrait cy-dessus, en traitant des saluts: j'ajoûterai seulement que suivant les mêmes Ordonnances, les vaisseaux & Galeres se rencontrant à la mer dans les rades & Ports, ils demeureront separez: & les Commandans de chacun des deux corps continueront à donner l'ordre comme ils faisoient auparavant. Que ces deux corps ne pourront être commandez en Chef par une seule personne sans des Commissions particulieres de Sa Majesté. Qu'en cas qu'il se trouve des occasions telles, qu'il soit necessaire que les vaisseaux & galeres se joignent pour faire quelques entreprises, les Lieutenans Generaux des vaisseaux commanderont en toutes rencontres les Lieutenans Generaux des Galeres, quoique la Commission des derniers soit plus ancienne: Et pareillement les Chefs d'Escadre, Capitaines, Lieutenans & Enseignes des vaisseaux commanderont les Chefs d'Escadre, Capitaines, Lieutenans &

Reglemens par rapport aux vaisseaux & aux galeres quand ils se rencontrent ensemble.
Ordonnances sur la marine, L. 2, titre 1.
Art. 28.
Art. 29.

Art. 30.

DE LA MILICE FRANÇOISE. Liv. XIV. 749
Enseignes des galeres chacun selon leur rang.

A l'égard des Sous-Lieutenans des galeres, ils seront commandez par les Enseignes en pied des vaisseaux, & commanderont aux Enseignes en second.

Art. 31.

Le cas de la jonction des vaisseaux & des Galeres arriva l'an 1704. M. le Comte de Toulouse, commandant les vaisseaux au combat Naval de Malgue, commanda aussi les galeres qui y furent fort utiles.

M. le Comte de Toulouse commanda les vaisseaux & les galeres au combat de 1704.

Le General des Galeres porte derriere ses armes pour marque de sa dignité un double ancre ou grapin en pal.

Marque de la dignité du General des Galeres.

Liste des Generaux des Galeres.

Celui qui étoit autrefois pourvû de cette dignité, tantôt s'intituloit Capitaine General des Galeres, tantôt Amiral de Provence ou du Levant. J'en ai dit les raisons en traitant de la Charge d'Amiral. On appelle maintenant le Titulaire de cette Charge General des Galeres.

Il ne faut point chercher plus haut que le Regne de Loüis XI, la Charge de General des Galeres de France ; parce que ce fut sous le Regne de ce Prince que le Comté de Provence fut réüni à la Couronne ; qu'avant ce tems-là nos Rois n'avoient ni Marseille, ni Toulon ; qu'il n'y avoit gueres d'autres Ports de l'obéïssance de France sur la Mediterranée où les Galeres pussent être en sureté ; & que Loüis XI même avoit très-peu de galeres sur la mer. Ainsi quoique le sieur du Fourni dans son livre des Grands Officiers, dise sur l'autorité d'un compte rendu en 1410, que Jean de Chambrillac fut établi Capitaine General des galeres & autres vaisseaux de France ordonnez pour faire la guerre aux Genois ; il y a beaucoup d'apparence que ce ne fut que par une simple commission pour cette campagne ; & que même la plûpart de ces galeres avoient été empruntées ou loüées des ports de Provence, qui n'appartenoient pas encore alors à la France.

Il n'y eut point de General des galeres avant Loüis XI.

Il me paroît donc suivant le sentiment du sieur Ruffi Auteur de la derniere Histoire de Marseille, que le premier General des Galeres fut Pregent de Bidoux Gentil-homme Gas-

BBbbb iij

con, Chevalier de l'Ordre de saint Jean de Jerusalem qui eut cette Charge en 1497, sur la fin du Regne de Charles VIII. Il mourut en 1528 des blessures reçûës en un combat, contre une galiotte de Turcs qu'il prit & qu'il amena à Nice.

Bernardin de Baux, Chevalier de l'Ordre de saint Jean de Jerusalem, en 1518 sous François I.

Bertrand Dornesan, Baron d'Astarac, en 1521 sous le même Roy.

André Doria noble Genois, un des plus grands hommes de mer de ce tems-là, sous le même Roy qu'il abandonna depuis pour se donner à l'Empereur Charles V. Il causa beaucoup de mal à la France par sa desertion.

Antoine de la Rochefoucault, Seigneur de Barbesieux, en 1528, sous le même Roy. Ce Seigneur fut envoyé par François I pour se saisir, s'il étoit possible, de la personne de Doria & de ses galeres. Mais Doria sur quelque soupçon, prit ses précautions & s'échappa.

Antoine Escalin des Aymars, qu'on appella depuis le Capitaine Polin, & souvent dans nos Histoires le Baron de la Garde, homme de fortune; mais très-habile sur la mer & de grand esprit, employé aussi dans les negociations, fut fait General des galeres en 1544 sous le même Roy. Il posseda cette Charge à diverses reprises, tantôt disgracié, tantôt rappellé & rétabli, selon le besoin qu'on avoit de lui.

Leon Strozzi, Chevalier de l'Ordre de saint Jean de Jerusalem, Prieur de Capouë, frere du Maréchal de Strozzi, fut fait General des Galeres en 1547 au commencement du Regne de Henri II. Il se signala en beaucoup d'occasions sur la mer. Il mourut d'une arquebusade qu'il reçut voulant reconnoître de près une place nommée Escarling, sur les côtes d'Italie aux confins de la Republique de Sienne.

François de Lorraine Grand Prieur de France, eut la Charge en 1557. Il mourut d'une pleuresie, le froid l'ayant saisi après s'être extrêmement échauffé à la bataille de Dreux.

René de Lorraine Marquis d'Elbeuf, frere du précedent, en 1563 sous Charles IX.

Charles de Gondi, Seigneur de la Tour, est nommé General des Galeres par quelques-uns, & doit être ici placé, supposé qu'il l'ait été.

Henri Duc d'Angoulesme, Grand Prieur de France, fils naturel de Henri II, en 1578 sous Henri III.

Charles de Gondi, Marquis de Bellisle, en 1579 sous la direction du Maréchal de Retz son pere, à cause de son bas âge.

Philippe-Emmanuel de Gondi, frere du précedent, lui succeda en 1598 sous Henri IV. Il quitta le monde vers l'an 1625, & entra dans la Congregation de l'Oratoire où il mourut en 1662.

Pierre de Gondi Duc de Retz, frere du précedent, en 1626.

François de Vignerod, Marquis de Pont de Courlai, en 1635.

Armand de Vignerod Duplessis, Duc de Richelieu par substitution au nom & armes du Cardinal de Richelieu, son grand oncle & fils du précedent, succeda à son pere dans la Charge de General des galeres & en prêta le serment en 1643.

François Marquis de Crequi, depuis Maréchal de France, prêta le serment pour la Charge de General des galeres en 1661.

Loüis-Victor de Rochechoüart Comte, & puis Duc de Vivonne, fut fait General des galeres en 1669. Il fut Maréchal de France.

Loüis de Rochechoüart Duc de Mortemar, fils du précedent, reçû en survivance de la Charge de General des galeres que possedoit le Maréchal son pere, avec pouvoir de commander en sa place, comme il le fit avec succès en diverses rencontres. Il mourut à 25 ans.

Loüis-Auguste de Bourbon Duc du Maine, fut pourvû de la Charge de General des galeres en 1688.

Loüis-Joseph Duc de Vendosme, fut pourvû de cette Charge en 1694, par la démission de M. le Duc du Maine.

Monsieur de Tessé, Maréchal de France, pourvû de la Charge de General des galeres, aprés la mort de M. le Duc de Vendosme en 1712.

Jean-Philippe, Chevalier d'Orleans, par la démission du Maréchal de Tessé en 1716. Il est aujourd'hui Grand Prieur de France en 1721.

DE LA FORME DES GALERES.

De la distinction des Galeres entre elles, de leur équipage & de leur artillerie.

Quand je me propose de parler ici de la forme des galeres, je ne prétends pas entrer dans le détail de leur construction. Je serois pour cela obligé d'user d'un langage que peu de gens entendroient, excepté ceux du métier qui n'ont pas besoin d'être instruits là-dessus, & qui le sont beaucoup mieux que moi, qui n'en sçais nullement la pratique; mais qui connois assez par la lecture dans combien de méprises & d'absurditez, sont tombez la plûpart de nos Auteurs modernes, qui n'étant gueres plus habiles que moi dans ce détail, font pitié à ceux qui y sont versez. M. de Barras Chef d'Escadre, dans sa sçavante Dissertation critique sur les divers ordres de rames dans les galeres des anciens que j'ai luë, pourra quand il le jugera à propos, relever une partie de ces bévuës, & en publiant cet ouvrage, empêcher le public de s'y laisser tromper. Je veux ici seulement donner quelque idée de ce que c'est qu'une galere à ceux qui n'en ont jamais vû.

Les galeres sont des vaisseaux de bas-bord armez de canon, qui vont à voiles & à rames. C'est par là qu'elles sont principalement distinguées des autres vaisseaux de guerre qu'on appelle de haut-bord, parce que leur bord est fort élevé au-dessus de la mer: ceux-cy ne vont qu'à la voile: & quoiqu'on se soit avisé quelquefois en de certaines conjonctures de s'y servir de rames, que l'on faisoit passer par les sabords, on n'a jamais dit pour cela que ces vaisseaux allassent à voiles & à rames.

Galeres appellées autrefois longa naves.

Les galeres dans les premiers tems étoient appellées *Naves longa* longs navires, parce qu'en effet c'étoit alors les plus longs vaisseaux dont on se servit sur la mer.

Comme

Galere du general avec ses pavillons le jour de quelque fete.

DE LA MILICE FRANÇOISE. Liv. XIV. 753

Comme elles sont de fort bas bord, elles n'ont point de sabords ni de canons dans leurs flancs comme les vaisseaux. Leur canon est autrement disposé & placé comme je le dirai bientôt.

On distingue deux parties dans la construction du corps d'une galere ; l'une s'appelle *œuvre vive*, & l'autre *œuvre morte*. L'œuvre vive comprend tout ce qui est au dessous de la couverte, & compose avec elle ce qu'on doit regarder proprement comme le corps de la galere. L'œuvre morte est pour ainsi dire entée sur l'œuvre vive. Elle comprend presque tout ce qui est au dessus de la couverte. Cette couverte est comme le pont sur lequel sont placez les bancs des rameurs, & sous lequel sont les magasins de la galere. *Parties de la galere.*

Entre les bancs des rameurs qui sont placez aux deux côtez de la galere, il y a un chemin & comme une espece de pont que l'on appelle courfie, & qui va de prouë à pouppe dans la longueur de la galere. *Courfie.*

Les galeres ont deux mâts. L'un s'appelle arbre de meistre ou grand mât, parce qu'il est plus grand que l'autre ; l'autre a le nom d'arbre de trinquet ou mât d'avant, parce qu'il est placé sur l'avant de la galere vers la prouë. Ils ont chacun leurs antennes pour leurs voiles. *Mâts.*

On coupe les voiles des galeres en triangle, au lieu que dans les vaisseaux elles sont quarrées. Ces voiles triangulaires se nomment voiles latines. Je crois que ce nom leur vient de ce que les Latins, c'est-à-dire, les anciens Romains s'en sont toûjours servis dans leurs galeres, & qu'on a usé de ce terme pour les distinguer de celles dont on se servoit depuis dans les vaisseaux de haut bord qui n'étoient pas de cette figure. *Voiles.*

La plus grande voile de l'arbre de meistre ou de grand mât s'appelle *maraboutin* : la seconde *velette* ou *mizaine*, & dans l'usage des Matelots *mejane* : la troisiéme est appellée *boufette* : la quatriéme & la plus petite, *polacron*.

On donne le nom de grand trinquet à la plus grande voile du mât d'avant, celui de petit trinquet à la seconde voile, celui de trinquetin à la troisiéme qui est la plus petite. On ne porte jamais que deux voiles à la fois. Quand le vent

Tome II. CCccc

est trop fort, ou lorsqu'on est forcé de courir en pouppe, on se sert d'une voile quarrée appellée treou ou voile de fortune.

Le timon.

Le Gouvernail de la galere est appellé Timon, il est à la pouppe comme dans les autres vaisseaux: mais dans le tems du bombardement de Genes, on imagina d'en mettre un à la prouë pour faire aller la galere en arriere, & cela pour deux raisons.

Invention du double timon.

La premiere, afin d'épargner le tems necessaire pour faire tourner la galere & qui est de quinze à seize minutes. La seconde pour empêcher que la galere ne presente le flanc au canon de l'ennemi : ce qu'on ne peut pas empêcher en la tournant. C'est à feu M. le Bailli de la Pailleterie, Officier très-renommé dans la marine, à qui l'on est redevable de cette invention, & qui l'a mise le premier en pratique lorsqu'il commandoit les galeres sur l'Ocean. Rien ne peut donner plus d'idée de cette invention que l'approbation qu'y donna Monsieur le Maréchal de Vauban dans une lettre qu'il écrivit sur ce sujet à Monsieur le Bailli de la Pailleterie, dont j'ai eu une copie collationnée.

Copie d'une lettre écrite par Monsieur le Maréchal de Vauban, Commandant alors en Bretagne, à Monsieur le Bailli de la Pailleterie Commandant deux Galeres du Roy à saint Malo.

A Brest le 26. Aoust 1694.

Monsieur le Commandeur de Rochechoüart vient de m'apporter, Monsieur, celle que vous avez pris la peine de m'écrire au sujet de la non moins belle que simple invention que vous avez trouvée, pour faire marcher les Galeres à reculons, sur quoy je vous dirai qu'étant allé visiter nos batteries de la Rade, je menai les deux qui sont ici exprès pour en faire épreuve, & qu'en revenant, la Galere de Monsieur d'Herbouville vogua à reculons côte à côte de la nôtre près de deux lieuës, & arriva presque à même-tems que nous ; du moins il n'y eut point de difference remarquable ; ce qui m'ayant fait faire de profondes reflexions sur le bien qui pouvoit revenir de cette invention, j'ai eu plusieurs conferences du depuis avec Messieurs les Marins de l'une & de l'autre espece, qui tous la trouvent excellente, & moi encore plus qu'eux, en ce que soit qu'une galere aille en avant ou en arriere, elle peut toûjours presenter son fort à l'ennemi, & jamais son foible: ce qui bien entendu, on trouvera que leur merite en est redoublé de moitié par la raison qu'il n'y a rien de si foible qu'une galere par les côtez & par l'arriere. Or de cette façon elle peut toûjours presenter l'avant, & par consequent se tenir toûjours en état de se faire respecter, supposé même qu'un vaisseau vînt vent arriere sur une galere, elle lui pourroit toûjours presenter sa prouë, & dans cet état on peut dire qu'elle a autant d'avantages que lui. Il est même certain qu'elle pourroit partager le peril avec lui & lui faire beaucoup de mal, notamment si en se battant elle continuoit toûjours à reculer & à tirer. Je la trouverois encore avantagée en ce qu'elle se pourroit battre avec plus de canon & tirer plus juste, & il seroit bien difficile que le vaisseau la coulât bas en lui presentant le côté, parce que la galere continuant de voguer de force, pourroit s'eloigner considerablement avant qu'il fust en état de lui donner sa bordée, qui de loin auroit fort peu de prise sur ladite galere par la raison qu'elle ne volume pas à beaucoup près tant par la prouë que les vaisseaux, il perdroit même un tems considerable & beaucoup de sa chasse par le revirage, qui le faisant demeurer en arriere, l'éloigneroit de la galere au lieu de l'approcher. Enfin je les considere en cet état comme ces animaux vigoureux qui presentent toûjours les défenses à l'ennemi & qui par là se font tellement craindre que le plus souvent ils se tirent d'affaire. N'avez-vous jamais vû un mâtin acculé au coin d'une ruë par d'autres chiens? il est constant qu'ils ne le pillent jamais par l'endroit où il leur montre les dents, & les lions, les loups, & tous autres animaux de pareille nature n'attaquent jamais les taureaux & les sangliers par leurs défenses. Or est il que par votre invention vous avez mis les galeres en état de faire cet effet d'une maniere encore plus avantageuse, puisqu'elles peuvent presenter & frapper à même temps fort dangereusement. Je ne suis marin qu'entant que je hante les marins & que j'apprends d'eux: cependant il me semble que j'aurois quantité de choses à dire en faveur du merite de cette invention; mais pour achever de donner une plus grande perfection à ces bâtimens, il faudroit, s'il étoit possible, changer les quatre bâtardes en deux pieces de 18, allonger le courcier d'un pied & demi ou deux: j'aimerois mieux, si cela repugnoit trop, ne le faire que de 24. de balle, moyennant quoy cela feroit à mon avis un très-bon effet, car ce seroit comme 3. pieces de batteries sur l'avant d'une galere, dont une pouvant exceder la portée des deux autres, seroit extrêmement à craindre pour l'avant & l'arriere des vaisseaux, qui d'ordinaire n'en ont pas tant ni de si fortes.

Il faut encore trouver moyen d'y accommoder la voilure, & pour cela je crois qu'il y faudroit ajoûter un troisiéme mât pareil à celui de l'avant, & par consequent une seconde mizaine. A l'égard de l'arrangement qu'il faudroit donner à cette voilure pour qu'elle pût servir également pour l'avant & l'arriere, c'est une chose qu'il faut étudier sur de bons modeles, car cette invention merite qu'on cherche à lui donner toute la perfection possible.

Je ne doute pas que quand on bâtira des galeres neuves, on ne vienne facilement à bout d'y corriger ce qui n'y pourroit pas convenir, & de leur donner son entiere perfection, c'est à quoy vous devez vous appliquer, car il y va du vôtre de pousser cette belle invention aussi loin qu'elle peut aller.

Monsieur le Commandeur de Rochechoüart m'a donné un memoire de tous les défauts qu'on y a trouvé que j'ai lû avec attention; mais en verité ils sont si foibles & de si petite consequence, qu'il y a lieu de croire que ceux qui les ont fait sont de vos amis particuliers, & qu'ils ne les ont proposez que pour épuiser la matiere jusqu'à la bagatelle, & en effet les défauts reprochez sont peu considerables & se peuvent aisément reparer. A l'égard de l'incommodité de la chaîne, si cette maniere de voguer à reculon devoit être de longue durée, elle pourroit être incommode, mais comme ce ne peut être que pour peu de tems & en de certains cas, elle ne merite pas qu'on s'y arrête, & on pourroit encore trouver moyen d'y remedier par les suites. Et si on vient enfin à comparer le seul avantage qu'il y a de pouvoir toûjours prefenter l'avant à l'Ennemi, à ces objections, on trouvera que ce font des vetilles qui ne meritent pas qu'on y fafse attention. Je n'ai pas le loifir, Monfieur, de vous en dire davantage, mandez-moi fi je penfe bien, corrigez-moi, & foyez, s'il vous plaît, perfuadé de la fincerité de ce que je vous dis comme d'une verité dont je fuis très-penetré. Je fuis, Monfieur, votre très-humble & très-obeïfsant ferviteur.

Signé, VAUBAN.

Collationnée à l'original, *le Bailli* DE LA PAILLETERIE.

Je reviens à la defcription de la Galere. Entre les bancs des rameurs & les bords de la Galere, il y a un efpace appellé le couroir, c'eft la place des foldats.

La pouppe eft l'efpace qui paroiffe le plus libre de la galere, mais qui n'eft qu'un petit reduit qui fert cependant à plufieurs ufages. C'eft le logement des Officiers & où couchent plus de quinze perfonnes. Les premiers Officiers y font leurs repas, on y tient le Confeil de guerre, on y dit la Meffe les Dimanches & les Fêtes le matin, & le foir on y chante Vêpres. *Ufage de la pouppe.*

De dire la Meffe dans les Galeres, eft un privilege particulier aux Galeres de France, on ne la dit pas même dans les Galeres du Pape. Ce fut Monfieur de Vivonne General des Galeres, & depuis Maréchal de France, qui obtint ce privilege du Pape à fon retour de Candie, étant allé de Civitavecchia à Rome. Quelques Officiers ont crû pouvoir étendre ce privilege jufqu'aux jours ouvriers: mais il n'a effectivement été accordé que pour les jours de Fêtes. *Permiffion de faire dire la Meffe fur les galeres accordée par le Pape au Duc de Vivonne.*

Il y a pour l'ordinaire au moins cinq rameurs à chaque rame. Celui qui tient la queuë de la rame s'appelle vogue-avant. C'eft lui qui détermine le mouvement, & que les autres rameurs doivent fuivre, & ce doit être un homme expert dans le métier. Les Galeres ont vingt-fix, vingt-huit, trente-deux rames, & par confequent autant de bancs pour les rameurs de chaque côté, felon la difference des Galeres ordinaires & extraordinaires. *Rames & rameurs.*

La conftruction des Galeres eft moins maffive, mais auffi *Force du corps de la galere.*

moins solide que celle des vaisseaux, & les pieces en sont moins fortes de bois: cependant quoique les membres d'une Galere soient fort petits en comparaison des autres plus grands bâtimens; que sa figure soit longue & étroite, tout y est si bien lié & si bien proportionné, qu'il compose un corps capable de resister aux plus grosses tempêtes, soit à la mer, soit à l'ancre.

Quant à ce qui regarde leur difference entre elles, cette difference ne consiste pas dans la construction; elle est la même dans toutes, même figure, même distribution, mêmes pieces, même gabarit & charpente : elles sont toutes semblables en France, en Italie & en Espagne.

Galeres sensiles.

Et grosses galeres.

On peut cependant distinguer celles de France comme en deux especes, sçavoir les ordinaires qu'on nomme vulgairement *sensiles*, & les extraordinaires ou grosses galeres. Elles ne different pour le corps que par la grandeur.

Les ordinaires n'ont que vingt-six rames & vingt-six bancs de chaque côté, les extraordinaires en ont vingt-huit, trente & trente deux : telles sont la Reale, la Patrone & quelques autres portant pavillon de Chef d'Escadre.

La Reale.

La Reale est celle que monte le General des Galeres, & quelle que soit la Galere que monte le General avec l'Etendart à côté de l'entrée de la pouppe, elle porte toûjours le nom de Reale. Le General y a sous lui un Chef d'Escadre, deux Capitaines en second, deux Sous-Lieutenans qui ont rang de Lieutenans, deux Enseignes qui ont rang de Sous-Lieutenans. Le Major des Galeres s'embarque toûjours sur la Reale, aussi-bien que le Capitaine des Gardes de l'Etendart Real. Ces Gardes forment une Compagnie de cinquante hommes sans y comprendre les Officiers. Il y a sous le Capitaine, un Lieutenant, un Enseigne, un Maréchal des Logis, deux Brigadiers & deux Sous-Brigadiers. Ils s'embarquent tous ou en grande partie sur la Reale, quand le General en a besoin.

On publia en 1716 une Ordonnance du Roy, pour la disposition & la discipline de la Compagnie des Gardes de l'Etendart Real des Galeres. Tous les Officiers tant Majors que subalternes & les Gardes, sont presentez par le General des Galeres au Roy qui leur fait expedier des Commissions, brevets, ou ordres; ce font les Gardes du General tant à la mer que fur la terre.

La diftinction de la Reale, outre le plus grand nombre de bancs & de rameurs, eft l'Etendart, & trois fanaux placez en ligne droite à la pouppe. L'Etendart eft de damas rouge aux armes de France & femé de fleurs de lys d'or bordé d'une broderie d'or, fa figure eft quadrangulaire. Il a un quart de battant plus que de guindant, c'eft l'unique Etendart dans la marine des Galeres qui foit une marque de dignité, tous les autres pavillons n'ont que le nom de pavillon: on dit pavillon de Capitaine, pavillon de Patrone, pavillon de Chef d'Efcadre. Il y a bien un autre Etendart qu'on nomme Etendart de combat; mais ce n'eft pas une marque d'honneur ou de dignité, c'eft uniquement un fignal qu'on arbore au deffus de la pouppe, & fur l'arriere lorfque l'on veut combattre, les armes du Roy n'y font point: mais une Vierge en Affomption, fous la protection de laquelle la France combat, tous les pavillons des Galeres font de couleur rouge. *Diftinction de la Reale.*

La Patrone eft toûjours commandée par le Lieutenant General des Galeres. On nomme en France cette Galere Patrone Reale. Elle porte un pavillon quarré rouge chargé de l'Ecu de France au bout du grand mât, & deux fanaux à la poupe fur une même ligne. *De la Patrone.*

La Patrone eft la feconde galere du corps en France, parce qu'il n'y a point de galere Capitane, au lieu que dans les autres Royaumes la Patrone n'eft que la troifiéme, la Capitane étant la feconde. Cela a produit de grandes difficultez pour les faluts. Il y a eu autrefois, & même quelque tems fous le Regne de Loüis le Grand, une Capitane en France commandée par le Marquis Centurion Genois: elle portoit un Etendart à côté de l'entrée de la pouppe & trois fanaux, mais qui n'étoient pas fur la même ligne, comme ceux de la Reale, le fanal du milieu étant plus à proüe que les autres. *La Capitane.*

La premiere Galere des Etats non couronnez s'appelle du nom de Capitane, on dit Capitane de Malte, Capitane de Florence, Capitane de Genes, & ces trois Etats n'ont point de Reale. *Etats qui n'ont point de Reale.*

Après la Reale & la Patrone en France font les Galeres de Chef d'Efcadre. *Galeres de Chef d'Efcadre.*

La Galere du Chef d'Escadre porte un pavillon quarré au haut du mât d'avant & un fanal sur la pouppe.

Galere sen- *sile ou ordinai-* *re.*
Chaque Galere ordinaire est commandée par un Capitaine. La Galere que commande le premier Capitaine a un Capitaine en second.

Les Galeres sont montées par des soldats pour combattre, par des matelots pour la manœuvre, par la chiourme composée de forçats, & d'esclaves Turcs pour ramer. Les soldats sont commandez par les Officiers, les matelots par ceux qui président à la manœuvre, le Comite est chargé de faire voguer la chiourme.

Compagnies *de soldats des* *Galeres.*
Il y a autant de Compagnies de soldats que de Galeres, chaque Compagnie étant attachée à chaque Galere.

Service de nos *Galeres beau-* *coup meilleur* *que celui des* *autres nations.*
Les Galeres du Roy ont de grands avantages sur toutes les autres par l'excellence de leur construction, la capacité des Officiers qui les commandent & la bonté des équipages. On vit cette difference, lorsque le Roy d'Espagne repassa d'Italie en France avec les Galeres de France, d'Espagne, de Genes, de Naples. Il arriva que nos Galeres ne voguant que de quartier, c'est-à-dire qu'une partie des forçats ramant & les autres se reposant, il falloit que les autres pour les suivre voguassent de toute leur chiourme. Les Compagnies de soldats ont été reduites à trente-cinq hommes. Ces soldats dans le Port, font l'exercice & les évolutions les Fêtes & Dimanches. Ils font seulement le maniement des armes pour les bien porter, quand ils sont de garde sur les Galeres.

Galeres d'e- *xercice.*
A l'égard des chiourmes, il y a toûjours deux Galeres d'exercice, sur lesquelles elles passent toutes les unes après les autres par ancienneté, pour ne pas laisser enrouiller les vieux forçats par l'inaction, & pour instruire les nouveaux.

Précautions *pour la conser-* *vation des* *chiourmes.*
Comme l'Etat a besoin de ces miserables qui composent la chiourme dont toute la vie est un travail très-penible, & quelquefois accompagné de très grands dangers; on les nourrit bien, & l'on prend des précautions pour les défendre autant qu'il se peut contre les injures de l'air où ils sont exposez: mais ce n'est que dans le Port que l'on couvre les Galeres contre le froid & contre l'ardeur du soleil.

Quand

Quand les Galeres sont désarmées dans le Port de leur residence ordinaire sans rames, sans arbres, sans équipage, il n'y reste alors que la chiourme, & les bas Officiers & pertuisanniers pour la garder, & pour contenir la chiourme.

L'Artillerie d'une Galere consiste en cinq canons placez à l'avant & douze pierriers. Le plus gros de ces canons est de trente-six livres de bale. On le nomme Coursier ou canon de Coursie, parce qu'il est placé dans le Coursie entre l'Arbre de Meistre & la Rambade. Les autres canons sont appellez bâtardes & moyennes. On en met un de chaque espece dans chaque connille, l'un de six livres de bale, l'autre de quatre, ou tout au plus de huit & de six. Depuis quelques années on substituë quelquefois à la place de ces quatre petits canons, deux canons de dix-huit livres de bale, un seul à chaque connille. Cela est plus utile pour le combat, parce qu'un seul canon de dix-huit livres de bale fait beaucoup plus d'effet que ne font les quatre bâtardes & moyennes. Ceci fut proposé d'abord au Ministre de la marine il y a plusieurs années par Monsieur de Barras premier Capitaine de Galeres, homme distingué dans le corps. La difficulté du salut qui se faisoit par ces petits canons en diverses rencontres, empêcha qu'on ne suivît cette idée, nonobstant l'avantage visible qui s'y rencontre pour le combat. Mais depuis la chose a été goûtée, & cet usage fut établi dans les Galeres qui servoient en Ponant par M. le Bailli de la Pailleterie.

Artillerie de la Galere.

Pour les pierriers on les place sur les flancs de la Galere attachez d'une maniere qu'ils n'ont point de recul. Ils sont communément d'une livre de bale. Etant braquez ils ne font point un angle droit avec le flanc de la Galere, comme les canons des vaisseaux dans leurs sabords, mais un angle très-aigu, ayant la bouche tournée vers la proüe qu'ils rasent en tirant sur la proüe de la Galere ennemie.

On est surpris lorsqu'on entre dans une Galere armée, d'y voir près de cinq cents hommes ; mais on le seroit encore bien plus, si l'on assembloit à terre les hommes, les animaux, les agrez, les apparans, les cordages, les vivres, les munitions de guerre, & generalement tout ce qu'on embarque dans une Galere pour une navigation de deux mois. Il paroîtroit im-

Rien de plus surprenant que le contenu d'une Galere dans un si petit espace.

possible que tout cela pût tenir dans un si petit espace. A la verité on n'y est pas si commodément logé que dans un vaisseau, & les Officiers mêmes y sont fort à l'étroit. Cependant la disposition & la distribution de la Galere est telle, que chaque chose y a sa place sans confusion.

Dans l'extrait que j'ai fait du Testament du Cardinal de Richelieu au sujet du rétablissement de la marine, on a vû l'utilité & la necessité des Galeres par des exemples tirez de nos Histoires, ausquels on auroit pû en ajoûter plusieurs autres: mais nous en avons vû de plus recens sous le Regne de Loüis le Grand au siege de Lescalete, de Taormine, d'Agouste & durant toute la guerre de Messine, au siege de Saint Sospir, de Ville-franche, de Nice, d'Oneilles, de Cap de Quiers, de Rose, de Palamos, de Barcelonne, aux incendies des Flottes d'Espagne & de Hollande, devant Palerme, au bombardement d'Alger & de Genes, dans les descentes faites en Calabre, en Sicile, en Barbarie, dans la glorieuse retraite d'Alicante, & dans le dernier combat naval à la vûë du détroit de Gibraltar. Elles sauverent Cadix à l'Espagne en faisant lever aux Anglois le siege du Fort de Matagorde, sans parler des diversions si utiles à l'Etat, en obligeant les Espagnols à tenir des garnisons dans toutes leurs places maritimes, & par consequent à diminuer beaucoup les forces qu'ils avoient aux Païsbas. Monsieur de Barras depuis long-tems premier Capitaine de Galere, & aujourd'huy Chef d'Escadre, nous promet un ouvrage là-dessus & sur tout ce qui regarde cette partie de la marine. J'ai profité de quelques-uns de ses memoires manuscrits qu'il envoya à Monsieur le Chevalier d'Orleans, quand il fut nommé General des Galeres, & j'en ai tiré presque tout le détail que je viens de faire ici.

Utilité des Galeres.

De la maniere dont les Galeres combattent.

Les Galeres peuvent combattre ou en Flotte contre une autre Flotte de Galeres, ou jointes à une Flotte de vaisseaux de haut bord contre une Flotte d'autres vaisseaux qui soient aussi accompagnez de Galeres, ou qui en soient destituez; ou bien le combat peut être d'une seule Galere contre une autre

Coupe d'une Galere.

Galere, ou d'une ou plusieurs Galeres contre un ou plusieurs vaisseaux de haut bord, ou d'un ou plusieurs vaisseaux de haut bord contre des Galeres. Il s'est donné dans les derniers siecles des combats de toutes ces manieres.

La plus fameuse bataille qui se soit donnée entre deux Flottes de Galeres fut celle de Lepante en 1571, où les Chrétiens avoient deux cents cinq grandes ou petites Galeres, & les Turcs deux cents soixante. Il s'est donné depuis, sur tout entre les François & les Espagnols, des batailles de Galeres & des combats de toutes les façons sous les Regnes de Loüis XIII & de Louis XIV.

Quand une Flotte de Galeres se met en mer pour aller chercher l'ennemi, elle se range par divisions comme les Flottes des vaisseaux. Avant le combat, le General de la Flotte convient des signaux pour l'execution des ordres avec les Chefs d'Escadres & les Capitaines : les Chefs d'Escadres pareillement avec les Capitaines de leur division.

Quand on prévoit un combat, le Capitaine de chaque Galere assigne les postes à ses Officiers & à ses soldats, & prend toutes les précautions possibles dans ces rencontres pour faire la moindre perte qu'il lui est possible, soit de la chiourme, soit de ceux qui doivent combattre.

Le Capitaine a son poste sur la pouppe ou vers la pouppe avec un nombre de Grenadiers ou de braves soldats. On y fait une espece de parapet que l'on couvre de matelats & d'autres choses capables d'arrêter les bales de mousquet. On braque aussi deux pierriers au-dessus qui enfilent la Galere de pouppe à proüe. Cela sert non seulement à contenir la chiourme, si elle vouloit se revolter durant le combat, mais encore pour se défendre contre l'ennemi, au cas qu'il se fût emparé de la proüe. C'est pourquoi souvent on fait ce retranchement double pour se mieux défendre. *Place du Capitaine dans un combat.*

Le Lieutenant est vers la proüe qui est l'endroit le plus dangereux. On y fait aussi un double retranchement contre l'ennemi, & entre les deux traverses on jette des cordages & d'autres choses pour se couvrir contre les mousquetades. L'Enseigne est posté sur le coursie. *Place du Lieutenant. Poste de l'Enseigne.*

On distribue les soldats sur la proüe & tout le long des bords *Distribution*

DDdd ij

des soldats dans la Galere.

de la Galere, autour desquels on fait une pavesade à peu près comme dans les vaisseaux de guerre, lorsqu'ils sont preparez au combat.

Quant à la maniere dont se doivent ranger les Galeres en bataille, il y a si long-tems qu'il ne s'est donné de combat entre deux Flottes nombreuses de Galeres, que nul Officier de marine vivant n'a été témoin oculaire d'aucun pour nous en instruire avec exactitude.

Hydrograp. de Fournier, l. 6. chap. 36.

On voit par la relation de celui qui se donna à la vûë de Genes en 1638 entre quinze Galeres de France & quinze Galeres Espagnoles, où le Marquis de Pont-Courlai battit celles-cy; on voit, dis-je, que ce General rangea ses Galeres en ligne droite, & il paroît hors de doute selon les plus habiles Officiers de marine, que s'il se donnoit maintenant un semblable combat, on suivroit cet arrangement comme on l'a toûjours suivi de notre tems dans les combats des vaisseaux de haut-bord.

On m'a fait encore observer qu'en matiere de Galeres, en supposant l'habileté d'un General & de ses Officiers, la superiorité du nombre doit infailliblement produire la victoire, parce qu'en se servant de son surplus pour attaquer les Galeres de l'ennemi par le flanc, il est impossible qu'une Galere attaquée de cette sorte puisse resister à cause de la foiblesse de son corps, que le coursier percera d'outre en outre.

Si cette reflexion est veritable, touchant la superiorité en nombre de Galeres, il faudroit qu'un General qui commanderoit la Flotte moins nombreuse, suppléât par quelque autre arrangement. Comme par exemple, en serrant moins ses Galeres, pour faire sa ligne égale à celle de l'ennemi. Les Chrétiens avoient ce désavantage contre les Turcs à la bataille de Lepante; ceux-cy aïant au moins cinquante Galeres de plus que les Chrétiens, qui les battirent nonobstant cela. L'histoire ne nous dit point comment ils suppléerent au nombre & à l'inconvenient dont il s'agit.

Difference des combats de vaisseaux de haut bord & des Galeres.

Au lieu que les vaisseaux en se battant presentent le flanc, parce que le canon y est placé, les Galeres presentent la proüe pour la même raison, parce que c'est là que la Galere a son artillerie & son éperon; & que d'ailleurs pour les raisons que j'ai dites, rien n'est plus dangereux pour une Galere, que d'exposer le côté au canon de l'ennemi.

Dans les combats des Flottes de vaisseaux, on ne va gueres à l'abordage. On conserve toûjours la ligne, & hors de certains cas, on ne s'en écarte point : mais dans un combat de Galeres, on va pour l'ordinaire à l'abordage ; & c'est ce qui rend ces combats plus sanglans. On s'y sert de toutes sortes d'armes à feu, de grenades & autres feux d'artifices, de halebardes, de pertuisannes, de piques, &c.

Aujourd'hui dans une bataille la Reale seroit dans le centre de la ligne, & les deux plus grosses galeres commandées par des Chefs d'Escadres, seroient l'une à l'extrémité de la droite, & l'autre à l'extrémité de la gauche, comme m'en ont assûré les plus habiles Officiers, pour donner plus facilement les ordres, & se maintenir dans ces postes importans.

Dans un combat de vaisseaux où il y a des Galeres, elles peuvent y être d'une grande utilité. On ne les met pas dans la ligne des vaisseaux, parce qu'elles seroient foudroyées par le canon de l'ennemi ; mais on les met sous le vent de la Flotte, ou au vent, selon que la Flotte se trouve située. S'il vient un calme durant le combat, comme il arrive souvent, elles peuvent faire bien du mal à la Flotte ennemie qui n'auroit pas de Galeres, en attaquant le premier vaisseau de l'avant-garde, ou le dernier de l'arriere-garde, & évitant de se trouver par le travers d'aucun navire : car alors les vaisseaux ne peuvent manœuvrer faute de vent, elles serviroient à remorquer des brulots pour les brûler, à remorquer les vaisseaux incommodez pour se radouber, à leur aider de la même maniere pour se mettre plus promptement en ligne & en bataille, comme on m'a dit qu'elles firent au combat de Malgue.

Combat de vaisseaux soûtenus de Galeres.

Le combat de Galere à Galere se fait à proportion comme le combat de deux Flottes de Galeres. On presente les proües & l'on prend les mêmes mesures pour attaquer & pour défendre.

Il s'est quelquefois donné des combats entre des vaisseaux & des Galeres : mais ce n'est que dans un cas de calme que celles-cy peuvent s'y exposer. J'ai parlé de celui qui se donna sur les Côtes d'Angleterre aux Anglois par le Maréchal d'Annebaut sous le Regne de François I. Nous avons vû dans ces derniers tems deux actions memorables en cette matiere.

La premiere fut en 1684. Monsieur de Relingue montant le vaisseau nommé le Bon, fut surpris d'un calme vers l'Isle d'Elbe : trente-cinq Galeres Espagnoles sortirent de Genes. Le Commandant en détacha douze pour l'approcher, le feu de part & d'autre dura cinq heures, sans qu'aucune pût ou osât aborder le vaisseau, tant le Capitaine se servoit bien de son canon & de sa mousqueterie. Le Commandant Espagnol surpris d'une si vigoureuse & si opiniâtre défense, fit avancer tout le reste de ses Galeres. Le Capitaine soûtint ce nouvel effort avec une intrepidité inoüie : enfin le vent s'étant élevé, il leur échappa, & se retira à Livourne. C'est là l'exemple d'un vaisseau qui battit seul une Flotte entiere de Galeres. En voici un de cinq ou six Galeres qui enleverent un vaisseau de guerre au milieu d'une Flotte avec tant de vigueur & de précaution, que nul vaisseau de la Flotte n'osa entreprendre de le secourir.

Cette action se passa sur l'Ocean l'an 1702, & fut fort celebrée en France & chez les ennemis. Le détail que j'en ai eu de bonne main, merite d'être conservé à la posterité. Ce fut Monsieur le Bailli de la Pailleterie depuis Chef d'Escadre, & mort depuis peu, qui fit cette hardie entreprise, & qui en rendit compte à M. le Comte de Pont-Chartrain par la lettre que je vais transcrire.

Monseigneur,

Les six Galeres du Roy sortirent hier de ce Port pour aller reconnoître à une lieuë à l'Ouest de Nieuport un vaisseau qu'on croyoit ennemi : comme il étoit François, elles moüillerent auprès de lui sur les huit heures du soir pour attendre la marée du lendemain & retourner à Ostende.

Elles serperent à la pointe du jour. En faisant leur route, on découvrit à cinq lieuës environ au large nord nord-Ouest,

Six Galeres de France enlevant un vaisseau de Guerre Hollandois a la vüe d'une escadre entiere.

une voile, nous la chaffâmes. A mesure que nous l'approchâmes, on en découvrit douze les unes après les autres, c'étoit l'Escadre de Zelande composée de douze navires de guerre de quarante jusqu'à quatre vingt canons, commandée par le Vice-Amiral Eureffen.

Comme j'apperçus de l'arriere de cette Escadre dont nous étions déja assez près, un gros vaisseau qui en étoit environ à un bon demi quart de lieuë, je fis signal à Monsieur le Chevalier de Langeron de suivre avec trois Galeres celui que nous avions commencé à chasser dès le matin, & de le canonner toûjours.

En même-tems je revirai avec les trois autres sur celui qui étoit seul, & qui commença à nous tirer beaucoup de canon de loin: dès qu'il fut à portée de celui des Galeres, nous lui fîmes grand feu, & en l'approchant à la mousqueterie. Avant de m'engager à l'aborder, j'examinai la disposition dans laquelle étoit le gros de l'Escadre ennemie, & celle de la division de Monsieur le Chevalier de Langeron ; comme je vis que plusieurs vaisseaux sous le feu desquels elle étoit, se faisoient remorquer par leurs chaloupes pour tâcher de l'envelopper, ce qui n'étoit pas possible par un calme à souhait, je fis un autre signal à Monsieur le Chevalier de Langeron pour me rejoindre, & un peu après l'avoir vû revirer, j'abordai ce vaisseau par son travers, & Messieurs les Chevaliers de Valence & de Fontette aborderent presque en même-tems.

Nous lui jettâmes tant de monde l'épée à la main, & son équipage en fut si épouvanté, comme des cris de Vive le Roy, repetez par tous nos gens de liberté, & par les chiourmes, qu'il se défendit assez mal, & se jetta à fond de cale.

La division de Monsieur le Chevalier de Langeron arriva dans ce tems-là, & tira encore deux ou trois coups de canon dans ses batteries, ne sçachant pas qu'il fût entierement remis.

Comme les calmes sont de peu de durée dans ces mers, & qu'il falloit en profiter pour mettre notre prise dans Ostende, s'il étoit possible de la conserver, je fis passer tous les prisonniers sur les Galeres, & j'ordonnai à Monsieur le Chevalier de Marsillac en lui en donnant le Commandement, de se preparer à y mettre le feu dès que je lui en ferois le signal ; je lui fis fournir tout ce qui étoit necessaire pour cela, & des canots pour repasser sur les galeres en cas de necessité avec les gens que je lui avois laissé.

En même-tems les six Galeres donnerent la remorque à la prise, & comme le calme continuoit toûjours, j'affectai d'aller passer à la grande portée du canon de l'Escadre ennemie, pour faire voir de près aux Officiers & matelots Hollandois, un spectacle dont ils paroissoient fort curieux.

On nous tira quelques bordées qui ne nous firent pas tant de mal que le vent nous donna d'alarmes, parce qu'il parut vouloir plusieurs fois souffler tout de bon, & que nous n'étions pas en état de nous servir de nos voiles, attendu que de six mâts des trois Galeres qui ont attaqué le vaisseau, il n'y en avoit que deux entiers.

Nous fîmes cinq ou six lieuës dans cette situation, & enfin nous entrâmes sur les sept heures du soir dans Ostende à la vûë des ennemis qui nous avoient toûjours suivis d'assez près.

Ce vaisseau s'appelle la Licorne, il est percé pour 62 canons; il en a 56 en batterie & 220 hommes d'équipage. Il y a eu sur les Galeres 62 hommes tuez ou blessez, parmi lesquels sont Monsieur le Chevalier d'Artignos, Enseigne de ma Galere tué roide en abordant, & M. de Lubieres le genouil cassé, beaucoup de manœuvres coupées & de rames cassées.

Sur le vaisseau 48 hommes tuez ou blessez, beaucoup de ravage dans ses batteries & ses manœuvres.

Monsieur le Chevalier de Marsillac dont je ne puis assez loüer le courage & qui aura l'honneur de vous rendre cette lettre, Monseigneur, aura, s'il vous plaît, celui de vous détailler toutes les particularitez de cette action, dans laquelle tous Messieurs les Capitaines ont manœuvré avec toute la fermeté & la justesse imaginables dans tous les differens mouvemens qu'elles ont été obligées de faire, où les équipages ont fait voir plus de bonne volonté qu'on ne le peut dire, & où tous les Officiers ont marqué tant de valeur & d'émulation qu'il n'y en a pas un qui n'ait merité des graces de Sa

Majesté

Majesté, & l'honneur de votre protection, que je prens la liberté de vous demander pour eux avec la plus respectueuse instance.

J'ai l'honneur d'être avec tout le respect & le fidele attachement, dont je suis capable,

MONSEIGNEUR,

Votre très-humble & très obéïssant serviteur.

A Ostende le 2 Juillet 1702.

Collationnée à l'original, le Bailli DE LA PAILLETERIE.

J'ajoûterai les deux lettres que M. le Comte de Pont-Chartrain fit en réponse à la lettre du Bailli de la Pailleterie, par une desquelles on verra la prompte recompense qui fut donnée à cet Officier & à quelques autres pour une si belle action.

Copies de deux lettres écrites par Monsieur le Comte de Pont-Chartrain Secretaire d'Etat, ayant le département de la marine, à Monsieur le Bailli de la Pailleterie sur la prise de la Licorne.

J'Ai appris, Monsieur, avec beaucoup de plaisir l'action glorieuse que vous venez de faire à la tête des Galeres que vous commandez. Je vous en fais de bon cœur des complimens bien sinceres, & je vous assûre que quelque part que j'y prenne par rapport à la gloire du Roy & à l'honneur du corps, j'y suis très-sensible par rapport à vous en particulier, m'interessant, comme vous sçavez, très-fortement à tout ce qui vous arrive, & étant avec beaucoup d'estime & de verité, Monsieur, très-parfaitement à vous.

Signé, PONT-CHARTRAIN.

A Marli le huitiéme Juillet 1702.

Collationnée à l'original, le Bailli DE LA PAILLETERIE.

AUTRE.

MONSIEUR,

Vous ne pouviez me donner une plus agreable nouvelle que celle de l'action que vous venez de faire avec les Galeres que vous commandez, en enlevant un vaisseau de guerre de

56 canons à la vûë d'onze autres. Elle a paru au Roy aussi belle qu'elle est. Et comme il est juste que je ne sois pas en reste sur les nouvelles, je vous apprendrai que Sa Majesté vous a fait sur le champ Chef d'Escadre, & vous en recevrez la Commission, avec l'ordre pour commander les vaisseaux en cas de jonction dans l'absence de Monsieur de Pointis, par le premier ordinaire. La recompense a de près suivi la gloire de l'action, & je vous avouerai que c'est un double plaisir pour moi que ce soit sur vous que tombe l'une & l'autre. Le Sieur de Lubieres aura une Croix de saint Loüis, s'il guerit de sa blessure, & je ferai ce que je pourrai auprès du Roy pour les Sieurs Chevaliers de Marsillac & de Malezieu. La distinction de ces Officiers ne fait pas que Sa Majesté ne soit également contente de tous ceux qui ont eu part à l'action, & elle veut que vous le leur temoigniez, en les assûrant qu'Elle s'en souviendra dans toutes les occasions qu'il y aura de leur faire quelques graces. Je suis, Monsieur, Votre très-affectionné serviteur.

Signé, PONT-CHARTRAIN.

A Marli le douzième Juillet 1702.

Collationnée à l'original, le Bailli DE LA PAILLETERIE.

Le même Officier alla une seconde fois insulter avec 5 Galeres la même Escadre sur les côtes de Zelande. Il fit un si terrible feu sur un vaisseau de l'arriere-garde, & le maltraita si fort, qu'il fut obligé de faire signal d'incommodité, sans que l'Escadre osât revirer sur les Galeres lorsque le vent fraîchit; au contraire elle fit voile vers Flessingue. Il est fort vrai-semblable que le danger du vaisseau qui avoit été attaqué, & la bonne opinion que les ennemis avoient conçu de nos Galeres dans le premier combat dans lequel la Licorne avoit été enlevée, leur fit prendre ce parti. Cette seconde action fut très-applaudie du Roy.

Je ne pouvois mieux finir cet ouvrage que par le recit de ces deux faits aussi glorieux aux armes de la Nation, qu'ils sont singuliers dans leur genre. Et c'est une justice que je rends à la memoire d'un vaillant homme qui m'honoroit de son amitié.

Fin du Tome second.

FAUTES A CORRIGER.

Page 6 l. 2 *corrigez*, qui a. p. 10 l. 29 Place de Trivulce. p. 58 l. *penultiéme* le. p. 78 l. 24 *deux points transposez*, *il les faut mettre devant le mot* dans. p. 82 l. 6 le. p. 87 l. *penultiéme* Generaux. p. 130 l. 2 de Maréchal des Logis. p. 177 l. 10 Ce sont là les. p. 181 l. 9 des Tambours. p. 255 l. 20 *effacez* qui. p. 271 l. 2 d'Arquien. p. 286 l. 29 à la même attaque. p. 311 l. 18 *effacez cette ligne & la suivante*. p. 365 l. 33 Colonelles. p. 376 l. 7 de Grignan. p. 382 l. 16 Mailleraye. p. 405 l. 27 d'Anghien. p. 408 l. 17 Perrin. p. 428 l. 12 *effacez* de. p. 456 l. 33 demie grace. p. 473 l. 3 *effacez* Lieutenant General. p. 474 l. 7 Saint Germain Beaupré. p. 490 l. 26 sieffez. p. 536 l. 3 attachéc. p. 600 l. 21 le percer. p. 668 l. 14 desirant. p. 778 l. 33 au mouvement. p. 699. l. 16 1525. p. 761 l. 36 apparaux.

APPROBATION.

J'Ay lû par l'ordre de Monseigneur le Chancelier un Ouvrage manuscrit, qui a pour titre, *Histoire de la Milice Françoise, & des changemens qui s'y sont faits depuis l'établissement de la Monarchie dans les Gaules jusqu'à notre tems.* Cet Ouvrage est rempli de recherches curieuses, & l'on n'a rien vû sur cette matiere de si profond ni si exact. A Paris le 8 de Janvier 1718. SAURIN.

PRIVILEGE DU ROY.

LOUIS par la grace de Dieu Roy de France & de Navarre : A nos amez & feaux Conseillers les Gens tenans nos Cours de Parlement, Maîtres des Requêtes ordinaires de notre Hôtel, Grand Conseil, Prevôt de Paris, Baillifs, Senechaux, leurs Lieutenants Civils & autres nos Justiciers qu'il appartiendra, SALUT. Notre bien amé le Pere DANIEL de la Compagnie de JESUS, & Historiographe ordinaire de feu notre très-honoré Seigneur & Bisayeul Loüis XIV. Nous ayant fait remontrer qu'il souhaiteroit faire imprimer un Ouvrage de sa composition, & qui a pour titre: *Histoire de la Milice Françoise, avec les changemens qui s'y sont faits depuis l'établissement de la Monarchie dans les Gaules jusqu'à la fin du Regne de Loüis le Grand* ; s'il nous plaisoit luy accorder nos Lettres de Privilege sur ce necessaires. A ces causes voulant favorablement traiter ledit Exposant & reconnoître son zele ; Nous luy avons permis & permettons par ces Presentes, de faire imprimer ladite Histoire cy-dessus expliquée, en tels Volumes, forme, marge, caractere, conjointement ou separément & autant de fois que bon luy semblera, & de le faire vendre & debiter par tout notre Royaume, pendant le tems de QUINZE ANNE'ES consecutives, à compter du jour de la date desdites Presentes; Faisons défenses à toutes personnes de quelque qualité & condition qu'elles soient d'en introduire d'impression étrangere dans aucun lieu de notre obeïssance ; comme aussi à tous Libraires, Imprimeurs & autres, d'imprimer, faire imprimer, vendre, faire vendre, debiter ni contrefaire ladite Histoire cy-dessus specifiée, en tout ni en partie, ni d'en faire aucuns extraits, sous quelque prétexte que ce soit, d'augmentation, correction, changement de titre ou autrement, sans la permission expresse & par écrit dudit Exposant ou de ceux qui auront droit de luy ; à peine de confiscation des Exemplaires contrefaits, de quinze cents livres d'amende contre chacun des contrevenans, dont un tiers à Nous, un tiers à l'Hôtel-Dieu de Paris, l'autre tiers audit Exposant ; & de tous dépens, dommages & interêts ; A la charge que ces Présentes seront enregistrées tout au long sur le Registre de la Communauté des Libraires & Imprimeurs de Paris, & ce dans trois mois de la date d'icelles ; que l'impression de ce Livre sera faite dans notre Royaume & non ailleurs, en bon papier & en beaux caracteres, conformément aux Reglemens de la Librairie ; & qu'avant de l'exposer en vente, le manuscrit ou l'imprimé qui aura servi de copie à l'impression dudit Livre, sera remis dans le même état où l'approbation y aura été donnée és mains de notre très-cher & feal Chevalier Garde des Sceaux de France, le Sieur de Voyer de Paulmy, Marquis D'ARGENSON ; & qu'il en sera ensuite mis deux Exemplaires dans notre Bibliotheque publique, un dans celle de notre Château du Louvre, & un dans celle de notredit très-cher & feal Chevalier Garde des Sceaux de France, le Sieur de Voyer de Paulmy, Marquis D'ARGENSON, le tout à peine de nullité des Présentes : Du contenu desquelles vous mandons & enjoignons de faire joüir l'Exposant ou ses ayans cause, pleinement & paisiblement, sans souffrir qu'il leur soit fait aucun trouble ou empêchement. Voulons que la copie desdites Présentes qui sera imprimée tout au long au commencement ou à la fin dudit Livre, soit tenuë pour duëment signifiée, & qu'aux copies collationnées par l'un de nos amez & feaux Conseillers & Secretaires, foy soit ajoûtée comme à l'original. Commandons au premier notre Huissier ou Sergent de faire pour l'execution d'icelles tous Actes requis & necessaires, sans demander autre permission, & nonobstant clameur de Haro, Charte Normande, & Lettres à ce contraires : car tel est notre plaisir. DONNE' à Paris le douziéme jour du mois de Janvier, l'an de grace 1719, & de notre Regne le quatriéme. Par le Roy en son Conseil. DE S. HILAIRE.

Il est ordonné par l'Edit du Roy du mois d'Août 1686, & Arrêts de son Conseil, que les Livres dont l'impression se permet par Privilege de Sa Majesté, ne pourront être vendus que par un Libraire ou Imprimeur.

Registré sur le Registre IV. de la Communauté des Libraires & Imprimeurs de Paris, page 427. N. 466. conformément aux Reglemens, & notamment à l'Arrêt du Conseil du 13. Août 1703. A Paris le 23. Janvier 1719. DELAULNE, *Syndic.*

mémoires particuliers ne sont pas toujours surs. p. 298

femme appellée veuve du vivant de son mari
qui avoit été condamné à mort et dont la peine
avoit été commuée. p. 455.

Régiment. (1558.) Ce terme nouveau. p. 357. p. 349.

Vassynac d'Jmecourt, trait singulier
et honorable. pag. 395.

Lannoy. p. 557
Tavannes. p. id.

www.ingramcontent.com/pod-product-compliance
Lightning Source LLC
Chambersburg PA
CBHW070714020526
44115CB00031B/1091